Kurzlehrbücher
für das juristische Studium

Volkmann
Rechtsphilosophie

Rechtsphilosophie

Ein Studienbuch

von

Dr. Uwe Volkmann

o. Professor an der Universität Frankfurt am Main

2018

www.beck.de

ISBN 978 3 406 72424 4

© 2018 Verlag C. H. Beck oHG
Wilhelmstraße 9, 80801 München
Druck und Bindung: Nomos Verlagsgesellschaft mbH & Co. KG/Druckhaus Nomos
In den Lissen 12, 76547 Sinzheim

Satz: Jung Crossmedia Publishing GmbH
Gewerbestraße 17, 35633 Lahnau

Umschlaggestaltung: Martina Busch, Grafikdesign, Homburg Saar

Gedruckt auf säurefreiem, alterungsbeständigem Papier
(hergestellt aus chlorfrei gebleichtem Zellstoff)

Vorwort

Die Idee zu diesem Buch trage ich mit mir herum, seit ich, in einem bis heute nachwirkenden Erlebnis, bei meinem ersten Einsatz im mündlichen Staatsexamen die Prüfung leichtfertigerweise mit der Frage eröffnet habe: „Was ist denn das eigentlich, das Recht, wie kann man das näher bestimmen?" Verbunden hatte ich damit die Hoffnung, dass dazu jeder irgendetwas beisteuern könne, etwa von der Art, dass das Recht eine Gruppe sozialer Normen sei, die sich von anderen solcher Normen vor allem dadurch unterscheide, dass es mit Zwang durchgesetzt werden könne. Daran hätte man dann weitere Fragen anschließen können, etwa die Frage, ob das denn tatsächlich für alle Rechtsnormen gelte, wie sich das Recht zu jenen anderen Normen verhalte oder warum es für eine Gesellschaft überhaupt Sinn machen könnte, ihr Zusammenleben gerade durch eine Ordnung wie das Recht zu organisieren. Geerntet habe ich aber nur entsetzte Blicke und allgemeine Ratlosigkeit; seitdem habe ich die Frage nie mehr gestellt. Aus dem Nachdenken, wie man dem abhelfen könnte, ist nach und nach zunächst eine Lehrveranstaltung und sodann dieses Buch entstanden. Es wird, soviel vorweg, keine abschließende Antwort auf die Frage geben können, jedenfalls nicht im Sinne einer knappen Definition des Rechts, die alle seine Facetten, Funktionen und Wirkungsweisen einschließt und abdeckt. Aber es soll zumindest helfen, die Ratlosigkeit auf einem höheren oder wenigstens einigermaßen reflektierten Niveau zu formulieren; wenn das gelingt, scheint mir schon viel erreicht.

Das Buch bündelt dafür im Wesentlichen die Erträge meiner Vorlesung Rechtsphilosophie, die ich über viele Semester hinweg gehalten habe und in beständiger Fortentwicklung bis heute halte. Es wäre, wie die meisten solcher Bücher, nicht möglich geworden ohne die vielen Menschen, die mich dabei tatkräftig unterstützt haben. Zu nennen sind hier an erster Stelle die Sekretärinnen an den Lehrstühlen, die ich während der Abfassung innehatte, Stephanie Averbeck-Rauch in Mainz und Petra Czoik in Frankfurt, die fast den gesamten Text nach Diktat geschrieben und auch in den vielfältigen Umstellungen, Korrekturen und Nachbearbeitungen nie den Überblick verloren haben. Die Kontrolle der Fußnoten und Vorarbeiten für die Erstellung des Literaturverzeichnisses haben hauptsächlich Anna Lisa Pfeiffer, Luzia Franke, Anna-Maria Drescher und Christopher Scheid übernommen; die beiden letzten haben dabei zusätzlich wesentliche Lasten der Abschlussredaktion getragen. Das endgültige Literaturverzeichnis hat Pascal Langer erstellt, für das Personenglossar am Ende zeichnet Paul Lorenz verantwortlich, für das Sachregister Samira Akbarian. Ihnen allen sei an dieser Stelle herzlich gedankt. Über – gern auch kritische – Kommentare, Hinweise auf Fehler oder Anregungen, was man in späteren Auflagen besser und anders machen sollte, würde ich mich freuen; der einfachste Weg ist eine Mail an volkmann@jura. uni-frankfurt.de.

Frankfurt am Main, Juli 2018   *Uwe Volkmann*

Inhaltsverzeichnis

Einführung: Zum Anliegen einer Rechtsphilosophie und zur Anlage dieses Buches

Rechtsphilosophie, heißt es nach einer klassischen Definition Hegels, hat die Idee des Rechts, seinen Begriff und dessen Verwirklichung in die Welt hinein zum Gegenstand[1]. Was das in seiner ganzen Tiefe bedeutet, kann im Grunde nur erfassen, wer mit Hegels Werk schon einigermaßen vertraut ist. Es bringt aber auch für sich genommen auf eine unmittelbar anschauliche Weise zum Ausdruck, worum es in der Rechtsphilosophie in ihrem Kern bis heute geht: *um eine Vorstellung davon, was das Recht ist, wozu es da ist und wie und auf welche Weise es zuletzt leistet, was es leisten soll.* In einem intuitiven Sinne ist uns dies meist klar und haben wir eine ungefähre Vorstellung davon, was wir meinen, wenn wir von Recht sprechen. Dass es so einfach nicht ist, merkt man aber spätestens dann, wenn man probehalber versucht, diese Vorstellung in Worte zu fassen und einen eigenen Rechtsbegriff zu formulieren. Tatsächlich hatte schon Immanuel Kant gesehen, dass die Frage „Was ist Recht?" jeden Rechtswissenschaftler, wenn er nicht einfach auf das verweist, was in irgendeinem Lande die Gesetze zu irgendeiner Zeit wollen,

„eben so in Verlegenheit setzen [möchte], als die berufene Aufforderung ‚Was ist Wahrheit?' den Logiker."

Kant selbst hatte sie deshalb zunächst zweifach aufgespalten, zum einen in die Frage,

„was Rechtens sei? (quid sit iuris), d. i. was die Gesetze an einem gewissen Ort und zu einer gewissen Zeit sagen oder gesagt haben",

und die weitere und darüber hinausgehende Frage,

„ob das, was sie wollten, auch recht sei, und das allgemeine Kriterium, woran man überhaupt Recht sowohl als Unrecht (iustum et iniustum) erkennen könne"[2].

Die erste Teilfrage entspricht dabei der Betrachtungsweise, wie sie einem als Jurastudierenden vom ersten Semester an geläufig ist: Man bekommt einen Fall vorgelegt, zur Lösung zieht man verschiedene Gesetzesbestimmungen heran, die nach bestimmten erlernten Regeln zur Anwendung gebracht werden, und um herauszufinden, wie die einzelnen Begriffe und Tatbestandsmerkmale in diesen Bestimmungen näher zu verstehen sind, schlägt man in Gerichtsentscheidungen, Kommentaren oder Lehrbüchern nach. Die zweite Teilfrage zielt demgegenüber auf das, was eben die Idee des Rechts genannt werden kann und als solche den Gegenstand der Rechtsphilosophie bildet. Beide stehen aber auch nicht unverbunden nebeneinander, weil sich etwas von der Idee des Rechts auch in seiner praktischen Anwendung niederschlagen müsste, so wie umgekehrt diese praktische Anwendung auch auf die Idee des Rechts zurückwirkt.

---

[1] G. W. F. Hegel, Grundlinien der Philosophie des Rechts, 1821, § 1; in: Werke von 1832 bis 1845, neu ed. Ausgabe von E. Moldenhauer und K. M. Michel, 1. Auflage 1986, Bd. 7, dort: die „philosophische Rechtswissenschaft".
[2] I. Kant, Die Metaphysik der Sitten, Theorie-Werkausgabe Immanuel Kant, hrsgg. von W. Weischedel 1968, Bd. VIII, AB 31, 32.

Insofern muss jede Rechtsphilosophie auch die Realität des Rechts in den Blick nehmen, um die Frage beantworten zu können, was das Recht ist und wozu es da ist.

3　Das vorliegende Buch entfaltet das damit zugegebenermaßen vorerst nur grob umrissene Programm in zwei ungefähr gleich großen Teilen. Im ersten geht es um die ideellen Fundamente des Rechts, so wie sie sich im Laufe der Zeit entwickelt und nach und nach in bestimmten obersten Prinzipien und Leitformeln Gestalt angenommen haben: im Begriff einer universalen Menschenwürde, in Konzepten von Freiheit und Gleichheit, demokratischer Selbstbestimmung oder Rechts- und Sozialstaatlichkeit. Diese Prinzipien sind einerseits Grundlage moderner Rechtsordnungen, andererseits sind sie auch selbst deren Bestandteil, insofern sie typischerweise in einer Verfassung enthalten und dort gerade als rechtliche Prinzipien näher ausgeformt sind. Weil sie zugleich die Grundstruktur eines Staates oder allgemeiner eines politischen Gemeinwesens bestimmen, werden sie in den philosophischen Wissenschaften meist in dem Zweig behandelt, der als politische Philosophie oder Staatsphilosophie bezeichnet wird. Von daher kann man diesen Teil auch als eine Geschichte der Staatsphilosophie oder der politischen Philosophie lesen. Diesem Zweck entsprechend ist die Darstellung in ihren Grundzügen chronologisch angelegt; sie soll zeigen, wie und vor welchem historischen Hintergrund die entsprechenden Konzepte formuliert und theoretisch begründet worden sind, gegen welche anderen Konzepte sie sich durchgesetzt haben und wo gegebenenfalls noch Reste dieser älteren Konzepte vorhanden sind oder es sich zumindest lohnt, darüber nachzudenken. In diesem Sinne stehen die einzelnen Abschnitte und Unterabschnitte nicht unverbunden nebeneinander, sondern in einem inneren Zusammenhang, und zwar als eine Art Lernprozess oder Entwicklungsgeschichte, die dann in Europa und anderen Teilen der Welt irgendwann auf den liberalen Verfassungsstaat heutiger Prägung hinführt. Auch wenn dieser nicht das Ende der Geschichte sein muss und er im globalen Maßstab auch längst nicht mehr unbestritten ist, bestimmt er doch den Rahmen, innerhalb dessen wir heute über das Recht und die Idee davon nachdenken. Unabhängig von dieser allgemeinen Zielrichtung sind aber die einzelnen Unterabschnitte so geschrieben, dass sie auch für sich stehen können; wer also nur etwas über die politische Philosophie von, sagen wir, Platon, Kant oder Hegel wissen möchte, mag auch nur diese Teile lesen. Konzentriert habe ich mich bei der Auswahl überwiegend auf solche Denker, die zu einem festen Kanon von Klassikern gezählt werden können; auch wenn das ungerecht gegenüber manchen anderen sein mag, die in der Sache vielleicht nicht weniger Kluges oder Bedenkenswertes geschrieben haben, so sind es doch vor allem die Texte dieser Klassiker, an denen sich die Philosophie bis heute abarbeitet und auch neuere Arbeiten immer wieder ansetzen.

4　Der zweite Teil versucht dann zu bestimmen, was das Recht innerhalb des sich daraus ergebenden Rahmens im Alltag einer Gesellschaft leistet und leisten soll. Wenn man es von den verschiedenen Rechtsschichten und Rechtsebenen her formulieren will, könnte man sagen, es geht in diesem Teil nicht oder jedenfalls nicht nur um die politisch-rechtliche Grundstruktur, wie sie in der Verfassung aufgehoben ist, sondern ganz wesentlich auch um das einfache Recht, das Recht der gewöhnlichen und manchmal auch ungewöhnlichen Lebenssituationen, von dem man als Bürger schon umgeben ist, wenn man sich ans Steuer eines Autos setzt und damit aus der eigenen Garage herausfahren will. Man darf dies nur, sagt das Recht, wenn man dafür den Führerschein hat; auf der Straße muss, sagt wiederum das Recht, rechts gefahren werden; es gelten vom Recht angeordnete Geschwindigkeitsbegrenzungen, Vorfahrts- und Halteregeln und zuletzt auch Vorschriften dafür, wo man sein Auto nach getaner Fahrt wieder abstellen darf. Es ist dies alles zugleich das Recht, mit dem auch die professionellen Anwender, also Anwälte, Gerichte oder Behörden, es hauptsächlich zu tun haben: als bürgerliches Recht, als Handels-, Gesellschafts- und Arbeitsrecht, als Verwaltungs-, Sozial- und Steuerrecht und nicht zuletzt als Strafrecht, obwohl dies einen viel kleineren Teil der Masse des Rechts bildet als man auch in der Rechtsphilosophie oft annimmt. Dieses Recht, nennen wir es das Alltags- oder Normalrecht, entfaltet sich nicht losgelöst von den großen übergeordneten Leitprinzipien, wie sie im ersten Teil behandelt sind; im Gegenteil bleibt es von ihnen durchzogen und muss sich daran zumindest in einem ganz ungefähren Sinne orientieren. Auch die Zivil-, Straf- oder Verwaltungsgerichte müssen deshalb bei ihrer täglichen Rechtsarbeit die Verfassung im Blick behalten, in der diese Prinzipien wesentlich aufbewahrt sind, und insbesondere die Grundrechte bilden eine Normschicht, auf die bei der praktischen Anwendung des Rechts ohne weiteres umgeschaltet werden kann, wenn es der Fall so erfordert oder die Lösung, die das Alltags- oder Normalrecht anbietet, kritische Nachfragen aufwirft. Insofern gehört auch das Verfassungsrecht zu dem Recht, das man bis hinunter zu den Amtsgerichten heute einfach kennen muss. Aber es ist umgekehrt nicht alles Recht eine Konkretisierung von Verfassungsrecht, das Recht entfaltet sich über weite Strecken auch unabhängig und losgelöst von abstrakten verfassungsrechtlichen Prinzipien, und auch insoweit erfüllt es bestimmte Funktionen für die Gesellschaft, verwirklicht es etwas von der Idee des Rechts, wie sie in der Rechtsphilosophie behandelt wird.

Gerade darum geht es in diesem zweiten Teil. Er baut insoweit auf dem ersten auf, als 5 dafür immer wieder auf dessen Vorarbeiten und Erkenntnisse zurückgegriffen werden muss; die dort vorgestellten Leit- und Ordnungsideen bilden gleichsam die Grundlage, auf der sich die heutige Rechtsordnung erhebt, so wie diese darin ihrerseits als Vorgaben und Leitplanken fortwirken. Im Zentrum steht aber nun vor allem der Sinn des Rechts in und für unsere Zeit, der in seinen vielfältigen Dimensionen und Bezügen sichtbar gemacht werden soll. Im Unterschied zum ersten ist dieser Teil dementsprechend in seiner Struktur nicht geschichtlich, sondern systematisch angelegt, und zwar so, dass sich aus der Zusammenschau der einzelnen Kapitel und Unterabschnitte ein zumindest ungefähres Gesamtbild des heutigen Rechts ergeben soll. Auch hier bauen diese aber aufeinander auf, wenn auch eben nicht im Sinne einer zeitlichen Abfolge, sondern in einem sachlichen Sinne, als ein Versuch, mit jedem Schritt ein Stück tiefer in das Verständnis des Rechts, seines Warum und Wozu, einzudringen. Ferner habe ich mich auch hier darum bemüht, die Darstellung, wo immer es mir zu passen schien, an einigen vieldiskutierten Theoriegebäuden oder einfach großen Namen der Rechtstheorie – überwiegend nun solchen der klassischen Moderne – auszurichten und diesen nach Möglichkeit je eigene Kapitel zu widmen. Insofern sind auch hier viele Teile so gehalten, dass sie gegebenenfalls für sich gelesen werden können und auch für diejenigen von Interesse sind, die einen ersten Einstieg in das Rechtsdenken von, sagen wir, Hans Kelsen, H. L. A. Hart oder Ronald Dworkin suchen.

Gemeinsam ist beiden Teilen, dass sie ganz auf das geschriebene Wort und die Kraft 6 von Texten vertrauen. Das gilt zunächst für den eigentlichen Lehrbuchtext selbst, der stärker als in anderen Lehrbüchern und Grundrissen an einem Stück verfasst ist und so oft über mehrere Seiten hinweg ohne gliedernde Zwischenüberschriften auskommt. Das mag heutige Lesegewohnheiten zunächst irritieren, hat aber den Vorteil, dass die einzelnen Abschnitte und Absätze so in ihrem Zusammenhang sichtbar gemacht sind; Sinn ist es, sich Schritt für Schritt in eine bestimmte Theorie, ein bestimmtes philosophisches System oder eine bestimmte Auffassung vom Recht hineinzuarbeiten. Es gilt aber auch für den Umgang mit den behandelten Theorien, Systemen und Auffassungen selbst, die so weit wie im Rahmen eines Lehrbuchs möglich in den eigenen Worten der behandelten Autoren vorgestellt werden. Immer wieder arbeitet die Darstellung deshalb mit Auszügen aus den Originaltexten, in die dann hineingehorcht wird, die in einen größeren Kontext gestellt, dabei auch kommentiert, gedeutet und hinterfragt werden. Die Zitate selbst sind dabei bewusst knapp gehalten; sie enthalten gleichsam nur die äußersten Konzentrate viel komplexerer Gedanken oder die Ergebnisse einer längeren, nur auszugsweise referierten Begründung, die zu leicht verdaulichen Häppchen zugeschnitten sind. Sie können deshalb die Lektüre der ursprünglichen Schriften nicht ersetzen, sondern sollen ihrerseits zu ihr anleiten, sie vielleicht auch erst ermöglichen[3]. Aber auch mit ihnen soll ein Eindruck davon vermittelt werden, in welcher Gründlichkeit und welcher Tiefe die grundlegenden Fragen von Staat und Recht seit Jahrhunderten diskutiert werden und wie vielleicht auch manches von dem, was man selbst intuitiv schon immer darüber gewusst hat, ohne es sich wirklich klar zu machen, in treffende Worte gefasst ist. Die Hoffnung ist, dass hier und da auch die Schönheit der Sprache oder die Eleganz einer Formulierung in den Text hineinzieht, möglicherweise sogar dort, wo diese Formulierung altertümlich, der Satzbau verschachtelt und der Sinn zunächst dunkel ist.

7 Vor allem im ersten Teil habe ich mich im Interesse der Farbigkeit und besserer Verständlichkeit darüber hinaus bemüht, auch den politischen Hintergrund, vor dem die jeweiligen Systeme und Theorien entwickelt worden sind, immer zumindest grob zu skizzieren; im zweiten Teil übernehmen diese Funktion verschiedentlich eingestreute Beispiele aus dem Alltag des Rechts. Auf nähere Erläuterungen zu den behandelten Autoren habe ich dagegen zugunsten der Konzentration auf die sachlichen Linien verzichtet; stattdessen findet sich zu den bedeutendsten von ihnen im Anhang ein Glossar mit einer kurzen Charakterisierung und einigen biographischen Angaben, in dem man bei entsprechenden Bedarf nachschlagen kann. Gleichwohl wird die Lektüre nicht immer leicht sein; einzelne Passagen sind wahrscheinlich für diejenigen, für die dies die erste Berührung mit philosophischen Fragen ist, möglicherweise aber nicht nur für diese, durchaus harte Kost. Im ersten Teil dürfte dies etwa für die Erläuterungen zu Hegel oder Derrida, im zweiten für die Überlegungen zur Eigenart rechtlicher Verpflichtung im Abschnitt über Recht und Moral gelten. Wer nur einiges ganz Grundlegendes über das Recht wissen will, sollte sich vielleicht im zweiten Teil die kürzeren Abschnitte über Recht und Gewalt sowie über Recht und Gesellschaft vornehmen, von denen ich hoffe, dass sie insgesamt leichter zugänglich sind als manche andere. Auch hier gehört aber die Bereitschaft dazu, auch einmal etwas nicht zu verstehen und trotzdem nicht aufzugeben. Angst sollte man davor nicht haben; auch als Leser wächst man mit seinen Aufgaben.

---

[3] Längere Auszüge mit instruktiven Erläuterungen finden sich in den beiden Readern von N. Hoerster, Klassische Texte der Staatsphilosophie, 15. Auflage 2014; ders., Recht und Moral, 1986; ferner etwa bei D. von der Pfordten, Rechtsphilosophie, 2. Auflage 2010.

§ 1 Der Rahmen des Rechts

Die beiden bekannten Grundbegriffe der Rechtsphilosophie sind der Begriff des 1
Rechts und der Begriff der Gerechtigkeit. Ein dritter und nicht weniger zentraler Begriff ist der Begriff des Staates oder allgemeiner der Begriff der politischen Ordnung, der den beiden anderen in gewisser Weise vorausliegt. Alle Rechtsphilosophie ist deshalb immer auch Staatsphilosophie oder politische Philosophie, wie man heute meist sagt[1]. Ebenso ist mit der Frage nach der Gerechtigkeit des Rechts immer auch die Frage nach der Gerechtigkeit der politischen Ordnung gestellt, in der und für die das Recht besteht. In einer kleinen Passage aus der Politik des Aristoteles ist dieser Zusammenhang klassisch eingefangen:

„Wie nämlich der Mensch, wenn er vollendet ist, das beste der Lebewesen ist, so ist er abgetrennt von Gesetz und Recht das schlechteste von allen [...] Die Gerechtigkeit dagegen ist der staatlichen Gemeinschaft eigen. Denn das Recht ist die Ordnung der staatlichen Gemeinschaft, und die Gerechtigkeit urteilt darüber, was rechtmäßig ist.“[2]

Hier sind alle Grundbegriffe der Rechtsphilosophie – Staat, Recht, Gerechtigkeit – 2
untrennbar verschränkt und ineinander verwoben. Allerdings bleibt die nähere Art und Weise dieser Verschränkung und insbesondere der innere Zusammenhang von Recht und Staat bzw. von Recht und politischer Ordnung noch unscharf und wird eher angedeutet als wirklich bestimmt. Ein solcher Zusammenhang besteht in dreifacher Hinsicht:

(1) „Denn das Recht ist die Ordnung der staatlichen Gemeinschaft“

Auf einer ersten Ebene ist der Zusammenhang zwischen Recht und Staat bzw. Recht 3
und politischer Ordnung ein *faktischer.* Recht ist, was immer es sonst noch ist, eine Gruppe von Normen, die das Zusammenleben in einer bestimmten Form menschlicher Verbände regelt. In den Vor- und Frühformen des Rechts waren dies archaische Stammesgesellschaften, später die frühen Hochkulturen der Ägypter, Sumerer, Phönizier oder auch der Maya, in höher entwickelten Stadien dann etwa die griechische Polis und die römische Republik; in der Mitte Europas wird es irgendwann der mittelalterliche Personenverband mit dem Nebeneinander von weltlicher und geistlicher Herrschaft sowie einem komplexen Geflecht aus Grundherrschaft, Lehnsbeziehungen und ständischer Gliederung. Aus diesem differenziert sich seinerseits etwa ab dem 13. und 14. Jahrhundert allmählich der neuzeitliche Staat aus, der sich nach und nach als exklusives Organisationsmodell politischer Herrschaft durchsetzt. Die wesentlichen Kennzeichen dieses Modells, zugleich auch Faktoren seiner Entstehung sind: Ausschaltung aller Zwischengewalten (Stände, Korporationen, freie Städte etc.), Konzen-

---

[1] Meist werden Rechts- und Staatsphilosophie deshalb einfach zusammen behandelt, so etwa in den Lehrbüchern von H. Hofmann, Einführung in die Rechts- und Staatsphilosophie, 5. Auflage 2011 oder E.-W. Böckenförde, Geschichte der Rechts- und Staatsphilosophie, 2. Auflage 2006, dort auch zur Problematik der Verwendung des Staatsbegriffs, S. 4 ff.

[2] Aristoteles, Politiká, dt. Politik, übers. u. hrsgg. v. O. Gigon, 10. Auflage 2006, 1231 a 30–38; nur im letzten Halbsatz ist das dortige Wort „gerecht“ durch „rechtmäßig“ ersetzt, was mir die innere Verschränkung der Begriffe besser zum Ausdruck zu bringen scheint, vgl. die Übersetzung bei Böckenförde (Fn. 1), S. 109.

tration der zuvor lokal und funktional verteilten Herrschaftsbefugnisse in einer Hand, Herstellung einer unmittelbaren Herrschaftsbeziehung zu allen Bewohnern eines bestimmten Territoriums, grundsätzliche Verfügungsmacht über die Rechtsordnung, Zuweisung definierter Kompetenzen an verschiedene Ämter und Organe, ferner etwa ein auf die verwaltungsmäßige Erledigung bestimmter Aufgaben spezialisiertes Fachbeamtentum[3]. Etwa um diese Zeit spielt sich auch die entsprechende Bezeichnung ein, die sich, anknüpfend an das lateinische „status" (für Zustand, Amt oder Stand), zunehmend über ältere Begriffsbildungen wie „civitas", „imperium" oder „res publica" schiebt[4]. Insofern der so entstehende Staat auch die Rechtsetzung an sich zieht und bei sich monopolisiert, wird auch das Recht selbst mehr oder weniger exklusiv ein staatliches Phänomen. Aus dieser Beziehung wird es dementsprechend bis heute vielfach bestimmt, dem staatlichen Recht ein mehr oder weniger modellbildender Charakter zugemessen. Das ist insofern vergröbernd, als es auch in früheren menschlichen Verbänden Recht gab, die Bezeichnung als „Staat" aber heute meist gerade für den neuzeitlichen Staat mit den beschriebenen Merkmalen reserviert wird; nur in unspezifischer Weise spricht man noch vom Staat der alten Ägypter, Griechen oder Römer, so wie man etwa auch vom Staat der Ameisen und Bienen sprechen kann[5]. Richtiger und genauer, weil die Vielfalt der entsprechenden Gebilde und Verbände übergreifend, müsste man deshalb eben vom Zusammenhang von Recht und politischen Ordnungen sprechen. Zudem gibt es gerade heute Recht in zunehmendem Maße auch oberhalb und jenseits von Staaten: als die Staaten übergreifendes allgemeines Völkerrecht, als Recht inter- oder supranationaler Organisationen, vielleicht auch als neuartiges Recht aus den Rechtssetzungsverbänden transnationaler Akteure[6]. Aber abgesehen vielleicht vom letzten Beispiel sind es auch hier in einem allgemeinen Sinne politische Ordnungen, in denen sich das Recht bildet, und überall dort, wo sich die Rechtsbeziehungen – wie vor allem in der Europäischen Union – verdichten, nähern sich diese Ordnungen dem, was wir heute als Staat bezeichnen, gerade durch diese Verdichtung mehr oder weniger an.

4 Wenn dementsprechend im Folgenden immer wieder auch vom Staat die Rede ist, ist dies im Sinne einer „eingeführten Abbreviatur" und nicht im historisch präzisen Sinne gemeint[7]. Ihre Verwendung mag sich immerhin auch daraus rechtfertigen, dass die Masse des Rechts, mit der es Juristen bei uns heute zu tun haben, staatliches Recht oder – mit dem Recht der Europäischen Union – das Recht einer supranationalen öffentlichen Gewalt ist, die sich vom Staat im überkommenen Sinne bei realistischer Betrachtung in wenig mehr als nur der Bezeichnung unterscheidet. Darüber hinaus sind gerade die zentralen Legitimationsanforderungen an das Recht wesentlich mit Blick auf die Herausbildung moderner Staatlichkeit entwickelt und beschrieben worden, so dass die Zusammenhänge, um die es hier geht, gerade auch zum Staat im spezifischen Sinne bestehen.

---

[3] Zu den einzelnen Merkmalen des modernen Staates klassisch M. Weber, Wirtschaft und Gesellschaft, Nachdruck der 5. Auflage 2002, S. 29 f.

[4] Die Wurzeln werden zumeist in der italienischen Renaissance ausgemacht, wo mit „stato" die unterschiedlichen Formen der Regierung bezeichnet wurden, vgl. N. Machiavelli, Il principe, um 1513/14, dt. Der Fürst, hrsgg. v. A. W. Rehberg, 2009, Kap. 1, S. 19. Zur Begriffsgeschichte von „Staat" etwa W. Reinhard, Geschichte der Staatsgewalt, 1999, S. 15 ff.

[5] Die entsprechende Verwendung etwa noch bei V. Ehrenberg, Der Staat der Griechen, 2. Auflage 1965; J. Bleicken, Staatliche Ordnung und Freiheit in der römischen Republik, 1972.

[6] Vgl. zu letzteren etwa G. Teubner, Verfassungsfragmente, 2012, dort insbesondere S. 72 ff., 120 ff. S. etwa auch die Beiträge in K. Günther/S. Kadelbach (Hrsg.), Recht ohne Staat?, 2011.

[7] E.-W. Böckenförde (Fn. 1), S. 6.

(2) „Die Gerechtigkeit ist der staatlichen Gemeinschaft eigen"

Auf einer zweiten Ebene ist der Zusammenhang von Recht und politischer Ordnung 5
ein *funktionaler Zusammenhang*, der auf die innere Zielbestimmung, die konkreten
Zwecke oder das Um-willen dieser Ordnung verweist. Denn das Recht besteht eben
nicht nur faktisch und damit letztlich auf eine beliebige Weise innerhalb dieser Ordnung, sondern auf sie hin und ist auf jene Zielbestimmung innerlich bezogen. Diese
Zielbestimmung kann ihrerseits ganz verschiedener Art sein: Sie kann auf die Einfügung der jeweiligen Ordnung in höhere geistige Sphären oder einen göttlichen Heilsplan gerichtet sein, auf die sittliche Vervollkommnung ihrer Mitglieder, auf deren
Schutz gegen äußere und innere Feinde, auf ihre Entfaltung als Freie und Gleiche
oder auf die Förderung ihres materiellen Wohlstandes; hinzutreten können weitere
Zwecke wie der Schutz der Umwelt für die nachfolgenden Generationen oder die Sicherung der kulturellen Voraussetzungen des Zusammenlebens. In der antiken Philosophie und teils noch lange darüber hinaus wurde diese Zielbestimmung ab einer bestimmten inhaltlichen Qualität auf den Begriff der Gerechtigkeit gebracht, und zwar
im Sinne eines Sammelbegriffs, der die konkrete Zuordnung der Mitglieder der jeweiligen politischen Ordnung ebenso erfasste wie die ihr zur Erfüllung zugewiesenen Aufgaben und die Vorgaben für die nähere Art und Weise dieser Erfüllung. Aber worin
immer die einzelnen Ziele konkret auch bestanden, so teilen sie sich auch dem Recht
als der internen Regelung dieser Ordnung mit, wirken in dieses Recht hinein und prägen es; das Recht ist ein, wenn nicht das wesentliche Mittel, mit dessen Hilfe diese
Ziele erreicht und umgesetzt werden sollen.

Das muss wie eingangs schon angesprochen nicht für das Recht in allen seinen Einzelregelungen und sei- 6
nen feineren Verästelungen gelten; gerade moderne Gesellschaften verfügen über eine unübersehbare Vielzahl hochspezialisierter Fachrechte, die nur ganz ungefähr an die grundlegenden Staatszwecke rückgebun-
den sind oder bei denen dies jedenfalls nicht ohne weiteres erkennbar ist. Daneben kennt das Recht,
angefangen von den Verboten der Tötung oder Verletzung anderer oder des Diebstahls, seit jeher eine Fülle
von Normen, die von einer konkreten Konzeption politischer Gemeinschaft unabhängig sind. Auch diese
müssen aber grundsätzlich mit der allgemeinen Konzeption zumindest kompatibel sein und dürfen ihr
nicht zuwiderlaufen. Von daher bleibt der funktionale Zusammenhang von Recht und politischer Ordnung auch insoweit relevant.

(3) „Was rechtmäßig ist"

Zuletzt besteht der Zusammenhang zwischen Recht und politischer Ordnung auch als 7
ein *Zusammenhang der Legitimation*. Gerade dieser ist freilich in der Frage nach der
Rechtmäßigkeit und/oder Gerechtigkeit staatlichen Handelns bei Aristoteles eher nur
angedeutet als wirklich zum Ausdruck gebracht, weil er sich als Problem vor dem Eintritt in die Neuzeit gar nicht stellte; die je vorhandene politische Ordnung war als solche einfach gegeben und vom Einzelnen prinzipiell hinzunehmen. Erst mit der Herausbildung des modernen Staates und seiner konkreten Institutionen erwacht eine
neue Sensibilität dafür, dass dieser eine spezifische Form politischer Herrschaft etabliert, in der Sache also Herrschaft von Menschen über andere Menschen. Für jede
Ausübung von Herrschaft stellt sich aber von irgendeinem Zeitpunkt an die Frage,
wie sie gerechtfertigt werden kann und warum die einen herrschen, die anderen nicht.
Insofern das Recht aus dieser Sicht auch ein Instrument der Ausübung staatlicher
Herrschaft ist, stellt sie sich für Staat und Recht prinzipiell in gleicher Weise. Ihre Be-
antwortung wiederum hängt regelmäßig von der jeweiligen Zielbestimmung und den
Zwecken des Staates ab, die eben auch den Einsatz des Rechts als Herrschafts- oder

Zwangsinstrument legitimieren können. All diese Fragen fließen zusammen in jenem Zweig der Philosophie, der als Staatsphilosophie oder eben als politische Philosophie bezeichnet wird.

8 Zusammengenommen und in ihrem eigentlichen Kern zielt diese damit auf die Frage, *wie die politische Ordnung – also der Staat oder das, was man früher dafür hielt – idealer- und richtigerweise beschaffen ist*[8]. Mit ihr ist zugleich der Rahmen bezeichnet, innerhalb dessen über das Recht und seinen Sinn überhaupt nachgedacht werden kann.

A. Gemeinschaftliche Konzeptionen

9 Für eine erste und verhältnismäßig einfache, in ihren Grundelementen aber immer noch tragfähige Orientierung bietet es sich dafür an, zwischen zwei einander entgegengesetzten Grundmodellen zu unterscheiden. Das erste und zunächst zu behandelnde Modell kann man vereinfacht ein Gemeinschaftsmodell nennen; es beherrscht das philosophisch-politische Denken der Antike, wirkt von hier aus in die christliche Philosophie des Mittelalters hinein und hinterlässt noch bis in das Natur- und Vernunftrecht der frühen Aufklärung seine Spuren. Drei gemeinsame Kennzeichen bestimmen dieses Modell über alle bestehenden und im Einzelnen durchaus erheblichen Unterschiede hinweg[1]:

(1) Politische Ordnung erscheint in diesem Modell nicht als bloßer Interessenverband, als eine Ordnung nach Zwecken oder überhaupt nur als reines Menschenwerk, sondern als Abglanz und Widerschein höherer Mächte, Kräfte und Gewalten; in ihr wirkt und entfaltet sich eine ihr tiefinnen eingeschriebene Zielbestimmung, auf die sie gleichsam von Natur aus hinstrebt.

(2) In diesem Sinne vereinnahmt die politische Ordnung den Einzelnen mit seiner ganzen Person; nicht er liegt der Gemeinschaft voraus, sondern diese ihm. Dementsprechend gibt es in dieser Konzeption von ihrem Ansatz her keine gemeinschaftsfreien Räume oder überhaupt so etwas wie ein Konzept individueller Freiheit; der Einzelne entfaltet sich vielmehr wesentlich in der Gemeinschaft und auf sie hin.

(3) Verbunden ist dies oft mit einem weitgefassten staatlichen oder öffentlichen Erziehungsauftrag, durch den der Einzelne zur Tugend oder eben zur Gemeinschaft hingeführt werden soll, die wiederum die in ihm liegenden Anlagen als sittliches Wesen zur Entfaltung zu bringen hat.

10 Statt von einem Gemeinschafts- kann man in diesem Sinne etwa auch von einem Tugendmodell sprechen, je nachdem wo der Schwerpunkt oder das eigentliche Zentrum der Konzeption gesehen wird. Ebenso könnte man die Unterschiede zwischen den einzelnen Varianten des Modells und überhaupt das Trennende stärker betonen; natürlich ist es etwas anderes, ob die jeweilige Zielbestimmung der politischen

---

[8] So – neben der Frage nach der Rechtfertigung – kurz und prägnant Hoerster, (Fn. 3), S. 11; eher unscharf R. Celikates/S. Gosepath, Politische Philosophie, S. 24 ff.: Politische Philosophie (und politische Theorie) als „systematische und immer auch normative Reflexion der Bedingungen der Politik, also der öffentlichen Thematisierung und Regelung der gemeinsamen Angelegenheiten eines Gemeinwesens".

[1] Ähnliche Schematisierung, mit etwas anderen Akzenten, bei Hoerster (Fn. 8), S. 26 f.; s. etwa auch die Unterscheidung zwischen einem Tugend- und einem Interessenmodell des Staates bei J. Isensee, Grundrechtsvoraussetzungen und Verfassungserwartungen an die Grundrechtsausübung, in: J. Isensee/ P. Kirchhof (Hrsg.), Handbuch des Staatsrechts, Band IX, 3. Auflage 2011, § 190 Rn. 282 ff.

Ordnung eher philosophisch-innerweltlich oder transzendental-religiös bestimmt wird. Dies darf aber nicht den Blick verstellen für die erheblichen Gemeinsamkeiten, die zwischen diesen Varianten auf der anderen Seite bestehen und es in der Sache rechtfertigen, sie zu einer verbindenden Grundkonzeption zusammenzuziehen.

I. Antike Varianten

Die Grundlagen des Modells werden in der Antike gelegt: in den großen Entwürfen 11
eines Sokrates, Platon oder Aristoteles, später in der griechisch-römischen Stoa. Ausgangs- und ideeller Bezugspunkt ist in diesem Sinne zunächst die griechische Polis, also die Welt der Stadtstaaten, wie sie sich etwa ab dem 7. Jahrhundert v. Chr. auf dem Gebiet des heutigen Griechenland etablierte: mit den Familien und dem Haus (oikos) als Grundeinheit; durchzogen von patriarchalischen Strukturen und mit dem Hausherrn an der Spitze; ständisch gegliedert und geschichtet nach Vollbürgern (in der Sache nur die grundbesitzenden Freien, also die Hausherren), Leuten mit prekärem oder undeutlichem Status (Frauen, Kindern, ortsansässigen Fremden) und Unfreien (Sklaven und Heloten); mit einem elementaren Gefüge aus Ämtern und Institutionen, innerhalb derer dann in Athen erste Formen einer demokratischen, freilich auf die besitzenden Männer beschränkten Selbstregierung erprobt wurden[2]. Alles in allem handelte es sich um vergleichsweise enge und überschaubare Gemeinschaften, die zu lösenden Probleme waren im Vergleich zu modernen Gesellschaften einfach strukturiert und prinzipiell von jedem erfassbar, das kulturelle und politische Leben fand in der Agora, dem zentralen öffentlichen Platz, seinen realen und symbolischen Fluchtpunkt, eingebunden war es in einen unverrückbaren Ordnungsrahmen aus Götterglauben und religiösem Kultus, althergebrachter Sitte und verbindenden Lebensregeln[3]. Speziell in der Gestalt, die sie in Athen angenommen hat, wird die Polis damit zum Ur- und Vorbild politischer Gemeinschaft, auch wenn sie für ihre eigene Zeit gar nicht sonderlich repräsentativ gewesen sein mag[4]. Aber sie war es, von der das Nachdenken über politische Ordnung überhaupt seinen Ausgang nahm. Später, mit der Ära der antiken Imperien und dem Aufstieg Roms zur Weltmacht, weitet sich der Blick, doch die Grundkonzeption, die prinzipielle Zuordnung von Einzelnem und Gemeinschaft, bleibt unverändert. Sie soll im Folgenden in ihrer je spezifischen Ausformung bei den Klassikern Platon, Aristoteles und Cicero vorgestellt werden; letzterer steht dabei zugleich stellvertretend für die Strömung der griechisch-römischen Stoa.

1. Ideenlehre: Platon

Als Platon[5] seine Schriften verfasst, befindet sich freilich gerade Athen, die Polis aller 12
Poleis, im Niedergang, und Platon selbst erlebt diesen Niedergang am eigenen Leib

---

2 Zur insoweit umstrittenen Einordnung s. J. Bleicken, Die athenische Demokratie, 4. Auflage 1995, S. 54 ff., 64 ff., 240 ff., 312 ff. einerseits; C. Meier, Die Entstehung des Politischen bei den Griechen, 1983, insbes. S. 51 ff. andererseits.
3 In der Frühphase oft auch ebenfalls als „Nomoi" (= Gesetze) bezeichnet; erst mit der etwa ab dem Übergang zum 6. Jh. v. Chr. einsetzenden Verschriftlichung der Rechtssetzung wird der Begriff dann mehr und mehr auch für das gesetzte Recht reserviert. Zum insoweit schillernden Nomos-Begriff s. die Beiträge in O. Behrends/W. Sellert (Hrsg.), Nomos und Gesetz, 1995; ferner T. Vesting, Die Medien des Rechts, Bd. 2: Schrift, 2011, S. 104 ff.
4 Vgl. H.-J. Gehrke, Jenseits von Athen und Sparta, 1986.
5 Für eine kurze Kennzeichnung (Lebensdaten, zentrale Werke etc.) s. das Personenglossar im Anhang, dort auch zu den folgenden in diesem Buch genannten Philosophen und Rechtstheoretikern.

mit: Der Peloponnesische Krieg gegen Sparta ist verloren, Glanz und Macht scheinen für immer dahin, verschiedene Tyrannen- und Cliquenregime wechseln sich ab, Platons Lehrer Sokrates wird wegen Gottlosigkeit und Verführung der Jugend zum Tode verurteilt. Dieser politisch-geschichtliche Hintergrund bildet den einen Bestimmungsfaktor seines Werkes, ohne den es nicht verstanden werden kann; es erklärt sich wesentlich aus dem Bestreben, einer zerfallenden, in Auflösung begriffenen Ordnung das Bild einer anderen, idealen Ordnung entgegenzusetzen: das Bild eines Staates, den es so nie gab und, wie Platon selbst durchaus bewusst war, so auch nie geben konnte. Der zweite Bestimmungsfaktor ist das intellektuelle Klima der Zeit, das dominiert wird von der philosophischen Strömung der Sophisten. Diese verkörpern ein aus heutiger Sicht sehr modernes, in sich freilich durchaus disparates Programm: Tradierte Autoritäten und Werte werden angezweifelt und oft in kunstvoller Rhetorik zerlegt; überhaupt setzen sie den Zweifel und das Fragen in die Welt, mit dem alles Philosophieren erst beginnt. Die verbindende Grundlage wird dementsprechend oft in dem berühmten homo-mensura-Satz des Protagoras gesehen, den Platon selbst in einem seiner Dialoge referiert:

„Das Maß aller Dinge ist der Mensch, der seienden, dass und wie sie sind, der nichtseienden, dass sie nicht sind […] Die Dinge sind (deshalb) für mich so, wie sie mir erscheinen, für dich so, wie sie dir erscheinen."[6]

13 Darin drückt sich ein radikaler Subjektivismus und zugleich Relativismus aus; es gibt dann kein objektives Maß und keine objektive Wahrheit mehr, sondern alles ist gleich richtig und gleich gültig, und dasselbe gilt dann auch für die politische Ordnung als Ganzes:

„Das Schöne und Schlechte, das Gerechte und Ungerechte, das Fromme und Frevelhafte, was in diesen Dingen ein Staat für eine Meinung fasst und dann als gesetzmäßig feststellt, das ist es dann auch für jeden in Wahrheit; und in diesen Dingen ist nicht der eine weiser als der andere und nicht dieser Staat klüger als jener. Nichts ist schon von Natur aus recht oder unrecht, fromm oder frevelhaft; sondern, was gemeinsam vorgestellt wird, das wird immer dann wahr, wenn es dafür gehalten wird, und solange wie es dafür gehalten wird."[7]

14 Einer der Einwände, den Platon dagegen erhebt, ist, dass sich eine solche Aussage am Ende selbst aufheben muss: Wenn nichts wahr ist, wie kann es dann diese Lehre sein? Für ihn selbst steht demgegenüber fest, dass es verbindliche Maßstäbe, ein objektiv Wahres und Richtiges gibt: Nicht der Mensch ist das Maß aller Dinge, sondern ihm selber ist ein gültiges Maß vorgegeben, an dem er sich im Denken und Handeln zu orientieren hat. Es ist dann folgerichtig dieses Maß, das auch die Konzeption und Gestalt politischer Ordnung bestimmt.

15 a) Die Grundlagen dieses Verständnisses von Welt liegen in der Ideenlehre Platons, die er selber im sogenannten Höhlengleichnis auf eine unmittelbar einprägsame, bildmächtige Weise entfaltet. Darin geht es, wie schon die Eingangssequenz zeigt, um die Differenz von subjektivem Dafürhalten und objektiver Richtigkeit, von begrenzter menschlicher Erkenntnis und dem wahren Wesen der Dinge:

---

[6] Platon, Theaitetos, in: Platon. Sämtliche Dialoge, Band IV, übers. u. hrsgg. v. O. Appelt, unveränderter Nachdruck 2004, 152a.
[7] Platon (Fn. 7), Theaitetos, 172a.

„*Sokrates: Nächstdem mache dir nun an folgendem Gleichnis den Unterschied des Zustandes klar, in dem sich unsere Natur befindet, wenn sie im Besitze der vollen Bildung ist und andererseits wenn sie derselben ermangelt. Stelle dir Menschen vor in einer unterirdischen Wohnstätte mit lang nach aufwärts gestrecktem Eingang, entsprechend der Ausdehnung der Höhle. Von Kind auf sind sie in dieser Höhle festgebannt mit Fesseln an Schenkeln und Hals; sie bleiben also immer an der nämlichen Stelle und sehen nur geradeaus vor sich hin, durch die Fesseln gehindert ihren Kopf herumzubewegen. Von oben her aber aus der Ferne leuchtet hinter ihnen ein Feuerschein. Zwischen dem Feuer aber und den Gefesselten läuft oben ein Weg hin, längs dessen eine niedrige Mauer errichtet ist ähnlich der Schranke, die die Gaukelkünstler vor den Zuschauern errichten, um über sie weg ihre Kunststücke zu zeigen. – Glaukon: Das steht mir alles vor Augen. – Sokrates: Längs dieser Mauer – so musst du dir nun es weiter vorstellen – tragen Menschen allerlei Gerätschaften vorbei, die über die Mauer hinausragen und Bildsäulen und andere steinerne und hölzerne Bilder und Menschenwerk verschiedenster Art, wobei, wie begreiflich, die Vorübertragenden teils reden teils schweigen. – Glaukon: Ein sonderbares Bild, das du da vorführst, und sonderbare Gefangene! – Sokrates: Sie gleichen uns. Denn können denn erstlich solche Gefesselten von sich selbst sowohl wie gegenseitig voneinander etwas anderes gesehen haben als die Schatten, die durch die Wirkung des Feuers auf die ihnen gegenüberliegende Wand der Höhle geworfen werden? – Glaukon: Wie wäre das möglich, wenn sie ihr Lebelang den Kopf unbeweglich halten müssen? – Sokrates: Und ferner: gilt von den vorübergetragenen Gegenständen nicht dasselbe? – Glaukon: Auch von ihnen haben sie nur Schatten gesehen.*"[8]

Das Höhlengleichnis steht damit, wie es im Text selbst auch ausgedrückt ist („Sie gleichen uns") für die Situation des Menschen in der Welt und seine Schwierigkeit, diese Welt zu erkennen. Was die Menschen in der Höhle von dieser Welt wahrnehmen, ist notwendig nur ein unvollkommenes und fahles Abbild von ihr: die Schatten eben der Gegenstände, die hinter ihnen vorbeigetragen und auf die vor ihnen liegende Wand projiziert werden. Was hinter diesen Abbildern steht, können sie aufgrund der ihnen auferlegten Beschränkungen nicht sehen und folglich auch nicht wissen; sie wissen nicht einmal, dass dort überhaupt noch etwas ist und halten folglich das, was sie sehen, für die ganze Wirklichkeit. Zugleich suggeriert das Gleichnis aber auch, dass es eine Wirklichkeit jenseits und hinter dieser Wirklichkeit gibt, ein wahres Wesen der Dinge, zu dem nur eben die meisten nicht vordringen können. Dieses wahre Wesen der Dinge wird für Platon durch die *Ideen* bezeichnet. Dabei geht es zunächst um das, was an Allgemeinem in den Einzeldingen steckt und es überhaupt erst ermöglicht, sich von ihnen einen Begriff zu bilden. **16**

So muss man, wenn man zwei Gegenstände als gleich oder ähnlich bezeichnet, schon eine Vorstellung davon haben, was Gleichheit oder Ähnlichkeit überhaupt ist, also eben eine vorausgesetzte Idee von Gleichheit[9]. Ebenso setzt die Bezeichnung eines Menschen als „schön" (oder „schöner" als ein anderer) die Idee der Schönheit, die Bewertung eines gerichtlichen Urteils als „gerecht" (oder „gerechter" als ein anderes) die Idee der Gerechtigkeit voraus, und zwar jeweils als ein Maßstab, von dem aus Vergleiche erst möglich sind[10]. Platon selbst schrieb den Ideen aber sogar eine reale Existenz zu, sie waren für ihn – ebenso wie die **17**

---

[8] Platon, Politeìa, dt. Der Staat, in: Platon. Sämtliche Dialoge, übers. u. hrsgg. v. O. Appelt, unveränderter Nachdruck 2004, Bd. V, 514a-515b. Unterhaltsame, gut lesbare Einführung in dieses Werk: J. Lege, „Politeìa". Ein Abenteuer mit Platon, 2013, beginnend dort mit dem Hinweis, dass eigentlich schon die Übersetzung des Titels – „Staat" – falsch ist und es eigentlich um „Verfassung" bzw. „gute Verfassung" geht.

[9] Platon, Phaidon, in: Platon. Sämtliche Dialoge (Fn. 8), Bd. II 74b ff.

[10] Die Beispiele nach W. Röd, Der Weg der Philosophie, 1994, Bd. I, S. 106 f.

im Höhlengleichnis hinter den Gefesselten vorbeigetragenen Gegenstände – wirklicher als die Wahrnehmungen selbst, und sie waren gerade darin zeitlos und unvergänglich.

18 Im weiteren Fortgang des Höhlengleichnisses führt Platon sodann vor, wie ihre zumindest annähernde Erkenntnis möglich ist: indem Einzelne von ihren Fesseln befreit werden und sich nach den hinter ihnen vorbeigetragenen Gegenständen umdrehen, später dann auch aus der Höhle heraustreten, die wirkliche Welt und vor allem die Sonne erblicken[11]. Auch wer vom Glanz zunächst geblendet ist, wird danach nicht mehr mit den Höhlenbewohnern tauschen wollen; im Gegenteil trifft ihn die Verpflichtung, auch diese aufzuklären und zur Wahrheit hinzuführen. In Platons Philosophie steht dies für einen Vorgang der Wiedererinnerung (anamnesis), die an seine weitere Vorstellung von der Seelenwanderung anknüpft: Für Platon existiert die Seele des einzelnen Menschen schon, bevor dessen Leben beginnt; sie wandert durch den Raum der Zeiten, wo sie die Ideen in ihrer ursprünglichen Reinheit erschauen konnte. Mit ihrem Eintritt in den Körper wird das Wissen darum dann zunächst – ebenso wie beim ersten Eintritt in die Höhle – verschüttet. Es kann aber nach und nach und zumindest bruchstückweise wieder hervorgeholt werden, und zwar vor allem durch geistige Anregung, kundige Unterweisung und jene Form des philosophischen Dialogs, für die Platons eigene Aufbereitung des Höhlengleichnisses und die dort gewählte Form der Darstellung ein Beispiel ist.

19 Wie der kleine Auszug des Höhlengleichnisses sind fast sämtliche Werke Platons in Dialogform verfasst. In den Dialogen treten regelmäßig auf: Platons eigener Lehrer Sokrates, durch den er zugleich selbst zu uns spricht, sowie als Gesprächspartner verschiedene Sophisten, die aber oft nur als Stichwortgeber fungieren; sie werden von Sokrates Schritt für Schritt, unter Aufnahme und Weiterentwicklung ihrer eigenen Gedanken und nicht selten auch unter ironischen Kommentaren und einem Schuss Polemik auf beiden Seiten zu höherer Erkenntnis geführt, verabschieden sich von ihren Irrtümern, so dass am Ende alle klarer sehen als zuvor[12]. Im Höhlengleichnis werden aber auch schon die Schwierigkeiten und die Grenzen dieser Methode angedeutet: Weil die Konfrontation mit den neuen Erkenntnissen, vor allem dem Licht, irritierend und verstörend ist, die Menschen dadurch aus dem Gewohnten herausgerissen werden, verweigern sie sich den neuen Erkenntnissen oft und lehnen sie intuitiv ab. Am Ende gehen sie in dieser Ablehnung sogar so weit, den hartnäckigen Verkünder und Lehrer zu töten: eine offenkundige Anspielung auf das Schicksal des Sokrates.

20 b) Die Ideen ihrerseits stehen nicht isoliert und beziehungslos nebeneinander, sondern in einer sinnvollen Ordnung und Hierarchie; sie haben einen gemeinsamen Fluchtpunkt, auf den sie zulaufen und von dem sie ihrerseits inhaltlich bestimmt werden. Diesen Fluchtpunkt sieht Platon in der Idee des Guten, die selber den höchsten und absoluten Wertmaßstab darstellt:

„Sokrates: Meine Ansicht geht jedenfalls dahin, dass unter dem Erkennbaren als letztes und nur mit Mühe die Idee des Guten gesehen wird; hat man sie aber gesehen, so muss man die Überlegung anstellen, dass sie für alles die Urheberin alles Richtigen und Schönen ist. Denn im Sichtbaren bringt sie das Licht und seinen Herrn hervor; im Einsehbaren aber verleiht sie selbst als Herrin Wahrheit und Einsicht. Sie muss man erblickt haben, wenn man für sich oder im öffentlichen Leben vernünftig handeln will."[13]

---

[11] Platon (Fn. 8), Der Staat, 514a-517e.
[12] Man spricht insoweit auch von Hebammenkunst (Mäeutik), insofern es auch darum geht, ein eigenes, aber eben verschüttetes Wissen zu „heben", ans Licht zu bringen.
[13] Platon (Fn. 8), Der Staat, 517b.

Im weiteren Verlauf des Höhlengleichnisses entspricht dem die Sonne als Quell allen   **21**
Lebens und Voraussetzung jeder Wahrnehmung und Erkenntnis[14]. In diesem Sinne
hat die Idee des Guten die Qualität eines Göttlichen, ist ein Beispiel für eine philosophische Gottesvorstellung. Andererseits ist sie, wie der Schluss der kleinen Textpassage
zeigt, eben auch sinngebende Richtschnur für individuelles Handeln wie für die politische Ordnung als Ganzes. Als solche muss sie folgerichtig inhaltlich bestimmt und
konkretisiert werden, um wirksam zu werden. Diese Bestimmung wird ihrerseits unter
die Leitgedanken der Ordnung, des rechten Verhältnisses und der Hierarchie gestellt;
zusammenfassend gilt für Platon einfach, *dass das Gute das Geordnete ist.* Auch dies
wird wieder an einer Reihe von Beispielen veranschaulicht:

„*Sokrates: Nicht wahr, der Tüchtige, der bei allem, was er sagt, stets auf das Beste bedacht ist,
der wird nicht einfach so planlos daherreden, sondern seinen Blick auf einen bestimmten
Zweck richten? So halten es ja auch alle anderen Handwerker, die ihre eigene Arbeit im Auge
haben: Jeder wählt das, was er für seine Arbeit verwendet, nicht aufs Geratewohl aus, sondern
im Hinblick darauf, dass das, was er schafft, eine bestimmte Form gewinnen soll. Schau zum
Beispiel auf die Maler oder auf die Zimmerleute oder auf die Schiffsbaumeister oder auf welche
von allen anderen Handwerkern du nur willst, dann kannst du sehen, wie jeder jeden einzelnen Teil seines Werkes in einer bestimmten Ordnung anbringt und jeden zwingt, sich dem übrigen einzufügen und anzupassen, bis er das Ganze zu einem wohlgeordneten Ding gemacht
hat. Und so ist es auch mit allen übrigen Handwerkern, auch denen, die wir soeben genannt
haben und die es mit dem Körper zu tun haben, den Gymnastiklehrern und Ärzten: Auch sie
bringen irgendwie dem Körper Regelung und Ordnung. Sind wir so einverstanden oder
nicht? – Kallikles: Das mag so sein. – Sokrates: Ein Haus, in dem Regelung und Ordnung herrschen, dürfte gut, ein ungeordnetes schlecht sein? – Kallikles: Ja. – Sokrates: Und ist es so nicht
auch mit einem Schiff? – Kallikles: Ja. – Sokrates: Und dasselbe behaupten wir doch auch von
unserem Körper? – Kallikles: Gewiss. – Sokrates: Doch wie steht es mit der Seele? Wird sie gut
sein, wenn sie ungeregelt ist oder wenn in ihr eine gewisse Regel und Ordnung herrscht? – Kallikles: Dem Vorhergehenden entsprechend, müssen wir auch dies zugeben. – Sokrates: Wie
nennt man nun im Körper das, was aus Regelung und Ordnung entsteht? – Kallikles: Gesundheit und Kraft wirst du es vermutlich nennen. – Sokrates: Ja. Wie sagen wir aber zu dem, was
in der Seele aus Regelung und Ordnung entsteht? Versuche es herauszufinden und auch ihm
einen Namen zu geben. – Kallikles: Warum sagst du es aber nicht selbst, Sokrates? [...] – Sokrates: Die Regelungen der Seele aber und ihre Ordnungen nennt man Rechtlichkeit und Gesetz; durch sie werden die Menschen sittsam und ordentlich, und das eben ist Gerechtigkeit und
Besonnenheit. Ist es so oder nicht? – Kallikles: Mag es so sein.*"[15]

Hier ist alles dem Prinzip der Wohlgeordnetheit, der rechten Ordnung und Zuord-   **22**
nung unterworfen: das einzelne Haus, ein Schiff, der Körper des Menschen und selbst
seine Seele müssen in sich geordnet sein, ebenso wie bei einem handwerklichen Produkt alle Einzelteile in der rechten Ordnung zueinander stehen müssen. Die Zuordnung ist deshalb auch nicht einfach willkürlich oder beliebig, sondern folgt der vorausgesetzten Funktion der einzelnen Teile für das Ganze, und gerade darin drückt sich das
Gute aus.

---

[14]   Platon (Fn. 8), Der Staat, 508a ff. Innerhalb der Ideenlehre ist die Funktion des „Guten" dabei durchaus schillernd; sie liegt für Platon eher noch jenseits der Ideen oder den Ideen voraus; wie die Sonne,
deren Anblick blendet, lässt sie sich deshalb auch nicht einfach diskursiv erschließen, vgl. Platon a. a. O.
[15]   Platon, Gorgias, in: Platon. Sämtliche Dialoge (Fn. 8), Bd. I, 503e-504d.

23 c) Inhaltlich umschrieben wird dieser Zustand rechter Ordnung und Zuordnung, so wie es in der kleinen Passage auch schon anklingt, durch den Begriff oder eben die *Idee der Gerechtigkeit*, die auf diese Weise zum Dreh- und Angelpunkt von Platons politischer Philosophie wird. Gerechtigkeit meint damit nicht bloß eine bestimmte Qualität des Rechts, eines gerichtlichen Urteils oder etwa einer Güter- und Einkommensverteilung. Sie wird vielmehr zu einer *Sammelbezeichnung für das Ganze der Ordnung:* ein Zustand umfassender Harmonie, der sachgerechten Zuordnung und der rechten Proportionen, in dem jedes Ding an dem ihm zukommenden Platz ist, jedem das Seine zugewiesen ist und jeder die ihm zukommende Aufgabe erfüllt[16]. Bezugs- und Anwendungsfelder sind in diesem Sinne und in sich wiederum aufeinander aufbauend zunächst die Seele des Menschen, sodann der Mensch selbst und schließlich die politische Ordnung als Ganzes:

– Die Seele des einzelnen Menschen ist in einem Zustand der Gerechtigkeit, wenn in ihr, siehe oben, „Regel und Ordnung" herrschen, wenn also die höheren Seelenteile den niederen übergeordnet sind. Ganz oben steht in diesem Sinne die Weisheit; darunter folgen, in dieser Reihung, die Schicht der Gefühle und Stimmungen und ganz zuunterst die Triebe.

– Auf der Ebene des menschlichen Handelns entspricht dem eine Ordnung der Tugenden, nach der die Weisheit (als Korrelat der Vernunft) ganz oben steht, gefolgt von der Tapferkeit (als Korrelat der Empfindungen) und der Besonnenheit (als Begrenzung der Triebe).

– Diese Hierarchie schlägt so zuletzt auch auf die politische Ordnung durch: Diese ist gerecht, wenn die Stände im richtigen Verhältnis zueinander stehen und die höheren den niederen übergeordnet sind. Die konkrete Rangordnung korrespondiert dabei der Rangordnung der Seelenteile und der Tugenden, so dass der Vernunft und der Weisheit das Herrschen zukommt, der Tapferkeit und den Tapferen das Wächteramt und den Triebhaften das Beherrschtwerden[17].

24 Das ist das Muster einer ständischen Schichtung der Gesellschaft, die Menschen bestimmte Eigenschaften zuschreibt, sie von hier aus zu bestimmten Gruppen zusammenfasst und diesen dann unterschiedliche Funktionen in der und für die Gesellschaft zuordnet[18]. Die Eigenschaften und Funktionen werden dabei wesentlich durch Geburt erworben und weitervererbt, sie sind nicht eine Folge von Umweltbedingungen, der Ausbildung der eigenen Fähigkeiten oder überhaupt eigener Wahl, sondern stehen vorab fest, so dass es prinzipiell auch keinen Wechsel zwischen den Gruppen, keinen Auf- oder Abstieg von der einen in die andere gibt. Die gesellschaftliche Ordnung als solche ist damit nicht dynamisch, sondern statisch gedacht. Da die Regierenden in der hier vorgenommenen Zuordnung idealerweise die Vernunft und Weisheit verkörpern, ergibt sich daraus zwangsläufig die Forderung nach der Herrschaft der Philosophenkönige, für die Platon berühmt ist und von der man bis heute nicht weiß, ob sie ernst oder eher resigniert-ironisch gemeint ist:

---

[16] Böckenförde (Fn. 1), S. 80 ff.
[17] Platon (Fn. 8), Der Staat, 440 e ff.
[18] Häufig deshalb in Form einer Tabelle dargestellt, s. Röd (Fn. 10), S. 137.

„Sokrates: Wenn nicht entweder die Philosophen Könige werden in den Städten oder die, die man heute Könige und Machthaber nennt, echte und gründliche Philosophen werden, und wenn dies nicht in eines zusammenfällt: die Macht in der Stadt und die Philosophie, und all die vielen Naturen, die heute ausschließlich nach dem einen oder dem anderen streben, gewaltsam davon ausgeschlossen werden, so wird es mit dem Elend kein Ende haben, nicht für die Städte und auch nicht, meine ich, für das menschliche Geschlecht."[19]

Ebenso wie der Entwurf eines Ständestaates kann das heute kaum noch Interesse beanspruchen und **25** scheint uns sehr fern geworden. Wie jener hat es aber Bedeutung vor allem als ein Gegenbild, vor dem der Sinn heutiger politischer Ordnung besser verstanden werden kann, in deren Licht diese selber auch immer wieder hinterfragt werden kann. Und es zeigt sich darin gerade die Bedeutung von Gerechtigkeit bei Platon als ein Zuordnungsbegriff, der zuletzt auch jedem einzelnen Bürger eine fest umrissene, seinen angenommenen Fähigkeiten und Talenten entsprechende Funktion für die politische Gemeinschaft zuweist.

d) Für den Einzelnen bedeutet dies vor allem eine moralische Verpflichtung zur Einfü- **26** gung in die vorgegebene Ordnung gemäß seinen Anlagen und Fähigkeiten. In dieser Einfügung besteht zugleich sein individuelles Glück; es ist nicht bezogen auf die Verwirklichung der eigenen Wünsche oder Interessen, sondern auf ein geordnetes, gerechtes, sittlich gutes Leben, und dieses wiederum erfüllt sich in der Mitwirkung am Gelingen des Ganzen. Deutlich wird dies in einer bezeichnenden Dialogpassage, in der es um die Wächter geht:

„Adeimantos: Was wirst du nun, mein Sokrates, zu deiner Verteidigung vorbringen, falls jemand dir einwerfen sollte, mit dem Glück, dass du diesen Männern bietest, sei es nicht weit her, und zwar durch ihre eigene Schuld; denn ihnen gehört ja doch recht eigentlich die Stadt, und doch ziehen sie keinen Vorteil von ihr wie andere, die Ländereien besitzen und sich schöne und große Häuser bauen [...] Sokrates: Wir brauchen wohl nur den nämlichen Weg weiter zu verfolgen, um zu finden, was zu sagen ist. Wir werden nämlich sagen, dass es durchaus kein Wunder wäre, wenn auch diese sich so am glücklichsten fühlten; doch haben wir bei Gründung unserer Stadt es nicht darauf abgesehen, dass ein Stand vorwiegend glücklich wäre, sondern die ganze Stadt sollte es sein, soviel als nur möglich [...] So überlassen wir denn, während die Stadt als Ganzes gedeiht und aufs Beste eingerichtet wird, jedem einzelnen Stande denjenigen Anteil an Glück, den die Natur ihm bestimmt."[20]

Entsprechend heißt es später für die zur Regierung berufenen Denker:

„Sokrates: Es ist dir wohl wieder entfallen, mein Lieber, dass unser Staatsgesetz nicht darauf abzielt, dass es einer Klasse im Staate besonders wohl ergehe, sondern dies Wohlergehen soll dem Staat als Ganzem zukommen; darauf wirkt das Gesetz hin, indem es die Bürger durch Überredung und Zwang zur Einheit zusammenfasst und sie dazu bringt, einander wechselseitig zugutekommen zu lassen, was ein jeder Förderliches für das Gemeinwesen zu leisten vermag, und indem es selbst dem Staate Männer von entsprechender Sinnesart schafft, nicht etwa um jeden ganz nach Belieben seiner besonderen Neigung folgen zu lassen, sondern um selbst die Verwendung derselben für den engen Zusammenschluss des Ganzen in die Hand zu nehmen."[21]

---

[19] Platon (Fn. 8), Der Staat, 473 c–d. Für die möglichen Deutungen s. etwa R. Spaemann, Der Philosophenkönig, in: O. Höffe (Hrsg.), Platon: Politeìa, 3. Aufl. 2015, S. 121 ff.
[20] Platon (Fn. 8), Der Staat, 419 a–c.
[21] Platon (Fn. 8), Der Staat, 519 e–520 a.

27 Wesentlich ist danach das Wohlergehen der Gemeinschaft, das des Einzelnen ist davon nur abgeleitet. In der Konsequenz bedeutet das eine umfassende Inpflichtnahme für diese Gemeinschaft, von der zuletzt auch die Frauen nicht ausgenommen sind; ihnen sind bis hin zum Militärdienst – für die damalige Zeit revolutionär – grundsätzlich dieselben Aufgaben zugewiesen wie den Männern[22]. Die Vorstellung individueller Freiheit ist demgegenüber noch ganz unbekannt, und zwar sowohl im Sinne selbstbestimmter Lebensführung als auch im Sinne eines Raumes, den der Einzelne ganz für sich hat; es gibt überhaupt keine polis- oder gemeinschaftsfreie Sphäre, sondern die Polis durchdringt alles, reicht bis tief in die individuelle Lebensführung hinein. Die Folgen zeigen sich in dem umfassenden Selektions- und Erziehungsprogramm, das Platon vor allem für die Wächter, letztlich aber auch für die Masse insgesamt entwirft[23]. Die Selektion reicht bis hin zur Steuerung des Paarungs- und Zeugungsverhaltens, wie es in verschiedenen, heute schwer erträglichen Passagen heißt:

„Sokrates: Es müssen doch zur Folge des Eingeräumten die besten Männer so häufig wie möglich den besten Frauen beiwohnen, die schlechtesten dagegen den schlechtesten so selten wie möglich. Und die Kinder der ersteren müssen aufgezogen werden, die der anderen nicht, sofern die Herde auf voller Höhe bleiben soll. Und von all diesen Maßnahmen darf niemand etwas wissen außer die Herrscher selbst";

28 am Ende folgt sogar die Forderung nach Aussonderung und letztlich Tötung der „schlechteren" Kinder[24]. Erziehung hingegen bedeutet wie im Höhlengleichnis Hinführung zur Erkenntnis des Guten, und zwar nicht nur durch bloße Wissensvermittlung, sondern im Sinne einer umfassenden Formung und Disziplinierung der ganzen Persönlichkeit. Das geht so weit, dass den zu Erziehenden alle für das Ziel des Ganzen möglicherweise gefährlichen Bildungsinhalte – von bestimmten Passagen aus den homerischen Epen über manche Fabeln des Äsop bis hin zu bestimmten musikalischen Tonarten und sogar einzelnen Musikinstrumenten wie den Flöten – planmäßig vorenthalten werden[25]: Auch hier ist alles auf die Inpflichtnahme des Einzelnen für die Gemeinschaft ausgerichtet.

29 Es sind Auswüchse wie diese, die Platon in unserer Zeit den Vorwurf eingetragen haben, einer der geistigen Wegbereiter der totalitären Regime des 20. Jahrhunderts zu sein: Er habe, in poetischen Bildern und der suggestiven Struktur des philosophischen Dialogs, erstmals vorgedacht, was später von Menschheitsverbrechern wie Hitler, Stalin oder Pol Pot vollendet wurde[26]. Das erscheint aus heutiger Sicht überzeichnet; Platon dürfte eher das real existierende – und im Kampf gegen Athen letztlich siegreiche – Sparta vor Augen gehabt als an die tatsächliche Umsetzung seiner Vorstellungen gedacht haben. Aber wie in einem Brennglas kommen in solchen äußersten Übersteigerungen doch alle Risiken eines Denkens von der Gemeinschaft her zusammen, denen unter den Prämissen des Modells wirksam entgegengewirkt werden kann. In seiner späteren Schrift über die „Gesetze" hat Platon sich von einigen dieser Übersteigerungen sowie von der strengen hierarchischen Schichtung der Gesellschaft nach den zu erledigenden Grundfunktionen verabschiedet, überhaupt ist diese Schrift stärker auf die praktische Realisierung als den gedanklichen Entwurf des Idealstaats gerichtet. Für die Einfügung des Einzelnen sollen dementsprechend – im Sinne einer objektivierten Form von Herrschaft – die Gesetze (nomoi) sorgen, die als eine Art zweitbeste Lösung an die

---

[22] Vgl. Platon (Fn. 8), Der Staat, 451 c ff.

[23] Platon (Fn. 8), Der Staat, 376 d ff., 386 a ff., 419 a ff.

[24] Platon (Fn. 8), Der Staat, 459 d–e sowie 460 b–e.

[25] Platon (Fn. 8), Der Staat, 377 a ff., 386 a ff., 398 a ff.

[26] Namentlich K. R. Popper, Die offene Gesellschaft und ihre Feinde, Band 1, Der Zauber Platons, 8. Auflage 2003.

Stelle strenger philosophischer Unterweisung und planvoll-disziplinierender Erziehung treten[27]. Verändert sind damit aber im Wesentlichen nur die Mittel, die grundsätzliche Orientierung auf die Gemeinschaft und das tugendhafte Leben bleibt auch hier aufrechterhalten.

2. Entelechie: Aristoteles

Als Aristoteles, der größte Schüler Platons und zusammen mit ihm einer der bis heute bedeutendsten Philosophen überhaupt, die Szene betritt, haben sich freilich die inneren Verhältnisse der athenischen Polis wieder einigermaßen stabilisiert, wenn auch unter dem Verlust der früheren weltpolitischen Größe. Stattdessen hatten der makedonische König Philipp II. und sein Sohn Alexander ihr vormals unbedeutendes Land zunächst zur bedeutendsten Militär- und später zur Weltmacht geführt. Aber die politischen Institutionen in Athen selbst arbeiteten zu Aristoteles' Zeiten wieder einigermaßen verlässlich, das demokratische Element schien durch verschiedene Reformen eher noch gestärkt, die tiefe Krise überwunden[28]. Von hier aus erklärt sich der im Vergleich zu Platon entschieden pragmatischere Zugriff seiner politischen Philosophie: Nicht den Idealstaat wollte Aristoteles zeichnen, sondern die bestehende Ordnung auf die in ihr wirksamen Sinnprinzipien befragen; wo er Reformvorschläge und Alternativen unterbreitet, sind diese am Machbaren orientiert und nicht am – vielleicht – Wünschbaren. Er wird deshalb oft auch als der große Antipode Platons gesehen, von dem er sich in der Tat an vielen einzelnen Punkten distanzierte. **30**

Die Ideenlehre etwa hielt er in ihrer überkommenen Form für eine unnütze Verdoppelung der Welt: Für Aristoteles ist das Wesen der Dinge und der Erscheinungen – also das, was bei Platon die Idee war – nichts, was von ihnen getrennt ist oder über ihnen steht; es steckt in ihnen und kann durch Abstraktion aus der Beobachtung gleicher oder ähnlicher Dinge aus ihnen gewonnen werden. Und anders als Platon vollzog sich für ihn Erkenntnis nicht allein durch vernünftiges Denken und die reine Schau, sondern gerade über die äußere Wahrnehmung und Beobachtung, die überhaupt erst die Grundlage des Denkens bildet. **31**

Wie Platon ging aber auch Aristoteles davon aus, dass wir im Denken zum wahren Wesen der Dinge vordringen können, dass es ein solches allgemeines Wesen gibt und es sich der gesamten Welt – Natur, Mensch, Staat – als Vorgegebenheit aufzwingt: Diese selbst ist dann Ausdruck einer natürlichen Ordnung, der sie zu entsprechen hat. Insofern vertreten beide, wie man zutreffend gesagt hat, im Ergebnis zwei Varianten derselben Philosophie[29]. Entsprechend überwiegen auch bei der Konzeption politischer Gemeinschaft die Gemeinsamkeiten zwischen ihnen die Unterschiede bei weitem; diese betreffen eher die konkrete Ausformung, nicht die Grundorientierung an sich. **32**

a) Grundlage der politischen Philosophie des Aristoteles wie seiner Philosophie überhaupt ist die Vorstellung, *dass die Welt wesentlich eine Ordnung nach Zwecken ist,* und zwar nicht nach von außen, durch willkürliches Handeln gesetzten Zwecken, sondern nach ihr von innen eingeschriebenen Zwecken, auf die sie sich hin entwickelt. Der Schlüsselbegriff dafür ist der Begriff der *Entelechie,* der damit für die aristotelische Metaphysik eine ähnliche Funktion übernimmt wie die Ideen für **33**

---

[27] Zum Charakter als zweitbester Lösung Platon, Gesetze, in: Platon, Sämtliche Dialoge (Fn. 8), Bd. VII, 739a–b.

[28] Die Forschung hat hier freilich lange geschwankt; s. zur heutigen Einordnung dieser Phase K.-H. Welwei, Die griechische Polis, 2. Auflage 1998, S. 243 ff.

[29] Röd (Fn. 10), S. 157.

die platonische[30]. Im Unterschied dazu hat er allerdings seinen Grund in einem stärkeren Denken von der Bewegung und einem darauf bezogenen Zweck-Ursachen-Zusammenhang her, so wie es im Wortstamm „telos" (= Ziel, Zweck) auch zum Ausdruck kommt. So müssen, um ein von Aristoteles selbst vielfältig verwendetes Beispiel aufzugreifen, die verschiedensten Faktoren und Ursachen zusammenkommen, damit ein Gebäude oder ein Haus entstehen kann: die Arbeit der Bauleute, die verschiedensten Werkstoffe, zuletzt aber auch der Plan des Architekten, der dem ganzen überhaupt erst die Zweckbestimmung gibt[31]. Innerhalb der belebten Natur, also bei Pflanzen, Tieren und Menschen, kann diese Zweckbestimmung dagegen nur von innen her erfolgen, nach einem in ihnen selbst angelegten Plan, auf den sie sich hin entwickeln, so wie sich aus einem Samenkorn die spätere Pflanze oder der Baum entwickelt. Aristoteles selbst beschrieb dies mit einem für seine Metaphysik ebenfalls grundlegenden Gegensatzpaar als Entwicklung von der „Aktualität" zur „Potentialität", das sich im Grunde selbst erklärt:

> „Potentialität meinen wir, wenn wir z. B. sagen, dass im Holze die Hermesfigur und in der ganzen Linie die halbe stecke, nämlich weil man sie daraus hervorholen kann [...] Anders die Aktualität. Was wir damit sagen wollen, mag aus den einzelnen Fällen durch Induktion deutlich gemacht werden. Es ist durchaus nicht immer geboten, für alles die streng begriffliche Form zu suchen; es genügt schon eine Reihe von analogen Fällen zu überblicken. Dazu dient hier das Verhältnis des Bauenden zum Bauverständigen, des Aufgewachten zum Schlafenden, des Sehenden zu dem, der die Augen geschlossen hält, aber Sehkraft besitzt, des aus dem Stoffe Gestalteten zum Stoffe, des Fertiggestellten zum Unfertigen. Durch das eine Glied dieser Gegensätze soll jedes Mal die Aktualität, durch das andere die Potentialität bezeichnet sein."[32]

34 Alle Entwicklung bedeutet in diesem Sinne den Übergang von der Potentialität (der Möglichkeit oder des Vermögens) zur Aktualität (als Entfaltung dieser Möglichkeiten). Der Begriff der Entelechie bringt dann gerade diese innere Zielgerichtetheit zum Ausdruck, nämlich

> „die Vollendung des Seins nach seiner Bestimmung."[33]

35 Den Schlusspunkt im Sinne der Erreichung dieser Bestimmung bezeichnet Aristoteles auch als die „Natur" der Dinge. „Natur" bedeutet also hier nicht einfach: So oder so ist es gerade, oder so hat es sich eingerichtet; vielmehr bezeichnet sie den Zustand, in dem die Entwicklung von etwas zu ihrem Abschluss und ihrer Vollendung gelangt, also den Endpunkt und das eigentliche Ziel des Ganzen[34].

36 Wird so die gesamte Welt konsequent als Bewegung und Entwicklung gedeutet, stellt sich von irgendeinem Zeitpunkt an die Frage, was der letzte Grund und das letzte Ziel dieser Bewegung ist. Für Aristoteles kann dies nur etwas sein, was selbst eine Bewegung anstößt, aber selbst nicht bewegt ist; sonst müsste es ja seinerseits durch eine andere Bewegung erzeugt sein. Dies ist der „unbewegte Beweger" oder das Göttliche: das letzte Ziel, auf das sich die Welt hin bewegt[35]. Dieses wiederum sah Aristoteles in der Vernunft und im

---

[30] Metaphysik bedeutet nach einem der Bücher des Aristoteles wörtlich übersetzt zunächst nur „nach der Physik", und zwar nach der Reihenfolge, in der die Bücher vermutlich entstanden sind. In der Sache geht es eher um das, was wir heute als Ontologie bezeichnen, also die Lehre vom Seienden.

[31] Vgl. etwa Aristoteles, Metaphysik, übers. v. A. Lasson, 1907, 1070 f.

[32] Aristoteles (Fn. 31), Metaphysik, 1048 b.

[33] Aristoteles (Fn. 31), Metaphysik, 1050 a.

[34] Aristoteles, Politik, übers. u. hrsg. von O. Gigon, 10. Auflage 2006 1252.

[35] Aristoteles (Fn. 31), Metaphysik, 1071 b ff.

Denken, als der einzigen Tätigkeit ohne jede Veränderung, und gerichtet sein müsse sie wieder auf den höchsten Wert, also das Denken selbst. Von hier aus kann Aristoteles sagen: Das Göttliche ist das „Denken des Denkens"[36]. Auf diese Weise wird auch die aristotelische Philosophie eingebunden in eine Kosmologie, die das ganze Gewölbe trägt und erhält.

b) Für den Menschen wird diese Zielausrichtung zunächst durch das bestimmt, wo-   37
nach alle streben[37]. Dafür kommt für Aristoteles nur das allgemeinste und oberste Ziel in Betracht, in dem alle anderen versammelt und aufgehoben sind:

> *„Wir wollen abermals auf das Gesuchte zurückkommen und fragen, was es wohl sei. Offenbar ist es in jeder Handlung und Kunst ein anderes. Denn ein anderes ist es in der Medizin und in der Strategik und so fort. Welches ist nun das Gute in jedem einzelnen Falle? Wohl das, um dessen Willen alles Übrige geschieht. Dies ist in der Medizin die Gesundheit, in der Strategik der Sieg, in der Baukunst das Haus, anderswo wieder anderes [...] Das vollkommen Gute scheint aber ein Endziel zu sein. Wenn es also nur ein einziges Endziel gibt, so wäre dies das Gesuchte, wenn aber mehrere, dann das Vollkommenste unter diesen. [...] Allgemein ist das vollkommene Ziel dasjenige, was stets an sich und niemals um eines anderen Willen gesucht wird."*[38]

Das Gut oder Ziel, das diese Anforderungen erfüllt, ist – als Schlüsselbegriff der politi-   38
schen Philosophie des Aristoteles überhaupt – die *Glückseligkeit (eudaimonia);* sie ist das einzige, was stets um seiner selbst willen und niemals wegen eines anderen gewollt wird[39]. Es kennzeichnet allerdings Aristoteles' Auffassung, dass der Inhalt dieser Glückseligkeit nicht subjektiv nach den auffindbaren Lebensformen und Präferenzen des Menschen (Lust und Genuss, Ehre als Ziel des politischen Lebens, philosophische Betrachtung etc.) bestimmt wird, sondern erneut objektiv und mit Blick auf das in ihm liegende Potential. Dieses wiederum besteht letztlich in einer

> *„Tätigkeit der Seele aufgrund ihrer besonderen Befähigung, und (bei mehreren solcher Befähigungen) nach der besten und vollkommensten, und dies außerdem noch ein volles Leben hindurch."*[40]

Die innere Zielbestimmung des Menschen liegt so in der *Entfaltung seiner geistigen und*   39
sittlichen Fähigkeiten, durch die er sich von allen anderen Lebewesen unterscheidet. Als Endziel allen Strebens und zugleich Inbegriff der „eudaimonia" scheint so zuletzt – neben einer gewissen materiellen Grundausstattung – ein Leben nach der Tugend auf:

> *„Was hindert also, jenen glückselig zu nennen, der gemäß der vollkommenen Tugend tätig und mit äußeren Gütern hinlänglich versehen ist, nicht eine beliebige Zeit hindurch, sondern durch ein ganzes Leben?"*[41]

Glückseligkeit ist dann überhaupt die

> *„Tätigkeit der Seele gemäß der vollkommenen Tugend"*[42].

---

[36] Aristoteles (Fn. 31), Metaphysik, 1074b.
[37] Aristoteles (Fn. 32), Politik, 1094a 1ff.
[38] Aristoteles, Nikomachische Ethik, übers. und hrsgg. v. O. Gigon, 6. Auflage 2004, 1097a 14ff.
[39] Aristoteles (Fn. 38), a. a. O.
[40] Aristoteles (Fn. 38), Nikomachische Ethik, 1098a 15.
[41] Aristoteles (Fn. 38), Nikomachische Ethik, 1101a 15.
[42] A. a. O. (Fn. 38), 1102a 5.

40 Die Tugend selbst sieht Aristoteles wesentlich durch das Prinzip der Mitte (mesotes) bestimmt: Wahre Tugend liege immer in der Mitte zwischen den Extremen, zwischen Verschwendungssucht und Geiz also in der Großherzigkeit, zwischen Tollkühnheit und Feigheit in der Tapferkeit etc. Eine für seine Philosophie durchaus charakteristische Ausnahme macht Aristoteles bei alledem allerdings für die Sklaven: In deren Natur liege es, einem anderen zu gehören; sie haben an der Vernunft wie den Tugenden nur eingeschränkt teil und sind vor allem dazu da, die anfallenden körperlichen Arbeiten zu erledigen[43].

41 c) Im Grundsatz dieselben Erwägungen gelten auch für die Polis oder den Staat, wie der Begriff üblicherweise meist nur übersetzt wird. In ihm erreicht die innere Zielbestimmung des Menschen ihre letzte und höchste Stufe, können sich seine Anlagen auf eine vollständige und die bestmögliche Weise entfalten. Zu diesen Anlagen gehört auch, dass es ihn zur Gemeinschaft mit anderen zieht; von Natur aus ist er immer zugleich ein gemeinschaftsbezogenes und zuletzt staatenbildendes Lebewesen (zoon politikon)[44]. Der Staat selber entsteht dabei aus einer Stufenfolge der Vergemeinschaftung: Auf der untersten Stufe stehen Ehe und Familie als Fortpflanzungsgemeinschaft und Keimzelle des Ganzen; aus diesen entsteht das Haus als grundlegende Wirtschafts- und Erwerbsgemeinschaft; auf dem Zusammenschluss mehrerer Häuser baut sodann das Dorf, auf dem Zusammenschluss mehrerer Dörfer zuletzt der Staat als vollkommene Gemeinschaft auf; mit ihm ist zugleich die Grenze der vollendeten Autarkie erreicht[45]. Vollkommen ist er aber eben auch deshalb, weil er die Zielbestimmung des einzelnen Menschen, also das Leben nach der Tugend, in sich aufnimmt und auf einer höheren Stufe zur Entfaltung bringt; daraus erhält er selber erst seine eigentliche Zweckbestimmung und seinen Daseinsgrund. In diesem Sinne

> „ist also der Staat nicht bloß eine Gemeinschaft des Ortes und um einander nicht zu schädigen und um des Handels willen. Sondern dies sind nur notwendige Voraussetzungen, wenn es einen Staat geben soll; aber auch wenn all das vorhanden ist, ist noch kein Staat vorhanden, sondern dieser beruht auf der Gemeinschaft des tugendhaften Lebens in Häusern und Familien um eines vollkommenen und selbständigen Lebens willen. [...] Ziel des Staates ist also das tugendhafte Leben, und jenes andere ist um dieses Zieles willen da. Und der Staat ist die Gemeinschaft der Geschlechter und Dorfgemeinden um des vollkommenen und selbständigen Lebens willen. Dieses endlich ist, wie wir betonen, das glückselige und tugendhafte Leben. Man muss also die politischen Gemeinschaften auf die tugendhaften Handlungen hin einrichten und nicht bloß auf das Beisammenleben".[46]

42 Der Bürger und seine Gemeinschaft stimmen auf diese Weise in ihrer Zielbestimmung überein; diese ist nicht etwas den Bürgern innerlich Fremdes, das ihnen von einer äußeren Macht gewaltsam übergestülpt wird oder gegen sie zur Geltung gebracht werden muss. In der Gemeinschaft kommt vielmehr nur auf höherer Stufe zur Entfaltung, was schon dem Wesen der Einzelnen als Telos eingeschrieben ist. Gegenüber dem Einzelnen kommt ihr damit normativ der Vorrang zu, wie es Aristoteles auch ausdrücklich ausspricht:

> „Der Staat ist denn auch von Natur ursprünglicher als das Haus oder jeder Einzelne von uns. Denn das Ganze muss ursprünglicher sein als der Teil. Wenn man nämlich das Ganze wegnimmt, so gibt es auch keinen Fuß oder keine Hand, außer dem Namen nach, wie etwa

---

[43] Aristoteles (Fn. 34), Politik, 1253 b 1 ff.; s. insbes. 1254 b 20.
[44] Aristoteles (Fn. 34), Politik, 1253 a 1 ff.
[45] Aristoteles (Fn. 34), Politik, 1052 a 24 ff., 1253 b 27 ff.
[46] Aristoteles (Fn. 34), Politik, 1280 b 29 ff.; Übers. modifiziert.

eine Hand aus Stein; nur in diesem Sinn wird eine tote Hand noch eine Hand sein. In Wahrheit ist alles bestimmt durch seine besondere Leistung und Fähigkeit, und wenn es diese nicht mehr besitzt, kann es auch nicht mehr als dasselbe Ding bezeichnet werden außer dem bloßen Namen nach. Dass also der Staat von Natur ist und ursprünglicher als der Einzelne, ist klar. […] Wer aber nicht in Gemeinschaft leben kann oder in seiner Autarkie ihrer nicht bedarf, der ist kein Teil des Staates, sondern ein wildes Tier oder Gott."[47]

In der Folge dieser Vorordnung wirkt die Gemeinschaft der Polis bis tief in die Lebensführung der Menschen hinein, formt sie das kulturelle, religiöse, künstlerische und geistige Leben und erzieht sie die Bürger in einem umfassenden Sinne zur Tugend. Auch was Aristoteles dazu im Einzelnen vorschlägt – von der Regulierung von Ehe und Partnerschaft über strenge Geburtenkontrolle und Eugenik bis hin zur regelrechten Abrichtung der Kinder und Jugendlichen –, unterscheidet sich nur graduell, nicht aber prinzipiell von den Vorstellungen Platons[48]. Gleichwohl ist Aristoteles nie jener harschen Kritik ausgesetzt worden, wie man sie gegen Platon geübt hat (→ Rn. 29). Möglicherweise liegt das daran, dass er nicht von einer visionären, alles durchdringenden Idee des Guten aus argumentiert, sondern weltzugewandter, pragmatischer, auf die von ihm angenommene Eigenart und die Bedürfnisse des Menschen bezogen. Aber für beide ist die Polis letztlich eine umfassende Gemeinschaft des guten Lebens; sie sorgt sich nicht nur allgemein um das gute Leben ihrer Bürger, sondern gibt auch vor, worin es inhaltlich besteht, nimmt sie gleichsam an die Hand und führt sie darauf hin. Private Räume abseits der Gemeinschaft kennt dementsprechend auch Aristoteles nicht; die Freiheit des Einzelnen besteht ausschließlich in der Teilhabe an der Gemeinschaft, praktisch-politisch gewendet also darin, abwechselnd zu regieren und regiert zu werden[49]. Von einem Verständnis von Freiheit, nach dem jeder tun und lassen kann, was er will, hält Aristoteles demgegenüber nichts[50].

d) Gegenüber dieser grundsätzlichen Übereinstimmung in der inneren Idee von Gemeinschaft treten demgegenüber die Unterschiede in der äußeren Ausgestaltung in ihrer Bedeutung zurück. So konzipiert Platon die Polis stärker als Einheit, während Aristoteles darauf beharrt, es handele sich um eine gegliederte Vielheit, deren Grundbestandteile – vor allem das Haus – voneinander unterscheidbar bleiben und nicht vollständig im übergeordneten Ganzen aufgehen[51]. Ebenso lehnte Aristoteles ein Königtum der Philosophen ab. Seine eigenen Vorstellungen entfaltete er aus einer Typologie der vorhandenen und in der geschichtlichen Realität aufweisbaren Verfassungsformen, die diese zunächst quantitativ nach der Zahl der Regierenden (ein Einzelner, eine Gruppe oder alle) und sodann qualitativ danach unterschied, ob die jeweiligen Regierenden auf das Gemeinwohl oder nur auf ihren eigenen Vorteil zielen. Zu den richtigen oder guten Verfassungen zählen danach Monarchie, Aristokratie und Politie, zu den falschen oder entarteten – gleichsam als ihr negatives Spiegelbild – die Tyrannis, die Oligarchie und die Demokratie[52]. Als unter diesen Bedingungen „beste Verfassung" schwebt

43

44

---

[47] Aristoteles (Fn. 34), Politik, 1235a 19.

[48] Böckenförde (Fn. 1), S. 124; die entsprechenden Ausführungen in Aristoteles (Fn. 34), Politik, 1334a 29ff., 1636a 2ff., 1337a 9ff. Strikt abgelehnt wird von Aristoteles allerdings die Vorstellung einer Weiber- und Gütergemeinschaft.

[49] Aristoteles (Fn. 34), Politik, 1317b 1.

[50] Aristoteles (Fn. 34), Politik, 1310a 27ff.

[51] Aristoteles (Fn. 34), Politik, 1261a 17ff.

[52] Aristoteles (Fn. 34), Politik, 1279a 17ff.

ihm eine „gemischte Verfassung" vor, und zwar nicht nur im Sinne einer Kombination dieser oder jener organisatorischen Elemente, sondern vor allem auch in Bezug auf eine gerechte und angemessene Ordnung der Vermögensverhältnisse. Für diese aber gilt wie für die Tugend insgesamt das Prinzip des mittleren Maßes:

„*In allen Staaten gibt es drei Teile, die sehr Reichen, die sehr Armen und die Mittleren. Wenn nun das Maß und die Mitte anerkanntermaßen das Beste sind, so ist auch in Bezug auf die Glücksgüter der mittlere Besitz von allem der Beste. Denn in solchen Verhältnissen gehorcht man am leichtesten der Vernunft […] Der Staat soll also möglichst aus Gleichen und Ebenbürtigen bestehen, und dies ist bei den Mittleren am meisten der Fall […] Offensichtlich ist also die auf diese Mitte aufgebaute staatliche Gemeinschaft die Beste, und solche Staaten haben eine gute Verfassung, in denen die Mitte stark und den beiden Extremen überlegen ist, oder doch wenigstens dem einen Extrem.*"[53]

45 Auch das ist weit pragmatischer und stärker an den politischen Realitäten orientiert, als es bei Platon der Fall war; es zielt von vornherein nicht auf ein fernes Ideal, sondern fragt danach, was unter den gegebenen Bedingungen machbar ist und lenkt den Blick auf die notwendigen Voraussetzungen politischer Stabilität. Es betont aber auf seine Weise nur die Enge und den „Freundschaftscharakter"[54] dieser Gemeinschaft: Es ist eine Gemeinschaft, in der jeder jeden kennt und alle einander durch ein tieferes Gefühl der Zugehörigkeit verbunden sind. Auch darin liegt Aristoteles ganz nah bei Platon, so wie überhaupt die innere Ordnungsidee der jeweiligen Gemeinschaften identisch ist.

46 Aus dem Pragmatismus und der Orientierung auf ein Prinzip des mittleren Maßes mag sich andererseits auch die ungebrochene Attraktivität der aristotelischen Philosophie bis in unsere Tage erklären[55]. Besonders einflussreich hat etwa die amerikanische Philosophin Martha C. Nussbaum an verschiedene ihrer Elemente angeknüpft und sie für unsere Zeit wiederzubeleben versucht: als Versuch, „das philosophische Prinzip des Aristoteles von seiner unerfreulichen und ungerechten Anwendung zu trennen"[56]. Konkret geht es dabei um eine als „Essentialismus" bezeichnete Rehabilitierung der aristotelischen Tugendlehre, daneben aber auch um ein Plädoyer für ein von Nussbaum selbst als „sozialdemokratisch" bezeichnetes Gesellschaftsmodell, das extreme Armut und extremen Überfluss zugunsten einer Stärkung der gesellschaftlichen Mitte zu vermeiden sucht[57]. Auch die neuere Strömung des Kommunitarismus nimmt wieder Anleihen bei Aristoteles (→ Rn. 262 ff.).

3. Weltvernunft: Die Stoa und Cicero

47 Die Polis als Matrix jener Gemeinschaft spielte freilich zu der Zeit, als Aristoteles ihre Grundzüge noch einmal klassisch zusammenfasste, als ernstzunehmender politischer Ordnungsfaktor schon keine Rolle mehr, wie Aristoteles selber eigentlich durchaus hätte wissen müssen[58]. Von Alexandria bis Rom entstehen neue geistige Zentren, lokale und kulturelle Grenzen lösen sich in den neuen Großreichen zusehends auf, zum Be-

---

[53] Aristoteles (Fn. 34), Politik, 1295b 1 ff.
[54] Aristoteles (Fn. 34), Politik, 1295b 23.
[55] Umfangreichste Rekonstruktion: T. Gutschker, Aristotelische Diskurse, 2002.
[56] M. C. Nussbaum, Gerechtigkeit oder Das gute Leben, 1999, S. 109, dort auch viele maßgebliche Texte. Kritisch zur von Nussbaum vorgenommenen Aristoteles-Interpretation demgegenüber Gutschker (Fn. 63), S. 404 ff., 460 ff.
[57] M. C. Nussbaum, Für eine aristotelische Sozialdemokratie, in: Philosophie und Politik VI, hrsgg. v. J. Nida-Rümelin/W. Thierse, 2002, S. 17 ff.
[58] Insofern ist seine Staatsphilosophie in der Tat in gewisser Weise beschränkt, s. I. Düring, Aristoteles, 2. Auflage 2005, S. 505.

zugsrahmen des Denkens wird nach und nach die ganze Welt. Die Philosophie konnte darauf ihrerseits mit Selbstbescheidung und dem Rückzug ins Private reagieren: die Lösung Epikurs und seiner Anhänger[59]. Oder sie hielt weiterhin an ihrem umfassenden Erklärungsanspruch fest, erstreckte ihn aber auf die Welt insgesamt und wurde so gleichsam selber universal. Dies ist im Wesentlichen der Weg, der von der griechisch-römischen Stoa beschritten wurde. Damit ist eine von Zenon von Kition um 300 vor Christi in Athen gegründete Schule bezeichnet, die etwa in Griechenland durch Chrysippos oder später in Rom durch Seneca, Epiktet oder Marc Aurel fortgeführt wurde[60]. Sie hält bei allen im Einzelnen durchaus bestehenden Unterschieden an der Vorstellung eines transzendentalen Grundes der Welt und einer inneren Gesetzmäßigkeit des Daseins fest, und auch die Grundkonzeption politischer Gemeinschaft wird – wenngleich mit einigen wichtigen und für ihre Zeit geradezu revolutionären Neuerungen – nicht prinzipiell aufgegeben. Sie wird im Folgenden im Wesentlichen anhand der Schriften Ciceros dargestellt, auch wenn dieser wenig Eigenständiges zu ihr beigetragen und sie vielfältig mit anderem Gedankengut verknüpft hat; es ist aber gerade seine Darstellung, die in nachfolgenden Epochen vielfältig rezipiert und als modellhaft angesehen wurde.

a) Am Grund der stoischen Philosophie liegt ein durch keine äußeren Ereignisse zu erschütterndes Vertrauen darauf, dass die Welt vernünftig und zweckmäßig eingerichtet ist. Es gipfelt in einer umfassenden *Lehre vom Logos als einer kosmischen Vernunft oder Weltvernunft*, die zugleich den Ursprung wie die beherrschende Kraft des Daseins bildet, damit alle Eigenschaften eines Göttlichen hat, selber oft auch mit Gott gleichgesetzt wird. Die ganze Welt ist von dieser Weltvernunft durchwaltet, die dadurch zugleich das Weltgesetz als das ewige Gesetz (lex aeterna) ist: Sie gestaltet und formt die Materie, mit der sie sich auf diese Weise verbindet; sie prägt sich der belebten wie der unbelebten Natur als ihre Gesetzmäßigkeit und zugleich Zweckbestimmung ein, wirkt in den Tieren als Instinkt, in den Menschen als individuelle Vernunft. Auch die Naturgesetze sind insoweit ein Ausdruck der Weltvernunft, so wie sie überhaupt mit der „Natur" weitgehend gleichgesetzt wird und aus ihr abgelesen werden kann. Für die Menschen wiederum wird ihr ewiges Gesetz hinuntergebrochen zum menschlichen Gesetz (lex humana), in dem es sich zu spiegeln hat. Insoweit bildet diese Vernunft auch die unhintergehbare Richtschnur für den Menschen und die politische Ordnung, wie es in Ciceros bündiger Zusammenfassung heißt:

„Es ist allerdings das wahre Gesetz die rechte Vernunft, mit der Natur übereinstimmend, ausgegossen in alles, beständig, ewig; die zur Pflicht ruft durch Gebot, durch Verbot vom Trug abschreckt; die dennoch weder den Redlichen vergeblich gebietet oder verbietet, noch die Unredlichen durch Gebot oder Verbot bewegt. Dieses Gesetz zu ändern, verstößt gegen heilige Ordnung. Weder ist es erlaubt, etwas von ihm teilweise abzuschaffen, noch kann es ganz beseitigt werden; aber auch nicht durch den Senat oder durch das Volk können wir von diesem Gesetz entbunden werden. Weder muss dazu als Erklärer oder Deuter Sextus Aelius befragt werden, noch wird es ein Gesetz in Rom, ein anderes in Athen, wiederum ein anderes jetzt, ein anderes später geben; sondern alle Völker und zu allen Zeiten wird ein Gesetz, ewig

---

[59] Auf eine eingehende Darstellung muss hier verzichtet werden; eine Zusammenfassung etwa bei M. Erler, Epikur, in: H. Flashar (Hrsg.), Grundriss der Geschichte der Philosophie, Band 4/1, Die hellenistische Philosophie, 1994, S. 203ff. Zu Epikurs Vorstellung von Gerechtigkeit noch kurz → § 2 Rn. 140.

[60] Kurzbiographien bzw. Lebensdaten s. erneut im Anhang. Der Name „Stoa" stammt von einer bemalten Säulenhalle, der stoa poikile, in der Zenon unterrichtete.

und unveränderlich, umschließen, und nur ein gemeinsamer Lehrer und Gebieter aller sozusagen wird Gott sein. Er ist der Urheber dieses Gesetzes, der Schiedsrichter, der Antragsteller; wer aber diesem nicht gehorcht, wird selbst sich entfliehen und durch Verschmähung der Natur des Menschen eben dadurch schwer bestraft werden, auch wenn er anderen vermeintlichen Strafen entkommen ist. "[61]

49 Darin ist, wenn auch in einer durchaus eigenen Färbung, wie in einem Brennglas alles enthalten, was die stoische Philosophie in ihren Grundlagen ausmacht: die Beschwörung einer universalen Vernunft, die Übereinstimmung dieser Vernunft mit der Natur, zugleich aber ihre Bedeutung als umfassender Maßstab menschlichen Handelns und politischer Ordnung, der seinerseits wiederum der Natur entnommen werden kann.

50 b) Über seine individuelle Vernunft hat der Mensch Teil an dieser Weltvernunft, und zwar in dem doppelten Sinne, dass sie einerseits in den Vorgang der Bildung der Weltvernunft eingeht, diese andererseits aber vom Menschen auch erkannt und erfasst werden kann. Im Ergebnis erhält der Mensch so selber eine teilhabende Ähnlichkeit mit dem Göttlichen:

„Ich will es kurz machen: Es läuft darauf hinaus, dass dieses Lebewesen, umsichtig, klug, vielseitig, scharfsinnig, erinnerungsfähig, voll Vernunft und Einsicht, das wir Mensch nennen, mit einer ganz hervorragenden Ausstattung vom höchsten Gott geschaffen wurde. Denn es allein unter soviel Arten und Wesen der Geschöpfe hat teil an Vernunft und Denkvermögen, während dies alle anderen Lebewesen nicht besitzen. Was gibt es aber – ich will nicht sagen nur im Menschen, sondern im ganzen Himmel und auf der ganzen Erde – Göttlicheres als die Vernunft? Ist sie erstarkt und voll ausgebildet, wird sie mit Recht Weisheit genannt. Da nun nichts besser ist als die Vernunft und diese im Menschen und in Gott ist, besteht also für den Menschen mit Gott eine erste Gemeinschaft auf der Grundlage der Vernunft. "[62]

51 Die teilhabende Ähnlichkeit des Menschen mit Gott zeigt sich aber nicht nur in der allgemeinen Vernunftbegabung oder dem, was hier Weisheit genannt ist, sondern – insoweit durchaus ähnlich wie bei Platon und noch stärker bei Aristoteles – in der Anlage und Befähigung zur Tugend, die selber nichts anderes ist als die

„vollkommene und zur Höchstform entwickelte Natur"[63].

Zugleich sind alle Menschen einander in dieser Anlage und Befähigung gleich. Die Vorstellung etwa des „Sklaven von Natur", wie sie sich bei Aristoteles findet, wird dadurch unhaltbar. Stattdessen formulieren die Stoiker erstmals in der Geschichte der politischen Philosophie ein Plädoyer für eine prinzipielle Gleichheit aller, die ihren letzten und tiefsten Grund in der gleichen Teilhabe aller an der göttlichen Vernunft oder überhaupt der teilhabenden Ähnlichkeit mit Gott hat. Bei Cicero liest sich das wie folgt:

„Es gibt nämlich kein einziges Wesen, das einem anderen so ähnlich, so gleich ist, wie wir alle es untereinander sind. Denn wenn entartete Gewohnheiten und wenn die verschiedenen subjektiven Meinungen nicht unseren schwachen Geist verdrehten und umstimmten, wohin er gerade tendiert, wäre niemand sich selbst so ähnlich, wie es alle untereinander

---

[61] Cicero, De re publica, dt. Der Staat, übers. u. hrsgg. v. R. Beer, 1964, III 22, 32.
[62] Cicero, De legibus, dt. Über die Gesetze, übers. u. hrsgg. v. E. Bader/L. Wittmann, 1969, I 22f.
[63] Cicero (Fn. 62), Über die Gesetze, I 25.

wären. Welche Definition es daher für den Menschen geben mag: Eine einzige ist gültig für alle. Dies beweist zur Genüge, dass in der Art keine Verschiedenheit liegt. Gäbe es eine solche, so würde eine Definition nicht alle umfassen. Und wirklich, die Vernunft, durch die allein wir die Tiere übertreffen, dank derer wir imstande sind, Vermutungen anzustellen, mit der wir Beweise anführen, widerlegen, unsere Gedanken entwickeln, etwas folgern und den Schluss ziehen, ist sicher allen gemeinsam, auf Grund der Ausbildung zwar verschieden, aber in der Fähigkeit des Lernens gleich."[64]

Die so aus der allgemeinen Vernunftnatur des Menschen abgeleitete universale Gleichheit 52 unabhängig von Herkunft, Stand oder rechtlicher Stellung wurde indessen von der Stoa nicht nur abstrakt gelehrt, sondern von ihren Vertretern auch gelebt; Epiktet war ein Sklave, Marc Aurel Kaiser von Rom. Es werden von hier oft Verbindungslinien zur Idee universaler Menschenrechte im Allgemeinen und der Menschenwürdegarantie des Grundgesetzes im Besonderen gezogen, zumal gerade Cicero in anderem Zusammenhang explizit den Begriff der Würde verwendet[65]. Insofern die Gleichheit aber aus der Teilhabe an der alle Verhältnisse durchdringenden Weltvernunft abgeleitet ist, begründet sie nicht oder jedenfalls nicht primär eine Berechtigung, sondern erst einmal die gleiche Unterwerfung aller unter deren Gesetzmäßigkeiten. Aus der angenommenen Vernunftnatur des Menschen ergeben sich so vor allem Verpflichtungen: zu vernunftgemäßem Verhalten, zu Redlichkeit und Rechtschaffenheit, zur Einfügung in die von der Vernunft vorgegebene, natürliche Ordnung der Dinge. Auch zu einem Verständnis von Freiheit im modernen Sinne dringt die stoische Philosophie nicht vor; die Freiheit wird ganz nach innen gewendet und besteht eben in dem Versuch, sich der Weltvernunft anzunähern, und gegenüber den äußeren Lebensumständen bleibt das am Ende ganz gleichgültig.

Darin ist auch angelegt, was bis heute als die stoische Haltung berühmt ist. Sie steht für innere Gelassen- 53 heit, ein Ruhen in sich selbst und die Unabhängigkeit von Affekten, die gerade aus der Größe und der Kraft der Weltvernunft resultieren: Vor ihr hat das Handeln des einzelnen Menschen keine Bedeutung. Das schließt strenge Pflichten gegenüber anderen oder auch politisches Engagement nicht aus und kann sie sogar fordern. Aber im Zweifel ist auch das äußerste Unrecht geduldig zu ertragen, und gerade der Philosoph soll hierfür ein Vorbild sein.

c) Die Anerkennung der „recta ratio", der rechten Vernunft als des einzig wahren, mit 54 der Natur übereinstimmenden, überall wirksamen und ewigen Gesetzes, begründet zugleich eine geistige Verbundenheit zwischen den Menschen, auf der dann politische Gemeinschaft erst aufbauen kann. Dies ist der Hintergrund und der Sinn der berühmten Definition des Staates bzw. der „res publica" bei Cicero:

„Es ist also [...] der Staat die Sache des Volkes (Est igitur res publica res populi), das Volk aber nicht jede Versammlung von Menschen, die auf welche Weise auch immer zusammengekommen ist, sondern die Versammlung einer Menschenmenge, die durch die Übereinstimmung der Rechtsvorstellung (consensus iuris) und die Gemeinsamkeit des Nutzens vereinigt ist."[66]

Mit der Übereinstimmung des Rechtes oder der Rechtsvorstellung ist damit gerade die 55 Anerkennung des von Natur aus Rechten gemeint, über die sich der Staat als eine

---

[64] Cicero (Fn. 62), Über die Gesetze, I 29 f.
[65] Cicero, De officiis, dt. Von den Pflichten, übers. u. hrsgg. v. H. Märklin, 1995, III, 106; vgl. allgemein etwa H. Cancik, Gleichheit und Freiheit – Die antiken Grundlagen der Menschenrechte, in: G. Kehrer (Hrsg.), „Vor Gott sind alle gleich", 1983, S. 190 ff. (197 ff.).
[66] Cicero (Fn. 61), Der Staat, I 25/39.

echte und tiefere Einheit erst konstituiert[67]. Sie verweist so wiederum auf die göttliche Vernunft als den transzendentalen Urgrund allen Seins. Zugleich weist sie gerade dadurch über die Enge und Begrenztheit der Polis hinaus und bezieht tendenziell die ganze Menschheit ein, soweit sie sich von der rechten Vernunft leiten lässt:

„Welchen aber die Vernunft gemeinsam ist, denen ist auch die rechte Vernunft gemeinsam: Da diese aber das Gesetz ist, muss man uns Menschen auch durch das Gesetz als mit den Göttern verbunden halten. Unter welchen nun wiederum eine Gemeinschaft des Gesetzes besteht, unter denen besteht auch eine Gemeinschaft des Rechtes. Diejenigen aber, die all das gemeinsam haben, sind als Bürger ein und desselben Staates zu betrachten. Wenn sie zudem den gleichen Mächten und Gewalten Folge leisten, gilt dies noch viel mehr. Sie gehorchen nun aber dieser himmlischen Ordnung, diesem göttlichen Geist und allmächtigen Gott, so dass sogar diese gesamte Welt für einen den Göttern und Menschen gemeinsamen Staat zu halten ist.“[68]

56 Dieser Ausgriff ins Kosmopolitische hindert Cicero freilich nicht, sich ähnlich wie schon Aristoteles mit der Frage nach der besten Verfassung für ein konkretes und notwendigerweise in seinen Grenzen auch überschaubares Gemeinwesen zu beschäftigen. Er bleibt dabei wesentlich in den von Aristoteles vorgezeichneten Bahnen, übernimmt die Typologie der verschiedenen Herrschaftsformen und ihrer jeweiligen Entartungen, plädiert wie jener für eine gemischte, freilich stärker auf die Eigenart der römischen Republik bezogene Verfassung[69]. Für jede Verfassungsform ist aber letztlich entscheidend, dass sie überhaupt an jenem einigenden Band festhält, das die Menschen überhaupt erst zu einer politischen Gemeinschaft verbindet: also an der Anerkennung der Natur-Vernunft als ewiggültiger Grundlage des Daseins[70].

II. Theologisch-christliche Varianten

57 Mit dem Ende der Antike, das oft mit dem – freilich selber schwer zu datierenden – Untergang des römischen Reiches gleichgesetzt wird, tritt auch das Nachdenken über politische Ordnung in eine neue Phase. Sie führt indessen nicht dazu, dass das, was hier als Gemeinschaftsmodell dieser Ordnung bezeichnet ist, aufgegeben oder grundsätzlich verändert wird, jedenfalls nicht in Bezug auf die Merkmale, die es als ein solches kennzeichnen (→ Rn. 9). Eher wird es in einen neuen Bezugsrahmen eingestellt, von dem aus es dann in der Folge in einer spezifischen Weise entfaltet wird. Dieser Bezugsrahmen ist die Heils- und Erlösungslehre des Christentums, die dem Menschen den Weg zur Seligkeit weisen will. In der Spätphase des römischen Reichs von Kaiser Theodosius im Jahre 380 zur Reichsreligion erhoben, steigt sie im Mittelalter zum zentralen politischen Ordnungsfaktor auf, wird zur Grundlage der gesamten Sozial-

---

[67] S. erneut Böckenförde (Fn. 1), S. 166.

[68] Cicero (Fn. 62), Über die Gesetze, I 23; insofern Fortsetzung der zu Fn. 62 zitierten Passage. Mit „Gesetz“ ist hier, wie der Zusammenhang der Textstelle ergibt, wiederum weniger das geschriebene Gesetz als wiederum die „höchste Vernunft“ gemeint, die der Natur eingeprägt ist und zugleich „im Geist des Menschen gefestigt und ausgebildet ist“, ebda., I 18.

[69] Cicero (Fn. 61), Der Staat, I-II. Auch die Terminologie weicht teilweise von der aristotelischen ab und orientiert sich an der politischen Verfassung Roms: Die Aristokratie etwa heißt Optimatenherrschaft, die Politie/Demokratie jetzt Volksherrschaft (civitas popularis). Ferner wird auch die Entartung nicht generell, sondern eher nach bestimmten Eigenschaften und Entwicklungstendenzen bestimmt; Merkmal des Königtums ist dann etwa die Fürsorge, Merkmal der Tyrannis der Hochmut etc.

[70] Vgl. Cicero (Fn. 61), Der Staat, I 26/42.

ordnung, durchdringt und unterwirft sich alle Lebensbereiche; in der römisch-katholischen Kirche findet sie bis auf weiteres ihre authentische Verkünderin. Die wesentlichen Merkmale der neuen Sicht auf die Welt sind:

– eine aus dem Judentum und dem Alten Testament übernommene personale Gottesvorstellung, die Gott als Schöpfer und Lenker der Welt, als Planenden und willentlich Handelnden begreift; als solcher ist er nicht wie die Vernunft oder die Natur Teil der Welt, sondern steht jenseits von oder über ihr,

– die Bestimmung des Menschen aus seiner Beziehung zu diesem Gott, als dessen Geschöpf und zugleich Ebenbild er erscheint; zugleich ist er ein in die Sünde verstricktes Mangelwesen, das auf göttliche Erlösung hoffen muss,

– die Verheißung eines kommenden göttlichen Reiches, in dem alle Sünden getilgt, alle Übel aufgehoben sind; es ist in diesem Sinne das Ziel allen Hoffens und allen Strebens, auch wenn es selber wiederum jenseits dessen liegt, was allein durch menschliches Handeln erreichbar ist.

Zugleich ist es dieses Reich Gottes, das erst als endgültige Verwirklichung christlicher Gemeinschaft erscheint, indem es alle Gläubigen unter göttlicher Herrschaft zusammenschließt; alle irdische politische Ordnung hat demgegenüber immer nur etwas Vorläufiges[71]. Sie bleibt aber auf diese Zielbestimmung innerlich hingeordnet, so wie es sich alsbald in dem Anspruch der römisch-katholischen Kirche spiegelt, auch die diesseitige Welt unter Gottes Schwert zu beherrschen und darunter zu versammeln[72]. Entsprechend durchdringen sich in der geschichtlichen Realität des Mittelalters geistig-religiöse und weltlich-politische Macht; die eine ist von der anderen lange nicht geschieden, ein autonomer Bereich des Politischen, wie er sich mit dem neuzeitlichen Begriff des Staates verbindet, ganz unbekannt[73]. Ebenso durchdringen sich auch politische Philosophie und Theologie; Philosophie ist immer und notwendig auch Theologie, so wie es – freilich mit durchaus unterschiedlicher Akzentsetzung – im Werk ihrer beiden wirkmächtigsten Vertreter, Augustinus und Thomas von Aquin, hervortritt. 58

1. Gottesstaat: Augustinus

Als Aurelius Augustinus sein theologisches und philosophisches Werk verfasst, zeichnet sich freilich die Ausbildung einer christlichen Weltordnung allenfalls ab und kann keinesfalls als gesichert gelten; im Gegenteil ist das römische Reich, in dem sich das Christentum gerade erst durchgesetzt hat, selber in einem Zustand der Auflösung begriffen, von innen bedroht durch Unruhen und moralischen Zerfall, von außen durch neue feindliche Heere. Gerade in Augustinus' politischer Philosophie tritt dementsprechend der voraus- 59

---

[71] Böckenförde (Fn. 1), S. 185. Die Auffassung, dass es sich dabei um eine bloße „Gesellschaft" und nicht um eine echte „Gemeinschaft" handelt, teile ich allerdings nicht; s. dazu sogleich im Text.

[72] Ideologische Grundlage ist die sog. Zwei-Schwerter-Lehre, die man aus Lukas 22, 38 herausgelesen hat: Gott hat danach für die Beherrschung der Christenheit zwei Schwerter ausgegeben, eines für die geistig-religiöse Leitungsgewalt, ein anderes für die weltliche, beide aber, wie namhafte Kirchenväter und Theologen – unter ihnen etwas Thomas von Aquin – meinten, zunächst in die Hand des Papstes, vgl. Thomas von Aquin, De regimine principum, dt. Über die Herrschaft der Fürsten, übers. v. F. Schreyvogl, 1999, S. 14. Alle weltliche Herrschaft war damit von der geistlichen Herrschaft abgeleitet und ihr untergeordnet, wie es dann auch in der päpstlichen Bulle „Unam sanctam ecclesiam" im Jahre 1302 von Papst Bonifatius VIII. verkündet wurde.

[73] D. Grimm, Recht und Staat der bürgerlichen Gesellschaft, 1987, S. 54f.

weisende Charakter des Zugriffs hervor: Das Bild der Gemeinschaft, das er zeichnet, ist das einer solchen, die ihre Zeit noch vor sich hat, erst noch kommen soll. Dass sie kommen wird, gilt ihm freilich als gewiss und folgt mit Notwendigkeit aus dem göttlichen Heilsplan, der die Geschicke der Menschheit lenkt. Der einzelne Mensch wiederum geht darin ganz als das Geschöpf Gottes ein: Dieser hat ihm die unsterbliche Seele eingepflanzt, und diese Seele ist es wiederum, die ihn für immer mit Gott verbindet. Beide bilden in ihrem Zusammenhang auch das zentrale Erkenntnisinteresse von Augustinus:

„Gott und die Seele will ich erkennen. Sonst nichts? Nein, gar nichts."[74]

60 Über seine Seele kann der Mensch zuletzt auch eins werden mit Gott und so an das Ziel seiner Bestimmung gelangen. Zugleich liegt hierin auch das Ziel aller menschlichen Gemeinschaft, wie es Augustinus in seiner Schrift „Vom Gottesstaat" als eine ferne Utopie zeichnet. Auf diese Schrift konzentriert sich die folgende Darstellung.

61 a) Den Grund dieser Konzeption bildet eine Geschichtsmetaphysik, die die gesamte Geschichte als einen zielgerichteten, von der göttlichen Vorsehung planvoll gelenkten Prozess deutet: als ewiges Wechselspiel zwischen Sünde und Erlösung, zwischen der Vertreibung aus dem Paradies und der immerwährenden Sehnsucht danach, als fortwährender Kampf des Guten gegen das Böse, der Engel gegen die Dämonen. Als Ergebnis dieses Ringens teilt sich die Welt von Anfang an in zwei einander gegenüberstehende Lager, nämlich den Gottesstaat (civitas dei) einerseits und den Erden- oder Menschenstaat (civitas terrena) andererseits. Beide bezeichnen indessen nicht zwei real existierende Reiche oder Staaten, den christlich regierten Staat oder die Kirche hier, den Staat der Heiden und Ungläubigen dort, sondern sie stehen für die entgegengesetzten metaphysischen Kräfte und Prinzipien, die nach Ansicht von Augustinus in der Geschichte wirksam sind, und zwar seit der Erschaffung der Engel einerseits und dem Abfall Luzifers andererseits[75]. In der politischen Realität durchdringen sich die beiden Reiche notwendigerweise. In den einzelnen Menschen treten sie demgegenüber wesentlich als gegensätzliche Einstellungen oder Willensrichtungen hervor[76]. In Augustinus eigenen, unmittelbar auf den Sündenfall bezogenen Worten:

„Doch meine ich bereits große und schwierige Fragen wie die nach dem Anfang der Welt, der Seele und des Menschengeschlechts hinreichend geklärt zu haben. Was Letzteres anlangt, unterschieden wir zwei Arten, nämlich derer, die nach dem Menschen, und derer, die nach Gott leben. In Gleichnisrede sprechen wir hier von zwei Staaten, das ist zwei menschlichen Genossenschaften, deren eine vorherbestimmt ist, ewig mit Gott zu herrschen, die andere, mit dem Teufel ein ewiges Strafgericht zu erleiden. Doch von diesem Ausgang wird später zu reden sein. Ihren Anfang nahmen sie teils mit den Engeln, deren Zahl uns unbekannt ist, teils mit den beiden ersten Menschen, und davon war bereits die Rede. So müssen wir nunmehr ihre Entfaltung beschreiben, von dem Zeitpunkt an, wo jene beiden Nachkommen zu erzeugen anfingen, bis dahin, wo keiner mehr Nachkommen erzeugt. Denn den Inhalt dieser ganzen Zeit oder Weltperiode, in der die Kette von Sterben und Geborenwerden nicht abreißt, bildet die Entfaltung dieser beiden Staaten, denen unsere Betrachtung gilt."[77]

---

[74] Augustinus, Selbstgespräche, bearb. v. H. Fuchs, übertr. v. H. Müller, 1986, I 2.

[75] Röd (Fn. 10), S. 306 f.

[76] Vgl. K. Flasch, Augustin, 3. Auflage 2003, S. 385.

[77] Augustinus, De civitate Dei, dt. Vom Gottesstaat, übers. v. W. Thimme, 2. Auflage 2011, XV 1.

Statt von denen, die „nach dem Menschen", spricht Augustinus an anderer Stelle auch   **62**
von denen, die „nach dem Fleische" leben wollen, statt von denen, die „nach Gott", auch
von denen, die „nach dem Geiste" leben wollen[78]. Irgendein sachlicher Unterschied ist
damit nicht verbunden. So oder so ist in dieser kleinen Passage bereits alles eingefangen,
was Augustinus' Vision ausmacht: die manichäische Scheidung der Welt in die Gemeinschaften der Frommen und der Sünder, der metaphorische Charakter ihrer Bezeichnung
sowie das ferne Schicksal, auf das sie sich unausweichlich hinbewegen – dort die ewige
Verdammnis, hier die ewige Seligkeit als das einzig wahre Ziel allen Strebens[79].

Verwoben wird dies mit unmittelbar zeitgeschichtlichen Betrachtungen über den Niedergang Roms, in de-   **63**
nen Augustinus vor allem die – zu seiner Zeit verbreitete – Ansicht zurückweist, das Christentum sei dafür
verantwortlich gewesen; im Gegenteil sei es der eine und wahre Gott der Christen, der Rom überhaupt erst
zu seiner Größe geführt habe[80]. Solche Betrachtungen sind durchaus auch auf politische Wirkung gerichtet. Aber zunächst dienen sie ihm vor allem der Illustration, als Belege für seine eigentliche Botschaft, die
der grundsätzlichen Zielbestimmung des Menschen und der Menschheit insgesamt gilt.

b) Die real vorhandene politische Ordnung, in der die Menschen nun einmal leben, er-   **64**
scheint bei Augustinus wesentlich als Friedensordnung, ist aber von jener Zielbestimmung ebenfalls nicht vollständig gelöst und bleibt ihr in vielfältiger Hinsicht verpflichtet.
Als Friedensordnung bildet sie vor allem einen äußeren Rahmen des Zusammenlebens,
auf den auch die Christen bis auf weiteres angewiesen bleiben. Die innere Zielbestimmung wiederum wird ähnlich wie bei den antiken Vorbildern über das Scharnier des Gerechtigkeitsbegriffs eingeführt, der darin nun aber ebenfalls eine spezifisch christliche Aufladung erfährt. In der bloßen Beschränkung auf die Ordnungs- und Friedensfunktion ist
jedenfalls auch die weltliche politische Ordnung einschließlich ihres Rechts unzulänglich
begriffen, wie Augustinus mit dem berühmten Räuberbanden-Vergleich illustriert:

*„Was anders sind also Reiche, wenn ihnen Gerechtigkeit fehlt, als große Räuberbanden?
Sind doch auch Räuberbanden nichts anderes als kleine Reiche. Auch da ist eine Schar von
Menschen, die unter Befehl eines Anführers steht, sich durch Verabredung zu einer Gemeinschaft zusammenschließt und nach fester Überzeugung die Beute teilt. Wenn dies üble Gebilde durch Zuzug verkommener Menschen so ins Große wächst, dass Ortschaften besetzt,
Niederlassungen gegründet, Städte erobert, Völker unterworfen werden, nimmt es ohne
weiteres den Namen Reich an, den ihm offenkundig nicht etwa hingeschwundene Habgier,
sondern erlangte Straflosigkeit erwirbt. Treffend und wahrheitsgemäß war darum die Antwort, die einst ein aufgegriffener Seeräuber Alexander dem Großen gab. Denn als der König
den Mann fragte, was ihm einfalle, dass er das Meer unsicher mache, erwiderte er mit frei-
mütigem Trotz: Und was fällt dir ein, dass Du das Erdreich unsicher machst? Freilich, weil
ich's mit einem kleinen Fahrzeug tue, heiße ich Räuber. Du tust's mit einer großen Flotte
und heißt Imperator."*[81]

---

[78] Augustinus (Fn. 72), Vom Gottesstaat, XIV 1.
[79] Beide werden in den letzten Büchern jeweils in leuchtenden Farben ausgemalt, s. Augustinus (Fn. 77),
Vom Gottesstaat, XXI und XXII.
[80] Augustinus (Fn. 77), Vom Gottesstaat, I-V, s. insbes. V 21.
[81] Augustinus (Fn. 77), Vom Gottesstaat, IV 4. Die Deutung dieser Passage ist allerdings in der heutigen
Augustinus-Forschung nicht mehr unumstritten, wobei die Gründe wesentlich in den Unklarheiten der
lateinischen Fassung liegen dürften: „remota iustitia quid sint regna nisi magna latrocinia" könnte auch
bedeuten „Was anderes sind also Reiche (Staaten), *weil* ihnen die Gerechtigkeit fehlt …"; er selbst hat
seine Auffassung später auch modifiziert, vgl. E.L. Fortin, Justice as the Foundation of the Political
Community, in: C. Horn (Hrsg.), Augustinus. De civitate dei, 1997, S. 41 ff.

65   Damit ist auf eine bis heute als gültig empfundene Weise die Frage nach dem Wesen des Rechts und dem Grund rechtlicher Verpflichtung gestellt, und zwar gerade als Frage nach dem Unterschied von Recht und Macht. Für Augustinus beantwortet sie sich nur aus einem bestimmten Inhalt des Rechts. Auch der Staat – oder, wie es hier heißt: ein Reich bzw. eine Herrschaft (regnum) – als Rahmen des Rechts ist damit keine beliebige, sondern notwendig inhaltlich erfüllte, nämlich moralisch richtige oder eben gerechte Ordnung, und nur insoweit kann er Legitimität beanspruchen. Wie er Gerechtigkeit näher versteht und wie er sie nicht versteht, arbeitet Augustinus seinerseits in der Auseinandersetzung mit der berühmten Staatsdefinition Ciceros – der Staat als Sache des Volkes (→ Rn. 54) – heraus:

„Volk nennt Cicero nämlich eine Gemeinschaft vieler Menschen, die durch Übereinstimmung der Rechtsvorstellung (consensus iuris) und die Gemeinsamkeit des Nutzens verbunden sind. Was er aber unter Übereinstimmung der Rechtsvorstellung versteht, führt er im Verlauf seiner Untersuchung näher aus, indem er zeigt, dass ohne Gerechtigkeit kein Staat geleitet werden kann. Denn wo keine wahre Gerechtigkeit ist, gibt's auch kein Recht. Denn was rechtmäßig ist, das ist auch gerecht, und was ungerecht ist, kann nicht rechtmäßig sein. Ungerechte menschliche Anordnungen kann man ja nicht Recht nennen oder für Recht halten, erklären sie doch selbst, nur das sei Recht, was aus dem Quell der Gerechtigkeit geflossen ist, dagegen falsch die Ansicht, die man von einigen verkehrt urteilenden Menschen vernehmen kann, Recht sei, was dem Stärkeren nützt. Wo demnach keine wahre Gerechtigkeit ist, kann es auch keine durch Übereinstimmung der Rechtsvorstellung verbundene Menschengemeinschaft geben, also nach Ciceros Definition auch kein Volk. Wenn aber kein Volk, dann auch keine Volkssache, sondern nur Sache einer Menge, die den Namen Volk nicht verdient. Darum, wenn Staat Volkssache ist und ein Volk durch Übereinstimmung der Rechtsvorstellung verbunden sein muss, Recht aber nicht sein kann, wo keine Gerechtigkeit ist, ergibt sich unweigerlich der Schluss: Wo keine Gerechtigkeit, da auch kein Staat. Nun ist Gerechtigkeit die Tugend, die jedem das Seine gibt. Was ist das aber für eine Gerechtigkeit unter Menschen, welche die Menschen selbst dem wahren Gott entzieht und unreinen Dämonen unterstellt?"[82]

66   Daraus ergibt sich im Gegenschluss, worin für Augustinus selbst die Gerechtigkeit einer politischen Ordnung ausschließlich bestehen kann: in der vorbehaltlosen Unterwerfung unter Gott und im dauernden Leben nach Gottes Willen. Gerechtigkeit liegt ausschließlich in Gott. Für die Römer folgt daraus die Aufforderung, vom Kult der falschen Götter abzulassen und sich endlich überall zum wahren Gott, zum Gott der Christen, zu bekennen, damit wieder Tugend und Sittsamkeit einkehren[83]. Für den bereits christlich gelenkten Staat wiederum schließt dies umgekehrt die Erziehung zum Glauben bis hin zum Glaubenszwang ein, den Augustinus an anderer Stelle denn auch ausdrücklich bejaht[84]. Mit alledem erscheint die irdische politische Gemeinschaft zuletzt doch nur als notwendiges Durchgangsstadium zum Reich Gottes: So wenig sie damit schon in eins gesetzt oder auch nur verglichen werden kann, so sehr bleibt sie auf dessen Herstellung innerlich verpflichtet.

---

[82] Augustinus (Fn. 77), Vom Gottesstaat, XIX 21; Übersetzung der Schlüsselbegriffe der Staatsdefinition hier von mir. Die Schlussfolgerung, die Augustinus a. a. O. daraus zieht, ist, dass Rom kein Staat ist und es „einen römischen Staat niemals gegeben hat".

[83] Vgl. Augustinus (Fn. 77), Vom Gottesstaat, II 28 und 29.

[84] Zur Rolle von Erziehung als Hinführung zum Glauben Augustinus (Fn. 77), Vom Gottesstaat, XIX 16; zum Glaubenszwang ders., Hipponiensos Episcopo Epistulae, 185, 24.

Es ist nicht groß darüber zu reden, dass diese Forderung wie Augustinus' gesamtes Modell nur für den Verbind- **67** lichkeit beanspruchen kann, der die zugrundeliegenden Prämissen teilt, in der Sache also den christlichen Glauben. Von dem Zeitpunkt an, in dem dieser Glaube der Welt, in der man lebt, seinen Stempel aufdrückt, stellt sich diese Frage allerdings nicht, man wächst dann einfach in diesen Glauben hinein, der dadurch etwas Selbstverständliches, fraglos Gegebenes bekommt. Etwas anderes ist es, ob man die Konsequenzen teilt, die Augustinus oder andere aus solchen Prämissen gewinnen; diese sind wesentlich eine Sache der Argumentation, die als solche überprüft werden kann, und darin findet sich dann immer wieder auch Bleibendes wie die Grundfrage, ob Gerechtigkeit überhaupt für staatliche und rechtliche Ordnung Bedeutung hat und welche dies sein kann. Von hier aus stellt sich auch die augustinische Vision vom Gottesstaat aus der Rückschau als Durchgangsstadium in einem geschichtlichen Prozess dar, der auf die grundlegende Reflexion, darin aber auch auf die Fort- und Weiterentwicklung der ideellen Grundlagen solcher Ordnung zielt.

2. Glaube und Vernunft: Thomas von Aquin

Von dieser unbeirrbar heilsgeschichtlich-theologischen Konzeption politischer Ordnung **68** hebt sich diejenige Thomas von Aquins dadurch ab, dass in ihr die Vernunft gegenüber dem Glauben, die Philosophie gegenüber der Theologie wieder ein Stück verselbständigt wird, ein stärkeres Eigenleben gewinnt. Thomas reagiert damit auf die Irritation, die die Welt, in der er lebte, zwischenzeitlich erfasst hatte. Lange hatte sie sicher geruht in den unverrückbaren Dogmen des katholischen Glaubens, in der Einheit von geistig-religiöser und weltlich-politischer Herrschaft, in den feudalen Strukturen, die den Menschen ein- banden in ein Geflecht lebenslanger Schutz- und Treueverhältnisse[85]. In der Wissenschaft hatte sich dazu mit der Scholastik ein Stil von gläserner Klarheit etabliert, der schon aus sich heraus festen Grund, Orientierung und Sicherheit suggerierte: als eine streng regelge- leitete Form des Argumentierens, mit einer formalen Organisation von Grund und Ge- gengrund, zwischen denen dann am Ende unter Hinweis auf eine Autorität – meist eine Bibelstelle – eine verbindliche Entscheidung getroffen wurde[86]. Nun, ab der Wende vom Hoch- zum Spätmittelalter, treten in der so gefestigten Ordnung die verschiedensten Risse auf. Auf der politischen Ebene geraten geistliche und weltliche Macht – erstmals im Investiturstreit – miteinander in einen Kampf um die Vorherrschaft, brechen in den pro- sperierenden Städten die überkommen Feudalstrukturen mehr und mehr auf. Es ist aber ganz wesentlich das geistig-religiöse Weltbild selbst, das nachhaltig erschüttert wird. Verantwortlich dafür ist vor allem die Rezeption der Schriften des Aristoteles, von denen lange nur Bruchstücke bekannt waren; weite Teile des Werkes waren verschollen und ge- langten erst über einen Umweg, durch Vermittlung islamischer und arabischer Gelehrter, nach Europa hinein. Damit kommt nun eine Weltdeutung ins Spiel, die in sich vollkom- men logisch und geschlossen ist, dafür aber auf einen außerhalb der Welt stehenden Gott, wie ihn der christliche Schöpfergott verkörperte, nicht mehr angewiesen ist. Neben der bislang unbezweifelten Wahrheit des Glaubens schien so plötzlich eine zweite Wahrheit möglich, eine Wahrheit des Verstandes oder der bloßen Vernunft. Konnte es aber zwei

---

[85] Bildhaften Ausdruck fand diese Struktur in der berühmten „Heerschildordnung" aus dem Sachsenspie- gel des Eike von Repgow, hrsgg. v. F. Ebel, 1993, Landrecht I 3, § 2: Danach gruppierte sich die Gesell- schaft nach verschiedenen, von Gott verliehenen Heerschilden, einsetzend beim König, hinunter, in absteigender und weiter abgestufter Folge, zu Klerus und Adel, die an die ihnen Untergeordneten je- weils Lehen vergaben.

[86] Die strenge Formalität spiegelt sich schon im Aufbau und in bestimmten, immer wiederkehrenden For- meln. Am Anfang steht das zu behandelnde Problem, üblicherweise in schlichter Frageform (etwa: „Ist das Gesetz Sache der Vernunft?"), es folgen mögliche Gegengründe unter der Formel „Videtur quod non" (Es scheint, dass nicht), sodann wiederum deren Infragestellung mit „Sed contra" (Aber dagegen). Den Abschluss bildet die eigene Problemscheidung des jeweiligen Autors: „Respondeo dicendum" (Ich antworte, es sei zu sagen).

Wahrheiten geben? Von den arabischen Vermittlern des Aristoteles wie Ibn Rushd (lat. Averroës) war dies in der Tat erwogen, der Glauben als eine Art Philosophie für Minderbemittelte bereits milde belächelt worden:

„Die Philosophie ist gegenüber der Religion die höhere und reinere Wahrheit. In der Religion erscheinen diese Wahrheiten nur in bildlicher Einkleidung, die dem schwachen Verständnis der Menge angepasst ist.“[87]

69 Für die religiöse Orthodoxie, gleich ob islamischer oder christlicher Provenienz, musste dies eine Provokation bedeuten. Demgegenüber will Thomas in seinem Werk die Religion mit der Philosophie versöhnen, und zwar so, dass daraus am Ende beide gestärkt hervorgehen. Dies bestimmt auch seine Konzeption politischer Ordnung entscheidend mit.

70 a) Das große Projekt des Thomas ist *eine neue Synthese von Glauben und Vernunft, von christlicher Religion und aristotelischer Philosophie.* Thomas ist nicht der erste, der sich an einer solchen Synthese versucht; auch sein Lehrer Albertus Magnus hatte daran schon gearbeitet[88]. Aber er ist derjenige, der sie auf eine systematische, von den Zeitgenossen als gültig empfundene Weise entfaltet. Dies geschieht, indem er zunächst beide in ihr Recht setzt, den Glauben wie die Vernunft, und ihnen je eigene Wirkungsbereiche zuweist: Die Vernunft hat es mit den Weltdingen und der Wirklichkeit zu tun; diese können mit der Erfahrung und dem Verstand begriffen werden, und hier kommt man zunächst ganz ohne die göttliche Erleuchtung aus. Gerade dafür kann in weitem Umfang auf die Philosophie des Aristoteles zurückgegriffen werden, die Thomas für überwiegend richtig und aus sich heraus für gar nicht widerlegbar hält. In der Sache und in der Konsequenz bedeutet dies nicht mehr und nicht weniger, als dass ein weiter Bereich der Wirklichkeit für die natürliche Erkenntnis, aber auch für vernunftbestimmtes, pragmatisches Handeln freigegeben wird; darin liegt das Neue und für seine Zeit Vorausweisende dieses Denkens. Zur vollen Erkenntnis Gottes kann der Mensch jedoch allein durch den Gebrauch seiner Vernunft nicht vordringen, auch wenn Thomas selber zumindest die Existenz Gottes in fünf verschiedenen philosophischen „Beweisen“ zu belegen versucht. Was aber die Sünde und die Erlösung sind, die Dreieinigkeit oder der Heilige Geist, lässt sich mit dem Verstand nicht erfassen. Dafür bedarf es des Glaubens und der Offenbarung, die die vernünftige Einsicht in die Wirklichkeit überhöhen und Gegenstand der Theologie sind. In diesem Sinne kann Thomas eingangs seiner „Summe der Theologie“ behaupten,

„es sei für das Heil der menschlichen Natur notwendig, dass außer den philosophischen Wissenszweigen, welche die menschliche Vernunft zum Gegenstande haben, eine Wissenschaft bestehe, die sich auf die göttliche Offenbarung stützt und in dieser ihr leitendes Prinzip sieht.“[89]

71 Dies wiederum ist die Theologie, freilich eine solche, die auf der Philosophie gründet und auf ihr aufbaut. Die Philosophie bildet auf diese Weise den Unterbau, auf dem

---

[87] Ibn Rushd (Averroës), hier sinngemäß übertragen nach der Textausgabe von G. F. Hourani, On the Harmony of Religion and Philosophy, 1961, S. 63 ff.

[88] Zur verschlungenen Aristoteles-Rezeption im Mittelalter etwa O. Höffe, Aristoteles, 3. Auflage 2006, S. 282 ff.

[89] Thomas von Aquin, Summa Theologiae, übers. v. O. H. Pesch, 1977, I-I, 1.1 (zitiert hier und im Folgenden nach: Band-Teil, Quaestio. Artikel), das obige Zitat nach der Übersetzung von C. M. Schneider, 1886.

sich die Theologie überhaupt nur erheben kann; erst beide zusammen ermöglichen den Menschen die vollkommene Erkenntnis. Die Philosophie wiederum setzt Thomas im Wesentlichen mit dem Aristotelismus gleich, der auf diese Weise in das christliche Lehrgebäude eingefügt und zu seiner vernunftbestimmten Grundlage wird. Auch die Vernunft stammt darin aber letztlich von Gott, so dass sich aus ihrem rechten Gebrauch nichts ergeben kann, was dem Glauben widerspricht. So kommt in dieser Zuordnung am Ende doch dem Glauben ein gewisser Vorrang zu, wie es Thomas als christlichen Philosophen und damit eben auch Theologen ausweist.

b) In der praktischen Umsetzung dieser Synthese übernimmt Thomas die zentralen Grundaussagen der aristotelischen Seins- und Erkenntnislehre, ordnet sie ihrerseits aber konsequent in den göttlichen Schöpfungsplan als übergeordneten Zusammenhang ein. Vor allem übernimmt er das Prinzip der Entelechie, also die Vorstellung, dass alles, was existiert, sich nach der ihm je eingeschriebenen Zweckbestimmung entwickelt (→ Rn. 33). Sie bildet auch für Thomas das Bewegungsgesetz der Welt, nur dass das letzte Ziel dieser Bewegung eben nicht in etwas Diesseitigem liegt, sondern in Gott selbst oder von ihm bestimmt wird. In diesem Sinne ist auch seine Konzeption politischer Gemeinschaft zunächst eng an die aristotelische angelehnt und folgt erst einmal der dort beschriebenen Stufenfolge der Vergemeinschaftung: Der Mensch wird begriffen als Vernunft- wie als Gemeinschaftswesen, er muss sich zu diesem Zweck mit anderen zu verschiedenen Gemeinschaften zusammenschließen, und die höchste dieser Gemeinschaften, die staatliche Gemeinschaft, ist wiederum einem höheren Zweck untergeordnet: **72**

„Der Mensch hat ein Ziel, dem sein ganzes Leben und sein Handeln zustrebt, denn er handelt nach seiner Vernunft, und diese kann offensichtlich nur im Hinblick auf ein Ziel tätig sein. [...] Wäre es die Bestimmung des Menschen, wie viele Tiere vereinzelt zu leben, würde er keiner anderen Leitung bedürfen, um sein Ziel zu erreichen; ein jeder wäre sein eigener König, und nur Gott würde als höchster Herrscher über ihn gebieten, insoweit er sich selbst durch das ihm geschenkte Licht der Vernunft in seinen Handlungen leiten lassen würde. Es ist aber die natürliche Bestimmung des Menschen, das für gemeinschaftliches und staatliches Leben erschaffene Geschöpf zu sein, das gesellig lebt, weit mehr als alle anderen Lebewesen [...] Auf sich allein gestellt, wäre kein Mensch imstande, das Leben so zu führen, dass er seinen Zweck erreicht. So ist es also der Natur entsprechend, mit vielen gesellig zu leben."[90]

Auch das Endziel der Gemeinschaft wird zunächst ganz von Aristoteles übernommen und in der sittlichen Vervollkommnung ihrer Mitglieder gesehen: **73**

„Nun ist es aber nach allem Anschein das Endziel der zu gemeinsamem Leben vereinigten Gesellschaft, nach der Tugend zu leben. Denn dazu begründen die Menschen eine Gemeinschaft, dass sie nun vereint gut leben, was jeder im Leben als einzelner nicht erreichen kann. Gut leben aber heißt leben, wie es die Tugend verlangt."[91]

Ebenso lehnt sich Thomas in vielen Einzelheiten der weiteren Ausgestaltung – etwa dem grundsätzlichen Ausschluss der Sklaven von dieser Gemeinschaft – eng an Aristoteles an. Neu und spezifisch christlich gefärbt ist aber, dass das Leben nach der Tugend **74**

---

[90] Th. von Aquin, De regimine principum, dt. Über die Herrschaft der Fürsten, übers. v. F. Schreyvogl, 1971, S. 5 f.

[91] Th. von Aquin (Fn. 90), Über die Herrschaft der Fürsten, S. 53 f.

nicht als Selbstzweck oder als letzter Zweck gesehen wird, sondern theologisch überhöht, erneut auf Gott als letzten Grund und letztes Ziel der Welt hingelenkt wird:

„Wenn aber der Mensch durch ein Leben nach der Tugend zu einem höheren Ziel gelenkt wird, das im Anschauen Gottes beschlossen liegt, wie wir es schon dargelegt haben, so muss das Ziel der menschlichen Gesellschaft dasselbe wie das eines einzelnen sein. Nun ist es aber nicht das letzte Endziel einer in Gemeinschaft verbundenen Gesellschaft, bloß nach der Tugend zu leben, sondern vielmehr durch dieses tugendvolle Leben in den Genuss der göttlichen Verheißung zu gelangen. "[92]

75 Der Mensch als Mitglied dieser Gemeinschaft muss dann beständig zur Tugend und zur himmlischen Seligkeit hingeführt werden, und zwar durch eine monarchische Regierung, bei der Thomas dies alles letztlich am besten aufgehoben sieht. Zugleich ergeben sich daraus aber auch weitere moralische Anforderungen an die Ausübung dieser Herrschaft; der König müsse, heißt es an der entsprechenden Stelle weiter, in dem von ihm geführten Volk die Grundlagen für ein gutes Leben schaffen, und das schließt ein, dass er es zur Einheit des Friedens führt und sich zudem um eine hinreichende materielle Grundausstattung aller seiner Mitglieder kümmert[93]. Das ist wieder stärker weltlich-pragmatisch argumentiert, so wie auch das, was dazu konkret unternommen werden muss, der Weitsicht und dem Ermessen des jeweiligen Herrschers überlassen wird.

76 c) Die Einbindung der politischen Gemeinschaft in den Gesamtplan der göttlichen Schöpfungsordnung spiegelt sich auch in der Gesetzeslehre des Aquinaten, für die es freilich bei Aristoteles so kein Vorbild gibt; stattdessen lehnt Thomas sich unmittelbar an Augustinus an, der dafür seinerseits die stoische Lehre von der lex aeterna weiterverarbeitet hatte[94]. Aber auch hier tritt der bestimmende Grundzug des Gesamtwerks hervor, der Vernunft durchaus einen – wenn auch durch die Einbindung in die göttliche Weltordnung begrenzten – Freiraum zu eigener Erkenntnis, Betätigung und Entfaltung zu eröffnen. Er zeigt sich bereits in der allgemeinen Definition des Gesetzes als

„eine Anordnung der Vernunft im Hinblick auf das Gemeinwohl, erlassen und öffentlich verkündet von demjenigen, der für die betreffende Gemeinschaft zu sorgen hat. "[95]

77 Als solche wird das Gesetz freilich eingeordnet in einen umfassenderen Stufenbau der Gesetze, der von Gott ausgeht und von dort zum Menschen hinunter führt. Seine einzelnen Elemente sind das ewige Gesetz (lex aeterna), das natürliche Gesetz (lex naturalis) und das menschliche Gesetz (lex humana). Ganz oben, an der Spitze, steht die lex aeterna; sie ist

„jener Regierungsplan aller Dinge, wie er in Gott als dem Oberhaupt des Universums existiert "

und hat, da von ihr eine unmittelbar lenkende Kraft ausgeht, die Form eines Gesetzes[96]. Unter ihr, aber durchaus als ihr Bestandteil, steht die lex naturalis, die sich der

---

[92] Th. von Aquin (Fn. 90), Über die Herrschaft der Fürsten, S. 54.
[93] Th. von Aquin (Fn. 90), Über die Herrschaft der Fürsten, S. 7, 54f., 57ff.
[94] Zur Stoa s. oben Rn. 48. Die augustinische Gesetzeslehre ist hier nicht gesondert erläutert, weil sie sich in ihren grundsätzlichen Strukturen nicht von der des Thomas abhebt; s. als eingehendere Darstellung Böckenförde (Rn. 1), S. 201ff.
[95] Th. von Aquin (Fn. 89), Summa Theologiae, I-II, 90.4, Übersetzung modifiziert.
[96] Th. von Aquin (Fn. 89), Summa Theologiae, I-II, 91.1, Übersetzung modifiziert.

Mensch durch seinen Anteil an der ewigen Vernunft zumindest in gewissem Umfang selbst erschließen kann:

> *„Es ist diese Teilhabe vernunftbegabter Geschöpfe am ewigen Gesetz, die wir als das natürliche Gesetz bezeichnen."*[97]

Inhaltlich umfasst sie in diesem Sinne eine Pflicht zu vernunftgemäßem Handeln, und **78** vernunftgemäß ist im Wesentlichen das, was die Vernunft „auf natürlichem Wege als gut" erfasst, nämlich der menschlichen Lebenserhaltung dient und ihr Gegenteil verhindert[98]. Heruntergebrochen auf den Menschen wiederum wird sie durch die lex humana, die die unterste Stufe des Gesamtbaus bildet und das umgreift, was wir heute die positive Rechtsordnung nennen. Diese leitet sich dann einerseits und nach Art zwingender Schlussfolgerungen aus dem natürlichen Gesetz ab und konkretisiert es, so wie etwa der Satz „Du sollst nicht töten" die allgemeinere Regelung konkretisiert, niemanden zu schädigen[99]. Andererseits bleibt bei dieser Konkretisierung Raum für Beifügungen und Ergänzungen, die einer nüchternen Zweckmäßigkeit im Hinblick auf das Gemeinwohl (bonum commune) folgen[100]. Das Gemeinwohl wiederum wird – insofern wieder ganz nah an Aristoteles – als das bestimmt, was allen Einzelnen als Endziel ihres Lebens gemeinsam ist: Dies sind aber eben das Glück und die Seligkeit[101]. So bleibt auch hier in der Gesetzeslehre die Einbindung in die gemeinschaftliche Zielkonzeption gewahrt, wie sie die politische Philosophie des Thomas als eine christliche Gemeinschaftskonzeption kennzeichnet.

d) Die Einbindung in diese Zielkonzeption ist allerdings keine vollständige oder je- **79** denfalls keine, die vollständig verrechtlicht und zwangsweise durchgesetzt wird. Beispielhaft tritt dies bei Thomas in der Erörterung der Frage hervor, ob der Gesetzgeber mit Hilfe seiner Gesetze die Menschen zur Tugend hinführen müsse. Dies wird von Thomas ebenso wie von zahlreichen anderen Theologen vor ihm grundsätzlich bejaht. Dabei muss es aber maßvoll und vernünftig zugehen, um der tatsächlichen Verschiedenheit der Menschen wie ihrer Unvollkommenheit Rechnung zu tragen:

> *„Wie bereits gesagt, wird das Gesetz als Regel und Richtmaß menschlicher Handlungen aufgestellt. Das Maß muss aber dem Gemessenen gleichgeartet sein (Aristoteles); Verschiedenes wird nämlich mit verschiedenem Maß gemessen. Daher müssen auch die Gesetze den Menschen entsprechend ihrer Verfassung auferlegt werden; denn ein Gesetz muss ‚der Natur und der Landessitte nach erfüllbar‘ sein (Isidor). Das Vermögen oder die Kraft zu handeln kommt aber aus der inneren Anlage bzw. der inneren Verfassung: Dem, der die Anlage zur Tugend nicht besitzt, ist nicht das gleiche möglich wie dem Tugendhaften, ebensowenig wie ein Kind das leisten kann, was ein erwachsener Mann zu leisten imstande ist. Deswegen werden auch für Kinder nicht die gleichen Gesetze erlassen wie für die Erwachsenen; Kindern ist vieles erlaubt, was bei Erwachsenen gesetzlich bestraft oder doch gerügt wird. Ähnlich muss den in der Tugend nicht vollkommenen Menschen vieles zugestanden werden, was bei tugendhaften Menschen nicht geduldet werden könnte."*[102]

---

[97] Th. von Aquin (Fn. 89), Summa Theologiae, I-II, 91.2, Übersetzung modifiziert.
[98] Th. von Aquin (Fn. 89), Summa Theologiae, I-II, 94.2.
[99] Th. von Aquin (Fn. 89), Summa Theologiae, I-II, 95.2.
[100] Vgl. dazu Th. von Aquin (Fn. 89), Summa Theologiae, I-II, 94.5.
[101] Th. von Aquin (Fn. 89), Summa Theologiae, I-II, 90.2.
[102] Th. von Aquin (Fn. 89), Summa Theologiae, I-II, 96.2.

80 Der Gesetzgeber müsse deshalb keineswegs alle Laster oder jede Art von Untugend verbieten, sondern nur die schwerer wiegenden, die sich etwa zum Schaden anderer auswirken[103]. Das umgreift in etwa jenen Bereich, der bis heute als Minimalmoral oder ethisches Minimum des Zusammenlebens bezeichnet wird (→ § 2 Rn. 74). Wo der Gesetzgeber demgegenüber mehr verlangt, riskiert er, dass alsbald auch seine anderen Anordnungen nicht mehr ernstgenommen werden. Auch das ist wieder ganz pragmatisch gedacht und unmittelbar auf die Verwirklichungs- und Erfolgsbedingungen rechtlicher Regulierung bezogen. So hat diese, wie es zusammenfassend heißt, zwar durchaus die Aufgabe, die Menschen zur Tugend hinzuführen, aber

„nicht auf einen Schlag, sondern Schritt für Schritt. Daher legt es der Vielzahl der Unvollkommenen nicht sofort das auf, was Sache der in der Tugend Vollkommenen ist: dass sie sich nämlich von allem Bösen fernhalten."[104]

81 So zeigt sich auch hier ein eigenständiger Bereich weltlich-politischen Handelns, der sich gegenüber den Sphären des Religiösen und des Glaubens durchaus behaupten kann. Andererseits ist der Einzelne auch in diesem Bereich nicht vollständig von den Anforderungen der gemeinschaftlichen Zielverwirklichung dispensiert; er bleibt ihnen vielmehr moralisch verpflichtet, und es wird lediglich davon abgesehen, sie mit den Mitteln des Rechts durchzusetzen. Schon gar nicht darf dieser Freiraum mit einer Freiheit im heutigen Sinne verwechselt werden; die Vorstellung davon ist Thomas ebenso wie anderen Denkern seiner Epoche noch ganz unbekannt.

82 Freiheit wird in der christlichen Philosophie nicht als Handlungsfreiheit im Sinne eines individuellen Rechts, sondern nahezu ausschließlich als Problem der Willensfreiheit behandelt. Als solche stellt sie freilich hier ein zentrales Problem dar, weil einerseits die Vorstellung der Sünde die Willensfreiheit voraussetzt, nämlich als Möglichkeit, auch anders handeln zu können, andererseits diese Möglichkeit sich schlecht mit der Gott zugeschriebenen Allmacht verträgt. An diesem Problem haben sich alle christlichen Denker von Augustinus bis Thomas von Aquin abgearbeitet; zumeist wird es durch die Annahme gelöst, dass Gott gerade kraft seiner Allmacht dem Menschen auch die Freiheit zur Sünde verliehen habe. Mache der Mensch aber davon Gebrauch, dann, so Thomas, entferne er sich von seiner eigentlichen Bestimmung; dem komme dann gar keine positive Realität zu, sondern es sei nur ein Mangel von etwas, das wirklich sein sollte[105]. Mit dem heutigen Verständnis von Freiheit im liberalen Verfassungsstaat hat das alles nichts zu tun.

3. Protestantismus: Martin Luther

83 Mit der Reformation, die mit dem Anschlag der 95 Thesen gegen den Ablasshandel durch Martin Luther im Jahre 1517 beginnt, verliert diese Art der Weltdeutung ihr Monopol. Die Reformation bewirkt aber zugleich einen ersten Freisetzungs- und Individualisierungsschub, und zwar nicht nur durch die Kritik am bisherigen Machtanspruch der Kirche und die Pluralisierung des konfessionellen Lebens, die sich mit ihr verbindet. Eine unmittelbar befreiende Wirkung ging vor allem von der Lehre vom Priestertum aller Gläubigen aus, wie sie von Luther entwickelt wurde und bis heute für den Protestantismus zentral ist. Durch sie wird der Einzelne – unter grundsätzlicher Beibehaltung des religiös-theologischen Ausgangspunktes – erstmals in eine unmittelbare Beziehung zu Gott gestellt: Nicht mehr durch die Kirche und den Mund des Priesters spricht Gott zu ihm, sondern er tritt Gott nun unmittelbar gegenüber, nur er selbst und sein Gewis-

---

[103] Vgl. Th. von Aquin (Fn. 89), a. a. O.
[104] Th. von Aquin (Fn. 89), Summa Theologiae, I-II, 96.2, Übersetzung modifziert.
[105] Th. von Aquin, De veritate, dt. Von der Wahrheit, übers. u. hrsgg. v. Albert Zimmermann, 1986.

sen entscheiden darüber, wie er sich Gott nähert. Die Übersetzung der Bibel ins Deutsche, wie sie von Luther bewerkstelligt wurde, war dafür eine notwendige Voraussetzung, der Zugang breiter Massen zur Bildung, um das so Übersetzte überhaupt lesen und verstehen zu können, eine weitere[106]. Die Reformation ist insoweit ein wesentlicher Schritt auf dem Weg zur Emanzipation des Individuums. In Luthers eigenen Vorstellungen über die politische Ordnung, wie er sie vor allem in seiner Schrift „Von weltlicher Obrigkeit" sowie in verschiedenen tagespolitischen Interventionen entfaltete, bleibt dieses emanzipatorische Potential aber noch unausgeführt, wird in späteren Stellungnahmen sogar ganz verschenkt: Während sich darin einerseits durchaus Argumente für eine grundsätzliche Autonomie des Einzelnen finden, bleibt dieser andererseits weiter eingebunden in einen gemeinschaftlich-religiösen Ordnungsrahmen, der sich zuletzt doch wieder als das Bestimmende und Entscheidende behauptet.

a) Deutlich wird diese gemeinschaftlich-religiöse Einbindung bereits bei der Begrün- **84** dung und Rechtfertigung politischer Herrschaft oder – in Luthers Worten – „weltlicher Obrigkeit", die nicht vom Individuum und seinen Interessen her erfolgt, sondern von einem theologischen Ausgangspunkt: Es solle, heißt es eingangs, niemand daran zweifeln, dass diese Obrigkeit

„durch Gottes Willen und Ordnung in der Welt [sei]. Die Sprüche aber, die sie begründen, sind diese: Röm. 13,1–2: ‚Jedermann sei untertan der Obrigkeit, die Gewalt über ihn hat. Denn es ist keine Obrigkeit ohne von Gott; wo aber Obrigkeit ist, die ist von Gott verordnet. Wer sich nun der Obrigkeit widersetzt, der widerstrebt Gottes Ordnung; die aber widerstreben, werden über sich ein Urteil empfangen.'"[107]

Politische Herrschaft findet danach ihren Anker und letzten Halt weiterhin allein in **85** Gott. Für die weitere Begründung knüpft Luther zunächst wieder an die Vorstellung zweier Reiche an, wie sie als solche auch bei Augustinus anzutreffen war, holt diese aber aus dem metaphysischen Himmel, in dem sie dort schwebte, auf die Erde und in die politischen Realitäten zurück. Die beiden Reiche werden dementsprechend weniger begriffen als die in der Geschichte seit dem Sündenfall waltenden inneren Prinzipien als vielmehr auf den lebenden Menschen, seine mögliche Größe und seine tatsächliche Schwäche, bezogen; in diesem Sinne stehen sie für seine doppelte Existenz vor Gott und vor der Welt[108]. In diesem – und nur in diesem – Sinne sagt Luther, müsse man

„Adams Kinder und alle Menschen in zwei Teile teilen: die ersten zum Reich Gottes, die andern zum Reich der Welt. Die zum Reich Gottes gehören, das sind alle Rechtgläubigen in Christus und unter Christus."[109]

Für diese freilich, fährt er fort, bedürfe es an sich keines weltlichen Schwerts oder welt- **86** lichen Rechts, weil sie von sich aus niemandem Unrecht täten, jedermann liebten und

---

[106] Dies spiegelt sich auch in der sprichwörtlichen Schriftgläubigkeit des Protestantismus, dem „sola scriptura": Allein die Schrift soll zählen, nicht das, was irgendwelche Kirchenväter daraus gemacht haben.

[107] M. Luther, Von weltlicher Obrigkeit, wie weit man ihr Gehorsam schuldig sei, 1523, hier zitiert nach: Die Werke Martin Luthers, Band 7, 2. Auflage 1967, S. 247.

[108] B. Lohse, Luthers Theologie in ihrer historischen Entwicklung und ihrem systematischen Zusammenhang, 1995, S. 335; dort auch umfassend zu weiteren möglichen Deutungen von Luthers – auch erst im Nachhinein so bezeichneter – Zwei-Reiche-Lehre.

[109] M. Luther (Fn. 107), Von weltlicher Obrigkeit, S. 249.

auch jedes Unrecht gelassen ertrügen. Wahre Christen in diesem Sinne aber gebe es nur wenige, unter Tausenden kaum einen, überhaupt sei kein einzelner Mensch von Natur aus Christ oder fromm, sondern alle seien erst einmal Sünder und böse, und das gelte ganz unabhängig davon, ob sie getauft seien und Christen hießen. Diese anderen bilden dementsprechend das „Reich der Welt“; es steht für alle, die sich nicht in dem von Luther beschriebenen Sinne christlich verhalten, aber auch für die schlechten Anlagen im einzelnen Menschen selbst. Gerade dafür braucht es dann die weltliche Herrschaft, das Schwert als Symbol für Recht und Zwang, wie es zusammenfassend heißt:

> *„Zum Reich der Welt oder unter das Gesetz gehören alle, die nicht Christen sind. Denn sintemal wenige glauben und der kleinere Teil sich nach christlicher Art hält, dass er dem Übel nicht widerstrebe, ja dass er nicht selbst Übel tue, hat Gott denselben außer dem christlichen Stand und Gottes Reich ein anderes Regiment verschafft und sie unter das Schwert geworfen, so dass sie, wenn sie gleich gerne wollten, ihre Bosheit doch nicht tun können, und wenn sie es tun, dass sie es doch nicht ohne Furcht, noch mit Friede und Glück tun können. Es ist wie man ein wildes, böses Tier mit Ketten und Banden fesselt, dass es nicht nach seiner Art beißen noch reißen kann, obwohl es gerne wollte [...] Deshalb hat Gott die zwei Regimente verordnet: das geistliche, welches durch den heiligen Geist Christen und fromme Leute macht, unter Christus, und das weltliche, welches den Unchristen und Bösen wehrt, dass sie gegen ihren Willen äußerlich Friede halten und still sein müssen.“*[110]

87 b) Die begriffliche Unterscheidung führt in der Folge tendenziell auch zu einer sachlichen Entkoppelung der beiden Regimenter, indem beiden je eigenständige Zuständigkeits- und Aufgabenbereiche zugewiesen werden. Vor allem das weltliche Regiment, in heutiger Terminologie also der Staat, wird dadurch in seiner Wirksamkeit begrenzt; es wird ganz zurückgenommen auf eine bloß *äußere* Ordnung, die nur einen bloßen Rahmen des Friedens und des Miteinanderauskommens abgibt. Der Zugriff auf das Innere des Menschen, auf seine moralischen Einstellungen, sein Denken und Fühlen oder seinen Glauben, ist ihm dagegen prinzipiell versagt:

> *„Das weltliche Regiment hat Gesetze, die sich nicht weiter erstrecken als über Leib und Gut und was äußerlich auf Erden ist. Denn über die Seele kann und will Gott niemand regieren lassen als sich selbst allein. Deshalb: Wo weltliche Gewalt sich vermisst, der Seele Gesetze zu geben, da greift sie Gott in sein Regiment und verführt und verdirbt nur die Seelen.“*[111]

88 Auch jedem Glaubenszwang wird damit eine Absage erteilt, und zwar zum einen aus prinzipiellen Gründen, zum anderen aus der praktischen Erwägung heraus, dass mit Zwang hier ohnehin nichts zu bewirken ist:

> *„Auch geschieht es auf eines jeglichen eigene Gefahr, wie er glaubt, und muss er für sich selbst sehen, dass er recht glaube. Denn so wenig wie ein anderer für mich in die Hölle oder den Himmel fahren kann, so wenig kann er auch für mich glauben oder nicht glauben; und so wenig er mir Himmel oder Hölle auf- oder zuschließen kann, so wenig kann er mich zum Glauben oder Unglauben treiben [...] Denn es ist ein freies Werk um den Glauben, zu dem man niemand zwingen kann [...] Dazu sehen die blinden, elenden Leute nicht ein, ein wie gar vergebliches und unmögliches Ding sie vornehmen. Denn wie streng*

---

[110] M. Luther (Fn. 107), Von weltlicher Obrigkeit, S. 251.
[111] M. Luther (Fn. 107), Von weltlicher Obrigkeit, S. 262.

sie gebieten und wie sehr sie toben, so können sie die Menschen (doch) nicht weiter nötigen, als dass sie ihnen mit dem Mund und mit der Hand folgen; das Herz können sie ja nicht zwingen, und wenn sie sich zerreißen sollten."[112]

Hier, in diesen so schlichten wie emphatischen Worten, ist die Zurückdrängung des Staa- **89** tes auf eine bloß äußere Ordnung bis auf den für ihre Zeit äußersten Punkt vorangetrieben, und viele Interpreten sehen hier bereits Ansätze einer liberal-individualistischen Konzeption politischer Ordnung durchscheinen, die sich erst Jahrhunderte später durchsetzen sollte. Allerdings ist Luther selbst schon von der Ablehnung des Glaubenszwangs in späteren Schriften wieder abgerückt: Die drakonischen Maßnahmen gegen religiöse Abweichler wie die Wiedertäufer hat er ausdrücklich gebilligt, von den wüsten antisemitischen Hetzschriften der späten Jahre ganz zu schweigen[113]. Die Ablehnung mag daher auch taktisch motiviert gewesen sein; zu der Zeit, als Luther sie verfasste, war das protestantische Bekenntnis selbst in der Minderheit und musste um seine Anerkennung erst kämpfen. Überhaupt entfaltet sich das, was Luther das weltliche Regiment oder Schwert nennt, nicht völlig eigenständig neben dem geistlichen oder wird von diesem wirklich losgelöst; beide greifen vielmehr ineinander, ergänzen sich gegenseitig, und die Trennung bezieht sich eher auf die ihnen je zu Gebote stehenden Mittel. In ihrer grundsätzlichen Zielausrichtung aber sind beide nicht voneinander geschieden:

„Keines genügt ohne das andere in der Welt. Denn ohne Christi geistliches Regiment kann niemand vor Gott fromm werden durchs weltliche Regiment. […] Wo nun weltlich Regiment oder Gesetz allem regiert, da muss eitel Heuchelei sein, wenns auch gleich Gottes Gebote selbst wären. Denn ohne den heiligen Geist im Herzen wird niemand recht fromm, er tue so feine Werke wie er kann."[114]

So bleibt auch hier die irdische politische Gemeinschaft eingebunden in die christliche **90** Heils- und Erlösungslehre, die in dieser oder jener Variante immer auf die Verwirklichung des Reichs Gottes zielt. Dementsprechend ist Luther auch jede moderne Vorstellung von Freiheit – als Recht zur Willkür oder jedenfalls als Fähigkeit, nach selbstgesetzten Regeln zu handeln – fremd. Die „Freiheit des Christenmenschen", von der Luther in einer anderen seiner Schriften handelt, besteht nicht einmal in der Willensfreiheit, sondern allein darin, dass die vollständige Unterwerfung unter das göttliche Wort ihn von äußeren Verhältnissen und Widrigkeiten unabhängig macht; die göttliche Gnade erlangt der Einzelne – eine der weiteren Grundannahmen des Protestantismus – allein durch den Glauben[115].

III. Frühneuzeitliche Varianten: Natur- und Vernunftrecht

Die gemeinschaftliche Grundorientierung bleibt, wenngleich in einer stärker auf das **91** Diesseits bezogenen Variante und ihrerseits oft schon durchsetzt mit vorausweisenden Elementen liberaler Staatsbegründung, auch in einigen anderen philosophischen Entwürfen erhalten, die zwischen dem 16. und dem 18. Jahrhundert formuliert und trotz

---

[112] M. Luther (Fn. 107), Von weltlicher Obrigkeit, S. 264.
[113] S. vor allem M. Luther, Von den Juden und ihren Lügen, 1543, mit Aufforderung zu Pogromen und Synagogenverbrennung; s. dazu zuletzt etwa T. Kaufmann, Luthers Juden, 2014.
[114] M. Luther (Fn. 107), Von weltlicher Obrigkeit, S. 252.
[115] M. Luther, Von der Freiheit eines Christenmenschen, 1517, hrsgg. v. G. Linde, 2011.

ihrer vielfältigen Unterschiede unter den gemeinsamen Oberbegriff des neuzeitlichen Natur- und Vernunftrechts oder des Vernunftrechts der Aufklärung gebracht werden; die bekanntesten Exponenten sind der Niederländer Hugo Grotius und der Franzose Charles de Montesquieu, in Deutschland etwa Samuel Pufendorf, Christian Thomasius und Christian Wolff. Die Welt, in der sie entstanden, ist in vieler Hinsicht eine Welt des Übergangs: Einerseits bleibt das Menschenbild noch lange religiös bestimmt und kommt dem Landesherrn – wie im berühmten „cuius regio, eius religio" des Augsburger Religionsfriedens von 1555 – das Recht zu, über die Religionszugehörigkeit seiner Untertanen zu bestimmen; andererseits lassen sich in dem Recht zur Auswanderung bei abweichender Religionszugehörigkeit oder später dem Recht zur Hausandacht des Westfälischen Friedens von 1648 die ersten Spuren individueller Rechte erkennen[116]. Umgekehrt emanzipiert sich die weltliche Herrschaft zwar von kirchlicher und päpstlicher Suprematie, versteht sich selbst aber – wie in der Ideologie des Gottesgnadentums – noch für lange Zeit selbst als von Gott legitimiert oder als Vollstreckerin eines göttlichen Willens. Und auch der neuzeitliche Staat, der alle Herrschaftsgewalt bei sich monopolisiert (→ Rn. 3), ist noch nicht überall durchgesetzt, sondern zeichnet sich am Horizont erst ab; nur allmählich gelingt es ihm, an allen Ständen, Korporationen und Zwischengewalten vorbei eine unmittelbare Rechtsbeziehung zu allen Einwohnern seines Territoriums herzustellen. In der politischen Realität blieb der Einzelne so noch lange eingebettet in die konkrete weltliche Gemeinschaft seines Standes, die ihrerseits politisch-herrschaftlichen Charakter hatte und über die er überhaupt erst im Recht stand. Auch Rechte und Freiheiten waren in diesem Sinne primär durch diese Gemeinschaft oder Gruppe vermittelt; nicht dem individuellen Menschen standen sie zu, sondern seiner Gemeinschaft und ihm nur als Glied der Gemeinschaft, in die er hineingeboren war[117]. Die Spannung zwischen Tradition und Modernität, zwischen Rückwärtsgewandtem und Vorausweisendem, die sich daran ablesen lässt, durchzieht gerade auch die Philosophie des Natur- und Vernunftrechts.

92 a) Der vorausweisende Grundzug zeigt sich in einer Begründung von Staat und Recht, die primär innerweltlich erfolgt, von göttlichem Willen und Ratschluss weitgehend abgekoppelt wird. Dafür steht eben der Begriff eines Naturrechts, das weitgehend aus der Vernunft, also rational erschlossen werden kann. „Vernunft" ist darin nicht mehr – wie etwa in dem griechischen Logos oder der stoischen Lehre von der Weltvernunft – ein Synonym für das Göttliche, sondern eine praktische, auf die Dinge angewandte Vernunft, über die dann auch das Recht bestimmt wird. In diesem Sinne erscheint sie etwa bei Hugo Grotius als

„die Urteilskraft, um das Angenehme und das Schädliche zu bemessen, und zwar nicht bloß das Gegenwärtige, sondern auch das Zukünftige und die Mittel dazu. Es entspricht deshalb der menschlichen Natur, auch hierin nach dem Maße menschlicher Einsicht dem zu folgen, was für richtig erkannt wird [...] Was diesen Geboten widerstreitet, das ist auch gegen das Recht der Natur, nämlich der menschlichen."[118].

---

[116] S. E.-W. Böckenförde, Vom Wandel des Menschenbildes im Recht, 2001, S. 6ff. Das Besondere dieser Rechte liegt eben darin, dass sie dem Einzelnen nicht als Mitglied eines Standes oder einer Gruppe zukamen, sondern ihm als Menschen, und sie setzten sich gegenüber der landesrechtlichen Herrschaft oder der Landes- oder Grundherrschaft durch, Böckenförde a. a. O.

[117] Böckenförde (Fn. 124), S. 9.

[118] Hugo Grotius, De jure belli ac pacis libri tres, erstmals 1625, dt. Drei Bücher vom Recht des Krieges und des Friedens, übers. u. hrsgg. v. W. Schätzel, 1950, Vorrede, Nr. 9 (S. 33).

Die Begründung wird damit tendenziell von Gott unabhängig; im Gegenteil würde   93
sie, wie Grotius fortfährt,

„auch Platz greifen, selbst wenn man annähme, was freilich ohne die größte Sünde nicht geschehen könnte, dass es keinen Gott gäbe oder dass er sich um die menschlichen Angelegenheiten nicht bekümmere";

an späterer Stelle fügt Grotius noch hinzu, das Naturrecht sei so unabänderlich, dass selbst Gott es nicht verändern könne, so wenig wie er bewirken könne, dass zwei mal zwei nicht vier sei[119]. Das Naturrecht wird so wesentlich von den Bedürfnissen und Interessen der Menschen her gedacht und geformt. Für die politische Ordnung als Ganzes entspricht dieser individualistische Ausgangspunkt bei anderen Vertretern dieser Richtung eine Orientierung an der Vorstellung des Gesellschaftsvertrages, die bis heute als klassisches Muster liberaler Staatsbegründung gilt (→ Rn. 101 ff.). Samuel Pufendorf etwa skizziert in unmittelbarer Anknüpfung an das bahnbrechende Werk von Thomas Hobbes sogar eine Abfolge dreier verschiedener Verträge, durch den die einzelnen Menschen aus dem Naturzustand heraustreten, sich zu einem Volk vereinigen und sich einer Regierung mit einer bestimmten Verfassung unterwerfen[120]. Allerdings wird die Verbindung zu Gott nicht vollständig gekappt und geht der Vertrag nicht restlos in privatautonomer Willkür auf; im Gegenteil ist es in einem dritten Vertrag gerade Gott, der die Bürgschaft für die Gültigkeit der gesamten Vereinbarung übernimmt[121]. Insofern erscheint auch die staatliche Ordnung als in ihrem tiefsten Grund noch von Gott gewollt[122]. Und auch bei Grotius bleibt die Verbindung von Naturrecht, Vernunft und Gott dadurch gewahrt, dass es auch für ihn letztlich Gott ist, der die Natur und die Vernunft geschaffen hat[123].

b) Gerade für die konkrete Ausgestaltung der politischen Ordnung und ihres Rechts   94
wirken sich die individualistischen Begründungselemente nicht aus. Diese folgt stattdessen in ihren Grundstrukturen wesentlich dem Gemeinschaftsmodell, wie es namentlich in der aristotelischen oder der christlich-mittelalterlichen Philosophie vorgedacht war. Speziell das Recht entspringt bei Grotius *gerade der Anlage des Menschen zur Sozialität;* die

„Sorge für die Gemeinschaft ist die Quelle dessen, was man recht eigentlich mit dem Namen Recht bezeichnet."[124]

Das Recht besteht in diesem Sinne von vornherein für die Gemeinschaft und auf sie hin; als Naturrecht umfasst es, wie es bei Pufendorf heißt, die

„Regeln dieses Gemeinschaftslebens oder die Lehren darüber, wie sich ein jeder betragen muss, um ein nützliches Glied der menschlichen Gesellschaft zu sein."[125]

---

[119] Grotius (Fn. 118), Vorrede Nr. 11 (S. 33) und sodann Erstes Buch, Kap. 1 X 5 (S. 51).
[120] S. Pufendorf, De jure naturae et gentium libri octo, 1672; dt. Acht Bücher von Natur- und Völkerrecht, 1711, Zweiter Teil Buch V bis VIII, hrsgg. v. Frank Böhling; knapper ders., Über die Pflicht des Menschen und des Bürgers nach dem Gesetz der Natur, neu hrsgg. v. K. Luig, 1994, Zweites Buch Kap. 6 (S. 163 ff.).
[121] Pufendorf (Fn. 120) a. a. O.
[122] B. Enzmann, Der demokratische Verfassungsstaat. Zwischen Legitimationskonflikt und Deutungsoffenheit, 2009, S. 186 ff.
[123] Grotius (Fn. 118), Vorrede Nr. 11 (S. 33).
[124] Grotius (Fn. 118), Vorrede Nr. 8 (S. 33).
[125] Pufendorf (Fn. 120), I 3 § 8 (S. 45 ff.).

95 Auch bei Pufendorf erscheint der Mensch in diesem Sinne in erster Linie als Gemeinschaftswesen, nur dass dies nicht wie bei Aristoteles aus einer inneren Bestimmung zur
    Selbstvervollkommnung begründet wird, sondern aus seiner Hilfsbedürftigkeit und
    der Angewiesenheit auf andere (imbecillitas)[126]. In diesem Sinne hat er nur als Glied
    der Gemeinschaft sein Recht, die ihrerseits eine Gemeinschaft des Guten und richtigen Lebens begründet. Folglich ist er ihr in umfassender Weise verpflichtet, und diese
    Verpflichtung macht geradezu die „Grundregel des Naturrechts" aus:

    „Jeder muss die Gemeinschaft nach Kräften schützen und fördern […] Gebot des Natur
    rechts ist alles, was für das Leben in Gemeinschaft notwendig und nützlich ist; was stört
    und schadet, ist verboten. Alle übrigen Vorschriften, deren Richtigkeit im Lichte der natür
    lichen Vernunft, die dem Menschen gegeben ist, unmittelbar einleuchtet, sind nur Folge
    sätze dieses obersten Grundsatzes."[127]

96 Das Naturrecht begründet in diesem Sinne für den Einzelnen keine Rechte, sondern ausschließlich Pflichten, und zwar gerade gegenüber der Gemeinschaft, der Gruppe oder
    dem Stand, dem man angehört. Sie reichen damit tief in die Bereiche privater Lebensführung hinein. Ihren positiv-rechtlichen Ausdruck finden solche Pflichten alsbald in den
    zahlreichen Polizeiordnungen, die ab dem 16. Jahrhundert aus dem Boden zu schießen
    beginnen und gerade auf die „Beförderung der gemeinschaftlichen Glückseligkeit" zielen[128]. Sie regeln die jedem Stand entsprechende Kleidung, halten den Einzelnen zu
    Rechtschaffenheit, Selbstzucht, Fleiß und Gottesfürchtigkeit an, führen ihn zu tugendhaftem und sittlichem Leben hin. Von der Freiheit in irgendeinem anspruchsvolleren
    Sinne, als Freiheit gerade des Einzelnen, ist demgegenüber noch nirgends die Rede.

B. Liberale Konzeptionen

97 Gerade darin unterscheiden sich die verschiedenen Gemeinschaftsmodelle von einem
    zweiten Grundmodell, das seinen Ausgangspunkt gerade von dieser Freiheit nimmt.
    Man kann es in diesem Sinne und wiederum mit einer gewissen Vereinfachung ein liberales Modell nennen; es verbindet sich historisch mit der Überwindung des Mittelalters,
    wird gedanklich vorbereitet in den geistigen Strömungen von Humanismus, Renaissance und Aufklärung und gelangt politisch in den bürgerlichen Revolutionen des
    18. Jahrhunderts zum endgültigen Durchbruch. Zusammen spiegelt sich in ihm das radikal gewandelte Selbst- und Weltverständnis des neuzeitlichen Menschen, der sich seiner Individualität und Subjektivität nun erstmals in vollem Umfang bewusst wird. Die
    Zäsur, die sich damit im und für das Denken vollzog, hat der Kulturhistoriker Jacob
    Burckhardt in einer schönen und vielzitierten Wendung wie folgt beschrieben:

    „Im Mittelalter lagen die beiden Seiten des Bewusstseins – nach der Welt hin und nach dem
    Innern des Menschen selbst – wie unter einem gemeinsamen Schleier träumend oder halbwach.
    Der Schleier war gewoben aus Glauben, Kindesbefangenheit und Wahn; durch ihn hindurch-

---

[126] Pufendorf (Fn. 120), I 3 §§ 3–7.
[127] Pufendorf (Fn. 120), I 3 § 9.
[128] J. H. G. von Justi, Grundsätze der Policeywissenschaft, 3. Auflage 1782, Nachdruck 1969, § 7; anschaulich zusammengefasst bei H. Maier, Die ältere deutsche Staats- und Verwaltungslehre, 2. Auflage 1980, S. 93 ff., 191 ff.

gesehen erschienen Welt und Geschichte wundersam gefärbt, der Mensch aber erkannte sich nur als Rasse, Volk, Partei, Korporation, Familie oder sonst in irgendeiner Form des Allgemeinen. In Italien zuerst verweht dieser Schleier in die Lüfte; [… es] erhebt sich mit voller Macht das Subjektive; der Mensch wird geistiges Individuum und erkennt sich als solches.[1]

Von hier aus sind es wesentlich drei Merkmale, die das liberale Modell inhaltlich bestimmen: **98**

(1) Bezugspunkt und Legitimationsgrund der politischen Ordnung ist das Individuum, also der einzelne Mensch; dieser wird nicht begriffen als Träger einer höheren Zielbestimmung, sondern als jemand, der sich seine Ziele selbst setzen kann, Interessen hat und diese legitimerweise verfolgen darf.

(2) Auch die politische Ordnung selbst, klassisch also der Staat, erscheint von hier aus vor allem als ein Interessen- und Zweckverband; das primäre Ziel liegt darin, den jeweiligen Mitgliedern die Verfolgung ihrer jeweiligen Interessen zu erleichtern oder überhaupt erst zu ermöglichen.

(3) Als Interessen- oder Zweckverband bilden Staat und politische Ordnung nur einen äußeren Rahmen menschlichen Zusammenlebens, innerhalb dessen regelmäßig weite, wenn auch im Einzelnen durchaus unterschiedlich bemessene Bereiche zur Entfaltung der Freiheit oder für private Lebensführung freigegeben werden.

Wegen der grundsätzlichen Ausrichtung auf das Individuum ließen sich die entsprechenden Konzeptionen auch als individualistisch bezeichnen, womit gleichzeitig der unmittelbare Gegenbegriff zu den gemeinschaftlichen Konzeptionen formuliert wäre. Neuerdings wird sogar von einem „normativen Individualismus" gesprochen, der zum Grundprinzip modernen Rechtsdenkens überhaupt erhoben wird[2]. Aber damit verbinden sich einige problematische Übersteigerungen, auf die noch zurückzukommen sein wird (→ Rn. 324 ff.). Die Kennzeichnung als liberal ist demgegenüber an verschiedenen Stellen offener, so dass sie auch im Folgenden beibehalten wird; sie folgt zudem der eingebürgerten Redeweise von der liberalen Staatsphilosophie. **99**

Allerdings kommen die hier diesem Lager zugeordneten Vertreter gelegentlich zu Konsequenzen, die aus heutiger Sicht als illiberal erscheinen, so wie sie sich überhaupt in der jeweiligen Bestimmung oder Akzentuierung der Freiheit unterscheiden. Auch wird den einzelnen Merkmalen ein durchaus unterschiedliches Gewicht zugemessen; gelegentlich werden einzelne auch überlagert durch andere Elemente, die wieder eher in den Zusammenhang der älteren Gemeinschaftsmodelle gehören. Nicht alle werden deshalb die Behandlung von, sagen wir, Hobbes, Hegel oder auch Rousseau unter dieser Überschrift teilen. Ihnen allen ist aber eine zumindest grundsätzliche Orientierung an der Freiheit gemeinsam, sei es in einer Begründung von Staat und Recht, die ihren Ausgang von den Interessen des Einzelnen und seiner Freiheit nimmt, sei es in der weiteren Entfaltung, die in dieser oder jener Weise der Idee der Freiheit verpflichtet ist. Gerade dies rechtfertigt es, die verschiedenen Varianten auch hier zu einer verbindenden Grundkonzeption zusammenzuziehen. **100**

I. Kontraktualismus: Gesellschaftsvertrag als Begründungsmodell

Eine erste Gruppe innerhalb dieses Theorielagers bilden die verschiedenen Lehren vom Gesellschaftsvertrag, wie sie ab dem 17. Jahrhundert maßgeblich und in vieler **101**

---

[1] J. Burckhardt, Die Kultur der Renaissance in Italien, in: Jakob Burckhardt-Gesamtausgabe, hrsgg. von W. Kägi, 1930, Band 5, S. 95.

[2] D. von der Pfordten, Der normative Individualismus und das Recht, JZ 2005, 1069 ff.; ders., Rechtsethik, 2. Auflage 2011, S. 305 ff., 317 ff.

Hinsicht stilbildend von Thomas Hobbes, später dann von John Locke und Jean-Jacques Rousseau formuliert werden. Ihr zeitgeschichtlicher Hintergrund liegt gerade in der Formierung und Verfestigung des modernen Staates als zentraler Organisationsform politischer Herrschaft, die nach und nach alle intermediären Gewalten verdrängt und sich selbst an ihre Stelle setzt (→ Rn. 3). Als solche entstand sie aber eben nicht als liberale oder demokratische, sondern als absolute, später als aufgeklärt-absolute Herrschaft, die sich ihre Bürger bedingungslos unterwarf. Damit stellte sich freilich auch das Legitimationsproblem in seiner ganzen Schärfe, so wie es klassisch von Rousseau eingangs seines Buches „Vom Gesellschaftsvertrag" formuliert worden ist:

„Der Mensch wird frei geboren und überall ist er in Ketten. Mancher hält sich für den Herrn seiner Mitmenschen und ist trotzdem mehr Sklave als sie. Wie hat sich diese Umwandlung zugetragen? Ich weiß es nicht. Was kann ihr Rechtmäßigkeit verleihen? Diese Frage glaube ich beantworten zu können."[3]

102 Die Antwort besteht in ihrem Kern darin, die *Herrschaft auf einen freien Akt der Zustimmung durch diejenigen zurückzuführen, die ihr unterworfen sind.* Dies geschieht in allen Varianten der Vertragstheorien – oder, wie heute meist gesagt wird, des Kontraktualismus – im Wesentlichen in zwei Schritten:

– Zunächst wird die bestehende politische und gesellschaftliche Ordnung mit der Situation konfrontiert, die ohne sie bestand oder bestünde. Diese Situation wird als Naturzustand bezeichnet; gleichbedeutend könnte man auch von einem staatenlosen oder vorstaatlichen Zustand sprechen. Er ist damit einerseits durch die Abwesenheit jeder organisierten Leitungs- oder Regierungsgewalt gekennzeichnet; andererseits besteht eine natürliche Freiheit und Gleichheit aller, so dass jeder seine eigenen Interessen mit allen ihm zur Verfügung stehenden Mitteln verfolgen kann.

– Diese Situation führt in der Folge zu verschiedenen Konflikten oder Unzuträglichkeiten, die schließlich durch eine vertragliche Einigung aller beseitigt werden. Dies ist der ausdrücklich auch so benannte Gesellschaftsvertrag, durch den die entsprechende Leitungs- und Regierungsgewalt institutionalisiert wird. Durch ihn werden die Menschen im Ergebnis zu Bürgern, an die Stelle ihrer natürlichen Freiheit und Gleichheit tritt ihre Unterwerfung unter und ihre gegenseitige Zuordnung durch das Recht, und der natürliche Zustand wird in den staatlichen Zustand überführt.

103 Unter diesem gemeinsamen Dach bestehen allerdings erhebliche Meinungsverschiedenheiten sowohl in den Einzelheiten der Konstruktion als auch hinsichtlich der Anforderungen, die sich daraus für die politische Ordnung ergeben; die Vertragstheorien haben letztlich nicht eine politische Ordnung entworfen, sondern sehr verschiedene. Dies zeigt gerade die Gegenüberstellung der drei wirkmächtigsten und bis heute nachhallenden Entwürfe, mit denen die politische Philosophie der Neuzeit im Grunde erst beginnt: Hobbes, Locke und Rousseau[4].

---

[3] J.- J. Rousseau, Du Contract Social ou Principes du Droit Politique, 1762, dt. Vom Gesellschaftsvertrag oder Prinzipien des Staatsrechtes, hier in der Übersetzung von H. Denhardt, 2005, Buch I Kap. 1.

[4] Man könnte ohne Mühe noch weitere Vertreter anführen; auch die im Vorabschnitt behandelten Natur- und Vernunftrechtler arbeiten wie gesehen häufig mit der Vertragskonstruktion. Ebenfalls häufig genannt – und möglicherweise zu Unrecht geringer geschätzt, jedenfalls weitaus weniger präsent – ist Baruch Spinoza (1632–1677); hierzu eine kurze Zusammenfassung bei M. Mahlmann, Rechtsphilosophie und Rechtstheorie, 2016, § 3 Rn. 11 ff.

1. Sicherheit: Thomas Hobbes

Die Zeit, in der Thomas Hobbes sein Werk verfasst, ist eine Zeit der politischen Wirren **104** und der Gewalt: der blutigen Auseinandersetzungen zwischen Krone und Parlament in England, der konfessionellen Bürgerkriege auf dem Kontinent; mitten darin entsteht sein Hauptwerk, der Leviathan von 1651[5]. Man kann darin ohne weiteres einen Lösungsvorschlag für die Probleme seiner Zeit sehen, der zugleich einem geläufigen Narrativ von der Entstehung des Staates entspricht. Der moderne Staat verdankt sich, so geht diese Erzählung, wesentlich den konfessionellen Bürgerkriegen, wie sie dem Zerfall der mittelalterlichen Glaubensfreiheit nachfolgten und ganz Europa zwischen dem 16. und 17. Jahrhundert verheerten. Da jede Seite sich hier im Besitz der alleinigen Wahrheit wähnte, wurde zunächst versucht, die je andere zu vertreiben oder auszurotten; die Wahrheit duldet bekanntlich keine Kompromisse. Die Lösung konnte dann nur darin bestehen, dass ein Dritter sich über die streitenden Parteien erhob und sie mit Gewalt zum Frieden zwang. Dies ist der moderne Staat, der den Bürgerkrieg durch Ausbildung eines Zwangsapparates und Monopolisierung aller Gewalt bei sich institutionell überwindet[6]. In der Tat ist es gerade dieser Gedanke, der in theoretisch modellierter und entsprechend variierter Form am Grund von Hobbes' politischer Philosophie liegt.

a) Bereits in dem Naturzustand, wie Hobbes ihn zeichnet, mag man in diesem Sinne **105** ein Abbild der politischen Verhältnisse erkennen; es ist ein Zustand der Anarchie und der Rechtlosigkeit, zuletzt der nackten Gewalt. Zugrunde liegt ihm aber zunächst eine bestimmte Sicht des Menschen, und zwar nicht des Menschen, wie er idealer- und vernünftigerweise sein sollte, sondern als das, was er bei nüchterner und, wie Hobbes meint, realistisch-empirischer Betrachtung ist: ein Wesen, das vor allem auf Selbsterhaltung und die Durchsetzung seiner individuellen Interessen bedacht ist. Nicht wie bei Aristoteles die Anlage zur Gemeinschaftlichkeit oder wie in der christlichen Philosophie seine Eigenschaft als Geschöpf Gottes kennzeichnen ihn, sondern ein prinzipieller Egoismus. Das geht seinerseits zurück auf eine radikal innerweltliche Betrachtung der Dinge, die sich stark an den Naturwissenschaften orientiert und in erster Linie dafür interessiert, was sinnlich wahrnehmbar ist[7]. Von hier aus gelangt Hobbes auch zur Annahme einer prinzipiellen Gleichheit der Menschen, in der ihrerseits der Grund für die Konflikte über knappe Güter vorgezeichnet ist:

„Die Natur hat die Menschen hinsichtlich ihrer körperlichen und geistigen Fähigkeiten so gleich beschaffen, dass trotz der Tatsache, dass bisweilen der eine einen offensichtlich stärkeren Körper oder gewandteren Geist als der andere besitzt, der Unterschied zwischen den Menschen alles in allem doch nicht so beträchtlich ist, als dass der eine aufgrund dessen

---

[5] Eine Art Vorstudie, die aber bereits viele Gedanken des späteren Werks enthält, findet sich im erstmals 1642 auf Latein veröffentlichten Buch De Cive, dt. Lehre vom Bürger, in: T. Hobbes, Elementa Philosophiae, dt. Grundzüge der Philosophie, hrsgg. v. K.-M. Guth, übers. v. M. Frischeisen-Köhler, 3. Auflage 2014, S. 176 ff.; auch darauf wird im Folgenden gelegentlich Bezug genommen.

[6] Dieses Narrativ etwa bei D. Grimm, Recht und Staat der bürgerlichen Gesellschaft, 1987, S. 56 f., daran angelehnt auch die knappe Darstellung. Grundlegend ferner E.-W. Böckenförde, Die Entstehung des Staates als Vorgang der Säkularisation, jetzt in: ders., Recht, Staat, Freiheit, 1991, S. 42 ff. Kritik an diesem Narrativ bei C. Möllers, Staat als Argument, 2. Auflage 2011, S. 215 f.

[7] Hobbes, dessen allgemeine Philosophie heute als nicht sehr bedeutend gilt, wird deshalb meist als Empirist bezeichnet; allerdings erkannte er durchaus auch erfahrungsunabhängige Prinzipien wie Raum, Zeit etc. an, vgl. T. Hobbes, De Corpore, 1655, dt. Lehre vom Körper, in: Grundzüge der Philosophie (Fn. 5), 2. Teil Kap. 7, S. 59 ff.

einen Vorteil beanspruchen könnte, den ein anderer nicht ebenso gut für sich verlangen dürfte. Denn was die Körperstärke betrifft, so ist der Schwächste stark genug, den Stärksten zu töten – entweder durch Hinterlist oder durch ein Bündnis mit anderen, die sich in der selben Gefahr wie er selbst befinden. Und was die geistigen Fähigkeiten betrifft, so finde ich, dass die Gleichheit unter den Menschen noch größer ist als bei der Körperstärke [...] Aus dieser Gleichheit der Fähigkeiten entsteht eine Gleichheit der Hoffnung, unsere Absichten erreichen zu können. Und wenn daher zwei Menschen nach demselben Gegenstand streben, den sie jedoch nicht zusammen genießen können, so werden sie Feinde und sind in Verfolgung ihrer Absicht, die grundsätzlich Selbsterhaltung und bisweilen nur Genuss ist, bestrebt, sich gegenseitig zu vernichten oder zu unterwerfen."[8]

106 Homo homini lupus, heißt es dazu an anderer Stelle, der Mensch ist dem Menschen ein Wolf, jedenfalls solange er nicht durch irgendeine Gewalt im Zaum gehalten wird[9]. Dem ist oft entgegengehalten worden, dass Menschen durchaus auch moralisch handeln können und sich selbst auch als moralische Wesen verstehen; überhaupt wird das hobbessche Menschenbild oft als zu schlicht kritisiert[10]. Aber Hobbes leugnet die moralischen Anlagen des Menschen nicht. Er hält sie nur unter den Bedingungen von Güterknappheit einerseits und der Abwesenheit jeder rechtlicher Beschränkungen andererseits für nicht bestimmend; hier setze sich, meint er, im Zweifel bei den meisten doch das Interesse an der Selbsterhaltung durch. Dies mag man einseitig oder verkürzt nennen; es ist aber zuletzt gerade diese radikale Verkürzung in der Wahl des Ausgangspunktes der Staatsbegründung, die für die politische Philosophie den Bruch mit allem markiert, was vorher war.

107 b) Damit ist die prinzipielle Konflikthaftigkeit des Naturzustandes vorgezeichnet, die Hobbes in die berühmte Wendung vom „Krieg aller gegen alle" (bellum omnium contra omnes) fasst; die Bürgerkriege seiner Zeit, die er hautnah miterlebte, scheinen hier durch[11]. Das allseitige Streben nach Selbsterhaltung führt zu einer beständigen Konkurrenz, die sich ihrerseits noch dadurch verstärkt, dass man das jeweils Erreichte nur dadurch sichern kann, dass man es immer weiter ausbaut, also seine eigene Macht so lange vergrößert, bis es niemanden mehr gibt, der sie gefährden kann. Insofern liegen

„in der menschlichen Natur drei hauptsächliche Konfliktursachen: erstens Konkurrenz, zweitens Misstrauen, drittens Ruhmsucht. Die erste führt zu Übergriffen der Menschen des Gewinnes, die zweite der Sicherheit und die dritte des Ansehens wegen. Die Ersten wenden Gewalt an, um sich zum Herrn über andere Männer und deren Frauen, Kinder und Vieh zu machen, die Zweiten, um dies zu verteidigen und die Dritten wegen Kleinigkeiten [...] Daraus ergibt sich klar, dass die Menschen während der Zeit, in der sie ohne eine all-

---

[8] Hobbes, Leviathan or the Matter, Forme and Power of a Commonwealth Ecclesiasticall and Civil, 1651, dt. Leviathan oder Stoff, Form und Gewalt eines kirchlichen und staatlichen Gemeinwesens, übers. v. W. Euchner, hrsgg. v. I. Fetscher, 1984 Kap. 13.

[9] Hobbes (Fn. 5), Lehre vom Bürger, dort in der einleitenden Widmung an den Grafen von Devonshire, S. 176 ff.

[10] Ein grundlegender Einwand geht dahin, dass der Mensch keineswegs von Natur aus durch Konkurrenzdenken und Streben nach Durchsetzung gegen andere gekennzeichnet sei, sondern ihn erst der Kapitalismus, den Hobbes auf diese Weise selbst mit vorbereitet habe, dazu gemacht habe, s. C. B. Macpherson, Die politische Theorie des Besitzindividualismus, 3. Auflage 1990, S. 21 ff.

[11] Und werden von Hobbes auch ausdrücklich als Beleg angeführt, vgl. Hobbes (Fn. 8), Leviathan, Kap. 13 (S. 97).

gemeine, sie alle im Zaum haltende Macht leben, sich in einem Zustand befinden, der Krieg genannt wird, und zwar in einem Krieg eines jeden gegen jeden.“[12]

In dieser Lage kann sich niemand mehr dessen sicher sein, was er erworben hat; alle zivilisatorischen Errungenschaften – Ackerbau, Schifffahrt, Warenverkehr, bequeme Häuser, Künste und Literatur – sind dahin, **108**

„und es herrscht, was das Schlimmste von allem ist, beständige Furcht und Gefahr eines gewaltsamen Todes – das menschliche Leben ist einsam, armselig, ekelhaft, tierisch und kurz.“[13]

Auch das ist schon von Zeitgenossen als viel zu drastisch kritisiert worden und kontrastiert zudem mit allen Vorstellungen von Natur als einem Zustand ursprünglicher Reinheit und Friedfertigkeit, wie sie sich unter den Vertragstheoretikern durchaus auch finden (→ Rn. 121, 135). Was Hobbes hier allerdings erstmals auf eine in ihrem sachlichen Kern bis heute gültige Weise gelungen ist, ist die Beschreibung dessen, was man allgemein die dilemmatische Struktur gesellschaftlicher Interaktion nennen kann: Wenn alle nur nach ihrem eigenen Vorteil streben und diesen in größtmöglichem Umfang durchzusetzen versuchen, führt dies am Ende zu einem Zustand, der für alle schlechter ist, als wenn sie sich weniger eigennützig verhalten hätten. **109**

Steht in einem Theater in der vorderen Reihe jemand auf, um besser sehen zu können, müssen auch diejenigen aufstehen, die hinter ihm sitzen, und so fort; am Ende sehen alle genauso viel wie vorher, nur in einer unbequemeren Stellung. Ein in der neueren Spieltheorie entwickeltes Beispiel ist das berühmte Gefangenendilemma[14]. Eine Staatsanwältin bietet danach zwei Gefangenen, die gemeinsam eines schweren Verbrechens verdächtigt werden, aber aufgrund der gegebenen Beweislage nicht überführt werden können, unabhängig voneinander denselben Deal an: Wenn du die gemeinsame Tat gestehst, kann dein Komplize zu einer schweren Freiheitsstrafe (sagen wir: 10 Jahre) verurteilt werden; du selbst wirst als Kronzeuge freigesprochen. Gesteht dein Komplize auch, kann das Geständnis zwar strafmildernd berücksichtigt werden, aber als Kronzeuge brauche ich dich dann nicht; in diesem Fall erhaltet ihr beide eine mittelschwere Strafe (5 Jahre). Gesteht keiner von beiden, kann ich euch jeweils ein leichteres Delikt, sagen wir unerlaubten Waffenbesitz, nachweisen; ihr erhaltet dann eine entsprechend leichte Strafe (1 Jahr)[15]. In getrennten Zellen sitzend und ohne die Möglichkeit, sich untereinander zu beraten, muss nun jeder die möglichen Varianten für sich durchspielen und überlegen, was für ihn selbst in diesen Varianten besser wäre. Gesteht der andere, ist es ratsam, selbst auch zu gestehen; in diesem Fall erhält man die mittelschwere Strafe statt der Höchststrafe, also 5 statt 10 Jahre. Gesteht der andere dagegen nicht, fährt man ebenfalls erheblich besser, wenn man selbst gesteht; in diesem Fall winkt am Ende der Freispruch. Gestehen ist also in beiden Fällen die vorteilhaftere Alternative, und natürlich weiß man in dieser Situation auch nicht, ob man dem anderen trauen kann. Da dieser andere dieselben Überlegungen anstellt, führt das am Ende dazu, dass beide Gefangenen gestehen und damit beide die mittelschwere Strafe von 5 Jahren erhalten. Obwohl jeder von ihnen auf seinen größtmöglichen Vorteil zielte und sein Handeln darauf berechnet hat, ist das Ergebnis in der Zusammenschau dann suboptimal; hätten beide nicht gestanden, hätte jeder nur 1 Jahr bekommen. **110**

c) Die Gewaltsamkeit und Unsicherheit des Naturzustands wird auch nicht dadurch abgemildert, dass Hobbes für diesen eine Reihe von Regeln formuliert, die er selbst als „natürliche Gesetze“ bezeichnet[16]. Sie treten dem „natürlichen Recht“, nämlich der Freiheit **111**

---

[12] Hobbes (Fn. 8), Leviathan, Kap. 13 (S. 95 f.).
[13] Hobbes (Fn. 8), Leviathan, Kap. 13 (S. 96).
[14] Die Parallele zu Hobbes bei W. Kersting, Die politische Philosophie des Gesellschaftsvertrages, 1996, S. 69 ff.
[15] Hier wiedergegeben nach P. Koller, Formen sozialen Handelns und die Funktion sozialer Normen, in: FS für W. Krawietz, hrsgg. v. A. Aarnio et al., 1993, S. 265 (275).
[16] Hobbes (Fn. 8), Leviathan, Kap. 14.

eines jeden, alles zu tun, was nach der eigenen Einschätzung zur Selbsterhaltung erforderlich ist, zur Seite und leiten es inhaltlich an. In diesem Sinne besagen sie etwa, man solle sich um Frieden bemühen, auf sein Recht auf Selbstverteidigung um des Friedens willens verzichten oder abgeschlossene Verträge einhalten; zusammen finden sie in der Goldenen Regel der Bergpredigt, nach der man andere so behandeln soll, wie man selbst behandelt werden will[17]. Alle diese Sätze stehen aber immer unter dem Vorbehalt, dass alle anderen sich genauso verhalten. Insofern haben sie keinen im eigentlichen Sinne normativen Gehalt und sind dem natürlichen Recht auf Selbsterhaltung nicht entgegengesetzt, sondern bezeichnen nur eine bestimmte, nämlich möglichst rationale oder sinnvolle Möglichkeit seiner Ausübung. Die Bezeichnung als natürliche „Gesetze" ist von daher irreführend[18]. Sie legen aber ihrerseits den Grund für den Abschluss des Gesellschaftsvertrages, der darin bereits vorgezeichnet ist: Als Vernunft- und Klugheitsregeln, die durch Reflexion zu erkennen sind, weisen sie den Menschen zugleich den alleinigen Weg, den Krieg aller gegen alle zu überwinden und aus dem Naturzustand herauszutreten. Dieser Weg

„liegt in der Übertragung ihrer gesamten Macht und Stärke auf einen Menschen oder eine Versammlung von Menschen, die ihre Einzelwillen durch Stimmenmehrheit auf einen Willen reduzieren können [...] Dies ist mehr als Zustimmung oder Übereinstimmung: Es ist eine wirkliche Einheit aller in ein und derselben Person, die durch Vertrag eines jeden mit jedem zustande kam, als hätte jeder zu jedem gesagt: Ich autorisiere diesen Menschen oder diese Versammlung von Menschen und übertrage ihnen mein Recht, mich zu regieren, unter der Bedingung, dass du ihnen ebenso dein Recht überträgst und alle ihre Handlungen autorisierst."[19]

112 Der Inhalt des Vertrages ist damit ein doppelter: einerseits ein wechselseitiger Gewaltverzicht, andererseits die Einsetzung einer obersten Leitungsgewalt, die die Gewalt künftig stellvertretend für alle und im Ergebnis zu deren eigener Sicherung ausübt. Darin liegt die theoretische Fundierung des Staates, den Hobbes, um seine Machtfülle und abschreckende Wirkung zu verdeutlichen, mit dem Namen eines biblischen Seeungeheuers, des Leviathans, belegt:

„Ist dies geschehen, so nennt man diese zu einer Person vereinte Menge Staat, auf lateinisch civitas. Dies ist die Erzeugung jenes großen Leviathan oder besser, um es ehrerbietiger auszudrücken, jenes sterblichen Gottes, dem wir unter dem unsterblichen Gott unseren Frieden und Schutz verdanken."[20]

113 Im berühmten Titelkupfer des Leviathans kommen alle diese verschiedenen Seiten zum Ausdruck: Es zeigt eine überlebensgroße Figur, deren Körper sich aus lauter Einzelpersonen zusammensetzt – der Staat, besagt das, ist der Zusammenschluss aller. Zugleich erhebt sie sich mit Zepter und Schwert, den klassischen Insignien der Macht, über das gesamte Land und unterwirft es seiner Herrschaft.

114 d) Aus diesem Inhalt und dem Ziel des Vertrages ergibt sich zugleich die entscheidende Zweckbestimmung des Staates, die im *Schutz der Bürger und der Gewährleistung ihrer*

---

[17] Oder, in der negativen Fassung des Volksmunds: Was du nicht willst, das man dir tu, das füg auch keinem anderen zu. S. im Einzelnen Hobbes (Fn. 8), Leviathan, Kap. 14 und 15 (die Zusammenziehung S. 120f.).

[18] Und Hobbes deshalb auch kein Naturrechtler, so aber Horn, Einführung in die Rechtwissenschaft und Rechtsphilosophie, 6. Auflage 2016, Rn. 311; wie hier R. Celikates/S. Gosepath, Politische Philosophie, 2013, S. 56f.

[19] Hobbes (Fn. 8), Leviathan, Kap. 17 (S. 134).

[20] Hobbes, a. a. O.

Sicherheit liegt. Die Pflichten, die daraus für den jeweiligen Machthaber, wie die Vorteile, die daraus für die Bürger resultieren, fasst Hobbes an anderer Stelle in klassischer Dichte zusammen; sie umfassen ein Vierfaches:

„1. dass man gegen äußere Feinde verteidigt wird;
2. dass der innere Frieden erhalten wird;
3. dass man sein Vermögen, soweit es sich mit der öffentlichen Sicherheit verträgt, vermehren kann;
4. dass man seine Freiheit so weit genießt, als kein Schaden daraus entsteht."[21]

Im Zentrum steht damit gerade die Sicherheit, aber nicht nur als Sicherheit vor äußeren Feinden, sondern wesentlich auch *als Sicherheit der Bürger voreinander,* als zentrale Erhaltungsbedingung des bürgerlichen Lebens und Ermöglichung der Befriedigung der individuellen Lebensbedürfnisse[22]. In diesem Sinne bildet sie noch heute einen der zentralen Staatszwecke und Legitimationsgründe des Staates. Zugleich erklärt sich von hier aus auch das staatliche Gewaltmonopol; es bedeutet in der Sache eben auch den Ausschluss aller anderen von der Gewalt: Niemand außer dem Staat soll künftig legitime physische Gewalt ausüben dürfen, und auch der Staat hauptsächlich zu dem Zweck, die Sicherheit zu gewährleisten. Um dies zu ermöglichen, stattet Hobbes ihn und seine Verkörperung, den Souverän, mit einer absoluten Machtfülle aus: Der Souverän ist, da nicht selbst Partei des Gesellschaftsvertrages, an diesen nicht gebunden, er unterliegt in der Ausübung seiner Macht keinerlei Beschränkungen, und die Untertanen sind ihm zu unbedingtem Gehorsam verpflichtet[23]. Auch eine öffentliche Religion kann er festlegen, wie es der zur damaligen Zeit verbreiteten und aus der Erfahrung der konfessionellen Bürgerkriege gewonnenen Einschätzung entsprach, dass zwei Religionen in einem Staat nicht friedlich zusammenleben können[24]. Der Sicherheit ist auf diese Weise alles untergeordnet. Dem entspricht auf der anderen Seite ein stark zurückgenommenes Verständnis von Freiheit, die nicht im Sinne eines Rechts garantiert ist, sondern nur eine Folge dieser Sicherheit ist, sich aus ihr als ein praktischer Vorteil ergibt. In diesem Sinne umfasst sie einfach den Raum, der von den bestehenden Vorschriften, die Hobbes die „bürgerlichen Gesetze" nennt, freigelassen ist – hier können die Menschen nach eigenem Ermessen entscheiden und dürfen alles tun, was ihnen nützlich oder sinnvoll erscheint. Dieser Raum sei, wie Hobbes meint, immerhin noch genügend groß, weil es auf der ganzen Welt keinen Staat gebe, der genügend Vorschriften zur Regelung aller menschlichen Handlungen und Äußerungen erlassen könne[25]. Aber theoretisch bestehen in dieser Hinsicht keinerlei Schranken, die Verfügungsmacht des Herrschers ist aus sich heraus unbegrenzt. Damit legitimiert Hobbes im Ergebnis die absolute Monarchie. Andererseits bleibt, wie man sehen muss, auch hier der Bezug zur Sicherheit zuletzt bestimmend: Kann der Herrscher seinerseits der ihm obliegenden Verpflichtung, die Untertanen zu schützen, nicht mehr nachkommen, hört auch deren Gehorsamspflicht gegen ihn auf[26].

---

[21] Hobbes (Fn. 5), Lehre vom Bürger, Kap. 13 Nr. 6.
[22] Böckenförde (Fn. 6), S. 52f.
[23] Hobbes (Fn. 8), Leviathan, Kap. 18 und 21.
[24] Vgl. Hobbes (Fn. 8), Leviathan, Kap. 31.
[25] Hobbes (Fn. 8), Leviathan, Kap. 21.
[26] Hobbes (Fn. 8), Leviathan, Kap. 18 und 21.

116 e) Diese Teile seiner politischen Philosophie sind, ebenso wie seine langen Ausführungen zum Verhältnis von Staat und Kirche oder zum zuletzt auch christlichen Charakter des von ihm entworfenen Staatsgebildes, heute kaum mehr von Interesse; die gleichwohl immer noch anzutreffende Kritik daran rennt nur offene Türen ein[27]. Von Interesse und wiederum für seine Zeit vorausweisend ist aber, was Hobbes zu den von ihm so genannten „bürgerlichen Gesetzen" zu sagen hat und wie er sie inhaltlich bestimmt. Zwei Dinge unterscheiden sie von Hobbes' „natürlichen Gesetzen": zum einen ihr unmittelbar verpflichtender, imperativischer Charakter (sie sind „nicht Rat, sondern Befehl"), zum anderen ihre Gesetztheit, also der Umstand, dass sie in einem bestimmten Verfahren erlassen worden sind, und zwar gerade durch den Staat. In diesem Sinne sind die bürgerlichen Gesetze definiert als

„die Regeln, die der Staat jedem Untertanen durch Wort, Schrift oder andere ausreichende Willenszeichen befahl, um danach Recht und Unrecht, das heißt das Regelwidrige und das der Regel Entsprechende, zu unterscheiden."[28]

117 Die „bürgerlichen Gesetze" bei Hobbes umfassen danach nicht nur wie im heutigen Sprachgebrauch das Privatrecht, sondern die gesamte Rechtsordnung, und zwar als förmlich gesetzte, positive Rechtsordnung. Insoweit können sie zwar *inhaltlich* mit den natürlichen Gesetzen übereinstimmen; Hobbes geht sogar so weit zu sagen, sie seien in der Regel völlig deckungsgleich. Daraus ergeben sich dann durchaus moralische Bindungen für die jeweiligen Machthaber, etwa im Sinne von Geboten gerechter Gleichbehandlung der Bürger oder einer grundsätzlichen Orientierung am Gemeinwohl. Aber Verbindlichkeit erlangen auch die natürlichen Gesetze erst durch den Akt ihrer staatlichen Anordnung. Vorher sind sie

„keine eigentlichen Gesetze, sondern Eigenschaften, die die Menschen zu Frieden und Gehorsam hinlenken. Wenn einmal ein Staat errichtet ist, dann sind sie wirkliche Gesetze, nicht vorher […] Denn sodann ist es die souveräne Gewalt, die die Menschen verpflichtet, ihnen zu gehorchen."[29]

118 Auch im Übrigen kommt es für die Geltung des Rechts nicht auf irgendeine Art inhaltlicher Richtigkeit, sondern allein darauf an, ob es gesetzt ist oder nicht. Auch seine Auslegung hängt in diesem Sinne nicht von den Meinungen der Schriftsteller ab, selbst wenn sie noch so vernünftig sind, sondern von der staatlichen Autorität, die hinter ihnen steht: „Auctoritas, non veritas facit legem"[30]. Erst durch sie erhält das Recht seine strikte und unbedingte Verbindlichkeit, durch die es seine Funktion erfüllen kann,

---

[27] Festzuhalten ist allenfalls, dass die rein innerweltliche Begründung auch durch die Ausführungen im 3. und 4. Buch des Leviathan, die dem „christlichen Staat" und dem „Reich der Finsternis" gewidmet sind, nicht in Frage gestellt wird; s. besonders entschieden in diesem Sinne L. Strauss, Gesammelte Schriften, Bd. 3, Hobbes' politische Wissenschaft und zugehörige Schriften – Briefe, hrsgg. v. H. Meier/W. Meier, 2. Auflage 2008, S. 78 ff.

[28] Hobbes (Fn. 8), Leviathan, Kap. 26 (S. 203).

[29] Hobbes (Fn. 8), Leviathan, Kap. 26 (S. 205).

[30] Dt. etwa: Die Autorität (i.S.v. Urheberschaft), nicht die Wahrheit schafft das Gesetz, s. im Einzelnen Hobbes (Fn. 8), Leviathan, Kap. 26 (S. 210 ff.). Die lateinische Sentenz findet sich freilich nicht in der englischen Urfassung des Leviathan, sondern erst in einer späteren lateinischen Fassung, dort freilich kaum in der Bedeutung, mit der sie heute meist zitiert wird, vgl. H. Lübbe, Religion nach der Aufklärung, 3. Auflage 2004, S. 80; gleichwohl bringt sie die Quintessenz des hobbesschen Rechtsdenkens zutreffend zum Ausdruck.

Friedensordnung zu sein und die natürliche Freiheit der Bürger so zu begrenzen, dass Friede unter ihnen möglich wird[31]. Aber es ist eben bei Hobbes die Friedensordnung eines absoluten Staates mit theoretisch wie praktisch ganz unbegrenzter Machtfülle.

2. Liberale Grundrechte: John Locke

Die Lesart des Gesellschaftsvertrages, die sich bei John Locke findet, kann in mancher 119 Hinsicht als Reaktion und Antwort auf Thomas Hobbes gelesen werden; jedenfalls wäre sie ohne ihn nicht verständlich[32]. Gegen ihn entwirft Locke in seinem staatsphilosophischen Hauptwerk, den „Zwei Abhandlungen über die Regierung"[33], das Modell einer politischen Ordnung, die die Rechte und die Freiheit der Einzelnen nicht nur respektiert, sondern überhaupt nur um ihrer Bewahrung willen errichtet ist. Das entspricht der liberalen Grundhaltung, zu der er nach einigem Hin und Her fand und die ihn im Vorfeld der Glorious Revolution (1688) zu einem entschiedenen Parteigänger der Whigs, der Kämpfer gegen die absolute Monarchie, werden ließ. Seine „Zwei Abhandlungen" stellen geradezu die Programmschrift dieser Bewegung dar, die Begrenzung politischer Herrschaft ist, insbesondere in der zweiten, ihr zentrales Motiv[34]. In diesem Sinne ist Locke entschieden moderner als Hobbes. Konservativer und weitaus weniger radikal ist er hingegen, was den Ausgangspunkt betrifft, der weit stärker dem christlichen Naturrecht verhaftet ist, als es in Hobbes' zuletzt ganz innerweltlicher Begründung des Staates der Fall war. Hier liegen die Gründe für manche Unentschiedenheiten und auch die Schwierigkeiten, vor die Lockes Werk gerade die heutige Interpretation stellt[35]. Paradoxerweise ist es aber gerade der im Vergleich zu Hobbes konservativere Ausgangspunkt, der ihn zu den aus heutiger Sicht vorausweisenden Konsequenzen führt und ihn als einen der Väter des liberalen Verfassungsstaats erscheinen lässt. Das wird gerade in der unmittelbaren Gegenüberstellung der beiden Gesellschaftsvertragsmodelle deutlich.

a) Wie Hobbes geht es auch Locke im Kern um eine rationale Begründung von Herr- 120 schaft, so wie er sie selbst in dem unmittelbar zuvor erschienenen „Versuch über den menschlichen Verstand" erkenntnistheoretisch vorbereitet hatte: Der Mensch verfügt danach nicht über eingeborene Ideen oder ein eingeborenes Wissen, auch moralische und praktische Regeln müssen – etwa über ihre Nützlichkeit – auf irgendeine Weise bewiesen werden, und die einzigen Grundlagen der Erkenntnis sind die sinnliche Wahrnehmung, die Erfahrung und die Vernunft[36]. Gerade zu diesen Zwecken wird die Idee des Naturzustands eingeführt:

---

[31] Hobbes (Fn. 8), Leviathan, Kap. 26 (S. 205 f.).

[32] Wie hier L. Siep, Der Zweck des Staates und die Legitimation seiner Gewalten, in: M. Rehm/ B. Ludwig (Hrsg.) Zwei Abhandlungen über die Regierung, 2012, S. 115 (116). Der Zusammenhang wird allerdings dadurch verdeckt, dass Locke nur an ganz wenigen Stellen explizit auf Hobbes eingeht, dafür umso mehr auf den heute weitgehend vergessenen Robert Filmer.

[33] Im Original: Two Treatises of Government, erstmals 1689/1690, hier zitiert nach der Ausgabe von W. Euchner, übers. v. H. J. Hoffmann, 1977.

[34] Die Charakterisierung als Programmschrift bei R. Ashcraft, Revolutionary Politics and Locke's „Two Treatises of Governement", 1986, S. 9. Die früher vorherrschende Auffassung, es habe sich um die nachträgliche Rechtfertigung der Revolution gehandelt, kann heute als überholt gelten; wesentliche Teile sind bereits vorher entstanden.

[35] S. insoweit die zutreffenden Anmerkungen zur neueren Locke-Literatur bei W. Euchner, im Vorwort zur deutschen Ausgabe (Fn. 33): Ergebnisse „völlig kontrovers".

[36] J. Locke, An Essay Concerning Human Understanding, erstmals 1689, dt. Versuch über den menschlichen Verstand, Einheitssacht., 4. Auflage 1981, zur Begründung moralischer Regeln dort Band I, Erstes Buch, Kap. 3 (S. 52 ff.). Die Schrift gilt bis heute als eine zentrale Begründung des Empirismus.

„Um politische Gewalt richtig zu verstehen und sie von ihrem Ursprung abzuleiten, müssen wir erwägen, in welchem Zustand sich die Menschen von Natur aus befinden."[37]

121 Diesen Zustand begreift Locke im Ansatz ebenso wie Hobbes als einen Zustand vollkommener Freiheit und Gleichheit aller, wobei er beides aber nicht nur deskriptiv, sondern auch normativ versteht: als einen „Rechtsanspruch" auf diese Freiheit und Gleichheit, wie es an späterer Stelle heißt[38]. Dazu gehört auch eine Art Urrecht des Menschen, das, was er als erster in der Natur vorfindet und mit seinen Händen bearbeitet, zu seinem Eigentum zu machen, insbesondere also das Land, das er bepflügt und bebaut[39]. Der Naturzustand ist andererseits, und darin unterscheidet sich Locke grundsätzlich von Hobbes, kein Kriegszustand; statt des Krieges aller gegen alle herrscht darin bereits eine gewisse Harmonie und ein Mindestmaß an Ordnung:

„Aber obgleich dies ein Zustand der Freiheit ist, so ist es doch kein Zustand der Zügellosigkeit. Der Mensch hat in diesem Zustand eine unkontrollierbare Freiheit, über seine Person und seinen Besitz zu verfügen; er hat dagegen nicht die Freiheit, sich selbst oder irgendein in seinem Besitz befindliches Lebewesen zu vernichten [...] Im Naturzustand herrscht ein natürliches Gesetz, das jeden verpflichtet. Und die Vernunft, der dieses Gesetz entspricht, lehrt die Menschheit, wenn sie sie nur befragen will, dass niemand einem anderen, da alle gleich und unabhängig sind, an seinem Leben und Besitz, seiner Gesundheit und Freiheit Schaden zufügen soll."[40]

122 Die Formulierung vom „natürlichen Gesetz" ruft dabei erneut die Erinnerung an Hobbes auf. Aber anders als bei ihm sind die natürlichen Gesetze hier nicht Ratschläge einer instrumentellen Vernunft, an die man sich halten mag oder auch nicht; sie haben vielmehr unmittelbar verpflichtende Kraft, und den Grund ihrer Geltung finden sie, wie Locke an der besagten Stelle unmittelbar im Anschluss daran darlegt, letztlich in Gottes Willen[41]. Umgekehrt beziehen auch die natürliche Freiheit und Gleichheit aller ihre normative Qualität gerade daraus, dass sie ihrerseits in dem so verstandenen „natürlichen Gesetz" fundiert sind und von der anderen Seite her zu ihm dazugehören[42]. Darin liegt ein metaphysischer Rest in Lockes Staatsbegründung, der für viele Schwierigkeiten der Locke-Exegese verantwortlich ist; bis heute ist nicht recht klar, ob es sich dabei lediglich um eine Konzession an den Zeitgeist oder im Gegenteil um ein zentrales Element der gesamten Begründung handelt[43].

123 Dieselbe Unklarheit, wenn nicht der Grundwiderspruch kennzeichnet auch bereits seinen „Versuch über den menschlichen Verstand", der zwar ebenfalls ganz auf die Erschließung der Welt mit den Mitteln der Vernunft setzt, die Existenz Gottes aber als unverrückbares Faktum und zugleich Daseinsgrund dieser

---

[37] Locke (Fn. 33), Zwei Abhandlungen über die Regierung, II § 4.

[38] Locke (Fn. 33), Zwei Abhandlungen über die Regierung, II § 87. Insbesondere die Gleichheit der Menschen ergibt sich deshalb auch nicht nur wie bei Hobbes aus der Gleichheit ihrer Kräfte und Fähigkeiten, sondern schließt ausdrücklich auch die Forderung ein, dass sie „ohne Unterordnung und Unterwerfung einander gleichgestellt leben sollen", II § 4.

[39] Locke (Fn. 33), Zwei Abhandlungen über die Regierung, II § 25 ff.

[40] Locke (Fn. 33), Zwei Abhandlungen über die Regierung, II § 6.

[41] S. Locke a. a. O.; die Menschen dort ausdrücklich auch als „Eigentum" Gottes.

[42] Vgl. Locke (Fn. 33), Zwei Abhandlungen über die Regierung, II § 129: „die Freiheit ..., die er nach dem natürlichen Gesetz hatte".

[43] S. für die erste Auffassung etwa Macpherson (Fn. 10), S. 293; die Gegenauffassung etwa in J. Waldron, God, Locke, and Equality, 2002.

Welt voraussetzt. Immerhin sind die „natürlichen Gesetze" bei Locke zuletzt solche, die an sich jedermann intuitiv einleuchten müssten, weil sie letztlich in jedermanns Interesse liegen.

b) Aus dieser Lesart des Naturzustands ergeben sich mehrere Konsequenzen, die in **124** verschiedener Hinsicht über Hobbes hinausführen. Zunächst folgt aus der normativ verstandenen Freiheit und Gleichheit die zentrale Bedeutung freiwilliger Zustimmung („consent") für die Begründung jeder Art von Herrschaft:

„Da die Menschen, wie schon gesagt wurde, von Natur aus alle frei, gleich und unabhängig sind, kann niemand ohne seine Einwilligung aus diesem Zustand verstoßen und der politischen Gewalt eines anderen unterworfen werden."[44]

Die Übereinkunft mit anderen, sich zu einer Gemeinschaft zusammenzuschließen **125** und die Unzuträglichkeiten des Naturzustands hinter sich zu lassen, ist also nicht nur ein Gebot der Klugheit oder einer höheren Einsicht; vielmehr ist es überhaupt die

„einzige Möglichkeit, mit der jemand diese natürliche Freiheit aufgibt und die Fesseln bürgerlicher Gesellschaft anlegt."[45]

Allerdings stellt sich gerade in der gemäßigteren Version des Naturzustands, wie Locke **126** sie präsentiert, die Frage, was Menschen dazu veranlassen sollte, ihn zu verlassen. Dies geschieht vor allem „zum Schutz ihres Lebens, ihrer Freiheiten und ihres Vermögens", die Locke unter der Bezeichnung „Eigentum" zusammenfasst[46]. Insgesamt kann Locke deshalb sagen:

„Das große und hauptsächliche Ziel, weshalb Menschen sich zu einem Staatswesen zusammenschließen und sich unter eine Regierung stellen, ist also die Erhaltung ihres Eigentums."[47]

Zwar wird auch der Naturzustand bereits durch das „natürliche Gesetz" reguliert, so **127** dass er unter günstigeren Bedingungen und für eine gewisse Zeit ein durchaus erträglicher Zustand sein kann. Er leidet aber unter drei systemischen Mängeln, die ihrerseits auf eine grundlegende Schwäche der „natürlichen Gesetze" in ihrer Wirkung auf die Menschen zurückverweisen:

„Erstens fehlt es an einem feststehenden, geordneten und bekannten Gesetz, das durch allgemeine Zustimmung als die Norm für Recht und Unrecht und als der allgemeine Maßstab zur Entscheidung ihrer Streitigkeiten von ihnen allen angenommen und anerkannt ist. Denn obwohl das Gesetz der Natur für alle vernunftbegabten Wesen klar und verständlich ist, werden die Menschen doch durch ihr eigenes Interesse beeinflusst, und da sie außerdem nicht darüber nachdenken und es folglich auch zu wenig kennen, pflegen sie es nicht als ein Recht anzuerkennen, das in seiner Anwendung auf ihre eigenen Fälle für sie verbindlich wäre.
Zweitens fehlt es im Naturzustand an einem anerkannten und unparteiischen Richter, mit der Autorität, alle Zwistigkeiten nach dem feststehenden Gesetz zu entscheiden […]
Drittens fehlt es im Naturzustand oft an einer Gewalt, dem gerechten Urteil einen Rückhalt zu geben, es zu unterstützen und ihm die gebührende Vollstreckung zu sichern."[48]

---

[44] Locke (Fn. 33), Zwei Abhandlungen über die Regierung, II § 95.
[45] Locke a. a. O.
[46] Locke (Fn. 33), Zwei Abhandlungen über die Regierung, II § 123.
[47] Locke (Fn. 33), Zwei Abhandlungen über die Regierung, II § 124.
[48] Locke (Fn. 33), Zwei Abhandlungen über die Regierung, II §§ 124–126.

128 Der Eintritt in die bürgerliche Gesellschaft und die Einrichtung einer politischen Leitungsgewalt erfolgen deshalb im Ergebnis nur zu dem Zweck, diesen Mängeln und den darin sichtbaren Schwächen des „natürlichen Gesetzes" abzuhelfen[49]. Dieses gilt dann aber auch über den Abschluss des Gesellschaftsvertrages hinaus fort; der Leitungsgewalt in ihren verschiedenen Erscheinungsformen – vor allem als Legislative und Exekutive – kommt im Grunde nur die Aufgabe zu, es autoritativ festzusetzen, in Konfliktfällen für alle verbindlich auszulegen oder gegen bestehenden Widerstand durchzusetzen.

129 c) Die durch den Gesellschaftsvertrag begründete und eingerichtete Herrschaft ist unter diesen Bedingungen *nicht wie bei Hobbes umfassend oder total, sondern in mehrfacher Hinsicht begrenzt.* Begrenzt ist sie zunächst durch das „natürliche Gesetz", an dem sie sich inhaltlich zu orientieren hat und das prinzipiell auch die Freiheit und Gleichheit aller einschließt. Begrenzt ist sie sodann durch den Zweck des Zusammenschlusses, der ausschließlich in der Sicherung der individuellen Rechte liegt:

> *„Mit ihrem Eintritt in die Gesellschaft verzichten nun die Menschen zwar auf die Gleichheit, Freiheit und exekutive Gewalt des Naturzustandes, um sie in die Hände der Gesellschaft zu legen, damit die Legislative soweit darüber verfügen kann, wie es das Wohl der Gesellschaft erfordert. Doch geschieht das nur mit der Absicht jedes Einzelnen, um damit sich selbst, seine Freiheit und sein Eigentum besser zu erhalten (denn man kann von keinem vernünftigen Wesen voraussetzen, dass es seine Lebensbedingungen mit Absicht ändere, um sie zu verschlechtern)."*[50]

130 Die Herrschaft kann deshalb auch nicht weiter reichen, als es zur Erfüllung dieses Zwecks notwendig ist. Begrenzt ist sie zuletzt aber auch dadurch, dass die Einzelnen ihre Rechte auf sie nicht vollständig übertragen. Vollständig aufgegeben wird von ihnen nur das Recht, Rechtsverletzungen selbst zu ahnden und zu verfolgen, in der Sache also das Recht zur Selbstjustiz. Das grundsätzliche und dem vorausliegende Recht auf Selbsterhaltung nach eigenem Ermessen und eigener Einschätzung wird dagegen nur insoweit aufgegeben, wie es durch die Zwecke des Zusammenschlusses bedingt ist[51]. Überhaupt nicht übertragen ist eine absolute und willkürliche Gewalt über die eigene Person oder über andere, weil eine solche Gewalt nach dem „natürlichen Gesetz" niemandem zusteht und kein Mensch mehr Rechte übertragen kann, als er selbst hat[52]. Einen *Grundbestand an natürlichen Rechten behält der Einzelne damit gegen den Staat zurück* – darin liegt zuletzt die Pointe des Lockeschen Begründungsprogramms. Es gilt daher bis heute auch als eine erste theoretische Fundierung der modernen Menschenrechtsidee.

131 Zusammen mit der daraus abgeleiteten Zweckbindung politischer Herrschaft kommt dies auf eine bis heute als gültig empfundene Weise in der amerikanischen Unabhängigkeitserklärung zum Ausdruck, deren berühmte Präambel sich wie eine geraffte Zusammenfassung von Lockes politischer Philosophie liest[53].

---

[49] Vgl. Locke (Fn. 33), Zwei Abhandlungen über die Regierung, II § 131 („indem sie gegen jene drei erwähnten Mängel Vorsorge trifft").

[50] Locke (Fn. 33), Zwei Abhandlungen über die Regierung, II § 131.

[51] Locke (Fn. 33), Zwei Abhandlungen über die Regierung, II §§ 128–130; instruktive Auffächerung dazu bei Siep (Fn. 32), S. 121 ff.

[52] Locke (Fn. 33), Zwei Abhandlungen über die Regierung, II § 135.

[53] Im Original: „We hold these truths to be self-evident, that all men are created equal, that they are endowed by their Creator with certain unalienable Rights, that among these are Life, Liberty and the pursuit of Happiness. – That to secure these rights, Governments are instituted among Men, deriving their just powers from the consent of the governed, – That whenever any Form of Government becomes destruc-

Dass die Rechte, von denen dort die Rede ist, für längere Zeit noch auf weiße Männer beschränkt waren, steht vorerst auf einem anderen Blatt.

d) Von hier aus finden sich in Lockes politischer Philosophie auch einzelne Elemente, die sich durchaus als eine Art Vorstudie zum modernen Verfassungsstaat lesen lassen. In diese Richtung weist vor allem die grundlegende Differenzierung zwischen solchen Regeln, die die politische Gewalt für das Zusammenleben aufstellt, und solchen, denen sie selbst unterworfen ist und die ihr vorausliegen. In diesem Sinne heißt es für die Legislative: **132**

„So ist das erste und grundlegende positive Gesetz aller Staaten die Begründung der legislativen Gewalt, so wie das erste und grundlegende natürliche Gesetz, das sogar über der legislativen Gewalt gelten muss, die Erhaltung der Gesellschaft und [...] jeder einzelnen Person in ihr ist.“[54]

Das nimmt die Grundidee einer Verfassung vorweg, die die Ausübung von Herrschaft binden soll und deshalb den Vorrang gegenüber anderem Recht beansprucht. Darüber hinaus findet sich in den „Zwei Abhandlungen" eine erste Formulierung der Gewaltenteilung, wenn auch vorerst unter Ausklammerung der – nicht gesondert ausgewiesenen – Judikative und ergänzt um eine besondere, für die auswärtigen Beziehungen zuständige „föderative Gewalt". Die konkrete Ausgestaltung der politischen Ordnung orientiert sich sodann sehr weitgehend an den Gegebenheiten der konstitutionellen Monarchie in England, wie sie sich schließlich aus der Glorious Revolution entwickelte. Zu einem Verständnis von Demokratie im heutigen Sinne dringt Locke dagegen kaum vor; jedenfalls wird es – jenseits der Ablehnung der absoluten Monarchie, die ihm nur als eine Variante des Naturzustandes gilt, und eines allgemeinen Bekenntnisses zum Mehrheitsprinzip – nicht systematisch entfaltet: Auch die „gemäßigte Monarchie" bleibt für Locke eine sinnvolle Alternative[55]. Zu einem „verkannten Republikaner" wird man ihn daher kaum machen können[56]. Was ihm vorschwebte, war in seinem Kern das Modell einer politischen Ordnung, die ganz auf die Sicherung und Verteidigung der individuellen Rechte durch, aber zuletzt auch gegen die Staats- und Regierungsgewalt gerichtet ist. Im Zentrum steht damit vor allem die Sicherung einer privaten Freiheit im Sinne einer „Freiheit von", während die politische Freiheit als eine „Freiheit zu", nämlich gerade zur Mitwirkung im Gemeinwesen, noch unterbelichtet ist. Insofern mag man mit dem Sammelbegriff, den Locke selbst für alle seine Rechte verwendete, vom Bild einer liberalen Eigentümergesellschaft sprechen, die vor allem auf die Sicherung des individuellen Habens bedacht ist[57]. **133**

---

tive of these ends, it is the Right of the People to alter or to abolish it, and to institute new Government, laying its foundation on such principles and organizing its powers in such form, as to them shall seem most likely to effect their Safety and Happiness." Zusammenfassend zum Einfluss Lockes auf die Unabhängigkeitserklärung M. Rehm, „The A.B.C. of Politicks [sic]": Entstehungskontext und Rezeption von Lockes Zwei Abhandlungen über die Regierung, in: Rehm/Ludwig (Fn. 32), S. 1 (11 f.).

[54] Locke (Fn. 33), Zwei Abhandlungen über die Regierung, II § 134.

[55] Vgl. Locke (Fn. 33), Zwei Abhandlungen über die Regierung, II § 159. Die Ablehnung der absoluten Monarchie als eine Form des Naturzustandes in II § 90, das Bekenntnis zum Mehrheitsprinzip in II §§ 96 ff.

[56] So aber der Versuch von M. Schefczyk, John Locke – ein verkannter Republikaner, in: Rehm/Ludwig (Fn. 32), S. 165 ff.

[57] Insofern trifft die Kritik von Macpherson (Fn. 10), auch wenn sie heute in mancher Hinsicht als überholt oder auch ungerecht gilt, am Ende eben doch einen Punkt.

3. Demokratie: Jean-Jacques Rousseau

134 Im Unterschied dazu stellt Jean-Jacques Rousseau seine Version des Kontraktualismus nicht unter den Leitbegriff des Eigentums, sondern unter den der Freiheit; dies ist jedenfalls der Begriff, der in seinem diesbezüglichen Hauptwerk, der 1762 erschienenen Schrift „Vom Gesellschaftsvertrag", wohl am häufigsten fällt[58]. Aber auch in der Sache steht diese Version zum privatistischen Gesellschaftsmodell Lockes in äußerstem Gegensatz: Die Freiheit, die Rousseau meint, ist gerade die politische Freiheit, sie zielt auf ein demokratisch-republikanisches Projekt, die Freiheit eines zur Selbstgesetzgebung und Selbstregierung versammelten Volkes. Damit wird Rousseau zu einem der intellektuellen Stichwortgeber der Französischen Revolution, die ihm in der Erklärung der Menschen- und Bürgerrechte von 1789 auch ihre Reverenz erwies[59]. Rousseau selbst hat sich gegen eine solche Vereinnahmung noch zu Lebzeiten zu verwahren versucht[60]. Das hat ihn umgekehrt nicht davor bewahrt, später auch für den jakobinischen Terror ihrer Spätphase verantwortlich gemacht zu werden. Allerdings finden sich in seinem Werk auch zahlreiche Übersteigerungen, die es für die verschiedensten Fehlinterpretationen anfällig gemacht haben; diese werden ihrerseits dadurch begünstigt, dass er weniger systematisch argumentiert, sein Denken stattdessen oft intuitiv und sprunghaft ist. Am Ende ist nicht einmal sicher, ob Rousseau, wie es vielfach geschieht, überhaupt zu den Vertretern der Aufklärung gerechnet werden kann oder nicht eher schon zur Gegenbewegung gehört: Gegen die aufklärerische Hoffnung auf die Vernunft und den Verstand setzt er den Primat der Instinkte und des Gefühls, gegen den aufklärerischen Fortschrittsoptimismus eine vernichtende Kritik der Zivilisation und ihrer vermeintlichen Errungenschaften; „Zurück zur Natur", zu einem Zustand ursprünglicher Reinheit und Unverdorbenheit, lautet eine seiner frühesten Botschaften[61].

135 a) Auf dieser Grundlage hat Rousseau im Ergebnis nicht eine, sondern *zwei Sichtweisen auf den Gesellschaftsvertrag* präsentiert, eine *realistisch-kritische,* die die Legitimationsstrategien der zu seiner Zeit noch bestehenden Herrschaft, des „Ancien Régime", zu entlarven versucht, und eine *normativ-vorausweisende,* die das Modell einer erst noch zu schaffenden politischen und gesellschaftlichen Ordnung entwirft. Die kritisch-realistische ist gerade seiner optimistischen Vorstellung der Natur geschuldet, die sich diametral von der seiner Vorgänger Hobbes und Locke unterscheidet. Der natürliche Zustand ist danach, wie er in seiner „Abhandlung über die Ursprünge der Ungleichheit unter der Menschen" darlegt, nicht nur wie bei diesen ein Zustand der natürlichen Gleichheit, sondern auch der Zustand einer prinzipiellen Harmonie; der Mensch, gleichermaßen angeleitet durch eine Liebe zu sich selbst und die Fähigkeit zum Mitleiden mit anderen Geschöpfen, habe, meint Rousseau, dort noch im Einklang mit sich und

---

[58] J.-J. Rousseau, Du Contract Social ou Principes du Droit Politique, 1762, dt. Vom Gesellschaftsvertrag oder Prinzipien des Staatsrechtes, hier und im Folgenden übers. v. H. Brockard, Neuausgabe 2013.

[59] S. dort Art. 6: „La loi est l'expression de la volonté générale" (Das Gesetz ist der Ausdruck des allgemeinen Willens). Das knüpft an einen weiteren Zentralbegriff von Rousseaus politischer Philosophie an, s. dazu sogleich im Text.

[60] R. Brandt/K. Herb, Einführung, in: dies. (Hrsg.), Jean-Jacques Rousseau: Vom Gesellschaftsvertrag oder Prinzipien des Staatsrechts, 2. Auflage 2012, S. 7 f.

[61] Die er freilich so ausdrücklich nie formuliert hat; der Sache nach findet sie sich etwa in dem erstmals 1750 erschienenen „Discours sur les sciences et les arts", dt. Abhandlung über die Wissenschaften und Künste, übers. v. Johann Daniel Tietz, 1997.

der Natur gelebt, isoliert und autark zwar, aber eben auch ohne Konflikte mit anderen und noch ohne Kenntnis der Kategorien von „Gut" und „Böse"[62]. Beendet worden sei dieser Zustand durch die Entdeckung und Begründung des Privateigentums, die ihrerseits den Übergang in die bürgerliche Gesellschaft begründet habe:

„Der erste, der ein Grundstück einzäunte und es sich herausnahm zu sagen: Dies gehört mir, und der Leute fand, die einfältig genug waren, ihm zu glauben, war der wahre Begründer der bürgerlichen Gesellschaft."[63]

Die bürgerliche Gesellschaft habe dann das ursprüngliche Idyll des Naturzustands nahezu überall in sein Gegenteil verkehrt: Aus der Liebe zu sich selbst und dem Mitleid mit anderen sei Vorteilsstreben und Konkurrenz geworden, aus dem friedlichen Zusammenleben latente Unsicherheit, aus der natürlichen Gleichheit aller nach und nach die soziale Ungleichheit. Die Darstellung dieses Prozesses legt Rousseau wesentlich als universalhistorische Rekonstruktion an, beginnend mit dem Bevölkerungswachstum, der Notwendigkeit von Austausch und Kooperation, dem Zusammenschluss zu Interessengruppen und der allmählichen Etablierung von Hierarchie und Herrschaft. Diese hätten schließlich zur Absicherung durch eine Rechtsordnung befestigt werden müssen, der sich alle im Ergebnis einvernehmlich und eben gerade im Wege des Gesellschaftsvertrags unterworfen hätten. Der Gesellschaftsvertrag ist in dieser Sichtweise dann aber kein methodisches Konstrukt zur Formulierung bestimmter Anforderungen an politische Herrschaft, sondern ein im weitesten Sinne historisches Faktum: Die Besitzenden und Mächtigen hätten ihn, meint Rousseau, den Unterprivilegierten gleichsam nur aufgeschwatzt, um ihre Herrschaft zu legitimieren und auf Dauer zu stellen[64]. **136**

b) Gerade um die Formulierung von Anforderungen an im wirklichen Sinne legitime politische Herrschaft und einen normativen Gegenentwurf zur bestehenden Ordnung geht es demgegenüber in der zweiten Sichtweise auf den Gesellschaftsvertrag, wie Rousseau sie im „Gesellschaftsvertrag" vorstellt. Ihre zentrale Prämisse, die als solche einfach gesetzt und nicht weiter hinterfragt wird, ist wie bei den anderen Vertragstheoretikern die Vorstellung einer natürlichen, angeborenen Freiheit[65]. Von hier aus formuliert Rousseau das Problem, um das seine ganzen Überlegungen kreisen, wie folgt: **137**

„Wie findet man eine Gesellschaftsform, die mit der ganzen gemeinsamen Kraft die Person und das Vermögen jedes Gesellschaftsgliedes verteidigt und schützt und kraft dessen jeder Einzelne, obgleich er sich mit allen vereint, gleichwohl nur sich selbst gehorcht und so frei bleibt wie zuvor? Dies ist die Hauptfrage, deren Lösung der Gesellschaftsvertrag gibt."[66]

Konkret sieht die Lösung so aus, dass der Einzelne sich im Sinne einer völligen Entäußerung („aliénation totale") der politischen Gemeinschaft ganz übergibt und sämtliche Rechte an sie abtritt; anders als bei Locke behält er also nicht einen Grundbestand an **138**

---

[62] J.-J. Rousseau, Discours sur l'origine et les fondements de l'inégalité parmi les hommes; dt. Abhandlung über den Ursprung und die Grundlagen der Ungleichheit unter den Menschen, übers. u. hrsgg. v. P. Rippel, 1998, S. 50 ff.

[63] So die berühmte Einleitung des zweiten Teils der Abhandlung über die Ungleichheit, Rousseau (Fn. 62), S. 74.

[64] Rousseau (Fn. 62), Diskurs über die Ungleichheit, S. 90 ff.

[65] Rousseau (Fn. 58), Vom Gesellschaftsvertrag, I 1.

[66] Rousseau (Fn. 58), Vom Gesellschaftsvertrag, I 6.

Rechten zurück, die er zur Not auch gegen jene geltend machen kann[67]. Was er andererseits durch den Abschluss des Gesellschaftsvertrages erwirbt, ist ein ganz grundsätzliches Recht auf politische Teilhabe, nämlich an der Formierung und Bildung des politischen Gesamtwillens, wie er vor allem in der Gesetzgebung zum Ausdruck kommt. Von dem so formierten Gesamtwillen kann Rousseau dann sagen, dass er der „allgemeine Wille" (volonté générale) ist: der Schlüsselbegriff der ganzen Konzeption überhaupt. Zusammengefasst lautet der Inhalt des Gesellschaftsvertrages danach wie folgt:

„Jeder von uns stellt gemeinschaftlich seine Person und seine ganze Kraft unter die oberste Leitung des allgemeinen Willens, und wir nehmen jedes Mitglied als untrennbaren Teil des Ganzen auf."[68]

139 Auf diese Weise meint Rousseau das von ihm benannte Problem gelöst zu haben, dass der Einzelne durch den Gesellschaftsvertrag zwar einer Leitungsgewalt unterworfen wird, aber am Ende nur sich selbst gehorchen soll: Die Entscheidungen der Leitungsgewalt sind, da er an ihnen teilhat und sie in der Sache mitkonstituiert, ihm als eigene zurechenbar – im „allgemeinen Willen" steckt auch der Wille, den er selbst hat. Auch die Anwendung von Zwang zur Durchsetzung dieses Willens ist deshalb kein Problem; das hat, wie Rousseau in einer anderen berühmten Formulierung sagt,

„keine andere Bedeutung, als dass man ihn zwingen werde, frei zu sein."[69]

140 c) Um diesen hohen Anspruch durchzuhalten, muss Rousseau allerdings verschiedene Differenzierungen und Zusatzbedingungen einführen, die zugleich auf einige grundlegende Probleme seiner Konzeption verweisen. Ein erstes Problem ergibt sich aus der Geltung des Mehrheitsprinzips, für das sich auch Rousseau an verschiedenen Stellen ausspricht[70]. Kann man dann aber auch von der jeweils unterlegenen Minderheit noch sagen, sie gehorche nur sich selbst oder werde gar durch die Mehrheit bloß zu ihrer Freiheit gezwungen? Für Rousseau steht dies außer Frage, weil er dem „allgemeinen Willen" (volonté générale) eine besondere Qualität zuschreibt, durch die sich dieser vom „Willen aller" (volonté de tous) unterscheidet:

„Oft ist ein großer Unterschied zwischen dem Willen aller und dem allgemeinen Willen; letzterer geht nur auf das allgemeine Beste aus, ersterer auf das Privatinteresse und ist nur eine Summe einzelner Willensmeinungen. Zieht man nun von diesen Willensmeinungen das Mehr und Minder, das sich gegenseitig aufhebt, ab, so bleibt als Differenzsumme der allgemeine Wille übrig."[71]

141 Als Privatperson, so ließe sich das an einem Beispiel erläutern, würde man vielleicht am liebsten gar keine Steuern zahlen oder nur die jeweils anderen dazu heranziehen, während man als Staatsbürger einsieht, dass die Erhebung von Steuern prinzipiell notwendig ist, um daraus bestimmte Aufgaben zu finanzieren. Da dies bei allen so ist, richtet sich die

---

[67] Rousseau (Fn. 58), Vom Gesellschaftsvertrag, I 6.
[68] Rousseau (Fn. 58), Vom Gesellschaftsvertrag, I 6.
[69] Rousseau (Fn. 58), Vom Gesellschaftsvertrag, I 7; als im Wesentlichen rhetorische Übersteigerung gedeutet bei J. Plamenatz, „Was nichts anderes heißt, als dass man ihn zwingen wird, frei zu sein", in: Brandt/Herb (Fn. 60), S. 69 ff.
[70] S. etwa Rousseau (Fn. 58), Vom Gesellschaftsvertrag, IV 2.
[71] Rousseau (Fn. 58), Vom Gesellschaftsvertrag, II 3.

Schnittmenge – oder eben der „allgemeine Wille" – in diesem Fall auf die gleichmäßige Erhebung von Steuern, die deshalb objektiv dem Gemeinwohl entspricht. Von hier aus kommt Rousseau zwanglos zu der weiteren ebenso berühmten wie berüchtigten Feststellung, dass der allgemeine Wille nie irren kann und beständig der richtige ist[72]. Das führt allerdings zu dem weiteren Problem, wie er konkret zu ermitteln ist – und vor allem wer ihn zu ermitteln hat. Gegenüber Plebisziten, für die Rousseau oft in Anspruch genommen wird, zeigt er sich selbst durchaus skeptisch; seine Unterscheidung zwischen dem allgemeinen Willen und dem Willen aller ist eben keine Unterscheidung nach der Zahl der Stimmen, sondern eine Unterscheidung des Inhalts[73]. In diesem Sinne handelt es sich bei der Ermittlung des allgemeinen Willens auch weniger um eine Sache der Entscheidung als vielmehr um ein Problem der richtigen Erkenntnis. Um diese nicht zu verzerren, müssen – als weitere Zusatzbedingung – zunächst all jene Gruppierungen von der Teilnahme am politischen Prozess ausgeschlossen werden, die lediglich partikulare Interessen vertreten (sociétés particulières), in heutiger Terminologie also etwa Verbände und Parteien[74]; ferner soll etwa die umfassende Beratung der jeweiligen Themen in entsprechend häufig einzuberufenden Volksversammlungen helfen[75]. Zur Not muss das Volk zu dieser Erkenntnis aber auch geführt werden:

„*Von sich selbst will das Volk immer das Gute, aber es erkennt dasselbe nicht immer von selbst. Der allgemeine Wille ist stets richtig, allein das Urteil, welchen ihn leitet, ist nicht immer im Klaren. Man muss ihn die Gegenstände so sehen lassen, wie sie sind, bisweilen so, wie sie ihm erscheinen sollen*"[76].

Damit sind auch der Manipulation der Entscheidungen durch die jeweiligen Machthaber Tür und Tor geöffnet. Entkommen lässt sich dem im Grunde nur, wenn zwischen den Machthabern und dem Volk, letztlich aber überhaupt zwischen allen Mitgliedern der Gesellschaft ein beständiger Konsens über das jeweils Richtige besteht: ein, wie Rousseau an anderer Stelle sagt, „bewundernswerte(r) Einklang des Interesses und der Gerechtigkeit"[77]. Die prinzipielle Homogenität der Gesellschaft wird damit zu einer weiteren zentralen Voraussetzung des Modells. **142**

Gleichgültig ist demgegenüber, in welcher konkreten Regierungs*form* – Monarchie, Aristokratie oder institutionelle Demokratie – es verwirklicht wird: Entscheidend ist, dass die Gesetze herrschen, in denen der allgemeine Wille zum Ausdruck kommt; jeden Staat, in dem das der Fall ist, nennt Rousseau Republik[78]. Diese will Rousseau zusätzlich noch dadurch absichern, dass er für eine „zivile Religion" plädiert, im Sinne eines rein bürgerlichen Glaubensbekenntnisses, das den Sinn für die Gemeinschaft wachhält und verstärkt[79]. **143**

d) Formuliert ist damit das Programm einer radikaldemokratischen Gemeinschaft, die in vieler Hinsicht die Züge der antiken Polis trägt: mit ihren überschaubaren Größenverhältnissen, mit oft noch persönlichen Nähebeziehungen, mit einer prinzipiellen Gleichrichtung der Interessen und einem einheitlichen, oft noch religiös durchform- **144**

---

[72] Rousseau (Fn. 58), Vom Gesellschaftsvertrag, II 3.
[73] Vgl. Rousseau (Fn. 58), Vom Gesellschaftsvertrag, II 4.
[74] Rousseau (Fn. 58), Vom Gesellschaftsvertrag, II 3.
[75] Rousseau (Fn. 58), Vom Gesellschaftsvertrag, III 12.
[76] Rousseau (Fn. 58), Vom Gesellschaftsvertrag, II 7.
[77] Rousseau (Fn. 58), Vom Gesellschaftsvertrag, II 4.
[78] Rousseau (Fn. 58), Vom Gesellschaftsvertrag, II 6; s. dazu P. Bastid, Die Theorie der Regierungsformen, in: Brandt/Herb (Fn. 60), S. 153 (157).
[79] Rousseau (Fn. 58), Vom Gesellschaftsvertrag, IV 8.

ten Weltbild. Für die Polis hegte Rousseau in der Tat eine starke und oft emphatisch bekundete Sympathie. Überhaupt nähert sich das Programm trotz seines individualistischen Ausgangspunktes in seinen Konsequenzen wieder dem Gemeinschaftsmodell der vorneuzeitlichen Philosophie an, von dem es sich am Ende nur durch seine entschiedene Betonung des demokratischen – oder wie er selbst sagt: republikanischen – Gedankens unterscheidet. Wie jenes setzt es aber nicht auf das Privatinteresse, sondern auf die Tugend der Bürger, sein Subjekt ist nicht der eigennützige „Bourgeois", sondern der gemeinwohlorientierte „Citoyen". Das hat zu verschiedenen und mittlerweile ebenfalls schon klassischen Einwänden Veranlassung gegeben, die ihren Grund letztlich allesamt in dieser Nähe zu diesen älteren Gemeinschaftsmodellen finden; aus heutiger Sicht ist deshalb auf sie nicht schwer zu kommen.

145 Rousseau fehle, wird dann etwa gesagt, jeder Blick für den legitimen Pluralismus, der für moderne Gesellschaften konstitutiv sei; sein Modell verzichte auf die Absicherung individueller Rechte und ignoriere die Gefahr tyrannischer Mehrheiten; die vollständige Entäußerung des Einzelnen an die Gemeinschaft im Gesellschaftsvertrag laufe verbunden mit der unbedingten Herrschaft des allgemeinen Willens in der Konsequenz auf eine restlose Politisierung aller Lebensbereiche hinaus. Zudem bestehe, weil es an jeglichen inhaltlichen Kriterien für die Bestimmung des allgemeinen Willens fehle, die Gefahr seiner Usurpation durch autoritäre Führer, die ihn für sich reklamierten. Zusammengenommen führt dies zu dem gegen Rousseau wie ähnlich schon gegen Platon erhobenen Vorwurf, seine Theorie habe dem modernen Totalitarismus Vorschub geleistet[80]. Das wird der irritierenden Mehrdeutigkeit seiner Konzeption nicht gerecht, zumal wenn man weitere Schriften für die Beurteilung heranzieht[81]. Diese enthält unbestritten all die problematischen Übersteigerungen, die man ihr vorgeworfen hat und die sie für Missbrauch von verschiedener Seite anfällig machen. Als eine Art Blaupause für die repräsentative Massendemokratie von heute scheidet das offenkundig aus. Auf der anderen Seite lässt sich Rousseau aber durchaus noch als Begründer eines „prozeduralen Gerechtigkeitskonzepts" sehen, das die Gerechtigkeit von Gesetzen von ihrer demokratischen Legitimation abhängig macht[82]. Und die Grundfragen, die Rousseau stellt, sind unverändert aktuell. Dies wäre etwa die Frage, ob Konsens ein anzustrebendes oder überhaupt sinnvolles Ziel demokratischer Verfahren ist. Oder die Frage, wie diese Verfahren ausgestaltet sein müssen, um eine möglichst gleichmäßige Beteiligung aller Bürger in freier Diskussion zu gewährleisten und andererseits die Chancen für die inhaltliche Vernünftigkeit des Ergebnisses zu erhöhen. Und ob am Ende nicht auch die Demokratie angewiesen bleibt auf eine zumindest ansatzweise Bereitschaft dieser Bürger, politische Entscheidungen nicht nur vom je eigenen, sondern zumindest auch vom gemeinsamen Interesse aller her zu treffen.

4. Kritik des Kontraktualismus: David Hume

146 Zieht man dies alles zusammen, ist leicht zu sehen, dass die verschiedenen Theorien des Gesellschaftsvertrags zu im Einzelnen ganz unterschiedlichen Ergebnissen geführt haben: zum absoluten Schutzstaat bei Thomas Hobbes, zur liberalen Eigentümergesellschaft bei John Locke und eben zur radikaldemokratischen Gemeinschaft bei Jean-Jacques Rousseau. Das wirft die Frage auf, ob der ganzen Konstruktion überhaupt zu trauen ist oder ob nicht schon in die Ausgangssituation, den Naturzustand, nur das hineingelegt worden ist, was man hinterher auch herausholen wollte. Sie ist besonders pointiert von David Hume formuliert worden, dessen Grundhaltung auch sonst ein prinzipieller Skeptizismus war: Unsere Urteile, meinte er, seien nie völlig si-

---

[80] Heute ebenfalls schon klassisch: J. L. Talmon, The Rise of the Totalitarian Democracy, 1952; J. W. Chapman, Rousseau – Totalitarian or Liberal?, 1956.

[81] S. vor allem die erstmals 1764 erschienenen „Briefe vom Berge" (Lettres écrites de la montagne, Rousseau, Schriften, hrsgg. v. Henning Ritter, Band 2, 1981) mit zahlreichen, im Wesentlichen an der Verfassung von Genf orientierten Einschränkungen des Mehrheitswillens. Gegen den Vorwurf insgesamt auch schon I. Fetscher, Rousseaus politische Philosophie, 1975, S. 174 f., 119 ff.

[82] So Kersting (Fn. 14), S. 178 f., dort auch die entsprechende Charakterisierung.

cher, sondern bestenfalls einigermaßen wahrscheinlich; wirklich trauen könnten wir ihnen aber nicht[83]. Von hier aus sind es im Wesentlichen drei Einwände, die er gegen den Gesellschaftsvertrag vorbringt[84]:

(1) Der erste Einwand bestreitet die historische Realität eines solchen Vertrages: In der Sache, meint Hume, handele es sich um eine reine Fiktion, aus der sich dann aber auch keine Legitimitätsanforderungen an die politische Ordnung ableiten ließen. Dabei räumt Hume durchaus ein, dass sich frühe Gesellschaften möglicherweise durchaus auf eine Art stillschweigende Übereinkunft, verbunden mit einer allgemeinen Einsicht in die Nützlichkeit eines Zusammenschlusses, zurückführen ließen. Das liege jedoch lange zurück; in späteren Phasen sei an die Stelle einer solchen Übereinkunft die Gewohnheit getreten, noch später dann Macht und Gewalt. Politische Ordnung lasse sich darauf heute nicht mehr gründen: 147

> *„Ich will hier nicht etwa die Zustimmung als eine der gerechten Grundlagen von Regierung ausschließen. Sie ist sicher von allen die beste und unverletzlichste, wo sie gewonnen werden kann. Ich stelle nur fest, dass sie sehr selten überhaupt und niemals vollständig errungen worden ist und es deshalb noch eine weitere Grundlage von Regierung geben muss."*[85]

Sowohl Hobbes als auch Locke haben diesen Einwand in ihren Entwürfen zu antizipieren versucht, ihn aber nicht wirklich ausräumen können[86].

(2) Der zweite Einwand richtet sich gegen die namentlich von John Locke vorgetragene Hilfsbegründung, nach der der Vertrag auch stillschweigend geschlossen und eine entsprechende Zustimmung darin gesehen werden könne, dass jemand in einem bestimmten Staat lebe und dort etwa den Schutz seines Eigentums genieße[87]. Auch das hält Hume für eine reine Unterstellung, weil es für die allermeisten Bürger an einer realistischen Wahlmöglichkeit zwischen dem Verbleiben und dem Verlassen des Staatsgebiets fehle: 148

> *„Wie könnten ebenso gut behaupten, dass ein Mann durch seinen Aufenthalt auf einem Schiff die Herrschaft des Kapitäns freiwillig anerkennt, obwohl er im Schlaf an Bord getragen wurde und ins Meer springen und untergehen müsste, wenn er das Schiff verlassen wollte."*[88]

(3) Humes dritter Einwand ist noch fundamentaler, weil er nicht die empirischen Prämissen der Vertragskonzeption, sondern ihren Begründungswert überhaupt betrifft. Für die Vertragstheoretiker folgt dieser im Wesentlichen aus der angenommenen Verbindlichkeit des Vertrages: Gerade weil es sich dabei um einen Vertrag handele, habe dieser unmittel- 149

---

[83] D. Hume, An Enquiry concerning Human Understanding, 1758; dt. Eine Untersuchung über den menschlichen Verstand, übers. v. R. Richter, 2015.

[84] D. Hume, Of the Original Contract, in: ders., Essays, Moral and Political, 1741, dt. Über den ursprünglichen Vertrag, in: Politische und ökonomische Essays, Teilband 2, hrsgg. v. U. Bermbach, 1988, S. 301 ff.

[85] Hume (Fn. 84), Über den ursprünglichen Vertrag, S. 309 f.

[86] Beide bemühen sich zumindest um den Nachweis, dass es die von ihnen vertretene Situation des Naturzustands gegeben habe, vgl. Hobbes (Fn. 8), Leviathan, Kap. 13; Locke (Fn. 36), Versuch über den menschlichen Verstand, II § 14; das trifft aber Humes Einwand in dieser Form natürlich nicht. Wenig überzeugend auch Lockes unmittelbar auf den Abschluss des Gesellschaftsvertrags bezogene Begründungsversuche, vgl. Locke (Fn. 36), Versuch über den menschlichen Verstand, II §§ 100 ff.; s. dazu auch sogleich im Text.

[87] Locke (Fn. 36), Versuch über den menschlichen Verstand, II §§ 119 ff.

[88] Hume (Fn. 84), Über den ursprünglichen Vertrag, S. 311.

bar verpflichtende und legitimierende Kraft; Verträge seien schließlich einzuhalten. In Humes Erwiderung darauf lässt sich zugleich seine eigene Position erkennen:

„Wenn man nach dem Grund für den Gehorsam fragt, den wir der Regierung schulden, so würde ich sofort antworten: Gesellschaft könnte ohne sie nicht existieren. Diese Antwort ist klar und leuchtet allen Menschen ein. Eure Antwort wäre: Man sollte sein Wort halten. Doch erstens könnte niemand diese Antwort verstehen oder würdigen, der nicht philosophisch denken gelernt hätte, und zweitens käme man in Verlegenheit, wenn gefragt würde, warum man denn sein Wort halten müsse. Eure einzige Antwort darauf hätte außerdem sofort und ohne jeden Umweg unsere Verpflichtung zur Loyalität begründet."[89]

150 In der Sache behauptet Hume damit einfach die Entbehrlichkeit der Vertragskonstruktion: Diese gilt ihm bestenfalls als ein kunstvolles Arrangement oder ein Darstellungsmittel, um Argumente in eine systematische Ordnung zu bringen, die man auch einfacher formulieren könnte. Für Hume selbst führt dieser Weg über das Interesse der Einzelnen einerseits und den Gedanken der größtmöglichen Nützlichkeit für alle andererseits. Menschen haben, so ließe sich das zusammenfassend formulieren, ein grundsätzliches Interesse daran, in Frieden und Sicherheit zu leben, dieses kann letztlich nur in einer staatlichen Ordnung für alle möglichst gleichmäßig verwirklicht werden, und deswegen akzeptieren die Menschen diese Ordnung und halten sich an die darin geltenden Regeln. In der Quintessenz ist das keine wesentlich andere Argumentation als bei Hobbes oder Locke, nur dass sie diese aus ihrer vertragstheoretischen Einbettung löst[90]. Der Staat erscheint darin im Ergebnis als eine kluge und sachdienliche Erfindung; die Menschen, heißt es bündig in einer zum Ende des 18. Jahrhunderts erschienenen Staatslehre,

„machten ihn zu ihrem Wohle, wie sie Brandkassen etc. erfanden"[91]

151 Hinsichtlich der konkreten Ausgestaltung des Staates liegt Hume dann wieder näher bei Locke, von dem er sich allerdings wieder durch eine deutlich autoritätsgläubigere Grundhaltung unterscheidet[92]. Die Frage, die sich dagegen vorbringen ließe, wäre allerdings, ob damit das Bestehen einer politischen Ordnung nicht nur erklärt, sondern auch bereits begründet worden ist. Natürlich lässt sich von Humes Prämissen aus plausibel darlegen, warum Menschen faktisch in staatlichen Ordnungen leben und warum dies für sie sinnvoll und nützlich ist. Aber folgt daraus auch eine entsprechende Verpflichtung der Bürger gegen diese Ordnung und lässt sich darauf deren Legitimität gründen?

II. Klassischer Utilitarismus

152 Es ist gerade die entschiedene Bejahung dieser Frage, die sich der Utilitarismus zur Aufgabe gemacht hat. Damit ist eine moral- und sozialphilosophische Strömung bezeichnet, deren Grundgedanke, wie der Name schon sagt, ein allgemeines Prinzip der Nützlichkeit ist (engl. utility, lat. utilitas): Aus ihm und nur aus ihm sollen, so wie es bei Hume bereits angedacht ist, die Maßstäbe für richtiges menschliches Handeln

---

[89] Hume (Fn. 84), Über den ursprünglichen Vertrag, S. 317 f.
[90] Kersting (Fn. 14), S. 251 f.
[91] A. L. Schlözer, Allgemeines StatsRecht und StatsVerfassungsLere, 1793, S. 3.
[92] Vgl. D. Hume, A Treatise of Human Nature, 1738, dt. Traktat über die menschliche Natur, Teilband 2, übers. v. Theodor Lipps, hrsgg. v. Horst D. Brandt, 2013, S. 618 ff.: Vom Ursprung der Regierung.

ebenso wie für Gestalt und Ziel der politischen Ordnung insgesamt gewonnen werden[93]. Systematisch entfaltet wurde dieses Programm erstmals in Jeremy Benthams zwischen 1780 und 1789 verfassten „Einführung in die Prinzipien von Moral und Gesetzgebung"[94], der als zweiter kanonischer, wenngleich mehr an ein breiteres Publikum gerichteter Text John Stuart Mills „Utilitarismus" aus dem Jahr 1863 zur Seite tritt[95]. Von hier hat sich die Theorie vielfältig verzweigt und zerfällt heute in so zahlreiche Varianten und Unterformen, dass man Mühe hat, den Überblick zu behalten; oft vermischt sie sich mit Versatzstücken anderer Richtungen und hält am Nützlichkeitsprinzip nur noch als einer ganz oberflächlichen Grundorientierung fest. Aber hier, im England des ausgehenden 18. bis ins späte 19. Jahrhundert, werden die Grundlagen gelegt, in einem Land, in dem schon vieles von dem verwirklicht war, was sich die Parteigänger des Liberalismus auf ihre Fahnen geschrieben hatten: mit einem zunehmend besser funktionierenden Parlamentarismus, in dem sich erstmals der dafür charakteristische Gegensatz von Regierung und Opposition ausbildete, mit einem leidlichen Maß an Meinungs- und Pressefreiheit, wie es in Deutschland um diese Zeit so noch ganz unbekannt war, vor allem aber mit der Durchsetzung der liberal-kapitalistischen Produktionsweise in der Wirtschaft, wie sie von Adam Smith in seinem „Wohlstand der Nationen" theoretisch vorbereitet worden war[96]. Auch das Wahlrecht wurde, wenngleich noch sehr zaghaft, allmählich auf die unteren Schichten ausgeweitet; von John Stuart Mill stammt in diesem Zusammenhang eines der wichtigsten Plädoyers für das Wahlrecht der Frauen[97]. Aber auch im Übrigen durchweht seine Schriften der liberale Geist ihrer Zeit, so dass er zusammen mit Bentham längst zu den großen Klassikern des Liberalismus zählt. Mit seinem Essay „Über die Freiheit" hat Mill diesem Liberalismus zugleich ein bleibendes Manifest geschrieben[98]. Die zentrale Frage ist allerdings, wie sich diese politische Grundorientierung aus den utilitaristischen Prämissen ergibt und ob beides überhaupt in irgendeiner Weise miteinander zusammenhängt. Sie wird in der Utilitarismusforschung bis heute kontrovers diskutiert[99].

---

[93] Vgl. D. Hume, An enquiry Concerning the Principles of Morals, 1751; dt. Eine Untersuchung über die Prinzipien der Moral, übers. und hrsg. von M. Kühn, 2003, S. 48: „Der Gedanke, dass unser Lob der sozialen Tugenden auf deren Nützlichkeit beruht, scheint so natürlich zu sein, dass man erwarten würde, dieses Prinzip bei jedem moralischen Schriftsteller als das Hauptfundament seines Denkens und seiner Untersuchung anzutreffen." Humes eigene Moraltheorie weist allerdings auch andere Elemente auf, so dass seine Einordnung als Utilitarist umstritten ist, vgl. B. Düppen, Utilitarismus, 1996, S. 66; ein Vorläufer ist er allemal.

[94] J. Bentham, An Introduction to the Principles of Morals and Legislation, 1789; auszugsweise Übersetzung in O. Höffe (Hrsg.), Einführung in die utilitaristische Ethik, 5. Auflage 2013, S. 55 ff., daraus auch die folgenden Zitate.

[95] J. S. Mill, Utilitarianism, 1863; dt. Utilitarismus, übers. und hrsg. v. M. Kühn, 2009.

[96] A. Smith, The Wealth of Nations, erstmals 1776, dt. Der Wohlstand der Nationen, übers. v. H. C. Recktenwald, hrsg. v. G. von Wallwitz, 2018.

[97] J. S. Mill, The Subjection of Women, 1869; noch im Jahr des Erscheinens unter dem – nicht ganz korrekten – Titel „Die Hörigkeit der Frau" ins Deutsche übersetzt. Tatsächlich war das Wahlrecht als solches auch zu Mills Zeit wegen der Anknüpfung an Besitz und Einkommen selbst nach einer ersten Reform auf nicht mehr als 5% der Erwachsenenbevölkerung beschränkt. Auch insofern plädierte Mill für eine Ausweitung, die allerdings ihrerseits an eine gewisse Grundbildung als Voraussetzung anknüpfte, Considerations on Representative Government, 1861, dt., Betrachtungen über die Repräsentativregierung, hrsg. v. H. Buchstein, 2013, S. 137 ff.

[98] J. S. Mill, On Liberty, 1859, dt. Über die Freiheit, übers. und hrsg. v. H. D. Brandt, 2009.

[99] M. Schefczyk, Das John Stuart-Mill-Problem, in: F. Höntsch (Hrsg.), John Stuart Mill und der sozialliberale Staatsbegriff, 2011, S. 27 ff.

153   a) Im Ausgang entwirft der Utilitarismus keine Philosophie der politischen Ordnung, sondern eine Ethik oder Moralphilosophie, die Grundsätze für richtiges
menschliches Handeln formulieren will. Dafür kommt es, so die erste zentrale Überlegung, nicht auf die Handlung als solche oder die Motive an, aus denen diese vorgenommen wurde, sondern *auf die Folgen, die sie für die von ihr Betroffenen hat.* Eine
Ethik dieses Typus wird „konsequentialistisch" genannt. Gerade diese Orientierung
an den Folgen trägt auch das für den Utilitarismus zentrale Nützlichkeitsprinzip
(principle of utility):

> *„Unter dem Prinzip der Nützlichkeit ist jenes Prinzip zu verstehen, das schlechthin jede Hand-
> lung in dem Maß billigt oder missbilligt, wie ihr die Tendenz innezuwohnen scheint, das
> Glück der Gruppe, deren Interesse in Frage steht, zu vernichten oder zu vermindern, oder –
> das gleiche mit anderen Worten gesagt – dieses Glück zu befördern oder zu verhindern."*[100]

154   Statt von „billigen" oder „missbilligen" zu sprechen kann man auch einfach sagen: moralisch richtig oder falsch; um nichts anderes geht es letztlich[101]. Allerdings ergibt sich
bereits aus dieser einfachen Bestimmung eine Reihe von Fragen wie auch von möglichen Einwänden. Eine erste Frage betrifft naturgemäß die nähere Bestimmung dessen, was mit „Glück" gemeint ist. Darauf geben sowohl Bentham als auch Mill eine
zunächst klare Antwort, die um die Begriffe Leid und Freude bzw. Lust und Unlust
(pain und pleasure) kreist:

> *„Unter ‚Glück' ist dabei Lust und das Freisein von Unlust, unter ‚Unglück' Unlust und das
> Fehlen von Lust verstanden".*[102]

155   Daran knüpft sich allerdings die weitere Frage, wie dies seinerseits näher zu bestimmen
wäre. Kommt es dafür auf das an, was jeder einzelne für sich als Lust oder Freude emp-
findet, oder müsste man nicht doch zwischen irgendwie wertvollen und weniger wertvollen Neigungen differenzieren? Bentham hat einen solchen qualitativen Maßstab
entschieden abgelehnt: Es komme allein auf das Ausmaß von Lust und Freude an; vor-
urteilslos betrachtet, könne deshalb ein albernes Kinderspiel denselben Wert haben
wie die Künste und die Poesie[103]. Mill hat dies mit dem Satz gekontert, es sei besser,
ein unbefriedigter Mensch zu sein als ein befriedigtes Schwein und besser ein unbefriedigter Sokrates als ein befriedigter Narr; deshalb komme den Freuden des Verstands
und des sittlichen Gefühls ein höherer Wert zu als den Trieben und der Sinnlich-
keit[104]. Aber warum eigentlich? Und wer entscheidet darüber, dass die Künste und
die Poesie wichtiger sind als die Freude, die Menschen beim Spielen haben?

156   Die Schwierigkeiten, auf diese Frage eine angemessene Antwort zu finden, hat in der Fortentwicklung der
Theorie zu verschiedenen Ausweichstrategien geführt, deren eingängigste der sog. negative Utilitarismus
ist. Wir stimmen, sagt dieser, vielleicht nicht darin überein, welchen Wert wir bestimmten Gütern wie
Reichtum oder Gesundheit positiv beimessen. Aber keiner von uns will jedenfalls das Gegenteil davon,

---

[100]   Bentham (Fn. 94), Einführung in die Prinzipien von Moral und Gesetzgebung, I 2 (S. 56).

[101]   So Mill in seiner ansonsten nahezu identischen Definition des Nützlichkeitsprinzips, s. ders. (Fn. 95),
Utilitarismus, Kap. II (S. 22).

[102]   Mill (Fn. 95), Utilitarismus, Kap. II (S. 22, 24).

[103]   J. Bentham, The Rationale of Reward, in: The Works of Jeremy Bentham, hrsgg. v. J. Bowring, Band
II, 1843, S. 253: „Prejudice apart, the game of push-pin is of equal value with the arts and sciences of
music and poetry. If the game of push-pin furnishes more pleasure, it is more valuable than either."

[104]   Mill (Fn. 95), Utilitarismus, Kap. II (S. 32, 34, 36).

also etwa krank sein oder Hunger leiden[105]. Ganz sicher ist das natürlich nicht; die Bettelmönche im Mittelalter haben es bekanntlich anders gesehen und sich dem Leben in äußerster Armut verschrieben. Der sog. Präferenzutilitarismus, der heute weithin vorherrschend ist, stellt demgegenüber statt auf die Maximierung von Glück im Sinne von Lust und Freude auf die Berücksichtigung der Präferenzen im Sinne der verallgemeinerbaren Interessen eines Menschen ab; Beispiel wäre etwa das grundlegende rationale Lebensinteresse, das alle Menschen haben[106]. Auch hier sind allerdings die aus der Bestimmung dieser Präferenzen sich ergebenden Folgeprobleme nicht befriedigend gelöst[107].

Ein weiterer Einwand setzt demgegenüber unmittelbar auf der Ebene der Begründung an, nämlich bei der vorgenommenen Verknüpfung von Nützlichkeit mit einer Vorstellung moralischer Richtigkeit. Für Bentham folgt sie einfach daraus, was diese Nützlichkeit für den einzelnen Menschen bedeutet, und zwar gerade in der konkreten Bestimmung als Vermeidung von Leid und Mehrung von Freude: **157**

„Die Natur hat die Menschheit unter die Herrschaft zweier souveräner Gebiete – Leid und Freude – gestellt. Es ist an ihnen allein aufzuzeigen, was wir tun sollen, wie auch zu bestimmen, was wir tun werden. Sowohl der Maßstab für Richtig und Falsch als auch die Kette der Ursachen und Wirkungen sind an ihrem Thron festgemacht. Sie beherrschen uns in allem, was wir tun, was wir sagen, was wir denken […] Das Prinzip der Nützlichkeit erkennt dieses Joch an und übernimmt es für die Grundlegung jenes Systems, dessen Ziel es ist, das Gebäude der Glückseligkeit durch Vernunft und Recht zu errichten.“[108]

Aber warum soll daraus, dass Menschen tatsächlich bestimmte Interessen haben, automatisch folgen, dass es so auch richtig und gut ist? Dieser Einwand gewinnt insbesondere dann an Gewicht, wenn man, wie Bentham es annimmt, die Befriedigung ganz beliebiger menschlicher Interessen und Wünsche ausreichen lässt: Diese können sich ja auch auf etwas ganz Abseitiges oder für andere Schädliches richten[109]. Mill hat dieses Problem klar gesehen und deshalb einen anderen Weg vorgeschlagen, vom bloßen Vorhandensein eines Wunsches auf seine sachliche oder moralische Berechtigung zu schließen: **158**

„Der einzige Beweis dafür, dass ein Gegenstand sichtbar (visible) ist, ist, dass man ihn tatsächlich sieht. Der einzige Beweis dafür, dass ein Ton hörbar (audible) ist, ist, dass man ihn hört. Und dasselbe gilt für die anderen Quellen unserer Erfahrung. Ebenso wird der einzige Beweis dafür, dass etwas wünschenswert (desirable) ist, der sein, dass die Menschen es tatsächlich wünschen.“[110]

Aber es ist leicht zu sehen, dass das so nicht stimmen kann und Mill, bedingt durch die Doppelbedeutung des englischen „desirable“, hier einfach die Begriffe durcheinander-   **159**

---

[105] A. Kaufmann, Negativer Utilitarismus, 1994. S. in diesem Zusammenhang auch die von D. Parfit, Reasons and Persons, 1984, so genannten „objective list theories“, deren Grundsatz ist: Bestimmte Dinge sind gut oder schlecht für uns, gleich ob wir die guten Dinge haben oder die schlechten Dinge vermeiden wollen, S. 493.

[106] In diesem Sinne vor allem P. Singer, Praktische Ethik, 3. Auflage 2013; hierzulande vor allem N. Hoerster, Wie lässt sich Moral begründen?, 2014, S. 94 ff.

[107] So soll nach Singer ein moralisches „Recht auf Leben“ nur denjenigen zustehen, die in der Lage sind, Wünsche hinsichtlich ihrer eigenen Zukunft zu haben, s. ders. (Fn. 106), S. 137 ff., 145 ff. Säuglinge oder bestimmte geistig Behinderte könnten also herausfallen. Gerade deshalb wird speziell Singer hierzulande stark kritisiert, vgl. M. Lutz-Bachmann, Ethik, 2013, S. 204 f.

[108] Bentham (Fn. 94), Einführung in die Prinzipien von Moral und Gesetzgebung, I 1 (S. 55).

[109] Vgl. J. L. Mackie, Ethik, 1981, S. 183 f.

[110] Mill (Fn. 95), Utilitarismus, Kap. IV (S. 104).

geraten sind: „desirable" lässt sich sowohl mit „wünschbar" (im Sinne von: kann tatsächlich von jemandem gewünscht werden) als auch mit „wünschenswert" (im Sinne von: soll oder verdient gewünscht zu werden) übersetzen; in der Parallelführung mit „sichtbar" oder „hörbar" würde an sich nur „wünschbar" passen, womit aber ersichtlich noch nichts für die Behauptung gewonnen ist, dass es auch „wünschenswert" ist. Mill hat damit das Musterbeispiel eines „naturalistischen Fehlschlusses" geliefert, der aus dem natürlichen Vorhandensein von etwas folgert, dass dieses Etwas auch gut ist[111]. Ganz offenbar gehen in die Bewertung weitere normative Prämissen ein, die nur als solche nicht offengelegt werden und näher entfaltet werden müssten. Eine spezifisch moralische Qualität könnte sich dementsprechend nur noch daraus ergeben, dass für die zu beurteilende Handlung statt auf die Maximierung des eigenen Glücks (der Präferenzen, Interessen etc.) auf die möglichen *Auswirkungen auf andere von der Handlung Betroffen*er abgestellt wird, so wie es der Formulierung des Nützlichkeitsprinzips bei Bentham und Mill ja auch entspricht. Rücksichtnahme auf die Interessen anderer ist in der Tat ein moralisches Gebot. Allerdings folgt gerade dieses nicht notwendig aus den eigenen Prämissen: Auch wenn unbestreitbar sein mag, dass jedermann dass eigene Glück anstrebt, ist damit ja noch nicht gesagt, warum man auch das Glück anderer anstreben soll[112].

160 Gerade an dieser Stelle setzen neuere interessenbasierte Ansätze an, die die Begründung moralischer Normen auf die grundsätzliche Zustimmungsfähigkeit durch alle von ihnen jeweils Betroffenen stützen wollen. Diese Zustimmungsfähigkeit ergibt sich dann ihrerseits daraus, dass die jeweiligen Normen – wie etwa das Tötungsverbot oder das Gebot, geschlossene Verträge zu halten – letztlich im wohlverstandenen Interesse aller liegen[113]. Damit sind allerdings die Grundannahmen des klassischen Utilitarismus bereits verlassen.

161 b) Ungeachtet aller Schwierigkeiten der Begründung bereitet die Weiterung des Blicks auf die Folgen für andere zugleich den Boden für den *Umschlag des Utilitarismus von einer Individualethik zu einer politischen Philosophie*. Denn so, wie es formuliert ist, lässt sich das Nützlichkeitsprinzip auch als ein Maßstab für politische Ordnung insgesamt verwenden; es gilt, wie Bentham sagte, für

„*schlechthin jede Handlung, also nicht nur jede Handlung einer Privatperson, sondern jede Maßnahme der Regierung.*"[114].

162 Bezugsgröße der Folgenbeurteilung ist dann zwangsläufig die politische Gemeinschaft als Ganzes; diese bildet eben die Gesamtheit der Personen, an die sich die jeweilige Maßnahme adressiert oder die von ihr betroffen sind. Auf sie gewendet lautet dementsprechend das Nützlichkeitsprinzip:

„*Von einer Maßnahme der Regierung (die nichts anderes ist als eine von einer einzelnen oder mehreren Personen aufgeführte einzelne Handlungsweise) kann man sagen, sie entspreche dem Prinzip der Nützlichkeit oder sei von diesem geboten, wenn in analoger Weise die ihr innewohnende Tendenz, das Glück der Gemeinschaft zu vermehren, größer ist als irgendeine ihr innewohnende Tendenz, es zu vermindern.*"[115]

---

[111] G. E. Moore, Principia ethica, erstmals 1903, dt. Ausgabe 1996, § 40, daraus auch die Argumentation.

[112] Vgl. B. Williams, Der Begriff der Moral, 1986, S. 95 f.

[113] In diesem Sinne etwa Hoerster (Fn. 106), S. 94 ff.; anschauliche Zusammenfassung bei A. Engländer, Rechtsbegründung durch aufgeklärtes Eigeninteresse, JuS 2002, 535 ff.

[114] Bentham (Fn. 94), Einführung in die Prinzipien von Moral und Gesetzgebung, I 2 (S. 56).

[115] Bentham (Fn. 94), Einführung in die Prinzipien von Moral und Gesetzgebung, I 7 (S. 57).

Es bleibt dann allerdings auch hier die Frage, wie dieses Glück oder das Interesse der **163** politischen Gemeinschaft näher zu bestimmen ist. Bentham löst sich dafür von allen älteren Vorstellungen eines objektiv vorgegebenen, in einer unwandelbaren Vernunft oder einem göttlichen Schöpfungsplan begründeten Gemeinwohls, wie es den älteren Gemeinschaftsmodellen zugrunde lag; stattdessen bestimmt er dieses Interesse der Gemeinschaft rein additiv und von den Einzelnen her, nämlich als

„Summe der Interessen der verschiedenen Glieder, aus denen sie sich zusammensetzt.“[116]

Mit einem klassischen Schlagwort wird das auch so ausgedrückt, dass es auf das „größte **164** Glück der größten Zahl“ (greatest happiness of the greatest number) ankommen soll[117]. Das ist im Ansatz zutiefst liberal gedacht: Eingangsgröße oder methodischer Ausgangspunkt für die Bestimmung dieses Glücks sind die einzelnen Bürger, also die Individuen mit ihren je spezifischen Interessen. Diese gehen in die Berechnung auch alle gleich und ohne irgendwelche Abstufungen nach Geburt, Rang oder Stellung ein, wie Bentham und Mill gegen jedes ständische Denken entschieden klarstellen: Jeder soll genau als einer zählen und niemand mehr als einer[118]. Allerdings ist gerade der Status des Individuums, der für jede liberale Konzeption zentral ist, in verschiedener Hinsicht prekär, wie die weitere Diskussion gezeigt hat: Das Individuum geht zwar zunächst als Zähl- oder Rechengröße in die Berechnung ein, aber es kommt möglicherweise nicht mit eigenem Wert aus ihr heraus. Drei Einwände drängen sich in der Tat auf:

– Zunächst kommt es offensichtlich nicht entscheidend darauf an, wie jemand selbst **165** seine Interessen bewertet oder wo seine persönlichen Präferenzen liegen. Im Gegenteil geht der Utilitarismus davon aus, dass man die positiven und negativen Folgen einer Maßnahme objektiv quantifizieren und relativ exakt gegeneinander verrechnen kann, und zwar sowohl für eine einzelne Person für sich als auch zwischen verschiedenen Personen; am Ende hängt dann alles von dem ermittelten Gesamtsaldo ab[119]. Daran glaubt heute so niemand mehr[120].

– Ein zweites, gewichtigeres Problem betrifft sodann das Prinzip des Gesamtnutzens **166** selbst. Wird dieser, wie Bentham es vorgesehen hat, rein additiv bestimmt, nämlich als bloße Summe des Nutzens aller Einzelnen, scheint es überhaupt nicht darauf anzukommen, wie er sich auf diese Einzelnen am Ende verteilt. Für eine Politik der Wohlstandsmehrung, deren Effekt sich in einem bestimmten Betrag beziffern ließe, wäre es in diesem Sinne völlig gleichgültig, ob von diesem Betrag am Ende einer alles und alle anderen nichts oder alle dasselbe erhalten: Die Summe ist ja in beiden Fällen dieselbe[121]. Gesichts-

---

[116] Bentham (Fn. 94), Einführung in die Prinzipien von Moral und Gesetzgebung, I 4 (S. 57).

[117] Sie stammt allerdings nicht von Bentham selbst, sondern wahrscheinlich von Francis Hutcheson, einem weiteren Vorläufer des Utilitarismus; kurz angesprochen als „Prinzip des größten Glücks“ wird es auch noch bei Mill (Fn. 95), Utilitarismus, Kap. I (S. 6).

[118] Mill (Fn. 95), Utilitarismus, Kap. V (S. 94 f.), schreibt dieses Diktum Bentham zu, sieht aber darin letztlich nur eine bloße Explikation des Nützlichkeitsprinzips.

[119] Zu dieser Möglichkeit der „Messung“ von Freude oder Leid nach wissenschaftlichen Kriterien Bentham (Fn. 94), Einführung in die Prinzipien von Moral und Gesetzgebung, IV (S. 79 ff.).

[120] Das Problem wird unter dem Begriff der Zulässigkeit interpersoneller Nutzenvergleiche verhandelt, s. dazu noch unten im Zusammenhang mit der ökonomischen Theorie des Rechts → § 2 Rn. 167.

[121] Dies ein klassischer Kritikpunkt, vgl. Mackie (Fn. 109), S. 160 f.; J. Rawls, Eine Theorie der Gerechtigkeit, 1975, S. 44 f. Erhöht werden kann die Nutzensumme zudem auch einfach dadurch, dass man die Zahl der Menschen erhöht, die Glück empfinden können. Gerade Bentham hielt dies für ein ge-

punkte einer gerechteren Verteilung könnten in diesen Fällen allenfalls dadurch ins Spiel kommen, dass man annimmt, ab einer gewissen Grundausstattung mit Gütern steige der Nutzen nicht automatisch dadurch, dass die Betreffenden immer mehr davon erhalten (sog. Theorem des abnehmenden Grenznutzens). Auch mit dieser Hilfserwägung bleibt das Ergebnis aber mit gängigen Gerechtigkeitsintuitionen schwer in Einklang zu bringen.

167 – Das Grundproblem liegt jedoch überhaupt darin, dass unter den Prämissen des Nützlichkeitsprinzips die Nachteile bei einer Person durch Vorteile bei einer anderen oder vielen anderen aufgewogen werden können, ohne dass es dafür irgendeine Grenze gibt. Wie soll aber dann verhindert werden, dass der Einzelne ganz unter die Räder gerät? Und wo bleibt die Vorstellung, dass es elementare Rechte gibt, die nicht aus irgendwelchen Nutzenerwägungen heraus zur Disposition gestellt werden dürfen?

168 Das Problem ist in der philosophischen Diskussion immer wieder an zahlreichen Beispielen erläutert worden. Angenommen etwa, ein Lynchmob habe sich vor dem Büro eines Sheriffs versammelt und fordere von diesem die Herausgabe eines Unschuldigen, um ihn aufhängen zu können: Verteidigt der Sheriff mit seinen Leuten das Gefängnis, wird es zu vielen Toten und Verletzten kommen, auch unter seinen eigenen Leuten. Gibt er den Unschuldigen dagegen heraus, stirbt nur dieser. Bei einem reinen Gesamtnutzenvergleich müsste ein Utilitarist diese letzte Lösung vorziehen[122]. Oder ein Chirurg, Experte für Transplantationen, tötet einen zufällig durchreisenden Touristen und entnimmt dessen Organe, um damit das Leben von fünf Patienten zu retten, die alle sonst sterben würden[123]. Auch dies ließe sich mit Blick auf den höheren Gesamtnutzen aus einer utilitaristischen Perspektive rechtfertigen. Insofern erweist sich das Gesamtnutzenprinzip trotz seines Ausgangspunkts beim Individuum und der gleichen Einbeziehung seiner Interessen unter dem Strich als ein kollektivistisches Prinzip, bei dem diese Interessen nur eine Rechengröße für den Nutzen der Gesamtheit bilden[124]. Die Schwierigkeiten rühren aber wesentlich daher, dass der Utilitarismus als konsequentialistische Ethik den moralischen Wert einer Handlung ausschließlich an ihren Folgen festmachen will: Man sieht dann gar nicht, dass es auch Handlungen – wie etwa die Tötung eines Unschuldigen – gibt, die einfach aus sich heraus moralisch irgendwie falsch oder fragwürdig sind, was immer die positiven Folgen sein mögen. Nicht zuletzt deswegen schlägt eine neuere Variante des Utilitarismus vor, man solle nicht auf die Folgen der einzelnen konkreten Handlung sehen (sog. Aktutilitarismus), sondern auf die hypothetischen Folgen, die eintreten würden, wenn man sich die entsprechende Handlung als Inhalt einer allgemeinen Regel vorstellte (sog. Regelutilitarismus)[125]. Damit könnte sich zumindest die Möglichkeit eröffnen, auch die moralische Verwerflichkeit der jeweiligen Handlung an sich – wie etwa der Tötung eines Unschuldigen, die als eine allgemeine Regel niemand ernsthaft wollen kann – in die Gesamtbeurteilung einzubeziehen oder sie in bestimmten Fällen sogar den Ausschlag geben zu lassen[126]. Auf der

---

eignetes Mittel und sprach sich deshalb für eine Politik der Geburtenförderung einschließlich des Verbots von Selbstmord, Abtreibung oder Empfängnisverhütung aus, vgl. ders. (Fn. 94), Einführung in die Prinzipien von Moral und Gesetzgebung, XVI 54 G (bei Höffe nicht abgedruckt). Weil diese Konsequenz angesichts einer rapide wachsenden Weltbevölkerung heute weithin abgelehnt wird, wollen neuere Varianten des Utilitarismus statt auf den Gesamt- auf einen anteilig pro Kopf ermittelten Durchschnittsnutzen abstellen, so vor allem J. C. Harsanyi, Morality and the Theory of Rational Behaviour, in: A. Sen/B. Williams (Hrsg.), Utilitarianism and Beyond, 1982, S. 39 ff. Bei gleichbleibender Bevölkerungszahl ergibt sich aber kein Unterschied.

[122] Beispiel nach J. Hruschka, Utilitarismus in der Variante von Peter Singer, JZ 2001, 261 ff.; in der Sache wohl erstmals bei P. Foot, The Problem of Abortion and the Doctrine of the Double Effect, in: Oxford Review No. 5, 1967, jetzt in: dies., Virtues and Vices, 2002, S. 19 ff.

[123] J. J. Thomson, The Trolley Problem, Yale Law Journal 94 (1985), 1395 ff. Ähnliches Beispiel bei E. Hilgendorf, Der ethische Utilitarismus und das Grundgesetz, in: W. Brugger (Hrsg.), Legitimation des Grundgesetzes aus Sicht von Rechtsphilosophie und Gesellschaftstheorie, 1996, 249 (265 f.).

[124] S. zu diesem klassischen Vorwurf etwa D. von der Pfordten, Normative Ethik, 2010, S. 191 ff.

[125] Grundlegend R. B. Brandt, Ethical Theory, 1959; neuere Variante bei B. Hooker, Ideal Code, Real World, 2002. Zur Parallele zum kategorischen Imperativ Immanuel Kants s. sogleich im nächsten Abschnitt ab Rn. 185.

[126] Zu harsch deshalb m. E. die Kritik bei D. von der Pfordten (Fn. 124), S. 197 ff.

anderen Seite wird man dem Utilitarismus zugutehalten müssen, dass er in Situationen, in denen eine *allein* auf den moralischen Wert oder Unwert der jeweiligen Handlung bezogene Beurteilung den meisten Menschen intuitiv nicht einleuchtet, Lösungen anbietet, die sich nicht so einfach beiseiteschieben lassen wie diejenigen im Sheriff- oder im Transplantationsbeispiel. Dies gilt namentlich für das vieldiskutierte Trolley-Problem: Ein Zug oder eine Straßenbahn (engl. trolley) ist außer Kontrolle geraten und rast auf eine Gruppe von fünf Menschen zu, die bei einem Zusammenprall unweigerlich getötet wurden; es besteht aber die Möglichkeit, den Zug durch Stellung einer Weiche auf eine andere Strecke umzuleiten, auf der sich lediglich ein Mensch befindet[127]. Hier würden, wenn man sie dazu befragt, fast alle die Weiche umstellen und so den Tod dieses einen in Kauf nehmen, um die anderen fünf zu retten[128].

c) Auf der anderen Seite kennzeichnet den Utilitarismus *eine durchgängige Orientie-* **169** *rung am Prinzip der individuellen Freiheit,* die namentlich für John Stuart Mill den Sinnmittelpunkt aller staatlichen und rechtlichen Ordnung bildet. Auch darin zeigt sich der liberale Grundimpuls der Theorie. Inhaltlich wird diese Freiheit von Mill in einem, wie man sagen kann, Dreiebenenmodell entfaltet, je nach ihrem Sozialbezug und den möglichen Auswirkungen auf andere: zunächst, auf der untersten Ebene, als Freiheit des Gewissens, Denkens und Meinens, die dann aber auch schon die Freiheit zur Äußerung und Veröffentlichung der entsprechenden Meinungen einschließen soll; sodann, mit stärkerem Bezug auf andere, als Freiheit des Handelns und der Betätigung, insbesondere um sich einen Lebensplan setzen und verfolgen zu können; schließlich als Freiheit, sich mit anderen zur Verfolgung gemeinsamer Zwecke zusammenzuschließen[129]. Keine Gesellschaft, heißt es abschließend,

„ist frei, in der diese Rechte nicht im Ganzen respektiert werden, welche auch immer die Form ihrer Regierung sei. Und keine ist vollkommen frei, in der diese Rechte nicht absolut und unbeschränkt gelten.“[130]

Mill selbst nähert sich der so verstandenen Freiheit allerdings nicht von der Seite ihrer **170** Begründung her, sondern leitet seine Überlegungen umgekehrt mit der Frage ein, aus welchen Gründen eine Gesellschaft berechtigt ist, sie einzuschränken oder in sie einzugreifen. Dafür formuliert er ein, wie er selbst sagt, „sehr einfaches Prinzip", das er mit seiner Schrift in Geltung setzen will:

„Dieses Prinzip lautet: Der einzige Grund, der die Menschen, individuell oder kollektiv, berechtigt, in die Handlungsfreiheit eines der ihren einzugreifen, ist Selbstschutz. Und der einzige Zweck, aus dem Gewalt rechtmäßiger Weise über irgendein Mitglied einer zivilisierten Gemeinschaft ausgeübt werden kann, ist, Schaden (harm) von anderen abzuwenden.“[131]

---

[127] Das Beispiel ebenfalls bei Foot (Fn. 122). In Deutschland meist als Weichenstellerproblem bezeichnet und schon früher behandelt bei H. Welzel, Zum Notstandsproblem, ZStW 63 (1951), 47 ff.

[128] Dies haben jedenfalls alle entsprechenden Tests ergeben. Die intuitive Plausibilität dieser Lösung lässt sich auch nicht einfach mit der gefährlichen Nähe des Trolley-Beispiels etwa zum Sheriff- oder Transplantationsbeispiel wegdiskutieren: Dort geht es jeweils um einen eigenen Akt körperlicher Gewalt, vor dem uns unsere moralischen Intuitionen regelmäßig zurückschrecken lassen; zudem wird im Trolley-Beispiel die am Ende geopferte Person nicht intentional als Mittel zum Zweck behandelt, sondern ihr Tod nur als unvermeidbare Nebenfolge in Kauf genommen. Im Sheriff-Beispiel kommen zudem die besonderen Gerechtigkeitserwartungen an die Justiz ins Spiel. Weitergehend aber hat für die Verfassungsordnung der Bundesrepublik das BVerfG jeder utilitaristischen Verrechnung von Leben gegen Leben eine grundsätzliche Absage erteilt, s. BVerfGE 115, 118 (151 ff.) – Luftsicherheitsgesetz; s. dazu noch unten → Rn. 323.

[129] Mill (Fn. 98), Über die Freiheit, S. 19 f.

[130] Mill (Fn. 98), Über die Freiheit, S. 20.

[131] Mill (Fn. 98), Über die Freiheit, S. 16; Übers. modifiziert.

171   Dies ist das Millsche Schadensprinzip (harm principle), das für die liberale Staatstheorie bis heute eine fast kanonische Bedeutung hat[132]. Es ist allerdings leicht zu sehen, dass es in dieser Form zu einfach und in seiner Anwendung mit verschiedenen Unklarheiten behaftet ist. Ein erstes Problem verbindet sich dabei mit der Frage, was mit „Schaden" (harm) überhaupt gemeint ist und wie der Begriff sinnvoll eingegrenzt werden kann. Dass nur die Abwendung des Schadens „von anderen" zählen soll, macht immerhin deutlich, dass Maßnahmen gegenüber irgendjemandem nicht mit der Begründung gerechtfertigt werden können, so sei es für ihn selbst letztlich am besten. Paternalismus darf also kein Motiv sein, was Mill deshalb unmittelbar im Anschluss und mit besonderem Nachdruck ausdrücklich klarstellt:

   „*Sein eigenes Wohl, sei es das physische oder moralische, ist kein genügender Grund. Man kann jemanden rechtmäßigerweise nicht zwingen, etwas zu tun oder zu unterlassen, weil es ihn glücklicher machen würde oder weil es nach der Meinung anderer klug oder sogar richtig wäre, so zu handeln [...] Jeder ist nur für den Teil seines Handelns der Gesellschaft verantwortlich, der andere betrifft. In dem Gebiet, das nur ihn angeht, ist seine Unabhängigkeit rechtlich gesehen absolut. Über sich selbst, über seinen eigenen Körper und Geist, ist das Individuum souverän.*"[133]

172   Aus diesem Grund darf der Staat auch keine Handlungen beschränken, die überhaupt keine Auswirkungen auf andere haben[134]. Das Problem ist nur, dass es solche Handlungen in reiner Form kaum gibt: Niemand ist ein vollständig isoliertes Wesen, und alles, was man tut, betrifft andere in dieser oder jener Weise mit[135]. Aber wo beginnt dann deren „Schaden"? Als konsequenter Utilitarist müsste Mill zudem auch solche Auswirkungen als Schaden für andere anerkennen, die – wie etwa der Anblick eines Nackten auf öffentlichen Straßen oder das Zeigen des Hitlergrußes – jemanden nur in seinem moralischen Empfinden stören; auch dies wäre ja aus utilitaristischer Perspektive erst einmal eine relevante Störung des eigenen Wohlbefindens. Mit einer solchen Ausweitung würde der Schadensbegriff aber im Ergebnis konturlos und weitgehend unbrauchbar[136]. Mill selbst will dieses Problem dadurch lösen, dass er den „Schaden" von einer minderen Form von Beeinträchtigungen abgrenzen will, die lediglich subjektive Empfindlichkeiten betreffen; entscheidend soll sein, ob es um die Beeinträchtigung von Interessen geht, auf die jemand ein Recht hat oder die als

---

[132]   S. etwa auch die Bestimmung von Freiheit in Art. 4 der Erklärung der Menschen- und Bürgerrechte von 1789: „Die Freiheit besteht darin, alles tun zu dürfen, was einem anderen nicht schadet". Im Grundgesetz: Art. 2 Abs. 1 GG.

[133]   Mill (Fn. 98), Über die Freiheit, S. 16; Übers. modifiziert. Im Falle eines selbstgefährdenden oder selbstschädigenden Verhaltens seien deshalb, meint Mill, allenfalls Aufklärung und Information möglich, wie er an dem berühmt gewordenen Brückenbeispiel erläutert: Versuche jemand über eine einsturzgefährdete Brücke zu gehen, dürfe die Polizei ihn ohne Verletzung seiner Freiheit davon abhalten, wenn keine Zeit mehr sei, ihn zu warnen, denn normalerweise wolle niemand ins Wasser fallen. Wisse hingegen der Betreffende um die Gefahr und wolle sie in Kauf nehmen, dürfe er – bei sonst vorhandener Urteilsfähigkeit – lediglich gewarnt, aber nicht am Überqueren gehindert werden, Mill (Fn. 98), Über die Freiheit, S. 136 f.

[134]   Mill (Fn. 98), Über die Freiheit, S. 18.

[135]   Mill (Fn. 98), Über die Freiheit, S. 113 f. Beispiel aus unserer Zeit: BVerfG, NJW 1987, 180 zur Anschnallpflicht im Auto (Nichtanlegen des Gurtes führt zu höheren Kosten der Krankenversicherung, erschwert die Arbeit der Rettungskräfte gegenüber anderen Unfallopfern etc.).

[136]   Vgl. hierzu und zu weiteren Einwänden gegen das Schadensprinzip J. Gray, Two Faces of Liberalism, 1990, S. 85 ff.

„Rechte" anerkannt sind[137]. Aber auch das ist oft nur eine Sache gesetzlicher Bestimmung. Und soweit es um das Verhalten in der Öffentlichkeit geht, soll dieses auch nach Mill unterbunden werden können, wenn es gegen die guten Sitten verstößt[138]. Das erscheint wenig konsistent und höhlt das vermeintlich so einfache Schadensprinzip von den Rändern her aus. Und Mill hat auch nichts gegen solche in den meisten organisierten Gesellschaften üblichen Freiheitsbeschränkungen, bei denen – wie bei der Verpflichtung zur Eidesleistung vor Gericht oder der Heranziehung zum Wehrdienst – ein Zusammenhang zu einem Schaden für andere entweder nicht gegeben oder jedenfalls nicht von vornherein auf der Hand liegt[139].

Ungeachtet dieser Unschärfen spielt das Millsche Schadensprinzip bis heute eine tragende Rolle in rechtspolitischen Debatten, vor allem zur Frage, welche Verhaltensweisen ein Staat legitimerweise unterbinden oder gar kriminalisieren kann (Alkohol-, Nikotin- oder Cannabiskonsum, Sterbehilfe, Pornographie, Vollverschleierung muslimischer Frauen etc.). Der englische Rechtstheoretiker H. L. A. Hart benutzte es in einer berühmt gewordenen Kontroverse der 1960er Jahre als Argument, um eine zuvor von Lordrichter Patrick Devlin erhobene Forderung nach Aufrechterhaltung eines gesetzlichen Verbots homosexueller Betätigung zurückzuweisen[140]. Auf Mill selbst kann sich eine solche Argumentation wie gesehen freilich nur bedingt stützen. 173

d) Die Schwierigkeiten betreffen aber nicht nur die Bestimmung der Reichweite des Schadensprinzips, das ja nur die Grenze für mögliche Freiheitseinschränkungen bezeichnen soll. Sie betreffen gerade das ihm vorausliegende Prinzip der menschlichen Freiheit selbst, von dem vorderhand nicht klar ist, wie es sich unter den utilitaristischen Prämissen überhaupt begründen lässt. Und, falls das gelingt: wie es sich so begründen lässt dass es vor seiner Auflösung durch anderweitige Nützlichkeitserwägungen hinreichend geschützt wäre. Was Utilitaristen über die moralische Qualität von Handlungen sagen, müsste ja an sich auch für die Freiheit gelten: Ebenso wie es keine aus sich heraus moralisch gute oder schlechte Handlung gibt (sondern dies immer nur an ihren möglichen Folgen beurteilt werden kann), hat auch Freiheit nicht automatisch einen intrinsischen Wert oder ist automatisch etwas Gutes. Tatsächlich lehnt Mill die Vorstellung eines solchen Eigenwertes der Freiheit ausdrücklich ab; er verzichte, so erklärt er, für den weiteren Gedankengang ausdrücklich auf jeden Vorteil, der seinen Argumenten 174

„aus der Idee eines abstrakten Rechtes zuwachsen könnte, das von jeder Rücksicht auf Nützlichkeit frei ist".

Auch für die Freiheit bleibt in diesem Sinne die Nützlichkeit das höchste Kriterium in allen ethischen Fragen[141]. Wie eine Begründung unter diesem Kriterium aussehen 175

---

[137] Mill (Fn. 98), Über die Freiheit, S. 106 f., 120 ff.

[138] Mill (Fn. 98), Über die Freiheit, S. 139.

[139] Vgl. Mill (Fn. 98), Über die Freiheit, S. 18; es seien dies „positive Handlungen zum Besten anderer". Unter das Schadensprinzip lässt sich das nur dann subsumieren, wenn es ganz allgemein um die Verhütung irgendeines Schadens für einen Einzelnen oder auch die ganze Gesellschaft geht – und nicht nur, wie die Formulierung zunächst vermuten lassen könnte, darum, den Einzelnen vor *Übergriffen durch andere* zu schützen.

[140] Die Beiträge sind zusammengefasst in: H. L. A. Hart, Law, Liberty, and Morality, 1963; die Gegenposition bei P. Devlin, The Enforcement of Morals, 1965, S. 1 ff. Anlass war der Vorschlag eines vom Parlament eingesetzten Ausschusses, die entsprechenden Strafvorschriften abzuschaffen. Über den Gang der Debatte und die Argumente informiert lehrreich P. Koller, Theorie des Rechts, 2. Auflage 1997, S. 285 ff. Zur Anwendung auf die Pornographiedebatte D. Dyzenhaus, John Stuart Mill and the Harm of Pornography, Ethics 102 (1992), 534 ff.

[141] Mill (Fn. 98), Über die Freiheit, S. 17.

könnte, zeigt sich beispielhaft an der Freiheit, die Mill an den Anfang seiner Überlegungen stellt, weil sie für ihn zentral ist, nämlich der Meinungs- und Redefreiheit. Für Mill ist diese deshalb wichtig, weil sie ein Mittel zur Selbstaufklärung einer Gesellschaft ist: Nur im beständigen Austausch der Meinungen, in der Gewohnheit der Korrektur und Vervollständigung der eigenen Meinung durch ihren kritischen Vergleich mit den Meinungen anderer lässt sich am Ende herausfinden, was wahr oder unwahr, richtig oder falsch ist. Deshalb besteht

„das eigentliche Übel, wenn man eine Meinung zum Schweigen bringt, [...] darin, dass es ein Raub an der Gemeinschaft aller ist, an der künftigen und an der, die jetzt lebt, und zwar noch mehr an den Menschen, die von dieser Meinung abweichen, als an denen, die sich zu ihr bekennen. Wenn die Meinung, um die es sich handelt, richtig ist, so sind sie um die Gelegenheit gebracht, einen Irrtum für die Wahrheit einzutauschen; war sie aber falsch, so kommen die Menschen um das, was eine fast ebenso große Wohltat ist, um die deutlichere Wahrnehmung und um den lebhaften Eindruck der Wahrheit, die aus der Kollision von Wahrheit und Irrtum entspringen.“[142]

176 Auf dem Marktplatz der Meinungen, so die Vorstellung, wird sich so am Ende das Richtige und damit auch Beste für alle durchsetzen. Es ist diese Vorstellung, die für den Liberalismus auch in anderen Bereichen grundlegend geworden ist: Der Wettbewerb in wirtschaftlicher Hinsicht soll größtmöglichen Wohlstand für alle gewährleisten; die ständige Korrektur von Hypothesen durch neue Hypothesen soll wissenschaftlichen und technischen Fortschritt ermöglichen; aus dem Austausch von Rede und Gegenrede im Parlament geht die Politik hervor, die für das Gemeinwohl sinnvoll ist. Das zentrale Argument für die Freiheit lautet dann: Freiheit soll deshalb sein, weil es so insgesamt für die Gesellschaft am nützlichsten ist.

177 Darin liegt in der Tat eine Begründung von Freiheit, die dem utilitaristischen Programm voll entspricht. Die Freiheit hat darin andererseits keine eigenständige, sondern nur instrumentelle Bedeutung; sie ist kein Wert an sich, sondern ein Wert nur durch das, was sie für die Erreichung anderer Ziele – argumentative Richtigkeit, wirtschaftlichen Wohlstand, technischen Fortschritt – bedeutet. Sie steht daher immer unter dem Vorbehalt, dass diese Ziele nicht auf andere Weise genauso gut erreicht werden können. So könnte man etwa, um in Mills eigenem Bespiel zu bleiben, die Unterdrückung von Meinungen etwa durch eine Zensurbehörde dadurch rechtfertigen, dass diese einen besseren Zugang zur Wahrheit hat, immer nur die falschen und schädlichen Auffassungen verbietet etc. Mills Argument spricht im Grunde nicht gegen die Zensur als solche, sondern nur gegen eine unfähige oder inkompetente Zensur[143]. Ebenso müsste man eine autoritäre oder despotische Regierung einer demokratischen vorziehen, wenn diese etwa für einen höheren Wohlstand sorgt. Das ist die Kehrseite einer utilitaristischen Begründung von Freiheit: Freiheit wird hier nicht als unbestreitbare Prämisse erst einmal gesetzt, sondern gilt immer nur relativ zu anderen Nutzenerwägungen, die gegebenenfalls auch an ihre Stelle treten können. Möglicherweise lässt sich eine stabilere Begründung gewinnen, wenn man einen weiteren Gedanken von Mill aufgreift: dass nämlich die bestmögliche Ausbildung der eigenen Fähigkeiten des Menschen überhaupt nur durch die Konfrontation und den Vergleich mit alternativen Lebensplänen, Lebensformen und Lebenstilen gelingen kann, und das ist letztlich nur in einer freien Gesellschaft möglich, die solchen alternativen Lebensformen auch Raum gibt[144]. Aber auch darin ist die Freiheit im Ergebnis wieder auf ein anderes Ziel, nämlich die bestmögliche Entfaltung der inneren Anlagen des Menschen, hingeordnet und nur relativ zu diesem gültig.

---

[142] Mill (Fn. 98), Über die Freiheit, S. 25.
[143] D. Brink, Mill's Moral and Political Philosophy, The Stanford Encyclopedia of Philosophy, unter https://plato.stanford.edu, Stand: Frühling 2018, Ziff. 3.3.1.
[144] Mill (Fn. 98), Über die Freiheit, S. 78 ff., insbes. 81 f.

III. Transzendentalphilosophie: Immanuel Kant

Gerade auf die Lösung dieses möglichen Begründungsproblems zielt die Rechts- und **178** Staatsphilosophie Immanuel Kants, deren Wirkung bis in unsere Tage anhält und die für die Idee des liberalen Verfassungsstaates von kaum zu überschätzender Bedeutung ist. Formuliert am Vorabend der Französischen Revolution, geprägt von den Erfahrungen mit dem gemäßigten, aufgeklärten Absolutismus preußischer Provenienz, dessen Gedankenwelt sie durchaus in mancher Hinsicht verhaftet bleibt, weist sie doch an verschiedenen Stellen über sie hinaus, und dies mit einem ganz eigenständigen, neuartigen Zugriff. Kants Projekt ist die Begründung von Staat und Recht aus reiner Vernunft, so wie er sie in seinem erkenntnistheoretischen Hauptwerk, der erstmals 1781 erschienenen „Kritik der reinen Vernunft", vorgestellt hat: Nicht auf irgendwelche empirischen Befunde (eine angenommene Natur des Menschen, individuelle Neigungen und Interessen etc.) oder irgendwelche Nützlichkeitserwägungen (des sicheren Zusammenlebens, des Schutzes des Eigentums etc.) sollen der Staat und sein Recht gestützt werden, sondern sie erweisen sich einfach als denknotwendig, gelten – wie Kant sagt – „a priori" und ergeben sich analytisch aus ihren Begriffen, so wie sie sich der menschlichen Vernunft erschließen. Auf eine Figur wie die des Gesellschaftsvertrages und die Vorstellung eines ihm vorausgegangenen Naturzustandes kommt es dafür nicht an; Kant geht deshalb auch nur an ganz wenigen verstreuten Stellen seines Werkes auf sie überhaupt ein[145]. Wo dies geschieht, ist der Vertrag aber, um eine der besonders markanten Stellen herauszugreifen,

„keineswegs als ein Faktum vorauszusetzen nötig (ja als ein solches gar nicht möglich); gleichsam als ob allererst aus der Geschichte vorher bewiesen werden müßte, daß ein Volk, in dessen Rechte und Verbindlichkeiten wir als Nachkommen getreten sind, einmal wirklich einen solchen Actus verrichtet, und eine sichere Nachricht oder ein Instrument davon uns mündlich oder schriftlich, hinterlassen haben müsse [...] Sondern es ist eine bloße Idee der Vernunft, die aber ihre unbezweifelte (praktische) Realität hat: nämlich jeden Gesetzgeber zu verbinden, daß er seine Gesetze so gebe, als sie aus dem vereinigten Willen eines ganzen Volkes haben entspringen können, und jeden Untertan [...] so anzusehen, als ob er zu einem solchen Willen mit zusammengestimmt habe."[146]

Darin kommt bereits andeutungsweise zum Ausdruck, worauf es Kant in der Sache **179** ankommt: um die Entfaltung des Staates als Idee der Vernunft oder, wie es an anderer Stelle heißt, als

„Idee, wie er nach reinen Rechtsprinzipien sein soll"[147];

dies sind eben solche, die sich aus der Vernunft mit Notwendigkeit ergeben. Vernunft bedeutet dementsprechend hier nicht einfach nur das abstrakte Vermögen des Men-

---

[145] Sie sind, wenn ich es recht sehe, vollständig aufgeführt bei Kersting (Fn. 14), S. 180 ff.; s. auch schon ders., Wohlgeordnete Freiheit, 2. Auflage 2007, S. 253 ff. Die gleichwohl vorgenommene Einordnung von Kant als Vertragstheoretiker – ähnlich auch bei Celikates/Gosepath (Fn. 18), S. 68 ff. – ist dann allerdings irreführend.

[146] I. Kant, Über den Gemeinspruch: Das mag in der Theorie richtig sein, taugt aber nicht für die Praxis, in: Schriften zur Anthropologie, Geschichtsphilosophie, Politik und Pädagogik 1, Theorie-Werkausgabe Immanuel Kant, hrsgg. v. W. Weischedel, Band XI, 1968, S. 127 ff., A 249 f.

[147] I. Kant, Die Metaphysik der Sitten, Theorie-Werkausgabe Immanuel Kant, hrsgg. v. W. Weischedel, Band VIII, 1968, S. 431, A 165, B 195.

schen zu denken, also von seinem Verstand Gebrauch zu machen, so wie es Kant in seinem berühmten, bis heute wie ein Fanal wirkenden Essay „Was ist Aufklärung?" öffentlich einforderte[148]. Vernunft steht hier vielmehr für eine unhintergehbare Grundbedingung menschlichen Daseins, die als solche den Rahmen für die dem Menschen mögliche Erkenntnis der Welt und das Handeln in ihr bildet.

180 a) Die nähere Eigenart dieses Zugriffs und des damit verfolgten Begründungsprogramms wird von Kant „transzendentalphilosophisch" genannt. Es ist ausgeschlossen, das hochkomplexe Gedankengebäude, das sich damit verbindet, in wenigen Zeilen auch nur halbwegs angemessen wiederzugeben, zumal es bis heute zu erheblichen Verständnisproblemen und Kontroversen Veranlassung gibt[149]. In aller Kürze geht es um folgendes: Kants Interesse ist nicht darauf gerichtet, die Welt zu erkennen – eine solche Erkenntnis sei, meint er, dem Menschen im Letzten auch gar nicht möglich –, sondern *die Bedingungen zu beschreiben, unter denen sich diese Erkenntnis vollzieht.* Eben der Rückgriff auf diese Bedingungen ist es, den Kant als „transzendental" bezeichnet: Sie bestimmen den möglichen Raum menschlichen Wissens und der Orientierung des Menschen in der Welt[150]. Damit verbindet sich eine fundamentale Umkehrung im Verhältnis zwischen den Gegenständen der Erkenntnis und der Erkenntnis selbst, die Kant in ihrer Tragweite mit der Durchsetzung des kopernikanischen Weltbildes in den Naturwissenschaften vergleicht und wie folgt beschreibt:

> *„Bisher nahm man an, alle unsere Erkenntnis müsse sich nach den Gegenständen richten; aber alle Versuche, über sie a priori etwas durch Begriffe auszumachen, wodurch unsere Erkenntnis erweitert würde, gingen unter dieser Voraussetzung zunichte. Man versuche es daher einmal, ob wir nicht in den Aufgaben der Metaphysik damit besser fortkommen, dass wir annehmen, die Gegenstände müssen sich nach unserer Erkenntnis richten [...]"*[151]

181 Wir nehmen also die Welt, so könnte man das zusammenfassen, nicht so wahr, wie sie ist, sondern sie ist so, wie wir sie wahrnehmen. Diese Umkehrung gilt aber, wie es hier schon anklingt, in ihrem Ausgangspunkt zunächst nur für solche Erkenntnisse, die Kant – mit einem weiteren Schlüsselbegriff seines Denkens – Erkenntnisse „a priori" nennt. Darunter versteht Kant solche, die – wie etwa der Satz „5 + 7 = 12" oder der Satz „Jede Veränderung hat eine Ursache" – nicht bloß aus der Beobachtung oder Erfahrung gewonnen sind; solche heißen bei Kant empirische Erkenntnisse oder Erkenntnisse a posteriori. Deren Aussagekraft ist aber aus sich heraus begrenzt: Die Erfahrung, meint Kant, könne uns zwar sagen,

> *„was da sei, aber nicht, dass es notwendigerweise, so und nicht anders, sein müsse"*[152].

---

[148] I. Kant, Beantwortung der Frage: Was ist Aufklärung?, in: Schriften zur Anthropologie, Geschichtsphilosophie, Politik und Pädagogik 1, Theorie-Werkausgabe Immanuel Kant, hrsgg. v. W. Weischedel, Band XI, 1968, S. 51–61; dort mit der berühmten Definition der Aufklärung als „Ausgang des Menschen aus seiner selbstverschuldeten Unmündigkeit", verbunden mit dem Wahlspruch „Sapere aude! Habe Mut, dich deines eigenen Verstandes zu bedienen!" auf S. 53, A 481, 482.

[149] Die Literatur ist nicht mehr zu überschauen; eine verständliche und gut lesbare Einführung findet sich bei W. Röd, Der Weg der Philosophie, 1994, Bd. I, S. 139 ff.; ferner etwa O. Höffe, Immanuel Kant, 2007.

[150] Zum Begriff: I. Kant, Kritik der reinen Vernunft 1, Theorie-Werkausgabe Immanuel Kant, hrsgg. v. W. Weischedel, Band III, 1968, S. 63, B 26.

[151] Kant (Fn. 150), Kritik der reinen Vernunft, B XVI, Vorrede zur 2. Auflage; zum Begriff der Metaphysik sogleich im Text.

[152] Kant (Fn. 150), Kritik der reinen Vernunft, A 1 f. Anm.

Die entscheidende Frage ist dementsprechend für Kant, ob und inwieweit durch die **182** Vernunft auch Erkenntnisse a priori möglich sind, also solche Erkenntnisse oder Urteile, die nicht aus der Erfahrung gewonnen sind, aber trotzdem im Rahmen möglicher Erfahrung wahr sind. Sie ist für Kant Gegenstand der Metaphysik, im Sinne einer, wie er es einleitend formuliert,

„ganz isolierten spekulativen Vernunfterkenntnis, die sich gänzlich über Erfahrungsbelehrung erhebt.“[153]

Im Ergebnis bejaht Kant diese Frage und damit die Möglichkeit von Metaphysik als Wissenschaft überhaupt: Erkenntnisse a priori lassen sich gewinnen und formulieren, weil **183** diese eben zu den Bedingungen gehören, unter denen wir die Welt überhaupt wahrnehmen und durch Erfahrung verarbeiten. Insofern erschließen sie sich auch einer Vernunft, die hier als „reine Vernunft" gleichsam auf sich selbst angewandt wird[154]. Was das bedeutet, lässt sich am Beispiel des bereits angesprochenen Satzes „Jede Veränderung hat eine Ursache" veranschaulichen, also des Kausalitätsprinzips: Dieses existiert, meint Kant, zwar nicht in der Welt (oder ist dort jedenfalls nicht beweisbar), wohl aber in unserem Verstand; es ist gleichsam eine der vielen notwendigen Brillen, durch die wir unsere Welt betrachten[155]. Insofern lässt es sich auch durch den Verstand rekonstruieren und erkennen.

In der Konsequenz bedeutet dies, dass wir zwischen der Welt, wie sie sich „für uns" darstellt, und der Welt **184** „an sich" zumindest theoretisch unterscheiden müssen: Wie die „Dinge an sich" beschaffen sind, können wir im letzten Grund nicht wissen[156]. Im Denken konstruiert sich so auch die Welt – eine, wenn man so will, ausgefeilte Version des antiken homo-mensura-Satzes (→ Rn. 12)[157]. Erst recht keine Aussagen lassen sich über Gott und die Seele machen, weder in dem Sinne, dass es sie gibt, noch in dem Sinne, dass es sie nicht gibt. Sie haben aber immerhin den Status „regulativer Ideen", die unserem Denken die Richtung weisen: Der Mensch kann letztlich nicht anders, als sich an ihnen zu orientieren, d. h. sich so zu begreifen und zu verhalten, als ob es sie gäbe[158].

b) Der damit skizzierte Zugang und Begründungsweg bestimmt in der Sache auch **185** Kants praktische Philosophie; in ihr geht es nicht um die Frage, was wir wissen können, sondern um die andere Frage, was wir tun sollen[159]. In diesem Sinne enthält sie zugleich die Grundgedanken der kantschen Ethik oder, wie Kant selbst meist sagt, der Moralphilosophie. Kants Frage geht auch hier dahin, ob es nicht

---

[153] Kant (Fn. 150), Kritik der reinen Vernunft, B XIV.

[154] Vgl. Kant (Fn. 150), Kritik der reinen Vernunft, B XIV: Vernunft selbst als „ihr eigener Schüler"; ferner B XXIV: die „reine Vernunft" als „diejenige, welche die Prinzipien, etwas schlechthin a priori zu erkennen, enthält".

[155] Im Einzelnen kennt Kant viele solcher „Brillen", vor allem in Gestalt der sog. Kategorien (außer Kausalität etwa noch Modalität, Quantität, Qualität etc.) oder grundsätzlicher Anschauungsformen wie Raum und Zeit, vgl. Kant (Fn. 150), Kritik der reinen Vernunft, A 544 ff. Das Bild der Brille bzw. der „Gläser" schon bei H. von Kleist, Sämtliche Briefe, 1999, S. 213: „Wenn alle Menschen statt der Augen grüne Gläser hätten […]".

[156] Vgl. etwa Kant (Fn. 150), Kritik der reinen Vernunft, A 115 ff.

[157] In diesem Sinne auch W. Welsch, Homo mundanus, 2012, S. 56, der in Kant den „definiten Legitimator des anthropischen Prinzips der Moderne" sieht, S. 215.

[158] Vgl. Kant (Fn. 150), Kritik der reinen Vernunft, A 643 ff./B 670 ff.

[159] Im Sinne der berühmten drei Fragen, die das gesamte Interesse der Vernunft zum Ausdruck bringen, vgl. Kant (Fn. 150), Kritik der reinen Vernunft, A 805/B 833. Die dritte und letzte Frage ist die Frage „Was darf ich hoffen?"; um sie geht es vor allem in der Religion, und hier spielen dann die von Kant so bezeichneten „regulativen Ideen" hinein.

„von der äußersten Notwendigkeit sei, einmal eine reine Moralphilosophie zu bearbeiten, die von allem, was nur empirisch sein mag und zur Anthropologie gehört, völlig gesäubert wäre"[160];

stattdessen sollen ihre Prinzipien a priori begründet und als Forderungen der reinen – nunmehr praktischen – Vernunft ausgewiesen werden. Nur dann könne sie, meint Kant, universale und absolute Geltung beanspruchen, während

„jede andere Vorschrift, die sich auf Prinzipien der bloßen Erfahrung gründet, und sogar eine in gewissem Betracht allgemeine Vorschrift, sofern sie sich dem mindesten Teile, vielleicht nur einem Bewegungsgrunde nach, auf empirische Gründe stützt, zwar eine praktische Regel, niemals aber ein moralisches Gesetz heißen kann."[161].

186 Moralische Gebote lassen sich deshalb nicht, wie Kant gegen utilitaristische Konzeptionen einwendet, auf die Neigungen oder Interessen der einzelnen Menschen stützen; auf diese Weise gelangt man immer nur zu bedingten („hypothetischen"), nämlich von den jeweiligen Neigungen und Interessen abhängigen, statt zu unbedingten oder „kategorischen" Imperativen[162]: Wer gesund leben möchte, der sollte das Rauchen aufgeben; wer in zumindest einigermaßen gesicherten wirtschaftlichen Verhältnissen leben will, für den drängt es sich auf, einen Beruf zu ergreifen – aber vielleicht wollen das ja nicht alle. Was könnte aber unter diesen Bedingungen der Inhalt eines Imperativs sein, der unbedingt und zugleich allgemeingültig sein kann? Für Kant ergibt sich dies aus dem „bloßen Begriff" eines solchen Imperativs selbst: Da dieser allgemeingültig – oder eben: allgemein gültig – sein soll, bleibt auch für seinen Inhalt nichts als die Allgemeingültigkeit oder Verallgemeinerbarkeit selbst übrig. In diesem Sinne lautet der kategorische Imperativ, von Kant auch das „Sittengesetz" genannt:

„Handle nur nach derjenigen Maxime, von der du zugleich wollen kannst, dass sie ein allgemeines Gesetz werde."[163]

187 Aus der Form und Geltungsbedingung des kategorischen Imperativs ergibt sich so zugleich sein wesentlicher Inhalt. Mit ihm gilt er bis heute als eine der wichtigsten Schöpfungen Immanuel Kants; seine gesamte Ethik ist hier in einem einzigen Satz zusammengedrängt. Allerdings drängen sich in Hinsicht auf ihn auch einige Fragen auf, und zwar sowohl wegen des gewählten Begründungswegs als auch wegen seines tatsächlichen Inhalts:

188 (1) Was die Begründung angeht, wird bis heute bezweifelt, ob sie wirklich gelungen ist oder nicht vielmehr in die „reine Vernunft" nur hineinlegt, was sie anschließend daraus herausholen will. Worum es Kant geht, ist allerdings zunächst nur, das von ihm formulierte moralische Gesetz aus den Ansprüchen zu begründen, die jeder einzelne Mensch

---

[160] I. Kant, Grundlegung zur Metaphysik der Sitten, in: Kritik der praktischen Vernunft, Theorie-Werkausgabe Immanuel Kant, hrsgg. v. W. Weischedel, 1968, Band VII, S. 7 ff., BA VIII.

[161] Kant a. a. O.

[162] Kant (Fn. 160), Grundlegung zur Metaphysik der Sitten, BA 40 ff. (S. 43 ff.).

[163] Kant (Fn. 160), Grundlegung zur Metaphysik der Sitten, BA 50 f. (S. 50 f.). *„Von der* du zugleich wollen kannst" folgt der Übertragung der Akademieausgabe; in der ursprünglichen Ausgabe heißt es – heute schwerer verständlich – „durch die". Eine andere, bekanntere Fassung der Formel lautet: „Handle so, dass die Maxime deines Willens jederzeit zugleich als Prinzip einer allgemeinen Gesetzgebung gelten könne", so in: I. Kant, Kritik der praktischen Vernunft, in: Kritik der praktischen Vernunft, Theorie-Werkausgabe Immanuel Kant, hrsgg. v. W. Weischedel, Band VII, 1968, S. 140, A 54.

unweigerlich an sich selbst stellt, wenn er moralisch handeln will: In diesem Fall muss er seine Handlungen zuallererst darauf befragen, ob sie nicht nur ihm selbst einen momentanen Vorteil bringen, sondern *als Mensch im Verhältnis zu anderen Menschen verantwortbar* sind[164]. Gerade dies drückt der kategorische Imperativ im Ergebnis aus, und gerade dies ist mit der Argumentation aus dem bloßen Begriff gemeint. Anders formuliert: Sobald sich der einzelne Mensch die Frage ernsthaft vorlegt: Was soll ich tun?, bestimmt er sich schon als moralisch handelndes Wesen und gibt sich die Antwort gleich selbst. Dies ist es, was Kant das „Faktum der Vernunft" nennt: eine der Einsicht zugängliche Instanz, die in dem Urteil präsent ist, das Menschen über die Richtigkeit ihrer eigenen Handlungen fällen[165]. Und es ist dieser „Anfang im einseitig wollenden Ich"[166], der auch den berühmten ersten Satz der „Grundlegung der Metaphysik der Sitten" bestimmt:

„Es ist überall nichts in der Welt, ja überhaupt auch außer derselben zu denken möglich, was ohne Einschränkung für gut könnte gehalten werden, als allein ein guter Wille."[167]

Darin kommt erneut die Eigenart der kantschen Ethik zum Ausdruck, die den moralischen Wert einer Handlung aus sich heraus und nach den Absichten beurteilt, die darin zum Ausdruck kommen. Eine Ethik dieses Typus wird deontologische Ethik oder Pflichtenethik genannt; ihr Grundbegriff ist das „Sollen" oder die „Pflicht", und gerade der Begriff der „Pflicht" bringt für Kant zum Ausdruck, was die praktische Vernunft mit Blick auf die Moral fordert. **189**

(2) Die Probleme der Begründung des kategorischen Imperativs sind in der weiteren Diskussion allerdings in den Hintergrund getreten mit der Folge, dass dieser sich ihnen gegenüber in gewisser Weise verselbständigt hat: Diskutiert wird, wo über ihn diskutiert wird, meist nur noch über seinen möglichen Inhalt und seine praktische Leistungsfähigkeit, aber kaum mehr über seine Herleitung. Die Bestimmung dieses Inhalts hingegen stößt deshalb auf Probleme, weil Kant selbst ihn nicht abstrakt, sondern nur an verschiedenen Beispielen erläutert hat, die ihn eher verunklaren als erhellen. Was der Satz tatsächlich meint, ist deshalb in der Kant-Forschung bis heute umstritten[168]. So illustriert ihn Kant zunächst anhand der Frage, ob man jemanden um ein Darlehen bitten darf, obwohl man weiß, dass man es nicht wird zurückzahlen können. Als ein allgemeines Gesetz kann man das nicht wollen, weil es dann niemanden mehr gäbe, der überhaupt noch Darlehen gewährte. Die entsprechende Handlung widerspricht sich damit selbst und hebt sich in der Konsequenz auf[169]. In dieser Lesart enthielte der Satz nur ein Verbot widersprüchlichen Verhaltens. Sein Wortlaut geht allerdings darüber hinaus und zielt nicht nur auf die *Widerspruchsfreiheit* eines Verhaltens, sondern weitergehend auf dessen *Allgemeinheit*. Überwiegend wird er deshalb im Sinne eines Verallgemeinerungstests verstanden, bei dem *die eigenen Handlungen darauf befragt werden sollen, ob man die Folgen, die sich ergäben, wenn sich alle so verhielten, vernünftigerweise wollen kann.* Für eine Entscheidung, die moralische Qualität haben soll, verlangt das, von sich selbst zu abstrahieren und einen überpersönlichen **190**

---

[164] Ich folge insoweit V. Gerhardt, Immanuel Kant – Vernunft und Leben, 2002, S. 219 ff.

[165] O. Höffe, Kants Kritik der praktischen Vernunft, 2012, S. 148 f.; die maßgebliche Stelle bei Kant (Fn. 163), Kritik der praktischen Vernunft, A 54 ff., dort gerade als das „Bewusstsein" des Sittengesetzes.

[166] So die schöne Formulierung von Gerhardt (Fn. 164), S. 211.

[167] Kant (Fn. 160), Grundlegung zur Metaphysik der Sitten, BA 1.

[168] S. im Einzelnen C. Horn/C. Mieth/N. Scarano, Immanuel Kant: Grundlegung zur Metaphysik der Sitten, Kommentar, 4. Auflage 2007, S. 231 ff.; dort werden insgesamt fünf bzw. sechs verschiedene Deutungen unterschieden.

[169] Kant (Fn. 160), Grundlegung zur Metaphysik der Sitten, S. 52 f., BA 53 f.

Standpunkt einzunehmen; stattdessen soll und muss diese auch aus der Perspektive der Mitwelt, letztlich also der Menschheit insgesamt getroffen werden. Es ist dieses Verständnis, das sich weithin durchgesetzt hat und heute nicht mehr nur einen möglichen Inhalt, sondern bereits den Begriff der Moral bestimmt (→ § 2 Rn. 31).

191 Auch neuere Ethiken wie der sog. Regelutilitarismus als Abwandlung des klassischen Utilitarismus oder die derzeit hoch im Kurs stehende Diskurstheorie greifen darauf zurück oder paraphrasieren es mehr oder weniger nur (→ Rn. 168, 285). Innerhalb des Rechtssystems lebt das Vertrauen auf die Vernünftigkeit und präsumtive Richtigkeit verallgemeinerter Regelungen etwa im Postulat der Allgemeinheit des Gesetzes fort[170]. Gleichwohl ist, wie man sehen muss, die Leistungsfähigkeit des kategorischen Imperativs aus verschiedenen Gründen begrenzt. So ist, wie schon Hegel eingewandt hat, dieser gerade wegen seiner Formalität inhaltlich leer, die Verallgemeinerbarkeit einer Handlung noch kein sicheres Kriterium für ihre moralische Richtigkeit[171]: Der Satz, Tiere als Mitgeschöpfe zu respektieren, lässt sich verallgemeinern, das Gegenteil aber auch. Wer das Eigentum aus prinzipiellen Gründen ablehnt und für eine Gesellschaft ohne Eigentum eintritt, kann ohne Widerspruch gegen den kategorischen Imperativ andere bestehlen oder betrügen[172]. Insofern enthält der kategorische Imperativ bis hierher allenfalls eine notwendige, aber noch keine hinreichende Bedingung für die Gültigkeit moralischer Normen. In der Rigorosität, mit der Kant selbst ihn handhabt, führt er zudem zu einigen ziemlich problematischen Folgerungen[173]. Und von der anderen Seite her könnte man fragen, ob und aus welchem Grund das Prinzip der Verallgemeinerbarkeit des eigenen Verhaltens auch dort Geltung beanspruchen soll, wo eine solche Verallgemeinerung aus praktischen Gründen ausgeschlossen oder ganz unwahrscheinlich ist, etwa weil die allermeisten gar nicht so handeln können oder wollen wie man selbst[174]. Dem würde Kant entgegenhalten, dass das an der Beurteilung des eigenen Verhaltens nichts ändert: Das Schwarzfahren in der U-Bahn bleibt unmoralisch und ist es vielleicht sogar umso mehr deshalb, weil der Schwarzfahrer implizit darauf vertrauen muss, dass andere mit ihrem Kostenbeitrag zum Unterhalt der gesamten Einrichtung beitragen, von der zuletzt auch er profitiert.

192 Allerdings bleibt Kant selbst bei der Lesart als Verallgemeinerungsgebot nicht stehen, sondern gibt dem kategorischen Imperativ noch eine zweite, anspruchsvollere Fassung, die ihn zuletzt doch mit einem materialen Gehalt anreichert. Unter allen nur relativen Neigungen, Interessen oder auch Zwecken gibt es nämlich, meint er, doch etwas, was „absoluten Wert" hat, weil es als „Zweck an sich selbst" existiert. Es kann damit auch einem kategorischen und eben nicht nur relativen Imperativ als Grundlage dienen. Dieser „Zweck an sich selbst" ist der einzelne Mensch als Vernunftwesen. Und da jeder Mensch sich als ein solcher begreift, folgt aus dem Grundsatz der Verallgemeinerbarkeit, auch andere als solche zu respektieren. Der kategorische Imperativ in dieser Fassung lautet dann:

„Handle so, dass du die Menschheit, sowohl in deiner Person, als in der Person eines jeden andern, jederzeit zugleich als Zweck, niemals bloß als Mittel brauchest"[175].

---

[170] S. zu dessen verschiedenen – auch historischen und philosophischen – Bedeutungsschichten G. Kirchhof, Die Allgemeinheit des Gesetzes, 2009, S. 67 ff.

[171] Vgl. G. W. F. Hegel, Phänomenologie des Geistes, Werke Band 3, 1986, S. 317.

[172] S. – mit weiteren Beispielen – N. Hoerster, Wie lässt sich Moral begründen, 2014, S. 43 ff.

[173] S. etwa I. Kant, Über ein vermeintes Recht, aus Menschenliebe zu lügen, in: Die Metaphysik der Sitten, Theorie-Werkausgabe Immanuel Kant, hrsgg. v. W. Weischedel, Band VIII, 1968, S. 637 ff., A 301 ff.: Man darf nicht einmal einen Mörder belügen, um einen Freund zu retten.

[174] Vgl. – an einem anderen Beispiel – D. Birnbacher, Analytische Einführung in die Ethik, 3. Auflage 2013, S. 156 ff. Gerade weil es nicht auf die tatsächlichen Folgen ankommt, ist Kants Ethik jedenfalls nicht – wie der Utilitarismus – konsequentialistisch (→ Rn. 153), vgl. Kant (Fn. 160), Grundlegung zur Metaphysik der Sitten, BA 14.

[175] Kant (Fn. 160), Grundlegung zur Metaphysik der Sitten, BA 66 f.; die zentralen Begründungsschritte in BA 64.

Darin liegt eine, wenn nicht die zentrale Fundierung der Menschenwürdegarantie des Grundgesetzes, die in Gestalt der sog. Objektformel noch heute ihre Interpretation maßgeblich bestimmt[176]. Tatsächlich bezeichnet Kant selbst den daraus resultierenden inneren Wert des Menschen ausdrücklich als dessen „Würde"[177]. Auch hier kann man dementsprechend lange diskutieren, ob die Begründung, die Kant dafür gibt, gelungen ist; dies gehört ebenso wie die Frage nach der möglichen Identität der verschiedenen Formeln oder überhaupt ihrem inneren Zusammenhang zu den Hauptproblemen der Kant-Exegese[178]. Aber auch diese Formel ist mittlerweile selbsttragend geworden: Sie bringt das Selbstverständnis des modernen Menschen zum Ausdruck, die Vorstellung seiner prinzipiellen Subjekthaftigkeit, als eines mit der Fähigkeit und dem Willen zur Vernunft ausgestatteten Wesens, das sich selbst Ziele zu setzen und diese zu verfolgen imstande ist. **193**

c) Ihren inneren Bezugs- und Haltepunkt, der zugleich die Brücke zur Rechts- und Staatsphilosophie bildet, findet Kants Ethik bei alledem in den Begriffen der Autonomie und der Freiheit. Beide sind nicht deckungsgleich, bauen aber aufeinander auf. Unter Autonomie versteht Kant **194**

„die Beschaffenheit des Willens, dadurch derselbe ihm selbst (unabhängig von aller Beschaffenheit der Gegenstände des Wollens) ein Gesetz ist",

also die Fähigkeit, sich selbst Regeln zu setzen und darin das Sittengesetz – den kategorischen Imperativ – für sich anzuerkennen[179]. In diesem Sinne bildet Autonomie als „oberstes Prinzip der Sittlichkeit" zugleich den Schlüssel für die Erkenntnis und Rechtfertigung der Autorität, die das Sittengesetz über uns hat[180]. Seine Anerkennung ist allerdings nur dann sinnvoll möglich, wenn wir uns als frei verstehen und zumindest theoretisch in der Lage sind, auch anders handeln zu können. Autonomie setzt in diesem Sinne Freiheit voraus, so dass Kant zusammenfassend formulieren kann:

„Der Begriff der Freiheit ist der Schlüssel zur Erklärung der Autonomie des Willens."[181]

Die Freiheit selbst ist darin allerdings erneut – und ähnlich wie Gott, Seele oder Unsterblichkeit – ein metaphysischer oder apriorischer Begriff in dem Sinne, dass ihre Existenz nicht empirisch oder objektiv nachgewiesen werden kann[182]. Wir können, bedeutet das, nicht abschließend wissen, ob es Freiheit wirklich gibt, aber wir können nicht anders, als uns als frei zu empfinden. Freiheit in diesem Sinne bedeutet zunächst nur *Willensfreiheit* und *moralische Freiheit,* die in der Konsequenz dann freilich auch **195**

---

[176] Diese verbietet es danach, den Menschen „zum bloßen Objekt des Staates zu machen oder ihn einer Behandlung auszusetzen, die seine Subjektqualität prinzipiell in Frage stellt", BVerfGE 96, 375 (399); in dieser oder jener Modifikation st. Rspr., vgl. BVerfGE 6, 32 (36, 41); 30, 1 (26); 115, 118 (151 ff.). Der programmatische Rekurs auf die Würde bei Kant, Grundlegung zur Metaphysik der Sitten, (Fn. 160), BA 78.

[177] Kant (Fn. 160), Grundlegung zur Metaphysik der Sitten, BA 76 f.

[178] S. etwa – für prinzipielle Identität der Formeln – S. Engstrom, The Form of Practical Knowledge, 2009, S. 149 ff., 153; zweifelnd etwa A. Wood, Kantian Ethics, 2007, S. 79 ff.

[179] Kant (Fn. 160), Grundlegung zur Metaphysik der Sitten, BA 87.

[180] Kant a. a. O.

[181] Kant (Fn. 160), Grundlegung zur Metaphysik der Sitten, BA 97.

[182] In der Kritik der reinen Vernunft hatte Kant sie dementsprechend als eine der sog. Antinomien behandelt, nämlich als Antinomie zur Kategorie der Kausalität: Entweder man nimmt außer der Kausalität, nach der alles Geschehen durch Ursachen determiniert ist, noch Freiheit an, oder es geschieht alles aus Kausalität – beide Annahmen lassen sich nach Kant beweisen, obwohl sie einander widersprechen, vgl. Kant (Fn. 150), Kritik der reinen Vernunft, A 444 ff./B 472 ff. Möglich ist das deshalb, weil beide verschiedenen Bereichen angehören, die Kausalität dem Bereich der Natur oder der Erfahrungswelt, Freiheit demgegenüber als eine Denknotwendigkeit der geistigen Welt; s. dazu sogleich im Text.

Handlungsfreiheit einschließt. Als solche wird sie von Kant im Übergang zur Rechtslehre dann umstandslos – und letztlich ohne jede Begründung – ins Normative gewendet und zur rechtlichen Grundausstattung des Menschen erklärt, wenn sie dort als das einzige „angeborene Recht" bezeichnet wird:

„Freiheit (Unabhängigkeit von eines anderen nötigender Willkür), sofern sie mit jedes anderen Freiheit nach einem allgemeinen Gesetz zusammen bestehen kann, ist dieses einzige, ursprüngliche, jedem Menschen, kraft seiner Menschheit, zustehende Recht";

auch die Gleichheit ist davon letztlich nur abgeleitet[183]. Die Betonung liegt dementsprechend weniger darauf, dass es sich dabei überhaupt um ein „Recht" handelt oder dieses „angeboren" ist – dies folgt offenbar für Kant bereits aus dem apriorischen Charakter der Freiheit selbst –, sondern es geht ihm vielmehr darum, die Vielfalt dessen, was bereits zu seinen Zeiten als Menschenrecht diskutiert wurde (Sicherheit, Leib, Leben, Freiheit, Eigentum, Wohlstand, Glückseligkeit etc.), auf ein einziges Basisprinzip, nämlich die Freiheit, zu reduzieren. Die Freiheit selbst ist darüber hinaus in der angeführten Definition *notwendig auf das Verhältnis zu anderen Menschen bezogen, deren Freiheit darin immer schon mitgedacht* ist[184].

196 d) Die prinzipielle Orientierung an der so verstandenen Freiheit prägt und beherrscht auch die Rechts- und Staatskonzeption Kants. Was sie anbelangt, ist allerdings in der Kant-Forschung bis heute umstritten, ob sie sich überhaupt aus seiner Ethik, im Kern also aus dem kategorischen Imperativ, ableitet und mit ihr in Zusammenhang steht (sog. Abhängigkeitsthese) oder ob sie von ihr unabhängig ist (sog. Unabhängigkeitsthese)[185]. Der Klärung bedarf dies gerade wegen der fehlenden Begründung oder jedenfalls des unklar gebliebenen Status jener Freiheit. Eine einigermaßen plausible Verbindung, die zugleich als Grund dafür genommen werden kann, sie als äußere Handlungsfreiheit zu postulieren, ließe sich etwa wie folgt rekonstruieren[186]: Wenn der kategorische Imperativ verlangt, dass mein eigenes Handeln verallgemeinerungsfähig sein muss, darf ich vernünftigerweise nichts tun, was die Freiheit der anderen in beliebiger Weise einschränkt, indem ich sie zu dem nötige oder zwinge, was mir gerade einfällt oder meinen eigenen Interessen entspricht. Denn das würde unter Geltung des Verallgemeinerungsgrundsatzes bedeuten, dass auch jeder andere meine eigene Freiheit in beliebiger Weise beeinträchtigen oder verkürzen dürfte. Damit hebe ich die Freiheit in meinem eigenen Handeln selbst auf. Gerade dies ist dann der Punkt, an dem das Recht ins Spiel kommt, und zwar wiederum gerade als ein idealer oder allgemeiner Begriff, der von dem,

„was die Gesetze an einem gewissen Ort und zu einer gewissen Zeit sagen oder gesagt haben",

unterschieden werden muss[187]. Auf diesen Begriff wirkt sich die hier skizzierte Verbindung in zweifacher Weise aus:

---

[183] Kant (Fn. 147), Die Metaphysik der Sitten, AB 45.
[184] Vgl. W. Kersting, Wohlgeordnete Freiheit, 2007, S. 164 ff.
[185] Die Begriffe bei C. Horn, Nichtideale Normativität, 2014, S. 9, dort jeweils mit entsprechenden Nachw. auf ihre jeweiligen Vertreter; die Bezeichnung als „Unabhängigkeitsthese" auch bei Kersting (Fn. 184), S. 109 ff., der Gegensatz dort als „moralteleologische Rechtsauffassung".
[186] Vgl. etwa Kersting (Fn. 14), S. 184.
[187] Kant (Fn. 147), Die Metaphysik der Sitten, AB 31 f., wo dieser Rechtsbegriff – etwas irreführend – auch als „moralischer" Rechtsbegriff bezeichnet wird.

(1) Zum einen betrifft das Recht   **197**

„nur das äußere und zwar praktische Verhältnis einer Person gegen eine andere, sofern ihre Handlungen als Facta aufeinander [...] Einfluss haben können";

es ist in diesem Sinne ein Mittel der Außensteuerung, dessen Vorschriften gegebenenfalls auch gegen Widerstand durchgesetzt werden müssen[188]. In diesem Sinne kann Kant kurz und knapp sagen:

„Das Recht ist mit der Befugnis zu zwingen verbunden."[189]

Gerade darin unterscheiden sich Rechts- von Tugendpflichten: Rechtspflichten sind äußerlich und erzwingbar, während sich die Tugenden an das Innere des Menschen (das Gewissen, die Vernunft etc.) wenden. Dementsprechend geht es das Recht für Kant auch nichts an, aus welchen Gründen man seine Regeln befolgt[190].

(2) Zum anderen wird für das Recht schon von seinem Begriff her die inhaltliche Ausrichtung auf die Freiheit, verstanden gerade als Handlungsfreiheit oder – wie Kant sagt – „Willkür", zentral, und zwar mit ihrer aus dem kategorischen Imperativ resultierenden Verallgemeinerung zu der entsprechenden gleichen Freiheit aller. Dem Recht kommt dann zunächst die Aufgabe zu, die verschiedenen Freiheiten miteinander zu koordinieren und den Freiheitsgebrauch des einen mit dem Freiheitsgebrauch des anderen verträglich zu machen. Das führt zur berühmten Definition des Rechts: **198**

„Das Recht ist also der Inbegriff der Bedingungen, unter denen die Willkür des einen mit der Willkür des andern nach einem allgemeinen Gesetze der Freiheit zusammen vereinigt werden kann."[191]

Das Recht *ist damit wesentlich Freiheitsordnung, und zwar wiederum im Sinne eines natur- oder vorrechtlichen Begriffs,* der auf Prinzipien a priori gegründet ist und so für die positiven Gesetze als Richtschnur dient[192]. Es geht damit auch um mehr als die bloße Zuordnung individueller Handlungssphären, wie man oft meint; stattdessen wirkt die Freiheit selbst als übergreifendes Regulativ, nämlich gerade als „allgemeines Gesetz"[193].   **199**

e) Das Prinzip der Freiheit wird auf diese Weise auch zum beherrschenden Prinzip der Rechtswirklichkeit und mit dem bestehenden, d. h. dem positiven Recht vermittelt. Dieses positive Recht bezeichnet Kant – in begrifflicher Abgrenzung gegen das „natürliche Recht" – als das „bürgerliche Recht" und unterteilt es in die beiden Bereiche des   **200**

---

[188] Kant a. a. O.
[189] Kant (Fn. 147), Die Metaphysik der Sitten, AB 35.
[190] Kant spricht insoweit von der „Legalität (Gesetzmäßigkeit)" als „bloße Übereinstimmung oder Nichtübereinstimmung einer Handlung mit dem Gesetze" im Unterschied zur „Moralität (Sittlichkeit)" aus einer inneren Triebfeder heraus, Kant (Fn. 147), Die Metaphysik der Sitten, AB 15.
[191] Kant (Fn. 147), Die Metaphysik der Sitten, AB 33.
[192] Vgl. Kant (Fn. 147), Die Metaphysik der Sitten, AB 32 sowie AB 44. Dazu enthält die Rechtslehre in ihrer weiteren Ausführung auch zahlreiche Elemente und Prinzipien, die sich nicht auf den kategorischen Imperativ zurückführen lassen. Gerade diese herauszuarbeiten ist das zentrale Anliegen der Schrift von Horn (Fn. 185), der sie als „nichtideale Normativität" bezeichnet. Darauf einzugehen führt an dieser Stelle zu weit, s. die kritische Besprechung von R. Brandt, Kant-Studien 106 (2015), 685 ff.
[193] E.-W. Böckenförde, Staatliches Recht und sittliche Ordnung, in: ders., Staat, Nation, Europa, 1999, S. 208 (213).

privaten und des öffentlichen Rechts[194]. Das Privatrecht gründet Kant auf einen apriorischen Begriff „vom äußeren Mein und Dein" als Ausfluss der äußeren Freiheit des Menschen, die für Kant auch ein entsprechendes Verfügungsrecht über Dinge – in der Sache also vor allem Eigentum – einschließen muss[195]. Das öffentliche Recht bildet demgegenüber den „Inbegriff der äußeren Gesetze", die die Zusammenstimmung der Freiheit des einen mit der Freiheit der anderen möglich machen[196]. Insofern enthält es die Grundregeln für den rechtlichen oder bürgerlichen Zustand der Menschen und ist

„auf folgende Prinzipien a priori gegründet:
1. Die Freiheit *jedes Gliedes der Sozietät, als* Menschen.
2. Die Gleichheit *desselben mit jedem anderen, als* Untertan.
3. Die Selbständigkeit *jedes Gliedes eines gemeinen Wesens, als* Bürgers.

Diese Prinzipien sind nicht sowohl Gesetze, die der schon errichtete Staat gibt, sondern nach denen allein eine Staatserrichtung, reinen Vernunftprinzipien des äußeren Menschenrechts überhaupt gemäß, möglich ist."[197]

201 Diese Prinzipien stellen insoweit ihrerseits wiederum nur Ausformungen der einen „Freiheit im äußeren Verhältnisse der Menschen zu einander"[198] dar und werden von Kant im Anschluss näher erläutert. Die *Freiheit als Mensch* drückt er in folgender, bis heute ebenfalls als klassisch empfundener Formel aus:

„Niemand kann mich zwingen, auf seine Art (wie er sich das Wohlsein anderer Menschen denkt) glücklich zu sein, sondern ein jeder darf seine Glückseligkeit auf dem Wege suchen, welcher ihm selbst gut dünkt, wenn er nur der Freiheit anderer, einem ähnlichen Zwecke nachzustreben, die mit der Freiheit von jedermann nach einem möglichen allgemeinen Gesetze zusammen bestehen kann, [...] nicht Abbruch tut. – Eine Regierung, die auf dem Prinzip des Wohlwollens gegen das Volk als eines Vaters gegen seine Kinder errichtet werde, d. i. eine väterliche Regierung (imperium paternale), wo also die Untertanen als unmündige Kinder, die nicht unterscheiden können, was ihnen wahrhaftig nützlich oder schädlich ist, sich bloß passiv zu verhalten genötigt sind, um, wie sie glücklich sein sollen, bloß von dem Urteile des Staatsoberhaupts, und, dass dieser es auch wolle, bloß von seiner Gütigkeit zu erwarten: ist der größte denkbare Despotismus (Verfassung, die alle Freiheit der Untertanen, die alsdann gar keine Rechte haben, aufhebt)."[199]

202 Das ist die gültige Absage an jede Form eines Tugend- oder Wohlfahrtsstaates, wie er für die politischen Verhältnisse der frühen Neuzeit kennzeichnend war (→ Rn. 96). Die *Gleichheit als Untertan* besteht demgegenüber im Wesentlichen in der gemeinsamen Unterworfenheit aller unter das Recht, während die *Selbständigkeit als Bürger* auf die Rolle als „Mitgesetzgeber", in der Sache also auf demokra-

---

[194] Kant (Fn. 147), Die Metaphysik der Sitten, AB 52.
[195] Kant (Fn. 147), Die Metaphysik der Sitten, AB 55 ff., jeweils in klar erkennbarem Gegensatz zu Lockes Theorie des Arbeitseigentums, s. dazu näher Kersting (Fn. 184), S. 177 ff. Ähnlich wie Locke modelliert Kant aber auch alle anderen Rechtsverhältnisse – wie die Ehe oder das Verhältnis zu Kindern – nach dem Bild des Eigentums, vgl. Kant (Fn. 147), Die Metaphysik der Sitten, AB 106 ff.
[196] Kant (Fn. 146), Über den Gemeinspruch, A 234.
[197] Kant (Fn. 146), Über den Gemeinspruch, A 235.
[198] Kant (Fn. 146), Über den Gemeinspruch, A 233.
[199] Kant (Fn. 146), Über den Gemeinspruch, A 235 f.

tische Teilhabe zielt[200]. Die gesetzgebende Gewalt, heißt es dazu in der Rechtslehre, kann von daher

„nur dem vereinigten Willen des Volkes zukommen",

und die gesetzliche Freiheit des Staatsbürgers besteht gerade darin,

„keinem anderen Gesetz zu gehorchen, als zu welchem er seine Beistimmung gegeben hat"[201].

Es sind Sätze wie diese, die Kant heute als einen Vordenker des liberalen und demokratischen Verfassungsstaates erscheinen lassen, der auf einer strikt individualistischen Grundorientierung beruht[202]. In seinen Überlegungen zum Völkerrecht, vor allem aber in seiner programmatischen Schrift „Zum ewigen Frieden", weitet Kant diesen Zugriff sogar noch ins Kosmopolitische aus: mit der für seine Zeit vorausweisenden Vision eines Völkerrechts aus einem Bündnis freier Republiken und einem auf „Bedingungen der allgemeinen Hospitalität" beschränkten „Weltbürgerrecht"[203].   203

Eine „sozialstaatliche Perspektive" – etwa gar im Sinne eines Auftrags zur Sicherung oder Herstellung sozialer Gerechtigkeit – wird man Kant demgegenüber trotz einiger verstreuter Aussagen in diese Richtung kaum unterschieben können[204]; sie passt letztlich nicht zur schmalen Basis seines einzigen ursprünglichen Freiheitsrechts als bloßer Abwesenheit von Zwang oder Unabhängigkeit von fremder Willkür[205]. Aber auch die spezifisch liberale Programmatik ist, wie man sehen muss, von Kant mit einigen aus heutiger Sicht problematisch erscheinenden Einschränkungen versehen. So kennt Kant entgegen seiner Formulierungen vom „einzigen angebornen Recht" oder „Menschenrecht" durchaus einzelne Gruppen von Menschen, denen die daraus an sich resultierende Personhaftigkeit oder Rechtsfähigkeit vorenthalten wird (Straftäter, uneheliche Kinder, Nichtweiße) – eine mit der Universalität der Menschenrechte schwer vereinbare Vorstellung[206]. Die politischen Mitwirkungsrechte, in seiner Terminologie also die „Selbständigkeit als Bürger", reserviert er sogar exklusiv für besitzende Männer; Frauen fallen schon aufgrund ihrer, wie er sagt, „natürlichen" Beschaffenheit, Arbeiter wegen ihres fehlenden Eigentums heraus[207]. Und ein Widerstandsrecht will Kant nicht einmal gegen eine despotische Regierung anerkennen; auch dieser, meint er, müsse man unter allen Umständen gehorchen[208]. Aber solche Äußerungen gehen in der heutigen Vereinnahmung Kants für den liberalen Verfassungsstaat meist unter; wo sie überhaupt angesprochen werden, geschieht das meist nachsichtig, man sieht darin eher nur Konzessionen an die Zensur oder den Zeitgeist als ein grundsätzliches Problem.   204

IV. Philosophie des Geistes: Georg Wilhelm Friedrich Hegel

Man kann auch dies die spezifische Gerechtigkeitskonzeption einer politischen Ordnung nennen, obwohl der Begriff der Gerechtigkeit bei Kant nur sporadisch auftaucht und nicht systematisch entfaltet wird. Aber das Gerechte ist bei ihm immer schon in die Welt des positiven Rechts und eine gegebene staatliche Ordnung eingelas-   205

---

[200] Kant (Fn. 146), Über den Gemeinspruch, A 237 ff.

[201] Kant (Fn. 147), Die Metaphysik der Sitten, A 166/B 196.

[202] Vgl. Gerhardt (Fn. 164), S. 233 ff.

[203] I. Kant, Zum ewigen Frieden. Ein philosophischer Entwurf, in: Schriften zur Anthropologie, Geschichtsphilosophie, Politik und Pädagogik 1, Theorie-Werkausgabe Immanuel Kant, hrsgg. v. W. Weischedel, Band XI, 1968. S. 193–251, S. 204 ff., BA 20 ff.

[204] So aber Gerhardt (Fn. 164), S. 236.

[205] So m. E. zutreffend Kersting (Fn. 184), S. 50 ff. m. w. N. zum Meinungsstand; ferner H. M. Heinig, Der Sozialstaat im Dienst der Freiheit, 2008, S. 202 ff.

[206] Horn (Fn. 185), S. 91 ff.

[207] Kant (Fn. 146), Über den Gemeinspruch, A 245.

[208] Kant (Fn. 146), Über den Gemeinspruch, A 251 ff.

sen[209]. Mit einigen charakteristischen Verschiebungen lässt sich das auch über die Philosophie Georg Wilhelm Friedrich Hegels sagen, auch wenn diese vielfach als Gegenentwurf zu Kant gelesen wird und Hegel selbst gerade die kantsche Ethik wegen ihres, wie er meinte, leeren Formalismus scharf kritisiert hatte (→ Rn. 191). Noch stärker hebt sich Hegel allerdings von den verschiedenen Lehren des Gesellschaftsvertrags ab, die die je bestehende staatliche Ordnung mit einem imaginären Naturzustand konfrontiert und gegenüber der dort vorausgesetzten „natürlichen" Freiheit und Gleichheit aller zu rechtfertigen versucht hatten. Für Hegel ist dieser Naturzustand geradezu das Gegenteil der Freiheit, weil in ihm an deren Stelle das Recht des Stärkeren herrscht; es ist, schreibt er,

„ein Zustand der Gewalttätigkeit und des Unrechts, von welchem nichts Wahreres gesagt werden kann, als dass aus ihm herauszugehen ist"[210].

206 Wahre Freiheit kann deshalb für Hegel überhaupt nur im Staat als einem bestehenden Lebens- und Ordnungszusammenhang erworben und gewonnen werden; die Beschränkung der Triebe, der Begierde und der Willkür, die darin wirksam sei, sei überhaupt erst

„die Bedingung, aus welcher die Freiheit hervorgeht"[211].

207 Daraus resultiert bei Hegel eine aus heutiger Sicht problematische Überhöhung des Staates, die in zahlreichen ebenso berühmten wie berüchtigten Sätzen immer wieder durchbricht: „Der Staat ist das an und für sich Vernünftige", „Es ist der Gang Gottes in der Welt, dass der Staat ist" bis hin zu „Man muss daher den Staat wie ein Irdisch-Göttliches verehren"[212]. Das lässt es zweifelhaft erscheinen, ob seine Philosophie noch einem liberalen Grundmodell zugeschlagen werden kann, dessen Grundeinheit ja an sich nicht der Staat, sondern das Individuum ist. Andererseits kreist Hegels gesamtes Werk zentral um die Idee der „Freiheit", die von immer neuen Orten aus aufgesucht wird, und gerade die Rechts- und Staatsphilosophie findet hier ihren gedanklichen Mittelpunkt. Überhaupt entzieht sich dieses in vieler Hinsicht schillernde und vielfältig deutbare Werk allen vereinfachenden Festlegungen, so dass es bis heute von den verschiedensten Lagern und Denkströmungen – von der äußersten Rechten bis zur äußersten Linken – für ihre jeweilige Position in Anspruch genommen werden kann. Von daher ist es durchaus möglich, Hegel ungeachtet der vielen problematischen Seiten in einem liberalen Sinne zu lesen, und dies eben gerade auch dort, wo er auf mögliche Schwächen oder Unzulänglichkeiten überkommener liberaler Staatstheorie verweist[213].

---

[209] Gerhardt (Fn. 164), S. 231.

[210] G. W. F. Hegel, Enzyklopädie der philosophischen Wissenschaft im Grundriss III: Die Philosophie des Geistes, 1830, § 502 A. Hegels Werke werden im Folgenden zitiert nach der auf der Grundlage der Werke von 1832 bis 1845 neu ed. Ausgabe von E. Moldenhauer und K. M. Michel, 1. Auflage 1986, hier Werke Band 10.

[211] G. W. F. Hegel, Vorlesung über die Philosophie der Geschichte, 1817 bis 1830/31, Werke Band 12, S. 58 f.

[212] G. W. F. Hegel, Grundlinien der Philosophie des Rechts, 1821, Werke Band 7, §§ 258, 272 mit Zusatz.

[213] Die Darstellung lehnt sich an einen früheren Text von mir an: U. Volkmann, Freiheit in Bindungen. Beobachtungen zur Stellung des Einzelnen in Hegels Staat, in: W. Pauly (Hrsg.), Der Staat – eine Hieroglyphe der Vernunft, 2009, S. 155 ff.

a) Wenn Hegel in der beschriebenen Art und Weise vom Staat spricht, hat er von vornherein nicht eine klassische Rechtfertigung oder überhaupt irgendeine Art von Begründung gegenüber einem vermeintlichen Idealzustand im Sinn. Stattdessen ist es seine Überzeugung, dass der Staat und sein Recht *nicht gegen die lebensweltlichen Verhältnisse und die geistig-moralischen Überzeugungen, sondern nur aus ihnen und zusammen mit ihnen erschlossen werden können.* Sie sind insofern selbst Ausdruck einer Vernunft, die sich in ihnen entfaltet und darin ihre Wirklichkeit gewinnt. In diesem Sinne lässt sich zwischen dem, was sein soll, und dem, was ist, für Hegel nicht sinnvoll unterscheiden; im Gegenteil fällt beides jedenfalls in der Tendenz zusammen:

„Was vernünftig ist, das ist wirklich; und was wirklich ist, das ist vernünftig",

heißt es dazu in der berühmten Vorrede zur Rechtsphilosophie[214]. Das bedeutet nicht, dass die jeweilige Realität immer unkritisch hingenommen werden muss und noch in jeder Verirrung maßgeblich ist; im Gegenteil geht Hegel durchaus von einem inneren Wesen der jeweiligen Gegenstände – ihrem, wie er sagt, Begriff – aus, für das von allen Zufälligkeiten oder einem vorübergehenden äußerlichen Dasein abzusehen ist[215]. Es geht ihm stattdessen um die wechselseitige Verschränkung der Vernunft mit der tatsächlichen Entwicklung; die Vernunft darf nicht einseitig der bestehenden Welt entgegengesetzt, sondern muss aus ihr erschlossen, mit ihr zusammengesehen werden. Das Programm, das sich daraus für die Rechts- und Staatsphilosophie ergibt, formuliert Hegel ebenfalls in der „Vorrede" wie folgt:

„So soll denn diese Abhandlung, insofern sie die Staatswissenschaft enthält, nichts anderes sein als der Versuch, den Staat *als ein in sich Vernünftiges zu begreifen und darzustellen. Als philosophische Schrift muss sie am entferntesten davon sein, einen Staat, wie er sein soll, konstruieren zu sollen; die Belehrung, die in ihr liegen kann, kann nicht darauf gehen, den Staat zu belehren, wie er sein soll, sondern vielmehr, wie er, das sittliche Universum, erkannt werden soll."*[216]

Dem entspricht eine Aufgabenzuweisung an die Philosophie, nach der diese vor allem zu begreifen hat, „was ist"; Philosophie ist in diesem Sinne, wie Hegel in einer wunderbaren Formulierung schreibt, einfach

„ihre Zeit in Gedanken erfasst"[217],

sie soll in diesem Sinne nicht ideale Normensysteme, die Vorstellungen einer besseren, schöneren Welt entwerfen, sondern die normativen Grundorientierungen ihrer Zeit sichtbar machen, und zwar gerade in dem, was als ihre immanente Vernünftigkeit gesehen werden kann. Das ist ein radikal anderer Zugriff als in allen bisher behandelten Theorien; nicht um die Rechtfertigung aus vorausgesetzten Prämissen geht es, sondern darum,

„in dem Scheine des Zeitlichen und Vorübergehenden die Substanz, die immanent, und das Ewige, das gegenwärtig ist, zu erkennen."[218]

208

209

210

---

[214] Hegel (Fn. 212), Grundlinien der Philosophie des Rechts, Vorrede (S. 24).
[215] Hegel (Fn. 212), Grundlinien der Philosophie des Rechts, § 1 Anm.
[216] Hegel (Fn. 212), Grundlinien der Philosophie des Rechts, Vorrede (S. 26).
[217] Hegel a. a. O.; im Original hervorgehoben.
[218] Hegel (Fn. 212), Grundlinien der Philosophie des Rechts, Vorrede (S. 25).

211 Den Hintergrund bildet Hegels Philosophie des Geistes, die dem Verständnis bis heute erhebliche Schwierigkeiten und seine Texte vielfach ganz ungenießbar macht. Stark vereinfacht ausgedrückt, zielt diese darauf ab, die Entgegensetzung zwischen der äußeren Welt und einem Subjekt, das wie der Mensch diese Welt mit Hilfe seiner Vernunft zu erfassen versucht, zu überwinden und beide in einer höheren Einheit zusammenzufassen. Wir sind von dieser Welt, und indem wir versuchen, sie zu erfassen und zu begreifen, erfasst diese Welt sich selbst – das ist, auf eine kurze Formel gebracht, vielleicht die Grundaussage der hegelschen Philosophie. Von hier aus beschreibt Hegel die gesamte Geschichte wesentlich als Entwicklungsprozess des Bewusstseins oder des Geistes, den er auch „Weltgeist" oder „Gott der Welt" nennt. Das Bewegungsgesetz dieser Entwicklung ist die Dialektik, also die beständige Aufhebung der Gegensätze (These und Antithese) in einer höheren Einheit (Synthese); ihr Ziel ist die Selbsterkenntnis des Geistes, der am Anfang der Menschheitsgeschichte mehr oder weniger bloß träumend dahindämmert, sich dann aber in ihrem weiteren Verlauf und Fortschritt seiner selbst allmählich bewusst wird. Die logischen Stufen dieser Entwicklung sind der „subjektive Geist" (das Bewusstsein der einzelnen Menschen für sich), der „objektive Geist" (objektiviertes gemeinsames Bewusstsein, das geistig-moralische Ambiente einer Zeit, sichtbar etwa in der Moral einer Gesellschaft, dem Recht oder auch dem Staat), schließlich der „absolute Geist" (in den Wissenschaften, den Künsten, der Philosophie und der Religion, die dann die abschließende Selbstreflexion des Geistes darstellen)[219]. Das ist im letzten Grund spekulativ und für die Rechts- und Staatsphilosophie nur bedingt von Interesse; für diese bleibt allein die Zuordnung von Recht und Staat zum „objektiven Geist" im Hinterkopf zu behalten, also ihre Betrachtung als wesentlich geistige Phänomene und Objektivationen der menschlichen Vernunft im jeweiligen Stadium einer geschichtlichen Entwicklung.

212 b) Die Rechts- und Staatsphilosophie hat es in diesem Sinne zunächst mit der „Idee des Rechts" zu tun, verstanden gerade als der Begriff des Rechts und dessen Verwirklichung in die Welt hinein[220]. Das entspricht der von Hegel angenommen Verschränkung von Vernunft und Wirklichkeit: Der bloße Begriff eines Gegenstands ist gar nichts, wenn er nicht in den tatsächlichen Verhältnissen eine Stütze findet, er muss sich in der Welt und in die Welt hinein verwirklichen, und beide zusammen, der Begriff und seine Verwirklichung in die Welt hinein, bilden eben das, was Hegel als die „Idee" dieses Gegenstands bezeichnet. Die „Idee des Rechts" wird wiederum wesentlich von der Freiheit her entfaltet, wie es bereits in der einleitenden Bestimmung zum Ausdruck kommt:

„Der Boden des Rechts ist überhaupt das Geistige und seine nähere Stelle und Ausgangspunkt der Wille, welcher frei ist, so dass die Freiheit seine Substanz und Bestimmung ausmacht und das Rechtssystem das Reich der verwirklichten Freiheit, die Welt des Geistes aus ihm selbst hervorgebracht, als eine zweite Natur, ist."[221]

213 An späterer Stelle sagt Hegel, das Recht sei

„überhaupt die Freiheit, als Idee",

und den Staat bestimmt er als die

„Wirklichkeit der konkreten Freiheit"[222].

214 In dieser Grundorientierung auf die Freiheit meint man zunächst den Rechtsbegriff Kants herauszuhören; schon dort war das Recht ja als Inbegriff wechselseitiger Frei-

---

[219] Kürzeste Zusammenfassung: Hegel (Fn. 210), Enzyklopädie der philosophischen Wissenschaften im Grundriss III: Die Philosophie des Geistes, §§ 377 ff. Die Grundlage in: ders. (Fn. 171), Phänomenologie des Geistes, S. 82 ff.

[220] Hegel (Fn. 212), Grundlinien der Philosophie des Rechts, §§ 1 und 2.

[221] Hegel (Fn. 212), Grundlinien der Philosophie des Rechts, § 4.

[222] Hegel (Fn. 212), Grundlinien der Philosophie des Rechts, § 29, § 260.

heitsbeschränkungen „unter einem allgemeinen Gesetz der Freiheit", also im Ergebnis zur allseitigen Ermöglichung von Freiheit bestimmt (→ Rn. 198). Auch die Formulierung vom Rechtssystem als „Reich der verwirklichten Freiheit" scheint in diese Richtung zu deuten. Aber Freiheit bedeutet bei Hegel etwas prinzipiell anderes, als man sonst und insbesondere Kant darunter versteht; es ist ein umfassender, wiederum dialektischer Begriff, der verschiedene Momente in sich aufnimmt. Die individuelle oder subjektive Freiheit, von Hegel auch als persönliche „Besonderheit" oder „Willkür" bezeichnet, ist nur eines dieser Momente, das in seiner Reichweite wie in seinen Folgeproblemen vor allem in den ersten beiden Kapiteln seiner Rechtsphilosophie entfaltet wird.

Diese können geradezu gelesen werden als Auseinandersetzung mit zwei unterschiedlichen Freiheitskonzepten oder Möglichkeiten der Verwirklichung dieser Freiheit: Das erste Kapitel („Das abstrakte Recht") erfasst den Menschen als Teil einer Rechtsordnung und Träger von Rechten, das zweite („Die Moralität") als moralisches, nach seinen individuellen Vorstellungen von Richtig und Falsch handelndes Subjekt[223]. Als die äußere und die innere Seite der individuellen Freiheit bilden sie so gleichsam These und Antithese, insofern das „abstrakte Recht" den Menschen nur in seinen Außenbeziehungen und als aller Individualität entkleidete Rechtsperson in den Blick nimmt, die „Moralität" hingegen von allem Äußeren gerade absieht und diesem gegenüber gleichgültig ist; für Hegel ist sie deshalb die „Negation" des abstrakten Rechts, in dem, wie er schreibt, das Subjekt „sich in den Sachen ein Dasein gibt". Beide bedürfen daher ihrer Aufhebung auf einer höheren Stufe, die durch die „Sittlichkeit" gebildet wird[224]. Diese wird folgerichtig im dritten Kapitel der „Rechtsphilosophie" behandelt, gleichsam der Bündelung und der Synthese des Ganzen. **215**

Insofern folgt der Aufbau des Werkes dem dialektischen Grundschema, wenngleich er sich daraus nicht vollständig und in all seinen komplizierten Verästelungen erklären lässt. Freiheit selbst ist dann aber ebenfalls *ein dialektischer Begriff, der diese drei Momente: das abstrakte Recht, die moralische Subjektivität und die Sittlichkeit, in sich vereint;* es geht um Freiheit als ein umfassendes, objektives Ordnungsprinzip, das die Gesellschaft in all ihren Bezügen von innen her durchdringt und formt. **216**

c) Der Grund für diese charakteristische Erweiterung des Freiheitsbegriffs liegt darin, dass für Hegel eine bloß individuelle, ganz auf die Willkür und das Belieben jedes Einzelnen zurückgeführte Freiheit in verschiedener Hinsicht defizitär ist: Als solche bleibt sie zuletzt äußerlich und formal, ohne haltende Orientierung im Geistigen. Eine Gesellschaft und ein Staat, die darauf – und nur darauf – gründen, öffnen sich ganz dem individuellen Zweck- und Nutzenkalkül ihrer Mitglieder, das sich indessen wahllos in verschiedene Richtungen wenden kann, so wie auch sie selbst nicht als Verbindend-Gemeinsames begriffen werden, sondern nur als Mittel zur Verfolgung des je eigenen Interesses. Ein solches Gebilde bleibt deshalb für Hegel notwendig instabil, beständig in Gefahr, in Anarchie abzugleiten, und der äußeren wie inneren Desintegration ausgesetzt. Die äußere Desintegration sieht Hegel, die Analysen von Karl Marx vorwegnehmend, dabei in der wachsenden gesellschaftlichen Ungleichheit und Klassenspaltung angelegt, die aus dem um sich greifenden Besitzegoismus und der marktförmigen Organisation der Wirtschaft resultiert: **217**

---

[223] Ich lehne mich insoweit an A. Honneth an, Leiden an Unbestimmtheit, 2001, S. 35 ff.; ähnlich insoweit K.-H. Ilting, Einleitung, in: G. W. F. Hegel, Vorlesungen über Rechtsphilosophie 1818–1831, 6 Bände, 1973 ff., Band 1, S. 23 (54 und 60).

[224] Hegel (Fn. 212), Grundlinien der Philosophie des Rechts, § 33 Zusatz, dort mit einer groben Erläuterung des Aufbaus der Rechtsphilosophie.

„Durch die Verallgemeinerung des Zusammenhangs der Menschen durch ihre Bedürfnisse und der Weisen, die Mittel für diese zu bereiten und herbeizubringen, vermehrt sich die Anhäufung der Reichtümer [...] auf der einen Seite, wie auf der andern Seite die Vereinzelung und Beschränktheit der besonderen Arbeit und damit die Abhängigkeit und Not der an diese Arbeit gebundenen Klasse";

218 beide Seiten, Arm und Reich, die Besitzenden wie die Nichtbesitzenden, verlieren dabei je auf ihre Weise das Gefühl für Recht und Rechtlichkeit[225]. Die äußere geht damit gleitend in die innere Desintegration über, die ihrerseits noch einmal verstärkt wird, wenn auch die sozialen Beziehungen mehr und mehr nur noch in den Kategorien des Rechts und der gegenseitige Ansprüche gedacht werden[226]. Soll die Freiheit diesen „Pathologien" nicht erliegen, *muss sie deshalb für Hegel rückverankert sein in sozialen Institutionen, in intersubjektiven Strukturen und Praktiken, durch die sie Richtung und Maß, überhaupt ihren Halt empfängt*[227]. Dies geschieht auf der untersten Stufe in Ehe und Familie als dem ersten „unmittelbaren sittlichen Verhältnis"[228] und sodann in den Austausch- und Verkehrsbeziehungen der „bürgerlichen Gesellschaft", die sich für Hegel wiederum aus drei aufeinander aufbauenden Momenten zusammensetzt:

A. Die Vermittlung des Bedürfnisses und die Befriedigung des Einzelnen durch seine Arbeit und durch die Arbeit und Befriedigung der Bedürfnisse aller Übrigen, – das System der Bedürfnisse.
B. Die Wirklichkeit des darin enthaltenen Allgemeinen der Freiheit, der Schutz des Eigentums durch die Rechtspflege.
C. Die Vorsorge gegen die in jenen Systemen zurückbleibende Zufälligkeit und die Besorgung des besonderen Interesses als eines Gemeinsamen, durch die Polizei und Korporation."[229]

219 Auch wenn das erneut eine sperrige Formulierung ist, gibt sie doch hinreichend zu erkennen, wie und wodurch die individuelle Freiheit hier eingebunden und gesichert ist: zunächst ganz grundlegend dadurch, dass trotz prinzipieller Konkurrenz alle doch in irgendeiner Weise auf die Ergebnisse der Arbeit der anderen angewiesen sind („System der Bedürfnisse"), ergänzend und flankierend sodann durch ein Gerüst verbindlicher Regeln, die durch entsprechende Institutionen durchgesetzt werden: die Gerichte („Rechtspflege") und die Verwaltung („Polizei"), daneben soziale Gemeinschaften, die sich gleichsam als Zwischenschicht zwischen Regierung und Volk schieben („Korporation")[230]. Sie alle setzen dem Freiheitgebrauch von außen her Schranken und regulie-

---

[225] Vgl. Hegel (Fn. 212), Grundlinien der Philosophie des Rechts, §§ 185, 243 f.; das Zitat aus § 243.
[226] Vgl. dazu bereits J. Ritter, Metaphysik und Politik, 1969, S. 266 ff. Heute: D. Loick, Juridismus, 2017, S. 27 ff.
[227] Die Bezeichnung als „Pathologien" bei Honneth (Fn. 223), S. 49 ff.
[228] Hegel (Fn. 212), Grundlinien der Philosophie des Rechts, § 161.
[229] Hegel (Fn. 212), Grundlinien der Philosophie des Rechts, § 188.
[230] Die „Korporation" spielt bei Hegel eine eigene, vielschichtige Rolle, die hier nicht näher erläutert werden kann, s. dazu nunmehr S. Ellmers/S. Herrmann (Hrsg.), Korporation und Sittlichkeit, 2017. Sie baut sich durchaus auf den verschiedenen Ständen (Gewerbe, Handwerk, Industrie, Bauernschaft etc.) auf, wobei für die Zugehörigkeit aber nicht Geburt und Abkunft, sondern die freie Wahl bestimmend sein soll, vgl. Hegel (Fn. 212), Grundlinien der Philosophie des Rechts, § 260. Vor allem aber geht es um deren organisatorische Zusammenfassung in entsprechenden Vereinigungen, Zünften oder „Genossenschaften", die dem Einzelnen ein Mitwirken an den gemeinsamen Interessen ermöglicht, §§ 250 ff.

ren ihn. Auch das Recht erfüllt hier seine Funktion, und zwar, wie Hegel ausdrücklich betont, als positiv gesetztes, idealerweise in einer rationalen und transparenten Kodifikation geordnetes Recht[231]. Zusammen ergibt das alles aber nur einen allgemeinen oder eben äußeren Ordnungsrahmen; Hegel beschreibt es deshalb auch als den „äußeren Staat" oder „Not- und Verstandesstaat":

„Der selbstsüchtige Zweck in seiner Verwirklichung, so durch die Allgemeinheit bedingt, begründet ein System allseitiger Abhängigkeit, dass die Subsistenz und das Wohl des Einzelnen und sein rechtliches Dasein in die Subsistenz, das Wohl und Recht aller verflochten, darauf gegründet und nur in diesem Zusammenhange wirklich und gesichert ist. – Man kann dieses System zunächst als den äußeren Staat, – Not- und Verstandesstaat *ansehen.*[232]

d) Hegel verwirft diesen „äußeren Staat" nicht. Aber dieser muss, wie er meint, um eine **220** innere Seite ergänzt werden, er muss seinen Rückhalt in der Lebenswelt der Bürger, in ihren Gewohnheiten, Einstellungen und Überzeugungen finden, um langfristig bestehen zu können. Die „Familie" und die „Korporation" leisten dazu einen ersten Beitrag, insofern sie den Menschen vorformen und prägen, ihm bestimmte Werte oder Grundanforderungen gemeinsamen Lebens vermitteln. Aber sie bleiben am Ende doch je auf sich selbst, ihren eigenen Horizont als Kleinst- oder auch Interessengruppe beschränkt. Es bedarf daher einer weitergehenden Integration, die auf das Ganze der politischen Ordnung zielt, den Einzelnen die wechselseitige Abhängigkeit, in der sie in der „bürgerlichen Gesellschaft" zueinander stehen, vor Augen stellt und sie in ihr Wissen und Wollen überführt. Dies geschieht eben gerade im Staat, der auf diese Weise als als eine gemeinsame Verkörperung der Vernunft, als Phänomen der „sittlichen Welt" begriffen werden soll:

„Der Staat ist die Wirklichkeit der sittlichen Idee – der sittliche Geist, als der offenbare, *sich selbst deutliche, substantielle Wille, der sich denkt und weiß und das, was er weiß und insofern er es weiß, vollführt. An der* Sitte *hat er seine unmittelbare und an dem* Selbstbewusstsein *des Einzelnen, dem Wissen und der Tätigkeit desselben, seine vermittelte Existenz, so wie dieses durch die Gesinnung in ihm, als seinem Wesen, Zweck und Produkte seiner Tätigkeit, seine* substantielle Freiheit *hat."*[233]

Auch das ist einer dieser Sätze, die ohne tiefere Kenntnis von Hegels Denken und **221** Sprache schwer zu durchdringen sind. Er lässt sich zunächst damit erklären, dass Hegel dem Geist oder der Vernunft eine reale, objektive Existenz zuspricht, die unabhängig von den Einzelnen besteht, von ihnen nicht irgendwie bewusst hergestellt oder gemacht ist; er gehört zur vorgegebenen Struktur einer Gesellschaft, in die man als Individuum immer schon hineingeboren wird. Seinen Ausdruck findet er im vorliegenden Zusammenhang vor allem in den je vorherrschenden moralisch-kulturellen Vorstellungen (der „Sitte"), die dann ihrerseits in den Einzelnen (ihrem „Selbstbewusstsein") wirksam ist. Was dies für das Verständnis von Staat und Gesellschaft insgesamt bedeutet, mag aus einem unscheinbaren Zusatz an anderer Stelle erhellen, wo Hegel der Frage nachgeht, was das ganze Gebilde zuletzt trägt und zusammenhält:

---

[231] Hegel (Fn. 212), Grundlinien der Philosophie des Rechts, § 211 ff.

[232] Hegel (Fn. 212), Grundlinien der Philosophie des Rechts, § 183. Der „selbstsüchtige Zweck" bezieht sich dabei auf die individuelle Freiheit, die Bedingtheit durch die „Allgemeinheit" darauf, dass eben alle diese von dieser Freiheit Gebrauch machen.

[233] Die Definition in Hegel (Fn. 212), Grundlinien der Philosophie des Rechts, § 257.

„Das Zutrauen haben die Menschen, dass der Staat bestehen müsse und in ihm nur das besondere Interesse könne zustande kommen, aber die Gewohnheit macht das unsichtbar, worauf unsere ganze Existenz beruht. Geht jemand zur Nachtzeit sicher auf der Straße, so fällt es ihm nicht ein, dass dieses anders sein könne, denn diese Gewohnheit der Sicherheit ist zur andern Natur geworden, und man denkt nicht gerade nach, wie dies erst die Wirkung besonderer Institutionen sei. Durch die Gewalt, meint die Vorstellung oft, hänge der Staat zusammen; aber das Haltende ist allein das Grundgefühl der Ordnung, das alle haben.“[234]

222 „Grundgefühl der Ordnung, das alle haben“: Das wäre der Kern, von dem aus der Staat zu bestimmen wäre. In diesem Sinne ist er keine den Bürgern in einzelnen Ge- und Verboten gegenübertretender, von ihnen abgesonderter Ämter- und Herrschaftsapparat, sondern er ist *der innere Erfahrungs- und Anerkennungszusammenhang dieser Bürger selbst:* die gemeinsame Lebens- und Daseinsform einer Gesellschaft, die von ihren Mitgliedern bei all ihren Unterschiedlichkeiten als solche intuitiv und gewohnheitsmäßig gewusst wird. Umgekehrt ist es erst diese Rückbindung in einem übergreifenden Allgemeinen, die die Subjektivität und Besonderheit der Einzelnen, also ihre individuelle Freiheit ermöglicht, sie darin trägt und erhält[235]. Im hegelschen Staat verschränkt sich so das individuelle Nutzenkalkül mit einem Sinn für das Allgemeine, das Subjektive mit dem Objektiven, und beides muss voll entfaltet sein, wenn die Freiheit auf Dauer gesichert sein soll. In diesem Sinne kann Hegel zusammenfassend sagen:

„Das Prinzip der modernen Staaten hat diese ungeheure Stärke und Tiefe, das Prinzip der Subjektivität sich zum selbständigen Extreme der persönlichen Besonderheit vollenden zu lassen und zugleich es in die substantielle Einheit zurückzuführen *und so in ihm selbst diese zu erhalten.“*[236]

223 e) Es ist eine bis heute offene Frage der Hegel-Interpretation, ob das Individuum in dieser Verschränkung am Ende nicht doch nur auf einen bloßen Funktionsträger des sittlich Allgemeinen reduziert wird, von dessen Freiheit am Ende nicht viel übrig bleibt[237]. In der Tat gibt es in Hegels Staat keine Instanz, an die sich der Bürger wenden könnte, um seine Freiheit notfalls gerade auch gegen den Staat zu sichern oder gegen staatlichen Machtmissbrauch vorzugehen[238]. Auch die konkrete Ausgestaltung trägt bei ihm deutlich autoritäre Züge: Von der Demokratie als Staatsform hielt er nichts, für liberale Vorstellungen von Meinungs- und Pressefreiheit hatte er nur abschätzige Worte übrig, und das monarchisch regierte und noch weitgehend korporativ-ständestaatlich verfasste Preußen pries er als letzte Verkörperung der Vernunft in der Geschichte[239]. Allerdings muss man sehen, dass das Preußen, das Hegel vor Augen hatte, das Preußen nach den Stein-/Hardenbergschen Reformen, zwar ein autoritärer,

---

[234] Hegel (Fn. 212), Grundlinien der Philosophie des Rechts, § 268 Zusatz.

[235] Vgl. Hegel (Fn. 212), Grundlinien der Philosophie des Rechts, § 258 Anm.

[236] Hegel (Fn. 212), Grundlinien der Philosophie des Rechts, § 260.

[237] Zusammenfassend H. Schnädelbach, Hegels praktische Philosophie, 2000, S. 346 f.; zugespitzt die Kritik dann bei K. R. Popper, Die offene Gesellschaft und ihre Feinde, Band 2, Falsche Propheten: Hegel, Marx und die Folgen, 8. Auflage 2003, S. 40: Bei Hegel ist „der Staat […] alles und das Individuum nichts“.

[238] Die entsprechende Kritik etwa bei L. Siep, Praktische Philosophie im Deutschen Idealismus, 1992, S. 305; Schnädelbach (Fn. 237), S. 343.

[239] Die konkreten Ausführungen zur Staatsform bei Hegel (Fn. 212), Grundlinien der Philosophie des Rechts, §§ 272 ff., Zum Gang der Weltgeschichte ebda., §§ 341 ff.

aber kein gänzlich illiberaler Staat war; insbesondere die privaten Freiheiten – Berufs-freiheit, Eigentumsfreiheit, Vertragsfreiheit – waren weitgehend gewährleistet. Das Problem der Absicherung dieser Freiheit gerade auch gegen den Staat stellte sich dem-gegenüber in seinem Entwurf gar nicht, weil sie für Hegel in die geschichtlich gewach-sene Daseins- und Lebensform der Gesellschaft und ihre gemeinsame Kultur eingebet-tet war; diese Sicherung hielt er für wirksamer als den Schutz durch eine für ihn abstrakt bleibende Kategorie der Grund- und Menschenrechte[240]. Das ist alles von der Zeit – Hegel würde möglicherweise sagen: von der voranschreitenden Vernunft – überholt, und überhaupt spricht daraus ein bürgerlicher Geschichtsoptimismus, den so heute niemand mehr teilt. Hegels bleibende Bedeutung liegt dementsprechend we-niger in den konkreten Antworten, die er auf die von ihm aufgeworfenen Fragen ge-geben hat, sondern vielmehr in diesen Fragen selbst, die die liberale Staatsphilosophie bis heute beschäftigen und herausfordern:

(1) Die erste von ihnen betrifft das Individuum und seine Freiheit als den heute weit-gehend akzeptierten Ausgangspunkt unserer Rechtsordnung: Ist diese Freiheit an-gemessen oder vollständig begriffen, wenn sie ganz auf dieses Individuum, also den isolierten Einzelmenschen, bezogen und dann nur rein formal oder negativ bestimmt wird, als freies Belieben oder Abwesenheit von äußerem Zwang? Oder entfaltet sich die Freiheit nicht von vornherein doch immer in bestimmten lebensweltlichen Bin-dungen, in gemeinschaftlichen Bezügen und sinnhaften Ordnungsstrukturen, die zu-gleich als ihr inneres Regulativ wirken und zu ihr einfach dazugehören? **224**

An dieser Frage arbeitet sich die Philosophie von kommunitaristischen bis zu poststrukturalistischen An-sätzen bis heute ab (→ Rn. 262 ff.), und noch in den juristischen Debatten um das richtige Verständnis des Art. 2 Abs. 1 GG (allgemeine Handlungsfreiheit oder eine anspruchsvollere Form der Persönlichkeitsent-faltung) oder der Grundrechte überhaupt (liberale Abwehrrechte oder verbindende objektive Ordnung bzw. Wertordnung) findet sie einen fernen Widerhall[241]. **225**

(2) Die zweite, daran anschließende Frage betrifft die politische Ordnung insgesamt. Beschränkt sich diese auf den reinen Zweckverband voneinander ganz unabhängiger Einzelner, den „Not- und Verstandesstaat", wie Hegel ihn nannte, oder ruht sie nicht doch auf zumindest einem Mindestmaß an gemeinsamen Orientierungen auf, einer zumindest basalen Vorstellung von Zugehörigkeit, verbindenden sozialen Strukturen und Praktiken, die dann auch in ihren Begriff eingehen müssten[242]? Gerade für hoch-gradig pluralisierte und individuelle Gesellschaften ist dies eine zentrale Frage, die dementsprechend regelmäßig in den verschiedensten Abwandlungen und unter ver-schiedensten Titeln – Grundwertedebatte, Forderung nach einer verbindenden Leit-kultur, Verfassungspatriotismus – auf die Tagesordnung kommt. **226**

---

[240] Das Recht bildet insoweit eben auch den Ausdruck einer Vernünftigkeit, von der der Gesetzgeber nicht nach Belieben abweichen kann, wenn seine Gesetze nicht Ausdruck von Gewalt und Tyrannei sein sollen, vgl. Hegel (Fn. 212), Grundlinien der Philosophie des Rechts, § 3 Anm. Richtig ist aller-dings, dass Hegel keine „Konflikttheorie" für den Fall präsentiert, dass die Gesetze diesen Anforderun-gen nicht entsprechen, s. A. von Bogdandy, Hegels Theorie des Gesetzes, 1989, S. 91 f.

[241] Zur Deutung von Art. 2 Abs. 1 GG s. BVerfGE 6, 32 (36 ff.) einerseits und Minderheitsvotum Grimm, BVerfGE 80, 137 (164 ff.) andererseits, zur Deutung der Grundrechte als objektive Ordnung bzw. Wertordnung BVerfGE 7, 198 (205 ff.), die Kritik daran etwa bei E.-W. Böckenförde, Recht, Staat, Freiheit, 1991, S. 67 ff.

[242] S. etwa – ausdrücklich an Hegel anknüpfend – W. Pauly, Hegel und die Frage nach dem Staat, Der Staat 39 (2000), 381 ff.

227 In seiner frühen politischen Schrift „Zur Judenfrage" hat Karl Marx diese Kritik noch einmal radikalisiert, allerdings ebenfalls ohne irgendeine Art von überzeugendem Ausweg aufzuzeigen. Marx gründete seine Kritik – unter ausdrücklicher Bezugnahme auf Hegel – auf eine Analyse der frühen Menschenrechtserklärungen, die die Freiheit des Einzelnen in ihr Zentrum stellten und sie regelmäßig als das Recht definierten, alles zu tun, was einem anderen nicht schadet[243]. Die Grenze dieser Freiheit war dann, wie Marx schrieb, „durch das Gesetz bestimmt, wie die Grenze zweier Felder durch den Zaunpfahl bestimmt ist", so dass auch die Freiheit selbst nur „die Freiheit des Menschen als isolierter auf sich zurückgezogener Monade" war. Das „Menschenrecht der Freiheit" basiere deshalb „nicht auf der Verbindung des Menschen mit dem Menschen, sondern vielmehr auf der Absonderung des Menschen von dem Menschen"; es sei „das Recht dieser Absonderung, das Recht des beschränkten, auf sich beschränkten Individuums"; „weit entfernt, dass der Mensch in ihnen als Gattungswesen aufgefasst wurde", erscheine vielmehr „das Gattungsleben selbst, die Gesellschaft, als ein den Individuen äußerlicher Rahmen, als Beschränkung ihrer ursprünglichen Selbständigkeit", und das „einzige Band", das sie zusammenhalte, sei „die Natur-Notwendigkeit, das Bedürfnis und das Privatinteresse, die Konservation ihres Eigentums und ihrer egoistischen Person"[244]. Das ist die schärfste und böseste Kritik des Menschenbildes, das sich in den bürgerlichen Revolutionen des ausgehenden 18. Jahrhunderts durchgesetzt hat.

V. Neuere Diskussionsverläufe

228 Insgesamt lässt sich Hegels Rechtsphilosophie damit auch so lesen, dass sie gegen alle Versuche einer Rechtsbegründung rein vom Individuum aus, wie sie für die bisherige liberale Staatstheorie von Hobbes bis Kant prägend war, auf die notwendige Situiertheit der individuellen Freiheit verweist: Diese muss, wenn sie wirksam sein soll, in den je bestehenden gesellschaftlichen Verhältnissen, der konkreten Lebensordnung, den politischen Institutionen oder den Gerechtigkeitsintuitionen einer Gesellschaft eine Stütze finden, darin abgesichert und enthalten sein. Insofern enthielte seine Philosophie dann ebenfalls eine politische Gerechtigkeitskonzeption, die auf die intersubjektiven Verwirklichungsbedingungen der individuellen Freiheit verweist[245]. Von der anderen Seite bringt sie in sich selbst aber auch zum Ausdruck, dass jede solche Gerechtigkeitskonzeption kontextabhängig ist und sie immer auch die impliziten Gerechtigkeitsvorstellungen ihrer Zeit reflektiert, was umgekehrt auch erklärt, warum den vorneuzeitlichen Gerechtigkeitskonzeptionen gerade das Denken von der individuellen Freiheit her noch ganz fremd war. Gerade dann ließe sich aber unabhängig von den im Einzelnen stark voneinander abweichenden Begründungsstrategien festhalten, dass *heute keine Gerechtigkeitskonzeption mehr Gültigkeit beanspruchen kann, die dieser individuellen Freiheit nicht angemessen Rechnung trägt.*

229 In der Tat ist es diese Vorstellung, die sich mit den bürgerlichen Revolutionen in Nordamerika und weiten Teilen Europas durchsetzt und für lange Zeit prägend wird. Im 19. Jahrhundert wird die Rechtsordnung darüber zunehmend eine „bürgerliche" Rechtsordnung in dem Sinne, dass sie auf der Subjektstellung des Einzelnen aufbaut, die Freiheit als gleiche Freiheit aller im Sinne der Rechtsgleichheit in ihr Zentrum stellt, ständische Privilegien abbaut und einebnet, Gewerbe und Wirtschaft für Markt und Wettbewerb öffnet etc.[246]; ihre zentrale Kategorie ist nicht mehr die Idee der Pflicht, sondern das subjektive Recht, verstanden als „die der einzelnen Person zustehende Macht: ein Gebiet worin ihr Wille herrscht"[247], oder einfach ein „rechtlich geschütztes Interesse"[248]. Darüber etabliert sich, als eine oberste Rechtsschicht, zunehmend die moderne Verfassung, die typischerweise individuelle Freiheitsräume durch einen Grundrechtskatalog auch

---

[243] Beispielhaft Art. 4 der französischen Erklärung der Menschen- und Bürgerrechte von 1789.
[244] K. Marx, Zur Judenfrage, in: Max-Engels-Werke, Band 1, 1976, S. 347 ff. (364 ff.).
[245] So die zentrale These von Honneth (Fn. 223), S. 16.
[246] Nach E.-W. Böckenförde, Vom Wandel des Menschenbildes im Recht, 2001, S. 18 f.
[247] F. C. v. Savigny, System des heutigen römischen Rechts, Band I, 1840, § 4 S. 7.
[248] R. v. Jhering, Der Geist des römischen Rechts, Band 3, 1907, S. 339.

gegen staatlichen Zugriff sichert und darüber hinaus, wenn auch in einem zunächst ganz unterschiedlichen Grade und in sich vielfach abgestuft, demokratische Teilhabe am Gemeinwesen ermöglicht; dadurch wird Freiheit zuletzt auch als politische Freiheit eingerichtet.

Allerdings ist die Entwicklung dabei nicht stehengeblieben. Stattdessen haben sich im **230** weiteren Verlauf einige neue Problemschichten ergeben, die auch in der philosophischen Debatte reflektiert werden und zu einer gewissen Verschiebung der ursprünglichen Grundannahmen geführt haben:

– Die erste Problemschicht verbindet sich historisch mit dem Begriff der „sozialen **231** Frage" und reicht als solche zurück in die Frühphase der Verwirklichung des bürgerlichen Sozialmodells. Hier waren es vor allem die massenhafte Verelendung breiter Bevölkerungskreise nach der industriellen Revolution und die darin sichtbar werdende Klassenspaltung der Gesellschaft, die es zweifelhaft erscheinen ließen, ob sich der Staat weiter auf die Aufgabe der Freiheitswahrung und die Sicherung der friedlichen Koexistenz der Bürger beschränken konnte oder ob ihm nicht doch eine Verantwortung für die Verteilung der gesellschaftlichen Güter und den sozialen Ausgleich zukommt. Eine starke Mehrheit der politischen Philosophie neigt heute der zweiten Auffassung zu; die Frage wird aber nach wie vor kontrovers diskutiert.

– Eine zweite Problemschicht ist eher neueren Datums; sie lässt sich vor allem als Re- **232** aktion auf die zunehmende Individualisierung, Pluralisierung und auch Fragmentierung der Gesellschaft verstehen, wie sie als gesellschaftliche Entwicklung verstärkt ab den 1980er Jahren thematisiert wird. Die Diskussion darüber greift die von Hegel bis Marx gestellte Frage auf, ob heutige politische Ordnung und ihr Recht von einer rein individualistischen Grundorientierung aus angemessen begriffen sind oder nicht; auch dazu werden nach wie vor unterschiedliche Ansichten vertreten.

1. Minimalstaatlich-libertäre Konzeptionen

Zunächst zur ersten Problemschicht, dem Aufkommen der sozialen Frage: Auf sie re- **233** agierten die meisten Staaten geschichtlich mit einer allmählichen Selbsttransformation zum Sozialstaat und einer damit verbundenen Ausweitung des Gerechtigkeitsprogramms, die meist dahin umschrieben wird, dass unter Gerechtigkeit nun verstärkt auch „soziale Gerechtigkeit" fällt[249]. Innerhalb der liberalen Staatstheorie ist diese Wendung allerdings umstritten; es gibt auch eine entschiedene Gegenposition, deren Wurzeln ihrerseits lange zurückreichen, die aber bis heute bedeutende Anhänger hat. Nach ihr beschränkt sich die Aufgabe des Staates ganz auf die klassische Freiheitssicherung; alles, was darüber hinausgeht, stößt auf entschiedenste Ablehnung. In zwei zeitlich weitauseinanderliegenden Zitaten ist dies programmatisch eingefangen:

„*Der Staat enthalte sich aller Sorgfalt für den positiven Wohlstand der Bürger, und gehe keinen Schritt weiter, als zu ihrer Sicherstellung gegen sich selbst und gegen auswärtige Feinde notwendig ist; zu keinem andern Endzwecke beschränke er ihre Freiheit.*"

„*Der Minimalstaat ist der weitestgehende Staat, der sich rechtfertigen lässt. Jeder weitergehende Staat verletzt die Rechte der Menschen.*"

---

[249] S. dazu als Zielbestimmung des Sozialstaats – neben der sozialen Sicherheit der Bürger – bereits BVerfGE 22, 180 (204).

234 Das erste der beiden Zitate stammt aus den „Ideen zu einem Versuch, die Grenzen der Wirksamkeit des Staates zu bestimmen" von Wilhelm von Humboldt, verfasst vermutlich um die Zeit der Französischen Revolution[250], das andere aus dem 1974 erschienen und damals viel Aufsehen erregenden Buch „Anarchy, State, and Utopia" des US-Amerikaners Robert Nozick[251]. Obwohl damit zwischen den beiden Sätzen bald zweihundert Jahre liegen, sind sie in ihrer Grundaussage praktisch identisch; Unterschiede ergeben sich im weiteren Fortgang der Argumentation lediglich daraus, dass sich Humboldt gegen jede Form der Wohlfahrtsförderung als solche – einschließlich der Förderung des geistig-moralischen Wohls der Bürger – wendet, Nozick demgegenüber insbesondere gegen alle modernen Vorstellungen von Verteilungsgerechtigkeit. In der Beschränkung des Staates allein auf die Freiheitsicherung stimmen sie überein. Doch welches wären die Argumente, die sich dafür vorbringen ließen?

235 a) Bei Wilhelm von Humboldt bildet, den Bedingungen seiner Zeit entsprechend, unverkennbar noch die Abwehr und Überwindung des spätabsolutistischen Polizei- und Wohlfahrtsstaates das treibende Motiv, also jenes Staates, der einen umfassenden Zugriff auf die Gesellschaft beanspruchte, das Wirtschaftsleben merkantilistisch regulierte und zugleich seine Bürger unter moralische Kuratel nahm (→ Rn. 96). Von diesen unterscheidet sich seine Konzeption allerdings weniger im gedanklichen Ausgangspunkt als vielmehr in der Wahl der Mittel, wie es sich an seinem Bild vom Menschen ablesen lässt:

> *„Der wahre Zweck des Menschen – nicht der, welchen die wechselnde Neigung, sondern welchen die ewig unveränderliche Vernunft ihm vorschreibt – ist die höchste und proportionierlichste Bildung seiner Kräfte zu einem Ganzen. Zu dieser Bildung ist Freiheit die erste, und unerlässliche Bedingung."*[252]

236 Anders als in den geläufigen liberalen Konzeptionen hat die Freiheit damit hier keinen Selbstand: Der Mensch ist nicht deshalb in Freiheit gesetzt, damit er seine Bestimmung selbst wählen – und gegebenenfalls auch verfehlen – kann, sondern diese ist ihrerseits nur die Voraussetzung dafür, dass er die ihm eingeschriebene Zielbestimmung der – wesentlich auch geistigen und moralischen – Selbstvervollkommnung erreichen kann. In dieser Zielbestimmung unterscheidet sich Humboldts Zugriff nicht von den älteren Gemeinschafts- oder Tugendmodellen eines Aristoteles oder Thomas von Aquin. Was ihn von diesen abhebt, ist die Annahme, dass der Einzelne vom Staat oder einer fürsorgenden Obrigkeit nicht dazu geführt werden darf. Stattdessen bedürfe es einer „Mannigfaltigkeit der Situationen", die den Einzelnen überhaupt erst in die Lage versetze, die in ihm liegenden Fähigkeiten auszubilden und sich auf diese Zielbestimmung hin zu entwickeln[253]. Eingriffe des Staates seien dafür nur kontraproduktiv; im Gegenteil herrsche dann alsbald der „Geist der Regierung in einer jeden solchen Einrichtung", anstatt der erstrebten Mannigfaltigkeit stelle sich „Einförmigkeit" und Apathie ein, die Antriebskräfte der Menschen verkümmerten, weil sie der Notwendigkeit eigener Anstrengungen enthoben seien[254]. Erreichen können die Menschen ihre

---

[250] Einzelne Abschnitte erschienen 1792 in verschiedenen Journalen, die vollständige Veröffentlichung erfolgte erst im Jahr 1852. Die Schrift nun in: Wilhelm von Humboldts gesammelte Werke, Band 1, Berlin 1952, das Zitat dort auf S. 35.

[251] R. Nozick, dt. Anarchie, Staat und Utopia, 2011, dort S. 217.

[252] Von Humboldt (Fn. 250), S. 10.

[253] Von Humboldt (Fn. 250), S. 10 ff.

[254] Von Humboldt (Fn. 250), S. 17.

Zielbestimmung dementsprechend nur, wo Freiheit unter ihnen herrscht; erst dort nehmen die Gewerbe ihren Fortgang, blühen die Künste, erweitert sich der Horizont der Wissenschaften.

Für Humboldt geht dies zuletzt so weit, dass er sich sogar gegen die öffentliche Erziehung der Kinder in **237** den Schulen ausspricht; die Privaterziehung, meint er, treibe die Ausbildung zum freien Menschen weit zuverlässiger voran[255]. Als preußischer Bildungsreformer hat Humboldt demgegenüber die Schulpflicht durchaus befürwortet, aber die dagegen gerichtete Wendung in seiner Frühschrift zeigt, wie weit er in seiner Zurückdrängung des staatlichen Wirkungsbereichs ging.

(b) Eine zweite Argumentationslinie vertraut demgegenüber ganz auf die produktive **238** Kraft von Markt und Wettbewerb, exemplarisch in Friedrich August von Hayeks erstmals 1960 erschienenen Buch „Die Verfassung der Freiheit"[256]. Das entspricht dem von Adam Smith formulierten Credo des Wirtschaftsliberalismus, dass sich Wohlstand und eine optimale Ressourcenverteilung am ehesten dann einstelle, wenn jeder seine eigenen Interessen verfolge: Nicht vom Wohlwollen des Bäckers erwarten wir, dass wir unser tägliches Brot bekommen, sondern von seinem Egoismus, hatte Smith geschrieben[257]. In diesem Sinne, freilich eher auf die kognitiven Beschränkungen des einzelnen Menschen oder auch einer staatlichen Planungsbehörde bezogen, deutet Hayek den Markt vor allem als „Entdeckungsverfahren"; er bringe eine „spontane Ordnung" hervor, die aus sich heraus die Vermutung der Richtigkeit in sich trägt – jedenfalls gibt es keinen alternativen Maßstab, anhand dessen sich Richtigkeit sonst beurteilen ließe[258]. Wenn der Staat demgegenüber versuche, in die wirtschaftlichen Kreisläufe einzugreifen, maße er sich ein Wissen an, über das er gar nicht verfüge; dies könne zwangsläufig nur zu Fehlsteuerungen führen. Auch Verteilungsgerechtigkeit oder gar „soziale Gerechtigkeit" – für Hayek letztlich „ein quasi-religiöser Aberglaube" – werden damit als normative Ziele verabschiedet; gerecht sei vielmehr immer das, was sich als Resultat der marktförmigen Prozesse von selbst ergibt[259]. Überhaupt mache der Begriff der Gerechtigkeit hier keinen Sinn, weil er sich nur auf ziel- und zweckgerichtetes individuelles Handeln beziehen lässt, dagegen nicht auf die spontanen und ungesteuerten, jedenfalls so von niemandem intendierten Ergebnisse des Marktgeschehens: An einen bloßen Prozess könne man keine moralischen Maßstäbe anlegen[260]. Auch wirtschaftliche Ungleichheit ist deshalb prinzipiell kein Problem, sondern im Gegenteil gerade eine der Antriebskräfte jenes Marktgeschehens. Dement-

---

255 Von Humboldt (Fn. 250), S. 53 ff.

256 Hayeks Werk ist freilich vielfältiger, als es in dieser gerafften Zusammenfassung – und auch in vielen anderen Darstellungen – erscheint; es finden sich dort durchaus auch Aussagen zu einer aktiven Rolle des Staates, etwa in Bezug auf Güter und Dienste, die vom Markt nicht bereitgestellt werden können, oder sogar zu einem gewissen vom Staat zu gewährleistenden Mindesteinkommen, vgl. u. a. F. A. von Hayek, Recht, Gesetzgebung und Freiheit, Band 2: Die Illusion der sozialen Gerechtigkeit, 1981, S. 122.

257 A. Smith, The Wealth of Nations, erstmals 1776 erschienen; dt. Der Wohlstand der Nationen, übers. u. hrsgg. v. H. C. Recktenwald, 11. Auflage 2005, S. 17.

258 F. A. von Hayek, Der Wettbewerb als Entdeckungsverfahren, in: ders., Freiburger Studien. Gesammelte Aufsätze, 1969, S. 249 ff. Eine unmittelbar auch auf das Recht bezogene, ausführlichere Darstellung findet sich in ders., Recht, Gesetzgebung und Freiheit, Band 1: Regeln und Ordnung, 1981, S. 57 ff. (zu spontanen Ordnungen) sowie Band 3: Die Verfassung einer Gesellschaft freier Menschen, 1981, S. 100 ff. (zum Entdeckungsverfahren).

259 F. A. von Hayek, Recht, Gesetzgebung und Freiheit, Band 2: Die Illusion der sozialen Gerechtigkeit, 1981, Kap. IX, S. 98.

260 Hayek (Fn. 259), Kap. VIII, S. 53 ff.

sprechend soll sich auch der Staat weitgehend darauf beschränken, die Freiheit der Teilnehmer dieses Marktes zu sichern, die ihrerseits wesentlich als Abwesenheit von Zwang bestimmt wird[261].

239 c) Die Begründung für den Minimalstaat, die Robert Nozick vorlegt, stellt sich als genuin philosophische Begründung demgegenüber in die Tradition klassischer liberaler Theorien, radikalisiert sie aber zugleich. Sein Argument entfaltet er in zwei Schritten, dessen erster die Existenz des Minimalstaats überhaupt zu rechtfertigen versucht, und zwar gegenüber denjenigen, die ihn ablehnen. Der Gegner, gegen den er hier antritt, ist der von ihm so genannte „individualistische Anarchist", für den sich individuelle Freiheit überhaupt nur ohne den Staat entfalten kann und jeder Staat, selbst ein liberaler Nachtwächterstaat, eine unhaltbare Beschränkung dieser Freiheit darstellt. Ihm will Nozick zeigen, wie sich auch in einem angenommenen Naturzustand automatisch und wie von unsichtbarer Hand gesteuert verschiedene private „Schutzvereinigungen" bilden, unter denen sich dann nach Marktbedingungen eine als vorherrschend etabliert; aus dieser gehe dann in konflikthaften Auseinandersetzungen und verschiedenen Stufen irgendwann automatisch der Staat als Minimal- oder sogar Ultraminimalstaat hervor[262]. Anders als in den klassischen Vertragstheorien eines Hobbes oder Locke ist es also kein tatsächlicher oder unterstellter Akt der freiwilligen Zustimmung, der den Staat legitimiert, sondern eine Art natürlicher und gar nicht anders denkbarer Verlauf der Dinge. Im zweiten Schritt will Nozick demgegenüber untersuchen, warum nur der Minimalstaat und kein über ihn hinausgehender Staat gerechtfertigt werden kann. Dazu argumentiert Nozick mit einer von ihm selbst so genannten und ähnlich wie Hayek schlicht auf das Ergebnis einer gegebenen historischen Verteilung abstellenden „Anspruchstheorie" der Gerechtigkeit, deren Kernsatz lautet:

„Alles, was aus gerechten Verhältnissen auf gerechte Weise entsteht, ist selbst gerecht."[263]

240 Ob eine Umverteilung von Gütern – beispielhaft durch höhere Steuerlasten für Wohlhabende und daraus finanzierten Unterstützungsleistungen für Bedürftige – gerechtfertigt werden kann, hängt demensprechend allein davon ab, ob die gegenwärtig vorfindliche Verteilung ihrerseits aus gerechten Verhältnissen hervorgegangen ist. Das ist für Nozick dann der Fall, wenn sie ihrerseits auf ursprünglich gerechten Aneignungsakten sowie daran anschließend auf gerechten Übertragungsvorgängen beruht. Ist diese historische Kontinuität gegeben, hat jede Person einen Anspruch auf genau die Güter, die sie gerade besitzt, und diese dürfen ihr dann eben auch nicht genommen werden[264].

241 Das wirft allerdings die Frage auf, worauf die Gerechtigkeit der ursprünglichen Aneignung basiert. Nozicks Antwort knüpft im Wesentlichen an die Theorie der Eigentumsbegründung bei Locke an, nach der das Eigentum an einer Sache im Naturzustand dadurch erworben wird, dass man diese in Besitz nimmt und produktiv bearbeitet (→ Rn. 121). Allerdings hatte schon Locke selbst die Einschränkung hinzugefügt, dass dies nur dann gelte, wenn für alle anderen in diesem Fall „genug und gleich Gutes" üb-

---

[261] F. A. von Hayek, Die Verfassung der Freiheit, hrsgg. v. A. Bosch/R. Veit, 4. Auflage 2005, S. 13 ff., 171 ff., 282 ff.

[262] Nozick (Fn. 251), Anarchie, Staat und Utopia, S. 21 ff., 31 ff., 135 ff.

[263] Nozick (Fn. 251), Anarchie, Staat und Utopia, S. 220.

[264] Nozick (Fn. 251), Anarchie, Staat und Utopia, S. 218 ff.

rig bleibe[265]. In einem freien Marktsystem sei, meint Nozick, diese Bedingung aber typischerweise erfüllt; selbst wenn es, wie er durchaus einräumt, in dessen geschichtlicher Entwicklung immer wieder zu ungerechten Aneignungs- oder Übertragungsvorgängen – durch Mord, Nötigung, Diebstahl, Betrug etc. – gekommen ist, sei es nach 20, 50 oder 200 Jahren außerordentlich schwer zu begründen, warum und in welcher Weise dafür heute jemand von einem anderen – und wer überhaupt von wem – einen Ausgleich verlangen könne, so dass man besser damit gar nicht erst anfange[266]. Im Ergebnis gilt deshalb jede aktive Bewirkung von Verteilungsgerechtigkeit – etwa durch eine entsprechende Besteuerung – als illegitimer Eingriff in die Freiheit des Einzelnen:

„Nimmt man jemandem die Früchte seiner Arbeit weg, so ist das gleichbedeutend damit, dass man ihm Stunden wegnimmt und von ihm bestimmte Tätigkeiten verlangt. Wenn jemand gezwungen wird, eine Zeitlang eine bestimmte Arbeit oder unentgeltliche Arbeit zu leisten, so wird unabhängig von seinem Willen darüber entschieden, was er tun muss und für welche Zwecke er arbeiten muss. Dadurch werden die anderen zu Teileigentümern des Betroffenen; sie erlangen ein Eigentumsrecht über ihn [...] Diese Grundsätze führen von der klassisch-liberalen Vorstellung des Eigentums des Menschen an sich selbst weg zu einer Vorstellung von (Teil-) Eigentumsrechten an anderen Menschen."[267]

d) Gegen diese und ähnliche libertäre Konzeptionen werden verschiedene philosophi- **242** sche, historische und praktische Einwände erhoben, denen sie im Ergebnis nicht standhalten. Der Haupteinwand zielt dabei auf die Legitimität der ursprünglichen Eigentums- und Güterverteilung: Wie soll sich eine solche Legitimität daraus ergeben, dass jemand als erster ein bestimmtes Gut – und sei es auch durch Bearbeitung – in Besitz genommen und dadurch alle anderen von seiner Nutzung ausgeschlossen hat? Gehörte die Welt ursprünglich allen und stand allen zur gleichen Verfügung, könnte man jede einseitige Aneignung auch als ungerechtfertigte Usurpation ansehen, die nur deshalb Bestand hatte, weil der Aneignende die Macht und die Stärke hatte, sie durchzusetzen[268]. Ein zweiter Einwand rügt den verkürzten Begriff von Freiheit, der den entsprechenden Konzeptionen typischerweise zugrunde liegt[269]: Freiheit wird hier ausschließlich als negative Freiheit, nämlich als Abwesenheit von Zwang bestimmt, ohne zu sehen, dass der Gebrauch jeder Freiheit auch von bestimmten tatsächlichen Voraussetzungen abhängt. Wer kein Eigentum hat, kann die Befugnisse, die sich daraus ergeben, und die Möglichkeiten, die es bietet, nicht nutzen. Treffend hat schon Lorenz von Stein, einer der geistigen Väter der Idee des Sozialstaats, im 19. Jahrhundert auf dieses Problem aufmerksam gemacht:

„Die Freiheit ist erst eine wirkliche in dem, der die Bedingungen derselben, die materiellen und geistigen Güter als die Voraussetzung der Selbstbestimmung, besitzt"[270].

---

[265] Locke (Fn. 33), Zwei Abhandlungen über die Regierung, II § 27; ebenso Nozick (Fn. 251), Anarchie, Staat und Utopia, S. 250 ff., 255 ff.

[266] In diesem Sinne Nozick (Fn. 251), Anarchie, Staat und Utopia, S. 307 ff.

[267] Nozick (Fn. 251), Anarchie, Staat und Utopia, S. 247 f.

[268] Vgl. in diesem Sinne etwa die gegenteilige Sicht bei J.-J. Rousseau, Discours sur l'origine et les fondements de l'inégalité parmi les hommes; dt. Abhandlung über den Ursprung und die Grundlagen der Ungleichheit unter den Menschen, übers. u. hrsgg. v. P. Rippel, 1998, S. 74 → Rn. 135.

[269] S. etwa P. Koller, Zur Kritik der libertären Eigentumskonzeption, Analyse & Kritik, Band 3 (1981), S. 139 (145 ff.).

[270] L. V. Stein, Geschichte der sozialen Bewegung in Frankreich von 1789 bis auf unsere Tage, 1850, Neudruck 1959, Band 3, S. 104.

243 Darin ist unmittelbar die historische Erfahrung eingefangen, die sich mit der erstmaligen Durchsetzung des liberalen Programms nach den bürgerlichen Revolutionen in Frankreich und Amerika verband. Dieses hatte sich vor allem gegen die rechtlichen Schranken gerichtet, die in der monarchisch-ständischen Ordnung der Entfaltung der Persönlichkeit im privaten wie im wirtschaftlichen Bereich gesetzt waren. Waren diese, so die Theorie, erst einmal gefallen, hatte dann jeder selbst die Chance, sein Schicksal in die Hand zu nehmen; wer diese nicht nutzte, war dafür selbst verantwortlich. Die soziale Stellung und sogar das Los tiefster Armut erschienen unter diesen Voraussetzungen als Folge einer individuellen Wahl, für die die Gesellschaft nichts konnte. Darin war freilich verkannt, dass die Chancen auf gesellschaftliches Fortkommen und zum Erwerb von Eigentum und Besitz von Anfang an ungleich verteilt waren und einem großen Teil der Gesellschaft beim Eintritt in das bürgerliche Zeitalter von Anfang an fehlten[271]. Die Proklamation der rechtlich freien Persönlichkeit, die ihre Ziele autonom wählen und setzen kann, wurde unter diesen Bedingungen zur leeren Form, die, als ihre Folgen erstmals sichtbar wurden, geradezu zwangsläufig die sozialistische Kritik auf sich zog:

„Schöne Freiheit, wo dem Proletarier keine andere Wahl bleibt, als die Bedingungen, die ihm die Bourgeoisie stellt, zu unterschreiben oder – zu verhungern, zu erfrieren, sich nackt bei den Tieren des Waldes zu betten.“[272]

244 Im Ergebnis blieb diese Kritik nicht folgenlos, sondern leitete gerade die eingangs bereits angesprochene Transformation vom Minimal- zum Sozialstaat an (→ Rn. 233). Politisch vorangetrieben gerade durch die Arbeiterbewegung und die sozialistischen, später sozialdemokratischen Parteien, setzt dieser Prozess etwa ab der Mitte des 19. Jahrhunderts ein und erfasst heute, wenngleich in unterschiedlichem Grade, die meisten wirtschaftlich entwickelten demokratischen Staaten. Mit ihm vollzieht sich zugleich ein allgemeiner Wandel der Rechtsordnung, die auch in sich und in nahezu allen ihren Bereichen stärker sozial imprägniert wird. Sie wird dadurch nicht mehr allein „bürgerliche", sondern zunehmend auch „soziale" Rechtsordnung, und zwar in dem Sinne, dass sie den Menschen nicht nur als autonomes Subjekt, sondern in verschiedener Hinsicht auch als schutzbedürftiges Wesen begreift: gegenüber Ausbeutung und sozialer Übermacht, wirtschaftlicher Not und Existenzangst, Abhängigkeit und den verschiedensten Formen von Fremdbestimmung[273].

245 In diesem Sinne bildet sich neben dem allgemeinen Schuldrecht oder dem Handels- und Gesellschaftsrecht allmählich das Arbeitsrecht als spezifisches Arbeitnehmerschutzrecht heraus; andere klassische Bereiche des Privatrechts wie das Mietrecht werden sozial überformt; private Verträge unterliegen einer prinzipiellen Inhaltskontrolle zum Schutz vor Ungleichgewichtslagen; als eigenes Rechtsgebiet organisiert das Sozialrecht – in Deutschland beginnend mit der Einführung der gesetzlichen Krankenversicherung im Jahre 1883 – die klassischen Sozialversicherungssysteme und ein in seiner Vielfalt heute kaum mehr zu durchschauendes Geflecht staatlicher Hilfeleistungen. Das Gerechtigkeitsprogramm, das sich in diesem Recht verwirklicht, verbreitert sich damit von der bloßen Sicherung rechtlicher (formaler, abstrakter, negativer etc.) Freiheit auf die Gewährleistung realer Freiheit, die als solche notwendig das Resultat gesellschaftlicher und in vielen Bereichen wiederum durch Recht vermittelter Vorleistungen ist.

---

[271] S. nur J. Habermas, Strukturwandel der Öffentlichkeit, 1. Auflage 1990, S. 158 ff.; D. Grimm, Recht und Staat der bürgerlichen Gesellschaft, S. 43 ff.

[272] F. Engels, Die Lage der arbeitenden Klasse in England, in: Marx-Engels-Werke, Band 2, 1972, S. 225 ff. (307).

[273] Böckenförde (Fn. 246), S. 23 f.

2. Sozialegalitäre Varianten: John Rawls

Gerade die heute mehrheitlich vertretenen Konzeptionen des Liberalismus reagieren   246
auf diese Verschiebung, indem sie neben der Freiheit als rechtlicher Form immer auch
ihre Verwirklichungsbedingungen in den Blick nehmen. Darüber erhält auch die
Gleichheit einen eigenen Stellenwert, und zwar wiederum nicht nur als abstrakte oder
rechtliche Gleichheit, sondern wesentlich auch als eine Gleichheit der Ausgangsbedin-
gungen und Lebenschancen. Gerechtigkeit wird so zunehmend auch „gleiche Gerechtigkeit", der Liberalismus als solcher zunehmend egalitär[274]. Seine vielfach als gültig
empfundene Fassung hat das in der „Theorie der Gerechtigkeit" von John Rawls
gefunden; erstmals 1971 erschienen, ist diese längst in den Rang eines modernen Klas-
sikers aufgerückt, an der heute keine Auseinandersetzung mit dem Thema vor-
beigehen kann[275]. Rawls selbst hat daran später – auch in Reaktion auf die zwischen-
zeitliche Kritik – verschiedene Verfeinerungen und Veränderungen vorgenommen, an
der eigentlichen Grundidee aber festgehalten[276]. Mit ihr stellt er sich noch einmal in
die Tradition der klassischen Lehren vom Gesellschaftsvertrag, die er auf ebenso origi-
nelle wie instruktive Weise reformuliert. Wichtig ist seine Theorie aber zuletzt nicht
nur für ein neues Interesse an der Gleichheit, sondern auch für die weitere Frage, ob
heutige politische Ordnung überhaupt nur auf das autonome, für sich existierende Individuum gegründet werden kann oder ob dieses dafür nicht auch stärker in seinen
sozialen Bezügen gesehen werden müsste; auch dazu liefert sie wesentliche Impulse.
Insofern führt die Behandlung seiner Theorie unmittelbar in die zweite eingangs angesprochene Problemschicht hinüber (→ Rn. 231); tatsächlich war es gerade Rawls'
Buch, das bei seinem ersten Erscheinen die neue Debatte darüber überhaupt erst aus-
gelöst hat (→ Rn. 262).

a) Dem Titel des – immer noch – Hauptwerks entsprechend, ist Gerechtigkeit selbst   247
der Schlüsselbegriff, unter dem die gesamte Konzeption entfaltet wird. Sie ist für
Rawls vornehmlich eine „Tugend sozialer Institutionen", und zwar ihre „erste Tugend"[277]. In diesem Sinne behandelt er sie nicht als Eigenschaft von Personen oder
Austauschbeziehungen unter Privaten, sondern in der Tradition klassischer politischer
Philosophie seit Platon als Eigenschaft einer politischen Ordnung als Ganzes; ihr
Hauptgegenstand ist die „Grundstruktur der Gesellschaft", so wie sie sich in deren wesentlichen Institutionen – namentlich der Verfassung und den wichtigsten wirtschaftlichen und sozialen Verhältnissen – spiegelt[278]. Die Gerechtigkeit als Ideal konstituiert
dann das, was Rawls – durchaus ebenfalls in Anlehnung an ältere Vorbilder – eine
„wohlgeordnete Gesellschaft" nennt:

---

[274] So der Titel des Buches von S. Gosepath, Gleiche Gerechtigkeit, 2004; von der anderen Seite her ar-
gumentierend, nämlich nach der ausnahmsweisen Zulässigkeit von Ungleichheit fragend W. Hinsch,
Gerechtfertigte Ungleichheiten, 2002. Entschiedene Gegenposition bei W. Kersting, Kritik der
Gleichheit, 2002.

[275] J. Rawls, A Theory of Justice, 1971; dt. Eine Theorie der Gerechtigkeit, übers. von H. Vetter, 1975.

[276] Zusammengefasst in: J. Rawls, Die Idee des politischen Liberalismus, 1994; ders., Politischer Liberalismus, 2003; als „Neuentwurf" zuletzt ders., Gerechtigkeit als Fairness, 2006.

[277] Rawls (Fn. 275), Eine Theorie der Gerechtigkeit, S. 19.

[278] Rawls (Fn. 275), Eine Theorie der Gerechtigkeit, S. 23; zu dieser Engführung des Gerechtigkeitsbegriffs O. Höffe, Einführung in Rawls' Theorie der Gerechtigkeit, in: ders. (Hrsg.), John Rawls –
Eine Theorie der Gerechtigkeit, 2. Auflage 2010, S. 3 (8 f.).

> *„Wir wollen nun eine Gesellschaft wohlgeordnet nennen, wenn sie nicht nur auf das Wohl ihrer Mitglieder zugeschnitten ist, sondern auch von einer gemeinsamen Gerechtigkeitsvorstellung wirksam gesteuert wird. Es handelt sich also um eine Gesellschaft, in der (1) jeder die gleichen Gerechtigkeitsgrundsätze anerkennt und weiß, dass das auch die anderen tun, und (2) die grundlegenden gesellschaftlichen Institutionen bekanntermaßen diesen Grundsätzen genügen. Die Menschen mögen dann übertriebene Ansprüche an andere stellen, aber sie erkennen doch einen gemeinsamen Maßstab an, nach dem ihre Ansprüche zu beurteilen sind [...] Zwischen Menschen mit verschiedenen Zielen schafft eine gemeinsame Gerechtigkeitsvorstellung den Bürgerfrieden; das allgemeine Gerechtigkeitsstreben setzt der Verfolgung anderer Ziele Grenzen. Man kann sich eine gemeinsame Gerechtigkeitsvorstellung als das Grundgesetz einer wohlgeordneten menschlichen Gesellschaft vorstellen.“*[279]

248 b) Von ihrem Inhalt her zielt die Gerechtigkeitsvorstellung demgegenüber auf die Verteilung der „Grundgüter“ der Gesellschaft; darunter versteht Rawls nicht nur Besitz, Einkommen und Vermögen oder überhaupt den von der Gesellschaft erwirtschafteten Wohlstand, sondern auch Rechte und Freiheiten, politische Mitwirkungsmöglichkeiten oder soziale Lebenschancen, kurz: Dinge, von denen man annehmen kann, dass sie jeder vernünftige Mensch haben will[280]. Die entscheidende Frage ist dann, wie diese Grundgüter unter den Mitgliedern der Gesellschaft zu verteilen sind, damit die Gesellschaft das Attribut „gerecht“ beanspruchen kann. Für Rawls ist das dann der Fall, wenn

> *„die Grundsätze der Gerechtigkeit in einer fairen Ausgangssituation festgelegt werden“;*[281]

249 gerade das ist auch der Grund dafür, dass er seine Theorie unter den Leitbegriff der „Gerechtigkeit als Fairness“ stellt[282]. Diese Ausgangssituation bezeichnet Rawls als „Urzustand“ (original position), was nicht von ungefähr an den „Naturzustand“ in den klassischen Theorien des Gesellschaftsvertrags erinnert. Ähnlich wie dort beraten auch hier Bürger als prinzipiell Gleiche darüber, nach welchen obersten Grundsätzen sie die institutionellen Grundstrukturen ihrer Gesellschaft ordnen wollen, und zwar gedanklich bevor sie in diese Gesellschaft eintreten[283]. Sie verfügen dabei zwar über einen natürlichen Sinn für Gerechtigkeit und eine allgemeine Vorstellung des „Guten“ in dem Sinne, dass sie für sich selbst einen vernünftigen Lebensplan entwerfen können, befinden sich ansonsten aber hinter einem „Schleier des Nichtwissens“ (veil of ignorance). Dessen Sinn und Eigenart beschreibt Rawls wie folgt:

> *„Irgendwie muss man die Wirkung von Zufälligkeiten beseitigen, die die Menschen in ungleiche Situationen bringen und zu dem Versuch verführen, gesellschaftliche und natürliche Umstände zu ihrem Vorteil auszunutzen. Zu diesem Zweck setze ich voraus, dass sich die Parteien hinter einem Schleier des Nichtwissens befinden. Sie wissen nicht, wie sich die verschiedenen Möglichkeiten (der Auswahl der Gerechtigkeitsgrundsätze, U. V.) auf ihre Interessen auswirken würden, und müssen Grundsätze allein unter allgemeinen Gesichtspunkten beurteilen. Es wird also angenommen, dass den Parteien bestimmte Arten von Einzeltatsachen unbekannt sind. Vor allem kennt niemand seinen Platz in der Gesellschaft,*

---

[279] Rawls (Fn. 275), Eine Theorie der Gerechtigkeit, S. 21.
[280] Rawls (Fn. 275), Eine Theorie der Gerechtigkeit, S. 83f.
[281] Rawls (Fn. 275), Eine Theorie der Gerechtigkeit, S. 29.
[282] Rawls (Fn. 275), Eine Theorie der Gerechtigkeit, S. 29; so auch der Titel der revidierten Fassung, vgl. (Fn. 276).
[283] Vgl. Rawls (Fn. 275), Eine Theorie der Gerechtigkeit, S. 27 ff.

seine Klasse oder seinen Status. Ebensowenig seine natürlichen Gaben, seine Intelligenz, Körperkraft usw. Ferner kennt niemand [...] die Einzelheiten seines vernünftigen Lebensplanes, ja nicht einmal die Besonderheiten seiner Psyche wie seine Einstellung zum Risiko oder seine Neigung zu Optimismus oder Pessimismus. Darüber hinaus setze ich noch voraus, dass die Parteien die besonderen Verhältnisse in ihrer eigenen Gesellschaft nicht kennen, d. h. ihre wirtschaftliche und politische Lage, den Entwicklungsstand ihrer Zivilisation und Kultur. Die Menschen im Urzustand wissen auch nicht, zu welcher Generation sie gehören."[284]

In der Sache geht es damit um nichts anderes und um nicht mehr als die Explikation **250** eines Standpunktes der Unparteilichkeit: Die Auswahl der maßgeblichen Gerechtigkeitskonzeption soll nicht davon beeinflusst werden, ob man von ihr einen persönlichen Vorteil oder einen Nachteil hätte, wenn der Schleier gefallen ist. Wenn man weiß, dass man später zu den Besserverdienenden der Gesellschaft gehören wird, würde man möglicherweise gegen höhere Steuersätze für diese Gruppe plädieren, während man als Geringverdiener oder Empfänger von Transferleistungen genau umgekehrt argumentieren würde. Die damit verbundene Vorstellung von Verfahrensgerechtigkeit erläutert Rawls anschaulich am Beispiel eines Kuchens, der zwischen zwei Leuten aufgeteilt werden soll: Eine gerechte Verteilung bekommt man automatisch dann, wenn der eine den Kuchen teilt und der andere anschließend entscheiden darf, welches Stück er nimmt[285]. Der Teilende befindet sich hier exakt hinter dem „Schleier der Unwissenheit", der dafür sorgt, dass die Teilung möglichst gleichmäßig vorgenommen wird. Gesucht ist also allein die angemessene Grundlage einer moralischen Rechtfertigung. In diesem Sinne ist Rawls auch von vornherein klar, dass sein Urzustand keine reale Situation beschreibt, sondern rein hypothetischen oder fiktiven Charakter hat; es handelt sich, wie er selbst sagt, um die „Ausführung eines Gedankenexperiments" oder ein „Darstellungsmittel", mit dessen Hilfe die für die Gerechtigkeit relevanten individuellen Einstellungen so organisiert werden, dass sich aus ihnen die inhaltlichen Gerechtigkeitsgrundsätze ableiten lassen[286].

In dieser Konstruktion des Urzustands liegt der Clou des rawlsschen Begründungsprogramms, mit dem **251** er die klassische Lehre vom Gesellschaftsvertrag auf die heute vielleicht einzig mögliche Weise fortgeschrieben hat. Gerade wegen dieser Schlüsselstellung richtete sich aber auch die wesentliche Kritik an Rawls vor allem gegen diese Konstruktion. Ein erster, vielfach variierter Einwand zielt auf das von ihm zugrunde gelegte Menschenbild: Die Teilnehmer seines Urzustands seien, heißt es, hier als atomisierte, bindungslose Individuen ohne soziale Bezüge vorgestellt; tatsächlich konstituiere sich aber gerade die moralische Einsichtsfähigkeit immer erst in gemeinschaftlichen Bezügen und mit Blick auf andere[287]. Dem hat Rawls selbst allerdings entgegengehalten, dass er gar nicht den Anspruch erhebe, etwas über das Wesen des Menschen auszusagen. Stattdessen gehe es ihm nur darum, die Gerechtigkeitsvorstellungen sichtbar zu machen, die bei den Mitgliedern einer real existierenden Gesellschaft tatsächlich vorhanden und nur eben durch subjektiv-persönliche Interessenlagen verstellt sind[288]. Auf diese Weise kann er auch den weiteren und ähnlich schon gegen die klassischen Theorien des Gesellschaftsvertrags erhobenen Vorwurf kontern, dass sich aus einer bloß fiktiven Abmachung keine Verbindlichkeit ergeben

---

[284] Rawls (Fn. 275), Eine Theorie der Gerechtigkeit, S. 159f.

[285] Vgl. Rawls (Fn. 275), Eine Theorie der Gerechtigkeit, S. 106f.

[286] Rawls (Fn. 275), Eine Theorie der Gerechtigkeit, S. 34ff.

[287] So klassisch M. Sandel, Liberalism and the Limits of Justice, 1982, S. 59ff.; ähnlich etwa C. Taylor, Quellen des Selbst, 1996, S. 17; A. Honneth, Gerechtigkeit und kommunikative Freiheit, in: B. Merker/G. Mohr/M. Quante (Hrsg.), Subjektivität und Anerkennung, 2004, S. 214f.

[288] J. Rawls (Fn. 276), Die Idee des politischen Liberalismus, S. 95.

könne[289]: Die Gerechtigkeitsgrundsätze gelten für liberale und demokratische Gesellschaften deshalb, weil sie von deren Mitgliedern implizit immer schon anerkannt sind[290]. Der Preis, der für diese Konzession zu entrichten ist, besteht freilich in einer Relativierung des Geltungsanspruchs der Theorie: Aus dem Urzustand lassen sich keine universalen, d. h. für alle menschlichen Gemeinschaften über alle kulturelle Unterschiede oder historischen Entwicklungsstufen hinweg geltenden Grundsätze ableiten, sondern es geht im Grunde nur um die Rekonstruktion dieser Grundsätze innerhalb eines gegebenen gesellschaftlichen Kontextes. Mit Hegel könnte man dann sagen, es geht im Wesentlichen um die Rekonstruktion derjenigen Vernunft, die in den gegebenen Verhältnissen und Institutionen bereits wirksam ist oder eben ihre Sittlichkeit ausmacht.

252 c) Welches wären aber dann die Gerechtigkeitsgrundsätze, auf die sich die Bürger im Urzustand verständigen würden? Um dies herauszufinden, ventilieren die Mitglieder von Rawls' Urzustand zunächst verschiedene bekannte Gerechtigkeitskonzepte, wägen die für und gegen sie sprechenden Argumente hin und her und versuchen sie abschließend in ein „Überlegungsgleichgewicht" (reflective equilibrium) zu bringen, das unseren wohlüberlegten Urteilen über ihre Angemessenheit entspricht[291]. Unter diesen Bedingungen würden sich die Parteien, meint Rawls, relativ unproblematisch darüber einig sein, dass jede von ihnen die Möglichkeit haben muss, die eigenen Ziele und Interessen grundsätzlich ungehindert verfolgen zu können; auch wenn sie diese besonderen Ziele und Interessen im Urzustand gar nicht kennen, so gehen sie doch davon aus, dass sie solche Ziele und Interessen haben und die zu ihrem Schutz nötigen Rechte gewährleistet werden müssen[292]. Das bedingt eine Grundentscheidung für die Freiheit und einen prinzipiellen Vorrang der Freiheit vor anderen Erwägungen[293]. Freiheit ist dabei grundsätzlich weit zu verstehen; die präsentierte Liste umfasst die politische und die persönliche Freiheit, die Gewissens-, Gedanken- und Redefreiheit genauso wie die freie Berufswahl oder das Recht auf persönliches Eigentum[294]. Die weitere Frage wäre dann aber, wie diese Freiheiten und die weiteren gesellschaftlichen Grundgüter, also namentlich Chancen, Einkommen und Vermögen, auf die verschiedenen Mitglieder der Gesellschaft zu verteilen sind. Rational wäre es dafür, nach der sog. Maximin-Regel zu verfahren; diese

„ordnet die Alternativen nach ihren schlechtesten möglichen Ergebnissen: Man soll diejenige wählen, deren ‚schlechtestmögliches Ergebnis' besser ist als das jeder anderen."[295]

253 Das wirft allerdings die weitere Frage auf, auf wen es für die Bestimmung dieses „schlechtestmöglichen Ergebnisses" ankommt. Der Utilitarismus, jedenfalls in seiner klassischen Gestalt, hatte angenommen, dass dies nur die Gesellschaft insgesamt sein könne: Maßgeblich sei entweder die Maximierung des Gesamtnutzens im Sinne des „größten Glücks der größten Zahl" oder des Durchschnittsnutzens für alle; wie sich dies auf die einzelnen Mitglieder verteile, sei demgegenüber gleichgültig (→ Rn. 166)[296]. Für Rawls scheidet

---

[289] So in Bezug auf Rawls R. Dworkin, Bürgerrechte ernstgenommen, 1984, S. 253; N. Hoerster, Was ist eine gerechte Gesellschaft?, 2013, S. 86.

[290] Vgl. Rawls (Fn. 276), Die Idee des politischen Liberalismus, S. 81, 83 f.; vgl. zur Einschätzung J. Habermas, Faktizität und Geltung, 1992, S. 81 f.

[291] Vgl. Rawls (Fn. 275), Eine Theorie der Gerechtigkeit, S. 140 ff.

[292] Rawls (Fn. 275), Eine Theorie der Gerechtigkeit, S. 176.

[293] Rawls (Fn. 275), Eine Theorie der Gerechtigkeit, S. 176 f.; ausführlicher S. 587 ff.

[294] Vgl. Rawls (Fn. 275), Eine Theorie der Gerechtigkeit, S. 82 und passim.

[295] Rawls (Fn. 275), Eine Theorie der Gerechtigkeit, S. 178 f. Das Kürzel „Maximin" rührt daher, dass dabei das minimale denkbare Ergebnis maximiert wird.

[296] Die entsprechende Charakterisierung – und zugleich der Vorwurf – bei Rawls (Fn. 275), Eine Theorie der Gerechtigkeit, S. 40 ff., ferner S. 186 ff., 211 ff.

das aus: Warum sollten sich die Beteiligten im Urzustand auf eine Regelung einlassen, die anderen eine beliebige Menge an Grundgütern zuteilt, ohne dass sie selbst in irgendeiner Weise profitierten? Maßstab für das „schlechtestmögliche Ergebnis" könne vielmehr immer nur der Einzelne sein, weil jeder der Beratenden damit rechnen müsse, sich in der Position des sozial Schwächsten oder am wenigsten Begünstigten wiederzufinden, wenn der Schleier des Nichtwissens gefallen ist. Von daher würden diese sich prinzipiell für eine gleichmäßige Verteilung aller Grundgüter – Freiheit, Chancen, Einkommen, Vermögen und der sozialen Grundlagen der Selbstachtung – entscheiden, soweit nicht eine ungleiche Verteilung für jedermann vorteilhaft ist[297]. Konkret führt dies zu den folgenden beiden Gerechtigkeitsgrundsätzen:

„*Erster Grundsatz: Jedermann hat gleiches Recht auf das umfangreichste Gesamtsystem gleicher Grundfreiheiten, das für alle möglich ist.*
Zweiter Grundsatz: Soziale und wirtschaftliche Ungleichheiten müssen folgendermaßen beschaffen sein:
a) sie müssen […] den am wenigsten Begünstigten den größtmöglichen Vorteil bringen, und
b) sie müssen mit Ämtern und Positionen verbunden sein, die allen gemäß fairer Chancengleichheit offenstehen."[298]

Die Reihenfolge drückt dabei durchaus auch eine Hierarchie aus; sie wird in diesem $\;\;$ **254** Sinne ergänzt durch verschiedene Kollisions- und Vorrangregeln, deren wichtigste den Vorrang der Freiheit begründet und von Rawls dahingehend formuliert wird, dass die Freiheit nur um ihrer selbst willen eingeschränkt werden darf[299]. Gerade dieser Punkt hat freilich gleich beim Erscheinen der „Theorie der Gerechtigkeit" erhebliche Kritik auf sich gezogen: Warum sollte etwa in einer wenig entwickelten Gesellschaft jemand, der am Rande des Existenzminimums dahinvegetiert, nicht bereit sein, einzelne Freiheiten zu Gunsten eines höheren Lebensstandards einzutauschen[300]? Eine zweite Welle der Kritik entzündete sich demgegenüber an dem Satz, dass Ungleichheiten zulässig sind, wenn sie den am wenigsten Begünstigten den größtmöglichen Vorteil bringen, dem sog. Unterschieds- oder Differenzprinzip. Ein plausibler Einwand geht hier dahin, dass es sich nur auf das unterste Segment der Gesellschaft konzentriert, dabei aber die Verhältnisse auf der obersten und mittleren Ebene ganz ausblendet[301]. Daneben weist Rawls' Verteilungsregel insoweit eine „individualistische Schlagseite" auf, als sie sich lediglich auf individuell nutzbare Güter bezieht und damit diejenigen übersieht, die – wie etwa friedliche und solidarische soziale Beziehungen – von vornherein nur gemeinschaftlich hervorgebracht werden können[302]. Aber so berechtigt diese Punkte sein mögen, wird man Rawls doch zugutehalten müssen, dass er

---

[297] Rawls (Fn. 275), Eine Theorie der Gerechtigkeit, S. 83.
[298] Rawls (Fn. 275), Eine Theorie der Gerechtigkeit, S. 336; vereinfachte Formulierung auf S. 81.
[299] Rawls (Fn. 275), Eine Theorie der Gerechtigkeit, S. 336 f.
[300] Vgl. in diesem Sinne bereits H. L. A. Hart, Rawls on Liberty and Its Priority, Chicago Law Review 40 (1973), 534 ff., jetzt in: Höffe (Fn. 278), S. 117 ff.
[301] S. W. Kersting, Theorien der sozialen Gerechtigkeit, 2000, S. 96 f., mit dem instruktiven Beispiel einer Gegenüberstellung einer Verteilung 80 – 50 – 12 – 11 – 10 – 7 mit einer Verteilung 50 – 40 – 30 – 20 – 15 – 7; beide wären in Rawls' Konzept als gleich zu beurteilen, obwohl unter Gleichheits- und Gerechtigkeitsgesichtspunkten die meisten wahrscheinlich der zweiten Verteilung den Vorzug geben würden.
[302] P. Koller, Die Grundsätze der Gerechtigkeit, in: Höffe (Fn. 278), S. 45 (46 f.).

selbst seine Theorie über die Figur des „Überlegungsgleichgewichts" für eine diskursive Weiterentwicklung offen hält. Insofern stehen die von ihm formulierten Grundsätze, auch wenn er selbst sie entschieden verteidigt, schon von sich aus unter dem Vorbehalt des besseren Arguments. Das Differenzprinzip etwa hat Rawls später etwa noch mit den positiven Auswirkungen auf den sozialen Zusammenhalt einer Gesellschaft begründet[303]. Und gerade dieses bringt den einleuchtenden Gedanken zum Ausdruck, dass eine Gesellschaft auch die Pflicht hat, sich um ihre schwächeren Mitglieder zu kümmern. Rawls' Theorie enthält so immer noch eine mögliche Rechtfertigung des Sozialstaats an sich. Überhaupt wird die Grundintuition von Gerechtigkeit, wie sie in seiner allgemeineren Gerechtigkeitsvorstellung zusammengefasst ist, von der Kritik an einzelnen konkreten Ausformungen kaum berührt.

255 Diese egalitäre Grundintuition teilen auch eine Reihe anderer moderner Gerechtigkeitstheorien, die oft gerade in der Auseinandersetzung mit Rawls entstanden sind. Für eine komplexere Vorstellung von Gleichheit plädiert etwa Michael Walzer in seinem Buch „Sphären der Gerechtigkeit", das oft als kommunitaristischer Gegenentwurf (→ Rn. 262 ff.) zu Rawls gelesen wird: Gerechtigkeit, meint Walzer, ist keine absolute oder universale, sondern eine kontextabhängige Kategorie; sie verwirklicht und entfaltet sich in diesem Sinne immer nur innerhalb konkreter Gemeinschaften, die verschiedene Güter in verschiedenen „Sphären" nach je eigenen Kriterien und vor allem ihrer jeweiligen sozialen Bedeutung verteilen. Für das Gut der Mitgliedschaft in einer politischen Gemeinschaft – relevant etwa für die Fragen von Einwanderung und Asylgewährung – bestehe ein prinzipiell freies Entscheidungs- und Auswahlermessen, für die Sphäre von Geld und Waren das Kriterium des freien Austausches, für die Sphäre der Anerkennung das Verdienst oder für die Sphäre von Sicherheit und Wohlfahrt die individuelle Bedürftigkeit[304]. Demgegenüber vertreten Amartya Sen und Martha Nussbaum mit dem von ihnen entwickelten „Fähigkeitenansatz" (capability approach) die Auffassung, es komme für die Herstellung gerechter Verhältnisse weniger auf die abstrakten Güter oder Ressourcen an, die jemand zugeteilt bekommt, als vielmehr auf das, was er damit machen kann: Wer etwa unter einer schweren körperlichen Behinderung leidet, muss nicht schon deshalb als begünstigt gelten, nur weil er viel Geld hat[305]. (Ohne Geld ist die Lage freilich noch schlechter.) Martha Nussbaum hat diesen Ansatz später mit dem alten aristotelischen Ideal eines gelingenden Lebens verbunden (→ Rn. 46). Gerade umgekehrt versteht Ronald Dworkin die Gleichheit primär als Ressourcengleichheit: Danach sollen vor allem unverschuldete Nachteile durch die Gemeinschaft ausgeglichen werden, also solche, die man – wie etwa für Naturkatastrophen, besondere Begabungen, ererbtes Vermögen etc. – moralisch nicht verantwortlich ist, während die Folgen der eigenen Entscheidungen grundsätzlich von jedem selbst getragen werden müssten (oder dürften)[306]. Das hat Rawls selbst nicht so viel anders gesehen[307].

256 d) Für die praktische Umsetzung der von ihm vorgestellten Gerechtigkeitskonzeption hatte Rawls in der „Theorie der Gerechtigkeit" einen „Vier-Stufen-Gang" skizziert, der sich historisch am Vorgang der Verfassunggebung in den Vereinigten Staaten orientierte: Zuerst werden die Grundsätze im Urzustand beraten und festgelegt (erste Stufe), sodann die wesentlichen Prinzipien – vor allem die Grund- und Bürgerrechte – in eine Verfassung gegossen (zweite Stufe), bevor diese dann durch Gesetzgebung und politische Programme näher ausgestaltet (dritte Stufe) und durch Verwaltung und Ge-

---

[303] J. Rawls (Fn. 276), Gerechtigkeit als Fairness, S. 152 ff.

[304] M. Walzer, Spheres of Justice, 1983, dt. Sphären der Gerechtigkeit, 1992, S. 27 ff., 51 ff.

[305] Das Beispiel bei A. Sen, The Idea of Justice 2009, dt. Die Idee der Gerechtigkeit, 2. Auflage 2013, S. 261 f., der Fähigkeitenansatz dort erläutert auf S. 253 ff., erstmals entfaltet in ders., Equality of What?, The Tanner Lectures on Human Values, 1979; ferner M. Nussbaum/A. Sen, The Quality of Life, 1993.

[306] Dworkin (Fn. 289), S. 7 ff., 81 ff. Gerade deshalb soll es auf „Ressourcen-" und nicht auf „Wohlergehensgleichheit" ankommen; realisiert werden soll diese Vorstellung im Wesentlichen über ein Versicherungssystem und eine entsprechend gestaffelte Besteuerung der Bürger.

[307] Rawls (Fn. 275), Eine Theorie der Gerechtigkeit, S. 121 ff.

richte angewendet werden (vierte Stufe). In seinen späteren Arbeiten, wie sie vor allem in seinem zweiten Hauptwerk „Politischer Liberalismus" zusammengefasst sind, bemüht sich Rawls demgegenüber vor allem um den *Nachweis, dass und wie seine Gerechtigkeitskonzeption im Wertehaushalt einer liberalen Gesellschaft verankert ist* und welche Chancen dafür bestehen, dass sie dort langfristig erhalten werden kann, also Stabilität und Dauer gewinnt. Das Problem, vor dem Rawls hier steht, ergibt sich aus dem, was er selbst das „Faktum des Pluralismus" gerade in einer solchen Gesellschaft nennt: Bürger hegen unterschiedliche religiöse oder politische Überzeugungen, sie weisen unterschiedliche ethnische oder kulturelle Prägungen auf, und sie haben unterschiedliche Vorstellungen davon, was ihr Leben zu einem guten Leben macht. Letztlich sind unter den von Rawls so genannten „Bürden des Urteilens" in modernen Gesellschaften, d. h. der Unmöglichkeit objektiver und richtiger Erkenntnis in vielen Fragen, sogar vernünftige Meinungsverschiedenheiten über umfassendere Lehren der Gerechtigkeit – etwa zwischen einer radikalliberalen oder einer utilitaristischen Variante – möglich[308]. Wie lässt sich aber unter diesen Umständen Rawls' eigene Gerechtigkeitskonzeption als gültig ausweisen? Unter dem „Faktum des Pluralismus" muss Rawls einräumen, dass das von ihm formulierte Ideal einer wohlgeordneten Gesellschaft, in der alle von derselben Gerechtigkeitskonzeption durchdrungen sind, möglicherweise unrealistisch war[309]. Stattdessen führt er nun zwei weitere Begründungsfiguren ein, nämlich die „Idee eines übergreifenden Konsenses" und die „Idee des öffentlichen Vernunftgebrauchs"[310]:

(1) Die Idee des übergreifenden Konsenses hat dabei eine etwas schillernde Doppel- **257** funktion: Man kann darin einerseits eine zusätzliche Abstützung oder Rechtfertigung für die im Urzustand formulierten Gerechtigkeitsprinzipien sehen. Andererseits zielt sie auf die Lösung des besonderen Stabilitätsproblems einer liberalen Gesellschaft, das Rawls in die folgende Frage kleidet:

„Wie kann eine stabile und gerechte Gesellschaft freier und gleicher Bürger, die durch vernünftige und gleichwohl einander ausschließende religiöse, philosophische und moralische Lehren einschneidend voneinander getrennt sind, dauerhaft bestehen?"[311]

Zur Antwort wird der übergreifende Konsens als die Schnittmenge der Überzeugun- **258** gen bestimmt, in denen die Vertreter unterschiedlicher moralischer, religiöser und philosophischer Positionen für das Zusammenleben in der Gesellschaft übereinstimmen können. So mögen ein Katholik, ein Protestant, ein Jude, Muslim oder Hindu lange darüber streiten, welches die wahre Religion sei; als vernünftige Bürger könnten sie sich aber darüber verständigen, dass es für jeden von ihnen sinnvoll ist, in einer Ordnung zu leben, in der sich alle religiösen Überzeugungen frei entfalten können. Im Er-

---

[308] Rawls (Fn. 276), Politischer Liberalismus, S. 12 f., 33 f. und passim; zu den „Bürden des Urteilens" S. 127 ff. Insoweit unterscheidet Rawls zwischen dem allgemeinen „Faktum des Pluralismus", das sich einfach aus der Vielfalt der bestehenden Anschauungen und Überzeugungen ergibt, und dem „Faktum eines vernünftigen Pluralismus", das sich auf solche divergierenden Auffassungen bezieht, die von prinzipiell vernünftigen Bürgern vertreten werden können, ohne dass sie sich eindeutig als richtig oder falsch qualifizieren lassen, vgl. S. 106 f.
[309] Rawls (Fn. 276), Politischer Liberalismus, S. 12; zu dem entsprechenden Ideal oben → Rn. 247.
[310] Rawls (Fn. 276), Politischer Liberalismus, S. 44.
[311] Rawls (Fn. 276), Politischer Liberalismus, S. 14; zu der insoweit bestehenden Zweideutigkeit des übergreifenden Konsenses bereits Habermas (Fn. 290), Faktizität und Geltung, S. 82 f.

gebnis führt damit der übergreifende Konsens auf genau die „Idee der Gesellschaft als ein faires System der Kooperation" zwischen gleich freien Bürgern hin, wie sie der „Theorie der Gerechtigkeit" zugrunde lag[312]. Zugleich sorgt er aber auch für jene tiefgreifendere Verankerung in den Überzeugungen der Bürger, die ihre Kooperation über einen bloß strategischen „modus vivendi" heraushebt und langfristig die Stabilität der Gesellschaft gewährleistet[313].

259 (2) Die Idee des öffentlichen Vernunftgebrauchs zielt demgegenüber eher auf die weitere Ausbuchstabierung und Ausverhandlung der zunächst nur ganz allgemeinen Gerechtigkeitsgrundsätze[314]. Hier – aber auch nur hier – verlangt sie, dass die verschiedenen Positionen und Vorschläge nur durch solche Argumente begründet werden, die von allen anderen prinzipiell verstanden werden können und für sie einsichtig sind[315]. Niemand darf also für eine von ihm vertretene Auslegung oder Anwendung eines Gerechtigkeitsgrundsatzes mit der Behauptung werben, das schreibe Gott so vor. In diesem Sinne verbindet die Idee eines öffentlichen Vernunftgebrauchs sich mit einer allgemeinen Vorstellung liberaler Legitimität, nach der

> *„unsere Ausübung politischer Macht nur dann völlig angemessen ist, wenn sie sich in Übereinstimmung mit einer Verfassung vollzieht, deren wesentliche Inhalte vernünftigerweise erwarten lassen, dass alle Bürger ihnen als Freie und Gleiche im Lichte von Grundsätzen und Idealen zustimmen, die von ihrer gemeinsamen menschlichen Vernunft anerkannt werden."*[316]

260 Darin kommt zuletzt noch einmal die Grundidee einer Konzeption von Gerechtigkeit als Fairness zum Ausdruck, mit der zugleich eine Brücke zu neueren diskurstheoretischen Vorstellungen von Demokratie als eine Art permanentes Gespräch unter Bürgern (→ Rn. 295) geschlagen wird[317].

261 Man muss jedoch sehen, dass Rawls mit diesen Veränderungen der Theoriearchitektur den Geltungsanspruch seiner Konzeption weiter zurückgenommen hat und sich zudem eine Reihe von Folgeproblemen einhandelt, die sich in der ursprünglichen Version noch nicht stellten. So fällt etwa die starke sozialstaatliche Orientierung, wie sie in Rawls' Differenzprinzip zum Ausdruck kam, aus dem übergreifenden Konsens heraus; sie zählt nicht zum inneren Kern der Vorstellung von Gesellschaft als fairem Kooperationssystem und demensprechend auch nicht zu den Prinzipien, die in einer Verfassung festgeschrieben werden sollen[318]. Das sieht man bei uns und in den meisten anderen europäischen Staaten bekanntlich anders. Andererseits gibt die stärkere Integration des „Faktums des Pluralismus" Rawls die Möglichkeit, das Profil seiner Theorie als eine rein „politische Gerechtigkeitskonzeption" zu schärfen[319]. Sie bezieht sich dementsprechend nur auf die Grundstruktur der Gesellschaft als ein Rahmen des Zusammenlebens von Bürgern, nicht dagegen – wie andere Moralphilosophien – auch auf das individuelle Handeln der Bürger. Und sie

---

[312] Rawls (Fn. 276), Politischer Liberalismus, S. 81 ff.

[313] Rawls (Fn. 276), Politischer Liberalismus, S. 219 ff., insbes. S. 249 ff., 256 ff.

[314] Vgl. Rawls (Fn. 276), Politischer Liberalismus, S. 313 ff.

[315] Entsprechende Ansätze etwa auch bei B. A. Ackerman, Social Justice in the Liberal State, 1980, S. 11; Kritik etwa bei J. Bohmann, Public Deliberation, 2007, S. 44 ff.

[316] Rawls (Fn. 276), Politischer Liberalismus, S. 223.

[317] P. Niesen, Die politische Theorie des politischen Liberalismus, in: A. Brodocz/G. Schaal (Hrsg.), Politische Theorien der Gegenwart, 4. Auflage 2016, Band 2, S. 25 (37).

[318] Vgl. Rawls (Fn. 276), Politischer Liberalismus, S. 330 f.; s. zuvor allerdings auch schon die Ansätze ebda., S. 227, wonach der Grundsatz vor allem bei der Gesetzgebung zur Anwendung kommen soll. Entschiedene Kritik etwa bei R. Schmalz-Bruns, Reflexive Demokratie, 1995, S. 49 ff.

[319] Rawls selbst beschreibt dies sogar als grundlegende „Umwandlung" seiner Theorie, s. ders. (Fn. 276), Politischer Liberalismus, S. 39 f.

trennt scharf zwischen dem Öffentlichen und dem Privaten, zwischen den Fragen des gerechten Zusammenlebens (dem „Rechten") und den nur den Einzelnen betreffenden Fragen des guten Lebens (dem „Guten"): Gegenüber den unterschiedlichen Konzeptionen des guten Lebens seiner Bürger hat sich der Staat prinzipiell neutral zu verhalten, solange diese ihrerseits nicht die gleichen Rechte aller anderen beeinträchtigen, abweichende Konzeptionen des Guten zu verfolgen.

3. Neue Gemeinschaftlichkeit: Kommunitarismus

Mit alledem ist Rawls' Gerechtigkeitstheorie zum Schlüsselwerk eines modernen und   **262**
aufgeklärten Liberalismus geworden, der Staat und Gesellschaft wesentlich auf das Individuum und seine Freiheit gründet, sich zugleich aber auch für eine Grundvorstellung sozialer Gleichheit öffnet. Darüber hinaus finden sich jedoch, wie man sehen muss, in seiner Theorie auch viele einzelne Bausteine und Begründungselemente, die über ein rein individualistisches Denken hinausweisen: die Beschreibung von Gesellschaft als ein „System fairer Kooperation", die Wendung gegen einen bloßen „modus vivendi", bei dem jeder nur seinen eigenen strategischen Vorteil im Auge hat, zuletzt die Figur des „übergreifenden Konsenses", in dem die Mitglieder einer Gesellschaft am Ende auch zusammenfinden. In diesem Sinne hatte Rawls die von ihm gezeichnete „wohlgeordnete Gesellschaft" schon früh selbst als „eine Form der sozialen Gemeinschaft" bezeichnet, die eine gemeinsame Zielvorstellung verfolgt und ähnlich wie bei Aristoteles auf vielen kleineren sozialen Gemeinschaften – von der Familie über Freundschaftsbeziehungen und andere Gruppen – aufruht: eine „soziale Gemeinschaft sozialer Gemeinschaften". Diese bildet bei ihm geradezu den Gegenbegriff zu einer „privaten Gesellschaft", in der sich jeder nur um sich selbst, aber niemand um andere kümmert[320]. Gleichwohl entzündete sich, angestoßen durch die Kritik am Menschenbild des Urzustandes (→ Rn. 251), gerade an Rawls eine breite Debatte, deren Leitbegriff gerade wieder die Gemeinschaft ist. Unter ihm versammelt sich namentlich in den USA eine moralphilosophische wie politische Strömung, die „Kommunitarismus" genannt wird und insgesamt die stärkere Berücksichtigung gemeinschaftlicher Bezüge einklagt[321].

Dabei handelt es sich allerdings nur bedingt um ein einheitliches Lager, sondern mehr um ein Sammel-   **263**
becken unterschiedlicher Theorieangebote, die vom eher konservativen bis zum eher linken Rand des politischen Spektrums reichen und sich vor allem in dem unterscheiden, was sie konkret als Alternative favorisieren. Zusammen finden sie nur in einer sehr allgemeinen Orientierung an der Gemeinschaftsidee und dem ebenso allgemeinen Vorwurf an den Liberalismus, dass er diese in seinen Konzeptionen systematisch unterschätze. Vieles davon nimmt die Kritik an einer rein individualistischen Staatskonzeption auf, wie sie klassisch schon von Hegel formuliert war.

(a) Die verschiedenen Strömungen des Kommunitarismus lassen sich am ehesten un-   **264**
ter den Hauptvorwürfen zusammenfassen, die sie gegen den Liberalismus oder einzelne Varianten davon erheben. In der Sache wären dies die folgenden drei:

(1) Der erste Vorwurf, in dem sie letztlich alle zusammenlaufen, richtet sich gegen die   **265**
Verabsolutierung des Individuums als normativer Grundeinheit von Staat und Gesellschaft. Diese erschienen dadurch ihrerseits, wie in immer wieder variierten Wendungen gesagt und beklagt wird, nur als eine Ansammlung bindungsloser Einzelner, die nichts

---

[320]   Rawls (Fn. 275), Eine Theorie der Gerechtigkeit, S. 565 ff.

[321]   Von dem lateinischen bzw. englischen Wort für Gemeinschaft (communitas, community). Eine Zusammenstellung wichtiger Beiträge findet sich bei A. Honneth (Hrsg.), Kommunitarismus – eine Debatte um die moralischen Grundlagen moderner Gesellschaften, 1993, s. dort auch die instruktive Zusammenfassung und Diskussion bei R. Forst, Kommunitarismus und Liberalismus – Stationen einer Debatte, in: ebda., S. 181 ff. Guter Überblick auch bei Celikates/Gosepath (Fn. 18), S. 107 ff.

miteinander zu tun haben wollten und alle nur ihre eigenen Interessen verfolgten: die bloße „Versicherung" ihres wechselseitigen Egoismus und zusammengehalten nur durch die „Naturwendigkeit, das Bedürfnis und das Privatinteresse", wie Karl Marx geschrieben hatte[322]. Damit werde aber die konstituierende Bedeutung von Gemeinschaft verkannt, und zwar sowohl für das Zusammenleben insgesamt als auch für die Bildung von Individualität. Der Mensch sei kein „ungebundenes Selbst" (unencumbered self), das vor seinen Zielen (prior to its ends) da sei; stattdessen sei man immer schon in bestimmte Gemeinschaften hineingeboren, in die darin vorgefundenen sozialen Praktiken, ihre Kultur, ihre Geschichte, ihre Wertüberzeugungen eingebunden, und aus diesen ergebe sich dann überhaupt erst das, was man Subjektivität oder Individualität nennen könne[323]. Was das Individuum betrifft, so ist ohnehin ein jedes ein Kind seiner Zeit, hatte Hegel geschrieben[324]. In der Folge müsste auch die Gesellschaft wieder stärker von der Gemeinschaft her oder als Gemeinschaft gedacht werden, die eine grundsätzliche innere Verbundenheit ihrer Mitglieder zur Voraussetzung hat.

266 (2) Ein zweiter Vorwurf richtet sich gegen das *liberale Prinzip der Neutralität gegenüber unterschiedlichen Konzeptionen* des guten Lebens, wie es markant gerade von Rawls formuliert wurde. Der Staat bildet danach nur den Rahmen des Zusammenlebens, innerhalb dessen die Bürger selbst darüber entscheiden können, wie sie ihr Leben führen. In diesem Sinne hat er nur den gerechten Ausgleich zwischen den verschiedenen Überzeugungen und Lebensformen zu gewährleisten, und alles andere geht ihn im Grunde nichts an; er darf die Vorstellungen seiner Bürger über das gute Leben weder bewerten noch zwischen ihnen in irgendeiner Weise differenzieren (→ Rn. 261). Gleichbedeutend wird auch von einem Vorrang des „Rechten" vor dem „Guten" als prägendes Merkmal liberaler Konzeptionen gesprochen. Für Kommunitaristen lässt sich beides aber nicht trennen oder voneinander isolieren: Auch das „Rechte" bestehe immer nur innerhalb einer bestimmten Gemeinschaft und auf sie hin; es ist, sagen sie, abhängig von einer gemeinsamen Vorstellung des „Guten", wie sie sich gerade innerhalb einer bestimmten Gemeinschaft ausbildet. In diesem Sinne sei auch der Liberalismus zuletzt in einer bestimmten Konzeption des gemeinschaftlich guten Lebens fundiert, nämlich in einer solchen, für die Freiheit und individuelle Selbstbestimmung den zentralen Wert darstellten[325].

267 (3) Zusammen mündet diese Kritik schließlich in den Vorwurf an den Liberalismus, *blind gegenüber den eigenen Bestandsvoraussetzungen zu sein.* Auch eine liberale Ordnung, so geht er, sei auf einen Grundbestand an gemeinsamen Überzeugungen unter ihren Mitgliedern, ein Mindestmaß an gemeinsamen Wertorientierungen oder eben einen Gemeinschaftssinn angewiesen, wenn sie nicht bei der erstbesten Krise auseinanderbrechen solle. Unter dem Primat der Freiheit könne sich aber nicht nur jeder innerhalb dieser Ordnung und für sie betätigen, sondern dürfe sich auch jederzeit von ihr abwenden, wenn dies der Verfolgung der eigenen Interessen dienlicher sei. In der Realität liberaler Gesellschaften zeige sich das in einer Zunahme der Konkurrenz- und Ellenbogenmentalität, dem steigenden Individualisierungs- und Pluralisierungsgrad

---

[322] S. oben Rn. 227; wörtlich zitiert etwa bei M. Walzer, Die kommunitaristische Kritik am Liberalismus, in: Honneth (Fn. 321), S. 157 (159): „Eine Frühversion von kommunitaristischer Kritik".

[323] Vgl. Sandel (Fn. 287), S. 59 ff., gerade bezogen auf den rawlsschen Urzustand; zur Kritik daran s. wiederum Forst (Fn. 321), S. 185 ff.

[324] Hegel (Fn. 212), Grundlinien der Philosophie des Rechts, Vorrede (S. 26): „Sohn".

[325] In diesem Sinne auch J. Raz, The Morality of Freedom, 1988, insbes. 193 ff.

oder der Auflösung traditioneller vergemeinschaftender Sozialformen wie Familie, Nachbarschaft, Vereinen, Kirchen, Parteien etc.[326] Auf diese Weise unterhöhle der Liberalismus am Ende jenen Vorrat an Gemeinsinn, auf den er selbst angewiesen sei[327].

Sämtliche Vorwürfe lassen sich sowohl auf die Theorie als auch auf die Praxis des Liberalismus beziehen, stehen dann aber auch in einem gewissen Spannungsverhältnis. Auf die Theorie bezogen besagen sie, dass der Liberalismus das Selbstverständnis moderner Gesellschaften gar nicht angemessen rekonstruiere; im Gegensatz zu dem, was er verkünde, verstünden sich Menschen immer schon in gemeinschaftlichen Bindungen stehend und aus ihnen bestimmt, ohne dass dies aber in der Theorie vorkomme. Auf die Praxis bezogen zielen sie auf die schädlichen Folgen dieser Rekonstruktion: Es sei gerade die darin zum Ausdruck kommende Selbstbeschreibung als hochindividualistisch und freiheitszentriert, die für die Auflösung traditioneller Gemeinschaftsbindungen und von Gemeinschaftlichkeit überhaupt verantwortlich sei. Beides zusammen kann schlecht richtig sein, wie oft bemerkt worden ist: Wenn der Liberalismus das Selbstverständnis der modernen Gesellschaft nicht angemessen beschreibt (und diese also in Wahrheit ganz anders ist, als er annimmt), kann er auch schwer für etwaige Fehlentwicklungen verantwortlich sein[328]. Und wenn umgekehrt die Beschreibung zutrifft, die Gesellschaft also tatsächlich hochgradig individualisiert und pluralisiert ist, dann wäre die liberale Theorie im Grunde die einzig mögliche Antwort darauf: **268**

„Wenn wir wirklich eine Gemeinschaft von Fremden sind, was können wir dann anderes tun als Gerechtigkeit an die erste Stelle zu setzen?"[329]

Andererseits treffen die Vorwürfe für sich gesehen durchaus einen Punkt. Was etwa die Wahl des Individuums zum Ausgangspunkt aller Rechts- und Staatsbegründung im Liberalismus anbelangt, haben zuletzt die Kulturwissenschaften und die Medientheorie darauf aufmerksam gemacht, dass es sich dabei wesentlich um ein gesellschaftliches Konstrukt handelt, um die gemeinsame Hervorbringung einer bestimmten Kultur, hier der spezifisch bürgerlichen ab etwa dem Beginn des 18. Jahrhunderts[330]. Müsste dies nicht doch zu einer auch normativ stärkeren Berücksichtigung der sozialen Situiertheit des Individuums führen, wie immer diese auch konkret auszusehen hätte? Denn natürlich ist der Mensch immer auch ein Sozialwesen, das sich auch nur deshalb – wie im rawlsschen Urzustand – mit anderen über die Grundstruktur einer Gesellschaft verständigen kann. Und auch die Frage nach den Bedingungen des Bestands wie des Zusammenhalts liberaler Gesellschaften hat ja durchaus Gewicht; sie verschwindet noch nicht dadurch, dass man sie nicht stellt[331]. **269**

---

[326] In diesem Sinne etwa R. Bellah et al., Habits of the Heart, 1985.

[327] M. Sandel, Die verfahrensrechtliche Republik und das ungebundene Selbst, in: Honneth (Fn. 321), Kommunitarismus – eine Debatte um die moralischen Grundlagen moderner Gesellschaften, S. 18 (33 f.); C. Taylor, Aneinander vorbei: Die Debatte zwischen Liberalismus und Kommunitarismus, ebda., S. 103 (110 f.).

[328] Vgl. etwa S. Holmes, Die Anatomie des Antiliberalismus, 1995, S. 12 ff., 315 ff; Walzer (Fn. 322), S. 159 ff.

[329] Walzer (Fn. 322), S. 162.

[330] Vgl. T. Vesting, Die Medien des Rechts, Bd. 3: Buchdruck, 2013, S. 72 ff.

[331] Verwiesen wird dazu meist auf das mittlerweile nach seinem Erfinder so genannte Böckenförde-Diktum: „Der freiheitliche, säkularisierte Staat lebt von Voraussetzungen, die er selbst nicht garantieren kann. Das ist das große Wagnis, das er, um der Freiheit willen, eingegangen ist.", s. E.-W. Böckenförde, Recht, Staat, Freiheit, S. 112, leicht variiert auch in verschiedenen anderen Veröffentlichungen. Dies

270 b) Fragt man nach den Heilmitteln, die die liberale Gesellschaft von ihren Übeln kurieren sollen, so warten die Kommunitaristen in der Sache mit zwei konkurrierenden Angeboten auf. Das eine knüpft in der Sache an Aristoteles, das andere an Rousseau an. Die aristotelische Lösung, gelegentlich auch ethische oder substantialistische genannt, setzt auf die Wiederbelebung eines klassischen Tugendkatalogs, auf die Erneuerung der politischen Gemeinschaft im Geist der Familie, zuletzt auf die verbindende Kraft einer überlieferten Kultur mit ihren gemeinsamen Wertvorstellungen, Erinnerungen und Geschichten; die Schlüsselbegriffe heißen Nation oder auch Patriotismus[332]. Die rousseauistische, gelegentlich auch republikanische genannt, erhofft das Heil von der Mitwirkung im demokratischen Gemeinwesen, der Beteiligung aller an den öffentlichen Angelegenheiten, dem Zusammenfinden der Bürger in einem von ihnen selbst formulierten Projekt; die Schlüsselbegriffe sind Partizipation oder auch Republik[333]. Beide werfen allerdings je spezifische Probleme auf:

271 – Die Erneuerung von Staat und Gesellschaft aus dem Geist eines älteren Tugend- und Gemeinschaftsdenkens, wie sie der aristotelischen Lösung zugrunde liegt, muss sich fragen lassen, wie sie praktisch vonstattengehen soll und woher die entsprechenden Bindekräfte kommen können, wenn sie doch, wie der Kommunitarismus ebenfalls annimmt, in der Realität in einem Vorgang beständiger Auflösung begriffen sind. Ohne eine solche Perspektive bleibt von ihm oft nur die wehmütige Klage über eine glückliche, aber für immer verlorene Vergangenheit zurück. Aber auch darin ist viel Verklärung; die früheren engen Gemeinschaften, die auf diese Weise heraufbeschworen werden, waren historisch oft durch Enge, Intoleranz, patriarchalische Strukturen, puritanische Moral oder auch drakonische Sanktionen für Abweichler bestimmt[334].

272 – Gegen die rousseauistische Variante lassen sich bei allen auch von ihren Vertretern selbst immer wieder hervorgehobenen Unterschieden ähnliche Einwände erheben, wie sie schon gegen Rousseaus eigene Konzeption vorgebracht wurden: Gefahr der Politisierung aller Lebensbereiche, Vorordnung der Rolle des Staatsbürgers gegenüber der Privatperson, möglicherweise überhaupt nur passend für kleine und in sich bereits weitgehend homogene Gemeinschaften (→ Rn. 140 ff.). Wenngleich schwächer, könnte damit auch hier das Grundproblem eines Denkens von der Gemeinschaft her aufscheinen, das sich schwer damit tut, dem Individuum und seiner Freiheit den ihnen zukommenden Platz einzuräumen. Wird der Gemeinschaft normativ der Vorrang eingeräumt, könnte dieses möglicherweise erneut unter die Räder geraten oder ist jedenfalls nicht ganz klar, wie dieser Gefahr begegnet werden kann: Der zentrale Wert ist eben nicht Freiheit, sondern Zugehörigkeit[335]. Wie lassen sich aber unter dieser Prä-

---

betont allerdings gerade die Notwendigkeit gemeinschaftlicher Bindekräfte, und die Frage ist, ob sich dazu nicht auch die liberale Theorie in irgendeiner Weise verhalten müsste.

[332] In diesem Sinne vor allem A. Mac Intyre, Der Verlust der Tugend, erw. Neuausgabe 2006, die Anknüpfung an Aristoteles dort etwa in S. 170 ff.; die für den Kommunitarismus dieser Provenienz typische Gleichsetzung mit der Familie etwa bei Sandel (Fn. 287), S. 172. Die Kennzeichnung als „ethisch" oder „substantialistisch" bei R. Forst, Kontexte der Gerechtigkeit, 1996, S. 161 ff.

[333] Für diese Richtung etwa B. Barber, Starke Demokratie, 1994; P. Pettit, Republicanism, 1997; hierzulande etwa – allerdings mit entschiedener Abgrenzung gegen kommunitaristische Gemeinschaftsvorstellungen und mit stärkerem Akzent auf „Zivilgesellschaft" – G. Frankenberg, Die Verfassung der Republik, 1996. Die Kennzeichnung als „republikanisch" ebenfalls bei Forst (Fn. 332), S. 161 ff.

[334] Dazu H. Fink-Eitel, Gemeinschaft als Macht, in: M. Brumlik/H. Brunkhorst, Gemeinschaft und Gerechtigkeit, 1993, S. 306 ff.

[335] P. Selznick, The Idea of a Communitarian Morality, California Law Review 75 (1987), 445 (447).

misse die Ein- oder Übergriffe in die individuelle Freiheit abwehren, gegen die sich der Liberalismus einst formiert hatte? Wie wäre mit Gemeinschaftsmuffeln umzugehen, die sich den Zumutungen der Gemeinschaft entziehen und einfach für sich bleiben wollen? Und wie verhält sich die Idee der Gemeinschaft überhaupt zum „Faktum des Pluralismus", von dem moderne Gesellschaften unentrinnbar gekennzeichnet sind?

c) Auf diese Fragen hat der Kommunitarismus, vielleicht abgesehen von einigen repu- **273** blikanischen Varianten, nicht wirklich eine schlüssige Antwort zu geben vermocht. Aber man wird ihm in all seinen verschiedenen Strömungen und Schattierungen auch nicht gerecht, wenn man darin tatsächlich den umfassenden und vollständigen Gegenentwurf zum Liberalismus sehen wollte, als der er von einigen seiner Vertreter in der Frühphase der Debatte ausgerufen worden ist. Erst recht geht es nicht an, ihn in eine Nähe zur totalitären Gemeinschaftsideologie der Nationalsozialisten („Du bist nichts, dein Volk ist alles") zu rücken, auch wenn dadurch hierzulande der Begriff der Gemeinschaft belastet ist und er nicht mehr so unbefangen verwendet werden kann wie etwa in den USA. Die Kommunitarismusdebatte ist keine Debatte *gegen* den Liberalismus, sondern eine Debatte *im* Liberalismus und über seine eigenen Grundlagen, und nur als solche kann man sie richtig verstehen. Wie alle anderen sind zuletzt auch Kommunitaristen Kinder ihrer Zeit, sie leben in einer durch und durch liberalen Umwelt, die von der Sprache der individuellen Rechte zutiefst geprägt ist. Und diese Sprache ist, wie Michael Walzer in seiner klugen Zusammenfassung der Debatte schreibt, einfach zu attraktiv; es ist die Sprache von freier Vereinigung, von Pluralimus und Toleranz, von Privatheit, freier Rede, beruflichen Chancen nach persönlicher Begabung und so fort:

„Wer unter uns würde sich ihr ernsthaft entziehen wollen?"[336]

Andererseits hat diese Sprache, wie Walzer erkennt, aus sich heraus leicht eine Tendenz **274** zu überdrehen, keine Lebensform, keine soziale Struktur, keine Kultur ist vor ihr sicher, und damit kann sie am Ende auch die liberale Kultur und Lebensform unterhöhlen, in der sie überhaupt nur wirksam werden kann. Der Liberalismus sei deshalb eine „selbstzerstörerische Lehre", beständig in der Gefahr, die eigenen Grundlagen zu zersetzen und die eigenen Traditionen zu ignorieren. Walzer schlägt deshalb vor, den Kommunitarismus als in bestimmten Abständen notwendige Korrektur des Liberalismus anzusehen, die diesen vor seiner eigenen Auflösung in Schutz nimmt. Aber das könne nicht durch die Hoffnung auf irgendeine vorliberale oder antiliberale Gemeinschaft geschehen, die knapp unter der Oberfläche oder gleich hinter dem Horizont auf ihren Einsatz warte:

„Nichts wartet auf seinen Einsatz: Die amerikanischen Kommunitaristen müssen einsehen, dass es auch unter der Oberfläche und jenseits des Horizonts nichts gibt als voneinander getrennte, mit Rechten ausgestattete, freiwillig sich zusammenschließende, in freier Rede sich äußernde, liberale Individuen. Und dennoch wäre es gut, wenn wir diese Individuen lehren könnten, sich als soziale Wesen zu begreifen, als die historischen Produkte und partiell auch die Verkörperungen von liberalen Werten. Denn die kommunitaristische Liberalismuskorrektur kann nichts anderes sein als eine selektive Verstärkung eben jener Werte oder [...] ein Streben nach Einlösung der Gemeinschaftspostulate in ihnen."[337]

---

[336] Walzer (Fn. 322), S. 169; Übersetzung modifiziert.
[337] Walzer (Fn. 322), S. 170.

275 Für jemanden, der mit seiner eigenen Gerechtigkeitstheorie selbst dem Lager der Kommunitaristen zugeschlagen wird, ist das eine bemerkenswerte Aussage. Damit könnte ein Weg gewiesen sein, Gemeinschaftlichkeit nicht gegen den Liberalismus, sondern in ihm und aus ihm selbst heraus zu begründen: durch Auszeichnung von Freiheit und Gleichheit als normative Grundorientierungen, die den Mitgliedern der Gesellschaft nicht nur ermöglichen, ihr je eigenes Leben zu führen, sondern sie in einer besonderen „Kultur der Freiheit" eben auch verbinden[338].

4. Kommunikative Vernunft: Jürgen Habermas

276 Ein alternatives Angebot, die Sozialnatur des Menschen in ein Begründungsprogramm politischer und rechtlicher Ordnung zu integrieren, knüpft an seine prinzipielle Fähigkeit zur Kommunikation an. Unterbreitet wird es von der neueren Diskursethik oder Diskurstheorie, die von Karl-Otto Apel und Jürgen Habermas entwickelt und speziell von Habermas zuletzt zu einer eigenen „Diskurstheorie des Rechts und des demokratischen Rechtsstaats" ausgebaut wurde[339]. Ihr liegt eine schwächere Annahme von Gemeinschaftlichkeit zugrunde als dem kommunitaristischen Programm, weil die Fähigkeit zur Kommunikation eine universale, dem Menschen als solche zukommende und allen Menschen gemeinsame Qualität ist; die Verbindung zu anderen ist damit viel loser und offener, zugleich prozesshafter gedacht. Andererseits führt sie ebenfalls über einen rohen Individualismus hinaus, weil und soweit der Mensch gerade in seinen Bezügen zu anderen bestimmt wird, und zwar mit der nur ihm eigenen Fähigkeit und Anlage zur Kommunikation. In dieser Hervorhebung der Rolle von Kommunikation liegt der erste wichtige Beitrag der Diskurstheorie auch für die Theorie politischer Ordnung. Ein zweiter lässt sich darin sehen, dass sie unter den Prinzipien, die eine solche Ordnung heute ausmachen müssten, das der Demokratie stärker akzentuiert, als es bei anderen liberalen Klassikern bis hin zu Rawls der Fall ist.

277 Gerade gegen Rawls hatte Habermas insoweit eingewandt, seine Theorie trage dem „Faktum des Pluralismus" nicht hinreichend Rechnung, auf das er sich selbst immer wieder bezogen hatte. Tatsächlich ist damit eine unhintergehbare Grundbedingung moderner Gesellschaften angesprochen, die unsere Lebenserfahrung heute durchgreifend bestimmt: als ein Pluralismus der Lebenspläne und Lebensziele, der ethnisch-kulturellen Vorprägungen, der weltanschaulichen, religiösen oder politischen Überzeugungen, zuletzt auch einiger ganz grundsätzlicher Wertorientierungen. Rawls selbst hatte sogar gemeint, dieser werde auch künftig nicht verschwinden, sondern sich unter den Bedingungen einer Gerechtigkeitskonzeption wie der seinen, die auf Grundrechten und einer gleichen Freiheit aller basiere, weiter vorhanden sein und tendenziell noch zunehmen: Es handele sich, wie er schrieb, um ein „dauerhaftes Merkmal der öffentlichen Kultur einer Demokratie"[340]. Aber gerade dann müsse, wie Habermas meint, der Demokratie auch die entscheidende Rolle zukommen: Unter diesen Bedingungen könne der Philosophie nicht länger selbst die Rolle des Lehrers für Gerechtigkeit zukommen, der den Bürgern eine konkrete Gerechtigkeitskonzeption vorgebe und ihnen nur noch deren nähere Entfaltung oder Ausbuchstabierung übrigließe; stattdessen seien es die Bürger selbst, die sich in Vorgängen demokratischer Selbstgesetzgebung darüber zuallererst selbst verständigen und sie sich immer von neuem aneignen müssten[341].

278 Das demokratische Prinzip erhält dadurch einen eigenen Wert, mit dem es den Prinzipien von Freiheit und Gleichheit gleichrangig an die Seite tritt. Gerade damit hat sich

---

[338] S. dazu P. Selznick, Kommunitaristischer Liberalismus, Der Staat 34 (1995), 487 (492 f.).

[339] So der Untertitel bei J. Habermas (Fn. 290), Faktizität und Geltung; die wesentlichen Beiträge von K.-O. Apel, in: ders., Transformation der Philosophie, 2 Bände, 5. Auflage 1993.

[340] Rawls (Fn. 276), Politischer Liberalismus, S. 106.

[341] J. Habermas, Die Einbeziehung des Anderen, 1996, S. 65 (87 ff.).

die Diskurstheorie ungeachtet mancher Unzulänglichkeiten der Begründung und einer Tendenz zur Idealisierung der Verhältnisse zu einer der heute einflussreichsten Theorien des demokratischen Rechtsstaats überhaupt entwickelt.

a) Am Grund der Diskurstheorie liegt wie in vielen anderen Philosophien eine spezifi-   **279**
sche Vorstellung von Vernunft, und zwar als einer in den sozialen Beziehungen wirksamen und von allen Gesellschaftsmitgliedern implizit gewussten Vernunft. Anders als etwa bei Kant ist es aber nicht die Vernunft des für sich bleibenden Einzelnen, der in sich gleichsam hineinhorcht, um sich so die Regeln seines Verhaltens selbst zu geben (→ Rn. 188); es ist vielmehr eine intersubjektive, sich in Vorgängen wechselseitiger Verständigung immer erst herstellende und erzeugte Vernunft: „kommunikative Vernunft", wie es bei Habermas heißt[342]. Das Medium, durch das sie sich vermittelt, ist die Sprache, insofern diese von ihrer ursprünglichen Funktion her auf Handlungskoordinierung und die Herstellung von Übereinkunft abzielt. In diesem Sinne entfaltet ein Konzept des kommunikativen Handelns

„die Intuition, dass der Sprache das Telos der Verständigung innewohnt."[343]

Zwar kann Sprache theoretisch wie praktisch nicht nur kommunikativ, also verständi-   **280**
gungsorientiert, sondern auch strategisch zur einseitigen Durchsetzung von Interessen eingesetzt werden[344]. Dabei liegt jedoch das der Sprache an sich immanente Potential, eine durch Einsicht in Gründe motivierte Selbstbindung herbeizuführen, brach[345]. Aber woraus bezieht sie dieses Potential? Es stammt aus der Verbindung von Sprechen, Handeln und bezweckten Wirkungen, so wie sie in der von dem englischen Sprachphilosophen John Austin entwickelten Begriff des „Sprechakts" (speech act) zum Ausdruck kommt: Wenn man spricht, tut man damit immer auch etwas, lautet die grundlegende Erkenntnis[346]. In jeder sprachlichen Äußerung kommen danach immer drei Momente zusammen: ein bestimmter sachlicher Gehalt, so wie er in den geäußerten Worten zum Ausdruck kommt (der „lokutionäre" Bestandteil); das Handlungsmoment und der Verwendungssinn, also etwa die eigene Selbstdarstellung als Person, das Aufstellen einer Behauptung, ein Wunsch, eine Ermahnung oder Empfehlung, ein Versprechen, eine Weigerung etc. (der „illokutionäre" oder „performative" Bestandteil); schließlich die bezweckte Wirkung auf den Adressaten (der „perlokutionäre" Bestandteil)[347]. In kommunikativem Handeln verbinden sich damit regelmäßig be-

---

[342] J. Habermas, Theorie des kommunikativen Handelns, Band I, Handlungsrationalität und gesellschaftliche Rationalisierung, 3. Auflage 1992, S. 532 f., knapp zusammenfassend ders. (Fn. 290), Faktizität und Geltung, S. 17 f.

[343] J. Habermas, Nachmetaphysisches Denken, 3. Auflage 1989, S. 75.

[344] Zu diesen beiden unterschiedlichen Typen sprachlichen Handelns Habermas (Fn. 342), Theorie des kommunikativen Handelns, S. 369 ff., 384 ff.

[345] Habermas (Fn. 342), Theorie des kommunikativen Handelns, S. 384 ff., 410.

[346] J. L. Austin, How to do Things with Words, 1962, dt. Zur Theorie der Sprechakte, 1972; ferner etwa J. Searle, Speech Acts, 1969, dt. Sprechakte, 1971.

[347] Als Beispiel mag etwa der Satz: „Hast du schon gehört: Fritz ist gestorben" dienen. Der lokutionäre Gehalt liegt hier in der Nachricht, dass Fritz gestorben ist. Hinsichtlich des Handlungsmomentes, des illokutionären Bestandteils, können hier je nach Kontext mehrere Dinge zusammenkommen, etwa das Aufstellen einer Tatsachenbehauptung (die der andere ja auch bestreiten könnte, etwa indem er sagt, das könne nicht sein, er habe doch mit Fritz gerade noch telefoniert), die Bekundung und Darstellung eigener Trauer etc. Der perlokutionäre Bestandteil besteht demgegenüber z. B. im Auslösen von Anteilnahme oder Trauer beim anderen.

stimmte Geltungsansprüche: mit Tatsachenbehauptungen (Konstantiva) etwa der Anspruch, dass sie wahr sind, mit normativen Äußerungen wie Anordnungen, Empfehlungen, Bewertungen oder moralischen Urteilen (Regulativa) der Anspruch, dass sie richtig, d. h. in der Regel vernünftig begründbar und angemessen sind[348]. Der Angesprochene kann dazu mit Ja oder Nein Stellung nehmen, die Geltungsansprüche entweder ausdrücklich oder stillschweigend akzeptieren oder sie bestreiten. Bestreitet er sie, wird der andere, als eine Grundregel verständigungsorientierten Handelns, seine Behauptung begründen müssen. Damit ist der „Diskurs" eröffnet: als der Ort, an dem problematische Geltungsansprüche zum Thema gemacht und auf ihre Berechtigung hin untersucht werden.

281 b) Mit Eintritt in den Diskurs verpflichten sich die Teilnehmer implizit auf die Einhaltung bestimmter Bedingungen, die in der Formel von der „idealen Sprechsituation" oder der „idealen Kommunikationsgemeinschaft" zusammengefasst sind[349]. Soziale Ungleichheiten oder Privilegien zählen darin nicht, die Redechancen sind streng symmetrisch verteilt, und jeder hat das gleiche Recht, beliebige Behauptungen aufzustellen und Geltungsansprüche zu problematisieren, zu begründen oder zu widerlegen. Zwang im eigentlichen Sinne kommt dementsprechend nicht vor; der einzige Zwang, der dort gilt, ist der „zwanglose Zwang" guter Gründe oder des besseren Arguments[350]. Dass das nicht von dieser Welt ist, ist leicht zu sehen und wird von den Vertretern der Theorie auch selbst eingeräumt. Stattdessen drückt sich darin eine „kontrafaktische Unterstellung" aus, die die Voraussetzung dafür bildet, dass man in den Diskurs eintritt und mit dem Argumentieren überhaupt erst anfängt[351]: Man wendet sich dann mit seinen Argumenten nicht nur an die reale Kommunikationsgemeinschaft, der man selbst angehört (und von der man vielleicht insgeheim schon ahnt, dass man sie nicht überzeugen wird), sondern der Vorstellung nach auch an eine ideale Kommunikationsgemeinschaft, die prinzipiell imstande sein müsste, die vorgebrachten Argumente zu verstehen und deren Wahrheit zu beurteilen[352]. Andernfalls könnte man es ja auch gleich bleiben lassen. Die ideale Kommunikationsgemeinschaft fungiert in diesem Sinne als ein „Apriori", das man, wie namentlich Apel ausgeführt hat, sinnvoll gar nicht bestreiten könne: Wer dies versuche, beginne selbst schon zu argumentieren und verwickele sich, indem er auf die Überzeugungskraft der von ihm vorgebrachten Gründe vertraue, in einen „performativen Selbstwiderspruch"[353].

282 Mit der Vorstellung eines solchen Apriori und der Figur des performativen Selbstwiderspruchs glaubt Apel zugleich, zumindest für die von ihm vertretene Variante der Diskurstheorie das Begründungsproblem jeder Ethik oder Moraltheorie gelöst zu haben: Wenn man etwas nicht ohne aktuellen Selbstwiderspruch bestreiten könne, dann gehöre es eben zu jenen „transzendentalpragmatischen" Voraussetzungen der Argumentation, die man immer schon anerkannt haben müsse, wenn das Sprachspiel der Argumentation sei-

---

[348] Habermas (Fn. 342), Theorie des kommunikativen Handelns, S. 410 ff.; knapper etwa ders., Moralbewusstsein und kommunikatives Handeln, 1991, S. 68 ff.

[349] Die erste Formulierung bei J. Habermas, Wahrheitstheorien, in: H. Fahrenbach (Hrsg.) Wirklichkeit und Reflexion, 1973, S. 211 (252 ff.) sowie ders. (Fn. 342), Theorie des kommunikativen Handelns, S. 47; die andere bei Apel (Fn. 339), Band II, S. 358 ff.

[350] S. etwa J. Habermas (Fn. 349), Wahrheitstheorien, S. 240, eine in dieser oder jener Variation immer wiederkehrende Formulierung.

[351] Vgl. Habermas (Fn. 349), Wahrheitstheorien, S. 258.

[352] Apel (Fn. 339), Band II, S. 429.

[353] K.-O. Apel, Das Problem der philosophischen Letztbegründung im Lichte einer transzendentalen Sprachpragmatik, in: B. Kanitscheider (Hrsg.), Sprache und Erkenntnis, 1976, S. 55 (72 f.).

nen Sinn behalten solle[354]. Demgegenüber hatte der Heidelberger Philosoph Hans Albert mit dem von ihm so genannten „Münchhausen-Trilemma" die Auffassung vertreten, eine solche Letztbegründung sei für die Philosophie gar nicht möglich: Entweder man landet in einem „infiniten Regress", weil jeder Grund für eine Aussage auf einen weiteren Grund zurückführt, der dann seinerseits hinterfragt werden kann (Warum gilt A? Weil B gilt. Warum gilt B? Weil C gilt usw.); oder die Begründung wird zirkulär (Warum gilt A? Weil B gilt. Warum gilt B? Weil A gilt); oder man bricht die Begründung an einer bestimmten Stelle einfach ab (Warum gilt A? Unterstellen wir es einfach einmal)[355]. So oder so scheitern die Begründungsversuche und laufen bestenfalls darauf hinaus, sich wie Münchhausen am eigenen Schopf aus dem Sumpf zu ziehen. Auch gegen die von Apel vorgeschlagene Letztbegründung lässt sich in diesem Sinne einwenden, dass die Diskurse ihre begründende Kraft erst mit dem guten Willen entfalten können, in ihn einzutreten; mit ihm kommen sie entweder zustande oder sie müssen durch Zwang ersetzt werden[356]. Für Habermas reicht es demensprechend aus, wenn der Diskurs mit seinen Regeln und Prinzipien in den intuitiven Vorstellungen und den realen Lebensformen der Gesellschaft hinreichend verwurzelt ist[357].

c) Kommt es im Diskurs allein auf die Überzeugungskraft und das Gewicht der vorgebrachten Argumente an, muss freilich geklärt werden, was am Ende richtig ist oder gültig sein soll – und wie man das feststellt. Unter den Bedingungen eines freien und offenen Diskurses kann es dafür kein Kriterium geben, das gleichsam von außen an die Teilnehmer herangetragen wird; *es sind vielmehr die Teilnehmer selbst, die sich darüber verständigen und die Sache entscheiden müssen.* Einziger Maßstab für Richtigkeit, und zwar grundsätzlich sowohl für die Wahrheit tatsächlicher Behauptungen als auch für die Gültigkeit normativer Aussagen, kann dementsprechend nur der Konsens aller sein, mindestens als ein möglicher oder vorstellbarer Konsens. Für die Gültigkeit von Normen bedeutet das: **283**

„Gültig sind genau die Handlungsnormen, denen alle möglicherweise Betroffenen als Teilnehmer an rationalen Diskursen zustimmen könnten."[358]

Dies ist das „Diskursprinzip", von den Diskurstheoretikern mittlerweile meist nur noch ehrfürchtig „D" genannt. Mit ihm ist jede inhaltlich bestimmte Orientierung aufgegeben; die „kommunikative Vernunft" bestimmt im Wesentlichen nur die Regeln für das Verfahren der Argumentation, ist aber sonst **284**

„weder informativ noch unmittelbar praktisch"[359].

Richtig ist damit allein, was in diesem Verfahren und unter Einhaltung dieser Regeln als richtig ausgezeichnet wird. Die Diskursethik bleibt damit noch hinter dem Formalismus der kantschen Ethik zurück, die im kategorischen Imperativ mit der Verallgemeinerungsfähigkeit des eigenen Verhaltens zumindest *eine* – wenn auch eben rein formale – Anforderung für richtiges Verhalten formuliert hatte (→ Rn. 186 ff.). Demgegenüber wird nun hier zunächst auf jede inhaltliche Anforderung verzichtet. Allerdings stellt sich von hier aus die Frage, wie die Teilnehmer des Diskurses unter **285**

---

[354] Apel a. a. O.; der Begriff erklärt sich gerade aus der doppelten Bezugnahme auf die reale Kommunikationsgemeinschaft (pragmatisches Element) und die ideale Kommunikationsgemeinschaft (transzendentales Element).

[355] H. Albert, Traktat über kritische Vernunft, 5. Auflage 1991, S. 13 ff.

[356] W. Reese-Schäfer, Grenzgötter der Moral, 2013, S. 59.

[357] J. Habermas, Moralbewusstsein und kommunikatives Handeln, 2006, S. 105 ff.

[358] Habermas (Fn. 290), Faktizität und Geltung, S. 138; ähnlich etwa ders., Erläuterungen zur Diskursethik, 1991, S. 12 sowie an zahlreichen anderen Stellen.

[359] Habermas (Fn. 290), Faktizität und Geltung, S. 19.

diesen Voraussetzungen überhaupt je zu einer Übereinstimmung gelangen wollen. Möglich wird das nur, wenn jeder von ihnen bereit ist, in einem „ideellen Rollentausch" die Perspektive eines jeden einzunehmen, der von der Anwendung der in Rede stehenden Handlungsnorm jeweils betroffen sein könnte[360]. Dies läuft letztlich auf einen Verallgemeinerungstest hinaus, der als Universalisierungsgrundsatz („U") bezeichnet wird:

„Bei gültigen Normen müssen die Ergebnisse und Nebenfolgen, die sich voraussichtlich aus einer allgemeinen Befolgung für die Befriedigung der Interessen eines jeden ergeben, von allen zwanglos akzeptiert werden können."[361]

286　In der Sache ist das dann doch nichts anderes als der – leicht modifizierte, nämlich auf die Folgen und Nebenwirkungen des eigenen Handelns bezogene – kategorische Imperativ der kantschen Ethik. In der Diskurstheorie hat er aber seine Funktion gewandelt: Er ist nicht mehr *das* Kriterium für Richtig und Falsch, sondern hat innerhalb des Diskurses nur noch die Bedeutung und den Status einer Argumentationsregel[362]. Damit drängt sich allerdings die Nachfrage auf, wie man verhindern kann, dass am Ende Beliebiges die Zustimmung aller findet und so im Diskurs angenommen wird[363]. Etwa auch der organisierte Massenmord an Minderheiten? Mit der Argumentationsregel „U" wäre das natürlich nicht zu machen. Aber an Argumentationsregeln kann man sich halten oder nicht; letztlich hängt auch hier alles von der Bereitschaft der Teilnehmer ab, sie verwenden zu wollen. Die Diskurstheoretiker scheinen dementsprechend eher darauf zu vertrauen, dass es zu solchen Ergebnissen nicht kommen wird: Die Vernünftigkeit des Verfahrens soll auch für eine gewisse Vernünftigkeit der Ergebnisse sorgen – gerade dies macht den Diskurs zum „rationalen Diskurs"[364].

287　Damit könnte jedoch das Potential der Diskurstheorie auch ein Stück verschenkt sein. Theoretisch könnte man ja auch daran denken, die Regeln und Prinzipien, die – wie etwa die grundsätzliche Autonomie jedes Diskursteilnehmers, die formale Gleichheit aller oder die Fairness des Verfahrens als solche – den Diskurs erst möglich machen, von dem zu unterscheiden, was in ihm verhandelt wird: Das eine wären die Prämissen, das andere die Themen des Diskurses, und die Prämissen stünden im Diskurs selbst nicht zur Diskussion. Auch soweit das Diskursprinzip auf die Zustimmung aller zielt, enthält es ja schon in sich selbst einen moralischen Gehalt, an den man dafür anknüpfen könnte[365]. Diesen Ausweg wollen die meisten Diskurstheoretiker aber nicht nehmen, weil sie darin den eigenen Anspruch der Diskurstheorie konterkariert sehen: dass nämlich der Diskurs und nur der Diskurs die letzte Berufungsinstanz in allen normativen Fragen ist[366]. Ähnlich wie Hegel setzt man stattdessen auch hier lieber darauf, dass die den Diskurs konstituieren-

---

[360]　Die Idee des „ideellen Rollentausches" (ideal role-taking), bei der man sich an einem „generalisierten Anderen" orientiert, wird von G. H. Mead übernommen, s. ders., Mind, Self, and Society, 1934, dt. Geist, Identität und Gesellschaft, 1968, S. 429 ff.

[361]　Habermas (Fn. 358), Diskursethik, S. 12; in der Sache ebenso etwa ders. (Fn. 357), Moralbewusstsein und kommunikatives Handeln, S. 75 f.

[362]　Habermas (Fn. 357), Moralbewusstsein und kommunikatives Handeln, S. 75 ff.; knapper ders. (Fn. 358), Diskursethik, S. 12.

[363]　Vgl. insoweit statt vieler V. Hösle, Die Krisen der Gegenwart und die Verantwortung der Philosophie, 3. Auflage 1997, S. 248 ff.

[364]　Vgl. Habermas (Fn. 290), Faktizität und Geltung, S. 138 f.

[365]　Ähnlich G. Lohmann, Menschenrechte zwischen Moral und Recht, in: G. Lohmann/S. Gosepath (Hrsg.), Philosophie der Menschenrechte, 1998, S. 62 (73).

[366]　Vgl. S. Chambers, Zur Politik des Diskurses: Riskieren wir unsere Rechte?, in: K.-O. Apel/M. Kettner (Hrsg.), Zur Anwendung der Diskursethik in Politik, Recht und Wissenschaft, 2. Auflage 1993, S. 168 ff.

den Prinzipien bereits hinreichend tief in die Lebensverhältnisse und die Rechtstradition heutiger Gesellschaften eingelassen sind, um vor restloser Verflüssigung gesichert zu sein. Immerhin zeigt die Diskurstheorie, dass es unter ihren Prämissen unproblematisch *möglich* ist, jedenfalls für die Menschenrechte zu argumentieren: Diese

„verkörpern offensichtlich verallgemeinerbare Interessen und lassen sich unter dem Gesichtspunkt, was alle wollen könnten, moralisch rechtfertigen."[367]

d) Unter diesen Prämissen bekommt die Diskurstheorie allerdings mit dem Vorhandensein einer staatlichen Zwangsordnung und gerade dem Phänomen des Rechts ein prinzipielles Problem: Der Diskurs ist prinzipiell zwangsfrei, in ihm zählt nur das bessere Argument – wie lässt sich von hier aus begründen oder überhaupt in den Theorierahmen einbauen, dass es aus der Menge begründbarer, von den Teilnehmern aber immer wieder anzweifelbarer Normen auch solche gibt, die gegebenenfalls gegen Widerstand durchgesetzt werden können[368]? Karl-Otto Apel sucht die Lösung in einer Ergänzung der Diskursethik um eine besondere politische Verantwortungsethik, die gerade auf die Erfahrungen gestörter Kommunikation reagiert: Weil Menschen nun eben nicht immer nur kommunikativ, sondern häufig auch strategisch handeln und dabei auch Gewalt, List oder ähnlich unerlaubte Mittel einsetzen, muss man im Einzelfall selbst strategisches Handeln oder auch Zwang dagegensetzen, damit der Diskurs überhaupt erst wieder möglich wird. Auf diese Weise soll sich auch das Recht mit seinen verschiedenen Formeigenschaften – insbesondere seinem Zwangscharakter – normativ rechtfertigen lassen[369]. Demgegenüber hält Habermas eine solche Begründung weder für möglich noch für erforderlich, weil das Recht heute einfach da ist; es hat sich als eine besondere Gruppe von Normen im Verlauf der sozialen Evolution herausgebildet, ist aber heute in die Grundstruktur der Gesellschaft tief eingelassen. In diesem Sinne ist für Habermas

288

„die Rechtsform […] überhaupt kein Prinzip, das sich, sei es epistemisch oder normativ, ‚begründen' ließe";

möglich sei allenfalls eine „funktionale" Rekonstruktion, die es als Resultat eines gesellschaftlichen Differenzierungsprozesses ausweist[370]. Dieser Differenzierungsprozess betrifft das Verhältnis von Recht und Moral, die ursprünglich, nämlich in einer traditionalen Sittlichkeit, noch miteinander verschränkt waren. Im Verlaufe der Entwicklung treten beide aber auseinander; während das Recht, wie Habermas unter Verweis auf Kant ausführt, als positiv gesetztes Recht von der Motivation der Adressaten zur Regelbefolgung abstrahiert und nur das äußere Verhalten erfasst, dieses aber notfalls erzwingt, kommt die Moral „nur noch für richtige Urteile" auf[371]. Sie kann aber nicht sicherstellen, dass nach diesen Urteilen auch gehandelt wird. In besonderer Weise gilt das für eine autonome, auf Vernunftgründe gestützte Moral, die nicht mehr aus einer bloßen Konvention oder aus gesellschaftlichen Konformitätszwängen heraus funktioniert, sondern – den Verhältnissen in modernen und aufgeklärten Gesellschaften ent-

289

---

[367] Habermas (Fn. 358), Diskursethik, S. 22.

[368] Dieser Einwand zentral bei O. Höffe, Politische Gerechtigkeit, 1987, S. 27 ff.

[369] K.-O. Apel, Diskursethik vor der Problematik von Recht und Politik, in: Apel/Kettner (Fn. 366), S. 29 (42 ff.); die verantwortungsethische Ergänzung bereits in ders., Diskurs und Verantwortung, 2. Auflage 1992, S. 122 ff.

[370] Habermas (Fn. 290), Faktizität und Geltung, S. 142 f.

[371] Habermas (Fn. 290), Faktizität und Geltung, S. 145.

sprechend – auf die Kritik- und Reflexionsfähigkeit jedes Einzelnen setzt[372]. Gerade in die sich daraus ergebende Lücke springt das Recht. Insoweit gleicht es drei prinzipielle Schwächen einer Moral aus, die – wie namentlich die Diskursethik selbst – den Subjekten zumutet, sich ein eigenes Urteil zu bilden. Diese Schwächen sind:

– die *kognitive Unbestimmtheit,* also das Problem, dass aus verschiedenen Gründen (unklarer Tatsachengrundlage, komplexen Problemlagen, kollidierenden moralischen Prinzipien) vielfach unsicher ist, was im konkreten Fall richtig und falsch ist oder was getan werden soll,
– die *motivationale Ungewissheit* als die Unsicherheit darüber, ob die Menschen nach den für richtig erkannten Prinzipien auch wirklich handeln,
– die *unklare Zurechenbarkeit von Verpflichtungen,* die aus der Frage resultiert, wer jeweils zum Handeln berufen sein soll[373].

290 All dies fängt das Recht auf, indem es klare und eindeutige Regeln schafft, die Durchsetzung von Verpflichtungen zur Not gegen Widerstand erzwingt und im konkreten Fall sagt, wer wofür zuständig ist. Insoweit stehen Recht und Moral in einem prinzipiellen Ergänzungsverhältnis.

Das ist als solches nicht wirklich originell und nicht einmal neu; blickt man dazu etwa auf die Schilderungen des Naturzustands in den verschiedenen Versionen der Gesellschaftsvertragslehren zurück, so kann man hinter den von Habermas formulierten Schwächen der Moral ziemlich genau jene Defizite eines solchen Naturzustands erkennen, die am Ende den Übergang in den staatlichen und rechtlich geordneten Zustand erforderlich machten (→ Rn. 127). Neu ist, dass man darin heute schon nicht mehr eine eigenständige normative Begründung des Rechts sehen will, sondern nur noch eine funktionale Erklärung, die nicht mehr beansprucht als das Selbstverständnis der heutigen Gesellschaft angemessen zu rekonstruieren.

291 e) Aus dem so erläuterten Ergänzungsverhältnis folgt zwar einerseits und gleichsam im Sinne einer Mindestbedingung, dass das Recht der Moral nicht widersprechen darf[374]. Es leitet sich aber andererseits auch nicht inhaltlich in vollem Umfang aus der Moral ab oder stellt sich nur als Ausbuchstabierung bestimmter moralischer Prinzipien dar. Stattdessen erfasst es auch Handlungsnormen, die auf anderen Gründen beruhen oder andere Funktionen erfüllen, etwa solche der Selbstverständigung eines Kollektivs

---

[372] Insoweit spricht man oft von einer „posttraditionalen" oder „postkonventionellen" Moral. Das schließt an die Stufentheorie der Entwicklung des moralischen Bewusstseins an, die – in Anknüpfung an Vorarbeiten von Jean Piaget – von dem amerikanischen Psychologen und Erziehungswissenschaftler Lawrence Kohlberg vorgestellt worden ist, s. ders., Die Psychologie der Moralentwicklung, 1996. Danach vollzieht sich diese Entwicklung und der Erwerb der Fähigkeit zum moralischen Urteilen im Wesentlichen auf drei voneinander zu unterscheidenden Stufen oder Ebenen: der „präkonventionellen" Ebene, bei der moralische Normen aus Angst vor Strafe oder um bestimmter Vorteile wie einer Belohnung willen befolgt werden (entspricht dem Niveau von jüngeren Kindern); der „konventionellen" Ebene, auf der Normen befolgt werden, weil es alle anderen auch machen (entspricht dem Niveau älterer Kinder, Jugendlicher und auch vieler Erwachsener); schließlich der „postkonventionellen" Ebene, auf der das Handeln an abstrakten, in kritischer Aneignung und Reflexion gewonnenen Prinzipien orientiert wird (entspricht dem Niveau einiger, aber auch längst nicht aller Erwachsener). Die Vertreter der Diskurstheorie haben dieses Modell später auf die Entwicklung der menschlichen Gattung und der Gesellschaft als Ganzes übertragen, vgl. J. Habermas, Zur Rekonstruktion des Historischen Materialismus, 1976, S. 172 f.
[373] Habermas (Fn. 290), Faktizität und Geltung, S. 146 ff.
[374] Vgl. K. Günther, Diskurstheorie des Rechts oder Naturrecht in diskurstheoretischem Gewande?, KJ 27 (1994), 470 (473 ff.); ders., Geteilte Souveränität, Nation und Rechtsgemeinschaft, KJ 49 (2016), 320 (324 ff.).

über seine gemeinsamen Ziele oder pragmatische der rationalen Mittelwahl für eine Vielfalt beliebiger Zwecke[375]. Immer erhebt es aber im demokratischen Rechtsstaat unserer Tage den Anspruch, *legitim zu sein und von seinen Adressaten tendenziell auch aus Einsicht befolgt werden zu können*. Woher aber bezieht das Recht diese Legitimität? Für die Diskurstheorie kann sie sich nur auf ein kommunikatives Arrangement stützen, das auf den Prozess seiner Erzeugung zurückverweist:

„*Seinen vollen normativen Sinn erhält das Recht nicht per se durch seine Form, auch nicht durch einen a priori gegebenen moralischen Inhalt, sondern durch ein Verfahren der Rechtserzeugung, das Legitimität erzeugt […] Nicht die Rechtsform als solche legitimiert die Ausübung politischer Herrschaft, sondern allein die Bindung ans legitim gesetzte Recht. Und auf dem posttraditionalen Rechtfertigungsniveau gilt nur das Recht als legitim, das in einer diskursiven Meinungs- und Willensbildung von allen Rechtsgenossen rational akzeptiert werden könnte.*"[376]

Auf diese Weise verbindet sich die Legitimitätserwartung an das Recht automatisch mit **292** dem Demokratieprinzip, das idealerweise genau die dafür notwendigen Formen und Verfahren unter Beteiligung aller bereitstellt[377]. Auch das Demokratieprinzip wird aber von Habermas nicht eigentlich begründet, sondern im Wege einer rationalen Rekonstruktion des Selbstverständnisses moderner Rechtsordnungen im Lichte der Diskurstheorie eingeführt[378]. Dazu muss es vor allem zur Idee der Menschenrechte ins Verhältnis gesetzt werden, die neben der Idee der Demokratie dieses Selbstverständnis entscheidend mitbestimmt[379]. Das genaue Verhältnis zwischen diesen ist in der liberalen Staatsphilosophie bis heute umstritten: Kant und Locke hatten die Demokratie nur auf die Sicherung der Menschenrechte bezogen und den Menschenrechten damit den Vorrang eingeräumt, Rousseau hingegen der Demokratie als umfassend verstandener Volkssouveränität. Demgegenüber bemüht sich Habermas um den Nachweis, dass beide „gleichursprünglich" und damit im Ergebnis auch „gleichgewichtig" sind[380]. Ihren Ausgang nehmen die im Einzelnen sehr verschlungenen und nicht leicht nachvollziehbaren Überlegungen dabei von dem von Habermas angenommenen „künstlichen Charakter" des Rechts, also dem Umstand, dass das Recht eine von Menschen gemachte und von ihnen aufgrund eines entsprechenden Entschlusses erst herzustellende Ordnung ist[381]. Auch der Zusammenschluss zu einer Rechtsgemeinschaft ist deshalb ein voluntativer Akt, er setzt einen entsprechenden Entschluss voraus, nämlich den Entschluss von Bürgern, ihr Zusammenleben im Medium des Rechts auf eine legitime Weise zu organisieren. Ist dieser Entschluss freilich einmal gefasst, ist darin alles weitere schon angelegt[382]:

– Unter der Geltung des Diskursprinzips, das aus den Bedingungen kommunikativer **293** Vergesellschaftung resultiert und auf das sich die Bürger damit implizit eingelassen ha-

---

[375] Vgl. Habermas (Fn. 290), Faktizität und Geltung, S. 196 ff. Diese Fragen werden dementsprechend in je eigenen Diskurstypen oder Verfahren der Kompromissfindung behandelt, die ersteren in, wie Habermas formuliert, „ethisch-politischen Diskursen", die anderen in „pragmatischen Diskursen".

[376] Habermas (Fn. 290), Faktizität und Geltung, S. 169.

[377] Vgl. Habermas (Fn. 290), Faktizität und Geltung, S. 141.

[378] Vgl. Habermas (Fn. 290), Faktizität und Geltung, S. 109.

[379] Habermas (Fn. 290), Faktizität und Geltung, S. 124.

[380] Habermas (Fn. 290), Faktizität und Geltung, S. 151 f.

[381] Vgl. Habermas (Fn. 290), Faktizität und Geltung, S. 142; klar herausgearbeitet bei Günther (Fn. 374), Geteilte Souveränität, Nation und Rechtsgemeinschaft, S. 323 ff.

[382] Vgl. Habermas (Fn. 290), Faktizität und Geltung, S. 163.

ben, müssen sie sich dann zunächst die subjektiven Rechte einräumen, die überhaupt erst ihren Status als Rechtspersonen begründen: also etwa Rechte auf gleiche Handlungsfreiheiten, Statusrechte innerhalb einer konkreten politischen Gemeinschaft wie die klassischen Staatsangehörigkeitsrechte, Rechte auf Einklagbarkeit und Durchsetzung dieser Rechte etc. Diese Rechte sind letztlich in der Rechtsform enthalten – kein Recht ohne Rechtssubjekte, keine Rechtssubjekte ohne subjektive Rechte – und konstituieren die *private Seite* der Autonomie der Bürger[383].

294   – Allerdings ist damit diese Autonomie nur erst zur Hälfte begriffen und entfaltet, zumal auch die einzelnen Rechte vorerst nur ganz abstrakt sind und ihrerseits noch der Ausgestaltung durch Recht bedürfen. Vollständig autonom sind die Bürger nur dann, wenn sie zugleich auch die Autoren des Rechts werden, dessen Geltung sie sich unterwerfen. Dazu müssen sie sich wechselseitige Rechte auf gleichberechtigte Mitwirkung an der Erzeugung dieses Rechts einräumen, die so die *öffentliche Seite* ihrer Autonomie konstituieren[384]. Dies bringt wiederum das Demokratieprinzip hervor, in dem seinerseits das Diskursprinzip – als Forderung nach der Zustimmung aller – institutionalisiert wird und rechtliche Gestalt annimmt: In der Demokratie wird gleichsam das Diskursprinzip auf das Rechtsmedium, genauer: auf den Vorgang der Erzeugung des Rechts, zur Anwendung gebracht. In diesem Sinne kann Habermas zusammenfassend sagen,

„dass sich das Demokratieprinzip der Verschränkung von Diskursprinzip und Rechtsform verdankt."[385]

Die Demokratie ist dann im Ergebnis nichts anderes als das Diskursprinzip in die Rechtsform übersetzt.

295   Auch dies rechnet, wie leicht zu sehen ist, natürlich wieder mit einer idealeren Welt als diejenige, in der wir leben: Im Tagesgeschäft der Demokratie müssen weniger Konsense erzielt als vielmehr Mehrheiten organisiert oder Kompromisse gefunden werden; statt Gerechtigkeitsprinzipien wollen die Beteiligten oft nur ihre Interessen strategisch gegen andere durchsetzen; schon gar nicht geht es immer rational zu. Vor allem sind soziale Machtverhältnisse gerade nicht neutralisiert. Gerade neuere Demokratietheorien betonen deshalb stärker die Rolle von Konflikt oder auch Kampf – Demokratie sei, so die These, in ihrem Kern durch ein Ringen unvereinbarer Hegemonieansprüche um ihre jeweilige Durchsetzung gekennzeichnet[386]. Allerdings ist auch Habermas' Demokratiekonzeption gegenüber den Realitäten des politischen Betriebs nicht blind und versucht ihnen auf verschiedene Weise Rechnung zu tagen[387]. Und sie beharrt gegenüber diesen Realitäten auf einem emphatischen Anspruch von Demokratie als kollektiver Selbstbestimmung von

---

383   Habermas (Fn. 290), Faktizität und Geltung, S. 151, 155 ff.

384   Die von ihm angenommene Gleichursprünglichkeit mit der privaten Autonomie will Habermas damit begründen, dass sich die öffentliche Autonomie gerade auf die vorerst noch abstrakt – „ungesättigt" – bleibenden Rechte der privaten Autonomie, also etwa auf die wechselseitige Zuordnung und Austarierung der verschiedenen Freiheiten der Bürger, bezieht, vgl. Habermas (Fn. 290), Faktizität und Geltung, S. 159 f.; das ist letztlich hier der entscheidende Argumentationsschritt. Ob diese Begründung tatsächlich gelungen ist, ist umstritten, s. zur Verteidigung etwa K. Günther, Liberale und diskurstheoretische Deutungen der Menschenrechte, in: W. Brugger/U. Neumann/S. Kirste (Hrsg.), Rechtsphilosophie im 21. Jahrhundert, 2008, S. 338 ff.

385   Habermas (Fn. 290), Faktizität und Geltung, S. 154.

386   In diesem Sinne vor allem C. Mouffe, Über das Politische, 2007; dies. Agonistik, 2014, dort S. 21 ff., die Kritik an Habermas auf S. 90 f.: „unfähig, die antagonistische Dimension des ‚Politischen' zur Kenntnis zu nehmen".

387   Von den Ergebnissen des politischen Prozesses, der oft auf andere Weise abläuft, wird dann etwa verlangt, dass sie mit moralischen Grundsätzen zumindest kompatibel sind; ferner müssen zumindest die

Staatsbürgern, die sich wechselseitig zu Koautoren ihrer Rechtsordnung eingesetzt haben. Für den demokratischen Prozess als solchen ergibt sich daraus eine Lesart, die wesentlich auf gesellschaftliche Kommunikationen und die öffentliche Beratung wichtiger Fragen in Zivilgesellschaft und politischer Öffentlichkeit – „Deliberationen" – setzt; an diese müssen die Entscheidungen in den verfassten Organen – den Parlamenten und Regierungen – rückgekoppelt sein. In dieser „deliberativen Demokratie" wird dann auch das Prinzip der Volkssouveränität diskurstheoretisch gelesen: Dass alle Staatsgewalt vom Volk ausgeht, bedeutet dann vor allem, dass politische Macht sich aus dessen kommunikativer Macht herleitet, die sich gegenüber den politischen Leitungsorganen vor allem im „Modus der Belagerung" zur Geltung bringt[388]. Gerade darin soll sich Demokratie als ein gemeinsames Projekt von Bürgern erweisen.

C. Kritische Konzeptionen

Mit dem so dargestellten Programm lässt sich auch die Diskurstheorie in der Sache als **296** eine liberale Theorie politischer Gerechtigkeit lesen, auch wenn sie nicht ausdrücklich unter diesen Begriff gestellt wird. Zugleich steht sie exemplarisch für den idealistischen Anspruch, wenn nicht utopischen Überschuss, der für viele solcher Theorien kennzeichnend ist. Es ist allerdings umgekehrt gerade dieser hohe Anspruch, der seit jeher auch die Kritik auf den Plan gerufen hat. Dafür können idealtypisch zwei Grundrichtungen unterschieden werden, je nach dem Verhältnis, in dem sie zu den Kernüberzeugungen liberaler Konzeptionen stehen. Die *Kritik im Liberalismus* teilt im Wesentlichen die liberalen Prämissen oder zumindest einige von ihnen, hält sie aber nur für unzulänglich realisiert, weist auf einzelne blinde Flecke hin oder klagt die Ergänzung um andere Elemente ein; in diesem Sinne handelt es sich im Kern um eine konstruktive Kritik, die nur eine Variante oder Abwandlung des Liberalismus darstellt. Diesem Lager können – jedenfalls nach der hier vorgestellten Lesart – etwa die hegelsche Rechtsphilosophie oder auch der Kommunitarismus zugeschlagen werden, die in anderen Darstellungen oft generell als liberalismuskritische Positionen referiert werden[1]. Das übersieht aber die starke liberale Prägung, die auch in diesen Theorien immer wieder durchscheint und durch die sie sich von der *Kritik des Liberalismus* unterscheiden. Diese wendet sich gegen das Programm an sich, das ihr entweder schon in seinen grundlegenden Prämissen nicht einleuchtet oder überhaupt nur als Maskerade für ganz andere Absichten erscheint; es ist in diesem Sinne eine Kritik, die im Kern auf eine grundsätzliche Alternative zielt, ohne dass diese immer schon klar bezeichnet oder ihrerseits theoretisch entfaltet sein müsste. Allerdings sind die Übergänge zwischen diesen beiden Richtungen durchaus fließend, so wie man auch über manche Zuordnung sicher streiten kann. Zwei zentrale Vorwürfe gegen den Liberalismus kehren aber innerhalb der Grundsatz- oder Fundamentalkritik immer wieder:

– Ein erster Vorwurf reagiert auf Widersprüche zwischen Theorie und Praxis des Liberalismus, zwischen dem Anspruch, mit dem er daherkommt, und dem, was davon in der Realität zu sehen ist. Von hier aus wird er insgesamt unter Ideologieverdacht gestellt; in Wahrheit, so der Vorwurf, gehe es immer nur um Herrschafts- und Besitzinteressen.

– Ein zweiter Vorwurf richtet sich demgegenüber gegen die theoretische Begründung und Begründbarkeit der liberalen Prämissen an sich; in der radikalsten Konsequenz,

---

rechtlichen Bedingungen strategisch geführter Verhandlungen in moralischen Diskursen gerechtfertigt werden können, vgl. im Einzelnen Habermas (Fn. 290), Faktizität und Geltung, S. 204 ff.

[388] Habermas (Fn. 290), Faktizität und Geltung, S. 209, 626.

[1] S. etwa R. Celikates/S. Gosepath, Grundkurs Philosophie: Politische Philosophie, 2013, S. 93 ff.

für die heute vor allem bestimmte Varianten des Poststrukturalismus stehen, wird schon die Möglichkeit jeder Begründung abgelehnt.

Auch das ist so wiederum nur eine idealtypische Unterscheidung; in der konkreten Entfaltung vermischen sich die beiden Vorwürfe oft und gehen ineinander über. Darüber hinaus könnte sich auch in mancher Variante der Grundsatz- oder Fundamentalkritik zeigen, dass sie den liberalen Prämissen stärker verhaftet ist als ihre Vertreter es sich eingestehen.

I. Muster der Ideologiekritik

297 Ideologiekritik als solche ist ein altes und keineswegs auf den Liberalismus – in welcher Variante auch immer – beschränktes Phänomen. Im Gegenteil ist es eine in der Geschichte zu ganz verschiedenen Zeiten aufgestellte und in sich vielfältig variierte These, dass staatliche Ordnung und das Recht nicht auf bestimmte ideale Prinzipien gegründet seien, sondern auf die je bestehenden Stärke- und Kräfteverhältnisse; nicht die Gerechtigkeit herrsche darin, sondern am tiefsten Grund die blanke Gewalt, die durch solche abstrakten Großformeln nur verschleiert werde. In diesem Sinne hatte schon der Sophist Thrasymachos gegen Sokrates argumentiert, die Gerechtigkeit sei letztlich nichts anderes als der Vorteil des Stärkeren; jede Regierung habe, wenn sie von Gerechtigkeit rede, nichts anderes als ihre eigenen Interessen im Sinn, die sie gerade als Regierung im Ergebnis auch durchsetze (→ § 2 Rn. 139). Am Beginn der Neuzeit war es vor allem Niccolò Machiavelli, der im Gewand eines Fürstenratgebers die politische Ordnung seiner Zeit so illusions- wie schonungslos sezierte und die zynischen Mechanismen beschrieb, mit denen in einer zutiefst korrumpierten Ordnung politisches Handeln allein möglich war:

„Jemand, der es darauf anlegt, in allen Dingen moralisch gut zu handeln, muss unter einem Haufen, der sich daran nicht kehrt, zugrunde gehen. Daher muss ein Fürst, der sich behaupten will, sich auch darauf verstehen, nach Bedarf nicht gut zu handeln, und dies tun oder lassen, so wie es die Notwendigkeit erfordert.“[2]

298 Von Idealen irgendwelcher Art bleibt hier von vornherein nichts übrig. Die klassische Kritik des Liberalismus wiederum stammt von Karl Marx und verbindet sich geschichtlich mit der flächendeckenden Durchsetzung seines Wirtschaftsprogramms im frühen und mittleren 19. Jahrhundert. Diese führte aber nicht wie versprochen zu einem höheren Wohlstand für alle, geschweige zu einer auch nur ganz entfernt gerecht zu nennenden Verteilung dieses Wohlstands, sondern bekanntlich erst einmal in die massenhafte Verelendung breiter Bevölkerungskreise, während andere massenhafte Reichtümer aufhäufen konnten (→ Rn. 231). Von hier aus galten Recht und Staat Marx von vornherein nur als ein Reflex der materiellen Verhältnisse, insbesondere der Produktions- und Eigentumsverhältnisse, so wie es in der berühmten Einleitung der „Kritik der Politischen Ökonomie" festgehalten ist:

„In der gesellschaftlichen Produktion ihres Lebens gehen die Menschen bestimmte, notwendige, von ihrem Willen unabhängige Verhältnisse ein, Produktionsverhältnisse, die einer bestimmten Entwicklungsstufe ihrer materiellen Produktivkräfte entsprechen. Die Gesamtheit dieser Produktionsverhältnisse bildet die ökonomische Struktur der Gesellschaft, die

---

[2] N. Machiavelli, Il principe, um 1513/14, dt. Der Fürst, übers. v. A. W. Rehberg, 2009, Kap. 18 (S. 88).

reale Basis, worauf sich ein juristischer und politischer Überbau erhebt und welcher be-
stimmte gesellschaftliche Bewusstseinsformen entsprechen. Die Produktionsweise des mate-
riellen Lebens bedingt den sozialen, politischen und geistigen Lebensprozess überhaupt."[3]

Unter den gegebenen Verhältnissen der bürgerlichen Gesellschaft, wie Marx und   **299**
Friedrich Engels sie zu ihrer Zeit wahrnahmen, erschienen Recht und Staat dann nicht
als das „Reich der verwirklichten Freiheit", als das sie bei Hegel beschrieben waren,
sondern im Gegenteil als die

„organisierte Gewalt einer Klasse zur Unterdrückung einer anderen",

im konkreten Fall also der Bourgeoisie zur Unterdrückung des Proletariats[4]. Die theoretische Grundierung liefert eine Analyse der Abhängigkeits- und Ausbeutungsstruk-
turen, die die Gesellschaft seit dem Aufkommen der Arbeitsteilung durchziehen.
Aber es wird auch praktisch durch eine Vielzahl von ganz konkreten Beobachtungen
und Beispielen untermauert: etwa durch die soziologisch genaue Schilderung der Le-
benssituation der arbeitenden Klassen in England oder die journalistische Aufbereitung einer Debatte über die Verschärfung von Strafvorschriften gegen den Holzdieb-
stahl in Preußen[5]. Zusammen ergibt das immer noch eine der radikalsten Kritiken
des Liberalismus überhaupt. Und sie ist von einer ganz anderen Zielrichtung aus entworfen als alle frühere Ideologie- und Herrschaftskritik: Während etwa Machiavelli im
Kern eine politische Klugheitslehre präsentiert hatte, die ganz der Staatsräson verpflichtet war, zielt der Marxismus auf die revolutionäre Überwindung der bestehenden
Verhältnisse, auf die Überwindung aller ökonomischen Gegensätze und die Beseitigung von Macht über Menschen insgesamt. In der klassenlosen Gesellschaft, die im
Anschluss heraufzieht, wird dann insbesondere der Staat, so die Prophezeiung, nicht
mehr benötigt; er stirbt ab und wandert

„ins Museum der Altertümer, neben das Spinnrad und die bronzene Axt"[6].

Das ist bekanntlich so nicht eingetreten; stattdessen ist der Marxismus selbst überall   **300**
dort, wo er praktisch ausprobiert wurde, nicht über das Zwischenstadium der „Diktatur
des Proletariats" hinausgekommen, die nur neue und andere Machtverhältnisse hervorgebracht hat. Vor allem hat Marx die innere Reformfähigkeit und Wandlungsfähigkeit
des Liberalismus unterschätzt: Dieser kann sich durchaus für die tatsächlichen Realisie-
rungsbedingungen individueller Freiheit, für die stärkere Berücksichtigung von Gleichheit oder auch für Fragen gerechter Verteilung interessieren und tut dies heute auch
(→ Rn. 249). Und speziell für das Recht ist Marx' Diagnose in dessen einseitiger Reduktion auf eine Funktion der ökonomischen Verhältnisse mittlerweile auch innerhalb
der Kritik selbst als unterkomplex erkannt worden: Es gibt, wenn man die Prämissen

---

[3] K. Marx, Zur Kritik der politischen Ökonomie, in: Marx-Engels-Werke, Bd. 13, 1972, S. 8 f.; es folgt
der nicht weniger berühmte Satz: „Es ist nicht das Bewusstsein der Menschen, das ihr Sein, sondern umgekehrt ihr gesellschaftliches Sein, das ihr Bewusstsein bestimmt."

[4] K. Marx/F. Engels, Manifest der kommunistischen Partei, 1848, jetzt in: Marx-Engels-Werke, Bd. 4,
6. Auflage 1972, S. 459 (482).

[5] K. Marx, Debatten über das Holzdiebstahlsgesetz, in: Marx-Engels-Werke, Bd. 1, 1976, S. 109 ff.; dort
wird im Einzelnen dargelegt, wie die Waldbesitzer diese Vorschriften durchsetzen, um ihre Privilegien
mit Hilfe des Rechts gegenüber den besitzlosen Klassen zu verteidigen.

[6] F. Engels, Der Ursprung der Familie, des Privateigentums und des Staats, in: Marx-Engels-Werke,
Bd. 21, 5. Auflage 1975, S. 152 (158).

einmal übernimmt, sicher Recht, das die Warenproduktion oder die Eigentumsordnung absichert, aber es gibt daneben einfach auch jede Menge anderen Rechts, auf das das nicht zutrifft oder wo es sich jedenfalls nicht so einfach sagen lässt.

301 Die feministische Rechtstheorie etwa versucht den Blick auf das Verhältnis von Recht und Geschlecht zu lenken, das hier vollkommen ausgeblendet ist; geltend gemacht wird dann etwa, dass im Recht selbst, aber auch in den hinter ihm stehenden theoretischen oder philosophischen Entwürfen ein stark männlicher Blick dominiere[7]. Überhaupt müsste sich, wie von dieser Seite vorgeschlagen worden ist, eine Gerechtigkeitstheorie, die mehr als bloße Rhetorik sein will, von Anfang an stärker um jene Gruppen kümmern, die in einer bestimmten Mehrheitskultur strukturell benachteiligt sind und keine Stimme haben. In diesem Sinne hat etwa Iris Marion Young in einem vieldiskutierten Ansatz dafür plädiert, weniger Mühe auf die positive Formulierung abstrakter Gerechtigkeitsprinzipien zu verwenden als vielmehr auf die Identifizierung von Erfahrungen der Ungerechtigkeit bei benachteiligten sozialen Gruppen (Frauen, ethnischen Minderheiten, Schwulen und Lesben etc.)[8]. Das ist dann aber so kaum noch eine Kritik des Liberalismus als vielmehr erneut eine Kritik im Liberalismus, die das liberale Versprechen auf solche Gruppen übertragen sehen will, die davon bisher direkt oder indirekt ausgenommen waren. Ähnliches ließe sich möglicherweise – jedenfalls mit Blick auf einige ihrer Varianten – über die von amerikanischen Law Schools ab Ende der 1960er Jahre ausgehende Bewegung der „Critical Legal Studies" sagen, die in ihrer Frühphase noch stark von marxistisch-klassentheoretischen Grundannahmen geprägt war. Davon hat sie sich mittlerweile gelöst und betreibt heute eine in sich vielfältig pluralisierte Ideologiekritik des Rechts, die sich zwar auf einige gemeinsame Motive, aber kaum noch auf den einen Begriff bringen lässt[9].

II. Poststrukturalistische Varianten

302 Überhaupt haben sich in der neueren politischen Philosophie wie der Rechtsphilosophie die kritischen Ansätze noch einmal stark verzweigt. In den Vordergrund geschoben haben sich dabei seit einiger Zeit „postmoderne" oder „poststrukturalistische" Ansätze, die ihrerseits aber ebenfalls kaum ein geschlossenes Theorielager bilden[10]. Ein verbindendes Grundelement mag man allenfalls in dem von Jean-François Lyotard formulierten Misstrauen gegen die „großen Erzählungen" sehen, die das „Projekt der Moderne" bestimmt hätten, also etwa die aufklärerischen Ideen von Freiheit und Gleichheit, die hegelianische Vorstellung von der Verwirklichung der Vernunft in der Geschichte oder auch die Lehre des Marxismus; stattdessen gebe es eine unübersehbare Vielfalt von Interpretationen, Diskursen und überhaupt „Vernunftarten", die sich keiner verbindenden Leitidee mehr fügten: Wir müssen, schreibt Lyotard, lernen,

„das Inkommensurable zu ertragen"[11].

---

[7] Klassisch S. M. Okin, Women in Western Political Thought, Neuausgabe 2013; als neuerer Überblick etwa L. Foljanty/U. Lembke (Hrsg.) Feministische Rechtswissenschaft, 2. Auflage 2012, dort etwa die Beiträge von F. Wapler, S. 33 ff., A. Künzel, S. 52 ff., und A. Schmidt, S. 64 ff.

[8] I. M. Young, Justice and the Politics of Difference, 1990; dies., Responsibility for Justice, 2011.

[9] Darüber informiert kenntnisreich G. Frankenberg, Partisanen der Rechtskritik, in: S. Buckel/ R. Christensen/A. Fischer-Lescano (Hrsg.), Neue Theorien des Rechts, 2. Auflage 2009, S. 93 ff. Als eigene Variante der Kritik: ders., Autorität und Integration, 2003.

[10] Der Begriff der Postmoderne wird meist zurückgeführt auf J.-F. Lyotard, vgl. ders., La Condition postmoderne, 1979, dt. Das postmoderne Wissen, 3. Auflage 1994. Die Bezeichnung Poststrukturalismus geht auf die Abgrenzung gegen den sog. Strukturalismus zurück, wie er für die von ihnen bearbeiteten Bereiche etwa von dem Linguisten Ferdinand de Saussure oder dem Ethnologen Claude Levi-Strauss entwickelt wurde; abgelehnt wird in diesem Sinne vor allem das Denken in bestimmten aufzudeckenden Strukturen oder Gesetzmäßigkeiten (in der Sprache, der Kultur etc.). Zugerechnet werden diesem Lager neben dem ebenfalls häufig genannten Lyotard etwa Michel Foucault, Jacques Derrida, Gilles Deleuze, Roland Barthes oder der Psychoanalytiker Jacques Lacan; zu den beiden zuerst Genannten s. sogleich im Text.

[11] Lyotard (Fn. 10), Das postmoderne Wissen, S. 16.

Für Recht und Staat rüttelt das vor allem an ihrem prinzipiellen Vernunftanspruch, **303** also der Vorstellung, dass sie durch Gründe gerechtfertigt werden können, dass in ihnen weitergehend auch bestimmte Leitideen wirksam sind, die sie inhaltlich prägen. Stattdessen sollen die Risse in dieser Vernunft, soll das Irrationale, letztlich auch Ideologische der ganzen Veranstaltung aufgezeigt werden: als eine gründliche und restlose Entzauberung des Rechts. Als besonders wirkmächtig haben sich hier vor allem die Analysen oder auch Theorien von Michel Foucault und Jacques Derrida erwiesen, auch wenn sie mit ihren Arbeiten zumindest anfänglich gar nicht auf das Recht zielten.

1. Genealogie der Macht: Michel Foucault

Zu Michel Foucaults Werk müssen ebenso wie schon zum Marxismus einige kursori- **304** sche Bemerkungen genügen; sie dienen weniger einer Darstellung seiner Sicht auf Recht und Staat als vielmehr der Begründung, warum sie hier nicht ausführlicher behandelt wird. Im Zentrum seines Werkes steht eine Analyse von Machtphänomenen, die er selbst „Genealogie der Macht" nennt: als eine im weitesten Sinne historische Rekonstruktion der Art und Weise, wie sich Macht in den gesellschaftlichen Strukturen entfaltet und durchsetzt und alle Versuche irgendeiner Rechtfertigung dieser Strukturen als hoffnungslos illusionär erscheinen lässt.

a) Ausgangspunkt dafür ist Foucaults Beobachtung oder vielleicht besser Behauptung, **305** dass sich Macht geschichtlich immer mehr von klassischen Formen der Repression, des Zwangs und der Gewalt gelöst hat und in der Beschränkung auf diese nicht mehr angemessen begriffen werden kann. Stattdessen kommt sie ohne irgendeine planende und ordnende Hand oder gar die „vorgreifende Macht eines Sinns" aus, differenziert sich in immer feinere Machtverhältnisse – zwischen Mann und Frau, in der Familie, in Institutionen wie Schule, Gefängnis oder Psychiatrie – aus, bis sie zuletzt alle „Kapillaren" der Gesellschaft durchdringt[12]. Die Macht wird auf diese Weise allgegenwärtig, sie liegt den Diskursen einer Gesellschaft zugrunde und wird in ihnen transportiert, und auch in Konzepten wie „Wissen" oder „Wahrheit" ist sie wirksam. Ihre zentrale Erscheinungsform ist dementsprechend nicht das Recht, sondern die „Disziplin", deren Geschichte und Herausbildung Foucault in seinem berühmtesten Buch „Überwachen und Strafen", längst ein moderner Klassiker, zu erzählen versucht hat[13]. Vordergründig geht es darin um den Wandel der Bestrafungspraxis, wie er im Übergang vom 18. ins 19. Jahrhundert in Frankreich wie fast überall in Europa zu beobachten war: weg von den grausamen Torturen und Körperstrafen, den genussvoll zelebrierten Marterungen vor einer Menge von Schaulustigen und den öffentlichen Hinrichtungen, hin zum modernen Zellengefängnis mit seinen ausgeklügelten Zeit- und Raumordnungen, das nicht mehr auf die Abschreckung der Menge, sondern auf die zu bessernde Seele und vor allem die Körper der Verurteilten zielt, ihre Zeit, ihre alltäglichen Gesten und ihre Tätigkeiten[14]. Es schließt alle Einzelnen in einen von anderen Bereichen baulich abgeschlossenen Raum ein, es „parzelliert" sie, indem es ihnen einen festen Platz und eine feste Funktion zuweist, und es klassifiziert sie nach Rang, Status, der Anpassung an eine vorgegebene Norm, dem Grad der Arbeitserfül-

---

[12] M. Foucault, Nietzsche, Die Genealogie, die Historie, in: ders., Schriften in vier Bänden, Dits et Ecrits, Band II, 1970–1975, 2002, S. 166 (175); ders., Die Wahrheit und die juristische Form, in: ebda., S. 669 (728 ff.).

[13] M. Foucault, Surveiller et punir, 1975, dt. Überwachen und Strafen, 1977, dort S. 171 ff.

[14] Foucault (Fn. 13), Überwachen und Strafen, S. 165 f.

lung etc.[15] Seine perfektionierte architektonische Gestalt findet es im „Panopticon", einem von Jeremy Bentham entworfenen Modell des idealen Gefängnisses, in dem alle Zellen ringförmig um einen großen Beobachtungsturm angelegt sind, von dem aus sie allesamt und zu jeder Zeit eingesehen werden können[16].

Tatsächlich waren, wie im Buch durch zahlreiche Abbildungen belegt, gerade im 19. Jahrhundert viele Gefängnisse nach diesem Modell gebaut, wobei Bentham selbst es durchaus auch auf andere gesellschaftliche Funktionsbereiche und Einrichtungen – Fabriken, Kasernen, Schulen – übertragen wissen wollte. Auch wenn dann nicht jeder tatsächlich ständig beobachtet wird und auch gar nicht ständig beobachtet werden kann, so ist es doch das bloße Wissen um die Möglichkeit des beobachtenden Blicks, das das Verhalten der Beobachteten verändert: Der Blick wird von ihnen gleichsam internalisiert und in ihr eigenes Verhalten einbezogen.

306 Die Wirkungen dieser Disziplinarmacht gehen so insbesondere über die Wirkungen des Rechts mit seinen schlichten Ge- und Verboten hinaus, sind subkutan, feiner und tiefgehender: Das Recht kann immer nur zwischen Recht und Unrecht, zwischen rechtmäßigem und nichtrechtmäßigem Verhalten unterscheiden, aber es kann nicht gewährleisten, dass jeder zu jeder Zeit das Äußerste gibt, um eine vorausgesetzte Norm zu erfüllen – als ein, wie Foucault es nennt, „gelehriger Körper"[17]. Und diese Macht breitet sich immer weiter aus, setzt sich auch in den anderen Institutionen der Gesellschaft fest; am Ende, sagt Foucault, gleicht das Gefängnis den Fabriken, den Schulen, den Kasernen und den Spitälern, die ihrerseits allesamt den Gefängnissen gleichen[18]. Auch das Individuum, die Grundeinheit der modernen Rechtsordnung, ist dann letztlich nur ein Produkt dieser Machtverhältnisse:

„Man sagt oft, das Modell einer Gesellschaft, die wesentlich aus Individuen bestehe, sei den abstrakten Rechtsformen des Vertrags und des Tausches entlehnt […] Mag sein. Die politische Theorie des 17. und 18. Jahrhunderts scheint diesem Schema tatsächlich häufig zu entsprechen. Doch darf man nicht vergessen, dass es in derselben Epoche eine Technik gab, mit deren Hilfe die Individuen als Macht- und Wissenselemente wirklich hergestellt worden sind. Das Individuum ist zweifellos das fiktive Atom einer ‚ideologischen' Vorstellung der Gesellschaft; es ist aber auch eine Realität, die von der spezifischen Machttechnologie der ‚Disziplin' produziert worden ist. Man muss aufhören, die Wirkungen der Macht immer negativ zu beschreiben, als ob sie nur ‚ausschließen', ‚unterdrücken', ‚verdrängen', ‚zensieren', ‚abstrahieren', ‚maskieren', ‚verschleiern' würde. In Wirklichkeit ist die Macht produktiv; und sie produziert Wirkliches. Sie produziert Gegenstandsbereiche und Wahrheitsrituale: Das Individuum und seine Erkenntnis sind Ergebnisse dieser Produktion."[19]

307 Ob das alles so auch auf die heutige Gesellschaft zutrifft, sagt Foucault nicht ausdrücklich; seine Untersuchung beschränkt sich etwa auf den Zeitraum bis Mitte des 19. Jahrhunderts. Er schließt es aber auch nicht ausdrücklich aus und legt es in gewissem Sinne

---

[15] Foucault (Fn. 13), Überwachen und Strafen, S. 181 ff.

[16] Vgl. Foucault (Fn. 13), Überwachen und Strafen, S. 256 ff.

[17] Foucault (Fn. 13), Überwachen und Strafen, S. 171 ff.; speziell zum Unterschied zwischen Recht und Disziplinarmacht T. Biebricher, Macht und Recht: Foucault, in: Buckel/Christensen/Fischer-Lescano (Fn. 9), S. 135 (146 f.). Umfassend zu Foucaults Rechtsverständnis, das hier aus Raumgründen nicht näher entfaltet werden kann: A. Hunt/G. Wickham, Foucault and Law, 1994; B. Golder/P. Fitzpatrick, Foucault's Law, 2009.

[18] Foucault (Fn. 13), Überwachen und Strafen, S. 292.

[19] Foucault (Fn. 13), Überwachen und Strafen, S. 249 f.

sogar nahe. In seinen späteren Studien zur „Gouvernementalität" bindet er dann auch den Staat, die Regierung und das Recht in seine Machtanalytik ein, die damit auch zu einer Analytik des modernen Staates wird[20]. Darin formt sich die zuvor untersuchte Disziplinarmacht zusammen mit dem rechtlichen Prinzip der Souveränität und der Praxis einer gouvernementalen Verwaltung zu einem Dreieck, deren „Hauptzielscheibe" wiederum die Bevölkerung ist und deren wesentliches Ziel in einer umfassenden Sicherheitsgewähr liegt[21]. Der moderne Staat selbst stellt sich dann für Foucault als eine

„komplexe Verbindung zwischen Techniken der Individualisierung und totalisierenden Verfahren"

dar[22], und auch die Freiheit wird nun zu einem

„unverzichtbaren Bestandteil der Gouvernementalität selbst",

ist also nicht nur von der jeweiligen Regierung zu achten, sondern ganz wesentlich auch produziert und gemacht[23].

Insgesamt lässt sich dies als fundamentale Entzauberung des Versprechens lesen, mit dem die liberale **308** Rechts- und Staatsphilosophie in all ihren vielfältigen Varianten und Verzweigungen angetreten war: nämlich durch die Herrschaft des Rechts die Gewalt – einschließlich der des Staates selbst – zu zähmen und zu zivilisieren. In nochmals radikalisierter Form wird dieser Angriff heute mit dunkel dräuendem Ton von dem italienischen Philosophen Giorgio Agamben vorgetragen, der dafür ausdrücklich auch an Foucaults Konzept der „Biopolitik" anknüpft. War es aber bei Foucault das Gefängnis, das dem politischen Raum als eine „verbogene Matrix" zugrunde liegt, so ist es bei Agamben nun das „Lager", auf das sich die gesamte Menschheitsgeschichte seit der Antike wie in einem Vorlauf hinbewegt[24]. Lager: das sind historisch die Konzentrations- und Vernichtungslager der Nationalsozialisten, heute die Abschiebegefängnisse, die Flüchtlingslager oder Guantanamo. In ihnen ist der Ausnahmezustand zur Regel geworden, der einzelne Mensch entrechtet und zurückgeworfen auf das „nackte Leben"[25]. Zum Inbegriff dieses „nackten Lebens" wird der „homo sacer", eine „rätselhafte Figur" aus den Tiefen des römischen Rechts, heilig zugleich und ausgeschlossen aus dem Recht, „vogelfrei" in dem Sinne, dass er von jedermann straflos getötet werden durfte[26]. Der namenlose Flüchtling, der an Europas Küsten strandet, ist in mancher Hinsicht der zeitgenössische Wiedergänger dieser Figur. Aber er ist für Agamben nicht die Ausnahme, sondern die geheime Grundform des modernen Lebens überhaupt.

b) In solchen Beschreibungen und Beobachtungen präsentiert Foucault weniger eine **309** Philosophie als vielmehr eine Soziologie, vielleicht auch Psychologie der politischen

---

[20] M. Foucault, Sicherheit, Territorium, Bevölkerung, 2004, sowie ders., Die Geburt der Biopolitik, 2006, jeweils als „Geschichte der Gouvernementalität".

[21] Vgl. Foucault (Fn. 20), Sicherheit, Territorium, Bevölkerung, S. 160f.

[22] M. Foucault, Subjekt und Macht, in: ders., Schriften in vier Bänden, Dits et Ecrits, Band IV, 1980–1988, 2005, S. 269 (277). Konkret habe der Staat dafür eine in den christlichen Institutionen entstandene Machttechnik aufgegriffen, die Foucault als „Pastoralmacht" bezeichnet, und zwar als eine Form von Macht, die das Seelenheil des einzelnen im Jenseits sichern soll, zu diesem Zweck ihre innersten Geheimnisse erforscht, sich mit ihren Hirten ein Leben lang um jeden einzelnen kümmert etc. Indem der heutige Staat daran anschließt und es in sich aufnimmt, kann man in ihm, jedenfalls „in gewissem Sinne", selbst „eine neue Form von Pastoralmacht" erblicken, ebda., S. 278; s. auch ausführlich ders. (Fn. 20), Sicherheit, Territorium, Bevölkerung, S. 173ff.

[23] Foucault (Fn. 20), Sicherheit, Territorium, Bevölkerung, S. 506f.

[24] G. Agamben, Homo sacer. Die souveräne Macht und das nackte Leben, 2002, die Bezugnahme auf die Biopolitik dort etwa S. 127ff., die Bezeichnung als „verborgene Matrix" auf S. 175.

[25] Agamben (Fn. 24), S. 177 und passim.

[26] Agamben (Fn. 24), S. 81ff.

Ordnung; nicht nach welchen Prinzipien diese vernünftigerweise geordnet sein sollte oder überhaupt welche Vernünftigkeit sich darin ausspricht, interessiert ihn, sondern wie es darin tatsächlich und bei schonungsloser Betrachtung zugeht. Von daher könnte gerade die liberale Staats- und Rechtsphilosophie versucht sein, seine Thesen mit dem Argument beiseite zu schieben, sie lägen letztlich auf einer ganz anderen Ebene. Doch so einfach ist es nicht, wie die folgende kleine, hier speziell auf das Militär bezogene Passage zeigt:

„*Der Traum von einer vollkommenen Gesellschaft wird von den Ideenhistorikern gern den Philosophen und Rechtsdenkern des 18. Jahrhundert zugeschrieben. Es gab aber auch ein militärisches Träumen von der Gesellschaft; dieses berief sich nicht auf den Naturzustand, sondern auf die sorgfältig montierten Räder einer Maschine; nicht auf einen ursprünglichen Vertrag, sondern auf dauernde Zwangsverhältnisse; nicht auf grundlegende Rechte, sondern auf endlos fortschreitende Abrichtungen; nicht auf den allgemeinen Willen, sondern auf die automatische Gelehrigkeit und Fügsamkeit.*"[27]

310   Hier sind es gerade die Grundbegriffe liberaler Staats- und Rechtsphilosophie (Naturzustand, ursprünglicher Vertrag, grundlegende Rechte, allgemeiner Wille), die Foucault mit seiner Beobachtung der Realität kontrastiert, und zwar so, dass von ihnen am Ende nichts mehr übrig bleibt. Sein Hauptangriff richtet sich aber gerade gegen die Vorstellung vom autonomen Individuum als letztem Grund von Staat und Recht; stattdessen erscheint dieses als ein bloßes Produkt, das Resultat von Machtverhältnissen und Disziplinierungen. Auch der Annahme einer vernünftigen Begründbarkeit von Normen wäre damit die Grundlage entzogen; stattdessen erscheinen auch alle Begründungsdiskurse von Machtverhältnissen durchzogen, die durch die Ergebnisse nur verschleiert werden[28].

311   Wie kann die liberale Rechts- und Staatsphilosophie darauf reagieren? Eine erste und in der Tat häufig eingeschlagene Möglichkeit besteht darin, den Realitätsgehalt der foucaultschen Analysen in Zweifel zu ziehen, sie als verzerrt, übersteigert oder nicht hinreichend belegt abzutun. In der Tat ist darin viel suggestives Raunen, mehr Spekulation als wissenschaftliche Analyse, und manches kann man einfach nur glauben – oder eben auch nicht[29]. Ein zweiter Einwand fragt demgegenüber nach den normativen Prämissen oder zumindest der Möglichkeit normativer Prämissen, die sich aus Foucaults Werk ergeben[30]. Ist darin alles nur Macht, jeder Einzelne von den Machtverhältnissen so vorgeprägt, dass er sich ihnen gar nicht entziehen kann? Dann wäre Widerstand sinnlos und jede emanzipatorische gesellschaftliche Praxis ausgeschlossen. Oder verbergen sich hinter dem durchweg kritischen Gestus, mit dem Foucault schreibt, doch selbst wieder bestimmte Voreinstellungen, die nur als solche nicht offengelegt werden?[31] Aber welche anderen als die eines liberalen Individualismus, Ega-

---

[27]   Foucault (Fn. 13), Überwachen und Strafen, S. 218.

[28]   Vgl. die Zusammenfassung der poststrukturalistischen Kritik bei Celikates/Gosepath (Fn. 1), S. 143 ff.

[29]   Dass etwa der Staat, wie Foucault meint, eine neue Form von Pastoralmacht darstellt (s. oben Fn. 22), erscheint in der immer weiter entchristlichten Gesellschaft unserer Tage nachgerade absurd, um hier nur eine von Foucaults Thesen aufzugreifen. Vgl. etwa als Kritik eines Historikers an Foucault H.-U. Wehler, Die Herausforderung der Kulturgeschichte, 1998, S. 45 ff.; speziell zu „Überwachen und Strafen" R. Boudon, Ideologie, 1988, S. 183 ff.

[30]   Vgl. zu diesem Einwand etwa J. Habermas, Der philosophische Diskurs der Moderne, 1985, S. 318 ff.

[31]   Vgl. Habermas (Fn. 30), Der philosophische Diskurs der Moderne, S. 331: „Kryptonormativismus".

litarismus oder auch Humanismus sollten dies sein – und welche wären überzeugender? Eine dritte Möglichkeit bestünde schließlich darin, den eigenen Grundbegriffen und Grundannahmen – Individuum, Autonomie, Rationalität – einen durchaus kontrafaktischen Grundzug zuzugestehen, aber gleichwohl darauf zu beharren, sie notfalls auch gegen die Verhältnisse zur Geltung zu bringen. Letztlich können normative Theorien ja gar nicht anders, als mit kontrafaktischen Prämissen zu arbeiten, so wie auch wir als Urteilende oder Handelnde gar nicht anders können, als uns zumindest in bestimmten Grenzen als frei zu empfinden.

2. Dekonstruktion: Jacques Derrida

Eine zweite, namentlich von Jacques Derrida repräsentierte Richtung poststrukturalis- 312
tischen Denkens zielt demgegenüber unmittelbar auf die Begründung – oder richtiger: die *Möglichkeit* der Begründung – allgemeingültiger normativer Prinzipien und Theoreme, also auch solcher Theoreme wie Gemeinschaft, Demokratie oder Gerechtigkeit. Mehr noch als bei anderen Autoren müssen dazu im Folgenden einige ganz ungefähre Andeutungen genügen; auf Derridas Überlegungen zur Gerechtigkeit wird im systematischen Teil noch zurückzukommen sein (→ § 2 Rn. 173 ff.).

a) Den Schlüssel für jedes Begründungsproblem liefert Derrida das von ihm selbst 313
maßgeblich entwickelte Verfahren der „Dekonstruktion", eine Form der Lektüre von Texten, bei der diese so oft hin- und hergewendet werden, dass ihre immanenten Widersprüchlichkeiten – ihre „Aporien" – und das viele Ungesagte, das sie vor sich herschieben, zutage treten. „Text" ist für Derrida „praktisch alles", was irgendwo eine Spur hinterlässt oder auf andere Spuren verweist; es geht also im weitesten Sinne auch um Diskurse oder einzelne Begriffe oder Konzepte, die an bestimmten Orten und zu bestimmten Zeiten in diesen Diskursen auftauchen[32]. Auf diese Weise können zuletzt auch Konzepte wie Gemeinschaft, Demokratie oder Gerechtigkeit darauf befragt werden, was wir eigentlich meinen, wenn wir davon sprechen. Die Grundannahme der Dekonstruktion ist dabei, dass die inneren Widersprüche solcher Konzepte in einer Zeit, in der absolute Gewissheiten – aus der Religion, der Vernunft, der Menschheit – fragwürdig geworden sind, sich nicht mehr in einer übergreifenden Einheit zusammenführen und aufheben lassen; sie gehören vielmehr zu dem, womit wir heute als Bedingung unserer modernen Existenzform einfach leben müssen und über das wir uns allenfalls ein Stück klarer werden können. Aufgrund dieser inneren Widersprüchlichkeit wird die Möglichkeit der Begründung allgemeingültiger normativer Kriterien prinzipiell verneint, jede politische Ordnung ist in ihrem letzten Grund grundlos. Andererseits ist für Derrida gerade die Unmöglichkeit, diese Widersprüche noch einmal in einer Einheit zusammenzuführen, die Bedingung dafür, dass nach dieser Einheit überhaupt gefragt werden kann und wir uns darüber sinnvoll auseinandersetzen können[33]. Auf diese Weise führt die *Destruktion* als Ausweis der unaufhebbaren inneren Widersprüche einer Sache notwendig hinüber in das Element der *Konstruktion* als den Versuch, daraus nun doch noch irgendeine Art von Sinn zu gewinnen, und beides zusammen ergibt das, was in einer eigenartigen Wortneuschöpfung nun „Dekonstruktion", als Einheit von Destruktion und Konstruktion, genannt wird.

---

[32] J. Derrida, in einem Gespräch mit P. Engelmann, veröffentlicht in: P. Engelmann, Jacques Derridas Rundgänge der Philosophie, in: Semiotica Austriaca, hrsgg. v. J. Bernard, 1987, S. 96 ff., 107 f.
[33] J. Derrida, Grammatologie, 1983, S. 14.

314 b) Zentrale Bedeutung für dieses Verfahren hat der Begriff der „différance", ebenfalls eine Wortneuschöpfung, die an die beiden Bedeutungen des französischen Wortes „différer", nämlich „differenzieren" und „aufschieben", anknüpft[34]. Es geht also um eine Art von Verschiedenheit, in der jeglicher Sinn immer nur in einem Aufschub, einer Verzögerung oder einer Nachträglichkeit gewonnen werden kann[35]. Für die hier zu behandelnden Konzepte von politischer Gemeinschaft, Demokratie oder Gerechtigkeit bedeutet das, dass sie immer nur mit Blick auf ihre mögliche Zukunft Sinn gewinnen können; die Maßstäbe dafür können aber nicht aus der Gegenwart entnommen oder entlehnt werden, weil dies gerade die Möglichkeit von Zukunft negierte: Zukunft ist eben immer und erst einmal prinzipielle Offenheit – es kann alles auch ganz anders kommen. Im Namen dieser anderen Zukunft kann Derrida dann durchaus elementare Missstände der gegenwärtigen politischen Ordnung kritisieren und macht davon auch weidlich Gebrauch, etwa in einer Kritik des vorherrschenden Neoliberalismus oder des Siegeszuges eines globalen Kapitalismus und der von ihm ausgelösten Verwerfungen (neue Formen der Arbeitslosigkeit, Ausschluss ganzer Bevölkerungsgruppen von der Politik, weltweite Wirtschaftskriege, Aufstieg der Rüstungsindustrie etc.)[36]. Entgegengehalten wird dem an der besagten Stelle ein hochidealisierter und um alle seine problematischen Elemente bereinigter „Geist des Marxismus" als Träger einer „emanzipatorischen Verheißung" unter der uneinholbaren Idee der Gerechtigkeit[37]. Speziell für die politische Ordnung und die Demokratie mündet dies in ein Verständnis als Versprechen, das niemals einlösbar ist: Die wahre Demokratie ist immer erst im Kommen, aber niemals da[38]. Und dasselbe gilt schließlich auch für die Gerechtigkeit insgesamt:

> *„Die Gerechtigkeit bleibt im Kommen, sie muss noch kommen, sie hat, sie ist Zu-kunft, sie ist die Dimension ausstehender Ereignisse, deren Kommen irreduktibel ist. Diese Zu-kunft wird immer die ihre (gewesen) sein. In dem Maße, in dem sie nicht einfach ein juridischer oder ein politische Begriff ist, schafft darum vielleicht die Gerechtigkeit zu-künftig Offenheit für eine Verwandlung, eine Umgestaltung oder eine Neu(be)gründung des Rechts und der Politik – öffnet sie vielleicht diese Verwandlung, Umgestaltung oder Neu(be)gründung der Zu-kunft. ‚Vielleicht' – wenn es um die Gerechtigkeit geht, muss man immer ‚vielleicht' sagen. "[39]*

315 In dieser Wendung formuliert die Dekonstruktion dann allerdings auch keine grundlegende Kritik der politischen Ordnung, der liberalen Grundprinzipien oder der Gerechtigkeit insgesamt, sondern macht nur das Projekthafte, Aufgegebene, nie ganz

---

[34] Derrida (Fn. 33), Grammatologie, S. 44. Als Substantiv existierte vor Derrida eigentlich nur das Wort „différence", während die Partizipien unterschiedlich geschrieben wurden: „différent" (verschieden) und „différant" (aufschiebend); dieses Moment des Aufschubs wird nun über den Buchstaben a in das Substantiv „différance" hineingeschoben.

[35] Nach J. Zirfas, Jacques Derrida: Das andere Kap, in: B. Jörissen/J. Zirfas (Hrsg.), Schlüsselwerke der Identitätsforschung, 2010, S. 241 (253f.). Diese Bewegung des Aufschubs führt Derrida in vielen Texten anschaulich vor; es dauert endlos und ist auch für den wohlwollenden Leser durchaus enervierend, bis er endlich auf sein Thema zu sprechen kommt, vgl. J. Derrida, Gesetzeskraft, 1991, S. 7ff.

[36] J. Derrida, Marx' Gespenster, 1995, S. 132ff.

[37] Derrida (Fn. 36), Marx' Gespenster, S. 101.

[38] J. Derrida, Das andere Kap, in: ders., Das andere Kap. Die vertagte Demokratie. Zwei Essays zu Europa, 1992, S. 57.

[39] Derrida (Fn. 35), Gesetzeskraft, S. 56.

Einzulösende dieser Ordnung deutlich: einen utopischen Überschuss, von dem sie nicht loskommt und in ihrer notorisch unvollendeten Gestalt immer wieder „heimgesucht" wird (→ § 2 Rn. 173 ff.).

Auch die Orientierung an bestimmten ethischen Grundpositionen westlicher Gesellschaften (Offenheit, Anerkennung des Anderen, gegenseitige Toleranz, aber eben auch Hinwendung zur zukünftigen Demokratie) ist dadurch nicht ausgeschlossen, sondern wird von Derrida sogar ausdrücklich eingefordert[40]. Die Frage wäre nur, wie man überhaupt zu solchen normativen Aussagen kommen kann, nachdem die Dekonstruktion vorher alle Kriterien als unbegründbar oder im eigentlichen Sinne grundlos verworfen hat[41].

D. Schluss: Grundzüge gerechter politischer Ordnung heute

Auf diese Weise schreiben zuletzt auch poststrukturalistische oder postmoderne Strömungen an der großen Erzählung der Moderne mit, gegen die sie sich ursprünglich formiert hatten. In dieser Erzählung, fasst man sie zusammen, stellt sich die Entwicklung der politischen Ordnung als eine allmähliche Entwicklung zur Freiheit dar, als grundsätzliche Ablösung der älteren Gemeinschaftsmodelle durch eine liberale Konzeption von Staat und Recht, die ihren Ausgang von der individuellen Freiheit nimmt, so wie eben auch der einzelne Mensch aus älteren gemeinschaftlichen Bindungen heraustritt und sich als autonomes, zur eigenen Entfaltung in Freiheit gesetztes Wesen begreift. Natürlich verlief und verläuft diese Entwicklung alles andere als linear; es hat immer wieder Wendungen, Rückschritte und Erschütterungen gegeben, zuletzt durch die Totalitarismen des 20. Jahrhunderts oder das Menschheitsverbrechen des Holocaust, und auch heute steht das Projekt im Weltmaßstab vor Herausforderungen, von denen gar nicht sicher ist, ob sie überhaupt bewältigt werden können: durch einen neuen Aufstieg autoritärer Regierungsformen, durch das Erstarken eines religiösen, derzeit vor allem islamischen Fundamentalismus, durch das Aufkommen extremistischer und populistischer Strömungen bis in die Mitgliedstaaten der Europäischen Union hinein. In den meisten Ländern der Dritten Welt ist die Entwicklung ohnehin noch nicht angekommen, von einer irgendwie globalen Gerechtigkeit wenig zu sehen. Niemand würde deshalb heute noch die nach dem Fall des Eisernen Vorhangs und dem Ende des Ost-West-Gegensatzes geäußerte Diagnose unterschreiben, die Geschichte sei mit der Durchsetzung von Demokratie, Menschenrechten und tendenziell auch größerer sozialer Gleichheit an ihr Ende gekommen[1]. Aber es ergibt sich daraus doch *ein normatives Selbstverständnis moderner Gesellschaften,* das sich über alle Unterschiede in der Begründung hinweg in den philosophischen Debatten spiegelt, in denen es seinerseits mit dem Anspruch auf gedankliche Klärung ordnungsbildend und systematisierend zum Ausdruck gebracht wird. In seinen Grundzügen ist dieses Verständnis heute nicht mehr umstritten und rundet sich zu einer Vorstellung gesamtgesellschaftlicher „Grundgerechtigkeit", die als unhintergehbarer Rahmen jeder positiven Rechtsordnung angesehen wird[2].

316

---

40 Derrida (Fn. 38), Das andere Kap, S. 56 ff.
41 Zu diesem häufigen Einwand vgl. A. Haverkamp, Kritik der Gewalt und die Möglichkeit von Gerechtigkeit, in: ders. (Hrsg.), Gewalt und Gerechtigkeit: Derrida – Benjamin, 1994, S. 7 ff.
1 So F. Fukuyama, Das Ende der Geschichte, 1992.
2 Der anschauliche Begriff bei N. Hoerster, Was ist eine gerechte Gesellschaft?, 2013, S. 16, in der Sache allerdings vom Inhalt her enger gefasst als hier, vgl. S. 38 ff., und sogleich im Text.

317 Das bedeutet nicht, dass alles positive Recht auf diese Grundgerechtigkeit innerlich hingeordnet ist und jede einzelne Norm einen Beitrag zu ihrer Verwirklichung zu leisten hat. Es bedeutet nur, dass alles Recht sich in diesen Rahmen einfügen muss und es keine Norm geben darf, die in einem prinzipiellen Widerspruch zu dieser Grundgerechtigkeit steht (→ s. bereits Rn. 6). Konkrete Gestalt nimmt sie regelmäßig in den Institutionen des demokratischen Verfassungsstaats an, die davon ihrerseits gelesen und interpretiert werden. Der nähere Inhalt dieser Grundgerechtigkeit sowie die nähere Art und Weise seiner rechtlichen Institutionalisierung werden im Folgenden zusammenfassend noch einmal kurz dargestellt: die Summe des in diesem Kapitel unternommenen Durchgangs durch die klassische Staats- und Rechtsphilosophie.

I. Weitgehend konsentierte Bausteine

318 Im Wesentlichen sind es die folgenden vier Elemente oder Bausteine, die diese Grundgerechtigkeit inhaltlich ausmachen; bei ihnen handelt es sich zugleich um die klassischen Grundannahmen liberaler Staatsphilosophie:

(1) Staat und Recht erscheinen darin primär als *Sicherheits- und Friedensordnung,* Sicherheit selbst – einschließlich einer Sicherheit der Bürger vor einander – ist der bis heute zentrale Zweck des Staates. Auch das Recht hat dementsprechend nicht mehr die Aufgabe, den Einzelnen zu einer inneren Zielbestimmung, zum gottgefälligen Leben oder zur Tugend hinzuführen; kein göttliches Licht spiegelt sich darin, sondern es ist vornehmlich ein Mittel zur Sicherung der friedlichen Koexistenz, gegebenenfalls auch der Ermöglichung von Kooperation unter Bürgern.

(2) Dazu kommt, als zweiter wesentlicher Baustein, *ein Grundbestand an Freiheit* oder auch einzelnen Freiheiten hinzu, und zwar zunächst im Sinne klassischer negativer Freiheit, also als Abwesenheit von äußeren Hindernissen der Freiheitsverwirklichung. Idealerweise wird dieser Grundbestand dann in einem System von Grundrechten gesichert und befestigt; diese wirken – mindestens – als Abwehrrechte gegen Eingriffe und Freiheitsbeschränkungen seitens des Staates, können aber wie etwa unter dem Grundgesetz auch Schutzpflichten des Staates gegen Freiheitsgefährdungen durch Dritte begründen[3].

(3) Hinzu kommt schließlich *die Idee der Gleichheit,* und zwar nicht nur im elementaren, heute ganz selbstverständlichen Sinne einer Gleichheit im Recht, sondern auch im Sinne einer Gleichheit in der Freiheit; Freiheit setzt danach nicht mehr als die Eigenschaft als Person voraus, hängt aber nicht von der Zugehörigkeit zu einem Stand, einer Kooperation oder sonstigen Gruppe ab. Richtigerweise wird unter Gleichheit darüber hinaus ein Mindestmaß an faktischer oder sozialer Gleichheit im Sinne einer Gleichheit des Zugangs zu gesellschaftlichen Ressourcen (Bildung, staatliche Ämter, berufliche Positionen etc.) und einer entsprechenden Chancengleichheit verstanden, für die der Staat im Wege einer besonderen Verteilungsgerechtigkeit zu sorgen hat.

(4) Das letzte Element bildet die *Möglichkeit demokratischer Mitsprache;* hier entfaltet sich die Freiheit als politische Freiheit oder als Freiheit zur Teilhabe an der gemeinschaftlichen Willensbildung.

319 Diese vier Elemente bilden die Grundbausteine einer politischen Gerechtigkeitskonzeption, denen man als fünftes Element noch die *Möglichkeit der Durchsetzung der entsprechenden Rechtspositionen* im Wege einer eigenen Verfahrensgerechtigkeit hinzufügen könnte. Die Umstrittenheit nimmt dabei von oben nach unten zu; während etwa über

---

[3] BVerfGE 39, 1 (41 ff.); seither st. Rspr. und mittlerweile auf nahezu alle Grundrechte ausgeweitet.

Aussage 1 (Staat als Garant der Sicherheit, Recht als Sicherheits- und Friedensordnung) so gut wie alle einig sind, kann man etwa hinsichtlich der Aussage 2 (Grundbestand individueller Freiheit) berechtigterweise darüber streiten, was dies konkret bedeutet und ob es etwa auch eine Deutung der Grundrechte als entsprechende Schutzpflichten zur Sicherung der Freiheiten einschließen muss; eine solche gibt es nicht in allen Verfassungsordnungen. Hinsichtlich der Aussage 3 (Gleichheit) sind wie erwähnt vor allem die Erstreckung auf die soziale und faktische Gleichheit und die daraus resultierenden Fragen der Verteilungsgerechtigkeit umstritten, und zwar umso mehr, je tiefer es in die konkrete Ausgestaltung hineingeht. Und auch für Aussage 4 (demokratische Teilhabe), für die die politische Philosophie von Rousseau über Kant bis Habermas gute Gründe geliefert hat, gilt, dass sie nicht so unkontrovers ist, wie sie vielleicht erscheint; möglicherweise wäre es, wenn man sie fragen würde, vielen Bürgern wichtiger, dass sie gut regiert werden oder ihr Auskommen und ihr Wohlstand gesichert sind, als dass sie von Leuten regiert werden, die sie zwar selbst gewählt haben, die dies aber nicht leisten[4]. Und ganz generell gilt, dass alle diese Elemente oder Prinzipien zunächst nur ganz allgemeine Orientierungsmarken ergeben, sie also in hohem Maße noch ausgestaltungs- und konkretisierungsbedürftig sind; insofern ergibt sich aus ihnen eben nur ein ungefährer Rahmen.

Wie etwa das Verhältnis von Freiheit und Sicherheit auszutarieren ist, wie weit die einzelnen Freiheiten **320** konkret reichen, welcher Freiheit in Konfliktfällen der Vorrang gegeben wird, nach welchen Regeln überhaupt Konfliktfälle zu entscheiden sind oder welche Anstrengungen zur Wahrung der Verteilungsgerechtigkeit unternommen werden: all das geht aus der Grundentscheidung für ein solches System nicht hervor, sondern bleibt der näheren Ausformung überlassen, und zwar vor allem auch der Ausformung auf der Ebene des einfachen Rechts. Das wirft die Frage auf, wer darüber am Ende entscheiden soll. Unter der Prämisse einer gleichen Freiheit aller können dies letztlich nur die Bürger selber sein, die darüber in Orientierung an den allgemeinen Gerechtigkeitsprinzipien ihrer Ordnung verhandeln müssen. Daraus ergibt sich am Ende dann doch ein ziemlich starkes Argument für den Einschluss der Demokratie in diese Grundkonzeption, so wie ja hier auch eines der Argumente für die in der neueren politischen Philosophie herausgearbeitete Gleichordnung und Gleichursprünglichkeit von privater und politischer Freiheit, von Menschenrechten und Demokratie liegt (→ Rn. 292).

II. Verkörperung in einer Verfassung

Ihren positivrechtlichen Ausdruck findet diese allgemeine Gerechtigkeitskonzeption **321** typischerweise in einer Verfassung; hier erfolgt zugleich auf einer immer noch sehr allgemeinen Ebene eine erste, aber im Ergebnis für die gesamte Rechtsordnung grundlegende Ausbuchstabierung dieser Konzeption. In Theorien wie denen von Rawls oder Habermas ist dieser Zusammenhang anschaulich entfaltet (→ Rn. 256, 293f.). Wie er in der Praxis aussieht, lässt sich am Beispiel des Grundgesetzes studieren: Dieses beginnt in Art. 1 Abs. 1 mit der für die gesamte Verfassung zentralen Garantie der Menschenwürde, die, wie man zutreffend gesagt hat, zweieinhalbtausend Jahre Philosophiegeschichte in sich versammelt[5]; dem folgt in Art. 1 Abs. 2 das programmatische Bekenntnis zu den „unverletzlichen und unveräußerlichen Menschenrechten als Grundlage jeder menschlichen Gemeinschaft, des Friedens und der Gerechtigkeit in

---

[4] Hoerster (Fn. 2), S. 10, nimmt die Demokratie deshalb gar nicht in das von ihm skizzierte Konzept einer „Grundgerechtigkeit" auf.

[5] T. Kingreen/R. Poscher, Grundrechte – Staatsrecht II, 32. Auflage 2016, Rn. 378. Zur Bedeutung als „oberster Wert", der „das gesamte grundrechtliche Wertsystem beherrscht", stellvertretend BVerfGE 30, 173 (193). Auch das demokratische Prinzip und das Wahlrecht werden heute vom BVerfG aus der Würde des Menschen begründet, vgl. BVerfGE 123, 267 (341).

der Welt", bevor dann die nachfolgenden Bestimmungen ein System der Grundrechte entfalten, das alle Staatsgewalt als „unmittelbar geltendes Recht" bindet (Art. 1 Abs. 3) und seinen Sinnmittelpunkt gerade in der Garantie der Menschenwürde findet: mit der Gewährleistung der freien Entfaltung der Persönlichkeit (Art. 2 Abs. 1) sowie der Rechte auf Leben, körperliche Unversehrtheit und Freiheit der Person (Art. 2 Abs. 2), dem allgemeinen Gleichheitssatz (Art. 3 Abs. 1) und der staatlichen Verpflichtung zur Förderung der Geschlechtergleichheit (Art. 3 Abs. 2), dem Recht der Glaubens- und Gewissensfreiheit (Art. 4 Abs. 1, 2), den Kommunikationsfreiheiten wie der Meinungs-, Presse- oder Versammlungsfreiheit (Art. 5 Abs. 1, 2, Art. 8), weiteren Rechten zum Schutz der Privatsphäre (Art. 10 und 13) sowie den Freiheiten zur Betätigung im wirtschaftlichen Bereich (Art. 9, 12, 14). Art. 20 schließlich legt die Bundesrepublik unter anderem auf die Demokratie als grundlegendes Staatsstrukturprinzip fest (Abs. 1) und greift den alten Satz der Volkssouveränität auf, dass alle Staatsgewalt vom Volke ausgeht; die nachfolgenden Ausführungsbestimmungen (Art. 21 ff., 38 ff., 76–82) richten die dafür erforderlichen Organe und Verfahren ein. Und dies alles unterfangend hat die Rechtsprechung des Bundesverfassungsgerichts aus dem kleinen Beiwort „sozial" in Art. 20 Abs. 1 ein umfassendes Staatsziel der Sozialstaatlichkeit abgeleitet, das den Staat für die soziale Absicherung seiner Bürger und die Herstellung sozial gerechter Verhältnisse in die Pflicht nimmt[6].

322 In alldem nimmt die Verfassung die zentralen Problemformeln und Leitbegriffe der neueren politischen Philosophie in sich auf und transformiert sie zugleich in positives Recht[7]. Das ist ein Vorgang von erheblicher Tragweite, und zwar sowohl für das Verständnis der Verfassung selbst als auch für die hinter ihr stehende Gerechtigkeitskonzeption. Die Verfassung geht nun – in den Worten eines großen Rechtslehrers und Verfassungsrichters – nicht mehr in ihren äußeren und förmlichen Elementen auf, sondern sie wird materiale, inhaltlich erfüllte und wertgebundene Ordnung: eine „gute und gerechte Ordnung des Gemeinwesens", wie eine der am häufigsten verwendeten Formulierungen lautet[8]. Für die allgemeine politische Gerechtigkeitskonzeption als Kondensat der neuzeitlichen politischen Philosophie bedeutet es, dass sie durch ihre Inkorporation in die konkrete Verfassung inhaltlich sowohl näher bestimmt als auch begrenzt wird. So mag man etwa aus einer libertären Grundhaltung heraus bezweifeln, ob eine Verfassung die Sozialisierung von Produktionsmitteln ermöglichen soll, so wie man aus einer sozialegalitären Grundhaltung heraus bezweifeln kann, ob sie das unter dem Gesichtspunkt gleicher Lebenschancen für alle besonders fragwürdige Erbrecht gewährleisten soll. Unter dem Grundgesetz stellen sich diese Fragen nicht mehr, weil sie durch Art. 14 und 15 GG positiv entschieden sind. Andererseits erübrigt die Verfassung die Erörterung des Begründungsproblems: Statt dass man sich darüber Gedanken machen muss, wie dieser oder jener Grundsatz in der politischen Philosophie hergeleitet ist und ob die Herleitung überzeugt, genügt es, dass seine Geltung nun in der Verfassung angeordnet ist[9]. All das wird in der Formel zusammen-

---

[6] Exemplarisch BVerfGE 22, 180 (204); die Anfänge in BVerfGE 1, 97 (104 ff.); 4, 7 (16 ff.).

[7] Vgl. R. Dreier, Zur Problematik und Situation der Verfassungsinterpretation, in: ders., Recht – Moral – Ideologie, 1981, 106 (124).

[8] K. Hesse, Verfassungsrechtsprechung im geschichtlichen Wandel, JZ 1995, 265 (266); die Formulierung etwa auch bei D. Grimm, Die Zukunft der Verfassung II, 2012, S. 242.

[9] Die Verfassung wird deshalb häufig auch als Naturrechtsersatz oder Naturrechtsäquivalent bezeichnet, vgl. P. Häberle, Verfassung als öffentlicher Prozess, 3. Auflage 1998, S. 93 ff.; M. Morlok, Was heißt und zu welchem Ende studiert man Verfassungstheorie?, 1998, S. 307 f.

gefasst, dass die Verfassung nun selbst politische Gerechtigkeitsordnung ist und als solche von den Bürgern auch wahrgenommen wird[10].

In dieser Formel ist zugleich ausgedrückt, dass die Verkörperung in einer Verfassung die ursprüngliche Gerechtigkeitskonzeption als solche nicht überflüssig oder hinfällig macht. Im Gegenteil lässt sich beobachten, wie die entsprechenden philosophischen Debatten nun innerhalb der verfassungsrechtlichen Grundbegriffe und Leitprinzipien, in der Sache also als ein Problem der Verfassungsinterpretation, ausgetragen werden. So folgt etwa die Auslegung der Menschenwürde in der heute ganz überwiegend zugrunde gelegten Objektformel der zweiten Fassung des kategorischen Imperativs von Immanuel Kant und wendet sich in der Betonung eines unverlierbaren, jeder Abwägung entzogenen Eigenwertes jedes einzelnen Menschen dezidiert gegen das utilitaristische Prinzip des größten Glücks der größten Zahl (→ Rn. 163f.); das hat etwa dazu geführt, dass das Bundesverfassungsgericht dem Staat den Abschuss eines von Terroristen gekaperten Passagierflugzeugs auch für den Fall untersagt hat, dass nur so eine Vielzahl anderer Menschenleben gerettet werden könnte[11]. Im Streit um das Kopftuch in der Schule werden Grundfragen religiöser Toleranz und der staatlichen Neutralität in Glaubensdingen verhandelt, für die der Text der Verfassung nur einige ganz allgemeine Orientierungspunkte gibt. Und in der Auslegung des Sozialstaatsprinzips kehren alle Fragen wieder, die um den Zusammenhang von Gleichheit und Gerechtigkeit kreisen; schon dass das Bundesverfassungsgericht die Sozialstaatlichkeit überhaupt zu einem alle staatliche Gewalt verpflichtenden Staatsziel erhoben hat, war letztlich eine interpretatorische Weichenstellung, die man auch anders hätte vornehmen können[12]. Auch die Karriere der Abwägung im Recht – und nicht nur im Verfassungsrecht – verweist auf einen prinzipiellen Zusammenhang zu Vorstellungen von Gerechtigkeit, die dem positiven Recht vorausliegen (→ § 2 Rn. 98, 188ff.). Politische Philosophie hat deshalb nach wie vor ihren Ort im Verfassungsrecht, und gerade Verfassungsgerichte kommen in der konkreten Anwendung der Verfassung gar nicht ohne sie aus[13].

III. Was bleibt vom Gemeinschaftsmodell?

Als demokratischer Verfassungsstaat gibt der moderne Staat so im Ergebnis der freien Entfaltung seiner Bürger Raum, schreibt ihnen aber keine bestimmte Konzeption des guten Lebens vor. Welcher Religion die Bürger anhängen, ob sie überhaupt religiös leben wollen, wie sie ihr persönliches Glück bestimmen und wo sie es finden wollen, bleibt ihnen grundsätzlich selbst überlassen. Auf diese Weise bildet die prinzipielle Neutralität gegenüber unterschiedlichen Entwürfen des guten Lebens nach wie vor das Herzstück einer liberalen politischen Gerechtigkeitskonzeption (→ Rn. 261). Andererseits lässt sich über Grad und Ausmaß dieser Neutralität durchaus streiten, wie zuletzt die Debatte um den Kommunitarismus gezeigt hat (→ Rn. 266): Die Grenzen zwischen dem Gerechten und dem Guten, dem Öffentlichen und dem Privaten sind prinzipiell verschiebbar und werden auch in der Realität immer neu ausverhandelt. Und wären damit die älteren Gemeinschaftsmodelle, in denen eine solche Neutralität noch ganz unbekannt war, oder überhaupt alle Ansätze eines stärkeren Denkens von der Gemeinschaft her prinzipiell erledigt? Sie sind es sicherlich in dem Sinne, dass unter den Bedingungen eines legitimen Pluralismus keine politische Ordnung mehr auf eine Übereinstimmung mit höheren Mächten, auf eine kosmische Vernunft oder auf eine jenseitige Zielbestimmung des Menschen zurückgeführt werden kann: Im Staat von heute wohnt kein transzendentaler oder

323

324

---

[10] Die näheren Einzelheiten in: U. Volkmann, Grundzüge einer Verfassungslehre der Bundesrepublik Deutschland, 2013.

[11] BVerfGE 115, 118 (151ff.); zur utilitaristischen Lösung → Rn. 168.

[12] In den 1950er Jahren war die Frage dementsprechend noch heftig umstritten, s. die Beiträge in E. Forsthoff (Hrsg.), Rechtsstaatlichkeit und Sozialstaatlichkeit, 1968, die Kritik dort vor allem im Beitrag von Forsthoff selbst, S. 165ff.

[13] Im Rechtsvergleich: D. Robertson, The Judge as Political Theorist, 2010.

metaphysischer Rest[14]. Ebenso bleibt er auf die Freiheit als Grundprinzip verpflichtet. Das muss allerdings umgekehrt nicht bedeuten, dass alle Zumutungen von Gemeinschaftlichkeit entschieden zurückzuweisen wären und politische Ordnung heute überhaupt von einem einseitigen normativen Individualismus aus zu entwerfen wäre, wie er in letzter Zeit schon zum alleinigen Grundprinzip des Rechts ausgerufen worden ist[15]. Gegen diesen lassen sich im Wesentlichen drei Anfragen formulieren, hinter denen in veränderter Gestalt durchaus einige Elemente der älteren Gemeinschaftsmodelle oder jedenfalls einer notwendigen Einbeziehung von Gesellschaft als Ganzes aufscheinen. Im Einzelnen:

325 (1) Die erste Anfrage betrifft die empirische Realität und den normativen Status des Individuums selbst, das ja die Grundeinheit eines solchen Individualismus bilden müsste. Wie der Durchgang durch die Philosophiegeschichte gezeigt hat, ist es eine verhältnismäßig neue Erfindung; der Mensch ist keineswegs zu allen Zeiten als ein solches begriffen worden, sondern durch lange Phasen und von durchaus vernünftig argumentierenden Leuten ausschließlich als Gemeinschaftswesen oder durch seine verschiedenen Gemeinschaftsbezüge bestimmt; darüber hinaus wurde er immer auch in seinen Funktionen für andere und seiner eigenen Angewiesenheit auf diese anderen gesehen. Das könnte darauf hinweisen, dass das Individuum ganz wesentlich das Resultat einer Zuschreibung und weit stärker, als wir es uns einzugestehen geneigt sind, gesellschaftlich oder medial konstruiert ist, so wie es etwa, wenn auch in übersteigerter Form, in einigen Varianten des Poststrukturalismus herausgearbeitet wird (→ Rn. 306 f.)[16]. Nicht Individuen machen dann die Gesellschaft aus, sondern die Gesellschaft macht die Individuen, könnte man in Anlehnung an ein Wort Niklas Luhmanns sagen[17]. Und was die Annahme ihrer prinzipiellen Freiheit anbelangt, so ließe sich schon von Hegel lernen, dass sich diese Freiheit regelmäßig in bestimmten Bindungen erzeugt und in diese Bindungen hinein entfaltet wird, also in den Beziehungen zu anderen, in einer entgegenkommenden Kultur und sozialen Praxis oder eben auch in bestimmten gemeinschaftlichen Lebensbezügen (→ Rn. 217 ff.)[18].

Entsprechend wird auch das Grundgesetz bis heute stärker als eine gewisse Synthese zwischen Individualismus und Gemeinschaftlichkeit interpretiert, so wie es in der bekannten Menschenbildformel des Bundesverfassungsgerichts zum Ausdruck kommt: Das Menschenbild des Grundgesetzes sei „nicht das eines isolierten souveränen Individuums"; vielmehr ziele das Grundgesetz auf die „in der Gemeinschaft stehende und ihr vielfältig verpflichtete Persönlichkeit" und habe „die Spannung Individuum – Gemeinschaft im Sinne der Gemeinschaftsbezogenheit und Gemeinschaftsgebundenheit der Person entschieden, ohne dabei deren Eigenwert anzutasten"[19].

---

[14] Außer das Transzendentale oder Metaphysische wird so radikal innerweltlich wie bei Kant gedacht → Rn. 180 ff.

[15] So namentlich D. von Pfordten, in verschiedenen Veröffentlichungen, s. ders., Normativer Individualismus und das Recht, JZ 2005, 1069 ff.; Rechtsethik, 2. Auflage 2011, S. 461 f.; Rechtsphilosophie, 2013, S. 106 ff.; zuletzt die Beiträge in ders./L. Kähler (Hrsg.), Normativer Individualismus in Ethik, Politik und Recht, 2014.

[16] Zum Individuum als ein auch mediales Konstrukt: T. Vesting, Die Medien des Rechts, Band 3: Buchdruck, 2013, S. 72 ff., 155 ff.

[17] N. Luhmann, Soziologische Aufklärung, Band 6, 1995, S. 125 (129 f.); ausführlicher ders., Die Gesellschaft der Gesellschaft, 1998, Band 2, S. 1016 ff.

[18] Dazu aus heutiger Sicht A. Honneth, Das Recht der Freiheit, 2011, S. 33 ff., 81 ff.

[19] S. BVerfGE 4, 7 (15 f.) sowie 45, 187 (227).

(2) Die zweite Anfrage betrifft die politische Ordnung als Ganzes, in klassischer Sicht **326** also den Staat als eine Form der Selbstorganisation der Gesellschaft. Auch für ihn muss geklärt werden, ob er als bloßer Rahmen und Zweckverband, also als Ansammlung atomisierter Einzelner wirklich vollständig begriffen ist oder ob es nicht doch zumindest einer Imagination von Gemeinschaftlichkeit bedarf, die das ganze Gebilde trägt und erhält. Muss nicht auch der moderne Staat auf einem Mindestmaß an gemeinsamen Wertorientierungen, einer verbindenden Wir-Identität oder bestimmten entgegenkommenden Grundeinstellungen der Bürger aufruhen, die dann auch in seinen Begriff einzugehen hätten? In periodischen Abständen kommt dieses Thema – ob in der Suche nach einer verbindenden Leitkultur, den verbleibenden Gemeinsamkeiten einer multireligiösen und multikulturellen Gesellschaft oder der Reichweite und Bindekraft eines Verfassungspatriotismus – jedenfalls immer wieder auf die Tagesordnung. Auch die Deutung der Verfassung und speziell des in den Grundrechten aufgehobenen Systems gleicher Freiheiten als „Wertordnung" und damit als mögliche Grundlage politischer Integration gehört in diesen Zusammenhang[20], so wie von der Verfassung selbst heute gesagt wird, sie konstituiere eine „kollektive Einheit politischer Willensbildung und Entscheidung" und sei das „Selbstzeugnis kollektiver Existenz und Identität"[21]. Natürlich ließe sich dieses Verbindende oder – um an einen hegelschen Begriff anzuknüpfen – „Haltende" der politischen Ordnung heute nicht mehr substanzhaft aus bestimmten vorpolitischen Gemeinsamkeiten (der Religion, der Nation, einer bestimmten ethnischen Zugehörigkeit) begründen oder ableiten; auch zu diesen gibt es kein Zurück. Aber das Problem als solches ist damit nicht aus der Welt; es müsste dann eben darum gehen, die verbleibenden Gemeinsamkeiten stärker prozedural und dynamisch zu verstehen und gerade auf die Pluralität und Differenz moderner Gesellschaften einzustellen[22].

(3) Die dritte Anfrage hängt damit nur mittelbar zusammen; sie folgt aus dem gewan- **327** delten Aufgabenprofil des Staates. Der moderne Staat ist, mit markanten Unterschieden zwischen den USA einerseits und den meisten europäischen Staaten andererseits, heute nicht mehr nur Sicherheitsstaat oder auch nur Sozialstaat in dem klassischen Sinne, dass er seine Bürger gegen ausgewählte Wechselfälle des Lebens – Unfall, Krankheit, Arbeitslosigkeit oder Alter – absichert. Stattdessen entfaltet er eine weit ausgreifende Ordnungs- und Regulierungstätigkeit, die keinen Bereich des menschlichen Daseins mehr ausspart und oft tief in die Bereiche privater Lebensführung hineinreicht. In diesem Sinne fasst er seine Bürger in als Zwangsverbänden organisierten Sozialversicherungen zusammen, warnt sie vor den Risiken des Rauchens und legt ihnen eine gesunde Lebensführung nahe, ordnet das Privatrecht auf ein diskriminierungsfreies Miteinander oder reformiert das Ehe- und Familienrecht auf ein Leitbild gleichberechtigter Partnerschaft hin, von der auch als Wertevermittlung begriffenen Erziehung in den Schulen ganz zu schweigen; dies alles letztendlich demokratisch beschlossen und entsprechend vom Willen einer jeweiligen Mehrheit der Bevölkerung

---

[20] Grundlegend BVerfGE 2, 1 (12); 5, 85 (138 f.); 7, 198 (205 ff.); die Wurzeln bei R. Smend, Verfassung und Verfassungsrecht, 1928; jetzt in: ders., Staatsrechtliche Abhandlungen und anderer Aufsätze, 4. Auflage 2010, S. 260 ff.

[21] H. Hofmann, Das Wesen der Verfassung, JöR 51 (2003), 1 (14); E. Denninger, Menschenrechte und Grundgesetz, 1994, S. 10.

[22] Auch hierzu finden sich in der neueren politischen Philosophie entsprechende Ansätze, s. etwa zur Diskurstheorie → Rn. 279 ff.

getragen. Liegt darin aber nicht doch eine bestimmte Vorstellung vom guten und gelingenden Leben zugrunde, nur dass es sich dabei nicht um das gute und gelingende Leben im Sinne vorneuzeitlicher Tugendmodelle handelt, sondern um das gute und gelingende Leben in einer Gemeinschaft von Freien und Gleichen?

Vom Standpunkt eines einseitigen normativen Individualismus aus lässt sich dies alles nicht oder nur dadurch erfassen, dass man die entsprechenden Aktivitäten, weil sie nicht in das eigene Schema passen, für illegitim, grundsätzlich fragwürdig oder nicht begründbar erklärt. Ebenso könnte man auch zu den Fragen der sozialen Konstituierung des Individuums oder den Notwendigkeiten einer verbleibenden gemeinschaftlichen Integration einfach schweigen und so tun, als stellten sie sich gar nicht. Aber es könnte darin auch ein Hinweis liegen, dass der normative Individualismus für sich genommen das Selbstverständnis der modernen Gesellschaft seinerseits nicht angemessen oder jedenfalls nicht vollständig zum Ausdruck bringt. So wie es ist, existiert auch das Individuum nur in der Gesellschaft und entfaltet sich in ihr.

§ 2 Der Sinn des Rechts

Die Erkenntnisse des vorangegangenen Abschnitts lassen sich auch so formulieren, **1**
dass heute nur noch eine solche politische Gemeinschaft Legitimität beanspruchen
kann, in der ein liberales, ein egalitäres und ein demokratisches Moment zusammenkommen: Sie muss auf dem Prinzip gleicher Freiheit beruhen (liberales Moment) sie
zielt auf die Gewährleistung gleicher Lebenschancen für alle (egalitäres Moment),
und sie gibt der kollektiven Selbstbestimmung ihrer Mitglieder Raum (demokratisches
Moment). Gerade darin beweist sie sich als eine politische Gemeinschaft, und zwar
nicht als die homogene, einer gemeinsamen Glücksvorstellung verhaftete Gemeinschaft früherer Tage, sondern als eine prinzipiell liberale Gemeinschaft, die sich gerade
im Bewusstsein der Verschiedenheit ihrer Mitglieder einig weiß. Über allem und
gleichsam als Grundvoraussetzung des Ganzen gilt innerhalb dieser Gemeinschaft die
Herrschaft des Rechts. Damit ist allerdings die Frage nach dem spezifischen Sinn des
Rechts nicht beantwortet, also die *Frage nach den Zwecken,* denen es zu dienen bestimmt ist, und *der Art und Weise,* durch die es diese Zwecke zu verwirklichen versucht. Als solche stellt sie sich sowohl innerhalb der so umrissenen politischen Gemeinschaft und für diese als auch ganz generell und unabhängig von ihr.

Innerhalb einer politischen Gemeinschaft würde man zunächst sagen, dass das Recht im Wesentlichen densel- **2**
ben Zwecken dienen soll, die auch die Zwecke der jeweiligen Gemeinschaft selbst sind; es wäre in diesem Sinne
vielleicht nicht das einzige, aber doch ein relativ wichtiges Mittel, um diese Zwecke zu verwirklichen. In diesem
Sinne hätte etwa das Recht einer liberalen, egalitären und demokratischen Gemeinschaft vor allem die Aufgabe, Freiheit zu ermöglichen und zu sichern, die Bedingungen für eine chancengleiche Teilhabe an den gesellschaftlichen Gütern bereitzustellen und Verfahren demokratischer Willensbildung einzurichten. Allerdings ist
gerade für eine demokratische Gemeinschaft leicht zu sehen, dass damit die Rolle des Rechts nicht erschöpfend
beschrieben ist, sondern dieses seinerseits für immer noch weitere Aufgaben in den Dienst genommen wird: In
Demokratien kann prinzipiell jedes Thema politisch werden mit der Folge, dass es dann auch mit rechtlichen
Mitteln bearbeitet wird, von der Ordnung des Raumes über den Umwelt-, Natur- oder Tierschutz bis hin zur
Migrationssteuerung oder der Unterhaltung von Opernhäusern und Schwimmbädern; die Liste ist prinzipiell
unbegrenzt. Insoweit hat die für das 20. Jahrhundert zu beobachtende Vervielfältigung der Staatsaufgaben, wie
sie schon zum Ende des Vorabschnitts angesprochen war, auch zu einer entsprechenden Vervielfältigung der
Zwecke des Rechts geführt, die sich nicht allesamt ohne weiteres den grundlegenden Zielwerten der Gemeinschaft selbst zuordnen lassen[1]. Aber daneben hat das Recht ganz offensichtlich auch eine Reihe von Zwecken
zu erfüllen, die ganz unabhängig von einem bestimmten Typus politischer Gemeinschaften sind – es ist ja ein
ganz altes und keineswegs erst ein Phänomen liberaler Demokratien. Selbst in Diktaturen lassen sich insoweit
noch sinnvolle Aufgaben für das Recht erkennen.

Insofern kann man neben dem spezifischen Sinn des Rechts für eine durch bestimmte **3**
inhaltliche Merkmale gekennzeichnete politische Ordnung auch von einem ganz allgemeinen Sinn des Rechts sprechen. Gustav Radbruch fasste diesen in den Begriff der
„Rechtsidee" und definierte auf dieser Grundlage kurz und knapp:

„Recht ist, was seinem Sinne nach der Rechtsidee zu dienen bestimmt ist"[2].

---

[1] Deutlich wird dies, um ein Beispiel zu nennen, etwa bei Regelungen zum Tierschutz: Dabei geht es eben nicht
um die Sicherung und Ermöglichung individueller Freiheit, soziale Gleichheit etc., und dies auch dann nicht,
wenn man von einem – heute ohnehin zusehends in die Defensive geratenen – anthropozentrischen Ansatz
aus das eigentliche Ziel des Tierschutzes in einem mittelbaren Schutz menschlicher Interessen sehen wollte.

[2] G. Radbruch, Rechtsphilosophie, 3. Auflage 1932, in: ders., Gesamtausgabe, Band 2, 1993, hrsgg. u.
bearb. v. A. Kaufmann, S. 255.

4   Diese Rechtsidee gliedert Radbruch in drei inhaltliche Bestandteile auf; gleichbedeutend spricht er auch von den „Rechtswerten" im Sinne der Werte, die das Recht zu
verwirklichen hat, oder eben den Zielen des Rechts. Diese Werte sind die *Gerechtigkeit,* die *Zweckmäßigkeit für das Gemeinwohl* und die *Rechtssicherheit,* wobei die
Zweckmäßigkeit für das Gemeinwohl sich gerade für die Relativität der unterschiedlichen Zielvorstellungen einer politischen Gemeinschaft öffnet. Unter Gerechtigkeit
versteht Radbruch demgegenüber in erster Linie das Gebot der gleichen Behandlung
gleicher Fälle, während die Rechtssicherheit die Bedeutung des Rechts als stabile und
verlässliche Grundlage menschlichen Zusammenlebens betont[3]. Im Großen und Ganzen gilt das als eine auch heute noch zutreffende Beschreibung der Funktionen des
Rechts, der auf dieser Ebene der Allgemeinheit wenig hinzuzufügen ist. Allenfalls lässt
sich über das Rangverhältnis zwischen den einzelnen Zielen oder den Stellenwert von
Gerechtigkeit diskutieren, aber dass jedenfalls Gerechtigkeit in der reduzierten Bedeutung, in der sie hier bei Radbruch verwendet wird, zum Recht irgendwie dazugehört,
würde auch heute kaum jemand ernsthaft bestreiten, sondern vielleicht nur fragen, ob
damit so viel gewonnen ist[4]. Neuere Funktionsbeschreibungen laufen dementsprechend eher auf eine nähere Entfaltung oder interne Ausdifferenzierung der von Radbruch angenommenen Rechtswerte hinaus, stellen diese aber nicht grundsätzlich in
Frage; eher geht es darum, näher zu erläutern, wie und wodurch die betreffenden Ziele
erreicht werden. Eine besonders einprägsame, sich zudem ausdrücklich in die Kontinuität der Radbruchschen Trias einordnende Auflistung kommt in diesem Sinne zu
den folgenden drei Funktionen[5]:

5   (1) Die erste Funktion des Rechts, bei Radbruch im Begriff der Rechtssicherheit erfasst, ist die *Friedensfunktion;* sie ergibt sich aus einem Vergleich mit dem Zustand,
der ohne das Recht herrschte. Wie es in einem solchen aussähe, ist in den Vertragsleh-
ren von Thomas Hobbes oder John Locke anschaulich ausgemalt (→ § 1 Rn. 105 ff.,
120 ff.): Infolge der Abwesenheit aller Regeln und der Annahme einer prinzipiell un-
beschränkten Handlungsfreiheit kann man nie sicher sein, wie sich der andere verhalten wird; bei Konflikten um knappe Güter setzt sich stets der Stärkere durch; ohne
entsprechende Begrenzungen tendieren Menschen dazu, ihre eigenen Interessen auf
Kosten anderer durchzusetzen[6]. Bereits das Vorhandensein moralischer Normen
kann, wie ebenfalls schon bei Hobbes und Locke nachzulesen ist, dazu beitragen, diese
Probleme zu entschärfen, indem diese etwa die Zahl der Verhaltensalternativen begrenzen oder dafür sorgen, dass etwaige Konflikte friedlich ausgetragen werden. Aller-

---

[3] Radbruch, a. a. O.
[4] So jedenfalls, wenn Gerechtigkeit auf die Gerechtigkeit der politischen Ordnung insgesamt bezogen
wird und dann auch bestimmte inhaltliche Forderungen (Menschenrechte, Kriterien gerechter Güterverteilung, Demokratie, Rechtsstaatlichkeit etc.) einschließt. Radbruch selbst hat seinen Gerechtigkeitsbegriff dafür später ausdrücklich geöffnet, s. ders., Fünf Minuten Rechtsphilosophie, in: ders., Gesamtausgabe, Band 3, hrsgg. v. A. Kaufmann, bearb. v. W. Hassemer, 1990, S. 78 (79). Andere würden bei
einer solchen Aufladung des Gerechtigkeitsbegriffs allerdings einen notwendigen Zusammenhang mit
dem Recht bestreiten; dies führt dann hinein in den Streit zwischen den Anhängern eines formalen
bzw. positivistischen und eines materialen bzw. naturrechtlichen Rechtsbegriffs. S. dazu noch unten
→ Rn. 35 ff., 51 ff.
[5] P. Koller, Theorie des Rechts, 2. Auflage 1997, S. 57 ff. Noch stärkere Ausdifferenzierung, dann aber
auch mit entsprechenden inhaltlichen Überschneidungen bei B. Rüthers/C. Fischer/A. Birk, Rechtstheorie, 8. Auflage 2015, § 3.
[6] Koller (Fn. 5), S. 54 ff.

dings sind moralische Normen von ihrem Inhalt her zu wenig instruktiv und zudem durchsetzungsschwach; sichergestellt wird ihre Einhaltung allenfalls durch einen diffusen sozialen Druck. Und manchmal lassen sie uns ganz allein: Ob wir auf den Straßen rechts oder links fahren sollen, lässt sich aus keiner Vorschrift der Moral entnehmen. Diese Defizite kompensiert ein System von Regeln, die das geforderte Verhalten verbindlich bestimmen[7]. Dieses System ist eben das, was wir Recht nennen.

(2) Die zweite Funktion liegt in einer allgemeinen *Ausgleichsfunktion;* in ihr kommt zugleich ein Element der Gerechtigkeitsidee zum Ausdruck. Das Recht hat danach, wie unmittelbar aus der Bezeichnung hervorgeht, die Aufgabe, zwischen konkurrierenden menschlichen Interessen und Belangen zu vermitteln und einen Ausgleich zwischen ihnen herzustellen[8]. Dies kann etwa dadurch geschehen, dass das Recht bestimmten Interessen den Vorrang einräumt und anderen – etwa dem Interesse, andere zu bestehlen oder zu betrügen – die Durchsetzung verwehrt, es kann dadurch geschehen, dass das Recht die beteiligten Interessen einander kompromisshaft zuordnet, oder es kann dadurch geschehen, dass das Recht – etwa durch Bereitstellung der Vertragsform – den Interessenausgleich den Beteiligten selbst überlässt; auch im letzten Fall sind aber – beispielhaft im als Arbeitnehmerschutzrecht konzipierten Arbeitsrecht oder dem sozialen Mietrecht – Beschränkungen zugunsten der ungehinderten Interessendurchsetzung einer Seite möglich. Der Ausgleich als solcher kann dabei im Ausgangspunkt ganz beliebig vorgenommen werden. Je stärker er bestimmten inhaltlichen Anforderungen unterworfen wird, wie sie sich im Verfassungsstaat typischerweise aus einer Verfassung ergeben, desto stärker wird andererseits das Recht auch auf eine inhaltliche Idee von Gerechtigkeit hingeordnet, die noch über die engere Bestimmung bei Radbruch hinausgeht; es gilt dann eben ein Gebot der gerechten Abwägung oder des gerechten Ausgleichs[9].

(3) Eine dritte Funktion des Rechts lässt sich die *Gestaltungsfunktion* nennen; bei Radbruch ist sie in der weiten und vorerst noch ganz offenen Formulierung von der Zweckmäßigkeit für das Gemeinwohl eingefangen. Dabei geht es im Wesentlichen darum, dass derjenige, der befugt ist, das Recht zu setzen, heute also vor allem der Gesetz-, Verordnungs- oder Satzungsgeber, dieses auch einsetzen kann, um von ihm selbst bestimmte Ziele zu erreichen[10]. Zumal in Demokratien sind Rechtsnormen in diesem Sinne immer auch Mittel zur Umsetzung politischer Programme, für die ihre Vertreter auch gewählt wurden. Zu diesem Zweck regelt das Recht (nicht ausschließlich, aber doch typischerweise) individuelles Verhalten, etwa durch entsprechende Ge- oder Verbote, aber indem es dies (jedenfalls als Gesetz) generell und für eine unbestimmte Vielzahl von Fällen tut, gestaltet es zugleich Gesellschaft. Der Vorteil des Rechts ist dabei, dass man es jederzeit wieder ändern kann; dadurch lässt es sich immer von neuem auf veränderte Lagen oder auch veränderte Zielvorstellungen einstellen.

---

[7] Zu der entsprechenden Ergänzungsfunktion des Rechts im Verhältnis zur Moral zusammenfassend Habermas, s. oben → § 1 Rn. 289.

[8] Für D. von der Pfordten liegt darin sogar das zentrale Ziel des Rechts überhaupt, vgl. ders., Was ist Recht?, ZphF 63 (2009), 173 (188 ff.); ders., Rechtsphilosophie, 2013, S. 53 ff., dort auch die Verbindung zur Gerechtigkeit „in einem abgeschwächten Sinne", S. 57.

[9] Vgl. etwa BVerfGE 100, 226 (240), dort für die Abwägung zwischen den Interessen des Eigentümers und den Belangen des Gemeinwohls im Rahmen von Art. 14 Abs. 1 GG.

[10] Koller (Fn. 5), S. 58 f.; Rüthers/Fischer/Birk (Fn. 5), § 3 Rn. 78 f.

8 Über all dies wird man im Ergebnis relativ schnell Konsens herstellen können, es ist dann aber auch in gewissem Sinne trivial. Komplizierter wird es, wenn man sich den Einzelheiten zuwendet und den Sinn des Rechts in verschiedenen spezifischen Zusammenhängen zu entfalten versucht, in denen er traditionell eine Rolle spielt. Diese Zusammenhänge sind: der Zusammenhang zwischen *Recht und Gewalt,* der Zusammenhang zwischen *Recht und Moral,* der Zusammenhang zwischen *Recht und Gerechtigkeit* und zuletzt ganz allgemein der Zusammenhang zwischen *Recht und Gesellschaft.* In deren näherer Betrachtung wird zugleich deutlich, dass das Recht sich nicht unter einige wenige simple Leitideen oder überhaupt auf einen klaren und einheitlichen Begriff bringen lässt; stattdessen lebt und entfaltet es sich seit jeher in verschiedenen Ambivalenzen, Paradoxien oder auch Widersprüchen, wie sie im Ansatz ebenfalls schon von Radbruch als „Antinomien der Rechtsidee" angesprochen worden sind[11]. Sie werden im Folgenden, einem klassischen philosophischen Darstellungsschema entsprechend, jeweils für die genannten Zusammenhänge in Form von These und Gegenthese entfaltet, die je für sich auf ihre Stichhaltigkeit befragt und anschließend in einer Art Synthese zusammengeführt werden. Irgendeine Art von Vollständigkeit ist dabei weder angestrebt noch erreichbar; es geht nur darum, in den verschiedenen Gegensatzpaaren eine Vorstellung vom möglichen Sinn des Rechts zu bekommen, die zugleich einige Erkenntnisse des vorherigen Durchgangs durch die Philosophiegeschichte zusammenführt.

A. Recht und Gewalt

9 Der erste elementare Zusammenhang ist der Zusammenhang zwischen Recht und Gewalt; er betrifft den tiefsten Grund des Rechts überhaupt. Das Recht ist – und soll es seinem Sinn nach sein – einerseits Begrenzung, Zurückdrängung und Domestizierung der Gewalt, so wie es im hehren Wort von der Friedensfunktion ganz elementar ausgedrückt ist. Andererseits arbeitet das Recht zu diesem Zweck auch mit Gewalt und ist insoweit „selbst gewaltsam"[1]: Das Recht ist, hat schon Kant gemeint, notwendig mit der Befugnis zu zwingen verbunden[2]. Besonders anschaulich wird diese prinzipielle Ambivalenz seit jeher im Strafrecht, an dessen Anfang immer ein Akt der Gewalt steht: Ein Mensch ist getötet, geschlagen oder beraubt worden; man hat ihm sein Eigentum genommen, ihn in seiner Ehre verletzt etc. Das Strafrecht reagiert auf diese Gewalt und soll vor ihr schützen, braucht dazu aber selbst auch Gewalt, die bis heute nach außen für jedermann sichtbar wird: Der Täter kann unter Einsatz von Waffen überwältigt werden, er wird gegebenenfalls in Handschellen vorgeführt, später in eine Zelle gesperrt; in manchen Staaten wird er bei bestimmten Verbrechen noch heute getötet. Insofern kommen die beiden Seiten des Rechts in seinem Verhältnis zur Gewalt nirgends so deutlich zusammen wie im Strafrecht, in dem man deshalb durchaus so etwas wie einen ersten und ursprünglichen Ort des Rechts sehen kann. Tatsächlich sind gerade viele klassische Rechtsbegründungen, wenn man sie sich noch einmal unter diesem Gesichtspunkt vornimmt, mehr oder weniger deutlich auf strafrechtliche

---

[11] Radbruch (Fn. 2), S. 302 ff.

[1] C. Menke, Kritik der Rechte, 2015, S. 403, dort auch die prinzipielle Ambivalenz in wenigen Sätzen zusammengefasst.

[2] I. Kant, Die Metaphysik der Sitten, Theorie-Werkausgabe Immanuel Kant, hrsgg. v. W. Weischedel, Bd. VIII, 1968, AB 35; s. dazu bereits → § 1 Rn. 197.

Normen bezogen und gewinnen gerade daraus ihre suggestive Kraft. Von daher lässt sich gerade aus einer Betrachtung des Strafrechts viel über den ersten und ursprünglichen Sinn des Rechts lernen, so wie man aus der zwischenzeitlichen Wandlung seines Verständnisses viel über den heutigen Sinn des Rechts lernen kann.

I. These: Recht als Zivilisierung der Gewalt

In dieser Ambivalenz betont die klassische Erzählung seit jeher die begrenzende Funktion des Rechts und entfaltet den Begriff selbst geradezu als den „Gegensatz der Gewalt": Im Recht wird der Zustand der Gewalt und des Unfriedens überwunden, der ohne es herrschen würde[3]. In der Entgegensetzung vom Naturzustand und dem staatlichen, rechtlich geordneten Zustand hat diese Erzählung ihre vielfach bis heute als gültig empfundene Form erhalten: Der Naturzustand ist der „Krieg aller gegen alle" (Hobbes), der „wilden Gewalt" (Kant) oder „der Gewalt und des Unrechts" (Hegel), der staatliche, rechtlich geordnete Zustand dagegen der Zustand einer größtmöglichen Freiheit für alle, in dem die Gewalt im gegenseitigen Verkehr gerade aufgehoben ist[4]. Eine literarische, nicht weniger eindrucksvolle und für den Sinn des Rechts bis heute lehrreiche Variation des Themas findet sich demgegenüber bereits in der griechischen Tragödie, und zwar in der „Orestie" des Aischylos[5]. Die Geschichte darin, ein uraltes Verhängnis von Blut, Mord und Rache, geht etwa so: Agamemnon aus dem fluch- und schuldbeladenen Geschlecht der Atriden, Oberbefehlshaber des griechischen Heeres bei der zehn Jahre dauernden Belagerung von Troja, kehrt nach siegreichem Kampf in seine Heimat Argos zurück und wird dort von seiner Ehefrau Klytämnestra und deren Liebhaber Ägisthos heimtückisch umgebracht. Zuvor hatte Agamemnon seine Tochter Iphigenie auf Geheiß der Götter opfern, also wie ein Tier schlachten müssen, womit er sich auf ewig den Hass Klytämnestras zugezogen hatte; und noch weiter zuvor hatte der Vater Agamemnons, Atreus, seinem Bruder Thyestes, aus Rache für ein ehebrecherisches Verhältnis mit seiner Frau, dessen eigene Kinder beim Nachtmahl zum Verspeisen vorgesetzt, was wiederum der Grund dafür war, dass Ägisthos, der einzig überlebende Sohn des Thyestes, in die Ehe Agamemnons einbrach und diesen zuletzt zusammen mit Klytämnestra tötete. Orest, der Sohn Agamemnons und Klytämnestras, nimmt daraufhin seinerseits Rache für die Ermordung des Vaters, indem er seine Mutter und ihren Liebhaber Ägisthos ersticht. Verfolgt, durch die Lande gehetzt und fast in den Wahnsinn getrieben wird er dafür nun wieder von den Erinnyen, furiosen Rachegöttinnen, die Sühne für den Mord an der Mutter fordern. Vor ihnen flüchtet sich Orest schließlich in das Heiligtum des Apollon in Delphi und von hier aus dann nach Athen in den Tempel der Athene, die schließlich einen Gerichtshof, den Areopag, zur Entscheidung des Streites einsetzt:

„Das Urteil ist zu schwierig, dass es könnt' ein Mensch
zu fällen meinen. Selbst mir steht es nicht zu,
zu schlichten solchen zornempörten Streit um Mord [...]

---

[3] Kant (Fn. 2), Die Metaphysik der Sitten, AB 157.
[4] Kant (Fn. 2), Die Metaphysik der Sitten, B 158; zu Hobbes und Hegel s. oben → § 1 Rn. 105, 205.
[5] Der Zusammenhang ist vielfach herausgearbeitet, s. etwa C. Meier, Die politische Kunst der griechischen Tragödie, 1988, S. 75 ff.; H.-G. Nesselrath, Die Orestie des Aischylos, in: W. Frick (Hrsg.), Die Tragödie, 2003, S. 9 (24 ff.); zuletzt C. Menke, Recht und Gewalt, 2. Auflage 2012, S. 13 ff.

Doch da die Sache jetzt zu uns hat her gedrängt,
geschworne Richter wähl ich aus im Mordprozess
und ihre Satzung setz ich fest für alle Zeit [6].

11 Vor dem Gericht tragen nun beide Seiten ihre Argumente vor, der ganze Berg von Schuld und Verhängnis wird mitverhandelt, am Ende wird Orest freigesprochen, weil die für eine Verurteilung erforderliche Mehrheit nicht zustande kommt; den letzten Stein für ihn hatte Athene selbst in die Urne der Stimmen gelegt. Die Erinnyen, zunächst außer sich vor Wut und aufbegehrend, akzeptieren das Urteil schließlich; sie verwandeln sich in die Eumeniden, die „Wohlgesinnten", die fortan walten als die Schützerinnen von Recht und Staat in Athen.

12 Bis heute wird dies als die Geburt des Rechts und des Rechtsstaats in der Tragödie gefeiert, und diese Interpretation hat nach wie vor ihren berechtigten Kern: Statt dass die Beteiligten in alle Ewigkeit weiter streiten, unterwerfen sie sich einem unparteilichen Gericht, dessen Urteil sie schließlich – wenn auch die Unterlegenen zunächst nur widerstrebend – alle hinnehmen[7]. Der Rechtsspruch durchbricht so den unendlichen Kreislauf aus Vergeltung und Wiedervergeltung, aus Gewalt und neuer Gewalt, an die Stelle der rohen naturhaften Gerechtigkeit der Rache tritt die ewige („und ihre Satzung setz ich fest für alle Zeit") Herrschaft des Rechts. Der Prozess, in dem dies geschieht, ist nicht ohne Grund ein Strafprozess: Die Erinnyen treten darin als Anklägerinnen auf, während Orest, unterstützt von seinem Mentor und Anwalt Apollon, sich gegen ihre Vorwürfe zu verteidigen versucht; am Ende entscheidet – wie noch heute etwa in den Vereinigten Staaten – eine Bank von Geschworenen. In der Tat sind es zunächst und vor allem die Normen des Strafrechts, die die Gewalt der Gesellschaft an einem ersten und ursprünglichen Ort zurückdrängen. Aber wodurch tritt dieser zivilisierende Effekt ein? Sieht man näher hin, so lassen sich zunächst zwei Momente benennen, an denen er festgemacht werden kann:

13 (1) Auf einer ersten Ebene wird die Gewalt durch das Verfahren gleichsam isoliert; aus einer Kette aufeinander verweisender Gewalthandlungen wird eine einzelne herausgegriffen, über die dann verhandelt wird. Noch heute lässt sich der Sinn der Strafe deshalb in einer Geschichte von Handlungsketten erklären, die an einem bestimmten Zeitpunkt unterbrochen werden[8]: Ein Fahrrad wird seinem Eigentümer gestohlen, die Polizei unternimmt nichts, woraufhin der es sich mit Gewalt beim Dieb zurückbesorgt; dieser erkämpft es sich mit einem Trupp von Leuten vom Eigentümer zurück, der daraufhin seinerseits noch einmal stärkere Bataillone mobilisiert etc. Ein entschiedenes Dazwischentreten des Strafrechts hätte diesen Zusammenhang frühzeitig unterbrochen; der ursprüngliche Diebstahl des Fahrrades wäre dann ein singuläres Ereignis geblieben und als solches auch ohne weitere Folgen.

14 (2) Ein die Gewalt des ursprünglichen Konflikts begrenzendes und zurückdrängendes Moment wohnt darüber hinaus dem Verfahren selbst inne. Es verwandelt die Beteiligten

---

[6] Aischylos, Die Orestie Teil 3: Die Eumeniden, Vers 470 ff.; hier in der Übersetzung von F. Stoeßl auf der Grundlage der Übersetzung von J. G. Droysen.

[7] Meier (Fn. 5), S. 122; knapp zusammenfassend Nesselrath (Fn. 5), S. 24 ff.; den Akzent stärker auf die Einrichtung von Demokratie legend J. Grethlein, Asyl und Athen, 2003, S. 201 ff.

[8] Die folgende stammt in Anlehnung an E. Schmidhäuser von D. Rössner, Die besonderen Aufgaben des Strafrechts im System rechtsstaatlicher Verhaltenskontrolle, in: FS für Claus Roxin, 2001, S. 977 (983 f.); die entsprechende Funktion bezeichnet Rössner als „Isolierung des Normbruchs durch die Sanktion".

von Göttern, Halbgöttern oder Menschen mit ihren Emotionen, seelischen Zerstörungen, Angst- oder Rachegelüsten in die Parteien eines Rechtsstreits, in dem auch die andere Partei gehört und als solche anerkannt werden muss[9]. Sie werden dadurch zugleich in ein Rollenspiel eingebunden, an dessen Ende sie dazu gebracht werden, das Ergebnis zumindest hinzunehmen. Das Verfahren stellt so auch einen Lernprozess dar, innerhalb dessen die Erwartungen der Beteiligten schrittweise umgebrochen werden, bis am Ende das Aufbegehren sinnlos erscheint[10]. Mit seinen formalisierten Regeln von Rede und Gegenrede, der Zergliederung in einzelne konkrete Schritte und der Subsumtion unter die nüchterne Sprache von Tatbeständen entfaltet es zudem eine spezifische Rationalität, zu der die ursprüngliche Gewalttätigkeit bereits in eine eigentümliche Distanz rückt[11].

II. Gegenthese: Recht als Gewalt

Andererseits steckt in der Strafe, wenn sie denn einmal ausgesprochen wird, das Verfahren   15
also nicht wie im Fall des Orestes mit einem Freispruch endet, selbst ein Moment der Gewalt, der Staats- oder eben der Strafgewalt, die als solche möglicherweise auch nur eine – vielleicht rationalisierte und domestizierte, aber am Ende eben doch: – Form der Rache ist. So haben es jedenfalls die klassischen Straftheorien gesehen, die Strafe vor allem als Vergeltung gedeutet haben, als Vergeltung eines Übels mit einem anderen, gleichen Übel. Die klassische Begründung dafür findet sich bis heute bei Immanuel Kant:

„Richterliche Strafe […] kann niemals bloß als Mittel, ein anderes Gutes zu befördern, für den Verbrecher selbst oder für die bürgerliche Gesellschaft, sondern muss jederzeit nur darum wider ihn verhängt werden, weil er verbrochen hat; denn der Mensch kann nie bloß als Mittel zu den Absichten eines anderen gehandhabt und unter die Gegenstände des Sachenrechts gemengt werden, wowider ihn seine angeborne Persönlichkeit schützt […] Welche Art aber und welcher Grad der Bestrafung ist es, welche die öffentliche Gerechtigkeit sich zum Prinzip und Richtmaße macht? Kein anderes, als das Prinzip der Gleichheit (im Stande des Züngleins an der Waage der Gerechtigkeit) sich nicht mehr auf die eine, als auf die andere Seite hinzuneigen. Also: was für unverschuldetes Übel du einem anderen im Volk zufügst, das tust du dir selbst an. Beschimpfst du ihn, so beschimpfst du dich selbst; bestiehlst du ihn, so bestiehlst du dich selbst; schlägst du ihn, so schlägst du dich selbst; tötest du ihn, so tötest du dich selbst. Nur das Wiedervergeltungsrecht (ius talionis) […] kann die Qualität und Quantität der Strafe bestimmt angeben; alle anderen sind hin und her schwankend, und können, anderer sich einmischenden Rücksichten wegen, keine Angemessenheit mit dem Spruch der reinen und strengen Gerechtigkeit enthalten […] Hat [der Täter] aber gemordet, so muss er sterben. Es gibt hier kein Surrogat zur Befriedigung der Gerechtigkeit.“[12]

In der Begründung der Strafe als solche folgt dies Kants eigenen moralphilosophischen   16
Grundannahmen, insbesondere dem kategorischen Imperativ; der Täter hat sich durch seine Tat anderen gegenüber eben anders verhalten, als er sich seiner eigenen Person gegenüber verhalten würde. Auch die deutlich zu erkennende Wendung gegen den Einsatz der Strafe etwa zur Abschreckung anderer erklärt sich daraus – im Ergeb-

---

[9]   Dieser Gedanke anschaulich bei Menke (Fn. 5), S. 23 f.
[10] Dies ist die Kernthese von N. Luhmann, Legitimation durch Verfahren, 1983, insbes. S. 38 ff., für das Gerichtsverfahren S. 55 ff.
[11] Rössner (Fn. 8), S. 986 f.
[12] Kant (Fn. 2), Die Metaphysik der Sitten, A 195 ff./B 225 ff.

nis würde der Täter dadurch zu einem bloßen Objekt oder Mittel degradiert (→ § 1 Rn. 185 ff.)[13]. Aber im Urteil selbst, in der Bestimmung der Art der Strafe und ihrer konkreten Bemessung, kommt zuletzt doch nur wieder die archaische Gerechtigkeit der Rache zum Ausdruck, die die Gewalt der Tat im Vollzug des Urteils wiederholt. Auch rein äußerlich, also allein von der zur Bestrafung vorgenommenen Handlung her, ist ein Unterschied zwischen der Gewalt des Rechts und der Gewalt der Rache nicht zu erkennen[14]. Für Friedrich Nietzsche geht die Strafe sogar noch darüber hinaus; durch den Akt ihrer Verhängung wird, meint er,

„der Frevler erinnert, *dass er mit seiner Handlung aus der Gemeinde und deren Moral-*Vorteilen *ausschied: sie behandelt ihn wie einen Ungleichen, Schwachen, außer ihr Stehenden; deshalb ist Strafe nicht nur Wiedervergeltung, sondern hat ein* Mehr, *ein Etwas von der* Härte des Naturzustandes; *an* diesen *will sie eben* erinnern.*"*[15]

17 Von hier aus ließe sich möglicherweise eine Brücke schlagen zu einer radikaleren Rechtskritik wie der marxistischen oder der neuen Bewegung der Critical Legal Studies, für die letztlich alles Recht nur ein Unterdrückungs- und Gewaltinstrument einer je herrschenden Klasse ist (→ § 1 Rn. 298 ff.)[16]. In einer nochmals zugespitzten Variante begegnet dieser Vorwurf in einem kleinen, erstmals im Jahre 1921 erschienenen Aufsatz von Walter Benjamin, der mit „Zur Kritik der Gewalt" überschrieben und mittlerweile zu einem Schlüsseltext der postmodernen Auseinandersetzung mit dem Recht geworden ist[17]. Über die marxistische Rechtskritik geht Benjamins Bestimmung des Verhältnisses von Recht und Gewalt insofern hinaus, als es für ihn völlig gleichgültig ist, von wem und für welche Zwecke das Recht eingesetzt wird. Dementsprechend ist das Problem auch noch nicht dadurch aus der Welt, dass das Recht – sichtbar etwa im Gewaltmonopol des Staates – von seiner Idee her dazu da ist, die Gewalt innerhalb der Gesellschaft (etwa durch Rächen) entweder ganz auszuschließen oder (wie in der Kindererziehung) zumindest zurückzudrängen[18]. Andererseits handelt es sich für Benjamin aber auch nicht um ein bloßes Problem der Mittel, mit denen das Recht arbeitet. Stattdessen macht die Gewalt für Benjamin das innere Wesen des Rechts aus, sie ist sein geheimer und dunkler Untergrund, von dem es in jeder einzelnen Anwendung heimgesucht wird. Die Verbindung liegt, wenn man es auf den wesentlichen Kern reduziert, in der ersten und ursprünglichen Einsetzung des Rechts, also in dem neuen Anfang, der mit jeder solchen Einsetzung gemacht wird: Dieser Anfang ist, ob als Revolution oder nach einem gewonnenen Krieg, immer ein Akt der Gewalt, durch den die Macht des Rechts erst begründet wird, und diese Gewalt wird gleichsam in jedem einzelnen Fall seiner Anwendung wiederholt. Seinen sichtbarsten Ausdruck findet dieser Zusammenhang wiederum im Bereich der Strafen, und hier vor allem in der ex-

---

[13] Zur heutigen Einordnung noch unten → Rn. 20 f.

[14] Menke (Fn. 5), S. 33 f.

[15] F. Nietzsche, Menschliches, Allzumenschliches, in: ders., Werke in drei Bänden, 1994, Bd. 1, S. 886 f. Nr. 22, dort begründet u. a. mit der in der Strafe immer auch enthaltenen „Schande".

[16] S. dazu nun Menke (Fn. 5), S. 33 f.; zur entsprechenden Variante der Rechtskritik s. → § 1 Rn. 298 ff.

[17] Jetzt in: W. Benjamin, Zur Kritik der Gewalt und andere Aufsätze, 1965, S. 29 ff.; zentraler Bezugspunkt nun etwa bei J. Derrida, Force de Loi, 1990, dt. Gesetzeskraft, 1991, S. 60 ff.; G. Agamben, Homo sacer. Il potere sovrano e la nuda vita, 1995, dt. Homo Sacer – Die souveräne Macht und das nackte Leben, 2002, S. 42 ff; ders., Ausnahmezustand, Nachdruck 2006, S. 88 ff.

[18] Benjamin (Fn. 17), S. 34 f.; weiter veranschaulicht wird das von Benjamin am Beispiel des von der Rechtsordnung zugelassenen Streiks.

tremsten Form als Todesstrafe. Diese dient nach Benjamin nicht dazu, die Bürger von der Begehung von Verbrechen abzuschrecken, sondern sie ist vor allem eine Machtdemonstration, die ähnlich wie bei Nietzsche an die ursprüngliche, gewaltsame Einsetzung des Rechts erinnert:

„Ihre Kritiker fühlten, vielleicht ohne es begründen zu können, ja wahrscheinlich ohne es fühlen zu wollen, dass eine Anfechtung der Todesstrafe nicht ein Strafmaß, nicht Gesetze, sondern das Recht selbst in seinem Ursprung angreift. Ist nämlich Gewalt, schicksalhaft gekrönte Gewalt, dessen Ursprung, so liegt die Vermutung nicht fern, dass in der höchsten Gewalt, in der über Leben und Tod, wo sie in der Rechtsordnung auftritt, deren Ursprünge repräsentativ in das Bestehende hineinragen und in ihm sich furchtbar manifestieren […] Ihr Sinn ist denn auch nicht, den Rechtsbruch zu strafen, sondern das neue Recht zu statuieren. Denn in der Ausübung der Gewalt über Leben und Tod bekräftigt mehr als in irgendeinem andern Rechtsvollzug das Recht sich selbst.“[19]

Aber was hier in der Todesstrafe nur in der äußersten Zuspitzung begegnet, gilt nach Benjamin generell und für alles Recht: In jedem einzelnen Akt seines Vollzugs, ob als Gesetzgebung oder Unterordnung der Bürger unter die Gesetze, will sich das Recht selbst erhalten und gegen das „bloße Leben“, ein Leben außerhalb und jenseits des Rechts, behaupten – das ist seine, wie Benjamin in einer theologischen Wendung seines Essays zuletzt sagt, „mythische“ Gewalt[20]. Das Gewaltsame liegt hier einfach in der unverstellten und für jeden sichtbaren Demonstration von Macht[21]. Und gerade darin erscheint das Recht zuletzt in **18**

„so zweideutiger sittlicher Beleuchtung, dass die Frage sich von selbst aufdrängt, ob es zur Regelung widerstreitender menschlicher Interessen keine anderen Mittel als gewaltsame gebe.“[22]

Doch wo könnte die Alternative liegen? Benjamin selbst sieht sie, am Ende erneut in theologische Spekulation flüchtend, allenfalls in einer kommenden „göttlichen“ Gerechtigkeit, die ihre Gewalt der „mythischen Gewalt“ des Rechts entgegensetzt und das Recht schließlich vernichtet: auf dass wieder das „bloße Leben“ in sein eigenes und ursprüngliches Dasein gesetzt wird[23].

III. Schluss: Der Ort der Gewalt im Recht

Eine nüchternere Betrachtung würde demgegenüber, nicht zuletzt wegen der Zweifel an der Tragfähigkeit des hier angedeuteten Auswegs, zunächst auf einem eingeschränkten Gewaltbegriff beharren, um die Phänomene einander überhaupt sinnvoll zuordnen zu können: Was Benjamin als Gewalt des Rechts beschreibt, ist ja nicht die klassische Gewalt im Sinne körperlicher oder sonstiger Zwangswirkung, sondern eine Gewalt auf einer eher symbolischen Ebene, als eine Erinnerung an etwas, was im Recht sonst noch mitschwingen mag[24]. Von hier aus wäre in einem zweiten Schritt **19**

---

[19] Benjamin (Fn. 17), S. 42 f.
[20] Benjamin (Fn. 17), S. 55 ff.
[21] Benjamin (Fn. 17), S. 57.
[22] Benjamin (Fn. 17), S. 45.
[23] Benjamin (Fn. 17), S. 57 ff. Der Begriff des „bloßen Lebens“ bei Benjamin wird zugleich zu einem zentralen Anknüpfungspunkt im Werk von Giorgio Agamben, s. oben Fn. 17.
[24] Zu dieser Unterscheidung der Begriffe Menke (Fn. 5), S. 53 f.

grundsätzlich zwischen dem Recht als einer Summe von Normen und seiner tatsächlichen Durchsetzung in einem konkreten Sachverhalt zu unterscheiden. Sicher wird es dem Recht meist zugeschrieben, dass es mit Zwang und notfalls auch körperlicher Gewalt durchgesetzt werden kann; gerade dadurch soll sich das Recht nach geläufiger Ansicht von anderen Normen wie etwa gesellschaftlichen Konventionen oder Normen der Moral unterscheiden[25]. Aber schon hier ist der Ort der Gewalt im Recht kleiner, als man oft meint. Zunächst steht Gewalt als Ressource nur begrenzt zur Verfügung, und jede Rechtsordnung ist gut beraten, ihren Einsatz vorsichtig zu dosieren: Je mehr eine Norm mit Gewaltmitteln durchgesetzt werden muss, desto stärker indiziert das, dass es mit dieser Norm ein Problem gibt[26]. Idealerweise bleibt die Gewalt deshalb im Hintergrund und wird nur dann hervorgeholt, wenn es gar nicht mehr anders geht. Zu einem gerichtlichen Verfahren kommt es gegen den Schuldner regelmäßig nur, wenn er seine Verpflichtung bestreitet, zur Einleitung der Zwangsvollstreckung erst dann, wenn er auf das ergangene Urteil hin nicht freiwillig zahlt. Normativ mündet das in die mittlerweile – etwa im Grundsatz der Verhältnismäßigkeit – selbst zum Inhalt des Rechts gewordene Forderung, auf Gewalt nur als ultima ratio, als letztes Mittel zurückzugreifen, wenn sonst nichts mehr geht. Insofern zielt das Recht heute eben nicht mehr nur, wie es grundsätzlich auch von einem Kritiker wie Benjamin gesehen wird, auf die Begrenzung und Zurückdrängung der naturwüchsigen Gewalt in der Gesellschaft, sondern es kommt in ihm auch eine Tendenz zur Begrenzung der eigenen Gewalt zum Ausdruck, also der Gewalt, die im Namen des Rechts legitimerweise ausgeübt werden darf.

20 Das treffendste Beispiel dafür liefert erneut die Diskussion über den Sinn und die Reichweite des staatlichen Strafanspruchs, besser gesagt der geschichtliche Verlauf dieser Diskussion. Bereits das Talionsprinzip hat, so archaisch es uns in seiner biblischen Formulierung „Auge um Auge, Zahn um Zahn" und noch in seiner daran orientierten Ausbuchstabierung bei Kant erscheinen mag, als seine andere Seite eine begrenzende Wirkung, die man auch sehen muss: Die Strafe richtet sich nach Art und Maß des begangenen Unrechts, geht aber eben nicht darüber hinaus; selbst für die Tötung eines anderen wird der Täter zwar getötet, aber eben auch nur er (und nicht noch seine Kinder und Kindeskinder), und es werden ihm nicht auch zusätzlich noch die Augen ausgestochen oder er wird sonst gemartert. Schon bei Hegel, der oft etwas verkürzt dem Lager der Vergeltungstheorien zugeschlagen wird, findet sich sodann statt der Vergeltung in natura eine Beschränkung auf den abstrakten „Wert" des begangenen Unrechts, so wie man es noch heute in der Rechtsprechung des Bundesverfassungsgerichts findet, nach der die Strafe „in einem gerechten Verhältnis zur Schwere der Tat und zum Verschulden des Täters stehen", also vor allem „gerechter Schuldausgleich" sein soll[27]. Die Vergeltung findet hier nur noch ganz abstrakt und auf eine Weise statt, die sich von der Vorstellung der Gewaltzufügung um der Gewalt willen entfernt und sie in den höheren Zusammenhang einer Gerechtigkeitsforderung stellt[28]. In der realen Entwicklung spie-

---

[25] Das Verhältnis ist allerdings auch insoweit komplexer, s. → Rn. 28 ff.

[26] C. Möllers, Die Möglichkeit der Normen, 2015, S. 450 f.

[27] BVerfGE 133, 168 (198); die Forderung nach wertmäßiger Entsprechung bei Hegel in: ders., Grundlinien der Philosophie des Rechts, 1821, Werke Bd. 7, § 101, mit der allerdings charakteristischen Ausnahme für den Mord, auf den auch bei Hegel noch die Todesstrafe stehen muss: „denn da das Leben der ganze Umfang des Daseins ist, so kann die Strafe nicht in einem *Werte*, den es dafür nicht gibt, sondern wiederum nur in der Entziehung des Lebens bestehen", ebda., Zusatz.

[28] Hier entspricht dies der allgemeinen Gerechtigkeitsforderung, jeden so zu behandeln wie er es *verdient*, s. dazu noch unten → Rn. 121.

gelt sich diese begrenzende Tendenz in der allmählichen Verdrängung der Körperstrafen, überhaupt aller grausamen und entehrenden Strafen aus dem Recht; auch die Todesstrafe befindet sich weltweit gesehen seit langem auf dem Rückzug und ist in der Mehrheit der zivilisierten Staaten abgeschafft. In der Theorie wiederum geriet der reine Vergeltungsgedanke, in dem immer noch viel von der archaischen Rache steckt, mehr und mehr unter den Druck der verschiedenen Präventionstheorien, die den Zweck der Strafe vor allem in der Verhinderung künftiger Straftaten sahen, sei es in der bessernden Einwirkung auf den Täter (sog. Spezialprävention), sei es durch die Abschreckung der übrigen Gesellschaft von der Begehung von Straftaten (sog. negative Generalprävention)[29]. Die neuere Diskussion hat sich davon noch einmal entfernt und betont eher die Rolle des Strafrechts als bloßes Teilsystem der sozialen Kontrolle, die den gesamten gesellschaftlichen Vermittlungsprozess des Erlernens sozialer Normen, Überzeugungen und Einstellungen durch das Individuum in seiner Umwelt umfasst[30].

Das Strafrecht erscheint so im Ergebnis nur als der kleine Teil in der Masse des Rechts, der **21** es der Sache nach ist. Und gerade hier soll es dann eben ultima ratio sein, die letzte Auffangsicherung, wenn alle anderen Formen der Kontrolle vorher versagt haben. Auf diesem Wege ist zuletzt auch die Vorstellung von Strafe als Verbreitung von Schrecken, wie sie allen Theorien zugrunde liegt, die mit der Idee der „Abschreckung" arbeiten, noch einmal zurückgedrängt worden. Dass etwa die Verurteilung zu einer Strafe den Täter von künftigen Taten abschreckt oder ihn sogar zu einem besseren Menschen macht, wie es die Befürworter der Spezialprävention angenommen hatten, glaubt heute eigentlich niemand mehr. Demgegenüber gilt zwar der der negativen Generalprävention zugrunde liegende Gedanke der abschreckenden Wirkung auf andere zwar auch heute noch als eine empirisch durchaus plausible Annahme. Aber ihre Auswirkungen auf das Maß der Strafe versucht man doch in verschiedener Weise zu begrenzen[31]. Und schon bei Hegel findet sich gegen alle Straftheorien, die in dieser oder jener Form auf Androhung gründen, der bemerkenswerte Einwand, dass sie den Menschen nicht als Freien voraussetzten und ihn stattdessen durch die Vorstellung eines Übels bloß zwingen wollten:

„Das Recht und die Gerechtigkeit müssen aber ihren Sitz in der Freiheit und im Willen haben und nicht in der Unfreiheit, an welche sich die Drohung richtet. Es ist mit der Begründung der Strafe auf diese Weise, als wenn man gegen einen Hund den Stock erhebt, und der Mensch wird nicht nach seiner Ehre und Freiheit, sondern wie ein Hund behandelt."[32]

Von hier aus sind neuere Straftheorien bestrebt, die bisherige Engführung der Debatte **22** auf die Vergeltungs- und Präventionstheorien zu überwinden. Stattdessen wird die Lösung verstärkt in anderen – oder besser: zusätzlichen – Rechtfertigungen der Strafe ge-

---

[29] Klassischer Vertreter der Spezialprävention: F. von Liszt, Der Zweckgedanke im Strafrecht, ZStW 3 (1883), 1 ff.; der Generalprävention: P. J. A. von Feuerbach, in K. J. A. Mittermaier, Lehrbuch des gemeinen in Deutschland gültigen peinlichen Rechts, Neudruck der 14. Auflage 1847, § 16.

[30] Rössner (Fn. 8), S. 984.

[31] T. Hörnle, Straftheorien, 2011, S. 28; zum begrenzten Anteil generalpräventiver Erwägungen bei der Strafzumessung s. bspw. BGH, Urt. v. 17.8.1994 – 2 StR 343/94 m.w.N.; grundsätzlich G. Jakobs, Strafrecht Allgemeiner Teil, 2. Auflage 1991, § 1 Rn. 29 ff.

[32] Hegel (Fn. 27), Grundlinien der Philosophie des Rechts § 99 Zusatz. Für seine eigene Variante der Strafbegründung – dazu noch unten – meint Hegel demgegenüber, sie nehme den in der Tat zum Ausdruck kommenden Willen des Täters ernst; in der Strafe werde insoweit „der Verbrecher als Vernünftiges *geehrt*." Grundsätzliche Sympathie für Hegels Einwand in der Sache bei W. Hassemer, Strafen im Rechtsstaat, 2000, S. 208 f.; M. Pawlik, Person, Subjekt, Bürger, 2004, S. 23 ff.; relativierend Hörnle (Fn. 31), S. 12 f.

sucht, die das Gewaltsame des Vorgangs noch einmal zu verdrängen versuchen und darin eher einen Akt der Kommunikation sehen[33]. Im Verhältnis zum Opfer soll die Funktion der Strafe dann vor allem auch darin liegen, etwas von dem Riss zu heilen, der durch die Tat in seine Welt und sein Vertrauen in diese Welt gekommen ist[34]. Für die strafende Gemeinschaft geht es demgegenüber um die Vergewisserung und Bekräftigung ihrer normativen Grundorientierungen: Die Straftat hat die Geltung und den Fortbestand dieser Orientierungen in Frage gestellt, und durch das Strafverfahren und die Verhängung der Sanktion macht die Gemeinschaft auf der öffentlichen Bühne deutlich, dass sie trotz dieser Enttäuschung an ihnen festhalten will[35]. Auch das ist wiederum nicht so weit von Hegel entfernt, wie es der zeitliche Abstand vermuten lässt[36]. Hegel hatte das Verbrechen als einen „ersten Zwang" beschrieben, der das „Recht als Recht verletzt", und war dann wie folgt fortgefahren:

„Die geschehene Verletzung des Rechts ist zwar eine positive, äußerliche Existenz, die aber in sich nichtig ist [...] Das Nichtige ist dies, das Recht als Recht aufgehoben zu haben [...] Die Tat des Verbrechers ist nicht ein Erstes, Positives, zu welchem die Strafe als Negation käme, sondern ein Negatives, so dass die Strafe nur Negation der Negation ist. Das wirkliche Recht ist nun Aufhebung dieser Verletzung, das eben darin seine Gültigkeit zeigt [...]"[37]

23 Auch hier verlagert sich die Bedeutung des Strafens wesentlich auf eine abstrakte oder symbolische Ebene, die die Gewalt letztlich nur noch als eine Form der Untermauerung braucht[38]. Die Gewalt verschwindet dadurch nicht aus dem Recht, sie bleibt vielmehr als äußerste Möglichkeit immer vorhanden, so wie auch die Vorstellung der Vergeltung nicht ganz aufgegeben wird und auch nicht aufgegeben werden kann, wenn an einer klassischen Vorstellung von Gerechtigkeit festgehalten werden soll[39]. Aber es zeigt sich darin insgesamt doch eine immer weiter voranschreitende Zurückdrängung der Gewalt im Recht, die auch dem Umstand Rechnung trägt, dass ihr Einsatz gesteigerten Rechtfertigungsanforderungen unterliegt.

24 Insoweit ist dem Recht jedenfalls in einer geschichtlichen Betrachtung durchaus eine Tendenz zur Begrenzung der ihm eigenen Gewalt eingeschrieben, durch die es im Kern als eine zivilisierte und rationale Ordnung erscheint. Die Folter hat, wo sie heute noch angewandt wird, ihren Ort deshalb typischerweise immer außerhalb und jenseits des Rechts, während sie als ein rechtlich normiertes Institut unter Aufzählung und

---

[33] Häufig deshalb auch als „expressive" Straftheorien bezeichnet, vgl. Hörnle (Fn. 31), S. 29.

[34] J. P. Reemtsma, Das Recht des Opfers auf die Bestrafung des Täters – als Problem, 1999; R. Hamel, Strafen als Sprechakt, 2009.

[35] Dieser Ansatz in unterschiedlichen Akzentuierungen etwa bei Jakobs (Fn. 31), § 1 Rn. 2, 5 ff., unter vielfältigem Rückgriff auf N. Luhmann, Rechtssoziologie Band 1, 2, 1972; G. Jakobs, Norm, Person, Gesellschaft, 3. Auflage 2008, S. 111 ff.; Rössner (Fn. 8), S. 984 ff.; Pawlik (Fn. 32), S. 75 ff.; zusammenfassend und teils kritisch K. Günther, Die symbolisch-expressive Bedeutung der Strafe, in: FS für K. Lüderssen, 2002, S. 205 ff. Oft wird dieser Ansatz auch als „positive" Generalprävention im Unterschied zur „negativen" der Abschreckung anderer bezeichnet.

[36] S. W. Wohlers/F. H. Went, Die Bedeutung der Straftheorie Hegels für die aktuelle strafrechtstheoretische Diskussion, in: A. von Hirsch/U. Neumann/K. Seelmann (Hrsg.), Strafe – Warum?, 2011, S. 173 (182 ff.).

[37] Hegel (Fn. 27), § 95 und § 97 mit Zusatz, jeweils ohne die Hervorhebungen im Original. Hegels Straftheorie bildet deshalb – und vielleicht gerade wegen ihrer vielfältigen Interpretierbarkeit – durchaus einen Fixpunkt der heutigen Diskussion über Strafzwecke, s. etwa die verschiedenen Beiträge in: von Hirsch/Neumann/Seelmann (Fn. 36); zu alternativen Deutungsmöglichkeiten s. dort etwa den Beitrag von Seelmann, S. 79 ff.

[38] Hörnle (Fn. 31), S. 42 f.

[39] E. Tugendhat, Vorlesungen über Ethik, 8. Auflage 2012, S. 372; s. auch bereits → Rn. 20.

Benennung aller Mittel, die zu ihrer Durchführung eingesetzt werden dürfen, kaum noch vorstellbar ist. Auch bei Terror- und Gewaltregimen lässt sich beobachten, wie die Gewalt, je monströser sie wird, aus dem Recht hinauswandert und sich erst dort voll entfaltet, wo dessen Fesseln, Formen und Verfahren abgeworfen sind. So hat etwa der Nationalsozialismus durchaus eine Fassade von Rechtlichkeit aufrechterhalten, und er hat auch das Recht – wie etwa in den Nürnberger Gesetzen – gezielt eingesetzt, um ganze Gruppen seiner Bürger zu diskriminieren, auszugrenzen und in ihrer gesellschaftlichen Existenz zu vernichten[40]. Aber das Menschheitsverbrechen des Holocaust erfolgte als reine Gewalt außerhalb und jenseits des Rechts, so wie auch der Terror der Jakobiner oder die Arbeitslager des Stalinismus im Recht keinen Ort hatten[41].

B. Recht und Moral

Die Begrenzung und Zurückdrängung von Gewalt in sozialen Beziehungen bleibt so die ursprüngliche und zugleich bis heute zentrale Leistung des Rechts. Umgekehrt wird es der Komplexität des Rechts und seinen zahlreichen weiteren Funktionen nicht gerecht, wenn man es selbst nur unter dem Blickwinkel seiner gewaltsamen oder zwangsweisen Durchsetzung betrachtet. Wichtige Teile der Rechtsordnung – an zentraler Stelle die Verfassung – kommen heute ganz ohne die Möglichkeit einer solchen Durchsetzung aus, erzielen ihre intendierten Wirkungen eher auf andere und indirekte Weise oder setzen von vornherein stärker auf die freiwillige Folgebereitschaft der verschiedenen Akteure; umgekehrt ist es heute oft auch der Staat selbst, der als Träger des Gewaltmonopols durch rechtliche Regelungen verpflichtet wird. Und gerade in seiner Funktion für die Gesellschaft ist das Recht seinerseits Teil eines umfassenderen Geflechts normativer Orientierungen, bei denen es um mehr als bloß die Entschärfung des Gewaltproblems geht. Stattdessen soll dieses Geflecht Gesellschaft als Ganzes überhaupt möglich machen oder zumindest Probleme lösen helfen, die ohne solche Orientierungen schwieriger oder jedenfalls anders zu lösen wären. Zu ihm gehören etwa soziale Konventionen, kulturelle Vorprägungen, für viele Menschen nach wie vor auch religiöse Vorschriften. Es gehört dazu aber wesentlich auch die Moral, in der oft auch Forderungen und Sinngehalte der anderen Normensysteme zusammenkommen. Es ist daher eine der Grundfragen für den Sinn des Rechts, in welchem Verhältnis es zur Moral steht. **25**

Zwischen beiden bestehen ganz offensichtlich verschiedenste Berührungspunkte und nicht zuletzt zahlreiche inhaltliche Entsprechungen: Dass man andere nicht verletzen soll oder sich an Verträge und Abmachungen hält, lässt sich jeweils sowohl als ein Gebot der Moral als auch – in den verschiedensten Konkretisierungen – als ein solches des Rechts ausweisen. Andererseits verweisen Recht und Moral im Ausgang auf unterschiedliche soziale Praktiken und Geltungsansprüche, die uns intuitiv auch ohne weiteres klar sind: Wer einen Freund in einer Notlage im Stich lässt, handelt in der Einschätzung der meisten Leute sicherlich unmoralisch, verletzt aber im Regelfall nicht das Recht. Umgekehrt verstößt, wer nachts an einer einsamen Straßenkreuzung bei Rot über die Fußgängerampel geht, sicher gegen eine rechtliche Vorschrift, tut aber – jedenfalls nach einer ersten landläufigen Einschätzung – nichts Unmoralisches. Insoweit gibt es ganz offensichtlich eine Moral jenseits des Rechts und es gibt ein Recht jenseits der Moral. Aber schon im Fall des Straßenverkehrs begegnen immer wieder Fälle, in denen beides zusammenkommt: Wer betrunken Auto fährt, verstößt sowohl gegen eine rechtliche Vorschrift als auch – wegen der damit verbundenen Gefährdung anderer – gegen eine Forderung der Moral. Umgekehrt handelt man nicht von sich aus unmoralisch, wenn man auf den Straßen links statt rechts fährt. Anders liegt es aber möglicherweise dann, wenn durch das Recht das Gegenteil angeordnet ist und alle anderen sich daran halten. **26**

---

[40] Dazu klassisch: F. Neumann, Behemoth. Struktur und Praxis des Nationalsozialismus 1933–1944, erstmals in den USA 1942, dt. 1977.

[41] S. dazu wiederum für den Nationalsozialismus klassisch: E. Fraenkel, The Dual State, erstmals in den USA 1940/41, dt. Der Doppelstaat, 1974.

27   Die Abgrenzung und gegenseitige Zuordnung von Recht und Moral ist so bis heute eines der zentralen Probleme der Rechtsphilosophie geblieben. An sie knüpft sich zugleich eine Reihe weiterer Fragen, etwa die Frage, wie Recht zu beurteilen ist, das der Moral widerspricht, die Frage, ob Moral mit Hilfe des Rechts durchgesetzt werden kann und soll, oder die Frage, ob man moralisch verpflichtet ist, dem Recht zu gehorchen. Zuletzt und in alledem ist es die Frage, warum man rechtlichen Geboten überhaupt Folge leisten soll und worin der tiefere Grund rechtlicher Verpflichtung liegt. Gerade unter diesem Begriff (legal obligation) wird die Debatte im angelsächsischen Sprachraum in den letzten Jahren denn auch verstärkt geführt; in der Tat bestimmt sich dieser Grund wesentlich nach dem Verhältnis des Rechts zur Moral.

I. Vorab: Was ist Moral und wozu ist sie gut?

28   Die Annäherung an dieses komplexe Verhältnis setzt zunächst eine Annäherung an den Begriff und die Funktion von Moral selbst voraus. Dabei geht es nicht um einen möglichen Inhalt der Moral, also um die Frage, welche Moral die richtige ist, die aristotelische, eine christliche oder islamische, der Utilitarismus, die Moral des kategorischen Imperativs oder noch irgendeine andere. Es geht vielmehr um die allgemeinere und dem vorausliegende Frage, was wir überhaupt meinen, wenn wir von Moral sprechen. Eine häufig anzutreffende Unterscheidung differenziert dafür zunächst zwischen Moral und Ethik: Die Ethik gilt danach als die „Reflexionsdisziplin" der Moral, also als der Ort, wo man sich mit der Begründung, Rechtfertigung und Kritik moralischer Sätze beschäftigt. In der Sache bezeichnet Ethik dann einfach denjenigen Teilbereich der Philosophie, der die Moral zu seinem Gegenstand hat[1]. Für die Moral selbst gelten demgegenüber meist zwei Merkmale oder Eigenschaften als konstitutiv:

29   (1) Nach einer geläufigen Einschätzung bezeichnet Moral zunächst eine Gruppe von Normen, durch die ein bestimmtes Verhalten als gut und richtig ausgezeichnet wird; der als solcher nicht weiter zu definierende Grundbegriff ist insoweit der Begriff des „Guten"[2]. Das Gute ist zu tun, das Böse zu meiden, hieß es lapidar schon bei Thomas von Aquin[3]. Der Begriff der Norm ist dabei weit zu verstehen und umfasst allgemeine Maximen, konkrete Ge- und Verbote oder auch Werte; gemeinsam ist diesen allen, dass sie ein bestimmtes Verhalten vorschreiben oder sonst auf Realisierung drängen. Insofern lässt sich als ein erster Grundzug der Moral festhalten, dass sie notwendig *präskriptiv* ist[4].

---

[1] Vgl. M. Lutz-Bachmann, Ethik, 2013, S. 18, alternativ dann auch einfach „Moralphilosophie" genannt. Weder nach der ursprünglichen Wortbedeutung noch nach dem allgemeinen Sprachgebrauch, der beide Begriffe oft synonym verwendet, ist diese Unterscheidung allerdings zwingend, und auch dort, wo sie verwendet wird, wird sie keineswegs immer konsequent durchgehalten. Eine andere und gerade in der neueren Philosophie anzutreffende Unterscheidung von Moral und Ethik knüpft demgegenüber an den *Inhalt* moralischer und ethischer Sätze an und weist diesen je eigenständige Anwendungsbereiche zu: Die Moral zielt auf das Zusammenleben von Menschen und enthält universale Prinzipien, die im gleichmäßigen Interesse aller liegen, während sich die Ethik auf die individuellen oder partikularen (etwa in einer bestimmten religiösen oder kulturellen Gemeinschaft geteilten) Vorstellungen von einem guten und gelingenden Leben bezieht, vgl. J. Habermas, Erläuterungen zur Diskursethik, 1991, S. 100 ff. Zur Universalität als Kriterium moralischer Normen s. sogleich im Text.

[2] G. E. Moore, Principia Ethica, erstmals 1903, dt. Ausgabe 1970, §§ 1–6.

[3] Thomas von Aquin, Summa theologiae I – II, Quaestio 94 a. 2 unter 3.

[4] Von lat. praescribere = vorschreiben, anordnen etc.; zu dieser Eigenschaft von Moral grundlegend R. M. Hare, The Language of Morals, 1952, dt. Die Sprache der Moral, 3. Auflage 2013, S. 19. Für Werte

Von hier aus wird dann oft die Moral als abstraktes und etwa in der Moralphilosophie begründetes Ge- **30** füge normativer Sätze, verkürzt also die Moral im normativen Sinne, von der in einer Gesellschaft tatsächlich gelebten und wirksamen Moral abgegrenzt, der sogenannten Sozialmoral oder der Moral im empirischen Sinne. Das ist an sich richtig und gerade für das Verhältnis von Recht und Moral auch sinnvoll, weil man natürlich für die nähere Bestimmung dieses Verhältnisses überhaupt immer erst wissen muss, wovon man jeweils redet – im Ausgangspunkt ist dies immer die Moral im normativen Sinne[5]. Aber man sollte die Leistungsfähigkeit dieser Unterscheidung auch nicht überschätzen: Wir argumentieren, wenn wir moralische Gebote aufstellen oder zu begründen versuchen, immer schon in einer moralischen Umwelt, von der wir uns nicht freimachen können und auf die unsere Argumentation ihrerseits immer auch einwirkt. Auch die moralphilosophische Reflexion, mag man sie nun Ethik, Moralphilosophie oder sonstwie nennen, entfaltet sich nicht losgelöst von und außerhalb einer lebensweltlichen moralischen Praxis, sondern in ihr und auf ihrer Grundlage; gerade deshalb kreist sie in modernen und individualistisch geprägten Gesellschaften wesentlich um Konzepte wie Menschenrechte und Menschenwürde, in denen sie allmählich ein neues Zentrum findet (→ Rn. 89 ff.)[6]. Umgekehrt bestimmt die moralphilosophische Reflexion innerhalb dieser Praxis den Ausschnitt, den wir überhaupt als *Sozialmoral* – und nicht etwa als Sitten, Gebräuche oder bloße Konventionen – bezeichnen. Die moralische Praxis – früher sagte man: das ethisch-sittliche Bewusstsein – der Zeit und die Reflexion dieser Praxis in der Philosophie bleiben so notwendig miteinander verklammert.

(2) Damit ist freilich die weitere Frage aufgeworfen, was die Moral von solchen ande- **31** ren Regelsystemen wie bloßen gesellschaftlichen Konventionen unterscheidet. Dass man etwa bei Tisch mit Messer und Gabel isst, hat hierzulande sicher auch einen präskriptiven Gehalt. Aber es käme niemand auf die Idee, darin eine moralische Vorschrift zu sehen. Es bedarf daher noch eines weiteren Merkmals, um die Moral von solchen anderen Regelsystemen zu unterscheiden. Nach einer wiederum verbreiteten Einschätzung liegt dieses Merkmal in ihrer *Universalität*: Moralische Normen sind immer solche, die mit dem Anspruch auf Allgemeinheit oder Verallgemeinerbarkeit verbunden sind[7]. Sie sollen also nicht nur relativ oder innerhalb einer bestimmten Gruppe oder Gemeinschaft gelten. Das schließt nicht aus, dass die Moralvorstellungen im Einzelnen ganz gegensätzlich sein können. Man kann den Schwangerschaftsabbruch für moralisch verwerflich oder unter bestimmten Voraussetzungen für moralisch zulässig halten, so wie man es auch für moralisch verwerflich oder moralisch zulässig halten kann, Fleisch zu essen und dafür Tiere zu töten. Entscheidend ist nur, dass jemand, der die entsprechende moralische Position einnimmt, damit den Anspruch verbindet, dass sie prinzipiell auch die Zustimmung aller anderen finden könnte oder jedenfalls verdiente[8]. Oft wird das auch so formuliert, dass sich mora-

---

wird dies gelegentlich bestritten; diese beziehen sich, wird oft gesagt, auf Zustände oder sonstige Gegebenheiten (Frieden, Freiheit, Gleichheit, Demokratie etc.), nicht auf Handlungen, und ihre Wirkungsweise sei eben nicht das unmittelbare Vorschreiben von etwas (die Präskription), sondern eben nur das Bewerten (die Evaluation), vgl. D. von der Pfordten, Deskription, Evaluation, Präskription, 1993. Aber auch Werte haben kraft ihrer normativen Auszeichnung als gut oder richtig einen antreibenden, fordernden Gehalt; sie drängen auf Realisierung dessen, was in ihnen wohnt, s. gerade deshalb die bekannte Kritik bei C. Schmitt, Die Tyrannei der Werte, 3. Auflage 2011, S. 35 ff. Richtig ist allerdings, dass man dafür die Bezeichnung als „präskriptiv" in einem weiteren Sinne verwenden muss und nicht auf konkrete Handlungsanweisungen beschränken darf.

[5] Stark betont insoweit bei D. von der Pfordten, Rechtsphilosophie, 2013, S. 66 ff.

[6] Und in früheren Zeiten eben gerade nicht.

[7] S. ebenfalls Hare (Fn. 4), S. 205 ff.; J. L. Mackie, Ethics, 1977, dt. Ethik, 1981, S. 32 ff. Eine anschauliche und gut lesbare Zusammenfassung bei N. Hoerster, Was ist Moral?, 2008, S. 8 ff.; ders., Wie lässt sich Moral begründen?, 2014, S. 11 ff.

[8] S. erneut Hoerster (Fn. 7), a. a. O.

lische Normen von einem Standpunkt der Unparteilichkeit aus begründen lassen müssen; darin kommt letztlich derselbe Gedanke zum Ausdruck[9].

32 Was unterscheidet sodann eine durch diese Kriterien bestimmte Moral vom Recht? Ein erster Unterschied könnte sich gerade aus der vorausgesetzten Universalität ergeben, insofern rechtliche Regelungen typischerweise nur für die Mitglieder einer bestimmten Gemeinschaft gelten sollen. Allerdings schließt das nicht aus, dass auch diese Regeln in irgendeiner Form Ausfluss von Moral sind oder einem Anspruch auf moralische Rechtfertigung unterliegen. Üblicherweise wird der Unterschied zwischen rechtlichen und moralischen Regeln deshalb vor allem in ihrem *Geltungsmodus oder ihrer Wirkungsweise* gesehen. Im Gefolge Immanuel Kants wird dann etwa gesagt, dass rechtliche Regelungen im Ausgang nur das äußere Verhalten erfassen, während die Moral sich an das Innere des Menschen, insbesondere an sein Gewissen, wendet (→ § 1 Rn. 197)[10]. Moral wäre dann Innensteuerung, Recht Außensteuerung. Oder man sagt mit dem großen Soziologen Max Weber, dass hinter dem Recht – und nur hinter dem Recht – bestimmte organisatorische Vorkehrungen und staatliche Institutionen stehen, die seine Geltung sichern; Moral wird demgegenüber von außen allenfalls in Form eines diffusen sozialen Drucks durchgesetzt[11]. Auch dagegen lassen sich wiederum verschiedene Einwände erheben, auf die noch zurückzukommen sein wird, etwa dass auch das Recht durchaus Effekte auf die innere Einstellung hat, vielleicht sogar legitimerweise haben darf oder dass der soziale Druck in manchen Fällen schwerer wiegen kann als die Sanktion[12]. Auch kommen viele rechtliche Regeln wie das Völker- oder Europarecht oder die Verfassung heute ohne solche geltungssichernden Vorkehrungen aus. Aber für eine erste Abgrenzung mag diese Unterscheidung genügen und dürfte unsere Intuitionen zutreffend wiedergeben; andere Kandidaten leisten, wie man sehen muss, jedenfalls auch nicht mehr.

33 Recht und Moral sind also, so könnte man dies zusammenfassen, beide präskriptiv, aber sie sind es auf je unterschiedliche Weise und in unterschiedlichen Äußerungsformen. Gerade dies hat in der Rechtsphilosophie wie in der politischen Philosophie häufig dazu geführt, von einem funktionellen Ergänzungsverhältnis auszugehen, bei dem etwa das Recht aufgrund der ihm eigenen Wirkungsweise spezifische Defizite und Schwächen der Moral zu kompensieren hat[13]. In der Tat gibt es zwischen beiden nicht nur die zahlreichen inhaltlichen Entsprechungen, von denen eingangs schon die Rede

---

[9] E. Tugendhat, Vorlesungen über Ethik, 8. Auflage 2012, S. 331 f.

[10] Entsprechend etwa auch E.-W. Böckenförde, Staatliches Recht und sittliche Ordnung, jetzt in: ders., Staat, Nation, Europa, 1999, S. 208 (220 f.).

[11] Vgl. M. Weber, Wirtschaft und Gesellschaft, 5. Auflage, Nachdruck 2002, S. 17 f., dort allerdings noch ganz verengt auf die Möglichkeit der zwangsweisen Durchsetzung, nämlich „die Chance (physischen oder psychischen) Zwanges durch ein auf Erzwingung der Innehaltung oder Ahndung der Verletzung gerichtetes Handeln eines eigens darauf eingestellten Stabes von Menschen". Die im Text gewählte Formulierung ist demgegenüber offener und löst sich von der problematischen, weil zu einseitigen Fixierung auf Sanktion und Zwang, s. dazu bereits oben → Rn. 19 ff. sowie H. Hofmann, Einführung in die Rechts- und Staatsphilosophie, 5. Auflage 2000, S. 21 f.; K. Seelmann/D. Demko, Rechtsphilosophie, 6. Auflage 2014, § 3 Rn. 3 ff.

[12] Vgl. Hofmann (Fn. 11), a. a. O. Als Beispiel mag etwa der Fall eines Bundestagsabgeordneten dienen, bei dem die Staatsanwaltschaft kinderpornographisches Material beschlagnahmt hatte. Die strafrechtliche Sanktion – ein Strafbefehl über eine bestimmte Geldsumme – hielt sich hier in überschaubaren Grenzen; gesellschaftlich hingegen war der Mann erledigt, seine berufliche Existenz vernichtet.

[13] S. als typisches Beispiel Habermas, oben → § 1 Rn. 289.

war, sondern beide erfüllen auch analoge oder jedenfalls komplementäre Funktionen für die gesellschaftliche Integration und die Befriedung der Gemeinschaft. Für die Moral entspricht dies jedenfalls einer klassischen These der Soziologie, nach der Gesellschaften auf Dauer nur existieren können, wenn ihre Mitglieder einen bestimmten Grundbestand an Normen verinnerlicht haben, es also zumindest eine gemeinsame Basismoral gibt[14]. Neuerdings wird dies verschiedentlich bestritten, etwa durch den Hinweis, dass Moral auch desintegrierende Wirkungen haben kann. Besonders pointiert hat dies Niklas Luhmann formuliert:

„Nur bei oberflächlicher und zudem einseitiger Betrachtungsweise erscheint Moral als Bindemittel, das die Menschen in der Gesellschaft hält. Moral stößt auch ab, verfeindet auch und erschwert die Lösung von Konflikten […] Jedenfalls ist die Funktion von Moral durch Hinweis auf gesellschaftlichen Integrationsbedarf nicht zutreffend bestimmt. Die Gesellschaft ist, zum Glück, keine moralische Tatsache."[15]

Stattdessen soll es die Ausdifferenzierung der Gesellschaft in verschiedene voneinander **34** getrennte Funktionssysteme sein, die sie als Ganzes funktionsfähig und moralische Integration entbehrlich macht[16]. Darin ist richtig gesehen, dass moralische Normen, insbesondere wenn sie noch religiös stark aufgeladen sind, eine Gesellschaft auch entzweien können und diese darüber tiefgreifend in Streit verfallen kann. Die Auseinandersetzung zwischen Abtreibungsbefürwortern und Abtreibungsgegnern, wie sie in den Vereinigten Staaten noch heute mit unverminderter Heftigkeit tobt, ist dafür ein anschauliches Beispiel[17]. Sieht man allerdings genauer hin, wird man hier oft zwischen den moralischen Normen als solchen und ihren möglichen Konkretisierungen und sodann zwischen verschiedenen Ebenen moralischer Normen zu unterscheiden haben. So streiten Abtreibungsgegner und Abtreibungsbefürworter in der Regel nicht darüber, dass das menschliche Leben ein schützenswertes Gut ist; sie haben nur unterschiedliche Auffassungen dazu, ob die befruchtete Eizelle oder der menschliche Embryo bis zu einem bestimmten Stadium seiner Entwicklung an diesem Schutz teilhat. Dem Streit über die Konkretisierung der Norm liegt so gesehen ein Einigsein in den grundlegenden Prinzipien voraus. Und moderiert wird der Streit in liberalen Gesellschaften typischerweise durch die noch einmal auf einer höheren Stufe der Allgemeinheit liegende moralische Norm, abweichende Auffassungen zu tolerieren und Differenz auszuhalten. Entscheidend ist also immer, um welche Art von moralischen Normen es jeweils geht.

Bei den allgemeinsten Normen ist jedenfalls schwer zu sehen, wie eine Gesellschaft ohne sie auskommen kann: Dass man andere achtet und respektiert, sich an getroffene Abmachungen und Verträge, überhaupt an bestehende Regeln hält und zwar auch dann, wenn sie gerade nicht zwangsweise durchgesetzt werden können – all das sind Einstellungen, die für das Zusammenleben so elementar sind, dass sie jedenfalls von einer großen Mehrzahl der Mitglieder einer Gesellschaft geteilt werden müssen. Ebenso wie das Recht, nur eben auf andere Weise, leistet damit auch die Moral einen notwendigen Beitrag zur gesellschaftlichen Integration.

---

[14] Klassisch E. Durkheim, Physique des moeurs et du droit, 1969, dt. Physik der Sitten und des Rechts, 1991; T. Parsons, Actor, Situatation and Normative Pattern, 1939, dt. Aktor, Situation und normative Muster, 1994.

[15] N. Luhmann, Soziale Systeme, 1984, S. 318; ebenso C. Möllers, Die Möglichkeit der Normen, 2015, S. 420 f.

[16] N. Luhmann, Paradigm Lost, 1990, S. 25.

[17] Die Beispiele ließen sich beliebig vermehren: Tierversuchsbefürworter gegen Tierversuchsgegner, Einwanderungsbefürworter und Einwanderungsgegner, religiöse gegen säkulare Gruppen etc.

II. These: Recht als besonders gefasster Ausschnitt der Moral

35 Auch unter diesem Gesichtspunkt gibt es also gute Gründe für die Annahme eines wechselseitigen Ergänzungsverhältnisses, bei dem sowohl die Moral vom Recht als auch das Recht von der Moral profitiert. Allerdings ist dies eine rein funktionale Erklärung, mit der nicht mehr gesagt ist, als dass Recht und Moral sich auf eine sinnvolle und praktisch nützliche Weise miteinander verbinden. Noch nicht beantwortet ist damit aber die weitere Frage, ob diese Verbindung auch notwendig ist und zum Begriff oder Wesen des Rechts einfach dazugehört, sich das Recht also ohne eine Verbindung zur Moral weder begründen noch in seinem eigentlichen Sinn bestimmen lässt. Bei der Suche nach einer solchen Verbindung geht es zugleich darum, woher das Recht seine Autorität bezieht und warum wir uns überhaupt in aller Regel verpflichtet fühlen, dem Recht zu gehorchen. Ist dies einfach darauf zurückzuführen, dass das Recht Gebote aufstellt, die jedenfalls punktuell mit Zwang durchgesetzt werden können? Ist es der Umstand, dass das Recht von jemandem mit bestimmter Autorität in einem bestimmten dafür vorgesehenen Verfahren erlassen worden ist? Oder dass es sich in einer Gesellschaft eingebürgert hat, dem Recht zu gehorchen, und alle dies tun? Nach der hier zunächst zu behandelnden Auffassung, die früher als naturrechtlich, heute meist als nichtpositivistisch bezeichnet wird, greift das zu kurz: Man könne, heißt es in einer berühmten Formulierung von Gustav Radbruch, die Geltung des Rechts nicht darauf gründen,

„dass es die Macht besessen hat, sich durchzusetzen [...] Auf Macht lässt sich vielleicht ein Müssen, aber niemals ein Sollen und Gelten gründen."[18]

36 Für dieses „Sollen und Gelten" kommt es vielmehr auf einen inhaltlichen Richtigkeitsanspruch an, den das Recht erhebt und der seinerseits nur in einem bestimmten Maß an moralischer Richtigkeit gründen kann. Von hier aus steht das Recht in einer notwendigen und wesensmäßigen Verbindung zur Moral, ohne die es gar nicht angemessen begriffen werden kann. Wie man sich diese Verbindung näher vorzustellen hat und welchen Grad sie erreicht, ist allerdings zwischen den verschiedenen Vertretern dieser Auffassung umstritten. Zwei besonders markante Modelle werden im Folgenden vorgestellt.

1. Modell 1: Das klassische Naturrecht

37 Das erste dieser Modelle wird mit dem Begriff des Naturrechts bezeichnet, verstanden als ein Bestand von Normen, die unverfügbar sind und unabhängig von menschlicher Setzung, eben von „Natur aus" gelten; als solche gehen sie dem gesetzten oder positiven Recht vor, das sich umgekehrt an ihm auszurichten hat. „Naturrecht" ist hier im Grunde nur ein anderes Wort für Moral, insofern es seine verpflichtende Kraft unabhängig und vor jeder rechtlichen Setzung und Durchsetzung entfaltet. Aber in seinem darüber hinausreichenden Ausweis als „Recht" erhält es noch einmal eine stärkere Wirkungskraft, eine absolute, nicht zu bezweifelnde Verbindlichkeit: Es ist dieses Naturrecht, das die Welt ordnet und ihren Lauf bestimmt, und zugleich zwingt es sich damit dem positiven Recht auf.

---

[18] G. Radbruch, Gesetzliches Unrecht und übergesetzliches Recht, in: ders., Gesamtausgabe, Band 3, hrsgg. v. A. Kaufmann, bearbeitet v. W. Hassemer, 1990, S. 83 ff. (88).

In welcher Weise dies geschieht, lässt sich anschaulich und in vieler Hinsicht mustergültig am Beispiel des christ- **38**
lichen Naturrechts eines Thomas von Aquin demonstrieren, bei dem das Naturrecht in einer Stufenfolge von
ewigem Gesetz (lex aeterna) – natürlichem Gesetz (lex naturalis) – menschlichem Gesetz (lex humana) auf den
Menschen heruntergebrochen wird (→ § 1 Rn. 76 ff.)[19]. Das positive Recht, in der Formulierung bei Thomas
also die lex humana, konkretisiert hier das natürliche Recht und füllt gleichsam nur die Lücken, die von dessen
abstrakten moralischen Sätzen gelassen werden. Seinen Sinn empfängt es aber hier vollständig von einer höheren
moralischen Ordnung, die sich mit seiner Hilfe in die Welt hinein entfaltet. Das kann durchaus auch Spielraum
für eigenständige Problemlösungen lassen, wie es ebenfalls schon bei Thomas zu beobachten war (→ § 1
Rn. 79 ff.). Aber das Recht gilt als positives Recht nur, soweit es in diesem Naturrecht seinen Rückhalt findet,
und seine Verbindlichkeit endet, wo das nicht mehr der Fall ist oder ihm gar widerspricht. Ein Gesetz, das nicht
dem Maßstab der Natur entspricht, ist deshalb nicht nur ein schlechtes, sondern in der Konsequenz auch ein
unbeachtliches Gesetz, hatte schon Cicero geschrieben[20]. Im Konfliktfall hat jedenfalls das natürliche Recht
Vorrang.

Was dies im Einzelnen und in seiner ganzen Tiefe bedeutet, ist wiederum nirgends an- **39**
schaulicher und auf eine bis heute berührende Weise eingefangen in der griechischen
Tragödie, und zwar in der „Antigone" des Sophokles, einem der bleibenden und kano-
nischen Texte in der Geschichte unseres philosophischen, literarischen und politischen
Bewusstseins[21]. Antigone hatte – so der Kern der Handlung – gegen den ausdrück-
lichen Befehl des Kreon, Nachfolger des Ödipus als König von Theben, ihren toten
Bruder Polyneikes vor den Toren der Stadt symbolisch bestattet und wurde daraufhin
von Kreon zum Tod durch lebendiges Begraben verurteilt; in der für sie bestimmten
Grabkammer tötet sie sich schließlich selbst. Zuvor war Polyneikes mit einem Heer
gegen Theben gezogen und vernichtend geschlagen worden; zur Abschreckung und
zugleich zur Sicherung der prekären Ordnung in der Stadt hatte Kreon verfügt, dass
sein Leichnam den Vögeln zum Fraß preisgegeben werden solle. Dem hatte sich Antigone widersetzt. Wie sie es wagen konnte, sein Gesetz zu übertreten, fragt Kreon nun
die Gefangengenommene. Sie schleudert ihm entgegen:

„So groß
Schien dein Befehl mir nicht der sterbliche,
Dass er die ungeschriebnen Gottgebote,
Die wandellosen, konnte übertreffen.
Sie stammen nicht von heute oder gestern,
Sie leben immer, keiner weiß, seit wann.
An ihnen wollt ich nicht, weil Menschenstolz
Mich schreckte, schuldig werden vor den Göttern."[22]

Darin ist der Konflikt zwischen einem angenommenen natürlichen (hier göttlichen) **40**
Recht und dem positiven Recht eines Staates (in Gestalt von Kreons Befehl) aufs äu-
ßerste zugespitzt, und für das höhere Recht, dem sie sich allein verpflichtet weiß, geht
Antigone zuletzt in den Tod. Bis heute sieht man dies als ein Gleichnis für den Auf-

---

[19] Ähnlich etwa die Stufenfolge der Stoa (oben → § 1 Rn. 48 ff.); ein Versuch der Wiederbelebung der
Lehren Thomas von Aquins bei J. Finnis, Philosophy of Law IV, 2011.
[20] Vgl. Cicero, De legibus, dt. Über die Gesetze, hrsgg. von E. Bader/L. Wittmann, 1969, I 44 und I 42.
[21] So die Charakterisierung von G. Steiner, Die Antigonen, 2014, S. 9. Der Stoff hat unzählige Interpretationen erfahren, politische, psychologische bzw. psychoanalytische, zuletzt sogar feministische, vgl.
J. Butler, Antigone's Claim, 2000, dt. Antigones Verlangen, 2001; unter dem Blickwinkel des hier in-
teressierenden Problems und aus rechtsphilosophischer Sicht knapp und prägnant Hofmann (Fn. 11),
S. 76 ff., dort auch mit wörtlichem Zitat der entscheidenden Szene.
[22] Sophokles, Antigone, Vers 450 ff., hier zitiert nach der Übersetzung von W. Kuchenmüller, 2000, S. 22.

stand des Gewissens gegen eine ungerechte oder totalitäre Herrschaft. Zugleich lässt sich aber auch der Befehl des Kreon selbst als eine zeitlos gültige Metapher dafür lesen, was das Ungerechte, Verbrecherische und zuletzt Widernatürliche einer solchen Herrschaft ausmacht und bis zu welchem Maß es vorangetrieben werden kann: Dass die Lebenden auf der Erde, im Lichte des Tages, wandeln, während die Toten im Dunkeln sind, ihnen die Unterwelt gehört – das ist für Sophokles der normale, natürliche Gang der Dinge, die von der Natur selbst vorgegebene Ordnung. Der Befehl des Kreon, die toten Feinde nicht zu bestatten, kehrt diese Ordnung um, und das Ganze wird noch einmal dadurch pervertiert, dass zur Strafe Antigone, als eine lebendige Tote, ins Dunkel und ins Grab gestoßen wird. Es ist das Verbrechen gegen das Leben selbst, das darin beschlossen liegt[23].

41 Aber so suggestiv dies zunächst klingt, so sehr drängt sich bei näherem Hinsehen gerade an diesem Beispiel ein Einwand auf, der heute meist als Relativismusargument bezeichnet wird und auch in der Diskussion über Gerechtigkeit eine Rolle spielt (→ Rn. 146ff.)[24]. Er zielt auf die Möglichkeit der Begründbarkeit eines Naturrechts überhaupt oder eben einer entsprechend starken Vorstellung von Moral. Tatsächlich würde gerade der Befehl des Kreon, die toten Feinde und damit auch Polyneikes nicht zu bestatten, keineswegs überall auf der Welt als verbrecherisch, monströs oder gar widernatürlich angesehen. Vorstellungen über Bestattung sind vielmehr stark kulturell geprägt, und gerade für Antigone ergeben sie sich aus ihrer unhinterfragten Einbindung in die antike Götter- und Mythenwelt. Im Hinduismus dagegen werden die Toten traditionell unter freiem Himmel verbrannt; die Religionsgemeinschaft der Parsen, die ihr Zentrum im indischen Mumbai hat, lässt, weil ihr Erde, Wasser, Luft und Feuer heilig sind, die Leichname ihrer Mitglieder gar von Geiern auffressen. Was in der mythischen Geschichte der Antigone als Ausdruck eines höheren, unabhängig von jeder menschlichen Setzung bestehenden und universal gültigen Rechts erscheint, spiegelt so vielleicht doch nur die enge Welt einer in bestimmten religiösen und kulturellen Vorstellungen gefangenen partikularen Gemeinschaft hinsichtlich einer bestimmten Form des Totenkults. Aber auch innerhalb des Kernbestandes eines angenommenen Naturrechts ergeben sich zwischen ihren Vertretern durchaus erhebliche Unterschiede. So hat etwa Aristoteles auch die Sklaverei als in der Natur des Menschen liegend gerechtfertigt, an der man auch in den Vereinigten Staaten noch lange nach ihrer Gründung nichts auszusetzen fand[25]. Es sind solche Beispiele, die einem Kritiker wie Hans Kelsen recht zu geben scheinen, wenn er formuliert:

„Dass die Naturrechtslehre kein sicheres Kriterium für die Gerechtigkeit oder Ungerechtigkeit einer positiven Rechtsordnung liefert, zeigt ihre Geschichte. Sobald die Naturrechtslehre daran geht, den Inhalt der naturimmanenten, aus der Natur deduzierten Normen zu bestimmen, gerät sie in die schärfsten Gegensätze. Ihre Vertreter haben nicht ein Naturrecht, sondern mehrere sehr verschiedene und einander widersprechende Naturrechte proklamiert.“[26]

---

[23] Steiner (Fn. 21), S. 127: Kreon habe hier auf eine Weise, wie man für einen Sterblichen nicht für möglich gehalten hätte, die „Kosmologie von Leben und Tod umgekehrt".

[24] Die Bezeichnung bei R. Dreier, Der Begriff des Rechts, in: ders., Recht – Staat – Vernunft, 1991, S. 95 (103); R. Alexy, Begriff und Geltung des Rechts, 1992, S. 92ff. Die Position als solche – dass es keine objektive Wahrheit gibt und alles gleich richtig oder gleich gültig ist – ist nicht neu; die älteste Fassung schon bei den Sophisten, s. oben → § 1 Rn. 12f.

[25] Bei Aristoteles s. ders., Politik, 1253a ff., übers. v. O. Gigon, 2006 → oben § 1 Rn. 40.

[26] H. Kelsen, Naturrechtslehre und Rechtspositivismus, PVS 3 (1962), 316 (325).

Das ist das Relativismusargument in seiner klarsten Form. Allerdings lassen sich da-   **42**
gegen seinerseits mindestens drei Einwände erheben: Erstens lässt sich ungeachtet aller
Unterschiede im konzeptionellen Ausgangspunkt wie in der konkreten Ausformung
zwischen den verschiedenen Naturrechtslehren eine gemeinsame Schnittmenge zwischen ihnen im Sinne eines Grundbestandes elementarer moralischer Normen iden-
tifizieren, über den überhaupt kein Streit besteht: etwa im bereits angesprochenen
neminem-laedere-Prinzip, der Bindung an eingegangene Versprechen oder Verpflichtungen oder dem Gebot, anderen in Notlagen Hilfe zu leisten. Zweitens bezieht das
Argument seine auf den ersten Blick so schlagende Plausibilität daraus, dass es die verschiedenen Versionen des Naturrechts, wie sie in mehr als zweitausend Jahren Philosophiegeschichte vertreten worden sind, einfach nebeneinanderstellt und zeit- und kon-
textunabhängig miteinander vergleicht. Dann scheint es in der Tat durch eine
Konstruktion wie den aristotelischen „Sklaven von Natur" gründlich diskreditiert.
Stattdessen könnte man diese Geschichte aber auch als einen Fortschritts- oder Klä-
rungsprozess auffassen, in dessen Verlauf sich dann doch eine Art moralischer Basisver-
nunft durchsetzt und Vorstellungen, die uns heute als problematisch erscheinen, nach
und nach abgestreift werden. Sobald etwa die Fähigkeit zur Vernunft oder auch nur
die Gemeinsamkeit des Empfindens von Schmerz als das entscheidende Kriterium für
die Einbeziehung in den Kreis moralisch zu respektierender Personen anerkannt ist, ist
irgendwann der Punkt erreicht, an dem man erkennt, dass man sie auch denen, die
man vormals als Sklaven behandelt hat, nicht vorenthalten kann[27]. Vor allem die Anerkennung universaler Menschenrechte kann man in diesem Sinne als Resultat eines
entsprechenden Klärungsprozesses begreifen, wie es schon Gustav Radbruch unmittelbar nach der Erschütterung durch den Zivilisationsbruch der Nationalsozialisten beispielhaft festgehalten hat:

> *„Es gibt also Rechtsgrundsätze, die stärker sind als jede rechtliche Satzung, so dass ein Ge-
> setz, das ihnen widerspricht, der Geltung bar ist. Man nennt diese Grundsätze das Natur-
> recht oder das Vernunftrecht. Gewiss sind sie im Einzelnen von manchem Zweifel umgeben,
> aber die Arbeit der Jahrhunderte hat doch einen festen Bestand herausgearbeitet und in den
> sogenannten Erklärungen der Menschen- und Bürgerrechte mit so weitreichender Überein-
> stimmung gesammelt, dass in Hinsicht auf manche von ihnen nur noch gewollte Skepsis
> den Zweifel aufrechterhalten kann."*[28]

Auch das Grundgesetz stellt sich mit dem Bekenntnis zu den unverletzlichen und un-   **43**
veräußerlichen Menschenrechten in Art. 1 Abs. 2, der Bezeichnung von Pflege und Erziehung als „natürliches Recht" der Eltern in Art. 6 Abs. 2 und – ganz allgemein – der
Unterscheidung von „Gesetz" und „Recht" in Art. 20 Abs. 3 ausdrücklich in diese Tradition: Damit wird, wie das Bundesverfassungsgericht gesagt hat, ein enger Gesetzes-
positivismus abgelehnt; die Formel halte „das Bewusstsein aufrecht, dass sich Gesetz
und Recht zwar faktisch im Allgemeinen, aber nicht notwendig und immer decken"[29].
Drittens schließlich lässt sich allein aus dem Umstand, dass geschichtlich tatsächlich
unterschiedliche Versionen des Naturrechts vertreten worden sind, nicht der Schluss
ziehen, dass sie alle gleich richtig sind oder den gleichen Anspruch auf Gültigkeit er-

---

[27] S. insoweit als historisches Beispiel die entsprechende Annahme der Stoa oben → § 1 Rn. 50 ff.
[28] G. Radbruch, Fünf Minuten Rechtsphilosophie, in: ders., Gesamtausgabe, Band 3, hrsgg. v.
    A. Kaufmann, bearb. v. W. Hassemer, 1990, S. 78 (78 f.).
[29] BVerfGE 34, 269 (286 f.).

heben können. So ließe sich gerade für die heute als elementar angesehenen moralischen Forderungen universaler Menschenrechte zeigen, dass sie einer rationalen Begründung als universelle Prinzipien fähig sind, gegenläufige Forderungen – etwa nach Ausschaltung oder Vernichtung als minderwertig empfundenen Lebens – dagegen nicht[30]. Gerade die politische Philosophie der Neuzeit hat über ihre unterschiedlichen Spielarten und Theorielager hinweg verschiedene Möglichkeiten einer solchen Begründung aufgezeigt, die bei allen Unterschieden des Ausgangspunkts intuitiv um dieselbe Grunderkenntnis kreisen (→ § 1 Rn. 97 ff.). Das mag weniger und möglicherweise auch anderes sein als die mit dem älteren Begriff des Naturrechts noch verbundene Vorstellung einer fraglosen und zwingenden Verbindlichkeit. Aber es führt andererseits über einen Relativismus hinaus, der sich gar keine moralischen Urteile mehr zutraut.

44 Tatsächlich ist der mit dem Begriff des „Naturrechts" erhobene Anspruch in dieser Form mit einiger Sicherheit zu stark: Es ist nichts „von Natur aus" gut oder schlecht, sondern gut oder schlecht ist etwas, wenn Menschen es dafür halten; in der Natur herrscht eben, wie jeder leicht sehen kann, auch das Recht des Stärkeren. Von daher stecken in jedem diesbezüglichen Urteil immer auch entsprechende Zusatzannahmen und Wertungen[31]. Das bedeutet aber nicht, dass solche Wertungen nicht auf eine begründete Weise getroffen werden können. Und gerade für eine Idee wie die der universalen Menschenrechte kann es einen guten Sinn machen, sie gerade in der noch einmal stark aufgeladenen Sprache des Naturrechts zu präsentieren: als „natürliche" und „unveräußerliche" Rechte, als Rechte, die jedem Menschen kraft seines Menschseins zustehen etc. Gerade dieser Zuerkennung einer höheren, nicht mehr bezweifelten Richtigkeit verdanken sie letztlich ihren weltweiten Siegeszug. Man kümmert sich dann nicht um die Schwierigkeiten der moralphilosophischen Begründung, sondern setzt die Resultate dieser Begründung einfach als Apriori voraus.

2. Modell 2: Verschränkung von Recht und Moral nach Ronald Dworkin

45 Allerdings muss man sehen, dass in einer nur auf einige schmale und zudem inhaltlich relativ offene Basisprinzipien reduzierten Vorstellung von Naturrecht der Raum zwischen diesen Prinzipien einfach sehr groß wird: Es gibt dann eben eine große Menge von Recht, das mit diesem Kern in gar keinem erkennbaren Zusammenhang steht. Auch dessen Verpflichtungskraft kann dann nicht oder jedenfalls nicht ohne weitere Zusatzannahmen aus der Moral begründet werden. Auf eine umfassendere Verschränkung beider, die gerade auch in die alltägliche Arbeit mit dem Recht hinüberwirkt, zielt demgegenüber das Modell, das der amerikanische Rechtsphilosoph Ronald Dworkin in zahlreichen aufeinander aufbauenden Arbeiten vorgestellt hat. Mit einer gewissen Vereinfachung lassen sich darin zwei Phasen unterscheiden, eine erste, die durch die Unterscheidung von Regeln und Prinzipien bestimmt wird, und eine zweite und letzte, in der das Problem grundsätzlicher angegangen und die Verschränkung bis zur fast vollständigen Deckung vorangetrieben wird.

46 a) Die Unterscheidung von Regeln und Prinzipien bezieht sich auf mögliche Arten von Rechtsnormen und stellt sich knapp zusammengefasst wie folgt dar:

– *Regeln* sind Rechtssätze der Art „Es ist links zu überholen" (§ 5 StVO) oder „Der Eigentümer kann von dem Besitzer die Herausgabe der Sache verlangen" (§ 985 BGB). Kennzeichnend für sie ist eine Alles-oder-Nichts-Geltung: Gelten sie in einem konkreten Fall, muss genau das getan werden, was sie verlangen; gelten sie nicht, dann nicht[32].

---

[30] Alexy (Fn. 24), S. 94 f.
[31] Insoweit zutreffend H. Kelsen, Das Problem der Gerechtigkeit, in: ders., Reine Rechtslehre, 2. Auflage 1960, S. 355 (402 ff.).
[32] R. Dworkin, Taking Rights Seriously, 1967, dt. Bürgerrechte ernstgenommen, 1984, S. 54 ff.

Um diese Unterscheidung treffen zu können, verfügen sie regelmäßig über eine Wenn-Dann-Struktur aus Tatbestand und Rechtsfolge, und zur Anwendung gebracht werden sie, indem man Sachverhalte unter sie subsumiert[33].

– *Prinzipien* haben demgegenüber eine offenere Struktur; es sind weichere Normen, die in abgestuftem Umfang erfüllbar sind und nicht notwendig den endgültigen Entscheidungsmaßstab enthalten. Zu ihnen zählen Sätze von der Art, dass niemand aus eigenem arglistigen Verhalten einen Vorteil ziehen darf, man sich an seinem Vorverhalten oder dem von einem selbst geweckten Anschein festhalten lassen muss, man für eine Sache, die man selbst in den Verkehr gebracht hat, eine besondere Verantwortung trägt etc., ferner so bekannte und allgemeine Grundsätze wie der Grundsatz der Vertragsfreiheit, der Grundsatz des Vertrauensschutzes oder das Gebot der verhältnismäßigen Reaktion[34]. Im Gegensatz zu Regeln schreiben solche Sätze die Lösung eines bestimmten Falles nicht abschließend vor, sondern geben Gesichtspunkte oder zeigen die Richtung an, in der mögliche Lösungen zu suchen sind. In die Rechtsanwendung bringen sie sich dementsprechend nicht mit einem feststehenden Inhalt ein, unter den einfach subsumiert werden kann, sondern mit der Dimension der Bedeutung oder des Gewichts, und zur Geltung gebracht werden sie in der Regel durch Abwägung[35].

Tatsächlich existierende Rechtssysteme bestehen nach Dworkin immer aus beidem, also sowohl aus Regeln als auch aus Prinzipien. Gerade in schwierigen Fällen (hard cases), die sich nicht unter eine klare Regel bringen lassen, müsse der Richter deshalb auf Prinzipien zurückgreifen, die die Lösung – idealerweise im Sinne einer einzigen richtigen Antwort – vorstrukturierten (single-answer-thesis); eine Seite habe geradezu ein vorausgesetztes Recht darauf, den Prozess zu gewinnen[36]. Vor allem aber: In den Prinzipien drückt sich für Dworkin immer auch ein moralischer Gehalt aus, mit dem sie eine Brücke zwischen Recht und Moral bilden – über sie wandert gleichsam die Moral in die tägliche Arbeit mit dem Recht hinein. Damit wäre die Vorstellung einer grundsätzlichen Trennung beider Bereiche hinfällig. Demgegenüber könnte es, wie Kritiker eingewandt haben, allerdings auch sein, dass die Prinzipien im Recht nur zur Anwendung kommen, wenn und soweit es durch das Recht selbst angeordnet wird (sog. Inkorporationsargument)[37]. Die Prinzipien wären dann durch das Recht positiviert und hätten fortan selbst – und nur – den Charakter *rechtlicher* Prinzipien. Tatsächlich enthält gerade das deutsche Recht eine Reihe von entsprechenden Öffnungs- oder Inkorporationsklauseln: im Verweis auf die „guten Sitten" etwa als Maßstab für

47

---

[33] Zur näheren Erläuterung der Struktur s. noch unten → Rn. 215.

[34] Beispiele – auch weitere – bei Dworkin (Fn. 32), Bürgerrechte ernstgenommen, S. 56 ff.

[35] Dworkin (Fn. 32), Bürgerrechte ernstgenommen, S. 61 f. Im Unterschied zur Alles-oder-Nichts-Geltung von Regeln ist es dementsprechend auch keine Verletzung eines Prinzips, wenn es im Vorgang der Abwägung gegen ein anderes Prinzip zurücktritt; es setzt sich dann nur eben in diesem Fall nicht durch, ohne dass dies seine prinzipielle Geltung in Frage stellt.

[36] Dworkin (Fn. 32), Bürgerrechte ernstgenommen, S. 144 ff., S. 448 ff. Die Rechte der Parteien werden also durch das Verfahren nicht hervorgebracht, sondern liegen ihm voraus; der Richter soll nicht „rückwirkend neue Rechte [...] erfinden", sondern die bestehenden erkennen.

[37] Vgl. Alexy (Fn. 24), S. 121 ff.; das Argument selbst ist zu finden etwa bei N. Hoerster, Was ist Recht?, 2. Auflage 2012, S. 71. Die Auffassung, die dies vertritt, wird heute überwiegend „inklusiver Rechtspositivismus" genannt, grundlegend J. Coleman, Negative and Positive Positivism, Journal of Legal Studies 11 (1982), 139 ff.; zusammenfassend K. E. Himma, Inclusive Legal Positivism, in: J. L. Coleman/K. E. Himma/S. J. Shapiro, The Oxford Handbook of Jurisprudence and Philosophy of Law, 2004, 125 ff.

die Rechtsgültigkeit von Verträgen in § 138 BGB, im Grundsatz von „Treu und Glauben" nach § 242 BGB oder im Schutzgut der „öffentlichen Ordnung" in den Polizeigesetzen[38]. Auch die Grundrechte des Grundgesetzes lassen sich ohne weiteres als Prinzipien im dworkinschen Sinne verstehen und werden auch so verstanden[39]. Können sie aber dann wirklich als *notwendige* Brücke zur Moral angesehen werden?

Dworkin selbst hat dies mit dem Argument zu parieren versucht, die Prinzipien seien so zahlreich und so kontrovers, dass sie sich unmöglich alle abschließend normieren ließen[40]. Das ist so allerdings etwas dünn. Eher ließe sich die Gegenfrage stellen, ob die Prinzipien selbst im Falle ihrer Inkorporation in das positive Recht ihren Charakter als moralische Prinzipien vollständig abstreifen oder nicht gerade auch mit ihrem moralischen Gehalt in das Recht hineinragen. Möglicherweise kommt das Recht nicht zuletzt wegen dieses moralischen Gehalts gar nicht darum herum, sie zu inkorporieren; tatsächlich gibt es ja keine Rechtsordnung auf der Welt, die ohne sie auskommt. Darauf wird noch zurückzukommen sein; es ist aber nicht die Antwort, die Dworkin gibt.

48 b) In der hier so genannten zweiten Phase hat Dworkin dementsprechend das Verhältnis von Recht und Moral über die Unterscheidung von Regeln und Prinzipien hinauszuführen und es auf einer allgemeineren theoretischen Ebene zu erfassen versucht[41]. Dafür wählt er einen methodischen Zugang, der von ihm selbst als „Interpretivismus" bezeichnet wird und auf der Idee beruht, dass wir über bestimmte („interpretative") Begriffe wie Freiheit, Gleichheit, Gerechtigkeit oder eben auch Recht überhaupt nur deshalb streiten können, weil wir ein wenn auch noch so schmales gemeinsames Grundverständnis davon voraussetzen; andernfalls müssten wir ja gleich sagen, wir reden über verschiedene Dinge[42]. Auf dieser Grundlage wirbt er für ein ganzheitliches Verständnis von Moral und Ethik sowie von Moral und Politik und zuletzt auch von Moral und Recht, die allesamt auf ein verbindendes Basisprinzip zurückgeführt werden sollen[43]. Dieses Basisprinzip ist die Menschenwürde, die sich im Bereich der Moral als Recht eines jeden auf gleiche Berücksichtigung und Respekt auswirkt (right of equal concern and respect)[44]. Speziell für die politische Moral bedeutet dies:

---

[38] Dieser Begriff verweist auf die ungeschriebenen Wertvorstellungen der Gemeinschaft, vgl. die klassische Definition etwa in BVerfGE 69, 315 (352). Eine Art Generalermächtigung zum Zugriff auf „Naturrecht" enthält § 7 des Österreichischen ABGB: Danach müssen zweifelhafte Rechtsfälle am Ende „nach den natürlichen Rechtsgrundsätzen entschieden werden".

[39] R. Alexy, Theorie der Grundrechte, 1986.

[40] Dworkin (Fn. 32), Bürgerrechte ernstgenommen, S. 88.

[41] So vor allem in dem von ihm selbst auch wohl so gesehenen opus magnum Justice for Hedgehogs, 2011, dt. Gerechtigkeit für Igel, 2014, die Neuorientierung dort ausdrücklich angesprochen auf S. 680. Der Titel spielt auf einen Vers aus der griechischen Dichtung über den Unterschied zwischen Fuchs und Igel an: Der Fuchs weiß viele Dinge, aber der Igel weiß eine große Sache, s. S. 13. Darin kommt bereits der ganzheitliche Anspruch des Werkes zum Ausdruck, s. dazu sogleich im Text.

[42] Vgl. Dworkin (Fn. 41), Gerechtigkeit für Igel, S. 21 ff., 212 ff.

[43] Zur Begriffsverwendung: Moral bezieht sich bei Dworkin auf unser Verhältnis zu anderen, Ethik auf die Vorstellungen vom eigenen gelingenden Leben, s. Dworkin (Fn. 41), Gerechtigkeit für Igel, S. 323 sowie bereits oben Fn. 32. Dass es ihm jedenfalls auch um ein Werben für sein eigenes Verständnis – und nicht um die Erkenntnis eines einzigen wahren Inhalts der jeweiligen Begriffe – geht, macht Dworkin für das Verhältnis von Recht und Moral auf S. 692 deutlich: Wir haben es nicht „mit einem begrifflichen, sondern mit einem politischen Gegensatz zu tun"; dafür müssen eben auch ganz praktisch die Vor- und Nachteile des jeweiligen Verständnisses zur Sprache gebracht werden. Andererseits ist im Begriff des „Interpretivismus" natürlich auch angelegt, dass es um „wahre" Interpretation, also letztlich um die authentische Rekonstruktion des Selbstverständnisses unserer eigenen sozialen Praxis geht, vgl. Dworkin (Fn. 41), Gerechtigkeit für Igel, S. 212 ff.

[44] Dazu schon früher Dworkin (Fn. 32), Bürgerrechte ernstgenommen, S. 298 ff.

„Nur wenn eine politische Gemeinschaft ihre Mitglieder entsprechend den Prinzipien der gleichen Berücksichtigung und Achtung behandelt – wenn ihre politischen Maßnahmen also das Schicksal jedes einzelnen als gleich wichtig behandeln und die individuelle Verantwortung für das eigene Leben achten –, hat die Gemeinschaft die moralische Macht, ihren Mitgliedern Verpflichtungen aufzuerlegen und diese auch durchzusetzen. Dieses Prinzip der Legitimität ist die abstrakteste Quelle politischer Rechte […] Alle politischen Rechte lassen sich aus diesem grundlegenden Recht ableiten. Konkrete Rechte lassen sich bestimmen und verteidigen, indem wir genauer herausarbeiten, was gleiche Berücksichtigung und Achtung eigentlich erfordern.“[45].

Wie die persönliche Moral, aus der sie sich ihrerseits ableitet, folgt so auch die politische Moral aus dem einen vorausgesetzten Grundprinzip der Menschenwürde. In dieser „baumartigen Struktur“ hat dann auch die Vorstellung von Recht und Moral als zwei getrennten Systemen keinen Platz; an ihre Stelle **49**

„tritt die Vorstellung eines umfassenden Systems, in dem das Recht als ein Teil der politischen Moral verstanden wird.“[46]

Auch das Recht findet so seinen letzten und eigentlichen Haltepunkt, vor dem sich alle seine Regelungen rechtfertigen lassen müssen, im Prinzip der Menschenwürde. Zugleich verschmelzen darin Recht und Moral zu einem unauflösbaren Amalgam. In eine ähnliche Richtung geht die These Robert Alexys von der „Doppelnatur des Rechts“: Das Recht hat danach nicht nur eine reale oder faktische Dimension als autoritativ gesetzte oder sozial wirksame Ordnung, sondern auch eine ideale oder kritische, indem es einen grundsätzlichen Anspruch auf moralische Richtigkeit erhebt[47]. Die Moral fließt so auch unmittelbar in die Rechtsanwendung hinein, wie Dworkin es bereits früher am Beispiel der Verfassungsinterpretation vorgeführt hatte: Verfassungen nehmen danach in ihren zentralen Gewährleistungen wie etwa den Grundrechten bestimmte moralische Prinzipien in sich auf, und wenn darüber ein Gericht entscheiden müsse, entscheide es zugleich darüber, wie ein moralisches Prinzip am besten zu verstehen sei[48]. Und extrem unmoralischem Recht könne die Geltung als Recht ganz abgesprochen werden – die US-amerikanische Variante einer Formel, die in Deutschland Gustav Radbruch für den Umgang mit dem nationalsozialistischen Recht entwickelt hat (→ Rn. 81)[49]. **50**

III. Gegenthese: Autonomie des Rechts

Gerade dieser letzten und äußersten Konsequenz wird allerdings aus dem anderen Lager, dem sog. Rechtspositivismus, entgegengehalten, dass es einem vor Gericht regelmäßig nichts nütze, sich auf die moralische Fehlerhaftigkeit einer gesetzlichen Regelung zu berufen, und dies nicht einmal dann, wenn man unterstelle, dass diese Fehlerhaftigkeit für jedermann offensichtlich oder besonders krass sei (sog. Unerheblichkeitsargument)[50]. Würde jemand, so hat John Austin, ein früher Vertreter dieses Lagers, spitz formuliert, in einem bestimmten Staat aufgrund eines solchen Gesetzes **51**

---

45 Dworkin (Fn. 41), Gerechtigkeit für Igel, S. 558.
46 Dworkin (Fn. 41), Gerechtigkeit für Igel, S. 684 ff.
47 R. Alexy, Die Doppelnatur des Rechts, Der Staat 50 (2011), 389 ff.
48 R. Dworkin, Freedom's Law, 1996, S. 2.
49 Vgl. Dworkin (Fn. 41), Gerechtigkeit für Igel, S. 693 ff.
50 Die Bezeichnung etwa bei P. Koller, Theorie des Rechts, 2. Auflage 1997, S. 35 f.

zum Tode verurteilt, würde ihm ein Gericht die Unmaßgeblichkeit seiner Argumentation am Ende dadurch beweisen, dass es ihn kraft des Gesetzes, dessen Gültigkeit er angefochten habe, aufhängen ließe[51]. Stattdessen ist das Recht nach dieser Auffassung einfach, was es ist. Mit ihm ist dementsprechend auch kein weiterer Anspruch auf irgendeine inhaltliche oder gar moralische Richtigkeit verbunden. In einer klassischen Formulierung wiederum von Austin:

„Die Existenz einer Rechtsnorm ist eine Sache, ihre Richtigkeit oder Unrichtigkeit (merit or demerit) sind eine andere. Ob es eine Rechtsnorm ist, ist eine Frage; ob sie sein soll oder ob sie einem gegebenen oder angenommenen Ideal (test) entspricht, ist eine andere und davon zu unterscheidende Frage.“[52]

52 Das Recht ist also in dieser Lesart einfach ein soziales Faktum und als solches ohne den Rückgriff auf legitimierende Gründe zu bestimmen. Woher aber bezieht es dann seine verpflichtende Kraft? Austin selbst hat gemeint: im Wesentlichen aus sich selbst heraus, nämlich aus seinem Charakter als imperativische und sanktionsbewehrte Ordnung. Alle Rechtsnormen, so seine an Hobbes und Bentham anknüpfende These, seien „Befehle" eines politischen Souveräns, und Befehle zeichneten sich gegenüber Wünschen dadurch aus, dass derjenige, der sie ausspreche, für den Fall ihrer Nichtbefolgung ein Übel androhe oder verhängen könne[53]. Dieser Vorschlag gilt heute aus verschiedenen Gründen als überholt, unter anderem deshalb, weil er die Existenz solcher Rechtsnormen nicht erklären kann, die – wie etwa diejenigen einer Verfassung – die souveräne Gewalt selber binden oder sie überhaupt erst einsetzen. Darüber hinaus haben ganz offensichtlich nicht alle Rechtsnormen den Charakter von Befehlen; es gibt eben auch solche, die Rechte einräumen (etwa das Recht, eine Ehe zu schließen) oder bestimmten Handlungen (etwa einem Vertrag) die rechtliche Anerkennung versagen[54]. Vor allem wird nicht deutlich, was das rechtliche „Sollen" vom faktischen „Müssen", die Autorität eines Mafiabosses von der Autorität des Rechts unterscheidet. Rechtliche Verpflichtung ist insoweit selbst ein normatives Konzept. Woher kommt aber diese Autorität, wenn nicht aus einer vorausgesetzten inhaltlichen oder eben moralischen Richtigkeit oder einem wenigstens ganz allgemeinen Zusammenhang zur Moral? Die Antworten, die darauf aus dem Lager der Rechtspositivisten gegeben worden sind, lassen sich erneut zu verschiedenen Grundmodellen zusammenziehen, die zum Ende hin immer verwickelter und komplizierter werden.

1. Modell 1: Recht als System aufeinander verweisender Zwangsnormen (Hans Kelsen)

53 Für das erste dieser Modelle steht die „reine" Rechtslehre Hans Kelsens, die sowohl im deutschen Sprachraum als auch international bis heute zu den meistdiskutierten Theorien des Rechts überhaupt zählt[55]. „Rein" nennt sich diese Rechtslehre deshalb, weil sie

---

[51] J. Austin, Lectures on Jurisprudence, 5. Auflage 1895, S. 118.

[52] J. Austin, The Province of Jurisprudence Determined, 1832, S. 278; Übersetzung von mir. Das findet sich der Grundidee nach so schon bei Hobbes, s. oben → § 1 Rn. 116 ff.

[53] Austin (Fn. 52), S. 5 ff. Ein übersetzter und instruktiver Auszug findet sich bei N. Hoerster, Recht und Moral, 1987, S. 15 ff.

[54] Die entsprechenden Einwände bereits bei H. L. A. Hart, The Concept of Law, 1961, dt. Der Begriff des Rechts, Neuausgabe 2011, S. 40 ff., 66 ff.

[55] Gerade hierzulande wird in den letzten Jahren oft sogar von einer Kelsen-Renaissance gesprochen, wozu nicht zuletzt das von M. Jestaedt betreute Projekt einer Gesamtausgabe der Werke beiträgt.

die Rechtswissenschaft und damit das Recht konsequent von allen ihnen „fremden Elementen befreien" will, unter anderem eben von solchen der Ethik und Moral[56]. Das Recht wird so vorgestellt als ein von allen anderen Normensystemen abgekoppeltes, in sich selbst vollständig geschlossenes System, dessen einzelne Bestandteile immer nur auf andere Bestandteile dieses Systems verweisen oder darin ihren Grund finden. Im Ergebnis begründet es sich damit selbst, steht für sich selbst und existiert für sich selbst. Das ist eine der stärksten Formulierungen der Autonomie des Rechts, die sich denken lässt.

a) Angelegt ist diese Autonomie bereits in der einleitenden Bestimmung der beiden **54** Zentralbegriffe Kelsens, des Rechts und der Norm:

„Denn das Recht [...] ist eine normative Ordnung menschlichen Verhaltens, und das heißt, ein System von menschliches Verhalten regelnden Normen. Mit ‚Norm' bezeichnet man: dass etwas sein oder geschehen, insbesondere dass sich ein Mensch in bestimmter Weise verhalten soll."[57]

Die Rechtsnorm ist dabei von anderen Normen durch ihren Zwangscharakter, die Rechtsordnung von anderen Ordnungen durch ihren Charakter als „Zwangsordnung" unterschieden[58]. Das klingt zunächst nicht viel anders als Austins Auffassung vom Recht als einer Menge durchsetzbarer Befehle, von der es sich allerdings durch zwei entscheidende Umstellungen der Theoriearchitektur unterscheidet:

(1) Die erste betrifft den Begriff der Norm als eines Sollens und hier insbesondere die **55** Frage, an wen sich dieses Sollen adressiert: Für Kelsen sind dies nicht oder jedenfalls nicht primär die Bürger, sondern es sind die staatlichen Organe, die unter bestimmten Voraussetzungen zur Setzung eines Zwangsakts als Unrechtsfolge verpflichtet sind[59]. In der Tat sind viele Rechtsnormen genau so formuliert. Im Strafgesetzbuch etwa gibt es keine einzige Vorschrift, die es ausdrücklich verbietet, andere zu töten, zu bestehlen, zu betrügen etc., sondern nur lauter Vorschriften, die für den Fall der Tötung, des Diebstahls, des Betrugs etc. vorsehen, gegen den Täter eine Strafe zu verhängen. Zwar sieht auch Kelsen, dass damit im Ergebnis von der Rechtsordnung regelmäßig ein bestimmtes Verhalten – hier das Unterlassen der Tötung, des Diebstahls, des Betrugs etc. – als allein rechtmäßig oder geboten eingestuft wird. Aber dieses gebotene Verhalten wird von der Rechtsordnung nicht im eigentlichen Sinne „erzwungen"; der Betroffene wird davon im Grunde nur informiert, und der psychische Zwang, der von der Strafdrohung ausgeht, unterscheidet sich nicht von dem Zwang, der etwa von einem religiösen Gebot ausgeht[60]. Vom Recht „gesollt", sagt Kelsen, ist in diesem Sinne allein die Sanktion[61].

(2) Die zweite Umstellung betrifft gerade dieses „Sollen", das in einer Schärfe, die sich **56** so bei kaum einem anderen Rechtstheoretiker findet, ganz für sich betrachtet, von der

---

[56] H. Kelsen, Reine Rechtslehre, 2. Auflage 1960, S. 1.
[57] Kelsen (Fn. 56), Reine Rechtslehre, S. 4.
[58] Kelsen (Fn. 56), Reine Rechtslehre, S. 34 ff.
[59] Kelsen (Fn. 56), Reine Rechtslehre, S. 34 ff., 56.
[60] Kelsen (Fn. 56), Reine Rechtslehre, S. 36; die instruktive Deutung als bloße Information bei Hoerster (Fn. 53), S. 15. An anderer Stelle sagt Kelsen in diesem Sinne, die Vorschrift, die die Bestrafung anordnet, sei die primäre Norm, das daraus sich mittelbar ergebende Verhaltensgebot die sekundäre Norm, die aber als selbständige Norm eigentlich überflüssig sei; dem Gesetz im eigentlichen Sinne zuwider handeln könne lediglich das staatliche Organ, s. H. Kelsen, General Theory of Law and State, 1949, S. 60 f.
[61] Kelsen (Fn. 56), Reine Rechtslehre, S. 26.

sozialen Wirklichkeit vollständig abgelöst wird. Diese bilden das „Sein", die Welt der Dinge und der Tatsachen, die vom „Sollen" streng unterschieden werden muss. Diese Unterscheidung bildet letztlich die Grundlage des gesamten Theoriegebäudes:

„Der Unterschied zwischen Sein und Sollen kann nicht näher erklärt werden. Er ist unserem Bewusstsein unmittelbar gegeben. Niemand kann leugnen, dass die Aussage: etwas ist – das ist die Aussage, mit der eine Seins-Tatsache beschrieben wird – wesentlich verschieden ist von der Aussage: dass etwas sein soll – das ist die Aussage, mit der eine Norm beschrieben wird – und dass daraus, dass etwas ist, nicht folgen kann, dass etwas sein soll, so wie daraus, dass etwas sein soll, nicht folgen kann, dass etwas ist."[62]

57 Das Recht wird in dieser Dichotomie ausschließlich dem Bereich des Sollens zugeordnet. Darin liegt für Kelsen auch der Grund dafür, dass sich die Verbindlichkeit des Rechts entgegen der Annahme von Austin nicht aus seinem Charakter als Befehl oder Imperativ ergeben kann: Der Befehl als solcher ist lediglich die Äußerung des Willens einer Person, also ein Faktum oder Sein, und deshalb kann allein aus dem Umstand seiner Äußerung nicht geschlossen werden, dass er auch gelten soll. Die Verbindlichkeit kann sich deshalb nicht aus dem Befehl als solchem ergeben, sondern nur aus den Bedingungen, unter denen er erteilt worden ist[63].

Was das bedeutet, erläutert Kelsen anschaulich am Beispiel der Zehn Gebote, die Gott seinem Volk auf dem Berg Sinai gegeben hat. Warum halten sich die Menschen fortan an jedes einzelne von ihnen? Sie tun es, so Kelsen, nicht deshalb, weil Gott sie verkündet hat oder jemand von einem Berg herabgetreten ist und es ihnen so erklärt hat. Sondern sie tun es aufgrund einer von ihnen bereits vorausgesetzten Norm, dass man den Geboten Gottes Folge leisten soll[64].

58 Geltungsgrund einer Norm kann deshalb immer nur eine andere Norm sein, jedes Sollen immer nur auf ein anderes Sollen zurückgeführt werden. Das Handzeichen eines Polizisten auf einer Straßenkreuzung gilt deshalb, weil es in der Straßenverkehrsordnung so angeordnet ist; die Straßenverkehrsordnung, eine Rechtsverordnung, verdankt ihre Gültigkeit einer Ermächtigung im Straßenverkehrsgesetz zum Erlass solcher Verordnungen; die Straßenverkehrsordnung ist ihrerseits auf der Grundlage der Kompetenz- und Verfahrensvorschriften des Grundgesetzes als der Verfassung der Bundesrepublik erlassen worden. So finden alle Rechtsnormen einer Rechtsordnung in einem „Stufenbau" zusammen, in dem jede höhere Rechtsnorm die Erzeugungs- und Einsetzungsnorm und damit den Geltungsgrund für die rangniedere Norm enthält[65].

59 b) Allerdings bleibt darin als letztes und ganz oben an der Spitze des Stufenbaus die Frage, warum eigentlich die Verfassung gilt. Als Norm kann sie ihren Geltungsgrund an sich nur in einer anderen Norm haben, die aber, wenn es sich um eine reale Norm handelte, ihrerseits wieder auf eine höhere Norm zurückgeführt werden müsste und so fort. Auf diese Weise landete man nur in einem unendlichen Regress. Wie kann aber die Suche sinnvoll abgebrochen und gleichzeitig an dem Axiom festgehalten werden,

---

[62] Kelsen (Fn. 56), Reine Rechtslehre, S. 5.
[63] Kelsen (Fn. 60), General Theory of Law and State, S. 30 ff.
[64] Kelsen (Fn. 56), Reine Rechtslehre, S. 196 f.
[65] Kelsen (Fn. 56), Reine Rechtslehre, S. 228 ff. Die Lehre vom Stufenbau der Rechtsordnung hat Kelsen selbst allerdings nicht erfunden; sie geht wesentlich auf den österreichischen Rechtstheoretiker und Verwaltungsrechtler Adolf Merkl zurück, s. etwa ders., Prolegomena zu einer Theorie des rechtlichen Stufenbaus, 1931; beide zusammen sind die wichtigsten Vertreter der sog. Wiener Schule.

dass Geltungsgrund einer Norm immer nur eine andere Norm sein kann? Die Lösung sieht Kelsen in einer Norm, die nicht real existiert, sondern als rein hypothetische Norm an der Spitze des Ganzen vorausgesetzt werden muss. Kelsen nennt diese Norm die „Grundnorm". Zusammengefasst:

„Aber die Suche nach dem Geltungsgrund einer Norm kann nicht, wie die Suche nach der Ur-
sache einer Wirkung, ins Endlose gehen. Sie muss bei einer Norm enden, die als letzte, höchste
vorausgesetzt wird. Als höchste Norm muss sie vorausgesetzt sein, da sie nicht von einer Autori-
tät gesetzt sein kann, deren Kompetenz auf einer noch höheren Norm beruhen müsste. Ihre Gel-
tung kann nicht mehr von einer höheren Norm abgeleitet, der Grund ihrer Geltung nicht mehr
in Frage gestellt werden. Eine solche als höchste vorausgesetzte Norm wird hier als Grundnorm
bezeichnet [...] Alle Normen, deren Geltung auf eine und dieselbe Grundnorm zurückgeführt
werden kann, bilden ein System von Normen, eine normative Ordnung. Die Grundnorm ist
die gemeinsame Quelle für die Geltung aller zu einer und derselben Ordnung gehörigen Nor-
men, ihr gemeinsamer Geltungsgrund. Dass eine bestimmte Norm zu einer bestimmten Ord-
nung gehört, beruht darauf, dass ihr letzter Geltungsgrund die Grundnorm dieser Ordnung ist.
Diese Grundnorm ist es, die die Einheit einer Vielheit von Normen konstituiert, indem sie den
Grund für die Geltung aller zu dieser Ordnung gehörigen Normen darstellt."[66]

Der Inhalt dieser Grundnorm wird von Kelsen in dem Satz zusammengefasst, dass **60** Zwangsakte unter den Bedingungen und auf die Weise gesetzt werden sollen, die die Verfassung und die auf ihrer Grundlage erlassenen Normen bestimmen[67]. Folge ist, dass es für die Zugehörigkeit einer Norm zur Rechtsordnung und ihre Verbindlichkeit nicht auf irgendeinen Inhalt oder gar einen moralischen Gehalt ankommt. Im Gegenteil:

„Eine Rechtsnorm gilt nicht darum, weil sie einen bestimmten Inhalt hat [...], sondern
darum, weil sie in einer bestimmten, und zwar in letzter Linie in einer von einer voraus-
gesetzten Grundnorm bestimmten Weise erzeugt ist. Darum und nur darum gehört sie zu
der Rechtsordnung, deren Normen dieser Grundnorm gemäß erzeugt sind. Daher kann je-
der beliebige Inhalt Recht sein. Es gibt kein menschliches Verhalten, das als solches, kraft
seines Gehalts, ausgeschlossen wäre, Inhalt einer Rechtsnorm zu sein."[68]

Auch die Regelungen totalitärer Staaten, Personen unerwünschter Gesinnung, Religion oder Rasse in Konzentrationslager zu sperren, zu den unwürdigsten Arbeiten zu zwingen oder jederzeit zu töten, können deshalb ohne weiteres Recht sein[69]. Auf diese Weise ergibt sich eine rein interne Begründung des Rechts und eine rein formale Begründung rechtlicher Verpflichtung.

c) Es ist allerdings gerade diese radikale Innensicht, die das Konzept angreifbar macht. Das **61** Recht steht ja ersichtlich nicht für sich und abseits von der Welt, sondern in der Welt und ist auf sie bezogen. Schon in Kelsens Konzeption der Rechtsnorm als Verhaltensbefehl für die staatlichen Organe kommt diese Welt nicht vor. Gerade diese Konzeption ist denn auch zu einer ersten Zielscheibe der Kritik geworden. Dass Rechtsnormen, wie Kelsen gemeint hat, sich primär an die staatlichen Organe und allenfalls indirekt an die Bürger rich-

---

[66] Kelsen (Fn. 56), Reine Rechtslehre, S. 197.
[67] Kelsen (Fn. 56), Reine Rechtslehre, S. 203 f., verkürzt: „Man soll sich so verhalten, wie die Verfassung vorschreibt."
[68] Kelsen (Fn. 56), Reine Rechtslehre, S. 200 f.
[69] Kelsen (Fn. 56), Reine Rechtslehre, S. 42.

ten, ist nicht nur wenig plausibel, sondern stellt unsere geläufige Vorstellung von ihrem Sinn geradezu auf den Kopf. Der Staat erlässt Strafvorschriften nicht deshalb, um Staatsanwaltschaften und Gerichte zu ihrer Verfolgung zu berechtigen oder zu verpflichten, sondern um das inkriminierte Verhalten zu unterbinden. An jeder Diskussion über eine neue Strafvorschrift – vom Stalking bis zur Veranstaltung illegaler Autorennen in Innenstädten – lässt sich das beobachten. Das Recht ist deshalb auch nicht gleichgültig gegenüber Leuten, die Straftaten begehen und dafür die Strafe in Kauf nehmen, und solchen, die überhaupt keine Straftaten begehen; man soll sich nicht durch die Inkaufnahme der Strafe gleichsam eine Lizenz zur Begehung der Straftat erkaufen können[70]. Wir betrachten deshalb Sanktionen nicht nur als *Folgen* der Erfüllung eines bestimmten Tatbestands, sondern umgekehrt das Vorhandensein einer rechtlichen Verpflichtung als *Grund* für die Verhängung der Sanktion[71]. Der Sinn des Rechts besteht deshalb gerade darin, *diese* Verpflichtung zu begründen. Eine zweite, grundlegendere Kritik betrifft, wenig überraschend, sodann die Konstruktion der Grundnorm, auf die die rein interne Begründung des Rechts am Ende zuläuft[72]. Ganz offensichtlich ist sie zirkulär: Die Rechtsnormen gelten danach, weil sie sich aus der Grundnorm ableiten lassen, aber die Grundnorm muss vorausgesetzt werden, damit die Rechtsnormen gelten können. Darüber hinaus stellt sich die Frage, woran sich die Existenz der Grundnorm, wenn sie nur hypothetischen Charakter hat, sowie die Geltung der auf ihr basierenden Rechtsordnung erkennen lässt. Kelsen selbst gibt darauf die Antwort, dies hänge davon ab, ob die Normen der Rechtsordnung im Großen und Ganzen wirksam sind, also tatsächlich befolgt und angewendet werden[73]. Aber gerade das verweist zuletzt auf ein Faktum, in der Terminologie der Unterscheidung von Sein und Sollen also auf ein „Sein". Damit könnte dann doch die ganze Unterscheidung von Sein und Sollen, von Norm und Wirklichkeit an dieser Stelle zusammenbrechen[74].

62 Dem wird von Kelsen-Anhängern häufig entgegengehalten, dass die „Grundnorm" letztlich nur eine zusammenfassende Beschreibung für eine Unterstellung sei, die alle Juristen machen müssten, wenn sie mit dem Recht arbeiten wollten, und zwar eine Beschreibung aus der Sicht der das Ganze von außen beobachtenden Rechtswissenschaft[75]. Auf diese Weise bliebe das logische Gebäude des Rechts als reines Sollen in der Tat weiterhin vollkommen geschlossen. Aber selbst wenn das zuträfe, bleibt die weitere Frage, woraus unter diesen Bedingungen die Verbindlichkeit gerade für die Mitglieder der Rechtsordnung resultiert: Theoretisch könnten diese, nun in ihrer Rolle als Teilnehmer statt als bloße Beobachter, die Existenz der Grundnorm ja für sich auch ablehnen mit der Folge, dass die vermeintliche Rechtsordnung für sie keine andere Verbindlichkeit hätte als die Gewaltherrschaft einer Gangster- oder Räuberbande[76]. Ähnlich wie die Religion gälte so zuletzt auch das Recht nur für den, der daran glaubt. Aber könnte es dann nicht doch sein, dass das Recht überhaupt nur von dem als eine normative Ordnung betrachtet oder angesehen werden kann, der es wenigstens im Großen und Ganzen auch für moralisch richtig und gerechtfertigt hält?[77]

---

[70] Dieser Einwand grundlegend bei Hart (Fn. 54), Der Begriff des Rechts, S. 50 ff.

[71] L. Green, Legal Obligation and Authority, https://plato.stanford.edu.

[72] Deren Bedeutung und Status sind allerdings auch innerhalb der Theorie selbst hochumstritten, vgl. etwa S. L. Paulson, Die unterschiedlichen Formulierungen der „Grundnorm", in: FS für W. Krawietz, 1993, S. 53 ff.; ferner H. Dreier, Rechtslehre, Staatssoziologie und Demokratietheorie bei Hans Kelsen, 2. Auflage 1990, S. 27 ff., 42 ff., 86 ff., 128 ff. m. w. N.; als neuere Behandlung etwa U. Bindreiter, Why Grundnorm?, 2002.

[73] Kelsen (Fn. 56), Reine Rechtslehre, S. 219.

[74] S. zu diesem häufig erhobenen Einwand etwa K. Larenz, Methodenlehre der Rechtswissenschaft, 6. Auflage 1991, S. 73 ff.

[75] Vgl. Kelsen (Fn. 56), Reine Rechtslehre, S. 208; zur Diskussion Dreier (Fn. 72), S. 51 ff.

[76] Vgl. Kelsen (Fn. 56), Reine Rechtslehre, S. 224.

[77] So jedenfalls die – nach seinem grundsätzlichen Standpunkt verblüffende, aber luzide begründete – These von J. Raz, The Authority of Law, 2. Auflage 2009, S. 124 (134 ff.); in der Sache ebenso A. Marmor, Philosophy of Law, 2011, S. 12 ff. Zu Raz noch unten → Rn. 75 ff.

2. Modell 2: Recht als soziale Praxis einer politischen Gemeinschaft (H. L. A. Hart)

Ein zweites Modell weicht diesen Schwierigkeiten dadurch aus, dass es die Autonomie 63
des Rechts wesentlich aus seiner Eigenschaft als Bestandteil einer sozialen Praxis begründen will. Von hier aus zerfällt es freilich in so viele Varianten und Untervarianten,
dass sie hier gar nicht erschöpfend behandelt werden können[78]. Einen gemeinsamen,
zugleich dem Zugriff von Kelsen diametral entgegengesetzten Ausgangspunkt mag
man in der von Joseph Raz so genannten „Quellenthese" (sources thesis) sehen, nach
der alles Recht „quellenbasiert" (source-based) ist. „Quellen" in diesem Sinne meint
die klassischen Rechtsquellen (Parlamentsgesetze, Verordnungen etc.), aber auch Ge-
setzgebungsmaterialien, Gerichtsentscheidungen oder andere Verlautbarungen des
Rechtssystems, die allesamt als „soziale Fakten" irgendwo auffindbar und beobachtbar
sind. Als „quellenbasiert" gilt das Recht demensprechend dann, wenn

„seine Existenz und sein Inhalt allein unter Bezug auf soziale Fakten bestimmt werden
können, ohne Rückgriff auf irgendein bewertendes Argument."[79]

„Bewertende" Argumente meint dabei, wie leicht zu sehen ist, vor allem moralische Argu- 64
mente, die dementsprechend auch in der konkreten Anwendung des Rechts außen vor
bleiben[80]. Im Unterschied zu Kelsen wird das Recht hier aber nicht als abstrakte Normen-
ordnung von der Wirklichkeit (den „sozialen Fakten") isoliert, sondern muss im Zusammenhang mit dieser Wirklichkeit und als ihr Bestandteil verstanden und beschrieben
werden. Die bis heute bedeutendste Version dieses Ansatzes, an der sich gerade im angelsächsischen Sprach- und Rechtsraum alle anderen nach wie vor abarbeiten, stammt von
dem englischen Rechtstheoretiker H. L. A. Hart, der sie im Grunde in einem einzigen
Buch, seinem Hauptwerk „Der Begriff des Rechts", konzentriert vorgestellt hat[81]. Seine
Argumentation lässt sich zu drei wesentlichen Schritten zusammenfassen:

a) In einem ersten Schritt geht Hart dem Begriff der rechtlichen Verpflichtung nach 65
und fragt, was es überhaupt bedeutet, durch eine Regel (rule) verpflichtet zu sein. Die
Antwort entwickelt er ebenfalls wesentlich aus einer Auseinandersetzung mit Austins
Befehlstheorie, der er neben der Vernachlässigung der Vielfalt rechtlicher Wirkungen
(→ Rn. 52) vor allem vorwirft, die komplexe Verbindung zwischen dem Befehl und
dem Gehorsam durch die Befehlsunterworfenen nicht angemessen zu erfassen:

„Was z. B. bedeutet die Tatsache, wenn sie eine Tatsache ist, dass die Person, der man etwas
befahl, mit Sicherheit genau dasselbe auch ohne Befehl getan hätte? Diese Schwierigkeit
wird bei den Gesetzen besonders akut, die den Leuten etwas zu tun verbieten, woran sie
nie dächten, es zu tun."[82]

---

[78] Weitere Namen in diesem Zusammenhang sind etwa G. Postema, Coordination and Convention at the
Foundations of Law, Journal of Legal Studies 11 (1982), 165 ff.; M. Kramer, In Defense of Legal Posi-
tivism, 1999; J. Coleman, The Practice of Principle, 2001; N. MacCormick, Institutions of Law, 2007;
S. J. Shapiro, Legality, 2011.

[79] J. Raz, Authority, Law, and Morality, jetzt in: ders., Ethics in the Public Domain, 1994, S. 194 (194 f.).
Zum Begriff der „Quelle" ders. (Fn. 77), The Authority of Law, S. 47 f.

[80] Raz (Fn. 77), The Authority of Law, S. 39 f., dort noch als „social thesis" bezeichnet.

[81] S. oben Fn. 54. Gerade die angelsächsische Debatte wird deshalb bis heute vielfach überhaupt nur als
sog. Hart-Dworkin-Debatte wahrgenommen, vgl. dazu S. J. Shapiro, The „Hart-Dworkin" Debate: A
Short Guide for the Perplexed, Michigan Law Working Paper Series, March 2007, No. 77.

[82] Hart (Fn. 54), Der Begriff des Rechts, S. 67.

66 Vor einem ähnlichen Problem steht nach Hart eine andere Variante des Rechtspositivismus, der sogenannte Rechtsrealismus, der das Recht einfach auf bestimmte eingeschliffene Verhaltensgewohnheiten zurückführen und aus diesen Gewohnheiten heraus dann Vorhersagen über das künftige Verhalten – etwa von Gerichten – machen will[83]: Wenn Menschen etwas gewohnheitsmäßig tun (etwa jeden Samstagabend ins Kino gehen), bedeutet das nicht, dass sie insoweit einer Regel folgen (wie etwa der Regel, sich in einer Kirche respektvoll zu verhalten)[84]. Um von einer sozialen Regel im Unterschied zu einer Gewohnheit zu sprechen, müssen nach Hart vielmehr drei Bedingungen gegeben sein: Erstens darf das Verhalten in der betreffenden Gruppe nicht nur faktisch konvergieren, sondern Abweichungen werden *im Allgemeinen als Fehltritte oder Vergehen betrachtet* und sind – in welcher Form auch immer – der Kritik unterworfen. Zweitens gilt, wo es eine Regel gibt, jedenfalls der Mehrheit der betreffenden Gruppe *allein die Abweichung vom Standard als guter Grund für die Kritik;* das setzt aber andererseits auch voraus, dass es immer auch eine Minderheit gibt, die die Regel nicht anerkennt und gegen die sie dann durchgesetzt wird. Wo alle sowieso dasselbe tun, gibt es keine Regel. Drittens schließlich nehmen mindestens einige, wenn nicht die meisten Gruppenmitglieder zu einer Regel eine *spezifisch normative Einstellung* ein: Sie verhalten sich nicht einfach auf die entsprechende Weise, sondern betrachten das betreffende Verhalten als einen allgemeinen Standard für das betreffende Verhalten, so wie es auch in einer entsprechend normativen Sprache zum Ausdruck kommt („Du hättest nicht so handeln dürfen", „Ich muss das tun", „Das ist richtig", „Das ist falsch" etc.). Das ist das, was Hart den „internen Aspekt" (internal aspect) von Regeln nennt[85]. Über diesen internen Aspekt unterscheidet sich am Ende auch das Sollen vom Müssen, die Vorstellung der Verpflichtung vom Befehl eines Räubers, der einen mit vorgehaltener Waffe zwingt, die Geldbörse herauszugeben. Aber reicht das umgekehrt schon aus, um die Normativität der Verpflichtung zu begründen[86]?

67 Hinter dieser Frage verbergen sich verschiedene Einwände, die in dieser oder jener Form alle mit gewissen Unschärfen und auch Schwankungen in Harts Beschreibung des „internen Aspekts" bzw. „internen Standpunkts" zusammenhängen. Ein erster wirft Hart – ganz im Geiste Kelsens – einen Kategorienfehler vor, nämlich einen unzulässigen Schluss von einem Sein auf ein Sollen: Hart beschreibe letztlich nur von außen eine bestehende Regelpraxis in einer sozialen Gruppe, aber daraus lasse sich noch nicht die Geltung oder Verbindlichkeit der Regeln ableiten[87]. Durch die aus der Beobachterperspektive vorgenommene Einführung des „internen Aspekts" unterläuft Hart allerdings gerade die Unterscheidung zwischen Innen und Außen. Und warum sollte die Anerkennung durch einen hinreichend qualifizierten Teil der Regelunterworfenen nicht ausreichen, um ihre Verbindlichkeit für die Mitglieder der betreffenden Gruppe zu begründen?

---

[83] In der bekanntesten Formulierung: Recht als Prophezeiungen dessen, was die Gerichte tatsächlich tun werden („The prophecies of what the courts will do in fact, and nothing more pretentious, are what I mean by the law"), O. W. Holmes, The Path of the Law, Harvard Law Journal 10 (1897), 457 (461).

[84] Vgl. Hart (Fn. 54), Der Begriff des Rechts, S. 71 f. Das Problem des Regel-Folgens ist eines der Hauptprobleme der Sprachphilosophie seit L. Wittgenstein, Philosophische Untersuchungen, erstmals 1953, §§ 137 ff., insbes. § 201 f.; Hart selbst hat dies ganz offensichtlich auch beeinflusst.

[85] S. im Einzelnen Hart (Fn. 54), Der Begriff des Rechts, S. 72 f., 102 ff. Als anschauliches Beispiel wählt Hart dabei die Regeln eines Schachspiels: Ein externer Beobachter, der das Spiel nicht kennt, könnte immer nur feststellen, dass alle Spieler ihre Figuren wie etwa den König jeweils auf dieselbe Weise bewegen. Die Spieler selbst nehmen zu diesem Verhaltensmuster aber eine reflektierte, kritische Haltung ein, die sie dazu berechtigt, jeden falschen Zug auch als solchen zu beanstanden.

[86] So die kritische Frage von Dworkin (Fn. 32), Bürgerrechte ernstgenommen, S. 96 ff.; J. Raz, Practical Reasons and Norms, 1990, dt. Praktische Gründe und Normen, 2006, S. 71 ff.

[87] Vgl. Shapiro (Fn. 78), S. 102 f.; M. Jestaedt, Geltung des Systems und Geltung im System, JZ 2013, 1009 (1019).

Normen sind letztlich immer auch deshalb Normen, weil sie als solche behandelt oder genommen werden[88]. Ein anderer, von Joseph Raz erhobener Einwand zielt demgegenüber gerade auf das Erfordernis einer sozialen Praxis, also eines gewissen Grades an tatsächlicher Befolgung, für die Existenz einer Regel: Es gebe – wie insbesondere an moralischen Regeln zu sehen – auch Regeln, die unabhängig davon Regeln seien, ob sich irgendjemand tatsächlich nach ihnen richtet[89]. Hart hat dies später eingeräumt und ausdrücklich klargestellt, dass sein Regelmodell für moralische Regeln nicht gelte. Auch sei der „interne Aspekt" nicht gleichzusetzen mit der moralischen Billigung der Regel; es reiche vielmehr aus, wenn man die Regel deshalb für verbindlich halte, weil es alle anderen auch tun[90]. Und gerade für rechtliche Regeln, um deren Erklärung es Hart in erster Linie geht, trifft der Einwand schlicht nicht zu: Eine Rechtsnorm, an die sich niemand hält, existiert als solche auch nicht[91]. So enthielten die Verfassungen vieler sozialistischer Staaten auch Artikel über Meinungs- oder Versammlungsfreiheit, aber die Bürger, die ihre Meinung äußerten oder sich zu Demonstrationen gegen das Regime zusammenfanden, wurden ins Gefängnis geworfen oder sonst drangsaliert. Die entsprechenden Artikel waren dementsprechend nicht Recht, sondern taten nur so.

b) In einem zweiten, hier nur sehr gerafft wiederzugebenden Schritt beschreibt Hart **68** die Entstehung spezifisch rechtlicher Regeln als Resultat eines internen Ausdifferenzierungsprozesses, genauer: der Ausbildung zweier unterschiedlicher Gruppen von Regeln, die er primäre Regeln (primary rules) und sekundäre Regeln (secondary rules) nennt[92]. Primäre Regeln sind einfach solche, die unmittelbare Verhaltenspflichten für die Mitglieder einer Gesellschaft begründen, etwa die Verpflichtung, keine Diebstähle zu begehen oder gegenüber anderen keine Gewalt anzuwenden. Diese Regeln sind nirgends aufgeschrieben, durchgesetzt werden sie durch einen diffusen sozialen Druck, und Konflikte werden ad hoc oder durch Aushandeln oder auf eine andere nicht näher bestimmte Weise gelöst. Von ihrer Wirkungsweise wie von ihrem Gehalt her handelt es sich damit um typisch moralische Regeln, wie sie für kleinere und primitive Gemeinschaften üblicherweise auch vollkommen ausreichend sind: Hier herrscht ein starkes gemeinsames Ethos, man ist durch enge familiäre Bande miteinander verbunden, idealerweise ist auch die natürliche und soziale Umwelt einigermaßen stabil. Sobald die Gesellschaft größer und komplexer wird, machen sich Hart zu Folge jedoch drei entscheidende Mängel solcher Regelsysteme bemerkbar: Primärregeln sind
– zu unbestimmt, weil es in Konfliktfällen niemanden gibt, der die Existenz oder den Inhalt der Regel verbindlich feststellen kann,
– zu statisch, weil es keine Mittel gibt, die Regeln den sich wandelnden Umständen anzupassen,
– und zuletzt nicht hinreichend wirksam, weil es keine Instanz zu ihrer Durchsetzung gibt[93].

Abhilfe verspricht die Ergänzung der primären Regeln um jene Regeln, die Hart se- **69** kundäre Regeln nennt und deren Gemeinsamkeit darin liegt, dass sie sich auf die pri-

---

[88] Zweifelnd Möllers (Fn. 15), S. 102 ff., mit Einwänden gegen reine Anerkennungstheorien. Möllers eigener Vorschlag eines Kombinationsmodells zwischen Befehl und Anerkennung liegt aber, wenn ich es recht sehe, von dem hier vorgestellten Programm nicht so weit entfernt.

[89] Raz (Fn. 86), Praktische Gründe und Normen, S. 71 f., dort als erster der drei Einwände.

[90] So Hart im Nachwort zur 2. Auflage, s. ders. (Fn. 54), Der Begriff des Rechts, S. 335 ff. Eine interessante Überlegung deshalb bei M. Pawlik, Der Rechtsbegriff bei H. L. A. Hart, in: S. Griller/H. P. Rill (Hrsg.), Rechtstheorie: Rechtsbegriff – Dynamik – Auslegung, 2011, S. 41 (53 f.): In Wahrheit gehe es Hart gar nicht um eine innere Billigung, sondern um eine geteilte *sprachliche* Praxis, die bestimmte Sachverhalte als normativ kennzeichnet.

[91] Was Raz (Fn. 89) a. a. O. auch durchaus einräumt.

[92] Hart (Fn. 54), Der Begriff des Rechts, S. 112 ff., daraus auch das Folgende.

[93] Darin liegt, wie oft bemerkt worden ist, eine Parallele zu den von John Locke konstatierten Defiziten des Naturzustands, vgl. Pawlik (Fn. 90), S. 44; M. D. Bayles, Hart's Legal Philosophy, 1992, S. 61 ff.

mären Regeln beziehen; in diesem Sinne sind es „Regeln *über* Regeln"[94]. Im Einzelnen hilft oder helfen

– gegen die Unbestimmtheit der primären Regel die Einführung einer „Erkenntnisregel" (rule of recognition), die bestimmt, welche Merkmale eine Regel haben muss, um als Regel des Systems identifiziert werden zu können,

– gegen die Statik primärer Regeln besondere „Änderungsregeln" (rules of change), die Individuen oder Körperschaften berechtigen, neue Regeln einzuführen oder veraltete abzuschaffen,

– gegen die Wirksamkeitsschwäche bloßer Pflichtregeln „Entscheidungsregeln" (rules of adjudication), die Personen die Befugnis verleihen, Verletzungen der Pflichtregeln festzustellen und gegebenenfalls zu ahnden[95].

Mit diesen Regeln vollzieht sich zugleich der Übergang vom Moral- zum Rechtssystem; die Einführung jeder einzelnen von ihnen kann, wie Hart schreibt,

„*für sich selbst genommen als ein Schritt von der vorrechtlichen in die rechtliche Welt betrachten werden. Denn jedes Mittel bringt viele Elemente mit sich, die das Recht ausmachen: Ganz gewiss genügen alle drei Heilmittel dafür, das Regime der primären Regeln in etwas zu verwandeln, das unbezweifelbar ein Rechtssystem ist*"[96].

70 Jedes Rechtssystem stellt sich von hier aus als eine „Vereinigung von primären und sekundären Regeln" dar[97]. Ein Nebeneffekt ist, dass der Rechtsbegriff auf diese Weise von der einseitigen Fixierung auf die Sanktion gelöst wird; stattdessen rücken auch weitere Normtypen wie etwa Verfahrens- oder Zuständigkeitsvorschriften in den Blick, die sonst allenfalls als unselbständige Normen gegenüber den Sanktionsnormen qualifiziert werden müssten und so in ihrer eigenständigen Bedeutung gar nicht gesehen werden können. Auch damit ist noch nicht die gesamte Welt des Rechts abgebildet – Normen wie die Grundrechte oder solche über die Erteilung von Erlaubnissen kommen etwa nicht vor –, aber es führt doch schon deutlich über die zu schlichten Befehls- oder Sanktionsmodelle des Rechts hinaus.

71 c) Von hier aus wendet sich Hart im dritten und letzten Schritt der Frage zu, woher das Recht seine Verbindlichkeit bezieht und wie seine verpflichtende Kraft begründet wird. Eine zentrale Rolle dafür spielt die Erkenntnisregel (rule of recognition), weil sie die Kriterien für die Gültigkeit aller anderen Regeln des Systems liefert und damit für die Frage von Gültigkeit oder Ungültigkeit den Ausschlag gibt. Insoweit handelt es sich bei ihr unter allen anderen Sekundärregeln um die „letzte Regel" (ultimate rule)[98]. In sehr einfachen Systemen, in denen als Recht alles zählt, was ein Monarch erlassen hat, besteht das alleinige Identifizierungskriterium für Recht in diesem Sinne in der Tatsache, dass der Monarch das entsprechende Gesetz erlassen hat. In modernen Rechtssystemen mit ihren verschiedenen Rechtsquellen sind die Identifizierungskriterien demgegenüber vielfältiger; zu ihnen gehören etwa eine geschriebene Verfassung, der Erlass von Gesetzen in einem bestimmten Verfahren, oder auch von Richtern entschiedene Präzedenzfälle[99]. Auch die Er-

---

[94] Hart (Fn. 54), Der Begriff des Rechts, S. 116.
[95] Hart (Fn. 54), Der Begriff des Rechts, S. 115 ff.
[96] Hart (Fn. 54), Der Begriff des Rechts, S. 115.
[97] Hart (Fn. 54), Der Begriff des Rechts, S. 133.
[98] Hart (Fn. 54), Der Begriff des Rechts, S. 128.
[99] Hart (Fn. 54), Der Begriff des Rechts, S. 122 f.

kenntnisregel ist dementsprechend komplexer und deshalb üblicherweise auch gar nicht selbst als Regel des Rechtssystems irgendwo niedergeschrieben oder formuliert:

„Meistens aber wird die Erkenntnisregel nicht ausgesprochen, sondern ihre Existenz zeigt sich hier in der Weise, wie besondere Regeln identifiziert werden, nämlich entweder von Gerichten oder Beamten, oder aber von Privatpersonen und ihren rechtskundigen Beratern.“[100]

Sowohl dies als auch ihre Beschreibung als „letzte Regel“ scheinen die Erkenntnisregel 72 damit in eine gewisse Nähe zu Kelsens Grundnorm zu rücken. Von dieser aber unterscheidet sie sich in einem entscheidenden Punkt: Während es sich bei Kelsens Grundnorm um eine hypothetische und lediglich aus logischen Gründen vorauszusetzende Norm handelt, existiert Harts Erkenntnisregel real und ist im Rechtssystem tatsächlich wirksam, und zwar als eine von den gesetzgebenden Organen, den Gerichten, der Verwaltung und den Bürgern in der täglichen Arbeit mit dem Recht zugrunde gelegte, anerkannte und praktizierte Regel.

Von hier aus kann Hart nun auch die Antwort auf die Frage nach dem Grund der 73 Geltung und damit überhaupt der Verbindlichkeit des Rechts geben. Das Recht gilt nicht, wie die Naturrechtler angenommen hatten, aus den inhaltlichen Gründen, aus denen es erlassen worden ist (moralische Gründe, Wertverwirklichung, Erfüllung bestimmter Gemeinwohlziele etc.), und es gilt auch nicht, wie Kelsen angenommen hat, aufgrund eines abstrakten logischen Postulats, das von der Praxis des Rechts isoliert werden kann. Sondern das Recht gilt nur, weil es in diese Praxis eingelassen ist und von allen Beteiligten darin als Grund rechtlicher Verpflichtung behandelt wird. Dabei greift es entsprechend Harts Vorstellung vom Rechtssystem als Zusammenspiel von primären und sekundären Regeln zu kurz, nur auf die rechtsunterworfenen Bürger zu schauen: Während es für die Bürger ausreicht, dass sie die primären Pflichtregeln im allgemeinen und mit welcher persönlichen Einstellung auch immer befolgen, müssen die professionellen Rechtsanwender – Gesetzgeber, Gerichte, Beamte oder auch Rechtsanwälte – dazu einen „internen Standpunkt“ (internal point of view) einnehmen und die sekundären Regeln, insbesondere die Erkenntnisregeln, als allgemeinen Standard offiziellen Verhaltens anerkennen[101]. Am Ende sind auch nur diese professionellen Rechtsanwender wirklich wichtig: Erst sie bringen ja den „internen Aspekt“ oder „internen Standpunkt“ ein, der für die Idee der Verpflichtung und damit auch für die Idee der rechtlichen Verpflichtung konstitutiv ist. Im Extremfall könnte man sogar, meint Hart,

„den internen Gesichtspunkt mit seinem charakteristischen normativen Sprachgebrauch („Dies ist eine gültige Regel“) auf die amtliche Welt beschränken. Das wäre dann schon ein komplizierteres System, wo es den Beamten vorbehalten ist, die Kriterien der Rechtsgültigkeit zu verwalten. Freilich würde eine solche Gesellschaft in beklagenswerter Weise einer Schafherde ähneln, und die Schafe würden vielleicht im Schlachthaus enden. Aber wir hätten keinen Grund anzunehmen, dass es nicht existieren könnte, oder ihm den Titel eines Rechtssystems abzusprechen.“[102]

Das Recht, schwingt darin mit, ist also nicht automatisch etwas Gutes; die Machtmit- 74 tel, die mit ihm verbunden sind, können auch zur Aufrechterhaltung der Verhältnisse

---

[100] Hart (Fn. 54), Der Begriff des Rechts, S. 123.
[101] Hart (Fn. 54), Der Begriff des Rechts, S. 138 ff.
[102] Hart (Fn. 54), Der Begriff des Rechts, S. 141, Übersetzung leicht modifiziert.

einer Sklavenhaltergesellschaft genutzt werden[103]. Zwar geht auch Hart davon aus, dass das Recht mit Blick auf einige allgemeine und elementare Tatsachen der menschlichen Existenz bestimmte moralische Mindesterfordernisse zu erfüllen hat: Als eine Form menschlicher Ordnung habe das Recht wie alles menschliche Handeln das Ziel, das Überleben zu sichern; die Gesetze müssten deshalb wegen der prinzipiellen Verletzbarkeit des Menschen die willkürliche Anwendung von Gewalt untersagen, mit Blick auf die annähernde Gleichheit aller Verfügungsrechte über knappe Güter festlegen oder wegen der begrenzten Willensstärke Sanktionen gegen diejenigen vorsehen, die sich den Regeln nicht freiwillig unterwerfen. Hart bezeichnet diese unschwer an Hobbes oder Locke erinnernde Erkenntnis als den „Minimalinhalt des Naturrechts", ohne den Menschen keinen Grund hätten, rechtlichen Regeln zu gehorchen[104]. Ebenso geht Hart davon aus, dass das Recht moralische Gehalte durch entsprechende Öffnungsklauseln in sein System inkorporieren könne; insofern wird er zu den Vertretern eines sog. inklusiven Rechtspositivismus gerechnet[105]. Er beharrt aber darauf, dass es sich dabei nicht um eine notwendige Verbindung handelt – das Recht kann moralische Gehalte haben, muss es aber nicht, ohne dass es für seine Eigenschaft oder Existenz als Recht darauf ankäme.

Das Argument, das Hart dafür anführt, hat im Kern selbst wieder moralische Qualität: Gerade die grundsätzliche Trennbarkeit von Recht und Moral mache es möglich, das Recht von einem moralischen Standpunkt aus zu kritisieren und es als schlechtes, falsches oder ungerechtes Recht zu kennzeichnen[106]. Aber gerade das überzeugt so nur bedingt: Auch wer auf dem Standpunkt steht, dass das Recht notwendig und von seinem inneren Wesen her einen moralischen Anspruch erhebt, will damit regelmäßig nicht sagen, dass das bestehende Recht diesen Anspruch immer auch erfüllt. Stattdessen geht es immer nur um einen Maßstab oder bestimmte Mindestanforderungen, die auch verfehlt werden können. Warum sollte das Kritik am bestehenden Recht ausschließen? Und könnte dann nicht zumindest moralisch legitimes Recht seinen Befolgungsanspruch aus der Erfüllung der auch von Hart beschriebenen moralischen Mindestanforderungen, wenn nicht überhaupt aus einer zumindest ganz allgemeinen Übereinstimmung mit den moralischen Vorstellungen einer Gesellschaft ableiten?

3. Modell 3: Rechtsnormen als inhaltsunabhängige Gründe (Joseph Raz)

75 Ein drittes und letztes Modell, das vor allem in den letzten Jahren erheblich an Einfluss gewonnen hat, sucht die Lösung dementsprechend in einer grundlegend veränderten Konzeption rechtlicher und von hier aus auch politischer Verpflichtung. Seine prominenteste Formulierung verdankt es Joseph Raz, der es zunächst vor allem in Auseinandersetzung mit Harts Praxismodell der Regel entwickelt hat. Gegen dieses hatte Raz schon früh eingewandt, es gebe auch Regeln ohne eine entsprechende Praxis, nämlich ohne tatsächliche Befolgung, was Hart jedenfalls für rechtliche Regeln noch relativ unproblematisch entkräften konnte (→ Rn. 67). Raz geht aber noch einen Schritt weiter und meint, dass das Praxismodell die Regeln überhaupt ihrer Normativität beraube: Man dürfe und könne den Begriff der Regel wie auch anderer verpflichtender Normen nicht von ihrer Praxis her bestimmen, sondern allein aus ihrem Verhältnis zu anderen sozialen und normativen Praktiken. Im Ergebnis soll damit das Praxismodell durch ein anderes Modell ersetzt werden, das man mit einer gewissen Vereinfachung ein Gründe-Modell nennen kann.

---

[103] Hart (Fn. 54), Der Begriff des Rechts, S. 235 ff.
[104] Hart (Fn. 54), Der Begriff des Rechts, S. 227 ff.
[105] Hart (Fn. 54), Der Begriff des Rechts, S. 240 f.; zum Begriff bereits oben → Fn. 37.
[106] Hart (Fn. 54), Der Begriff des Rechts, S. 247 f.; zur grundsätzlichen Trennung von Recht und Moral als Wesensmerkmal des Positivismus s. auch ders., Recht und Moral, 1971, S. 14 ff.

a) Der zentrale Begriff dieses Modells ist der des Handlungsgrundes; er bildet bei allen   76
später vorgenommenen Modifikationen nach wie vor den Dreh- und Angelpunkt der
ganzen Konstruktion. Regeln, meint das, seien als Sonderfall verpflichtender Normen
wie alle diese Normen sonst auch Richtlinien und als solche zuerst einfach *Gründe*
(reasons) für menschliches Verhalten. In dieser Eigenschaft müssten sie zunächst von
anderen solchen Gründen (Bequemlichkeit, persönliche Neigungen, Interessen, Wünschen, Werten oder auch bloß schwächeren Auffassungen von Richtigkeit) abgegrenzt
werden, um sie überhaupt in ihrer Wirkung angemessen zu erfassen[107]. Raz selbst
schlägt dazu vor, Normen als erstrangige Gründe für die Vornahme einer bestimmten
Handlung zu bestimmen, die zugleich andere konkurrierende Gründe – typischerweise
also alle gegenläufigen individuellen Präferenzen – verdrängen; in diesem Sinne wirken
sie vor allem als ausschließende Gründe (exclusionary reasons)[108]. Aus dem Meer möglicher Gründe greift die Norm so bestimmte von ihnen heraus und zeichnet sie gegenüber anderen als vorrangig aus, und gerade dies bestimmt sie in ihrem Wesen als Norm.

Das gilt mittlerweile weltweit als eine der interessantesten Weiterentwicklungen des Konzepts rechtlicher
Verpflichtung. Sie leistet aber bis hierher nicht mehr – freilich auch nicht weniger – als eine stärkere interne Differenzierung in der Welt des Normativen, nämlich eine präzisere Verortung von Normen in diesem Meer der anderen Handlungsgründe und damit ihre Abgrenzung von anderen verwandten Phänomenen, während sie sich zu der eigentlich von Hart aufgeworfenen Frage, was eine Norm (oder Regel)
überhaupt zu einer Norm macht, woher also gerade der hinter ihr stehende Grund seine Verbindlichkeit
und den daraus resultierenden Vorrang gegenüber anderen bezieht, gar nicht verhält. Woraus kann aber
dann die Verbindlichkeit gerade der Norm resultieren?

b) Die Antwort entwickelt Raz aus einem umfassenden Konzept von „Autorität", das   77
einerseits auf der strikten Autonomie des Rechts im Sinne der von ihm selbst formulierten Quellenthese (sources thesis → Rn. 63) beharrt, andererseits die Rechtferti-
gungsbedürftigkeit dieser Autorität nicht ausklammert. Was die Autonomie insbesondere auch gegenüber der Moral anbelangt, so folgt sie für Raz aus dem Charakter des
Rechts als auf eine bestimmte Art und Weise institutionalisierte gesellschaftliche Anforderung an menschliches Verhalten; das Recht ist einfach

*„eine Form sozialer Institution. In einem Wort: Es ist ein System von Verhaltenslenkung
und gerichtlichem Entscheiden, das die höchste Autorität innerhalb einer bestimmten Gesellschaft beansprucht und von daher dort, wo es wirksam ist, die entsprechende effektive
Autorität genießt.*"[109]

Höchste Autorität bedeutet dabei, dass das Recht alle anderen sozialen Institutionen ent-   78
weder legitimiert oder – im Falle von Widersprüchen – verdrängt. Die Übereinstimmung
mit moralischen Grundsätzen kann dafür kein zulässiger Test sein, weil dies entweder
dazu führen müsste, dass nicht alle Regeln, die einen Teil dieser sozialen Institution bilden, Recht wären oder umgekehrt einige Regeln, die keinen Teil dieser Institution bilden,
gleichwohl als Recht anzusehen wären. Beides sei, meint Raz, mit der Kennzeichnung

---

[107] Raz (Fn. 86), Praktische Gründe und Normen, S. 73 ff.; es handelt sich um den zweiten und dritten
der von Raz insgesamt vorgebrachten – und in dieser Form mittlerweile ebenfalls fast schon klassisch
gewordenen – Einwände. Beide gehören aber letztlich zusammen und bauen aufeinander auf, so zutreffend D. Kuch, Die Autorität des Rechts, 2016, S. 31 f. Die knappe Bestimmung von Normen als
Verhaltensrichtlinien bei J. Raz, The Concept of a Legal System, 2. Auflage 1980, S. 156.
[108] Raz (Fn. 86), Praktische Gründe und Normen, S. 97 ff.
[109] Raz (Fn. 79), Authority, Law, and Morality, S. 43.

von Recht als sozialer Institution unvereinbar[110]. Seine Autorität beweist das Recht für Raz demgegenüber gerade dadurch, dass es *inhaltsunabhängige Gründe* für Handlungen (content-independent reasons) setzt und seine Adressaten einfach deshalb verpflichtet, weil es Recht ist. Das Recht kann sowohl vorschreiben X zu tun als auch X zu unterlassen, hatte schon Hart geschrieben[111]. Daraus wird bei Raz eine Definition von Autorität als die „normative Macht", bestehende Handlungsgründe nach Belieben zu verändern oder neue Handlungsgründe zu erzeugen, und zwar jeweils als zwingende oder unmittelbar verbindliche Gründe (categorical reasons)[112]. Auf diese Weise, und darin liegt die Pointe im Verhältnis zur Moral, verdrängen oder ersetzen die autoritativ gesetzten Normen zugleich auch die Gründe, aus denen sie selbst erlassen sein mögen. Wenn also eine Rechtsnorm zur Realisierung eines bestimmten moralischen Werts erlassen wurde, wird sie gerade durch ihre rechtliche Fixierung von dem ursprünglichen Wert gelöst und ihm gegenüber autonom. Raz bezeichnet dies als „Verdrängungsthese" (pre-emption thesis), deren Inhalt er wie folgt zusammenfasst:

„Dass eine Autorität die Vornahme einer Handlung verlangt, ist ein Grund für deren Vornahme, der bei der Begründung der Handlung nicht zu allen anderen relevanten Gründen hinzutritt, sondern einige davon ausschließen oder ihren Platz einnehmen soll."[113]

79 Schon darüber kommt man allerdings ins Grübeln: Könnte es nicht auch einfach sein, dass das Recht, wenn die Bereitschaft zur Vornahme der entsprechenden Handlung ohnehin schon vorhanden ist, diese nur einfach verstärkt und die Kosten für Abweichungen erhöht? Die Verdrängungsthese wäre dann einerseits zu stark, andererseits auch überflüssig. Sinn macht sie letztlich nur für den, der sonst anders gehandelt hätte. Plausibler wird die These deshalb allenfalls, wenn man sie im Sinne einer allgemeinen Aussage über das Verhältnis von Recht und Moral liest: Anstelle der Moral soll fortan das Recht verbindlich sein und nur dieses. Aber woher bezieht das Recht unter diesen Bedingungen seine Legitimität, um die es Raz doch auch ging? Die Lösung sieht er in einer besonderen „Dienstleistung", die die Autorität für ihre Adressaten erbringt: Durch ihre Entscheidungen vermittle die Autorität zwischen den Subjekten und ihren sonstigen Handlungsgründen, und das könne für diese vorteilhafter sein, als wenn sie jedes Mal allein entscheiden müssten[114]. Das ist tatsächlich eine in vielen Fällen nicht unplausible Idee. Statt dass man vor jedem Einsteigen ins Auto aufs Neue überlegt, ob man auf der Straße lieber rechts oder links fahren soll, hat man die entsprechende Entscheidung zum Nutzen aller delegiert. Normen können in diesem Sinne Entscheidungen oft eben auch vereinfachen[115]. Ihren zusammenfassenden Ausdruck findet diese „Dienstleistungskonzeption" der Autorität (service-conception of authority) in der ebenfalls von Raz selbst sogenannten „Normalrechtfertigungsthese" (normal-justification thesis):

---

[110] Raz (Fn. 79), Authority, Law and Morality, S. 45.

[111] H. L. A. Hart, Legal and Moral Obligation, in: A. Melden (Hrsg.), Essays in Moral Philosophy, 1958, S. 82 (86); davon entlehnt auch der Begriff der inhaltsunabhängigen Gründe bei Raz, vgl. ders., The Morality of Freedom, 1988, S. 35 ff.

[112] Raz (Fn. 77), The Authority of Law, S. 16 ff., 235; die weitere komplizierte Binnendifferenzierung der Gründe in „geschützte" Gründe und andere interessiert hier nicht näher.

[113] Raz (Fn. 111), The Morality of Freedom, S. 46; ähnlich ders. (Fn. 79), Authority, Law, and Morality, S. 198, Übersetzung von mir.

[114] Raz (Fn. 79), Authority, Law, and Morality, S: 198 f.; ders. (Fn. 111), S. 53 ff.

[115] Vgl. Kuch (Fn. 107), S. 190 f.

„Der normale und vorrangige Weg, die Verpflichtung einer Person über eine andere zu begründen, ist nachzuweisen, dass die ihr unterworfenen Personen besser fahren, wenn sie die autoritativen Direktiven als verbindlich akzeptieren und ihnen zu folgen versuchen als wenn sie alle sonstigen für sie unmittelbar zutreffenden Gründe einzuschätzen und gegeneinander abzuwägen versuchen.“[116]

Die Legitimität stützt sich so letztlich auf ein rationales Arrangement. In diesem Sinne **80** beansprucht jedes Rechtssystem Raz zufolge nicht nur *faktische,* sondern notwendig auch *legitime* Autorität – es kann nicht anders[117]. Allerdings kann das Recht diesen Anspruch naturgemäß auch verfehlen. Und was ist überhaupt mit solchen Regelungen, die mich zunächst einseitig belasten und deren Vorteilhaftigkeit für mich nicht so einfach zu begründen ist wie im Fall des Rechtsfahrgebots auf den Straßen?

Spätestens an dieser Stelle stößt Raz' bislang so klare Abgrenzung zwischen Recht und Moral an ihre Grenzen. Geht es etwa um eine Verpflichtung zur Zahlung von Steuern oder sonstiger Abgaben, könnte man möglicherweise argumentieren, dass damit Einrichtungen finanziert werden, die langfristig auch für mich vorteilhaft sind und daher auch in meinem wohlverstandenen Eigeninteresse liegen müssten (Straßen, öffentliche Infrastruktur, Schulen etc.). In anderen Fällen wieder könnte der konkrete Nachteil für mich dadurch aufgewogen werden, dass andere entweder denselben Beschränkungen unterworfen sind oder vielleicht anderen Beschränkungen, von denen ich profitiere. Das wären aber letztlich Argumente gerechter Lastenverteilung und damit genuin moralische Argumente, die den engeren Horizont von Raz' „Dienstleistungskonzeption" der Autorität sprengen. In anderen Arbeiten zieht Raz sogar einen Zusammenhang zum Prinzip der Autonomie als dem primären Zielwert aller Politik und damit auch allen Rechts, der aus sich heraus auch ein moralischer Wert ist[118]. Und ganz generell kommen, sobald es um Fragen von Legitimität und Rechtfertigung geht, automatisch moralische Gesichtspunkte ins Spiel. Raz selbst bezeichnet den Anspruch des Rechts auf Legitimität denn auch durchgängig als „moralischen" Anspruch, der dem Recht – ob es ihn einlöst oder nicht – zumindest unterstellt werden muss[119]. Das hat Raz verschiedentlich den Vorwurf der Inkonsistenz eingetragen und lässt möglicherweise auch das ausgeklügelte System seiner Unterscheidungen am Ende zusammenbrechen[120]. In jedem Fall ist das „Selbstbild des Rechts" ein moralisches, unabhängig davon ob es ihm immer gerecht wird oder nicht[121].

IV. Schluss: Der Ort der Moral im Recht

Auf diese Weise lösen sich die Gegensätze zum Verhältnis von Recht und Moral zu- **81** nehmend auf, so dass auch lange Zeit übliche Kategorisierungen wie Naturrechtler und Rechtspositivisten heute kaum noch einen vernünftigen Sinn ergeben. Der einzige Punkt, an dem überhaupt noch ein Unterschied festgemacht werden kann, betrifft die Frage, ob die juristische Geltung einer Norm (im Sinne ihrer Geltung als Recht) zumindest dem Grundsatz nach auch ihre moralische Geltung (im Sinne einer Überzeugung von ihrer Richtigkeit) voraussetzt, ob also in einer bestimmten Gesellschaft nur das als Recht zählt, was mit elementaren moralischen Grundsätzen in Ein-

---

[116] Raz (Fn. 79), Authority, Law, and Morality, S. 198; sinngemäße Übertragung von mir in Anlehnung an P. Koller, Der Begriff des Rechts und seine Konzeptionen, in: W. Brugger/U. Neumann/S. Kirste (Hrsg.), Rechtsphilosophie im 21. Jahrhundert, 2008, S. 157 (172 f.); im Wortlaut ist die These aufgrund des verschachtelten Satzbaus kaum zu verstehen.

[117] Raz (Fn. 79), Authority, Law, and Morality, S. 215.

[118] Vor allem Raz (Fn. 111), The Morality of Freedom, S. 367 ff.

[119] Vgl. Raz (Fn. 79), Authority, Law, and Morality, S. 215. Es handelt sich dabei geradezu um ein „Razianisches Mantra", so Kuch (Fn. 107), S. 212, näher dazu ebda., S. 134 ff. mit zahlreichen w. N.

[120] S. Koller (Fn. 116), S. 173 f.; ähnlich schon H. L. A. Hart, Essays on Bentham, 1982, S. 127 (156 ff.).

[121] Die schöne Formulierung bei Kuch (Fn. 107), S. 213 ff., dort auch mit interessanter Parallelisierung zur entsprechenden These von Robert Alexy (Fn. 47), S. 224 ff., zu dieser oben → Rn. 50.

klang steht oder ihnen zumindest nicht widerspricht[122]. Im Normalfall oder Alltag einer Rechtsordnung stellt sie sich nicht. Hier gilt als Recht im Sinne der „sources thesis", was mit Blick auf die anerkannten Rechtsquellen – Gesetzgebung, Gerichtsentscheidungen, Rechtsgewohnheiten – oder vergleichbare Kriterien wie die Hartsche „Erkennungsregel" als Recht anzusehen ist, und das selbst dann, wenn man im Einzelfall über die moralische Qualität eines bestimmten Gesetzes geteilter Meinung sein kann[123]. Prinzipielle Konflikte mit der vorherrschenden Moral werden demgegenüber kaum vorkommen, weil sich diese gerade in demokratischen Gesellschaften – aber letztlich nicht nur in diesen – in deren Recht immer auch spiegelt. Das Geltungsproblem entsteht dementsprechend typischerweise erst nach grundlegenden Umwälzungen dieser Moral oder einem politischen Systemwechsel, bei dem eine ganz neue Ordnung an die Stelle einer früheren tritt. Beispielhaft dafür stehen hierzulande die Überwindung der Nazidiktatur und das Ende der früheren DDR; in den Vereinigten Staaten wäre es etwa die Beseitigung der Sklavenhaltergesellschaft des Südens durch den Bürgerkrieg. In all diesen Fällen stellt sich für die jeweils neue Ordnung die Frage, wie sie mit den Rechtsakten der früheren Ordnung umgeht und ob sie sie weiterhin als gültig behandelt[124]. In der politischen Realität lässt sich für diese Fälle eine Tendenz feststellen, den Rechtsakten der bisherigen Ordnung die Gültigkeit als Recht nicht generell und flächendeckend, aber zumindest für den Fall abzusprechen, dass sie nach den neuen Maßstäben extrem unmoralisch sind[125]. Für die Bundesrepublik ist dies auf eine heute vielfach als kanonisch empfundene Weise ausgedrückt in der sog. Radbruchschen Formel, in der es als Konflikt der beiden Rechtswerte „Rechtssicherheit" und „Gerechtigkeit" behandelt wird (→ Rn. 3 f.). Dieser Konflikt, schreibt Radbruch,

„dürfte dahin zu lösen sein, dass das positive, durch Satzung und Macht gesicherte Recht auch dann den Vorrang hat, wenn es inhaltlich ungerecht und unzweckmäßig ist, es sei denn, dass der Widerspruch des positiven Gesetzes zur Gerechtigkeit ein so unerträgliches Maß erreicht, dass das Gesetz als ‚unrichtiges Recht' der Gerechtigkeit zu weichen hat. "[126]

82 Das Bundesverfassungsgericht hat diese Formel für sich übernommen und sich deshalb etwa geweigert, eine Verordnung zur Entrechtung und materiellen Vernichtung der deutschen Juden aus dem Jahre 1941 als gültiges Recht zu behandeln[127]. Dagegen hat namentlich Hart eingewandt, dass hier letztlich ein Fall rückwirkender Aufhebung einer früher geltenden Rechtsnorm vorliege, und das hätte man redlicherweise auch sagen oder so ausdrücklich anordnen sollen[128]. Aber das unterschätzt die symbolische Bedeutung des Vorgangs. Das frühere Recht, hier das Recht der Nazidiktatur, einfach nachträglich durch neues Recht aufzuheben oder zu ändern, hätte bedeutet, es zu behandeln wie alles in der Bundesrepublik erlassene Recht sonst auch und es in eine letztlich beliebige Kette von Rechtsetzung und Rechtsänderung einzuordnen. Demgegenüber ging es gerade darum, das Einzigartige des geschehenen Unrechts und zugleich einen Bereich kenntlich zu machen, der sich der Verfügbarkeit durch Recht absolut entziehen soll. Auch hier bricht sich damit ein Bedürfnis nach normativer Selbstvergewisserung einer Gemeinschaft Bahn, das zum Sinn

---

[122] Richtig J. Gardner, Legal Positivism: 5 ½ Myths, American Journal of Jurisprudence 46 (2001), 199 ff.

[123] Dies sehen auch die meisten Naturrechtler so, vgl. etwa J. Finnis, The Truth in Legal Positivism, jetzt in: ders., Philosophy of Law IV, 2011, S. 174 ff.

[124] Anschauliche Bezeichnung: das „Hitler-Problem", K. Röhl/H. Röhl, Allgemeine Rechtslehre, 3. Auflage 2008, S. 332 ff. Das amerikanische Beispiel am konkreten Fall des sog. Fugitive Slave Act bei Dworkin (Fn. 41), Gerechtigkeit für Igel, S. 693 ff.

[125] S. für diese Lösung etwa Dworkin a. a. O. → Rn. 50.

[126] Radbruch (Fn. 18), S. 83 ff. (89).

[127] BVerfGE 23, 98 (106 ff.). Zur späteren Anwendung auf die Problematik der sog. Mauerschützen BVerfGE 95, 96 (135 f.).

[128] Hart (Fn. 106), Recht und Moral, S. 44.

des Rechts ebenfalls dazugehört und auch schon an verschiedenen anderen Stellen beobachtet werden konnte (→ Rn. 22). Gerade an dieser für die Identität der betreffenden Gemeinschaft zentralen Stelle wird deshalb auf einer unauflöslichen Verbindung zwischen Recht und Moral beharrt: Kein Recht soll sich davon entfernen können.

Darüber hinaus bestehen aber zwischen Recht und Moral auch einige weitere Verbindungen, die dem Recht nicht äußerlich oder zufällig sind, sondern zu ihm notwendig dazugehören und seinen Sinn mitkonstituieren[129]. Im Einzelnen lassen sich mindestens vier solcher Schnitt- oder Nahtstellen ausmachen.

1. Der moralische Wert von Recht an sich

Eine erste notwendige Verbindung von Recht und Moral ergibt sich aus den allgemeinen   83 Zielwerten und Qualitäten des Rechts, und dies auch dann, wenn man die im nächsten Kapitel zu behandelnde Gerechtigkeit als einen solchen Zielwert vorerst außen vor lässt. Aber das Recht ist – und bis zu einem gewissen Grade selbst in ungerechten politischen Ordnungen – immer auch Friedensordnung, es regelt und koordiniert das Zusammenleben von Menschen, schafft einen zumindest rudimentär verlässlichen Rahmen, an dem sie ihr Handeln orientieren können, und allein das verleiht ihm eine intrinsische moralische Qualität. Als solche folgt sie allein aus der bloßen Existenz des Rechts, nicht aus einem bestimmten Inhalt oder dem Inhalt einzelner Normen; im Gegenteil ist darin einberechnet, dass es in einer bestimmten Rechtsordnung auch einzelne moralisch verwerfliche Normen oder sogar eine Vielzahl solcher Normen geben kann[130]. Man kann sogar weitergehend zugestehen, dass solche Normen von einem bestimmten Grad ihrer Verbreitung an die Rechtsordnung insgesamt kontaminieren und Widerstand gegen sie grundsätzlich legitim machen. Aber auch dann könnte ein Rest bleiben, der das Recht kraft seiner Ordnungs- und Friedensfunktion moralisch vorzugswürdig macht gegenüber dem Chaos, das ohne es herrschen würde. Dies ist jedenfalls der entscheidende Grund, warum Radbruch und andere Naturrechtler ihr Verdikt von der Ungültigkeit von Gesetzen auf Fälle extremen moralischen Unrechts beschränken wollten:

„Freilich: einen Wert führt schon jedes positive Gesetz ohne Rücksicht auf seinen Inhalt mit sich: Es ist immer noch besser als kein Gesetz, weil es zum mindesten Rechtssicherheit schafft.“[131]

Die Radbruchsche Formel erweist sich so wesentlich als Resultat eines Abwägungsvor-   84 gangs zwischen verschiedenen konkurrierenden und im Kern wiederum moralischen Zielwerten des Rechts. Neben diesen Funktions- verfügt das Recht aber auch über bestimmte Formeigenschaften, die aus sich heraus einen moralischen Gehalt aufweisen. So sind rechtliche Regeln typischerweise allgemeingültig formuliert und nicht einzelfallbezogen, sie sind öffentlich bekanntgemacht und zumindest in einem Mindestmaß so formu-

---

[129] Insoweit gehen heute auch viele dem positivistischen Lager zugeordnete Autoren von einer notwendigen Verbindung zwischen Recht und Moral aus, s. etwa J. Raz, Between Authority and Interpretation, 2010, S. 168; Gardner (Fn. 122), S. 222 f. (die Auffassung einer grundsätzlichen Trennung sei „absurd“); L. Green, Positivism and the Inseparability of Law and Morals, NYU Law Review 83 (2008), 1035 (1044 ff.).

[130] Raz (Fn. 86), Praktische Gründe und Normen, S. 226 ff. spricht insofern anschaulich vom „Argument aus der bloßen Existenz“ im Unterschied zum „Argument aus dem Inhalt“ des Rechts (Übersetzung modifiziert). Dabei geht dann allerdings die konkrete Definition durcheinander, wenn es weiter heißt, bei dem Argument aus der bloßen Existenz gehe es nicht um den Gegensatz zwischen Recht und Anarchie – doch, genau darum geht es.

[131] Radbruch (Fn. 18), S. 88.

liert, dass sie von den Adressaten auch verstanden werden können, sie sind zeitlich einigermaßen stabil, so dass man sein Leben nach ihnen ausrichten kann, sie verlangen nichts
Unmögliches und legen sich jedenfalls im Regelfall keine rückwirkende Geltung bei,
und zuletzt werden sie gleichmäßig gegenüber allen angewendet, nämlich auf eine Art
und Weise, die nicht offensichtlich von ihrem Wortlaut oder ihrer erkennbaren Bedeutung abweicht. Der amerikanische Rechtsphilosoph Lon L. Fuller hat diese Eigenschaften
zusammenfassend als die „interne Moralität des Rechts" beschrieben und gemeint, ein
Rechtssystem, das diese Eigenschaften nicht erfülle, sei nicht nur ein schlechtes Rechtssystem, sondern letztlich überhaupt nichts, was die Bezeichnung als Rechtssystem ver-
diene[132]. Dagegen hat wiederum Hart eingewandt, bei diesen Eigenschaften gehe es gar
nicht um Moral, sondern nur um Voraussetzungen der Wirksamkeit des Rechts; ansonsten könnte man mit gleicher Berechtigung auch von einer internen Moralität des Vergif-
tens sprechen, wenn dieses nur hinreichend effektiv ausgeführt sei[133]. Aber das ist dann
doch zu einfach. Sicher hat es immer auch Rechtsordnungen mit geheimen und rückwir-
kenden Bestandteilen gegeben. Dass andererseits rechtliche Regeln typischerweise allgemeingültig sind und gleichmäßig angewandt werden, mag möglicherweise nicht viel
an moralischem Gehalt sein, aber es ist auch nicht nichts. Und es bleibt dann immer
noch das mit dem Recht wesensmäßig verbundene und auch von Hart gesehene Verbot
privater Gewalt, das aus sich heraus einen moralischen Gehalt hat, weil es allgemeine
Mindestbedingungen menschlicher Entfaltung garantiert.

85 Von diesen Erwägungen aus wäre auch die in der Rechtsphilosophie seit jeher umstrittene Frage zu entscheiden, ob man aus moralischen Gründen verpflichtet ist, dem Recht zu gehorchen. Dabei geht es nicht um
den vergleichsweise einfachen Fall, dass die jeweilige Rechtsnorm selbst ein moralisches Gebot enthält oder
ausgestaltet (das Gebot, andere nicht zu schädigen, getroffene Abmachungen einzuhalten etc.) – in diesem
Fall besteht selbstverständlich auch eine korrespondierende moralische Verpflichtung. Es geht vielmehr um
die davon zu unterscheidende Frage, ob man dem Recht moralisch unabhängig von seinem konkreten Inhalt
und einfach deshalb Folge zu leisten hat, weil es Recht ist. Eine brauchbare Argumentation könnte etwa wie
folgt aussehen[134]: Unter den normalen Voraussetzungen einer halbwegs funktionierenden politischen Ordnung, die die fundamentalen Güter und Interessen der Einzelnen schützt, ist es gerade das Recht, das die
unterschiedlichen Interessen ausgleicht und den Bürgern wechselseitige Handlungsbeschränkungen auf-
erlegt, die langfristig im Interesse aller liegen. Insofern handelt es sich beim Recht um eine Einrichtung,
von der unter dem Strich alle profitieren und die jeder Einzelne als Ganzes wahrscheinlich einem Zustand
ohne Recht vorziehen würde. Unter diesen Bedingungen wäre es ein Gebot fairer Lastenverteilung, dass alle
sich auch gleichmäßig an den Kosten dieser Einrichtung beteiligen, indem sie den rechtlichen Geboten auch
dort Folge leisten, wo sie ihnen nachteilig sind oder sonst nicht passen. Natürlich gibt es immer wieder einzelne Regelungen, bei denen es für mich persönlich am besten wäre, wenn sich alle anderen an sie hielten, ich
selbst aber nicht; man denke nur an die Pflicht, Steuern zu zahlen. Wenn sich aber alle so verhielten, bräche
das System zusammen. Die Sache liegt insoweit nicht anders als beim Schwarzfahrer in der U-Bahn, der insgeheim auch darauf vertrauen muss, dass alle anderen ihren Beitrag für die Aufrechterhaltung des Betriebs in
Gestalt des Fahrpreises entrichten, nur er selbst eben gerade nicht. Sein Verhalten ist moralisch fragwürdig,
und dies ganz unabhängig davon, ob andere seinem Beispiel folgten und die Einrichtung dann tatsächlich
irgendwann zusammenbräche oder nicht[135]. Von daher wird man jedenfalls für den Regelfall von einer moralischen Pflicht zum Rechtsgehorsam mit guten Gründen ausgehen können. Allerdings ist die Debatte damit noch nicht am Ende, sondern es beginnen neue und andere Probleme. Einerseits hängt die Lösung ganz

---

[132] L. L. Fuller, The Morality of Law, 2. Auflage 1969, S. 33 ff.

[133] H. L. A. Hart, Lon L. Fuller: The Morality of Law, Harvard Law Review 78 (1965), 128 ff.

[134] N. Hoerster, Die moralische Pflicht zum Rechtsgehorsam, in: ders. (Fn. 53), S. 129 ff.; dies die m. E.
immer noch beste Behandlung des Problems.

[135] Es sind diese Gesichtspunkte, die in der heute meist als maßgeblich angesehenen Behandlung des Problems bei Raz überhaupt nicht gesehen werden, vgl. ders. (Fn. 79), Authority, Law, and Morality,
S. 233 ff. sowie (Fn. 111), The Morality of Freedom, S. 70 ff.

offenkundig davon ab, ob das Recht dem mit ihm verbundenen moralischen Anspruch jedenfalls im Großen und Ganzen auch gerecht wird und alle Bürger ihrem Anspruch auf gleichen Respekt entsprechend behandelt. Das wird in Unrechtsregimen regelmäßig nicht der Fall sein, während in liberalen Rechtsstaaten das Recht als Ganzes noch nicht dadurch diskreditiert wird, dass es einzelne moralisch fragwürdige oder zweifelhafte Regelungen enthält. Auch das ist aber oft nur eine Frage des Grades oder der Einschätzung: Diskreditiert etwa der Umstand, dass in einer Gesellschaft – wie in der US-amerikanischen vor dem Bürgerkrieg – die Sklaverei rechtlich erlaubt ist, deren Recht als Ganzes? Andererseits kann es natürlich immer auch mit der moralischen Pflicht zum Rechtsgehorsam kollidierende moralische Pflichten geben, über deren Verhältnis dann erst noch zu befinden wäre[136]. Eine solche kollidierende moralische Pflicht kann sich auch aus der Opposition zu einem im Einzelfall als zutiefst unmoralisch empfundenen Gesetz ergeben. Das Problem ist nur, dass in modernen Gesellschaften unter dem Faktum des Pluralismus (→ § 1 Rn. 256) in vielen Fragen unterschiedliche Auffassungen dazu bestehen, was moralisch richtig ist. Die einen halten die unbegrenzte Aufnahme von Flüchtlingen für richtig, die anderen die Schließung der Grenzen; die einen halten die Nutzung der Kernkraft mit Blick auf den Klimawandel für rechtlich geboten, die anderen sie für ein Verbrechen an den nachfolgenden Generationen; die einen sehen in der Legalisierung des Schwangerschaftsabbruchs die angemessene Berücksichtigung der Rechte von Frauen, die anderen ein Werk des Teufels etc. Wer hier ein Recht auf zivilen Ungehorsam in Anspruch nimmt, müsste es konsequenterweise auch allen anderen zubilligen, mit den bekannten Folgen für die Rechtsordnung als Ganzes.

2. Der moralische Anspruch des Rechts

Eine zweite Verbindung von Recht und Moral aus der Natur des Rechts selbst heraus **86** ergibt sich aus der Überlegung von Joseph Raz, dass das Recht gar nicht anders kann, als gegenüber seinen Adressaten einen moralischen Anspruch zu erheben: Wenn das Recht uns dazu verpflichtet, im Interesse von anderen oder im öffentlichen Interesse zu handeln, stellt es in der Sache zugleich moralische Anforderungen an uns, und wenn rechtliche Verbindlichkeit gerade darin besteht, Gründe für individuelles Verhalten zu setzen (und uns nicht einfach nur herumzukommandieren), dann ist darin eine moralische Verbindlichkeit der Idee nach eingeschlossen (→ Rn. 80)[137]. Der moralische Anspruch gehört so zwingend zum Recht dazu, ob es ihm im konkreten Fall immer gerecht wird oder nicht. Dem entspricht es, dass das Recht seinerseits überhaupt fähig ist, an moralischen Maßstäben gemessen zu werden. Darin unterscheidet es sich von anderen menschlichen Hervorbringungen wie etwa den Werken der Musik, der Kunst oder der Literatur, bei denen dies entweder von vornherein keinen Sinn macht (wie bei Beethovens Klaviersonaten) oder sich zumindest nicht von selbst versteht (wie bei Mozarts „Zauberflöte"). Demgegenüber ist das Recht aus sich heraus immer ein *Kandidat* für moralische Richtigkeit, und deshalb können wir nicht aufhören, es nach moralischen Maßstäben zu beurteilen oder auch zu kritisieren[138]. Das Recht ist mit alledem Teil der moralischen Welt, von der es auch inhaltlich geprägt ist: Aus ihm spricht, wie schon Hegel wusste, immer auch der Geist seiner Zeit, der in bestimmte Sätze, Vorschriften und Regeln gefasst ist. Insoweit gehört das Recht zu dem Sinnkosmos aus Zeichen, Bedeutungen und Wertorientierungen, der eine Gesellschaft durchzieht und aus dem heraus auch das Recht nur zu verstehen ist[139].

Umgekehrt wirkt das Recht auch selbst auf diesen Sinnkosmos ein und prägt ihn seinerseits mit: Indem es **87** sagt, was in einer bestimmten Situation geboten oder verboten ist, orientiert es seine Adressaten zugleich über Richtig und Falsch, und dies auch in einem grundlegend moralischen oder jedenfalls von der Moral

---

[136] Auch hierzu Hoerster (Fn. 53), S. 139 f.
[137] Ferner Green (Fn. 129), 1048 ff.
[138] Nach Green a. a. O.; ähnlich auch Röhl/Röhl (Fn. 124), S. 333 f.: Das Wort „Recht" ist „so mit moralischen Konnotationen beladen", dass niemand sich davon restlos befreien kann.
[139] Vgl. Koller (Fn. 116), S. 180 f.

nicht ohne weiteres zu unterscheidenden Sinn. Jede Rechtsnorm enthält deshalb immer auch ein Bewertungsmoment, durch das ein bestimmtes Verhalten oder ein bestimmtes Resultat als sozial erwünscht oder unerwünscht, angemessen oder unangemessen, nützlich oder schädlich etc. markiert wird[140], und von einer strafrechtlichen Verurteilung sagen wir, dass darin auch eine sozialethische Missbilligung oder ein „Unwerturteil" zum Ausdruck kommt[141]. Mit alledem zielt das Recht aber zuletzt nicht nur auf äußere Normbefolgung, sondern strebt immer auch die Internalisierung der Norm im Sinne einer Innensteuerung an, wie sie nach der gängigen Abgrenzung an sich zur Wirkungsweise moralischer Normen gehört (→ Rn. 32): Da keine Ordnung auf Dauer allein durch Zwang durchgesetzt werden kann, muss das Recht darauf bauen, dass seine Regeln in der großen Masse auch freiwillig und aus Einsicht befolgt werden: Man kann nicht hinter jeden Bürger einen Polizisten stellen[142]. Gerade für liberale Gesellschaften gilt das stärker als für andere, wenn sie nicht ihren eigenen Prinzipien untreu werden wollen.

88 Insofern zielt das Recht notwendig auch auf moralische Wirkungen, ob diese nun immer eintreten oder nicht, und es kann dies nur kraft des moralischen Anspruchs, der mit ihm verbunden ist[143]. Aber was wäre der genaue Inhalt dieses Anspruchs, über den sich das Recht als ein – nach eigenen Regeln funktionierender und nach bestimmten Kriterien abgrenzbarer, aber eben doch auch – Teil der moralischen Welt darstellt? Man kann ihn aus bestimmten regelmäßigen Inhalten des Rechts selbst ableiten, so wie es in Harts Idee eines „moralischen Minimalgehalts" des Rechts angedacht ist (prinzipielles Gewaltverbot, Festlegung von Verfügungsrechten über knappe Güter etc. → Rn. 74). In seinem tiefsten Grund verweist er aber auf Wesen und Eigenart des Rechts selbst, das in allen seinen Regelungen und über diese hinaus Subjekte überhaupt erst zu Rechtspersonen macht und sie so auf eine elementare Weise einander zuordnet. Zum Ausdruck kommt dies im Konzept der Rechtsfähigkeit, das die grundlegende Fähigkeit von Menschen bezeichnet, Träger von Rechten und Pflichten zu sein (vgl. § 1 BGB). In das Recht ist daher eine Grundstruktur gegenseitiger Anerkennung eingelassen, in der zugleich die heute einzig noch vertretbare Moral einer universellen und gleichen Achtung zum Ausdruck kommt:

„Das Rechtsgebot ist daher: sei eine Person und respektiere die anderen als Personen",

heißt es schon bei Hegel[144]. Natürlich kann das Recht den damit formulierten Anspruch auch verfehlen, indem es etwa Einzelne oder ganze Gruppen von Menschen von sich auszuschließen versucht. Von den Gesetzen über die Sklaverei bis zu den „Rassegesetzen" der Nationalsozialisten kennt die Geschichte dafür zahlreiche Beispiele[145]. Auch heute noch differenzieren rechtliche Regelungen vielfach zwischen

---

[140] S. nur B. Rüthers/C. Fischer/A. Birk, Rechtstheorie, 8. Auflage 2015, § 4 Rn. 111 ff.

[141] J. Wessels/W. Beulke/H. Satzger, Strafrecht Allgemeiner Teil, 47. Auflage 2017, § 1 Rn. 4.

[142] Böckenförde (Fn. 10), S. 208 (215 f.).

[143] Natürlich begnügt sich das Recht dann im Ergebnis immer mit der äußeren Normbefolgung; das geht ja auch gar nicht anders, weil die inneren Motive und Einstellungen der Bürger der Überprüfung entzogen sind. Aber sein eigentliches Ziel geht immer auch darüber hinaus, wie sich an jeder x-beliebigen Diskussion über die Einführung einer neuen Strafvorschrift beobachten lässt: Immer geht es auch darum, den Sinn dafür zu wecken, dass sich ein bestimmtes Verhalten nicht gehört oder man etwas einfach „nicht tut"; s. dazu zsfd. → Rn. 228 ff.

[144] G. W. F. Hegel, Grundlinien der Philosophie des Rechts, 1821, § 36; die universelle und gleiche Achtung als Grundlage der Moral etwa bei Tugendhat (Fn. 9), S. 336 ff.

[145] So hatte etwa Karl Larenz 1935 vorgeschlagen, § 1 BGB, der die Rechtsfähigkeit jedes Menschen gewährleistet, in Anlehnung an das Parteiprogramm der NSDAP durch folgenden Satz zu ersetzen: „Rechtsgenosse ist nur, wer Volksgenosse ist; Volksgenosse ist, wer deutschen Blutes ist", in: ders. (Hrsg.), Grundfragen der neuen Rechtswissenschaft, 1935, S. 241. Im Parteiprogramm der NSDAP lautete der unmittelbar nachfolgende Satz: „Kein Jude kann daher Volksgenosse sein."

eigenen Staatsangehörigen und Fremden. Aber immerhin für die Gruppe, die in das Recht gleichsam aufgenommen ist, bleibt es beim prinzipiellen Status gleicher Personen. Und je mehr solche Regelungen darauf abzielen, Menschen nicht nur abgezirkelte einzelne Rechte, sondern ganz grundsätzlich die Personqualität und die Rechtsfähigkeit abzuerkennen, desto eher handelt es sich bei ihnen vielleicht nicht um Recht, sondern: Unrecht.

3. Der moralische Überbau des Rechts

Noch einmal über diese allgemeine Verbindung über die Form und den Mindestinhalt **89** allen Rechts hinaus finden sich typischerweise gerade an der Spitze der heutigen Rechtsordnung Bauelemente, die in einem Zwischenreich von Recht und Moral angesiedelt sind: Brückenkonzepte oder hybride Phänomene, die sich nicht eindeutig nur der einen oder nur der anderen Seite zuordnen lassen oder jedenfalls in beide hineinragen[146]. Menschenrechte sind heute das beste Beispiel. Bei ihnen handelt es sich ihrem Begriff nach um Rechte, die jedem Menschen als solchem und kraft seines Menschseins zustehen. In diesem Sinne bilden sie eine besondere Gruppe von Rechten, die sich gegenüber anderen Rechten mindestens durch die folgenden Merkmale auszeichnen[147]:

– Menschenrechte sind *universale* Rechte, d. h. sie stehen grundsätzlich allen Menschen zu;
– Menschenrechte schützen nicht sämtliche, sondern nur besonders *fundamentale* Interessen wie Leben, körperliche Unversehrtheit, Freiheit etc.;
– Menschenrechte sind als Rechte typischerweise *abstrakt* in dem Sinne, dass sie sowohl von ihrem Inhalt als auch von ihren Rechtsfolgen her unbestimmter sind als andere Rechte.

Als Rechte, die jedem Menschen kraft seines Menschseins zustehen, gelten sie darüber **90** hinaus unabhängig und vor jeder rechtlichen Institutionalisierung. Insoweit handelt es sich bei ihnen im Ausgang um *moralische Rechte,* so wie sie auch in ihrem Inhalt ein moralisches Grundprinzip fundieren. Dies ist das Grundprinzip universeller und gleicher Achtung, das den Status des Menschen als moralisches Subjekt konstituiert:

„Jemanden zu achten heißt, ihn als Subjekt moralischer Rechte anzuerkennen"[148].

Was die Menschenrechte in diesem Sinne zuallererst begründen, sind nicht die verschie- **91** denen gegenständlichen Gewährleistungen wie Leben, Freiheit oder Eigentum, sondern es ist der Anspruch auf diese Anerkennung, der in allen diesen Einzelgewährleistungen vorausgesetzt ist. Er kann dann seinerseits auf unterschiedliche Weise auf den Begriff gebracht werden: in der Bestimmung der unverlierbaren „Menschenwürde" zum Sinnmittelpunkt der Menschenrechtsidee, wie es heute üblich geworden ist[149], als ein basales, al-

---

[146] In Anlehnung an Möllers (Fn. 15), S. 440 ff.
[147] In Anlehnung an R. Alexy, Die Institutionalisierung der Menschenrechte im demokratischen Verfassungsstaat, in: S. Gosepath/G. Lohmann, Philosophie der Menschenrechte, 1998, S. 244 (246 ff.).
[148] Tugendhat (Fn. 9), S. 363, dort bezogen auf das Prinzip der Menschenwürde.
[149] S. M. Mahlmann, Rechtsphilosophie und Rechtstheorie, 4. Auflage 2016, § 28 („normativer Orientierungspunkt"); K. Seelmann/D. Demko, Rechtsphilosophie, 6. Auflage 2014, § 12 („neuer Schlüsselbegriff"); Lutz-Bachmann (Fn. 1), S. 160 („systematisch ins Zentrum der philosophischen Ethik" gerückt).

lem positiven Recht vorausliegendes „Recht, Rechte zu haben"[150], oder, einem neueren Vorschlag entsprechend, als ein grundsätzliches „Recht auf Rechtfertigung" gegenüber allen uns beschränkenden Normen und Institutionen[151]. Aber wie immer man es formuliert, es ist ein moralisches Recht, das darin zum Ausdruck kommt. Mit ihm bilden die Menschenrechte zugleich den Grundbestand dessen, was sich heute allenfalls noch als Naturrecht bezeichnen lässt. Zugleich ist es gerade ihr starker moralischer Gehalt, mit dem sie weltweit zu einem Maßstab für das positive Recht geworden sind und ihm gegenüber den Vorrang beanspruchen[152]. Und von ihm aus drängen sie auf ihre Verrechtlichung, sei es in den Grundrechten nationaler Verfassungen, sei es in der nach langem Vorlauf endlich verbindlich gemachten Grundrechtecharta der Europäischen Union, sei es in völkerrechtlichen Verträgen wie der Europäischen Menschenrechtskonvention oder dem Internationalen Pakt über bürgerliche und politische Rechte[153].

92 In diesem Sinne konstituieren Menschenrechte heute, wie man gesagt hat, eine emergente politische Praxis und ein globales öffentliches Unternehmen[154]. Dabei ist es mittlerweile zweitrangig geworden, auf welche Weise Menschenrechte als moralische Forderung begründet werden und ob die Begründung überhaupt gelungen ist. Ebenso wenig spielen die Unklarheiten eine Rolle, welche Rechte im Einzelnen alle dazugehören, ob sie nur auf die Unterlassung von Eingriffen zielen, welchen Beschränkungen sie sinnvollerweise unterliegen sollen etc. Der moralische Druck, der von der Forderung als solcher ausgeht, ist so stark, dass er sich diesen Fragen gegenüber weitgehend verselbständigt hat.

93 Andererseits streifen die Menschenrechte, und das macht sie zu einem hybriden Phänomen, ihre moralische Qualität nicht vollständig ab, wenn sie in positives Recht übernommen werden. Sowohl in völkerrechtlichen Verträgen als auch in Verfassungen werden sie dementsprechend vielfach so behandelt, als würden sie durch diese Dokumente nicht begründet, sondern aus einer ihnen vorausliegenden Quelle übernommen[155]. Umgekehrt ist ihre juristische Verbindlichkeit, also ihre Verbindlichkeit als Recht, wesentlich aus ihrer moralischen Autorität entlehnt: Weder völkerrechtliche Verträge noch Verfassungen sind ja im eigentlichen Sinne durchsetzbar; Verfassungsgerichte können, wo sie existieren, zwar Verfassungsverletzungen feststellen, ihre Urteile jedoch nicht selbst vollstrecken[156]. Aber die allgemeine Anerkennung als moralisch richtige

---

[150] H. Arendt, Elemente und Ursprünge totaler Herrschaft, 13. Auflage 2009, S. 614f.; die entsprechende Deutung der Menschenwürde bei C. Enders, Die Menschenwürde in der Verfassungsordnung, 1997, S. 501 ff.

[151] R. Forst, Kritik der Rechtfertigungsverhältnisse, 2011, dort insbes. S. 59 ff. Der Rechtfertigungsanspruch als Grund einer umfassenden, vertragstheoretisch begründeten Moraltheorie auch bei T. M. Scanlon, What We Owe to Each Other, 1998.

[152] S. dazu zuletzt C. R. Beitz, The Idea of Human Rights, 2009, S. 13 ff.

[153] Zusammenstellung aller Menschenrechtserklärungen in A. v. Arnauld, Völkerrecht, 3. Auflage 2016, Rn. 698 ff. Es ist dementsprechend irreführend, wenn die Jedermanngrundrechte des Grundgesetzes (im Unterschied zu den Deutschengrundrechten) als „Menschenrechte" (im Unterschied zu den „Bürgerrechten") bezeichnet werden, wie es gelegentlich geschieht, vgl. etwa J. Ipsen, Staatsrecht II, 15. Auflage 2012, Rn. 61 f.; richtig dagegen K. Stern, Das Staatsrecht der Bundesrepublik Deutschland, Bd. III/1, 1988, S. 1025 f.

[154] Beitz (Fn. 152), S. XII.

[155] Möllers (Fn. 15), S. 408. Im Grundgesetz stellt Art. 1 Abs. 2 GG die Verbindung her; in der Europäischen Grundrechtecharta werden ausweislich der Präambel die nachstehend aufgeführten Rechte, Freiheiten und Grundsätze „anerkannt" etc.

[156] Natürlich können sie entsprechende Anordnungen treffen, vgl. § 35 BVerfGG. Aber sie müssen eben darauf vertrauen, dass sich jemand daran hält. „John Marshall has made his decision; now let him enforce it", soll der amerikanische Präsident Andrew Jackson 1832 zu einer Entscheidung des Supreme Court gesagt haben, die ihm nicht passte; das bringt die Schwierigkeit treffend zum Ausdruck.

Ordnung macht Abweichungen riskant und lässt sie nur noch für diejenigen als Alternative erscheinen, die ohnehin keinen Ruf mehr in diese Richtung zu verlieren haben. Auch der Vorgang der inhaltlichen Expansion und Anreicherung der Menschenrechte, wie er sich beispielhaft in der Rechtsprechung des Europäischen Gerichtshofs für Menschenrechte beobachten lässt, findet hier seinen legitimierenden und ihn innerlich vorantreibenden Grund[157]. All dies lässt es zweifelhaft erscheinen, ob die Menschenrechte auch dort, wo sie positiviert sind, als bloße Phänomene des Rechts angemessen begriffen sind. Es ist dieser Punkt, der bei Dworkin (→ Rn. 47) richtig erkannt ist und in dem er gegen seine vielen Kritiker recht behält. Aber dasselbe gilt letztlich auch für andere Verfassungsprinzipien, die – wie Demokratie, Rechtsstaat, Sozialstaat, heute etwa auch Umwelt- oder Tierschutz – allesamt den Charakter von „Schleusenbegriffen" haben[158]: Über sie strömen bestimmte gesellschaftliche Ordnungsvorstellungen in das Recht hinein, sie schlagen eine Brücke zu den in ihrem Kern wiederum moralischen Grundanforderungen an eine gerechte Gesellschaft, und sie alle leben auch in ihrer Anwendung von einem Pathos, das sich manchmal bis in die Urteile von Verfassungsgerichten hinein verfolgen lässt, dem Recht aber sonst eher fremd ist[159].

Die Hybridität bestimmt so auch nicht nur Existenz und Verbindlichkeit, sondern wirkt sich auch auf die **94** praktische Durchführung des damit formulierten Programms aus. Sieht man etwa die Grundidee der Menschenrechte in einem basalen „Recht auf Rechtfertigung", so ist es exakt die damit verbundene Umkehrung der Rechtfertigungslast, die auch in den Grundrechten des Grundgesetzes zum Ausdruck kommt: Es ist nicht der Einzelne, der sich für den Gebrauch seiner Freiheit, sondern umgekehrt der Staat, der sich für Eingriffe in diese Freiheit rechtfertigen muss. Gerade dies bildet das klassische grundrechtliche Prüfprogramm ab, das Eingriffe des Staates an bestimmte Voraussetzungen – gesetzliche Ermächtigungsgrundlage, hinreichende inhaltliche Bestimmtheit, Anforderungen der Verhältnismäßigkeit – bindet und entsprechenden Beschränkungen unterwirft. Man hat dieses gesamte Programm daher zutreffend als ein „systematisches Abarbeiten von Begründungslasten" charakterisiert[160]. Aber auch im Übrigen liegt der Schwerpunkt der Lösung grundrechtlicher Fälle typischerweise in einer Wert- oder Güterabwägung, die als solche zum klassischen Haushalt moralischer Argumentation gehört. Und auch ihre Auslegung kommt nicht ohne entsprechende Vorannahmen aus, wie es am deutlichsten die Bestimmung der Menschenwürdegarantie nach dem kategorischen Imperativ der kantschen Morallehre bezeugt (→ § 1 Rn. 193).

4. Moral in der Praxis des Rechts

Mit dem so in ihnen aufbewahrten moralischen Programm strahlen die Grundrechte, **95** wie das Bundesverfassungsgericht es im Lüth-Urteil klassisch formuliert hat, auch auf das sonstige Recht aus, das von ihnen „Richtlinien und Impulse" empfängt[161]: Für den Gesetzgeber formulieren sie inhaltliche Leitlinien für den Erlass der Gesetze, und die Gerichte müssen sich bei Anwendung der Gesetze an ihnen orientieren. In dem Maße, in dem das geschieht, teilt sich, ob man das will oder nicht, auch ihr moralischer Ge-

---

[157] An Beispielen nachgezeichnet bei H.-J. Cremer, in: O. Dörr/R. Grote/T. Marauhn (Hrsg.), EMRK/GG-Konkordanzkommentar, 2. Auflage 2013, Bd. I, Kap. 4 Rn. 47 ff.; methodisch abgesichert durch ein Verständnis der EMRK als „living instrument", vgl. EGMR, Urt. v. 25.4.1978 – 5856/72, Rn. 31, NJW 1979, 1089, 1090.

[158] Der Begriff bei E.-W. Böckenförde, Staat, Verfassung, Demokratie, 1991, S. 26; durch solche „Schleusenbegriffe" erlangen, heißt es dort, „politisch-rechtliche oder ethisch-rechtliche Ordnungsideen, die keine statischen, sondern in sich bewegte Ideen sind, rechtliche Bedeutung".

[159] S. etwa BVerfGE 132, 134, Ls. 1: „Art. 1 Abs. 1 GG begründet diesen Anspruch (auf Gewährleistung eines menschenwürdigen Existenzminimums) als Menschenrecht." Das klingt anders als etwa „Nach Art. 1 Abs. 1 GG steht der Anspruch auf das Existenzminimum jedem zu."

[160] H. Dreier, in: ders. (Hrsg.), Grundgesetz, 3. Auflage 2013, Vorb. vor Art. 1 Rn. 120.

[161] BVerfGE 7, 198 (205 f.).

halt dem sonstigen Recht mit. Meinungsäußerungen können deshalb unterbunden werden, wenn sie den Anspruch anderer auf soziale Achtung gravierend verletzen; Vertragsverhältnisse werden zunehmend von Rücksichtnahmepflichten zugunsten wirtschaftlich Unterlegener durchsetzt[162]. In dieselbe Richtung wirken Generalklauseln wie „Treu und Glauben" oder die „guten Sitten", die dem Richter den Rückgriff auf außerrechtliche Maßstäbe, in der Sache also wiederum auf Moral, gestatten. Man hat solche Verweisungen gelegentlich mit Verweisungen auf einen Stand der Technik oder auf wissenschaftliche Expertise gleichsetzen wollen, wie sie sich etwa in Vorschriften des Umwelt- oder Technikrechts finden[163]. Aber das wird ihrer Bedeutung nicht gerecht. Sie verzahnen das Recht vielmehr mit dem Wertungshintergrund, ohne den es seinen Rückhalt in der Welt, die es ordnen will, verliert. Insofern gehören sie zum Recht irgendwie dazu, und es gibt dementsprechend keine Rechtsordnung, die ohne sie auskommt. Angesichts dessen hat die zwischen Positivisten und Nichtpositivisten lange umstrittene Frage, wie es eigentlich wäre, wenn es die entsprechenden Ermächtigungen nicht gäbe, heute weitgehend nur noch theoretische Bedeutung. Das Recht ist über weite Strecken so moralaffin geworden und so mit moralischen Konnotationen beladen, dass sich kaum von einem zufälligem Zusammenhang sprechen lässt.

96 Ablesen mag man das gerade heute an dem allgemeinen Siegeszug, den die Abwägung in immer weiteren Bereichen des Rechts angetreten hat[164]. Statt dass also Fälle einfach dadurch entschieden werden, dass unter präzise juristische Begriffe subsumiert wird, lösen sie sich in kasuistische Güter- und Vorrangrelationen auf; gefragt werden muss hier zuletzt immer, welches Interesse, welche Ziele oder welcher Wert im Einzelfall so wichtig ist, dass ein anderer Wert oder ein anderes Interesse nach Maßgabe des Verhältnismäßigkeitsgrundsatzes dahinter zurücktritt. Das bringt Probleme mit sich, etwa für die Vorhersagbarkeit der Entscheidungen und die Konsistenz des Entscheidens. Aber es reagiert ebenso wie die Zunahme von Generalklauseln oder unbestimmten Rechtsbegriffen auf die zunehmende Komplexität der Gesellschaft, die sich nicht mehr problemlos unter nach klaren und eindeutigen Maßstäben zu handhabende rechtliche Regelungen bringen lässt[165].

97 Andererseits steht außer Frage, dass das Rechtssystem Moral immer nur nach seinen eigenen Regeln und Standards verarbeiten kann. Ein Richter kann ein Urteil nicht damit begründen, dass sich zwar aus dem Gesetz eine andere Lösung ergäbe; ihm selbst erscheine aber die von ihm getroffene Entscheidung moralisch richtiger. Würden alle Gerichte so arbeiten, hätten sie in kürzester Zeit den Kredit, den man ihnen entgegenbringt, verspielt. Zudem arbeitet das Recht typischerweise mit Formalisierungstechniken, die allesamt darauf abzielen, Moral außen vor zu halten: Fälle bekommen Aktenzeichen zugewiesen, es gibt Gesetze, die sich zitieren lassen, man kann in die Materialien der Entstehung hineinschauen oder Kommentare heranziehen[166]. Das Problem ist eben nur, dass auch dies regelmäßig verschiedene Möglichkeiten der Entscheidung eröffnet und es den klaren und einfachen Fall in der Praxis des Rechts selten gibt; wenn doch, kommt er meist gar nicht erst vor die Gerichte. In die Lücken, Vagheits- und Interpretationsspielräume, die das Gesetz und die Dogmatik hinterlassen, stoßen so auch moralische Erwägungen hinein, die nur in den meisten Fällen nicht offengelegt, sondern hinter den juristischen Ableitungen verdeckt sind. Zuletzt laufen diese allesamt

---

[162] Beispielhaft dafür etwa die Bürgschaftsentscheidung des BVerfG, BVerfGE 89, 214.
[163] N. Luhmann, Das Recht der Gesellschaft, 1993, S. 216f.
[164] S. dazu J. Rückert, Abwägung – die juristische Karriere eines unjuristischen Begriffs oder: Normenstrenge und Abwägung im Funktionswandel, JZ 2011, 913 (919).
[165] Luhmann (Fn. 165), S. 278f., 318f.
[166] S. Möllers (Fn. 15), S. 299.

auf die Grundfrage hinaus, ob das Urteil, das das Gericht spricht, nicht nur der positiven Rechtslage entsprechen, sondern in alledem und möglicherweise sogar darüber hinaus auch noch gerecht sein soll. Muss es das – und was bedeutet das eigentlich?

C. Recht und Gerechtigkeit

Die Überlegungen über den Zusammenhang von Recht und Moral führen so unmittelbar hinüber in den Zusammenhang von Recht und Gerechtigkeit, der für den Sinn des Rechts nicht weniger elementar ist. Beide bauen aufeinander auf, weil und soweit Gerechtigkeit selbst ein moralisches Prinzip ist. Dementsprechend lässt sich vieles von dem, was soeben als Problem des Verhältnisses von Recht und Moral beschrieben ist, auch in Begriffen von Gerechtigkeit beschreiben. Sieht man etwa in das Recht eine moralische Grundstruktur wechselseitiger Anerkennung eingelassen, die dann durch die Gewährleistung von Menschenrechten noch einmal verstärkt wird, kann man darin ohne weiteres bereits eine Ausprägung von Gerechtigkeit sehen, so wie man auch von einer Rechtsordnung, die die Menschenwürde zu ihrem Sinnmittelpunkt erhebt, ohne weiteres sagen kann, sie sei eine gerechte Ordnung. Das entspricht in etwa der Bedeutung von Gerechtigkeit als Basis- oder Grundgerechtigkeit, wie sie für die politische Philosophie bis heute grundlegend und bei John Rawls und anderen näher entfaltet ist (→ § 1 Rn. 316 ff.)[1]. Im konkreten Zusammenhang mit Recht oder, wie es bei Radbruch hieß, in ihrer Rolle als zentrale „Rechtsidee" geht die Bedeutung von Gerechtigkeit aber darüber hinaus. Hier von Gerechtigkeit zu sprechen zielt meist auf eine weitergehende inhaltliche Richtigkeit des Rechts und zuletzt den Anspruch auf eine solche Richtigkeit. **98**

Den Unterschied kann man sich deutlich machen, wenn man selbst vor die Aufgabe gestellt wird, einen bestimmten Akt des Rechtssystems – ein Gesetz, ein gerichtliches Urteil, eine behördliche Auswahlentscheidung – als gerecht oder ungerecht zu bewerten. Dafür reicht es uns im Allgemeinen nicht aus, wenn dieser Akt innerhalb einer insgesamt als gerecht anzusehenden politischen Ordnung ergangen ist, in der etwa die Grundrechte der Bürger gewahrt sind oder alle demokratisch mitentscheiden können. Stattdessen verbinden wir damit eine bestimmte Vorstellung vom Inhalt des betreffenden Aktes selbst, die theoretisch sogar ganz unabhängig von der Ordnung sein kann, innerhalb derer er ergangen ist; auch ein einzelnes Gesetz oder eine Gerichtsentscheidung in einer Diktatur können wir ja unabhängig von unserer allgemeinen Bewertung dieser Diktatur als gerecht oder ungerecht empfinden[2]. Natürlich mag es hier gewisse Zusammenhänge geben: Je mehr eine Rechtsordnung die hier so genannte Basis- oder Grundgerechtigkeit gewährleistet, also eben Grundrechte enthält oder demokratisch konstituiert ist, desto größer sind möglicherweise die Chancen für die Erzielung gerechter Ergebnisse im Einzelfall; zumindest werden in solchen Ordnungen die Beteiligten vor einer Entscheidung regelmäßig angehört, und es kommt auch seltener zu willkürlichen Verhaftungen oder Schauprozessen gegen politische Gegner. Aber damit ist immer noch nicht die weitere Frage beantwortet, ob das Recht über das Vorhandensein eines allgemeinen Rahmens moralischer Basisprinzipien hinaus auch in seinen konkreten Inhalten gerecht sein muss und ob dies überhaupt ein sinnvoller Anspruch ist, der sich an das Recht stellen lässt. **99**

---

[1] Üblich deshalb auch der Begriff der „politischen Gerechtigkeit", s. etwa O. Höffe, Politische Gerechtigkeit, 1987, eine Definition dort S. 59; dazu auch sogleich → Rn. 100.

[2] Zur weiteren Veranschaulichung könnte man insoweit auch von einer allgemeinen und einer konkreten Gerechtigkeit sprechen: Die allgemeine Gerechtigkeit wäre die Gerechtigkeit der gesellschaftlichen Verhältnisse einschließlich der groben Züge ihrer Rechtsordnung (die gegeben sein kann oder auch nicht), die konkrete Gerechtigkeit die Gerechtigkeit in Bezug auf ein innerhalb des Rechts je zur Lösung anstehendes Problem (die ebenfalls gegeben sein kann oder auch nicht). Die Stufung als solche ist der Philosophiegeschichte seit jeher geläufig, s. etwa die Unterscheidung zwischen der umfassenden und der besonderen Gerechtigkeit bei Aristoteles, Nikomachische Ethik, 1129 a ff., 1130 b ff., übers. v. O. Gigon, 6. Auflage 2004.

I. Vorab: Annäherungen an Gerechtigkeit

100 Die Antwort wird vor allem dadurch erschwert, dass Gerechtigkeit ein schillernder Begriff ist und in den verschiedensten Zusammenhängen Verwendung findet. Als *politische Gerechtigkeit* bezeichnet der Begriff wie gesehen die Eigenschaft einer politischen Ordnung oder anderer sozialer Institutionen. In der antiken Philosophie galt Gerechtigkeit demgegenüber vor allem als *individuelle Tugend,* bis in das Mittelalter hinein war sie – neben der Weisheit, der Tapferkeit und der Mäßigung – sogar eine der Kardinaltugenden. Gerechtigkeit steht oder stand also hier für bestimmte Eigenschaften einer Person. Daneben kann Gerechtigkeit auch ganz allgemein auf *Handlungen der verschiedensten Art und in den verschiedensten Bereichen* bezogen werden. Wenn Eltern, um ein auch in der Philosophie häufig diskutiertes Bespiel aufzugreifen, auf einem Kindergeburtstag eine Torte unter verschiedenen Kindern verteilen, kann man die vorgenommene Verteilung darauf befragen, ob sie gerecht ist[3]. Auch bestimmte Resultate wie etwa den Ausgang eines Fußballspiels kann man als gerecht oder ungerecht bezeichnen. Sogar das Leben selbst kann gerecht oder ungerecht sein. Nicht in allen diesen Fällen besteht ein Zusammenhang zum Recht, oder sagen wir zurückhaltend, er liegt nicht ohne weiteres auf der Hand.

101 Einige der Bedeutungsebenen von Gerechtigkeit können deshalb für die weitere Betrachtung erst einmal außen vor gelassen werden, weil es sonst leicht verwirrend wird; dies gilt neben der Bedeutung als politische Gerechtigkeit, wie sie als Basis- oder Grundgerechtigkeit in § 1 behandelt worden ist, vor allem für die ältere Bedeutung von Gerechtigkeit als Eigenschaft bzw. Tugend einer Person. Auch die politische Gerechtigkeit wirkt aber natürlich in das Recht hinein, so wie sich auch in den anderen Beispielen und selbst noch in dem des Fußballspiels demgegenüber bei längerem Nachdenken durchaus Berührungspunkte zur Gerechtigkeit im Recht ergeben: Hat eine Mannschaft deshalb verloren, weil der Schiedsrichter ihr zu Unrecht einen Elfmeter verweigert hat, ist das von den Problemen des Rechts nicht so weit entfernt, wie es die unterschiedlichen Lebensbereiche vermuten lassen. Und selbst wo die gezeigten Leistungen sich nicht im Ergebnis spiegeln, kann man möglicherweise noch Parallelen ziehen. Inhaltlich bleiben deshalb durchaus Zusammenhänge bestehen, so dass man es am Ende eben doch mit einem einheitlichen Begriff zu tun hätte und nicht nur mit derselben Bezeichnung für ganz unterschiedliche Dinge.

102 Worum es demgegenüber bei der Gerechtigkeit im Recht zuerst einmal geht, erklären auf eine intuitive Weise immer noch die Bilder, die man sich durch die Jahrhunderte hindurch von ihr gemacht hat. Als antike Göttin, Dike oder Justitia, erscheint sie uns bis heute vor Gerichtsgebäuden. In der einen Hand hält sie ein Schwert, in der anderen Hand eine Waage; oft sind ihre Augen verbunden, manchmal aber auch nicht[4]. Das Schwert steht darin offensichtlich für die Verbindung zum Recht und die Notwendigkeit, die Gerechtigkeit zur Not auch gegen Widerstand durchzusetzen; die Gerechtigkeit bittet nicht, sondern heischt Gehorsam. Die Augenbinde wird, wo sie vorhanden ist, gemeinhin für Unparteilichkeit genommen; entschieden und gerichtet werden soll, im Wortsinn, ohne Ansehen der Person. Zentral ist aber meist die Waage; sie steht für die Kunst des Abwägens und die gerechte Zuteilung nach vorgegebenem Maß: Was in die eine Waagschale gelegt wird, soll dem entsprechen oder dem gleich sein, was in der anderen liegt. In manchen Bildelementen wie insbesondere der Binde

---

[3] Das Beispiel etwa bei E. Tugendhat, Vorlesungen über Ethik, 8. Auflage 2012, S: 373 f.; bei M. Mahlmann, Konkrete Gerechtigkeit, 2017, § 14 Rn. 17, ist es die „Pizza".

[4] Zur wechselvollen Darstellung O. R. Kissel, Die Justitia, 1984, dort auch zu weiteren Variationen im Laufe der Geschichte. Bei den Griechen etwa fehlte oft gerade noch die Waage; s. dazu aber sogleich im Text.

mag eine geheime Zweideutigkeit stecken: Kann die Binde dem Auge nicht auch anderes verbergen, was die die Göttin für ein richtiges Urteil an sich sehen müsste? Kann die Gerechtigkeit überhaupt nur von innen gesehen oder erfühlt, aber nicht wirklich bestimmt werden? Steckt dahinter möglicherweise auch die Angst, selbst gesehen und im Innersten erkannt zu werden[5]? Bei der Waage wiederum bleibt offen, was auf ihr liegt: Gold? Verdienst? Schuld? Aber all diese Zweideutigkeiten haben der Wirkkraft des Bildes über die Jahrhunderte hinweg nichts anhaben können, vielleicht im Gegenteil sogar noch zu ihr beigetragen. Andere allegorische Darstellungen der Renaissance, des Mittelalters oder früherer Zeiten – der Sünde, der Weisheit, der Hoffnung – sind längst in Vergessenheit geraten und werden von den meisten heute gar nicht mehr erkannt. Aber sobald wir eine Frauengestalt mit Augenbinde, Waage und Schwert sehen, wissen wir: Jetzt geht es um Gerechtigkeit[6].

Versucht man, von hier aus und aus einigen weiteren geläufigen Intuitionen die wesentlichen Strukturmerkmale von Gerechtigkeit im Recht herauszupräparieren, so wären es im Wesentlichen die folgenden drei: **103**

(1) Bezugsrahmen von Gerechtigkeit im Recht oder überhaupt Bedingung dafür, dass Gerechtigkeit ein Kriterium sein kann, ist zunächst immer irgendeine *Zuteilungsentscheidung,* wobei „Zuteilung" hier in einem ganz breiten Sinn zu verstehen ist. Irgendetwas (ein Recht, eine Strafe, eine Begünstigung, eine Belastung, ein Geldbetrag) soll durch Recht (ein Gesetz, ein Gerichtsurteil, eine Verwaltungsentscheidung) zugeteilt werden – das ist das Problem, auf das mit Hilfe von Gerechtigkeit eine Antwort gefunden werden soll. Nicht immer spricht man dabei von „Zuteilung": Ein Recht oder ein Anspruch werden nicht zugeteilt, sondern zugesprochen oder zuerkannt, eine Strafe wird nicht zugeteilt, sondern verhängt. Aber in der Sache geht es um dasselbe. Zuteilung ist auch nicht ohne weiteres gleichbedeutend mit „Allokation" im Sinne der Wirtschaftstheorie: Allokation bezieht sich auf die Zuweisung von knappen Gütern oder Ressourcen nach Gesichtspunkten der Effizienz, und weder müssen die Güter, um die es im Zusammenhang mit Gerechtigkeit geht, knapp sein noch steht Effizienz im Vordergrund[7]. Ebenso wenig ist Zuteilung ohne weiteres gleichbedeutend mit „Verteilung": Verteilung bezieht sich wie im obigen Tortenbeispiel immer auf Konkurrenzverhältnisse zwischen verschiedenen Personen, eben als Verteilung eines bestimmten Gutes unter diese, während eine Zuteilung – nicht nur, aber auch – eine einzige Person betreffen kann.

(2) Gerechtigkeit formuliert dann vor allem eine inhaltliche Anforderung an eine solche Zuteilung, nämlich dass sie auf eine ganz bestimmte Weise *richtig* vorgenommen wird. Gerechtigkeit und Richtigkeit hängen insofern etymologisch zusammen; in vielen Sprachen wie etwa im Englischen gibt es sogar nur ein und dasselbe Wort dafür (just = gerecht, richtig). Richtig bedeutet hier im Wesentlichen: sich an ein bestimmtes Maß zu halten, Gründe für Entscheidungen angeben zu können, vor allem die Rechte **104**

---

[5] S. dazu anschaulich D. E. Curtis/J. Resnik, Images of Justice, Yale Law Journal 96 (1987), 1727 ff.

[6] Dies nach Curtis/Resnik (Fn. 5), S. 1731.

[7] Was nicht ausschließt, dass im Einzelfall auch Effizienz ein Kriterium sein kann. So könnte man etwa eine Allokation, die dafür sorgt, dass eine bestimmte Ressource (Kapital, Grund und Boden, ein Rohstoff) dort hingelangt, wo der Nutzen für alle am größten ist, auch als gerecht ansehen; das entspräche einem utilitaristischen Verständnis von Gerechtigkeit. Aber für Gerechtigkeit kann Effizienz jedenfalls nicht alles sein; s. dazu noch unten → Rn. 159 ff.

des oder der Betroffenen angemessen zu berücksichtigen. In diesem Sinne ist Gerechtigkeit der unmittelbare Gegenbegriff zur Willkür.

105 Positiv wird ihr Inhalt dann oft noch durch das Element der Gleichheit bestimmt: Probleme der Gerechtigkeit, sagt man, seien notwendig und immer Probleme von Gleichheit[8]. Dafür wäre aber zu sehen, dass der Begriff von Gleichheit hier noch ganz unbestimmt bleibt und mit ihm so viel mehr noch nicht gewonnen ist. Zunächst jedenfalls kann Gleichheit nicht automatisch Gleichheit des Ergebnisses bedeuten, sondern ihrerseits nur einen Orientierungspunkt bezeichnen, der für das gerechte Ergebnis von Belang ist; es muss also nicht alles und jedes gleich behandelt werden (im Tortenbeispiel also jedes Kind ein gleich großes Stück Torte erhalten), sondern es können auch vorhandene Ungleichheiten berücksichtigt werden (etwa ein größerer oder geringerer Appetit der Kinder) oder Ungleichbehandlungen durch besondere Gründe gerechtfertigt werden (etwa dass ein Kind sich besondere Verdienste erworben hat)[9]. Ebensowenig muss sich die Gleichheit notwendig auf eine Beurteilung im Verhältnis zu anderen beziehen, sondern kann etwa auch in einer wertmäßigen Entsprechung zwischen zwei sachlichen Bezugsgrößen (Aufwand und Ertrag, Schaden und Wiedergutmachung, Schuld und Strafe etc.) bestehen, so wie es im Bild der Waage ausgedrückt ist. Auch das kann man dann natürlich eine Gleichheitsrelation nennen[10]. Es ist aber offensichtlich eine andere Gleichheit als die Gleichbehandlung zweier oder mehrerer Personen, und man kann durchaus darüber streiten, ob in diesen Fällen nicht besser von sachlicher Entsprechung als von Gleichheit gesprochen werden sollte. Die Unklarheiten in diesem Punkt dürften auch für die oft anzutreffende Behauptung verantwortlich sein, Gerechtigkeit sei eine „relationale" Eigenschaft, setze also begrifflich notwendig einen Vergleich mit anderen voraus[11]. Für reine Verteilungsprobleme wie im Tortenbeispiel mag dies zutreffen, wenngleich man auch hier die Frage stellen kann, ob die Beurteilung im Verhältnis zu anderen schon das Ganze der Gerechtigkeit ausmacht. Weitet man dagegen den Blickwinkel von Verteilung allgemeiner auf Zuteilung von etwas, kann das nicht richtig sein. Wird jemand wegen eines geringfügigen Vergehens mit einer unverhältnismäßig hohen Strafe – sagen wir dem Tod – bestraft, ist das ungerecht, und zwar ganz unabhängig davon, ob alle anderen genauso bestraft werden oder nicht. Löst jemand in einer Prüfung alle Aufgaben richtig und bekommt dafür die Note „ungenügend", ist das ungerecht, und dies ganz unabhängig davon, ob es noch andere Prüflinge gibt, die für dieselbe Lösung genauso oder anders benotet werden[12]. Das Ungerechte des Vorgangs liegt einfach in der fehlenden Entsprechung von Tat und Sanktion bzw. von Leistung und Bewertung. Natürlich würde diese Ungerechtigkeit noch einmal dadurch verstärkt, wenn in den beiden Fällen noch einmal eine Ungleichbehandlung im Verhältnis zu anderen hinzutritt. Aber wenn man den Vorwurf darauf reduziert, ist damit der Grund für die Empörung gar nicht getroffen.

106 (3) Konstitutiv für alle Gerechtigkeit im Recht, mindestens im Sinne einer Voraussetzung, ist schließlich die Forderung nach strenger *Unparteilich*keit; gerade darin beweist sich Gerechtigkeit ihrer Art nach als moralisches Prinzip, eben als eine moralische Forderung mit einem besonderen Inhalt, und der Anspruch auf Gerechtigkeit als Sonder-

---

[8] Als kleine Auswahl: G. Radbruch, Rechtsphilosophie, 3. Auflage 1932, in: ders., Gesamtausgabe, Bd. 2, 1993, hrsgg. u. bearb. v. A. Kaufmann, S. 258: „Gerechtigkeit in solchem Sinne (als Rechtsidee, U.V.) bedeutet Gleichheit"; C. Perelman, Justice, 1967, dt. Über die Gerechtigkeit, 1967, S. 22: „Der Gerechtigkeitsbegriff suggeriert allen unvermeidlich die Vorstellung einer gewissen Gleichheit"; S. Gosepath, Gleiche Gerechtigkeit, 2004, S. 11: „Gleichheit ist der Inbegriff von Gerechtigkeit"; A. Tschentscher, Prozedurale Theorien der Gerechtigkeit, 2000, S. 56 ff., dort auch in Auseinandersetzung mit abweichenden Standpunkten; s. dazu noch weiter im Text.

[9] Tugendhat (Fn. 3), S. 373 f. Insofern ist dieser Gleichheitsbegriff jedenfalls bis hier noch neutral gegenüber der Debatte zwischen den sog. Egalitaristen und Non-Egalitaristen, weil und soweit mit ihm auch die meisten Non-Egalitaristen leben können, s. dazu noch unten → Rn. 133 ff.

[10] M. Mahlmann, Rechtsphilosophie und Rechtstheorie, 4. Auflage 2016, § 26 Rn. 9 f. Auch hier sind natürlich häufig zwei Personen beteiligt (Leistungserbringer und Zahlender, Schädiger und Geschädigter, Täter und Opfer etc.). Aber das ist keineswegs immer so (z. B. bei Straftaten gegen die Umwelt), und im Vordergrund des Vergleichs stehen sachliche Bezugsgrößen.

[11] S. Gosepath, Verteidigung egalitärer Gerechtigkeit, DZPhil 51 (2003), 275 (281); D. von der Pfordten, Normative Ethik, 2010, S. 356 ff.; ders., Rechtsphilosophie, 2013, S. 84.

[12] So richtig auch Mahlmann (Fn. 10), § 26 Rn. 10.

fall des allgemeineren Anspruchs auf moralische Richtigkeit[13]. Man kann darüber streiten, ob damit dem Element der inhaltlichen Richtigkeit im Sinne von Angemessenheit wirklich noch etwas hinzugefügt wird, insofern dieses auch fordert, alle für die Beurteilung dieser Angemessenheit relevanten Gesichtspunkte heranzuziehen, aber eben auch nur diese und keinen mehr[14]. Möglicherweise ist dies der Grund dafür, dass Justitia nur in einigen Darstellungen eine Augenbinde trägt, in anderen dagegen nicht: Im Symbol der Waage ist letztlich schon alles enthalten, was durch die Augenbinde noch ausgedrückt werden könnte. So oder so gehört aber die Unparteilichkeit zur Gerechtigkeit dazu, sie steht gerade damit im Gegensatz zur Willkür und ist seit jeher bei der Vorstellung gerechten Entscheidens einfach dabei. Dass nicht der eine Fall so und der andere anders entschieden wird, dass die Entscheidung nicht durch persönliche Nähe oder Sympathie getroffen wird, dass sie nicht von einer Seite mit Geld oder sonstigen Vorteilen an den Richter erkauft worden ist – durch die Geschichte hindurch wird dies als Grundvoraussetzung dafür angesehen, dass eine gerechte Entscheidung zustande kommen oder von einer solchen überhaupt die Rede sein kann.

Man kann das weiter zu einer selbständigen *Verfahrensgerechtigkeit* ausbauen, die die Unparteilichkeit institutionell absichert oder auch um weitere Vorkehrungen ergänzt, die eine möglichst richtige Entscheidung ermöglichen sollen (Befangenheitsvorschriften, Anhörungs- und Beteiligungsrechte, Regeln zur objektiven Sachverhaltsermittlung etc.). Für die Vertreter einer prozeduralen Lesart von Gerechtigkeit ist dies sogar schon die gesamte Gerechtigkeit oder jedenfalls das einzige, was sich über Gerechtigkeit sinnvoll sagen bzw. an konkreten Anforderungen aufstellen lässt; Gerechtigkeit ginge dann ganz in der Unparteilichkeit auf. Aber das Verfahren hat letztlich nur eine dienende Funktion; es soll ein gerechtes Ergebnis zumindest fördern, und dafür muss es irgendeine Vorstellung davon geben, wie ein solches Ergebnis am Ende auszusehen hätte[15]. Entgegen einer gelegentlich anzutreffenden Auffassung dürfte es auch kaum Anwendungsfälle einer sog. „reinen" oder „vollkommenen" Verfahrensgerechtigkeit geben, in denen man das anders sehen könnte. Die Figur geht auf John Rawls zurück, der dafür im Wesentlichen zwei Beispiele nennt: zum einen im Tortenbeispiel eine Aufteilung in der Weise, dass eine Person die Torte aufteilt und die andere entscheidet, welches Stück sie erhält; zum anderen ein Glücksspiel oder eine Lotterie, an der sich alle unter den gleichen Bedingungen beteiligen können. Hier, so meint Rawls, gebe es keinen vom Verfahren unabhängigen Maßstab, anhand dessen das Ergebnis beurteilt werden könne; das Ergebnis sei einfach immer gerecht[16]. Aber im ersten Beispiel besteht, wie Rawls selbst durchaus sieht, mehr oder weniger eine unausgesprochene Erwartung, dass der Aufteilende die Torte in etwa gleich große Stücke aufteilen wird, während der Fall der Lotterie mit Gerechtigkeit im üblichen Sinne gar nichts zu tun hat – die meisten von uns würden einen Lottogewinn ja nicht in irgendeiner Weise als gerecht einstufen, sondern sagen, dass der Betreffende einfach Glück gehabt hat.

Mit Hilfe dieser noch ganz allgemeinen Strukturmerkmale lassen sich sodann einige weitere Ab- und Eingrenzungen vornehmen, mit denen man sich der Gerechtigkeit und ihrer möglichen Rolle im Recht weiter annähern kann. Ausgeschieden werden aus der weiteren Betrachtung kann danach zunächst ein Begriff von Gerechtigkeit, der als „iustitia legalis" in der Rechtsphilosophie ebenfalls eine gewisse Tradition hat und wie so vieles in der Bestimmung von Gerechtigkeit auf Aristoteles zurückgeht. Gerechtigkeit bezeichnet danach nicht eine mögliche Eigenschaft des Rechts selbst, sondern eine Haltung des Bürgers gegenüber dem Recht: Gerecht soll in diesem Sinne

107

108

---

[13] R. Alexy, Theorie der juristischen Argumentation, 2. Auflage 1991, S. 242.
[14] S. bereits J. S. Mill, Utilitarianism, erstmals 1863, dt. Utilitarismus, übers. u. hrsgg. v. D. Birnbacher, 2016, S. 135 ff.
[15] Vgl. die Definition der „prozeduralen Gerechtigkeit" bei Tschentscher (Fn. 8), S. 119: „diejenige Förderung der Ergebnisgerechtigkeit, die durch Verfahren erreicht wird", dort im Folgenden auch mit einer Übersicht über verschiedene Klassifizierungsversuche.
[16] J. Rawls, A Theory of Justice, 1971, dt. Eine Theorie der Gerechtigkeit, 19. Auflage 2014, S. 106 ff.

sein, wer sich den Gesetzen gemäß verhält und/oder dem Gemeinwohl dient[17]. Das gehört in den Zusammenhang des älteren Verständnisses von Gerechtigkeit als individuelle Tugend und ist für die Frage nach der Gerechtigkeit des Rechts selbst ohne Belang; allenfalls könnte man, wenn man wollte, von der Gerechtigkeit als einer möglichen Tugend oder jedenfalls einem Ideal des Rechts sprechen. Von der älteren Bedeutung übernimmt Gerechtigkeit aber den *fordernden, antreibenden Charakter,* der auf Realisierung des ihr innewohnenden Gehaltes drängt[18]. Wer einen bestimmten Zustand als ungerecht kritisiert, fordert damit implizit zu seiner Veränderung auf, und wer einen noch nicht erreichten Zustand zu dem einzig gerechten erklärt, möchte, dass Schritte unternommen werden, die zu seiner Verwirklichung führen. Zu sagen, dieses oder jenes sei ungerecht, und gleichzeitig zu wollen, dass es so bleibt, ist ein Widerspruch in sich[19]. Das schließt nicht aus, dass es andere konkurrierende Gesichtspunkte gibt, etwa aus den tatsächlichen Schwierigkeiten der Verwirklichung von Gerechtigkeit oder anderen pragmatischen Erwägungen. Aber diese müssen sich gegen die Gerechtigkeit dann immer erst durchsetzen.

109 Insofern teilt Gerechtigkeit kraft ihrer Zugehörigkeit zum Bereich der Moral den allgemeinen präskriptiven Charakter moralischer Sätze (→ Rn. 29). Dieser ist hier aber noch einmal verstärkt und gegenüber anderen moralischen Prinzipien wie Solidarität, Großzügigkeit oder Barmherzigkeit erhöht[20]. Die Forderungen der Gerechtigkeit haben immer auch etwas Unbedingtes, das Widerspruch ausschließt oder tendenziell erschwert, so wie es im Bild der Justitia durch das Schwert oder auch andere Insignien hoheitlicher Macht zum Ausdruck gebracht wird. Die Gerechtigkeit drängt so von ihrer ursprünglichen Idee her in das Recht hinein und verbindet sich mit ihm:

„Es ist gerecht, dass man dem folgt, was gerecht ist; es ist notwendig, dass man dem folgt, was am stärksten (le plus fort) ist. Die Gerechtigkeit ohne Macht (force) ist ohnmächtig, die Macht (force) ohne Gerechtigkeit ist tyrannisch [...] Also muss man die Gerechtigkeit und Macht verbinden und dafür sorgen, dass das, was gerecht ist, mächtig, und das, was mächtig ist, gerecht ist",

heißt es in einer heute wieder vielzitierten Stelle aus den „Gedanken" (Pensées) von Blaise Pascal[21]. In alledem bleibt aber etwas Hehres und Erhabenes um die Gerechtigkeit, es ist eine Idee von mythischer Tiefe, die an die Ur- und Untergründe des kulturellen Gedächtnisses rührt. Auch das muss man sehen, um die volle Bedeutung von Gerechtigkeit und ihre Wirkmächtigkeit bis auf den heutigen Tag zumindest annähernd zu erfassen.

---

[17] Aristoteles (Fn. 2), Nikomachische Ethik, 1129 a 31 ff., dort auch als umfassende bzw. allgemeine Gerechtigkeit bezeichnet. Die lateinische Bezeichnung „iustitia legalis" stammt aus der Scholastik und findet sich in unmittelbarer Anlehnung an Aristoteles namentlich bei Thomas von Aquin, Summa Theologiae I – II 60.3 und 61.5.

[18] Vgl. H. Kelsen, Das Problem der Gerechtigkeit, in: ders., Reine Rechtslehre, 2. Auflage 1960, S. 355 (357 f.).

[19] Insofern teilweise abweichend von der Pfordten (Fn. 8), Rechtsphilosophie, S. 85; richtig demgegenüber Tschentscher (Fn. 11), S. 52 ff.: notwendiger „Sollensbezug".

[20] Vgl. Höffe (Fn. 1), S. 56 ff.

[21] B. Pascal, Pensées, erstmals 1670, dt. Gedanken, Auswahl übers. u. hrsgg. v. E. Wasmuth, 1979, Nr. 131/298. Die entsprechende Passage ist vor allem durch J. Derrida wieder in die philosophische Diskussion eingebracht worden, s. ders., Gesetzeskraft, 1991, S. 23 ff.

Ihren sinnfälligen Ausdruck findet diese Verwobenheit mit dem Mythos in der Vorstellung des Totengerichts,   **110**
die eine der Urerzählungen der Menschheitsgeschichte ist, tief in den Brunnen der Vergangenheit hinunter-
führt. Ihre Ursprünge werden heute meistens im alten Ägypten gesehen, wo sie in das kosmologische Konzept
der „Ma'at" eingebettet ist[22]. Ma'at ist sowohl der Name einer Göttin, der Göttin für Wahrheit und Gerechtigkeit, als auch ein objektives Ordnungsprinzip, das den gesamten Kosmos, Götter und Menschen, Diesseits
und Jenseits überspannt und die Gerechtigkeit ebenso in sich einschließt wie Wahrheit, Recht, Ordnung,
Weisheit und Aufrichtigkeit[23]: ein Inbegriff „für die ewige unabänderliche Ordnung, die in der Natur wie im
Sittlichen herrscht"[24]. In diesem Sinne durchdringt die Ma'at alle Verhältnisse, bestimmt das Verhalten im gegenseitigen Umgang wie die Grundzüge der politischen Ordnung und schwebt so auch über dem Eintritt in
die Unter- oder Totenwelt. Hier nun halten die Götter, in einem unterirdischen Saal und unter dem Vorsitz des
Osiris, über den Verstorbenen Gericht, indem sie sein ganzes Leben, sein Handeln wie sein Innerstes der Prüfung unterziehen. Dazu dient ihnen eine Waage, schon hier das Symbol für Gerechtigkeit: In der einen Schale
liegt eine Feder, das Schriftzeichen der Ma'at; auf die andere wird das Herz des Verstorbenen gelegt, das mit
jedem Verstoß gegen die Ma'at, mit jedem falschen Bekenntnis schwerer und schwerer wird. Überwiegt am
Ende das Herz die Feder, wird der Verstorbene für immer ausgelöscht; wer die Prüfung dagegen besteht, dessen
Seele (Ba) geht ins Jenseits ein und erlangt Unsterblichkeit[25]. Man hat dies anschaulich als „konnektive Gerechtigkeit" bezeichnet, die auf einem elementaren Wenn-Dann-Zusammenhang, einem Zusammenhang
von „Tun und Ergehen", gründet und in das Jenseits hinüberreicht: Niemand kann sich ihm entziehen.

II. These: Recht als Konkretisierung von Gerechtigkeit

Holt man die Gerechtigkeit wieder auf die Erde zurück, bleibt allerdings das Problem,   **111**
dass sie sich mit dem Recht verbinden muss, um wirksam zu werden. Wird sie dann
aber nicht auf eine paradoxe Weise selbst vom Recht abhängig und am Ende ganz beliebig? Dem widerspricht die klassische Erzählung, die das Recht notwendig auf die
Gerechtigkeit hinordnet und beide schon begrifflich miteinander verklammert:

*„Das Recht aber leitet seinen Namen von der Gerechtigkeit her, denn Recht ist, wie Celsus
trefflich definiert, die Kunst des Guten und Gerechten. Man könnte uns (d. h. die Juristen)
zu Recht seine Priester nennen, denn wir hegen die Gerechtigkeit und verkünden, was gut
und richtig ist, indem wir das Gerechte vom Ungerechten scheiden [...]",*

lautet eine berühmte Sentenz des römischen Juristen Ulpian[26]. Das Recht kann da-   **112**
nach gar nicht anders, als der Gerechtigkeit zu dienen; wo es das nicht tut, kann es
auch nicht den Anspruch erheben, Recht zu sein. Was dies für die Geltung des Rechts
bedeutet und ob diese tatsächlich von der Übereinstimmung mit elementaren Gerechtigkeitsgrundsätzen abhängig gemacht werden kann, ist bereits im Abschnitt über

---

[22] Auf die Bedeutung Altägyptens und insbesondere der Ma'at als bis heute fortwirkende Fundamente des
     Denkens über Recht und Staat hat vor allem E. Voegelin aufmerksam gemacht, s. ders., Ordnung und
     Geschichte, Band 1: Die kosmologischen Reiche des alten Orients, 2002, erstmals 1956, S. 123 ff.;
     heute ist dieser Zusammenhang vor allem durch die Arbeiten von J. Assmann präsent, s. ders., Ma'at.
     Gerechtigkeit und Unsterblichkeit im alten Ägypten, 1990.
[23] Nach Assmann (Fn. 22), S. 9 f., dort als „kompakter", in anderen Sprachen nur zu umschreibender Be-
     griff bezeichnet.
[24] E. Cassirer, Philosophie der symbolischen Formen, Bd. II: Das mythische Denken, Neuausgabe 2010,
     S. 135.
[25] S. im Einzelnen Assmann (Fn. 22), S. 122 ff.
[26] Im Original „[...] unde nomen iuris descendat. Est autem a iustitia appellatum: Nam, ut eleganter Cel-
     sus definit, ius est ars boni et aequi", in: D. Ulpianus, Ulpian primo libro reg., Digesten I, 1.1. Das
     „aequus" der Formel ist hier der Einfachheit halber mit „gerecht" übersetzt worden, könnte aber auch
     „billig" „recht", „richtig" etc. heißen, also mit weiteren Wortbedeutungen aus dem Umfeld von Gerech-
     tigkeit aufgeladen werden. Auf die Feinheiten kommt es indessen an dieser Stelle nicht an; zum Verhält-
     nis zur Billigkeit s. noch unten → Rn. 119 f.

Recht und Moral erörtert; die heute überwiegend akzeptierte Lösung für dieses Problem ist die sog. Radbruchsche Formel (→ Rn. 81). Ob dieser Anspruch eingelöst werden kann, hängt allerdings im weiteren Verlauf davon ab, ob es gelingt, den Begriff der Gerechtigkeit inhaltlich näher und möglichst über die noch ganz allgemeinen Strukturmerkmale hinaus zu bestimmen. Auch hierzu findet sich bei Ulpian die klassische Definition: Gerechtigkeit, heißt es bei ihm, ist

„der feste und beständige Wille, jedem sein Recht zukommen zu lassen (ius suum cuique tribuere).[27]

113 Diese Bestimmung findet sich – ohne den Verweis auf ein „Recht" (ius) – erstmals bei Platon, der sie dem Dichter Simonides in den Mund legt und anschließend diskutiert[28]. „Jedem das Seine", lautet die vereinfachte Formel. Das wirft allerdings die Frage auf, wie dieses „Seine" näher bestimmt werden kann, was es also ist, was jedem als „sein Recht" zukommt. Dazu findet sich bei Platon wenig; wie häufig bei ihm ist es auch hier so, dass der Begriff in der weiteren Diskussion eher zerfasert und am Ende ganz unkenntlich wird.

1. Modell 1: Die Grundformenlehre des Aristoteles

114 Bis heute gilt daher die Behandlung als maßgeblich, die das Problem bei Aristoteles erhalten hat. Sie ist allerdings in der konkreten Durchführung alles andere als klar, teilweise sogar verwirrend, was möglicherweise damit zusammenhängt, dass Aristoteles als einer der ersten das sich ihm präsentierende Begriffsfeld überhaupt zu ordnen versucht hat[29]. Es kommt deshalb hier nur auf die wesentlichen Grundzüge an.

115 a) Ihren Ausgangspunkt nimmt Aristoteles' Behandlung vom Prinzip der Mitte (mesotes), das auch für seine allgemeine Tugendlehre zentral ist: Wirkliche Tugend besteht danach immer in der Mitte zwischen den Extremen, zwischen Verschwendungssucht und Geiz etwa in der Großherzigkeit, zwischen Tollkühnheit und Feigheit in der Tapferkeit etc. (→ § 1 Rn. 40). Die „Mitte" der Gerechtigkeit liegt nun gerade in der Gleichheit, und zwar zunächst ganz allgemein als Mitte zwischen Unrechttun und Unrechtleiden, dem Zuviel und Zuwenig, der Bevorzugung und Benachteiligung[30]. Es geht danach zunächst einmal um das rechte Maß: Dieses soll getroffen werden, nicht weniger, aber auch nicht mehr – Übermäßiges wird nicht verlangt. In seinem konkreten Inhalt unterscheidet sich dieses Maß aber danach, in welchem Zusammenhang es zur Anwendung gebracht werden soll. Dafür entwickelt Aristoteles eine Unterscheidung, die bis heute als grundlegend angesehen wird:

„Die Gerechtigkeit […] weist zwei Grundformen auf: die eine (A) ist wirksam bei der Verteilung von öffentlichen Anerkennungen, von Geld und sonstigen Werten, die den Bürgern eines geordneten Gemeinwesens zustehen. Hier ist es nämlich möglich, dass der eine das Gleiche wie der andere oder nicht das Gleiche zugeteilt erhält. Eine zweite (B) Grundform ist die, welche dafür sorgt, dass die Tauschbeziehungen von Mensch zu Mensch gerecht sind. Sie hat zwei Unterteile: Die Tauschbeziehungen von Mensch zu Mensch zerfallen nämlich in (1) freiwillige und (2) unfreiwillige. Freiwillige sind z. B. Verkauf und Kauf, Zinsdarlehen und Bürgschaft,

---

[27] Ulpian (Fn. 26), 1.1.10.
[28] Platon, Politeia, dt. Der Staat, 331 f., übers. v. O. Appelt, 11. Auflage 2016.
[29] U. Wolf, Aristoteles' „Nikomachische Ethik", 3. Auflage 2013, S. 797 a.
[30] Aristoteles (Fn. 2), Nikomachische Ethik, 1131 a 14, 1133 b 30.

Leihe, Hinterlegung und Miete. Hier spricht man von freiwillig, weil der Ursprung dieser wechselseitigen Beziehungen in unserer freien Entscheidung liegt. Die unfreiwilligen Beziehungen sind … [aufgezählt werden strafbare Handlungen und Fälle der Schädigung anderer]."[31]

Für die Bezeichnung dieser beiden Grundformen haben sich im Anschluss an die Aristoteles-Rezeption des Mittelalters die Begriffe der Verteilungs- und der Austauschgerechtigkeit (iustitia distributiva bzw. iustitia commutativa) eingebürgert; die Unterfälle der Austauschgerechtigkeit entsprechen dabei in etwa der Unterscheidung zwischen Vertragsrecht und Delikts- bzw. Strafrecht. In beiden Unterfällen gilt für die Austauschgerechtigkeit, wenn man einige terminologische Unklarheiten außen vor lässt, das Prinzip einer strengen arithmetischen Gleichheit, und zwar im Sinne exakter Entsprechung von Leistung und Gegenleistung, Schaden und Schadensersatz, Vergehen und Bestrafung. Entsprechung meint dabei nicht Entsprechung in Natur, sondern im Wesentlichen wertmäßige Entsprechung, wie sie etwa durch Geld vermittelt wird[32]. So wird im Ergebnis die Mitte zwischen einem verbleibenden Schaden und einem verbleibenden Gewinn getroffen[33]. Für die Verteilungsgerechtigkeit soll demgegenüber das Prinzip der proportionalen – oder, wie Aristoteles sagt, „geometrischen" – Gleichheit gelten. Diese meint nicht schematische Gleichbehandlung von allem und jedem, sondern soll gerade den tatsächlich vorhandenen Unterschieden zwischen den Menschen und den relevanten Sachverhalten Rechnung tragen: **116**

„Sind [die Menschen] nicht gleich, so werden sie auch nicht Gleiches erhalten. Daher kommen die Streitigkeiten und Prozesse, dass entweder Gleiche Ungleiches oder Ungleiche Gleiches haben und zugeteilt erhalten."[34]

Die Mitte besteht hier in der Proportionalität, im Sinne einer Rücksichtnahme auf die Hinsichten, in denen sich Menschen und Sachverhalte voneinander unterscheiden[35]. **117**

Bis heute bestimmt dieser Gedanke die Interpretation des allgemeinen Gleichheitssatzes aus Art. 3 Abs. 1 GG: Dieser verlange, so hat es das Bundesverfassungsgericht schon früh formuliert, „bei steter Orientierung am Gerechtigkeitsgedanken ‚Gleiches gleich und Ungleiches seiner Eigenart entsprechend verschieden zu behandeln'"[36]. Auch neuere Fassungen wie die „Willkürformel" oder die „neue Formel" haben diesen sachlichen Kern nicht verändert[37].

---

[31] Aristoteles (Fn. 2), Nikomachische Ethik, 1130b 30ff., hier nach der leicht modifizierten Übersetzung von F. Dirlmeier, 1983 (insbes. ist die uns heute missverständliche Bezeichnung „vertragliche Beziehungen" durch das allgemeinere „Tauschbeziehungen" ersetzt). Aristoteles bezeichnet diese beiden Unterformen als Fälle der „partikularen" bzw. „besonderen" Gerechtigkeit in Abgrenzung zu der von ihm sogenannten „universalen" bzw. „allgemeinen" Gerechtigkeit, unter der er den Gehorsam des Bürgers gegenüber den Gesetzen versteht; s. dazu schon oben → Rn. 108.

[32] Aristoteles (Fn. 2), Nikomachische Ethik, 1131b 25ff. genauer spricht Aristoteles nicht von arithmetischer Gleichheit, sondern von arithmetischer „Proportionalität", dies vor allem in Abgrenzung gegen Vorstellungen einer Gleichheit in Natur etwa bei der Vergeltung von Unrecht, vgl. 1132b 20ff.

[33] Aristoteles (Fn. 2), Nikomachische Ethik, 1131b 10ff.

[34] Aristoteles (Fn. 2), Nikomachische Ethik, 1131a 20ff.

[35] Aristoteles (Fn. 2), Nikomachische Ethik, 1131b 10ff. Die mathematische Erläuterung, die Aristoteles zuvor für den Begriff der Proportionalität zu geben versucht, ist ziemlich kompliziert; vereinfacht bedeutet „proportional" danach etwa: So wie sich Person A zu Person B hinsichtlich einer bestimmten Eigenschaft verhält, so müssen sich auch die an die Person A und Person B gewährten Leistungen, Vorteile, Begünstigungen etc. (oder umgekehrt Belastungen) zueinander verhalten, vgl. Wolf (Fn. 29), S. 7g f.

[36] BVerfGE 3, 58 (134).

[37] Die Willkürformel lautet: Wesentlich Gleiches darf nicht willkürlich ungleich, wesentlich Ungleiches nicht willkürlich gleich behandelt werden, vgl. BVerfGE 49, 148 (165); Die sog. neue Formel lautet:

118 Die Frage ist nur, auf welche Hinsichten und Eigenarten es dabei jeweils ankommt. Für Aristoteles sind dies vor allem Gesichtspunkte der Würdigkeit, der Leistung oder des Verdienstes, nach denen etwa auch die Ämter im Staat verteilt werden müssen. Was das bedeutet, erläutert Aristoteles am Beispiel einer Verteilung von Flöten: Hier müssten die besten Flöten an die gegeben werden, die am besten spielen können[38]. Allerdings sieht Aristoteles selbst, dass diese Kriterien immer relativ zu der politischen Ordnung sind, in der sie zur Anwendung gebracht werden. In der Demokratie etwa sehe man sie üblicherweise in der Freiheit, in Oligarchien in Reichtum oder Abstammung, in Aristokratien in der Auszeichnung in der Tugend[39]. Das nimmt einen zentralen Einwand gegen diese Gerechtigkeitskonzeption vorweg (→ Rn. 122).

119 b) Darüber hinaus baut Aristoteles in seine Gerechtigkeitstheorie ein weiteres Korrektiv ein, das sich auf das Verhältnis von allgemeiner Regel und Einzelfall bzw. von Gesetz und Gesetzesanwendung bezieht. Dies ist das Prinzip der Billigkeit (epieikeia), das oft als Gegensatz zur Gerechtigkeit oder als Ausnahme von ihr behandelt wird. Für Aristoteles handelt es sich demgegenüber nur um eine Frage der Ebenen:

> *„Denn das Billige ist, indem es besser ist als eine bestimmte Art des Gerechten, selber ein Gerechtes […] In Wirklichkeit entsteht die Problematik dadurch, dass das Billige zwar ein Gerechtes ist, aber nicht im Sinne der durch das Gesetz gewährleisteten Gerechtigkeit, sondern es ist eine Berichtigung der Gesetzes-Gerechtigkeit. Das hat seinen Grund darin, dass jegliches Gesetz allgemein gefasst ist. Aber in manchen Einzelfällen ist es nicht möglich, eine allgemeine Bestimmung so zu treffen, dass sie richtig ist. In solchen Fällen nun, wo es notwendig ist, sich allgemein auszudrücken, dies aber doch nicht so geschehen kann, dass alles richtig ist, da nimmt das Gesetz die Fälle sozusagen en bloc, ohne allerdings zu übersehen, dass damit eine Fehlerquelle gegeben ist. Und trotzdem ist dieses Verfahren richtig, denn der Fehler liegt nicht im Gesetz und im Gesetzgeber, sondern in der Natur der Sache, denn so ist nun einmal die Fülle dessen, was das Leben bringt. Wenn nun das Gesetz eine allgemeine Bestimmung trifft und in diesem Umkreis ein Fall vorkommt, der durch die allgemeine Bestimmung nicht erfasst wird, so ist es ganz in Ordnung, an der Stelle, wo uns der Gesetzgeber im Stiche lässt und durch seine vereinfachende Bestimmung einen Fehler verursacht hat, das Versäumnis im Sinne des Gesetzgebers selbst zu berichtigen: so wie er selbst die Bestimmung getroffen hätte, wenn er im Lande gewesen wäre, und wie er sie, wenn ihm der Fall bewusst geworden wäre, in sein Gesetz aufgenommen hätte […] Und dies ist das Wesen der Billigkeit: Berichtigung des Gesetzes da, wo es in Folge seiner allgemeinen Fassung lückenhaft ist.“*[40]

120 Besseres ist dazu bis heute nicht gesagt worden. Typischerweise ermöglichen deshalb heute die Gesetze selbst regelmäßig mit General- oder Härtefallklauseln die Berücksichtigung der Umstände des Einzelfalls, so wie auch die Gerichte bestimmte Techniken entwickelt haben, um ihnen Rechnung zu tragen (teleologische Reduktion, Analogie, Rechtsfortbildung etc.). Am Ende läuft die aristotelische Gerechtigkeitskonzeption damit auf den Richter zu; er ist die erneut fast mythische Figur, die die Gerechtigkeit im Sinne von Maß und Mitte im Recht zur Geltung bringt:

Bei Ungleichbehandlungen zwischen verschiedenen Gruppen von Normadressaten müssen zwischen den Gruppen Unterschiede von solcher Art und solchem Gewicht bestehen, dass sie die ungleiche Behandlung rechtfertigen können, vgl. BVerfGE 55, 72 (88).

[38] Aristoteles, Politik, 1282 b 15 ff., übers. v. O. Gigon, 2006.

[39] Aristoteles (Fn. 2), Nikomachische Ethik, 1131 a 25 ff.

[40] Aristoteles, Nikomachische Ethik, 1137 a 31 ff., übers. v. F. Dirlmeier, 1983.

„Zu ihm gehen bedeutet zur Gerechtigkeit zu gehen. Denn der Richter soll so etwas wie eine beseelte Gerechtigkeit sein, und man sucht einen maßvollen Richter, und einige nennen sie ‚Mittelsmänner‘, als würden sie die Gerechtigkeit treffen, wenn sie die Mitte treffen.“[41]

c) Das gemeinsame der beiden Grundformen der Gerechtigkeit wie auch der Billigkeit als deren Korrektiv für den Einzelfall lässt sich dabei über den Begriff des „Verdienens“ erfassen: Jeder soll vom Recht in allen Situationen genauso behandelt werden, wie er oder sie es *verdient*[42]. Bei der Austauschgerechtigkeit bzw. ausgleichenden Gerechtigkeit ergibt sich dies aus einer Gleichheitsrelation zu einer eigenen Leistung, einem angerichteten Schaden, einer Straftat etc., bei der Verteilungsgerechtigkeit aus einer Gleichheitsrelation zu anderen Personen, und in beiden Fällen ist es das Recht, das sie herstellen muss.   **121**

2. Modell 2: Formale Gerechtigkeit

Allerdings hatte Aristoteles selbst im Zusammenhang mit seiner Erörterung der distributiven Gerechtigkeit schon darauf aufmerksam gemacht, dass man über die Frage, was jemand verdient und an welche Eigenschaften oder Merkmale dafür anzuknüpfen ist, in vielen Fällen verschiedener Meinung sein kann: Letztlich entwickele jede politische Ordnung dafür ihre eigenen Maßstäbe (→ Rn. 118). Tatsächlich stand der Satz „Jedem das Seine“ so auch am Tor eines Konzentrationslagers. Ob das in dieser Form auch für die ausgleichende Gerechtigkeit gilt, kann hier vorerst dahingestellt bleiben. Es hat jedenfalls in der rechtsphilosophischen Diskussion zu verschiedenen Ausweichstrategien geführt, deren Gemeinsamkeit darin besteht, dass sie Gerechtigkeit auf ein rein formales Prinzip reduzieren wollen.   **122**

a) Eine erste dieser Strategien beschränkt Gerechtigkeit dabei allein auf die *Gleichheit der Rechtsanwendung*. Gerechtigkeit bedeutet dann nur noch: dass vom Gesetz gleich geregelte Fälle auch gleich entschieden werden müssen, im Kern also einfach Regelhaftigkeit[43]. Mit diesem Mindestgehalt wird die Bedeutung von Gerechtigkeit im Recht in der Tat von niemanden bestritten und heute allgemein in der Formel von der Gleichheit *vor* dem Gesetz zum Ausdruck gebracht. Das ist auch keineswegs so unbedeutend, wie man gelegentlich meint. So hat Hans Kelsen gegen die Gleichheit vor dem Gesetz – bei ihm: die „sogenannte Gleichheit vor dem Gesetz“ – eingewandt, sie meine in der Sache nur Recht- oder Gesetzmäßigkeit, wie sie jeder Rechtsordnung sowieso immanent sei[44]. Daran ist richtig gesehen, dass Gleichheit bei der Normanwendung ganz allgemein nur bewirkt, dass der betreffenden Norm lediglich die Fälle subsumiert werden, die darunter passen, alle anderen aber nicht. Auch das ist aber eine Direktive für die rechtsanwendenden Organe, die historisch erst durchgesetzt werden musste und sich auch heute in autoritären Staaten keineswegs von selbst versteht: Dort wird, wer der herrschenden Clique nahesteht oder sonst eine privilegierte Stellung hat, gern einmal von der Anwendung des Rechts ausgenommen. Und trivial ist die Forderung nur in den Fällen, in denen über den Inhalt einer Norm vernünftigerweise nicht gestritten werden kann und es keine Interpretationsspielräume gibt. Das sind aber die wenigsten, weil auch die einfachsten Begriffe in Normen (wie die „Wegnahme“ in § 242 StGB) erst durch Interpretation konkretisiert werden müssen und dadurch überhaupt anwendbar werden.   **123**

[41] Aristoteles (Fn. 2), Nikomachische Ethik, 1132a 20ff.
[42] Tugendhat (Fn. 3), S. 367f.
[43] Vgl. N. Luhmann, Das Recht der Gesellschaft, 1993, S. 227.
[44] H. Kelsen, Was ist Gerechtigkeit, erstmals 1953, Neuausgabe 2016, S. 32.

Gleichheit in der Rechtsanwendung bedeutet dann Bindung an vorherige Interpretationen und wird so auch im Rechtssystem selbst fortwährend zur Geltung gebracht: etwa durch die Möglichkeit der Einlegung von Rechtsmitteln zu höheren Instanzen oder den von den Gerichten kontrollierten Grundsatz der Selbstbindung der Verwaltungsbehörden an frühere Ermessensentscheidungen. In diesem Sinne aktualisiert die formale Rechtsanwendungsgleichheit die Forderung der Gerechtigkeit, jeden neuen Fall an denselben Maßstäben zu messen, wie sie an frühere Fälle angelegt wurden und dann ohne Unterschied der Person zur Geltung gebracht werden.

124 b) An der Kritik ist allerdings richtig gesehen, dass uns die Gleichheit *vor* dem Gesetz für die Frage nach der Gerechtigkeit im Recht meist nicht ausreicht. Wenn etwa ein Gesetz, wie im Amerika der Rassentrennung, Farbigen den Zutritt zu öffentlichen Parks oder die Benutzung öffentlicher Verkehrsmittel verwehrt, ist es für die Beurteilung des Vorgangs unter Gerechtigkeitsgesichtspunkten völlig irrelevant, ob das Gesetz korrekt – nämlich nur auf Farbige und auf diese auch möglichst gleichmäßig – angewandt wurde oder nicht[45]. Typischerweise wird die Forderung nach Gerechtigkeit deshalb auch auf die Gesetze selbst, die Gleichheit als Gleichheit *gegenüber* dem Gesetz auch auf die *Rechtssetzungsgleichheit* bezogen: Nicht nur die Anwendung der Normen, sondern auch sie selbst sollen gerecht sein. Gerade dann stellt sich aber die Frage nach einem bestimmbaren Inhalt von Gerechtigkeit selbst in aller Schärfe, also die Frage, was es ist, das jedem als „das Seine" zukommt und welche Kriterien dafür maßgeblich wären. Welche Verhaltensweisen etwa verdienen eine Bestrafung, wofür und in welcher Höhe soll jemand Schadensersatz leisten, welche Gruppe soll welche Rechte erhalten, wer soll in welcher Höhe Steuern zahlen? Der polnisch-belgische Rechtsphilosoph Chaïm Perelman hat dazu in einer berühmten Studie über die Gerechtigkeit sechs mögliche Bestimmungen des Satzes „Jedem das Seine" vorgestellt, verbunden mit dem Zusatz, es sei völlig illusorisch, sämtliche möglichen Bestimmungen aufzählen zu wollen:

> „1. Jedem das Gleiche
> 2. Jedem gemäß seinen Verdiensten
> 3. Jedem gemäß seinen Werken
> 4. Jedem gemäß seinen Bedürfnissen
> 5. Jedem gemäß seinem Rang
> 6. Jedem gemäß dem ihm durch Gesetz Zugeteilten"[46]

125 Der Begriff der „Verdienste" ist dabei spezieller und anders verwendet als in dem zur näheren Bestimmung des „Jedem das Seine"-Satzes verwendeten Sinne, es komme darauf an, was jeder *verdient* (→ Rn. 121); „Verdienst" bezieht sich hier einfach auf bestimmte Leistungen, die jemand in der Vergangenheit erbracht hat. In diesem Sinne ist es nur eine von mehreren möglichen Konkretisierungen des Satzes, die in Konkurrenz zu anderen steht. Stellt man diese dann in der gegebenen Weise einander gegenüber, so ist das Ergebnis für Perelman auf den ersten Blick erkennbar: Sie sind miteinander völlig unvereinbar. Auch wenn

> „es zutrifft, dass man mittels mehr oder weniger gewaltsamer Interpretationen, dank mehr oder weniger willkürlicher Behauptungen von diesen verschiedenen Fassungen die eine auf

---

[45] Das Beispiel bei H. L. A. Hart, The Concept of Law, 1961, dt. Der Begriff des Rechts, Neuausgabe 2011, S. 190; ähnliche Beispiele bei Kelsen (Fn. 44), Was ist Gerechtigkeit, S. 32, und N. Hoerster, Was ist eine gerechte Gesellschaft?, 2013, S. 14 f.

[46] Perelman (Fn. 8), S. 16 ff.

*die andere zurückzuführen versuchen kann, stellen sie doch sehr verschiedene und meist ge-
gensätzliche Aspekte der Gerechtigkeit dar.* "[47]

In dieser Lage könne man nun entweder versuchen, die verschiedenen Sinngehalte un- **126**
ter dem Zugeständnis ihrer völligen Unvereinbarkeit schärfer voneinander abzugren-
zen oder einen von ihnen als den allein richtigen gegen die anderen durchzusetzen.
Perelman selbst macht sich demgegenüber daran, aus den verschiedenen Konzeptionen einen Grundextrakt herauszudestillieren, in dem sie über ihre inhaltlichen Unterschiedlichkeiten hinweg auf einer ganz allgemeinen Ebene übereinstimmen. Das Ergebnis soll eine „Definition der *formalen* oder *abstrakten* Gerechtigkeit" sein, die wie
ein Platzhalter oder eine Variable in der Mathematik mit unterschiedlichen Werten
ausgefüllt werden kann. Die wesentliche Gemeinsamkeit der verschiedenen Konzeptionen sieht Perelman dabei in der grundsätzlichen Bezugnahme auf die Gleichheit:

*„Wer verlangt, dass dem Verdienst Rechnung getragen werde, wünscht für Individuen mit
demselben Verdienst dieselbe Behandlung. Ein zweiter wünscht für Menschen mit denselben Bedürfnissen dieselbe Behandlung; und ein dritter fordert eine gerechte, das heißt gleiche Behandlung für diejenigen, die denselben sozialen Rang bekleiden usw. Welcher Art
auch immer ihre Uneinigkeit in anderer Hinsicht ist, so sind sich doch alle darin einig,
dass Gerechtsein eine gleiche Behandlung für alle Wesen bedeutet, die in bestimmter Hinsicht gleich sind […]"*[48]

Auf diese Weise kann nun Perelman die formale oder abstrakte Gerechtigkeit inhalt- **127**
lich definieren; sie bezeichnet genau

*„das Handlungsprinzip, nach welchem die Wesen derselben Wesenskategorie auf dieselbe
Art und Weise behandelt werden müssen."*[49]

Gegen diese Bestimmung kann in der Tat niemand mehr etwas einwenden. Sie lässt aller- **128**
dings, wie Perelman selbst ausführt, die entscheidende Frage offen, wann man es mit zwei
Wesen derselben Wesenskategorie zu tun hat und wie dies festzustellen ist. So haben etwa
die Verfechter der Rassendiskriminierung die gesetzlichen Regelungen, die Farbigen den
Zutritt zu öffentlichen Parks oder öffentlichen Verkehrsmitteln verwehrten, damit gerechtfertigt, bei Weißen und Farbigen handele es sich eben nicht um Wesen derselben
Wesenskategorie, sondern aufgrund ihrer Hautfarbe oder „Rasse", wie man früher sagte,
um solche verschiedener Wesenskategorien. Allerdings könnte man in diesen Fällen an
den Rassisten natürlich noch die weitere Frage stellen, warum selbst dann, wenn man
ihm die entsprechenden Unterschiede konzedierte, dies ein Grund gerade für den Ausschluss von Farbigen aus öffentlichen Parks sein soll. Insofern löst auch ein rein formales
Verständnis von Gerechtigkeit, so dünn es auch sein mag, bereits einen grundsätzlichen
Anspruch auf Rechtfertigung aus. Formale Gerechtigkeit ist also so wenig auch nicht,
und zwar weder als strikt verstandene Gleichheit auf der Ebene der Rechtsanwendung
noch als zunächst noch ganz abstraktes Postulat der Gleichbehandlung aller Wesen derselben Wesenskategorie auf der Ebene der Rechtssetzung. Aber sie stößt natürlich, wie das
Beispiel der Rassendiskriminierung zeigt, in beiden Varianten an ihre Grenzen.

---

[47] Perelman (Fn. 8), S. 20f.
[48] Perelman (Fn. 8), S. 27.
[49] Perelman (Fn. 8), S. 28.

3. Modell 3: Die Menschenrechtskonzeption der Gerechtigkeit

129 Speziell gegen Perelmans Reduktion von Gerechtigkeit auf eine rein formale Kategorie ließe sich allerdings auch noch der weitere Einwand erheben, dass sie die Gegensätze zwischen den verschiedenen Bestimmungsmöglichkeiten des „Jedem-das-Seine"-Satzes, aus denen sie hergeleitet worden ist, überzeichnet und viele von ihnen sich relativ leicht dadurch auflösen lassen, dass man zwischen verschiedenen Anwendungskontexten differenziert. Sicherlich sind Aussagen wie „Jedem das Gleiche", „Jedem gemäß seinen Verdiensten/Werken/Rang etc." oder „Jedem gemäß seinen Bedürfnissen", um nur die drei wichtigsten zu nehmen, miteinander unvereinbar oder jedenfalls gegensätzlich, wenn man nur auf ihren Inhalt blickt[50]. Nennenswerte praktische Bedeutung hätte diese Gegensätzlichkeit aber nur dann, wenn man sie alle auf die Lösung derselben Frage zur Anwendung bringen wollte. Das macht aber so niemand. In vielen Fällen haben wir vielmehr relativ klare Vorstellungen, welche Kriterien maßgeblich sein sollen und welche nicht.

130 So richtet sich etwa das Maß der Strafe im Kern nach der Schwere des begangenen Unrechts, möglicherweise ergänzt um weitere Gesichtspunkte wie eine frühere Lebensführung oder die Wirkung der Sanktion auf andere, aber es gibt niemanden, der die Strafe an der Bedürftigkeit orientiert oder gar die gleiche Bestrafung für alle fordert, ob Massenmörder oder Ladendieb. Im Schadensersatzrecht ist Kriterium für die Höhe des Schadensersatzes üblicherweise der angerichtete Schaden, während etwaige besondere Verdienste des Geschädigten ebenso wenig eine Rolle spielen wie solche auf der Seite des Schädigers. Im Sozialrecht ist das zentrale Prinzip die Bedürftigkeit und macht es offensichtlich keinen Sinn, Sozialleistungen etwa nach dem gesellschaftlichen Rang zuzuteilen. Sicher kann dann über weitere Konkretisierungen wieder gestritten werden, im Strafrecht etwa über Bemessung und Art der Strafe, im Schadensersatzrecht über die zumindest fallweise Berücksichtigung von Gesichtspunkten der Leistungsfähigkeit des Schuldners oder im Sozialrecht darüber, ob man nicht doch ein bedingungsloses und gleiches Grundeinkommen für alle einführen soll. Aber diese Schwierigkeiten der weiteren Ausbuchstabierung dürfen die Gemeinsamkeiten in einigen elementaren Ausgangspunkten nicht aus dem Blick geraten lassen, und bis zu einem gewissen Grad sind diese auch epochen- und kulturübergreifend.

131 Andererseits bleiben durchaus noch Bereiche, in denen schon über das anzuwendende Basiskriterium keine Einigkeit besteht oder es jedenfalls verhältnismäßig lange gedauert hat, es zu finden. Dass etwa für die Zuerkennung des Wahlrechts keine Unterschiede nach Geschlecht, sozialer Stellung, Einkommen oder Bildungsstand gemacht werden dürfen und alle Staatsbürger nach dem Grundsatz „one man, one vote" formal gleich behandelt werden müssen, gilt zwar in den meisten demokratischen Gesellschaften heute als ausgemacht. Es versteht sich aber geschichtlich keinesfalls von selbst; noch das Frauenwahlrecht ist vergleichsweise spät durchgesetzt worden und war je nach Übersetzung möglicherweise im ursprünglichen Grundsatz auch gar nicht enthalten (one *man*). Insoweit ist die entscheidende Frage, welche Fälle gleich zu behandeln sind und welche Ähnlichkeiten oder Unterschiede eine unterschiedliche Behandlung rechtfertigen, immer noch nicht beantwortet. Dies ist letztlich der Punkt, an dem für die Möglichkeit von Gerechtigkeit alles hängt. Umgekehrt ist Gleichheit auch nicht alles und reicht für eine positive Bestimmung von Gerechtigkeit nicht hin. Wenn ein Herrscher eines Tages beschließen sollte, alle seine Untertanen in siedendem Öl zu kochen und sich selbst anschließend auch, wäre dagegen unter Gleichheits-

---

50 Die weiter von Perelman genannten Konzeption „Jedem gemäß dem ihm durch Gesetz Zugeteilten" liegt insoweit von vornherein noch einmal auf einer anderen Ebene, weil es gar kein materielles Kriterium ist: Was durch Gesetz zugeteilt werden soll, ist ja gerade unter Abwägung zwischen den möglichen inhaltlichen Konkretisierungen zu entscheiden.

gesichtspunkten nichts einzuwenden[51]. Aber es wäre nicht eben das, was man sich unter einer gerechten Lösung vorstellt.

a) Gerechtigkeit bedarf daher, wenn sie nicht leer bleiben soll, eines *normativen Orientierungs- und Bezugspunktes,* auf den sie innerlich hingeordnet wird und von dem sie überhaupt erst einen bestimmbaren Inhalt empfängt. Dieser müsste der Gerechtigkeit einerseits vorausliegen, andererseits doch in jede einzelne ihrer möglichen Anwendungen hineinwirken. Nach der heute insgesamt vorherrschenden Konzeption wird dieser Bezugspunkt in der Idee universaler Menschenrechte (→ Rn. 89 ff.) gesehen, die den moralischen Status aller Menschen begründet und, indem sie dies tut, keine vorausgehenden Wertunterscheidungen zwischen Menschen mehr akzeptiert[52]. Auf diese Weise wird die Gerechtigkeit mit der moralischen Hintergrundkonzeption verzahnt, die heute den Kern der modernen Rechtsidee bildet: Jeder Mensch ist danach als Mensch so viel wert wie jeder andere und keiner weniger. Statt von einer Menschenrechts- lässt sich verkürzt auch von einer Menschenwürdekonzeption der Gerechtigkeit sprechen, insofern die Menschenwürde gerade das Prinzip gleicher Beachtung und Respekt zum Ausdruck bringt, das den Menschenrechten als zentrale Ordnungsidee zugrunde liegt. In diesem Sinne begründet sie den fundamentalen Anspruch jedes Menschen, als Gleicher behandelt zu werden, so wie er nach zutreffender Ansicht heute auch den allgemeinen Gleichheitssatz des Art. 3 Abs. 1 GG fundiert[53]. Es greift deshalb zu kurz, wenn man die Menschenwürde allein vom Verletzungsvorgang und dann mit Hilfe der sogenannten Objektformel bestimmt, wie sie bis heute vielfach die Interpretation von Art. 1 Abs. 1 GG bestimmt: Verletzt sein soll danach die Menschenwürde, wenn der Einzelne zum bloßen Objekt staatlichen Handelns gemacht wird[54]. Darin kommt nur andeutungsweise zum Ausdruck, worum es bei der Würdeverletzung eigentlich geht:

„Das *ist die Würdeverletzung: das Übergangenwerden, das Nicht-Zählen, das legitimatorische ‚Luftsein‘*",

also eine bewusste Verletzung des moralischen Status des Menschen, wie er am Grund der Vorstellung universaler Menschenrechte liegt[55]. Von diesem Ausgangspunkt ist dann klar, warum eine Regelung, die nur Weißen den Zutritt zu öffentlichen Parks oder Verkehrsmitteln gestattet, ungerecht ist, und zwar unabhängig davon, ob sie gleichmäßig angewendet wird oder nicht. Und ebenso klar ist, warum Frauen das Wahlrecht unter Gerechtigkeitsgesichtspunkten ebenso zugestanden werden muss wie Männern. Oder warum der Satz „Jedem das Seine" vor dem Tor eines Konzentrationslagers keine theoretisch irgendwie mögliche Formulierung von Gerechtigkeit ist, sondern ihre zynische Verhöhnung.

b) Von diesem normativen Bezugspunkt aus lassen sich auch ein paar Richtpunkte für die Beantwortung der schwierigen Frage gewinnen, welche Rolle das *Prinzip der*

132

133

---

[51] Das Beispiel nach W. H. Frankena, The Concept of Social Justice, in: R. Brand (Hrsg.), Social Justice, 1962, S. 1 (17).

[52] S. Gosepath (Fn. 11), S. 288.

[53] S. Huster, Rechte und Ziele, 1993, S. 41 ff.; ders., in: K. H. Friauf/W. Höfling, Berliner Kommentar zum Grundgesetz, Loseblatt, Art. 3 Rn. 18, 38.

[54] St. Rspr., vgl. BVerfGE 30, 1 (26); 87, 209 (228); 96, 375 (399); 115, 118 (151 ff.); zu den Wurzeln dieser Formel bei Kant s. oben → § 1 Rn. 193.

[55] R. Forst, Kritik der Rechtfertigungsverhältnisse, 2011, S. 122 (Hervorhebung nur hier).

Gleichheit für die Lösung von Gerechtigkeitsproblemen oder überhaupt für den Begriff der Gerechtigkeit spielt. Sie stellt sich vor allem für die Anwendungsfälle der Verteilungsgerechtigkeit, die ihrerseits wieder in den größeren Zusammenhang der Gerechtigkeit der politischen Ordnung insgesamt oder auch der allgemeinen sozialen Gerechtigkeit hineinragen. Hier hat das Problem innerhalb der politischen Philosophie mittlerweile zur Herausbildung zweier gegensätzlicher Lager geführt, die entsprechend ihrer jeweiligen Grundposition als Egalitaristen und Non- bzw. Antiegalitaristen bezeichnet werden[56]. In dieser Auseinandersetzung machen die Egalitaristen die Gerechtigkeit einer Verteilung im Wesentlichen davon abhängig, wie jemand im Verhältnis zu anderen steht; Grundprinzip oder legitimatorischer Ausgangspunkt ist dabei die Gleichbehandlung aller[57]. Demgegenüber kommt es für Nonegalitaristen, um es auf eine kurze Formel zu bringen, nicht darauf an, ob alle dasselbe bekommen, sondern dass jeder für sich gesehen genug hat. Oder in den Worten von Harry Frankfurt:

„Es kommt darauf an, ob Menschen ein gutes Leben führen, und nicht, wie deren Leben relativ zu dem Leben anderer steht […] Wenn eine Person über genügend Ressourcen verfügt, um ihre Bedürfnisse und Interessen zu befriedigen, dann sind ihre Ressourcen völlig angemessen. Deren Angemessenheit hängt nicht zusätzlich von der Menge der Ressourcen ab, über die andere Personen verfügen.“[58]

134 Statt Gleichheit im Sinne einer Beurteilung im Verhältnis zu anderen wird hier also ein absoluter Standard als Richtgröße für Gerechtigkeit eingeführt; wenn dessen praktische Anwendung – etwa bei der Verteilung der angesprochenen Ressourcen – im Ergebnis zu einer gewissen Gleichheit in der Ausstattung mit diesen Ressourcen führt, mag das zwar eine angenehme Nebenfolge sein, ist aber nicht das eigentliche Ziel der Verteilung. Die Einforderung von Gleichheit, hat Joseph Raz sekundiert, habe in den meisten dieser Fälle nur eine rhetorische Bedeutung: Ein Satz wie „Menschen sollen ein gutes Lebens führen können" gewinne nichts dadurch, dass man stattdessen sagt „Menschen sollen gleichermaßen ein gutes Leben führen können"[59].

135 Das klingt auf den ersten Blick sehr einleuchtend. Bei näherem Hinsehen sind aber doch verschiedene Klarstellungen angebracht, die zugleich die Unterschiede zwischen den Lagern ein Stück relativieren. Zunächst bestreiten heute auch Nonegalitaristen nicht, dass jeder Mensch einen grundlegenden Anspruch auf Achtung als Person hat. Im Gegenteil bildet dieser Anspruch für alle Nonegalitaristen den selbstverständlichen Ausgangspunkt, mag man ihn nun einfach Achtungsanspruch, Menschenwürde oder sonstwie nennen[60]. In dieser Formel ist aber die prinzipielle Gleichheit aller im Sinne

---

[56] Die wichtigsten Texte der Nonegalitaristen finden sich in A. Krebs (Hrsg.), Gleichheit oder Gerechtigkeit, 2000, dort auch eine instruktive Einführung in die Argumente, S. 7 ff.

[57] Zugeschlagen werden diesem Lager etwa John Rawls oder Ronald Dworkin, s. dazu bereits oben → § 1 Rn. 246 ff. Innerhalb dieses Lagers lässt sich dann unter der Überschrift „equality of what?" weiter darüber streiten, worauf sich die Gleichheit bzw. Gleichbehandlung beziehen soll: auf Ressourcen, auf Lebenschancen, auf das Wohlergehen etc., s. etwa R. Dworkin, Was ist Gleichheit?, 2011, S. 7 ff., 81 ff. Ferner sollen nur unverdiente Nachteile ausgeglichen werden, also solche, die nicht das Resultat eigener bewusster Entscheidung sind, vgl. G. Cohen, On the Currency of Egalitarian Justice, Ethics 99 (1989), 906 (916).

[58] H. Frankfurt, Gleichheit und Achtung, in: Krebs (Fn. 56), S. 38 (41 f.).

[59] J. Raz, The Morality of Freedom, 1988, S. 227 ff., auch in: Krebs (Fn. 56), S. 62 ff.

[60] S. etwa Frankfurt (Fn. 58), S. 43 ff.; D. Parfit, Equality and Priority, 1997, dt. Gleichheit und Vorrangigkeit, ebda., S. 84; E. S. Anderson, What is the Point of Equality?, 1999, dt. Warum eigentlich Gleichheit?, ebda., S. 117 (149 ff.).

einer moralischen Gleichheit als Personen oder einer Gleichheit in ihren fundamentalen Rechten immer schon zugestanden[61]. Im Verhältnis zu anderen korrespondiert dem ein grundsätzlicher Anspruch, als „Gleicher" behandelt zu werden, dessen Verletzung gegen das oberste Grundprinzip einer material verstandenen Gerechtigkeit verstößt. Es ist eben nicht von vorherein ungerecht, wenn Menschen das Betreten eines öffentlichen Parks verboten wird (etwa um die Brutzeiten bestimmter Vögel zu schützen), aber es ist ungerecht, wenn es einigen Menschen wegen ihrer Hautfarbe verboten wird, anderen dagegen nicht. Gegenüber solchen Diskriminierungen auf der grundsätzlichen, auf den Wert des Menschen selbst bezogenen Ebene bleibt die Gleichheit dementsprechend das zentrale Gerechtigkeitskriterium, und von hier aus erklärt sich erst, warum die Forderung nach Gleichheit gegenüber dem Gesetz, also nach Gleichheit auch in der Rechtssetzung, im Diskurs über Recht und Gerechtigkeit eine so herausragende Rolle gespielt hat: Sie wendet sich gegen jede Vorstellung ungleichen Rechts, die Menschen in verschiedene Gruppen, Stände oder Kasten ein- und ihnen von hier aus ihre Rechte zuteilt. Es trifft deshalb nicht zu, wenn von einigen – nicht allen – Nonegalitaristen gesagt wird, Gleichheit als solche besitze keine moralische Bedeutung[62].

Auf der anderen Seite und unterhalb solcher wertbezogener Diskriminierungen ist **136** Gleichheit auch innerhalb einer Menschenrechtskonzeption von Gerechtigkeit nicht alles. Ausgangs- und erster Orientierungspunkt bleibt hier vielmehr die Forderung, jeden so zu behandeln, wie er oder sie es verdient, und zwar unter Einbeziehung aller moralischen Gesichtspunkte des sachgerechten Urteils. Dies können solche der Gleichheit im Verhältnis zu anderen sein, müssen es aber nicht. In den meisten Fällen setzt sich das Gerechtigkeitsurteil aus einer Kombination gleichheitsbezogener und solcher Gesichtspunkte zusammen, die nur auf den Einzelnen und seinen individuellen Achtungsanspruch bezogen sind.

In vielen Fällen der ausgleichenden Gerechtigkeit wie etwa der Verhängung einer Strafe für begangenes **137** Unrecht dürfte es etwa auf einer primären Ebene vor allem darauf ankommen, ob die Strafe der individuellen Schuld des Täters angemessen ist oder so empfunden wird. Andererseits spielt es für unsere verbreiteten Gerechtigkeitsintuitionen durchaus auch eine Rolle, welche Strafe in vergleichbaren Fällen an anderer Stelle verhängt worden ist. Wird jemand wegen einer bestimmten Tat zu, sagen wir, einer Freiheitsstrafe von 2 Jahren auf Bewährung und ein anderer für praktisch dieselbe Tat bei auch ansonsten weitgehend denselben äußeren Umständen (gleiches Vorstrafenregister etc.) zu einer Freiheitsstrafe von 5 Jahren verurteilt, werden die meisten von uns dies wahrscheinlich auf eine unbestimmte Weise als ungerecht empfinden. Aber die Gleichheitsbeurteilung kommt hier gleichsam erst auf einer sekundären Ebene ins Spiel, die der Bemessung der Strafe nach der individuellen Schuld nachgeordnet ist. Bei reinen Verteilungsproblemen wie etwa in dem schon mehrfach angesprochenen Tortenbeispiel (Verteilung einer Torte auf einem Kindergeburtstag unter mehrere Kinder) kehrt sich die Reihenfolge demgegenüber um: Hier steht die Gleichheit als Beurteilungsmaßstab ganz im Vordergrund, und ohne sie kann im Grunde gar keine gerechte Entscheidung getroffen werden[63]. Weitergehend lässt sich sogar sagen, dass in diesen Fällen die Gleichbehandlung (alle Kinder erhalten ein gleichgroßes Stück) die Regel und Ungleichbehandlungen die rechtfertigungsbedürftige Ausnahme sind; für sie müssen also auf Nachfrage besondere Gründe angegeben werden können (etwa dass ein Kind besonders hungrig und ein anderes schon ganz satt ist etc.)[64]. Hier kommt dann wieder der individuelle Anspruch auf personale Achtung, also der Anspruch auf die Berücksichtigung der Besonderheiten des eigenen Falles, ins Spiel. Wenn die Eltern demgegenüber ohne solche

---

[61] Tugendhat (Fn. 3), S. 379.
[62] So Frankfurt (Fn. 58), S. 43.
[63] Mahlmann (Fn. 10), § 26 Rn. 16.
[64] Gosepath (Fn. 8), S. 200ff.: „Präsumtion der Gleichheit".

Gründe einigen Kindern doppelt so große Stücke geben wie anderen, ist die Verteilung eben nicht gerecht, sondern willkürlich[65].

III. Gegenthese: Die Unmöglichkeit der Gerechtigkeit

138 Allerdings liegt auf der Hand, dass damit seinerseits nur ein ganz allgemeiner Maßstab vorgegeben ist, der wiederum auf sehr unterschiedliche Weise ausgefüllt werden kann. Aber braucht man ihn dann überhaupt oder käme man nicht von Anfang an besser ohne ihn aus? In dieser Frage liegt der Ausgangspunkt der beständigen Kritik an der Gerechtigkeit. Sie ist so alt ist wie der Diskurs über Gerechtigkeit selbst, so dass dieser seinerseits als eine beständige Auseinandersetzung mit der Gerechtigkeitskritik verstanden werden kann. Im Wesentlichen sind es drei Argumente, die sie bis heute munitionieren: Zum einen bezweifelt man, dass sich Gerechtigkeit überhaupt begründen lässt; ihre Erhebung zum obersten Zielwert des Rechts sei letztlich nur eine willkürliche Setzung, die keinen irgendwie gearteten Vorrang vor anderen Zielwerten beanspruchen könne. Zum zweiten, wird gesagt, sei Gerechtigkeit als Prinzip zu unscharf und zu abstrakt, um für die Lösung konkreter Probleme irgendetwas herzugeben; damit sei sie aber letztlich auch überflüssig oder könne jedenfalls für das Recht keine sinnvolle Rolle spielen. Und drittens sei sie viel zu stark idealisiert, um je realisiert werden zu können: ein fernes Wunsch- oder auch Trugbild, dem gegenüber die Wirklichkeit immer nur grau aussehen könne. In der konkreten Entfaltung überschneiden sich diese Argumente oft oder gehen ineinander über; soweit Gerechtigkeit ein moralisches Prinzip ist, bestehen darüber hinaus Berührungspunkte zu den Argumenten, wie sie gegen die Vorstellung einer notwendigen Verbindung von Recht und Moral vorgebracht wurden (→ Rn. 51 ff.). Je nach der Alternative, die sie favorisiert, lässt sich die Kritik erneut zu drei gegensätzlichen Grundmodellen zusammenziehen.

1. Modell 1: Amoralisches Recht

139 Die erste Gegenvorstellung hat ihre Ursprünge ebenfalls in der griechischen Antike, dort also, wo mit der Einführung des „Jedem das Seine"-Satzes durch Platon und der systematischen Entfaltung dieses Satzes bei Aristoteles Gerechtigkeit überhaupt zum ersten Mal theoretisch durchdekliniert wurde. Hier tritt sie zunächst als realistische Kritik auf, die die Rede von der Gerechtigkeit als inhaltloses Geschwätz entlarven will, als hohle Formel, die nur dazu dient, Machtinteressen zu verschleiern. Referiert wird sie in diesem Sinne vor allem bei Platon, der sie freilich selbst nicht teilt und deshalb unter anderem dem Sophisten Thrasymachos in den Mund legt:

„So höre denn: Ich behaupte nämlich, das Gerechte sei nichts anderes als der Vorteil des Stärkeren. Aber wie? Du lobst mich ja nicht. Du willst eben nicht. – Sokrates: Erst muss ich doch verstehen, was du meinst. Denn jetzt weiß ich es noch nicht […] – Thrasymachos: Solltest du wirklich nicht wissen, dass die Staaten teils eine tyrannische, teils eine aristokratische, teils eine demokratische Regierungsform haben? – Sokrates: Wie sollte ich nicht? – Thrasymachos: Die Macht aber hat in jedem Staate eben dieses Element, das regierende. – Sokrates: Allerdings. – Thrasymachos: Jede Regierung aber gibt ihre Gesetze zu ihrem eigenen Vorteil, die Demokratie demokratische, die Tyrannis tyrannische und die anderen ebenso. Durch diese Art der Gesetzgebung bekunden sie eben, dass für die Regierten dasje-

---

[65] E. Tugendhat, Gleichheit und Universität in der Moral, in: M. Willaschek (Hrsg.), Ernst Tugendhat: Moralbegründung und Gerechtigkeit, S. 3 (11 ff.).

nige gerecht ist, was ihnen selbst vorteilhaft ist, und wer es übertritt, den bestrafen sie als einen Gesetzesverächter und Frevler. Das also ist es, mein Bester, was meiner Behauptung nach in allen Staaten gleichermaßen gerecht ist, der Vorteil der bestehenden Regierung. Diese aber hat die Macht, woraus denn bei richtiger Schlussfolgerung sich ergibt, dass überall das Nämliche gerecht ist: der Vorteil des Stärkeren.“[66]

Gerade umgekehrt meint, wiederum in der Wiedergabe durch Platon, der Sophist **140** Kallikles, die Gesetze seien von den Schwachen und der großen Masse zu ihren eigenen Gunsten gemacht, um die Stärkeren einzuschüchtern und im Zaum zu halten; sobald jemand versuche, sich aus der Masse herauszuheben und sich vor ihr einen Vorteil zu verschaffen, nenne man das deshalb einfach ungerecht[67]. Etwas später und gewissermaßen zwischen diesen Extrempositionen stehend wird Epikur Gerechtigkeit eher als nützlichen Kompromiss im gegenseitigen Interesse, nämlich zur Vermeidung von Schädigungen, beschreiben[68]. Gerade dieser Gedanke wird in der Neuzeit von Friedrich Nietzsche aufgegriffen und noch einmal luzider formuliert:

„Die Gerechtigkeit (Billigkeit) nimmt ihren Ursprung unter ungefähr gleich Mächtigen, wie dies Thukydides […] richtig begriffen hat; wo es keine deutlich erkennbare Übergewalt gibt und ein Kampf zum erfolglosen, gegenseitigen Schädigen würde, da entsteht der Gedanke sich zu verständigen und über die beiderseitigen Ansprüche zu verhandeln: der Charakter des Tausches ist der anfängliche Charakter der Gerechtigkeit. […] Gerechtigkeit ist also Vergeltung und Austausch unter der Voraussetzung einer ungefähr gleichen Machtstellung: so gehört ursprünglich die Rache in den Bereich der Gerechtigkeit, sie ist ein Austausch. Ebenso die Dankbarkeit. – Gerechtigkeit geht natürlich auf den Gesichtspunkt einer einsichtigen Selbsterhaltung zurück, also auf den Egoismus […]. – Soviel zum Ursprung der Gerechtigkeit.“[69]

Das ist vom Ergebnis her noch einmal anders als die Bestimmung von Gerechtigkeit **141** als Vorteil des Stärkeren bzw. der Schwächeren und klingt auf den ersten Blick auch weniger kritisch: Die Vorstellung eines Ausgleichs unter Gleichen könnte ja die Vermutung begründen, dass die auf diese Weise zustande gekommenen Ergebnisse auch in einem normativ gehaltvollen oder jedenfalls vertretbaren Sinne als inhaltlich richtig oder eben gerecht bezeichnet werden können. Gerade dies ist etwa der Grund dafür, dass im Privatrecht jedenfalls grundsätzlich das Prinzip freier Einigung gilt: Man vertraut darauf, dass die Beteiligten selbst am besten wissen, was für sie gut ist, und ein Vertrag deshalb einen gerechten Ausgleich zwischen ihnen bewirkt. Aber darum geht es Nietzsche nicht. Stattdessen will er ebenso wie Thrasymachos oder Kallikles die Gerechtigkeit auf ihren realen Grund zurückführen, der in einem rohen Interessenkalkül gesehen wird: Dies ist der „schändliche Ursprung“ aller Moral, an den sie nicht erinnert werden darf, wenn an ihrem Selbstbild festgehalten werden soll[70]:

---

[66] Platon, Politeia, dt. Der Staat, 338 c – e, in: Platon, Sämtliche Dialoge, Bd. V, hrsgg. von O. Appelt, unveränderter Nachdruck 2004. Wie stets ist nicht klar, ob Platon die Position der Sophisten zutreffend referiert; für die Zwecke des Arguments kommt es aber darauf nicht an.

[67] Platon, Gorgias, 483 a – c, in: Sämtliche Dialoge (Fn. 66), Bd. I.

[68] Epikur, Kyriai doxai (Hauptlehrsätze), Nr. 33, nachlesbar etwa in H.-W. Krautz, Epikur. Briefe – Sprüche – Werkfragmente, 1980.

[69] F. Nietzsche, Menschliches, Allzumenschliches, erstmals 1878, in: ders., Werke, Bd. I, 1994, Nr. 92.

[70] Schändlicher Ursprung: F. Nietzsche, Morgenröte, erstmals 1880, in: ders., Werke, Bd. I, 1994, Nr. 102 („pudenda origo“).

„Dadurch, dass die Menschen, ihrer intellektuellen Gewohnheit gemäß, den ursprünglichen Zweck sogenannter gerechter, billiger Handlungen vergessen haben und namentlich weil durch Jahrtausende hindurch die Kinder angelernt worden sind, solche Handlungen zu bewundern und nachzuahmen, ist allmählich der Anschein entstanden, als sei eine gerechte Handlung eine unegoistische: auf diesem Anschein aber beruht die hohe Schätzung derselben, welche überdies, wie alle Schätzungen, fortwährend noch im Wachsen ist: denn etwas Hochgeschätztes wird mit Aufopferung erstrebt, nachgeahmt, vervielfältigt, und wächst dadurch, dass der Wert der aufgewandten Mühe und Beeiferung von jedem Einzelnen noch zum Werte des geschätzten Dinges hinzugeschlagen wird. — Wie wenig moralisch sähe die Welt ohne die Vergesslichkeit aus! Ein Dichter könnte sagen, dass Gott die Vergesslichkeit als Türhüterin an die Tempelschwelle der Menschenwürde hingelagert habe.“[71]

142 Das ist zunächst ebenso wie bei Thrasymachos oder Kallikles Ideologiekritik, und zwar als Kritik an einer fehlerhaften oder auch missbräuchlichen Verwendung des Gerechtigkeitsbegriffs. Die Frage ist, was daraus konkret folgen soll. Thrasymachos' Bestimmung von Gerechtigkeit als „Vorteil des Stärkeren" ließe sich möglicherweise als realistische Bestandsaufnahme der von ihm vorgefundenen politischen Verhältnisse seiner Zeit lesen, der gegenüber man durchaus an einer moralisch gehaltvollen Vorstellung von Gerechtigkeit festhalten könnte: einfach eine Kritik an ungerechten Verhältnissen, nicht an der Gerechtigkeit selbst. Demgegenüber verfolgen Kallikles und ebenso später Nietzsche offen das Programm einer Gegen-Gerechtigkeit, einer Gerechtigkeit ohne Moral und ohne Bindungen, die am Ende allein den Stärkeren in das ihm vermeintlich zustehende Recht einsetzt. Die Natur selbst, heißt es in diesem Sinne etwa bei Kallikles, beweise, dass es gerecht sei, wenn der Bessere mehr habe als der Geringere, der Stärkere mehr als der Schwächere. Und wenn dann einmal ein Starker komme,

„dann schüttelt er all das ab, zerreißt die Fesseln und macht sich frei, tritt alle unsere Paragraphen, unsere Zähmungs- und Besänftigungsmittel und alle widernatürlichen Konventionen mit Füßen, steht auf und erweist sich, der ehemalige Sklave, als unser Herr: und hier leuchtet dann das Gerechte der Natur hervor.“[72]

143 Bei Nietzsche wird daraus im Rahmen einer „Umwertung aller Werte" die Verabschiedung der bisherigen „Sklaven-" zugunsten einer „Herrenmoral", am Ende die prophetische Verkündung des „Übermenschen", der den „Willen zur Macht" als das eigentliche Lebensprinzip feiert und alles zertrümmert, worauf die Welt bisher gründete: Gott, Religion, die Wissenschaften und die Künste, den Staat, vor allem aber die Moral als eine Moral des Mitleidens und der Empathie[73]. Wenn es für das Recht in der Gegenwelt, die sich damit auftut, überhaupt noch einen Platz gäbe, so wäre es in jedem Fall ein Recht ohne eine solche Moral, ein im tiefsten Grund amoralisches Recht. Möglicherweise bleibt aber für das Recht überhaupt kein Raum, weil es als die „Burg

---

[71] Nietzsche (Fn. 69), ebda.

[72] Platon (Fn. 67), Gorgias, 484 a.

[73] F. Nietzsche, Also sprach Zarathustra, erstmals 1883; das Programm der „Umwertung aller Werte" als Grundzug verschiedener Schriften, s. etwa ders., Jenseits von Gut und Böse, erstmals 1886; Zur Genealogie der Moral, erstmals 1887; Der Antichrist, erstmals 1894; die Formel programmatisch etwa in ders., Ecce homo posthum, erstmals 1908, Warum ich ein Schicksal bin, in, ders., Werke, Band II, 1994, Nr. 1: „Aber meine Wahrheit ist *furchtbar*: denn man hieß bisher die *Lüge* Wahrheit. — *Umwertung aller Werte*: das ist meine Formel für einen Akt höchster Selbstbesinnung der Menschheit".

der Schwachen", die es bislang war, nicht mehr gebraucht wird[74]. Über die Rolle von Gerechtigkeit für das Recht oder im Recht lässt sich auf dieser Grundlage nicht sinnvoll diskutieren: Das Modell zielt am Ende auf eine Welt ohne Recht, in der die Frage nach der Gerechtigkeit keinen möglichen Ort mehr hat.

Es kann damit aber auch für die weitere Darstellung außen vor gelassen werden. Aber auch für die dahinterstehenden Fragen nach dem Sinn und Inhalt von Moral überhaupt kann es keine Rolle spielen, und zwar gerade dann nicht, wenn Nietzsche mit seinen Überlegungen zu ihrer Herkunft und Entstehung recht hatte: Ist die Moral tatsächlich das Produkt einer die gesamte Menschheitsgeschichte durchziehenden Entwicklung, also etwas in dieser Geschichte Gewordenes und Gewachsenes, dessen Ursprünge wir vergessen haben, dann bestimmt es gleichzeitig den Rahmen, innerhalb dessen wir argumentieren. Wir leben dann immer schon in einer moralischen Umwelt, die uns „kraft der Autorität ihres Vorhandenseins" verpflichtet und aus der wir unsere Urteile gewinnen[75]. Zu dieser Umwelt gehört die gleiche Anerkennung als Person und in der Konsequenz auch die gleiche Anerkennung der Menschenrechte dazu, die in unser heutiges Rechtsverständnis tief eingelassen ist. Ebenso gehört dazu eine Vorstellung vom Sinn des Rechts als einer prinzipiellen Ausgleichs- und Friedensordnung, die aus sich heraus immer auch einen moralischen Gehalt in sich aufnimmt (→ Rn. 83). Die historische Bedeutung der Vorstellung von einer Gegenwelt ohne Recht besteht demgegenüber hauptsächlich darin, dass sie überwunden worden ist. **144**

2. Modell 2: Instrumentelles Recht

Setzt man demgegenüber die Notwendigkeit oder jedenfalls die Existenz des Rechts voraus, bleibt immer noch die weitere Frage, ob Gerechtigkeit für das Recht eine sinnvolle Rolle spielen kann. Das hängt wie gesehen im Wesentlichen davon ab, ob sie mit einem sinnvollen oder überhaupt einem positiven Inhalt gefüllt werden kann. Darauf war mit dem Konzept einer menschenrechtlichen, an einem universalen Prinzip gleicher Achtung und Respekt orientierten Gerechtigkeit eine versuchsweise Antwort gegeben worden (→ Rn. 129ff.). Die Frage ist, ob sie ausreicht oder überhaupt sachlich zu überzeugen vermag. Dies wird von einer zweiten Gruppe von Autoren bestritten, deren Gegenmodell heute meist nicht das Recht des Stärkeren, sondern eher das eines pragmatischen, für verschiedene Nützlichkeitserwägungen geöffneten Rechts ist. Die friedensstiftende Funktion des Rechts wird dabei durchaus anerkannt; oft schwingt auch eine gewisse Sympathie für die prinzipielle demokratische Gestaltbarkeit des Rechts durch einen hierzu legitimierten Gesetzgeber mit[76]. Die Einwände, die von hier aus gegen eine mögliche Leitfunktion von Gerechtigkeit für das Recht vorgebracht werden, lassen sich entsprechend ihrer Intensität zu zwei unterschiedlichen Gruppen zusammenziehen, und zwar je nachdem, ob sie das Problem eher auf einer grundsätzlichen Ebene oder auf der Ebene der praktischen Ausfüllung sehen. Im Einzelnen: **145**

a) Der *Einwand der theoretischen Unbestimmbarkeit* knüpft an das bereits im Abschnitt über Recht und Moral angesprochene Relativismusargument an (→ Rn. 41) und ist ebenfalls besonders markant von Hans Kelsen erhoben worden. Gerechtigkeit, so sagt er, sei eine Leerformel, die auf keine denkbare Weise mit einem bestimmten Inhalt gefüllt werden kann: **146**

---

[74] Entsprechende Charakterisierung bei Nietzsche (Fn. 69), Nr. 39.

[75] M. Walzer, Kritik und Gemeinsinn, 1990, S. 31.

[76] Es geht deshalb nicht an, die Vertreter dieses Lagers zusammen mit den zuvor behandelten einfach einer „nietzscheanischen Grundposition" zuzuschlagen, wie es gelegentlich geschieht, vgl. R. Alexy, Eine diskurstheoretische Konzeption der praktischen Vernunft, 1993, S. 11ff.; ihm folgend Tschentscher (Fn. 8), S. 81ff., 143ff. Das verwischt die doch vorhandenen deutlichen Unterschiede zwischen den Positionen und ist gegenüber den Vertretern dieses Lagers wie etwa Hans Kelsen auch unfair.

„Wenn die Geschichte der menschlichen Erkenntnis uns irgendetwas lehren kann, ist es die Vergeblichkeit des Versuches, auf rationalem Wege eine absolut gültige Norm gerechten Verhaltens zu finden, d. h. aber eine solche, die die Möglichkeit ausschließt, auch das gegenteilige Verhalten für gerecht zu halten. Wenn wir aus der geistigen Erfahrung der Vergangenheit irgendetwas lernen können, ist es dies, dass die menschliche Vernunft nur relative Werte begreifen kann, und d. h., dass das Urteil, mit dem etwas für gerecht erklärt wird, niemals mit dem Anspruch auftreten kann, die Möglichkeit eines gegenteiligen Werturteils auszuschließen. Absolute Gerechtigkeit ist ein irrationales Ideal. Vom Standpunkt rationaler Erkenntnis gibt es nur menschliche Interessen und daher Interessenkonflikte. Für deren Lösung stehen nur zwei Wege zur Verfügung: entweder das eine Interesse auf Kosten des anderen zu befriedigen, oder einen Kompromiss zwischen beiden herbeizuführen. Es ist nicht möglich, zu beweisen, dass nur die eine, nicht aber die andere Lösung gerecht ist."[77]

147 Kelsen begründet dies unter anderem mit einer Gegenüberstellung verschiedener Gerechtigkeitskonzeptionen, deren Unvereinbarkeit er an verschiedenen Beispielen oder indem er sie in ihre letzten Konsequenzen durchdekliniert belegen will: der Gerechtigkeitskonzeption des Utilitarismus, einer kommunistischen Vorstellung von Gerechtigkeit, der platonischen Ideenlehre und schließlich sogar der Gerechtigkeit Gottes, die dem Menschen ewig ein Geheimnis bleiben werde und viele seiner geläufigen Gerechtigkeitsintuitionen auf den Kopf stelle[78]. In ähnlicher Weise hatte einige Jahrhunderte zuvor schon Pascal in einer heute sprichwörtlich gewordenen Passage über die unterschiedlichen Vorstellungen von Gerechtigkeit in verschiedenen Regionen der Erde gespottet:

„Drei Breitengrade näher zum Pol stellen die ganze Rechtswissenschaft auf den Kopf, ein Längengrad entscheidet über Wahrheit; nach wenigen Jahren der Gültigkeit ändern sich grundlegende Gesetze [...] Spaßhafte Gerechtigkeit, die ein Fluss begrenzt! Diesseits der Pyrenäen Wahrheit, jenseits Irrtum."[79]

148 Aber das übersieht die durchaus zahlreichen interkulturellen Gemeinsamkeiten, die die unterschiedlichen Auffassungen zu konkreten Fragen überwölben und durchaus einen verlässlichen Bestand einiger elementarer Grundprinzipien ergeben[80]. Dass niemand in eigener Sache Richter sein soll, dass für erlittene Schäden ein Ausgleich zu gewähren ist, dass nur Schuldige bestraft werden sollen und gleiche Fälle gleich zu behandeln sind – das alles ist zwar in der konkreten Ausfüllung umstritten (also etwa: Welche Schäden zählen? Wodurch kann man schuldig werden? Welche Fälle sind als gleich zu betrachten?), aber eigentlich nicht im Grundsätzlichen. Wenn Kelsen demgegenüber gegen die zentrale Konkretisierung des Gerechtigkeitsprinzips, die „Jedem-das-Seine"-Formel oder eben den Satz, jeden so zu behandeln, wie er oder sie es verdient, einwendet, es handele sich um eine völlige Leerformel, die mit Beliebigem gefüllt werden kann, greift dies nicht für eine menschenrechtliche Konzeption von Gerechtigkeit, die das individuelle Recht eines jeden auf gleiche Beachtung und Respekt

---

[77] Kelsen (Fn. 44), Was ist Gerechtigkeit, S. 45.

[78] S. im Einzelnen Kelsen (Fn. 44), Was ist Gerechtigkeit, S. 13 f. (Utilitarismus), 18 f., 26 f. (Platon), 32 ff. (kommunistische Gerechtigkeit), 27 f. (biblische Gerechtigkeit).

[79] Pascal (Fn. 21), Nr. 100/294. Pascal selbst lässt sich allerdings keinem der hier beschriebenen Gegenmodelle zuordnen, dazu sind seine Stellungnahmen zu fragmentarisch und ist seine eigene Position zu ambivalent. Zu ihm nunmehr E. Denninger, Gerechtigkeit und/oder Gewalt?, in: Rechtsstaatliches Strafrecht, FS für U. Neumann, 2017, S. 85 ff.

[80] O. Höffe, Gerechtigkeit. Eine philosophische Einführung, 4. Auflage 2010, S. 9 ff.

(als Anerkennung der Personqualität, Menschenwürde, Menschenrechtsidee, Recht auf Rechtfertigung etc.) zu ihrem Ausgangspunkt hat (→ Rn. 132). Dagegen lässt sich auch kaum sinnvoll argumentieren, weil mit dem Eintritt in die Argumentation der prinzipielle Achtungsanspruch des Anderen als eben auch ein Anspruch auf Rechtfertigung immer schon anerkannt ist[81].

Um diesen Ausgangspunkt kommt am Ende auch Kelsen selbst nicht herum. Auf die zum Abschluss seiner Überlegungen an sich selbst gestellte Frage, welches die Moral der von ihm entworfenen „relativistischen Gerechtigkeitsphilosophie" sei und ob sie überhaupt eine Moral habe, wendet er sich entschieden gegen die Vorstellung, sein Relativismus sei amoralisch oder unmoralisch. Stattdessen liege ihm selber ein moralisches Prinzip zugrunde, nämlich   **149**

„das Prinzip der Toleranz, das ist die Forderung, die religiöse oder politische Anschauung anderer wohlwollend zu verstehen, auch wenn man sie nicht teilt, ja gerade, weil man sie nicht teilt […]."[82]

Das ist in der Sache ganz richtig erkannt: Wenn alle Auffassungen, wie der Relativismus meint, gleich richtig sein können, kann niemand für seine eigene Auffassung mehr einen Wahrheitsanspruch reklamieren und muss den anderen zugestehen, dass auch ihre Auffassung richtig sein kann. Es ist dies aber exakt der Anspruch eines jeden auf gleiche Beachtung und Respekt, der im Zentrum einer heute allein angemessenen materialen Konzeption von Gerechtigkeit steht: als ein Anspruch, gehört und mit seinen eigenen Ansichten, vielleicht auch Interessen ernstgenommen zu werden. Kelsen selbst leitet daraus die Forderung nach einer demokratischen Ordnung ab, die ihren Grundgedanken wiederum gerade im Relativismus haben soll[83]. Noch weitergehend, aber auf derselben Prämisse, erbaut Gustav Radbruch aus dem Relativismus ein ganzes Gebäude aus liberalen Grundprinzipien, Rechtsstaat und Gewaltenteilung, Demokratie und Überwindung sozialer Ungleichheit[84]. Das ist nicht in allen Stufen der Argumentation unbedingt zwingend. Aber die Schlussfolgerung liest sich gleichwohl eindrucksvoll: **150**

„Ein logisches Wunder hat sich vollzogen: das Nichts hat aus sich heraus das All geboren. Wir sind ausgegangen von der Unmöglichkeit, das gerechte Recht zu erkennen, und wir enden damit, bedeutsame Erkenntnisse über das gerechte Recht in Anspruch zu nehmen. Wir haben aus dem Relativismus selbst absolute Folgerungen abgeleitet, nämlich die überlieferten Forderungen des klassischen Naturrechts. Im Gegensatz zum methodischen Prinzip des Naturrechts ist es uns gelungen, die sachlichen Forderungen des Naturrechts zu begründen: Menschenrechte, Rechtsstaat, Gewaltenteilung, Volkssouveränität. Freiheit und Gleichheit, die Ideen von 1789, sind wieder aufgetaucht aus der skeptischen Flut, in der sie zu ertrinken schienen. Sie sind die unzerstörbare Grundlage von der man sich entfernen kann, aber zu der man immer zurückkehren muss."[85]

---

[81] Zu der dahinterstehenden Figur des „performativen Selbstwiderspruchs" s. bereits oben → § 1 Rn. 281 f.; zum „Recht auf Rechtfertigung" Forst (Fn. 55), S. 13 ff., 53 ff.

[82] Kelsen (Fn. 44), Was ist Gerechtigkeit, S. 45.

[83] Kelsen (Fn. 44), Was ist Gerechtigkeit, S. 46 f.; ders., Vom Wesen und Wert der Demokratie, jetzt in: ders., Verteidigung der Demokratie, hrsgg. v. M. Jestaedt/O. Lepsius, 2006, S. 113.

[84] Radbruch, Der Relativismus in der Rechtsphilosophie, in: ders., Gesamtausgabe, Band 3, hrsgg. v. A. Kaufmann, bearbeitet v. W. Hassemer, 1990, S. 17 ff.

[85] Radbruch (Fn. 84), S. 21 f.

151 b) Auch wenn man aber diesen Ausgangspunkt akzeptiert, bleibt immer noch die Frage, ob er auf eine handhabbare oder überhaupt irgendwie sinnvolle Weise ausgefüllt werden kann. Gerade dies bezweifelt der *Einwand der praktischen Realisierbarkeit* von Gerechtigkeit. Dieser kann im Ergebnis von zwei Seiten ansetzen, zum einen vom Gerechtigkeitsbegriff und den Kriterien, die zu seiner weiteren Ausfüllung herangezogen werden, zum anderen beim Recht selbst und der Komplexität der Aufgaben und Fragen, die es heute zu bewältigen hat.

152 (1) Setzt er beim Recht und seiner mittlerweile erreichten Komplexität an, wird dann vor allem auf die Notwendigkeit permanenten Entscheidens verwiesen, unter der das Rechtssystem steht: Der Gesetzgeber muss dauernd etwas regeln, Gerichte müssen permanent Fälle entscheiden. Als Entscheidungen, sagt etwa Niklas Luhmann, sind sie aber notwendig kontingent, d. h. man könnte sie sich immer auch anders vorstellen – sonst wären es ja keine „Entscheidungen". Namentlich die Zunahme der Gesetzgebung ermöglicht es, indem sie immer auch bestehendes Recht ändert,

„gleiche Fälle ungleich und ungleiche Fälle gleich zu entscheiden je nachdem, ob die Entscheidung vor oder nach Inkrafttreten des Gesetzes getroffen wird."[86]

Gerechtigkeit erscheint dann aus der Außenbeobachtung als eine „Kontingenzformel", mit der dieser Umstand verschleiert werden soll[87]. Aber gerade dann muss, wie gerade Luhmann in aller Klarheit feststellt, innerhalb des Rechtssystems selbst, also von seinen Teilnehmern, an ihr festgehalten werden, um die Einheit des Systems gegenüber seiner Umwelt zu behaupten und sich seiner Identität zu versichern (→ Rn. 169)[88]. Man kann also auch weiter über ihren Inhalt nachdenken und muss es auch.

153 (2) Soweit der Einwand demgegenüber beim Gerechtigkeitsbegriff und seinen Kriterien ansetzt, geht er meist dahin, dass diese zu zahlreich, zu unscharf und letztlich auch zu widersprüchlich seien, um die allfälligen Abwägungsentscheidungen sinnvoll strukturieren zu können. Das ist zunächst dasselbe Argument, das hinter Perelmans Reduktion von Gerechtigkeit auf eine rein formale Kategorie stand (→ Rn. 124 ff.). Es taucht aber hier in einer stärker ins Praktische gewendeten Fassung auf. An konkreten Beispielen wie etwa der Frage der Besteuerung der Bürger wird dann etwa demonstriert, dass die verschiedenen Gesichtspunkte, nach denen sie erfolgen könnte (nach der Leistungsfähigkeit, erworbenen Rechten, der Bedürftigkeit etc.), so unvereinbar sind, dass sie sich im Ergebnis aufheben: Auf moralische Übereinstimmung zu hoffen sei hier völlig vergeblich[89]. Oder man nimmt die Verteilung einer Erbmasse unter Geschwistern, um zu zeigen, dass aus Gerechtigkeitsgesichtspunkten ganz gegenläufige Ergebnisse (von gleichen Anteilen für alle bis hin zu sehr unterschiedlichen Anteilen entsprechend unterschiedlichen Bedürfnissen, unterschiedlichen Fähigkeiten, unterschiedlichen Verdiensten gegenüber dem Verstorbenen etc.) zu rechtfertigen sind[90].

---

[86] Luhmann (Fn. 43), Das Recht der Gesellschaft, S. 229; zur Kontingenz des Entscheidens ebda., S. 235 ff.

[87] Luhmann (Fn. 43), Das Recht der Gesellschaft, S. 235 ff.

[88] Luhmann (Fn. 43), Das Recht der Gesellschaft, S. 217 f.

[89] So A. Mac Intyre, After Virtue. A Study in Moral Theory, 1981, dt. Der Verlust der Tugend, 2006, S. 325 ff.

[90] Dieses Beispiel etwa bei B. Rüthers/C. Fischer/A. Birk, Rechtstheorie, 10. Auflage 2018, § 9 Rn. 344 ff.

Ein besonders hübsches Beispiel in diesem Zusammenhang stammt von dem amerikanischen Rechtsphilosophen Joel Feinberg[91]: Um die Stelle eines Dozenten an einer Universität bewerben sich zwei Kandidaten, A und B. A ist der qualifiziertere, kann gut mit der Verwaltung, arbeitet viel und ist besonders erfolgreich in der Einwerbung von Drittmitteln. B hingegen hat zuletzt den Anschluss an die wissenschaftliche Entwicklung verpasst, aber in der Vergangenheit hochbedeutende Werke geschrieben; zudem ist er beliebter und umgänglicher als A. Als die Waage sich zugunsten des B zu neigen droht, machen die Anhänger von A geltend, dass ihm die Universität dafür zu Dank verpflichtet sei, dass er sich in der Vergangenheit mehrfach erfolgreich für deren Wohl eingesetzt und dass dies unter anderem zu einer Erhöhung der Gehälter der Universitätsangehörigen geführt habe. Darauf die Anhänger von B: B habe sich vor längerer Zeit schon einmal um die Stelle beworben und sei damals zu Unrecht übergangen worden, wofür er entschädigt werden müsse. Demgegenüber nun wieder die Anhänger von A: Auch A müsse entschädigt werden, weil er sich bei seinem Einsatz für die Universität die Gesundheit ruiniert habe. Aber es tauchen immer noch weitere Gesichtspunkte auf, für B etwa, dass ihm bei seiner letzten Bewerbung die Stelle schon einmal formal versprochen worden war, oder es entdeckt jemand eine längst vergessene Regel, nach der die Stelle nun turnusgemäß mit einem Insektenforscher besetzt werden müsse, und B sei der einzige Insektenforscher an der Universität. Am Ende trifft dann noch ein Telegramm eines Ölmagnaten ein, der der Universität bei der Wahl von A ohne jede weitere Bedingung eine Spende in Millionenhöhe in Aussicht stellt. An wen soll unter diesen Umständen die Stelle vergeben werden? **154**

Für Fälle dieser Art gibt es unter Gerechtigkeitsgesichtspunkten in der Tat keine klare Lösung, schon gar nicht im Sinne einer einzig richtigen. Aber das ist auch nicht der Anspruch von Gerechtigkeit, sondern zeigt nur, dass ihre Realisierung nicht einfach ist und in den meisten Fällen auf eine komplexe Abwägung hinausläuft. Für diese lassen sich doch einige notwendige Differenzierungen einziehen. Zunächst muss man sehen, dass die Unklarheit über die anzuwendenden Kriterien auf den eigentlichen Ausgangspunkt der Gerechtigkeit, nämlich den grundlegenden moralischen Anspruch, als Person und als Gleicher behandelt zu werden, nicht übergreift. Dies ist der Gegenstand der Gerechtigkeit, nicht sind es diese oder jene materiellen Güter, mit denen man am Ende ausgestattet werden soll[92]. In der Sache bedeutet das vor allem, dass alle Maßnahmen oder Verteilungen gegenüber allen von ihr Betroffenen in einer Weise gerechtfertigt werden müssen, die diesen grundsätzlichen Anspruch in ihr Zentrum stellt. **155**

Im Fall der zu besetzenden Dozentenstelle kann das durchaus bedeuten, dass die Feststellung der Eignung oder Befähigung auf ganz unterschiedliche Parameter gestützt wird (bisherige Leistung oder Potential für die Zukunft, Auftreten in der Öffentlichkeit, Erfolge in der Mitteleinwerbung etc.) oder auch länger zurückliegende Verdienste um die Universität in die Entscheidung einbezogen werden; das Ergebnis als solches kann dann ganz offen sein. Entscheidend ist, dass die Auswahl gegenüber dem Unterlegenen mit Gründen gerechtfertigt werden kann, die vor seinem Anspruch als Gleicher und überhaupt einem daraus erwachsenden Anspruch auf Rechtfertigung bestehen können. Es ist andererseits leicht zu sehen, dass dies immer auch bestimmte Kriterien ausschließt. So könnte man eine Entscheidung zugunsten des A nicht damit begründen, dass er besser aussieht als B oder B ein Glatzkopf ist und man Glatzköpfe nicht will. Ebenso ist die Berücksichtigung der in Aussicht gestellten Millionenspende durch einen Dritten für den Fall der Auswahl des A kein zulässiger Gesichtspunkt der Gerechtigkeit. Natürlich schließt das nicht aus, dass die Universität trotzdem so verfährt, weil dies für sie das Beste ist oder sie vielleicht auch finanziell gerade klamm ist. Aber sie hat dann nicht eine gerechte Entscheidung getroffen, sondern nur eine für sie nützliche, und man kann sich schwer vorstellen, dass diese Auswahlentscheidung vor einem Gericht, das den Anspruch hat, Recht anzuwenden, Bestand hätte[93]. **156**

---

[91] J. Feinberg, Justice and Personal Desert, in: F. u. J. Chapman (Hrsg.), Justice, S. 69 (89 ff.); das Beispiel selbst fand ich bei Krebs (Fn. 56), S. 26 f.

[92] Tugendhat (Fn. 3), S. 379.

[93] Man kann dies durchaus auf andere Bereiche übertragen; für den Sinn der Strafe etwa bedeutet es, dass diese nicht ausschließlich auf generalpräventive Überlegungen gestützt werden kann, wenn am Gerechtigkeitsbegriff festgehalten werden soll, Tugendhat (Fn. 3), S. 372.

157 Für reine Verteilungsprobleme wie etwa in den Bespielen der Aufteilung einer Erbmasse unter mehrere Erben oder einfach einer Torte unter mehrere Kinder lässt sich darüber hinaus eine allgemeine Vorrangregel formulieren, dass prinzipiell gleich zu verteilen ist, wenn nicht besondere Gründe für eine Ungleichbehandlung angeführt werden können (→ Rn. 137). Die Argumentationslast liegt also zunächst immer bei dem, der eine ungleiche Verteilung, in der Sache also die Bevorzugung Einzelner und die Benachteiligung anderer, verlangt. Schließlich relativiert sich der Einwand auch dadurch, dass wir über viele Zuteilungs- oder auch Verteilungskriterien gar nicht mehr streiten: Strafen messen wir nicht nach Bedürftigkeit zu, sondern nach dem begangenen Unrecht und dem Maß der Schuld; umgekehrt kommt es für Sozialleistungen primär auf die Bedürftigkeit und allenfalls in zweiter Linie auf andere Gesichtspunkte an (→ Rn. 130). Auszeichnungen oder akademische Grade hingegen werden nach vergangenen Verdiensten oder Leistungen vergeben, während wir im Privatrecht regelmäßig auf den freien Austausch setzen; Güter kann man deshalb grundsätzlich kaufen, Titel an sich nicht. Man kann dies zu einer Vorstellung komplexer Gleichheit verbreitern, die für die verschiedenen in einer Gesellschaft zu verteilenden Güter die für sie je maßgeblichen – und dann eben immer anderen – Distributionsprinzipien bestimmt, wie dies Michael Walzer versucht hat[94]. Das zielt im Wesentlichen darauf ab, die Autonomie der verschiedenen Wertsphären zu verteidigen und zu verhindern, dass die Verteilungskriterien der einen Sphäre auf die einer anderen übergreifen. In einer kapitalistischen Wirtschaftsordnung besteht diese Gefahr typischerweise für das Markt- oder Tauschprinzip, das für den Markt seine volle Berechtigung hat, aber schnell auch andere Sphären zu dominieren droht. Demgegenüber soll „komplexe Gleichheit" sicherstellen,

„dass die Position eines Bürgers in einer bestimmten Sphäre oder hinsichtlich eines bestimmten sozialen Guts nicht unterhöhlt werden kann durch seine Stellung in einer anderen Sphäre oder hinsichtlich eines anderen sozialen Guts. "[95]

158 In diesem Sinne halten wir heute daran fest (oder sollten es nach Walzer jedenfalls tun), dass politischer Einfluss nicht von Geld oder wirtschaftlicher Macht abhängen soll und man sich umgekehrt etwa vom Wehrdienst, wo er obligatorisch ist, nicht einfach freikaufen kann. Und unter der Prämisse eines universalen Anspruchs auf gleiche Beachtung und Respekt müssen Freiheiten ohnehin zunächst einmal jedem in gleicher Weise zustehen. Das ergibt dann alles in allem doch einen so breiten Konsens in Gerechtigkeitsfragen, dass er durch die Schwierigkeiten der praktischen Anwendung im konkreten Fall nicht ernsthaft in Frage gestellt wird.

3. Modell 3: Effizientes Recht (Ökonomische Rechtstheorie)

159 Gerade mit zunehmender Komplexität des Rechtssystems und der immer weiter voranschreitenden Gesetzesproduktion stellt sich allerdings die Frage, ob Gerechtigkeit der einzige oder jedenfalls der wichtigste Wert ist, den das Recht verwirklichen soll, oder ob sie nicht zunehmend in Konkurrenz zu anderen Werten tritt, gegen die sie dann abgewogen werden muss und hinter denen sie gegebenenfalls auch zurücktreten kann. Äußerer Friede, Sicherheit, Ermöglichung von Wohlfahrt und Kultur könnten solche Werte sein, die sich freilich von einer Menschenrechtskonzeption

---

[94] M. Walzer, Spheres of Justice, 1983, dt. Sphären der Gerechtigkeit, Neuauflage 2006; s. dazu bereits oben → § 1 Rn. 255.

[95] Walzer (Fn. 94), S. 49.

von Gerechtigkeit durchaus selbst wieder als unselbständige Aspekte des Gerechtigkeitsbegriffs fassen ließen; dies hinge im Ergebnis im Wesentlichen davon ab, wie sie konkret bestimmt würden oder um welchen Preis man auf ihre Erreichung zielte[96]. Grundsätzlich anders aber läge es, wenn das Recht statt an Gerechtigkeit *überhaupt nur an den Funktionsimperativen anderer Sozial- und Lebensbereiche, insbesondere solchen der Wirtschaft,* ausgerichtet würde. Das wäre genau die Situation, vor der Walzer oben gewarnt hat. Gerade darauf zielt möglicherweise die ökonomische Theorie des Rechts, die vor allem in den Vereinigten Staaten unter der Kurzformel „Law and Economics" zu einer der dominierenden rechtstheoretischen Strömungen aufgestiegen ist und besonders zugespitzt etwa von Richard Posner oder Gary Becker vertreten wird. Allerdings hat sich die Theorie mittlerweile stark verzweigt, so dass sich vereinfachende Zuschreibungen verbieten und auch hier nur ein grober Überblick gegeben werden kann. Dafür lassen sich vom gedanklichen Ausgangspunkt her zwei unterschiedliche Zugriffe ausmachen.

a) In einem *empirischen Zugriff,* treffend dann als „ökonomische Analyse" des Rechts   **160**
oder manchmal einfach nur als „Rechtsökonomik" bezeichnet, geht es hauptsächlich darum, herauszufinden, wie sich rechtliche Regelungen in der sozialen Wirklichkeit auswirken[97]. Dafür arbeitet man mit bestimmten Modellannahmen über menschliches Verhalten, aus denen sich etwa ergibt, wie Menschen auf bestimmte äußere Impulse oder Anreize, also etwa auf Ge- oder Verbote, typischerweise reagieren. Während dafür früher meist die Vorstellung vom „homo oeconomicus" zugrunde gelegt wurde, die einfach nur fragt, welche Verhaltensweise für jemanden, der ausschließlich seinen eigenen Nutzen im Auge hat, in einer bestimmten Situation wirtschaftlich rational wäre (rational-choice-Ansatz), wird heute im Sinne neuerer Erkenntnisse der Verhaltensökonomik (behavioural economics) überwiegend davon ausgegangen, dass Menschen Informationen immer nur unvollkommen verarbeiten können und sie in ihren Entscheidungen für bestimmte immer wiederkehrende Irrtümer oder Verzerrungen anfällig sind[98]. Dieser empirische Zugriff ist für das Verhältnis von Recht und Gerechtigkeit nicht von Interesse, weil er sich zu den möglichen Zielen des Rechts gar nicht verhält; die einzige Frage, die mit seiner Hilfe beantwortet werden soll, ist die, ob dann, wenn ein bestimmtes Ziel als gegeben unterstellt wird, das Recht bzw. eine bestimmte rechtliche Ausgestaltung ein sinnvolles Mittel ist, um dieses Ziel zu erreichen, oder ob es nicht andere, effizientere Möglichkeiten gäbe.

b) Der empirische vermischt sich allerdings in der praktischen Durchführung oft mit   **161**
einem *normativen Zugriff, der ökonomische Effizienz selbst zum zentralen Zielwert des Rechts erhebt.* Dieser kann sich dann gedanklich über Gerechtigkeit schieben oder sie auch ganz verdrängen. Wie das vonstatten geht, lässt sich immer noch am besten an dem Theorem veranschaulichen, das der britische Ökonom Ronald H. Coase im Jahre

---

[96] Auf Sicherheit und Wohlfahrt weist etwa Hart (Fn. 45), Der Begriff des Rechts, hin, S. 195 f.

[97] Vgl. A. van Aaken, Vom Nutzen der ökonomischen Theorie für das öffentliche Recht, in: M. Bungenberg et al. (Hrsg.), Recht und Ökonomik, 2004, S. 1 ff.; S. Magen, Fairness, Eigennutz und die Rolle des Rechts, in: C. Engel/M. Englerth/J. Lüdemann/I. Spiecker gen. Döhmann (Hrsg.), Recht und Verhalten, 2007, S. 261 (262).

[98] Die Diskussion ist allerdings insoweit nach wie vor stark im Fluss, s. etwa G. Kirchgässner, Homo Oeconomicus, 4. Auflage 2013, S. 29 ff.; H.-B. Schäfer/C. Ott, Lehrbuch der ökonomischen Analyse des Zivilrechts, 5. Auflage 2012, S. 95 ff.; ferner etwa die Beiträge in: Engel/Englerth/Lüdemann/Spiecker gen. Döhmann (Fn. 97), dort etwa die Beiträge von Lüdemann und Englert, S. 7 ff., 60 ff.

1960 in einem bahnbrechenden Aufsatz vorgestellt hat und seitdem nach ihm das Coase-Theorem genannt wird. Seine Entdeckung gilt vielfach als die eigentliche Geburtsstunde der ökonomischen Theorie des Rechts. Verkürzt besagt es, dass in einem idealen Markt (mit vollständigem Wettbewerb, optimaler Information aller Teilnehmer und vor allem dem Fehlen sog. Transaktionskosten) es völlig gleichgültig ist, wem die Rechtsordnung ein Recht zuspricht; am Ende wird es immer dort landen, wo es den meisten Nutzen stiftet[99].

162 Das auch von Coase zunächst gewählte Standardbeispiel sind Luftverschmutzungen durch eine Fabrik, die schädliche Effekte für die Umgebung haben. Konkret demonstriert er seine Schlussfolgerungen an einer Reihe von den Gerichten tatsächlich entschiedener Fälle, unter anderem einem im angelsächsischen Recht vieldiskutierten Fall der Besitzstörung[100]: Ein Konditor hatte in seinem Arbeitsraum, praktisch einfach einer Küche, seit über 60 Jahren einen maschinellen Mörser und Stößel in Betrieb, um damit Süßwaren herzustellen. Später zog ein Arzt in die Nachbarschaft, der zunächst durch den Lärm nicht gestört wurde. Dies änderte sich erst nach etwa acht Jahren, als der Arzt einen neuen Untersuchungsraum in unmittelbarer Nähe zur Küche des Konditors an seinem Haus anbaute und bei dessen Inbetriebnahme feststellte, dass es ihm bei dem Lärm nicht mehr möglich war, die Brust seiner Patienten abzuhören. Er klagte daraufhin gegen den Konditor auf Abschaltung der Maschine und gewann; dass er erst später in die Nachbarschaft gezogen war, war für das Gericht kein Einwand. Coase argumentiert nun, dass in einer reinen Verhandlungssituation der Konditor den Arzt für einen möglichen Verlust (durch Errichtung einer Lärmschutzwand oder Anmietung einer teureren Praxis an einem anderen Ort) einfach entschädigen könnte, was er wiederum dann tun würde, wenn sein Gewinn dabei höher ausfiele als der Verlust des Arztes. Umgekehrt könnte und würde der Arzt den Konditor, falls dieser den Prozess gewonnen hätte, entschädigen und ihm sein Recht auf Weiterbetrieb der Maschine abkaufen, wenn die Entschädigung höher wäre als der künftige Gewinn des Konditors und niedriger als sein eigener Verlust bei Aufgabe oder Verlegung der Praxis. Das Ergebnis ist also immer gleich, unabhängig davon wie das Gericht konkret entschieden hat. Coase betont allerdings, dass dies nur dann gilt, wenn keine Transaktionskosten (etwa für die Kontaktaufnahme, die Beauftragung von Anwälten etc.) anfallen, die das Ergebnis verzerren; eine, wie er selbst einräumt, völlig unrealistische Annahme[101]. Und natürlich müssen beide Beteiligte rationale Akteure vom Typ des homo oeconomicus sein, die sich allein von geschäftlichen Interessen, aber nicht von persönlichen Befindlichkeiten (Missgunst, gegenseitige Abneigung, Verärgerung über den jahrelangen Streit etc.) leiten lassen. All dies sind eben die Bedingungen des idealen Marktes.

163 Für das Recht ergibt sich daraus die Forderung, nach Möglichkeit die Situation zu rekonstruieren, die einem funktionierenden Markt und den Ergebnissen der hier getroffenen Verhandlungslösung entspräche. Im Ergebnis soll es die Ressource dann gleich demjenigen zuweisen, der sie am höchsten bewertet, was wiederum darin zum Ausdruck kommt, dass der Betreffende bereit ist, den höchsten Preis für sie zu zahlen[102]. Dort bewirkt sie dann – typischerweise in Gestalt eines höheren Gewinns, aus dem dann etwa mehr Steuern gezahlt werden oder weitere Arbeitskräfte eingestellt werden – den größten volkswirtschaftlichen Nutzen. Es ist jedoch leicht zu sehen, dass dies kein gerechtes Ergebnis ist, jedenfalls nicht im Sinne der hier bisher als Grund der Rechtsordnung herausgearbeiteten Menschenrechtskonzeption von Gerechtigkeit. Von einer solchen aus müsste man zunächst ganz andere Fragen stellen, Fragen, die sich an den Besonderheiten der individuellen Verhältnisse, dem Gewicht der auf dem Spiel stehenden Rechtsgüter, einem etwaigen Verursachungsbeitrag oder anderen in der Eigenart der Situation angelegten Umständen orientieren statt an den fiktiven Ergebnissen eines reinen Marktes.

---

[99] R. H. Coase, The Problem of Social Cost, Journal of Law and Economics 3 (1960), 1 ff.
[100] Sturges v. Bridgman, s. Coase (Fn. 99), S. 8 ff.
[101] Coase (Fn. 99), S. 15 ff.
[102] Vgl. H. Eidenmüller, Effizienz als Rechtsprinzip, 4. Auflage 2015, S. 63 ff.

Im Fall des Konditors und des Arztes wäre ein typisches Gerechtigkeitsargument deshalb, dass es letztlich **164** der Konditor war, der den Lärm verursacht hat, während man von der anderen Seite darauf verweisen könnte, dass der Arzt erst später in die Umgebung hinzugezogen ist, das Haus in Kenntnis der Vorbelastung erworben und später daran noch selbst den problematischen Anbau vorgenommen hat; ferner könnte der allgemeine Charakter des betreffenden Gebiets eine Rolle spielen. All dies müsste man dann gegeneinander abwägen, und das Ergebnis selbst kann dann wiederum ganz offen sein. Aber es wäre eben eine Gerechtigkeitsabwägung, die die Beteiligten mit ihrem individuellen Anspruch auf gleiche Beachtung und Respekt in ihr Zentrum stellt.

Demgegenüber abstrahiert die ökonomische Rechtstheorie von den Beteiligten als **165** moralischen Personen mit einem entsprechenden Recht auf Rechtfertigung und behandelt sie im Ergebnis als Funktionsträger für den gesamtgesellschaftlichen Nutzen[103]. Noch deutlicher wird dies bei zwei weiteren Bewertungskriterien, mit denen die ökonomische Theorie arbeitet, dem Pareto- und dem Kaldor-Hicks-Kriterium:

– Nach dem Pareto-Kriterium ist ein Zustand vorzugswürdig (pareto-superior), wenn er den Zustand mindestens einer Person verbessert, ohne zugleich den Zustand einer anderen Person zu verschlechtern; demgegenüber ist er pareto-optimal, wenn es keine Möglichkeit gibt, durch eine andere Verteilung den Zustand einer Person zu verbessern, ohne zugleich den einer anderen zu verschlechtern.

– Nach dem Kaldor-Hicks-Kriterium ist ein Zustand vorzugswürdig (Kaldor-Hicks-superior), wenn den Begünstigten auch dann noch ein Vorteil verbliebe, wenn sie die Benachteiligten entschädigen, wobei es nicht darauf ankommt, dass eine Entschädigung tatsächlich gezahlt wird; umgekehrt ist er Kaldor-Hicks-effizient, wenn sich im Falle einer Entschädigung ein Patt zwischen den Vorteilen der Gewinner und den Nachteilen der Verlierer ergibt[104].

Das Pareto-Kriterium trägt dabei den je betroffenen individuellen Interessen insoweit **166** Rechnung, als es die Möglichkeit einer Veränderung des bestehenden Zustands davon abhängig macht, ob jemand davon konkret benachteiligt wird. Zu Ende gedacht müsste es sogar jedem für diesen Fall ein entsprechendes Vetorecht einräumen. Aber hier liegt zugleich auch sein zentrales Problem: Es prämiert immer den jeweiligen Status quo und ist damit tendenziell veränderungsfeindlich[105]. Gerade an dieser Stelle springt das Kaldor-Hicks-Kriterium ein, das deshalb innerhalb der ökonomischen Theorie des Rechts heute weithin als maßgeblich angesehen wird[106]. In puncto Gerechtigkeit erweist es sich aber offensichtlich in mehrfacher Hinsicht als defizitär: Zunächst ist leicht zu sehen, dass es keine Überlegungen zur Verteilungsgerechtigkeit enthält und gegebe-

---

[103] Dementsprechend wird die ökonomische Rechtstheorie üblicherweise als eine Variante des Utilitarismus (→ § 1 Rn. 152 ff.) gesehen. Ihre Vertreter haben sich allerdings um verschiedene, etwa auch konsenstheoretische Rechtfertigungen bemüht, vgl. etwa R. Posner, The Economics of Justice, 1983, S. 48 ff., 88 ff.

[104] R. B. Cooter/T. Ulen, Law and Economics, 6. Auflage 2014, S. 11; Schäfer/Ott (Fn. 98), S. 13 ff. Das Pareto-Kriterium wird dabei statt auf den objektiven Zustand einer Person auf ihre subjektiven Präferenzen bezogen; im Ergebnis kommt es dann darauf an, ob bei Änderungen einer Verteilung mindestens eine Person diese vorzieht, ohne dass eine andere sie ablehnt. Für einen homo oeconomicus sind jedoch die subjektiven Präferenzen, also die Entscheidung über Zustimmung und Ablehnung, letztlich nur ein Reflex des objektiven Zustands – ist der neue Zustand wirtschaftlich gesehen vorteilhaft, stimmt man eben zu.

[105] Schäfer/Ott (Fn. 98), S. 13.

[106] S. – auch im Zusammenhang mit dem Pareto-Kriterium – K. Mathis, Effizienz statt Gerechtigkeit?, 3. Auflage 2009, S. 65 f., 177 f.

nenfalls um diese ergänzt werden müsste. Ebenso kennt es aus sich heraus keine Rechte, die der Abwägung unter Markt- und Effizienzgesichtspunkten entzogen sind: politische Mitwirkungsrechte, Grundrechte wie die Glaubens- oder Gewissensfreiheit, am Ende die Menschenwürde[107]. Ein Problem ist zudem, dass die Entschädigung an die potentiellen Verlierer nicht tatsächlich gezahlt werden muss und bei komplexen wirtschaftspolitischen Maßnahmen oft auch gar nicht gezahlt werden kann (etwa weil die Folgen und Ursachenzusammenhänge nicht sicher sind, sich die Nachteile nicht quantifizieren lassen, nicht ausreichend Geld vorhanden ist etc.). Die Verlierer gehen also am Ende leer aus und haben von der Begünstigung anderer nichts[108].

167 All dies hat dem Kaldor-Hicks-Kriterium den Vorwurf eingetragen, das Individuum auf dem Altar kollektiver Nutzenmaximierung zu opfern und sogar mit tragenden Prinzipien des Rechts unvereinbar zu sein: Niemand dürfe beispielsweise das Eigentum eines anderen einfach deshalb verletzen, weil er ihn entschädigen könnte oder würde[109]. Aber ganz so einfach ist es dann doch nicht. Entwickelt wurde das Kriterium von seinen Erfindern, den britischen Ökonomen Nicholas Kaldor und John R. Hicks, um ein Problem zu klären, vor dem jede demokratische Politik nahezu täglich steht. Konkret ging es um die Frage, ob der Gesetzgeber bestimmte protektionistische Regelungen – im gewählten Beispiel solche zugunsten der britischen Farmer Mitte des 19. Jahrhunderts, die sog. Corn Laws – verändern oder abschaffen dürfe, wenn dadurch die Volkswirtschaft als Ganzes, etwa hinsichtlich einer allgemein verbesserten Ernährungslage, profitieren würde[110]. Zwischen solchen Gruppen- oder auch Allgemeininteressen abzuwägen und am Ende zu entscheiden ist gerade der Sinn von Demokratie, und natürlich müssen dafür auch vergleichende Kosten-Nutzen-Rechnungen angestellt werden, wenn nicht einfach ins Blaue hinein gehandelt werden soll[111]. Auch Wohlfahrtssteigerung ist erst einmal ein politisch legitimes und auch mit Hilfe rechtlicher Regelungen zu verfolgendes Ziel, das nur eben zu den Gerechtigkeitsanforderungen an das Recht in ein sinnvolles Verhältnis zu setzen ist[112]. Dass man sich dessen auch innerhalb der ökonomischen Theorie selbst durchaus bewusst ist, zeigt der Vorschlag, den Einsatz des Kaldor-Hicks-Kriteriums durch die Hoffnung auf eine Gesamtkompensation zu rechtfertigen und ihn so auch für die im konkreten Fall je Benachteiligten grundsätzlich zustimmungsfähig zu machen: Man dürfe eben nicht nur auf diesen einzelnen Fall schauen, sondern müsse die Anwendung gleichsam unendlich wiederholen und auf die ganze Fülle staatlicher Regulierungsaktivitäten erstre-

---

[107] S. insoweit aber erneut Schäfer/Ott (Fn. 98), S. 36 f., die solche Fragen deshalb eben auch von der Anwendung des Kaldor-Hicks-Kriteriums ausnehmen.

[108] Hierzu und zu weiteren Einwänden gegen das Kriterium Mathis (Fn. 106), S. 60 ff.

[109] D. von der Pfordten, Rechtsethik, 2. Auflage 2011, S. 377 f.

[110] G. P. Fletcher, Basic Concepts of Legal Thought, 1996, S. 158 f.

[111] Ob das Kaldor-Hicks-Kriterium dafür ein taugliches Instrument ist, ist innerhalb der Ökonomie zu klären; darum herum ranken sich zahlreiche weitere umstrittene Fragen wie etwa die nach den Bemessungskriterien oder der prinzipiellen Zulässigkeit interpersoneller Nutzenvergleiche, die seit dem grundlegenden Angriff von Lionel Robins umstritten ist, s. ders., An Essay on the Nature and Significance of Economic Science, 1932; s. zur problematischen Rolle des Kaldor-Hicks-Kriteriums in diesem Zusammenhang Eidenmüller (Fn. 102), S. 191 ff.

[112] Wie das im Einzelnen zu geschehen hätte, ließe sich etwa unter Rückgriff auf die Theorien politischer Gerechtigkeit klären, wie sie im ersten Teil dieses Buches vorgestellt worden sind, s. dort insbesondere → § 1 Rn. 246 ff.; überhaupt greift die Frage in den größeren Zusammenhang der Gerechtigkeit der politischen Ordnung insgesamt über. Es zeigt sich aber auch hier, dass diese von einem einseitigen normativen Individualismus aus nicht angemessen begriffen werden kann, s. dazu erneut oben → § 1 Rn. 324 ff.

cken; davon werde dann unter dem Strich jeder einmal profitieren[113]. Man kann darüber streiten, ob das eine realistische Perspektive ist. Aber man sieht das Bemühen, den Instrumentenkasten der Ökonomik in die gängigen Gerechtigkeitsvorstellungen einzupassen. Ein Problem entsteht nur dann, wenn man das Ziel der Wohlstandsförderung mit dem aus ihm folgenden Kriterium der Allokationseffizienz verabsolutiert und in der Folge das gesamte Recht nur noch unter einem ökonomischen Blickwinkel betrachtet und bewertet wird. In diesem Fall blieben dann in der Tat elementare Gerechtigkeitspostulate auf der Strecke.

Wie weit das gehen kann, lässt sich insbesondere an den frühen Arbeiten von Richard Posner studieren, der **168** das Prinzip der Reichtums- oder Vermögensmaximierung (wealth maximization principle) zur obersten Leitlinie aller Rechtsgestaltung und Rechtsanwendung erhoben hat. In nochmaliger Vereinfachung des Kaldor-Hicks-Kriteriums sollen danach alle rechtlichen Regelungen darauf befragt werden, ob sie den Reichtum der Gesellschaft insgesamt erhöhen oder verringern. Reichtums- oder Vermögensmaximierung wird damit selbst zum umfassenden „ethischen Konzept"[114]. Dafür müssen im Ergebnis alle Güter ökonomisch bewertet werden, nämlich nach dem Betrag in Dollar, den jemand für sie zu zahlen bereit ist[115]. So werden sie zu nur noch monetären Größen; sie haben, wie man in Anlehnung an Kant sagen könnte, keinen Wert im Sinne einer eigenen „Würde", sondern nur noch einen „Preis", an dessen Stelle immer „auch etwas anderes, als Äquivalent, gesetzt werden" kann[116]. In der Folge muss überall Vertragsfreiheit gelten, wie Posner am Beispiel der Eröffnung eines regulären Marktes für Babys demonstriert: In den Vereinigten Staaten herrsche, legt er dar, eine akute Knappheit an Babys für Adoptionswillige, während daneben ein Schwarzmarkt blühe, auf dem bis zu 40.000 Dollar für ein Baby gezahlt würden. Die Gründe der Verknappung lägen in der künstlichen Beschränkung des Preises auf ein Niveau, das weit unterhalb der Nachfrage liege; Mütter, die ihr Kind auf legalem Weg zur Adoption freigeben, erhielten lediglich rund 2.000 Dollar als Ersatz für die Aufwendungen für Unterhalt und medizinische Betreuung. Man müsse deshalb nur diese Beschränkungen aufheben, dann würde automatisch das Angebot steigen und die Gesellschaft insgesamt reicher[117]. Dass man mit Babys keinen Handel treibt und das Recht dazu nicht die Hand reichen darf, kommt dieser Art von Ultraliberalismus gar nicht in den Sinn. Auch andere Grundfragen – von der Todesstrafe bis zur Sklaverei – werden diesem Beurteilungsschema unterworfen; das wesentliche Argument gegen die Sklaverei lautet etwa, sie sei für eine Gesellschaft, die sich der Reichtumsmaximierung verschrieben habe, deshalb keine sinnvolle Einrichtung, weil am Ende die Kosten für die Bewachung zu hoch seien und sie sich daher aller Wahrscheinlichkeit nach nicht rechne[118]. Auch hier wäre es eine interessante Frage, wen das eigentlich beruhigt. Alles in allem sind es doch ziemliche Ungeheuerlichkeiten, bei denen man sich fragt, wie – und ob – man sie ernsthaft wissenschaftlich diskutieren kann: die Vorboten einer restlos ökonomisierten Welt, zu der man auch vom Autor selbst gern wissen würde, ob er darin eigentlich leben möchte. Tatsächlich steht diese radikale Position innerhalb der ökonomischen Theorie ziemlich vereinzelt da: Man sieht durchaus die diskreditierenden Effekte, die von solchen Aussagen für die Theorie insgesamt ausgehen[119]. Und am Ende kommt selbst jemand wie Posner an der Vorstellung einer menschenrechtlich fundierten Gerechtigkeit nicht vorbei. Dafür stehen die zahlreichen Änderungen der Begründung, die er an seiner Version vorgenommen hat, um sie gerade gegen den auf der Hand liegenden Vorwurf der Ungerechtigkeit in Schutz zu nehmen. Nachdem er ursprünglich sein Konzept der Reichtums- und Vermögensmaximierung selbst als moralisches Prinzip auszuweisen versucht hatte, bemühte er

---

[113] In diesem Sinne etwa A. M. Polinsky, Probabilistic Compensation Criteria, in: Quarterly Journal of Economics 86 (1982), 407 ff.; hierzulande etwa C. C. von Weizsäcker, Effizienz und Gerechtigkeit, 1983, S. 22 f.

[114] R. Posner, Utilitarianism, Economics, and Legal Theory, Journal of Legal Studies 8 (1979), 103 (119 ff.).

[115] Posner, ebda (Fn. 114).

[116] I. Kant, Grundlegung zur Metaphysik der Sitten, in: Kritik der praktischen Vernunft, Theorie-Werkausgabe Immanuel Kant, hrsgg. v. W. Weischedel, Band VII, 1968, AB 68.

[117] Posner (Fn. 114), S. 138 f., ebenso für einen Markt für menschliche Organe wie z. B. Nieren.

[118] R. Posner, Wealth Maximization Revisited, Notre Dame Journal of Law, Ethics and Public Policy 2 (1985), 85 (93 f.); zur Todesstrafe Posner (Fn. 114), S. 136 f.

[119] S. insbesondere die Kritik von C. G. Veljanofski, Wealth Maximization, Law and Ethics, International Review of Law and Economics 1 (1981), 5 ff.

sich in den 1980er Jahren um eine konsensbasierte Rechtfertigung, um schließlich bei einer pragmatischen Lesart zu landen, die sich von der effizienten Ressourcenallokation als einzigem Zielwert verabschiedet und alle diesbezüglichen Maßnahmen unter den Vorbehalt stellt, dass sie mit den allgemeinen moralischen Intuitionen vereinbar sei: Dies, so meint er nun, sei zuletzt doch der einzige Prüfstein („ultimate test") für jede Theorie[120]. Man sieht: Von der Gerechtigkeit gibt es zuletzt auch für die ökonomische Theorie kein Entrinnen.

IV. Schluss: Der Ort der Gerechtigkeit im Recht

169 Am Ende führt damit auch für die Kritik kaum ein Weg daran vorbei, dass zwischen Recht und Gerechtigkeit eine untrennbare Beziehung besteht. Möglicherweise erklärt sich auch die Härte mancher Angriffe von der Faszination, die von der Idee als solcher ausgeht: So sehr wir über den Inhalt von Gerechtigkeit streiten können, so wenig können wir aufhören, das Recht an ihr zu messen. Und wenn das Recht Teil der moralischen Welt ist, ist Gerechtigkeit der Begriff, in dem die Anforderungen dieser Welt an das Recht am Ende zusammenlaufen (→ Rn. 86 ff.). Aus der Perspektive eines externen Beobachters lässt sich Gerechtigkeit, wie es bei Niklas Luhmann geschehen ist, deshalb durchaus als „Kontingenzformel" des Rechtssystems beschreiben, die jenseits einer gewissen Kernbedeutung mit Beliebigem gefüllt und auch gar nicht weiter begründet werden kann[121]. Aber die Teilnehmer des Systems kommen nach Luhmann wenn auch nicht aus moralischen, so doch schon aus funktionalen Erwägungen aus der Gerechtigkeitsfalle nicht heraus; sie können um der Einheit des Systems und der Abgrenzung von seiner Umwelt willen von Gerechtigkeit nur in einer Weise sprechen, die deutlich macht, dass Gerechtigkeit geboten ist. In diesem Sinne wird die Gerechtigkeit unbestreitbar gesetzt, ja „kanonisiert":

„Das Rechtssystem will sich selbst, was immer die Fakten, als gerecht",

also ganz unabhängig davon, ob sich dieser Anspruch sachlich einlösen lässt[122]. Und: Gerechtigkeit erfüllt damit für das Rechtssystem dieselbe Funktion wie etwa die Idee eines einzigen Gottes für die Religion[123]. Damit könnte das Irritierende der Gerechtigkeit gut getroffen sein: Sie ist einerseits im Recht allgegenwärtig und das Recht kann nicht ohne sie sein, andererseits ist sie auch schwer zu fassen. Schon Platon hat sie in diesem Sinne mit einem scheuen Wild verglichen, das seinen Jägern in die Büsche entschlüpft ist und sich ihrer Wahrnehmung umso mehr entzieht, je näher sie ihm kommen. Gleichwohl können sie nicht aufhören zu suchen[124]. Es bleibt aber dann ein Rest von Geheimnis um die Gerechtigkeit, etwas, mit dem sie sich im Letzten nicht ergründen lässt, und alle Versuche und Schwierigkeiten ihrer Konkretisierung verweisen darauf zurück.

1. Gerechtigkeit als beständige Rückfrage an das Recht

170 In früheren Zeiten hat man von einem Ringen um die Gerechtigkeit oder auch der Verzweiflung an ihr gesprochen, um dieses Unergründliche zum Ausdruck zu bringen. Auch das führt, wie die Verbindung der Gerechtigkeit mit der Idee des Totengerichts,

---

[120] R. Posner, The Problems of Jurisprudence, 1990, S. 376 f.; die verschiedenen Wendungen hier wiedergegeben nach Mathis (Fn. 106), S. 166 ff., dort auch mit umfassender Auseinandersetzung.

[121] Luhmann (Fn. 43), Das Recht der Gesellschaft, S. 218 ff.; s. dazu bereits oben → Rn. 152. Zur Notwendigkeit einer „Kernbedeutung" ebda., S. 224.

[122] Luhmann (Fn. 43), Das Recht der Gesellschaft, S. 217, zuvor S. 219.

[123] Luhmann (Fn. 43), Das Recht der Gesellschaft, S. 218.

[124] Platon (Fn. 28), Der Staat, 432 b.

in die Tiefen des kulturellen Gedächtnisses zurück, als Ausdruck der grundsätzlichen Unbegreiflichkeit der Welt und der Zustände in ihr. In den Religionen, vor allem der jüdischen und christlichen Tradition, begegnet diese Verzweiflung deshalb gerade als beständige Auseinandersetzung mit der unerforschlichen Gerechtigkeit Gottes, dem Gegenstand der „Theodizee"[125]. In einer der großen Erzählungen des Alten Testaments ist Hiob einer der ersten, der sie führt, und zwar als Klage gegen Gott, seinen Gott: Ein redlicher und gesetzestreuer, die religiösen Gebote befolgender Jude aus dem Lande Uz, so erscheint uns, wird er zum Gegenstand einer Wette Gottes mit dem Teufel, in der die Festigkeit seines Glaubens erprobt werden soll. Von hier aus wird er einer Kette sinnloser Prüfungen unterzogen; der Teufel darf, jeweils mit Gottes ausdrücklicher Zustimmung, sein Vieh niedermetzeln oder verbrennen lassen, seine zehn Kinder töten, ihn mit Krankheit und Geschwüren überziehen; am Ende sitzt Hiob, wohl aus dem Dorf ausgestoßen, allein und verloren auf einem Haufen von Asche und verflucht den Tag, an dem er geboren wurde[126]. Später wird er von Gott, dem er trotz allem die Treue gehalten hat, für seine Standhaftigkeit belohnt und erhält Gesundheit und Wohlstand zurück, zuletzt sogar viel mehr Vieh, als er je besessen hat. Aber das ändert nichts daran, dass der Zusammenhang von Tun und Ergehen hier auf eine elementare Weise gerissen ist: Hiob hat nichts getan, und doch wird er geschlagen.

Einige Theologen haben angesichts dieses Befundes versucht, das ganze Wesen der Religion, jedenfalls des Christentums, als anklagende Solidarität mit den Leidenden, als eine letztlich ungestillte, beständige „Rückfrage an Gott" zu bestimmen, um die Verzweiflung an der Gerechtigkeit irgendwie loszuwerden[127]. Doch nicht immer begegnet diese Rückfrage in so archaischer Wucht. In einer auch für die Rechtsphilosophie interessanten, weil ein typisches Problem der Verteilungsgerechtigkeit betreffenden Gestalt wird sie etwa im Gleichnis von den Arbeitern im Weinberg des Herrn aus dem Matthäusevangelium verhandelt[128]. 171

Das Himmelreich, so beginnt es, gleicht einem Hausvater, der früh am Morgen ausgeht, um Arbeiter für seinen Weinberg zu dingen. Mit den ersten, die er dort anwirbt, vereinbart er einen Lohn von einem Silbergroschen für die Arbeit am ganzen Tag. Später geht er noch mehrfach auf den Markt, nämlich zur dritten, zur sechsten, zur neunten und sogar zur elften Stunde, um für den Rest des Tages weitere Arbeiter anzuwerben; diesen will er jeweils geben, was recht ist. Am Abend lässt der Herr die Arbeiter zu sich rufen und gibt zunächst denen, die zuletzt eingestellt wurden, einen vollen Silbergroschen; dasselbe erhalten diejenigen, die zur dritten, sechsten und neunten Stunde eingestellt wurden. Am Ende erscheinen die Ersten und meinen, sie würden mehr empfangen, weil sie des ganzen Tages Last und Hitze ertragen haben; die Letzten aber, so sagen sie, haben nur eine Stunde gearbeitet. Auch ihnen gibt der Herr aber nur einen Silbergroschen, genauso wie es vereinbart war. Auf ihre Klage, er habe sie dadurch den anderen zu Unrecht gleich gemacht, verweist er auf seine Macht und seine Güte: „So werden die Letzten die Ersten und die Ersten die Letzten sein."

Man kann dies als Konflikt zweier Verteilungsprinzipien rekonstruieren, dem der Leistung (wer mehr arbeitet, muss auch mehr verdienen) und dem des Bedürfnisses (jeder 172

---

[125] Wörtlich gerade: Gerechtigkeit Gottes, vor allem angesichts der Übel in der Welt: Diese werfen immer die Frage auf, wie Gott, wenn er sowohl allmächtig als auch gerecht ist, sie zulassen konnte.

[126] Hier nach dem biblischen Buch Hiob; die Geschichte wird aber auch in vielen anderen Quellen, u. a. im Koran, geschildert oder angesprochen.

[127] Vgl. J. B. Metz, Theologie als Theodizee, in: W. Oelmüller (Hrsg.), Theodizee-Gott vor Gericht?, 1990, S. 104 f.

[128] Matthäus 20, 1-16; erörtert etwa in K. Engisch, Auf der Suche nach der Gerechtigkeit, 1971, S. 167 ff.; umfassend die verschiedenen Seiten abwägend H. Hofmann, Einführung in die Rechts- und Staatsphilosophie, 5. Auflage 2011, S. 104 ff.

muss einen für sich und seine Familie auskömmlichen Mindestlohn erhalten; das wäre damals ein Silbergroschen gewesen). Vom eingangs angesprochenen Vergleich mit dem Himmelreich aus lässt sich die Geschichte auch als Sinnbild für die göttliche Gnade und Güte wenden, der alle in gleicher Weise bedürftig sind[129]. So oder so bleibt sie eine Provokation. Sie ist es aber gerade deshalb, weil wir nicht davon lassen können, unsere moralischen Intuitionen im Sinne einer Grundvorstellung dessen, was Gerechtigkeit eigentlich sein müsste, an sie heranzutragen und sie an ihnen zu überprüfen, auch wenn uns das am Ende unbefriedigt zurücklässt. In besonderer Weise gilt das aber für das Recht, das aus sich heraus eine Affinität zur Gerechtigkeit hat, von der es nicht loskommt und auch wir in seiner Betrachtung nicht loskommen.

Vom „Glanz, der unverlöschlich aus der Türe des Gesetzes bricht", spricht Franz Kafka in der bekannten Legende vom Türhüter[130]. Über das Urteil eines Landgerichts, das die Praxis einer Fluggesellschaft billigt, jüdische Passagiere von der Beförderung auszuschließen, können wir uns deshalb empören, auch wenn es dogmatisch ordentlich begründet sein mag[131], und den „Deal" im Strafprozess beäugen wir kritisch, auch wenn wir seine Notwendigkeit in bestimmten Fällen akzeptieren können. Aber dass eine Strafe zwischen Gericht, Anklage und Verteidigung einfach ausgehandelt wird wie auf einem Basar und davon am Ende vielleicht nur die Zahlungskräftigen mit ihren hochbezahlten Anwälten profitieren, lässt viele von uns doch mit einem Unbehagen zurück[132]. Es ist dieses Unbehagen, das den Ursprung des Nachdenkens über Gerechtigkeit bildet.

2. Gerechtigkeit als notwendige Utopie des Rechts

173 Am Ende bleibt für die Gerechtigkeit immer ein utopischer Rest, der sich nicht auflösen lässt und je nachdem als Klage über ungerechte Verhältnisse, als Kritik an dieser oder jener Entscheidung oder auch an der politischen Ordnung insgesamt artikuliert werden kann: Immer fordert die Gerechtigkeit mehr, als konkret realisiert werden kann, und alle Kritik an den Schwierigkeiten ihrer Konkretisierung führt darauf zurück[133]. Für das spezielle Problem der Vermittlung von Gerechtigkeit durch Recht hat Jacques Derrida diesem im letzten Grund Utopischen der Gerechtigkeit zuletzt markanten Ausdruck verliehen. Seine Behandlung kann trotz der Manieriertheit ihres Stils, einem beständigen Kreisen in sich selbst, das einem als Leser leicht auf die Nerven gehen kann, als exemplarisch gelten, weil darin einerseits emphatisch am Anspruch von Gerechtigkeit festgehalten, sie geradezu verklärt wird, andererseits auch in eindringlichen Worten gezeigt wird, dass sie gerade von dieser Fallhöhe aus in der Realität – und das heißt in der Realität des Rechts – notwendig zerschellen muss. Gerechtigkeit ist für Derrida von vornherein zu groß, um von ihr sprechen zu können, sie in Worte zu fassen; er geht sogar so weit zu sagen,

---

[129] Vgl. Hofmann (Fn. 128), S. 108. So oder so bleibt es [sie] eine Provokation.

[130] F. Kafka, Der Prozess, 9. Kapitel: Im Dom. In der Parabel kommt ein Mann vom Lande zu einem Türhüter, der vor dem Gesetz steht, und „bittet um Eintritt in das Gesetz". Der Türhüter verwehrt ihm diesen Eintritt mit immer unterschiedlichen Begründungen, der Mann wartet und wartet, bis er darüber alt und wunderlich wird und schließlich stirbt. Auf seine abschließende Frage, warum eigentlich außer ihm niemand sonst versucht habe, sich dem Gesetz zu nähern, antwortet ihm der Türhüter: „Dieser Eingang war nur für dich bestimmt. Ich gehe jetzt und schließe ihn." Den unverlöschlichen Glanz nimmt er so zwar noch wahr, wird ihn aber nie mehr erreichen.

[131] LG Frankfurt, Urt. v. 16.11.2017 – 2-24 O 37/17, NJOZ 2018, 196.

[132] Prominent artikuliert nunmehr von BVerfGE 133, 167 (196 f.), dort gerade unter markanter Betonung der „grundlegenden Gerechtigkeitspostulate". Grundsatzkritik bei B. Schünemann, Wetterzeichen vom Untergang der deutschen Rechtskultur, 2005.

[133] S. B. Rössler, Unglück und Unrecht, in: H. Münkler/M. Llanque (Hrsg.), Konzeptionen der Gerechtigkeit, 1999, S. 347 (351).

„dass man nicht unmittelbar, auf direkte Weise von der Gerechtigkeit sprechen kann: man kann die Gerechtigkeit nicht thematisieren oder objektivieren, man kann nicht sagen ‚dies ist gerecht‘ und noch weniger ‚ich bin gerecht‘, ohne bereits die Gerechtigkeit, ja das Recht zu verraten.“[134]

Gerechtigkeit ist für Derrida in diesem Sinne die „Erfahrung des Unmöglichen“, die **174** sich in bestimmten „Aporien“ beweist, Gegensätzen und Spannungen, die sich nicht auflösen lassen und zwischen denen keine Vermittlung möglich ist[135]:

„Ein Gerechtigkeitswille, ein Gerechtigkeitswunsch, ein Gerechtigkeitsanspruch, eine Gerechtigkeitsforderung, deren Struktur nicht in einer Erfahrung der Aporie bestünden, hätte keine Chance jenes zu sein, was sie sein wollen: ein gerechter, angemessener Ruf nach Gerechtigkeit.“[136]

Die Grundaporie ergibt sich für Derrida dabei gerade aus der Verbindung der Gerech- **175** tigkeit mit dem Recht, auf das die Gerechtigkeit angewiesen ist, um überhaupt wirksam zu werden. Aber gerade damit hebt sie sich als „unendliche Gerechtigkeit“ selbst auf; als solche ist sie

„unendlich [...], unberechenbar, widerspenstig gegenüber jeder Regel, der Symmetrie gegenüber fremd, heterogen und heterotroph“,

während sie bei ihrer Ausübung in Gestalt des Rechts

„ausgleichbar und satzungsgemäß, berechenbar, ein System geregelter, eingetragener, codierter Vorschriften“

wird[137]. Gerechtigkeit als „unendliche“ Gerechtigkeit bestimmt Derrida dabei in **176** Anlehnung an den französisch-jüdischen Philosophen Emmanuel Lévinas aus dem Anspruch des „Anderen“, in den wir uns hineinversetzen und dem wir uns zuletzt in seiner Sterblichkeit zuwenden müssen; es ist in diesem Sinne der Blick in das „Antlitz des Anderen“, der uns eine Ahnung von ihren Forderungen vermittelt[138]. Darin klingt etwas von der auch hier zugrunde gelegten Menschenrechtskonzeption von Gerechtigkeit an, die der universalen Moral gleicher Achtung verpflichtet ist, nur dass sie hier in einer nochmals erhöhten, fast religiösen Gestalt erscheint, die im Recht immer nur ganz unvollkommen, behelfsmäßig und verkürzt zum Ausdruck kommen kann. Auf dieser Grundlage fächert Derrida die von ihm identifizierte Grundaporie zu drei spezifischeren Aporien auf, die aber alle nur Varianten der einen Grundaporie sind:

– Die erste Aporie nennt Derrida die „Epoché der Regel“. Dabei geht es verkürzt gesagt um den Umstand, dass eine Entscheidung – etwa die eines Richters – grundsätzlich frei sein muss, um als gerecht bewertet werden zu können; ein Richter darf des-

---

[134] Derrida (Fn. 21), S. 21. Zu Derridas allgemeiner Methode der „Dekonstruktion“ s. bereits oben → § 1 Rn. 312 ff.

[135] Von griech. aporía = Ratlosigkeit, Weg- oder Ausweglosigkeit.

[136] Derrida (Fn. 21), S. 33.

[137] Derrida (Fn. 21), S. 44 f.

[138] Derrida (Fn. 21), S. 45; die Grundlagen bei E. Lévinas, Totalität und Unendlichkeit, 1987.

halb einer Rechtsvorschrift nicht bloß blind folgen, sondern muss sie auch als eigene übernehmen – gleichzeitig bleibt er aber an die Vorschrift gebunden[139].

– Die zweite Aporie ist die „Heimsuchung durch das Unentscheidbare"; das Unentscheidbare ist dabei die Erfahrung dessen, was dem Berechenbaren und der Regel nicht zugeordnet werden kann, weil es ihnen fremd ist, sich aber dennoch dem Recht und der Regel ausliefern muss – und bei alledem muss eben am Ende entschieden werden, wenn Gerechtigkeit überhaupt praktisch werden soll[140].

– Die dritte Aporie schließlich ist die „Dringlichkeit, die den Horizont des Wissens versperrt"; sie folgt daraus, dass die Gerechtigkeit ihrem vollen Anspruch nach nicht warten darf und eine gerechte Entscheidung „immer sofort" ist – damit kann sie sich aber nicht das grenzenlose Wissen besorgen, das für eine wahrhaft gerechte Entscheidung an sich erforderlich wäre[141].

177 Das verbindende Motiv dieser Aporien ist damit die bereits angesprochene Spannung zwischen der Allgemeinheit rechtlicher Regelungen und den Besonderheiten des Einzelfalls, denen das Recht nie ganz gerecht werden kann; dadurch trägt es immer auch ein Moment der Gewalt in sich. Das ist im Einzelnen sehr verspielt und verrätselt, und nicht alles davon ist originell; das Unvermögen allgemein formulierter Gesetze, die Umstände des Einzelfalls zu berücksichtigen, hatte etwa schon Aristoteles vor mehr als zweitausend Jahren zur Einführung der „Billigkeit" als Korrektiv veranlasst (→ Rn. 119 ff.). Aber man kann es als exemplarische und in ihrem raunenden Ton dann doch auch eindrucksvolle Chiffre für das notorisch Überschießende und Unerfüllte der Gerechtigkeit sehen, das hier gerade auf deren inneres Wesen zurückgeführt wird. Auf der anderen Seite kann aber auch die Gerechtigkeit auf das Recht nicht verzichten, und nicht nur deshalb, weil sie sonst kraftlos wäre, nicht durchgesetzt werden kann[142]. Sondern die Gerechtigkeit muss sich selbst „im Recht einrichten", durch Recht geordnet und gebunden sein, wenn sie nicht ihrer eigenen Maßlosigkeit erliegen oder eben auch für den Kampf gegen das Recht missbraucht werden soll:

„Auf sich selbst gestellt, sich selbst preisgegeben, aufgegeben und alleingelassen, findet sich die allen Berechnungen, allem Kalkül trotzende, Gerechtigkeit spendende Idee stets in nächster Nähe zum Bösen, ja zum Schlimmsten, da das perverseste Kalkül sie sich stets wieder aneignen kann. Diese Möglichkeit bleibt immer bestehen."[143]

178 Es ist erst diese Erkenntnis, die Derridas Auseinandersetzung mit dem Problem zu einem wichtigen Text macht[144]. Er selbst hatte dabei, wie aus dem Postscriptum seines Essays hervorgeht, nicht zuletzt jenen gewalttätigen Irrationalismus im Auge, der am

---

[139] Derrida (Fn. 21), S. 46 f.; der griechische Ausdruck „epoché" bedeutet übersetzt etwa Zurückhaltung eines Urteils oder Enthaltung von endgültiger Entscheidung.

[140] Derrida (Fn. 21), S. 49 ff.

[141] Derrida (Fn. 21), S. 53 ff.

[142] S. dazu das bereits oben zitierte Wort von Pascal (→ Rn. 109), auf das sich Derrida ausdrücklich bezieht, s. ders. (Fn. 21), S. 23.

[143] Derrida (Fn. 21), S. 57; das Zitat zuvor auf S. 46.

[144] T. Osterkamp, Juristische Gerechtigkeit, 2004, S. 260. Ich teile deshalb nicht die Interpretation von Christoph Menke, dass Derridas Rechtskritik in der alten Utopie einer rechtsfreien Gesellschaft ihren Grund hat, s. – wenn auch im weiteren Verlauf mit erheblichen Differenzierungen – ders., Für eine Politik der Dekonstruktion, in: A. Haverkamp (Hrsg.), Gewalt und Gerechtigkeit, 1994, S. 279 ff.; daran stark orientiert i. E. aber auch Osterkamp, S. 251 ff.

Ende das Menschheitsverbrechen des Holocaust aus sich gebar[145]. In der Tat haben die totalitären Ideologien des 20. Jahrhunderts ihren Kampf gegen die bestehenden Rechtsordnungen, der oft gegen ein blasses, formalistisches, als blutleer empfundenes Recht gerichtet war, auch im Namen einer höheren, allein von ihnen vertretenen Gerechtigkeit geführt[146]. In kleinerer Münze mag das Problem in der historisch beglaubigten Figur des Michael Kohlhaas begegnen, der sich aus erlittener Ungerechtigkeit zu einem maßlosen Aufstand gegen das Recht insgesamt erhob, plündernd und brandschatzend durch die Lande zog: „einer der rechtschaffensten zugleich und der entsetzlichsten Menschen seiner Zeit", wie Heinrich von Kleist ihn in seinem ersten Satz seiner Novelle vorstellte[147]. Aber nur im Recht mit der ihm eingeschriebenen Tendenz zur Begrenzung der Gewalt, zu Mäßigung und Ausgleich, kann die Gerechtigkeit überhaupt zu sich kommen. Ganz im Recht aufgehen wird sie nie.

Wir wollten Gerechtigkeit und haben den Rechtsstaat bekommen, sagten die Opfer des SED-Regimes, als es ihnen mit der Verfolgung der Täter zu schleppend voranging und manche ganz davonkamen. So verliehen sie ihrer Enttäuschung über das Recht Ausdruck. Aber in den Mühlen des Rechts und des Rechtsstaats ist eben die ganze Gerechtigkeit nicht zu haben, das Unvollkommene gehört zur Gerechtigkeit einfach dazu, und sie ist ihrerseits auf die unvollkommene Ordnung des Rechts angewiesen, um wirksam werden zu können.

3. Gerechtigkeit als Einheitssymbol der Rechtsordnung

Von hier aus liegt es nahe, Gerechtigkeit als den imaginären Ort zu beschreiben, in 179 dem die verschiedenen Fäden einer Rechtsordnung zusammenlaufen. Dass jede Rechtsordnung einen solchen Ort hat oder ihn zumindest braucht, wird meist in der geläufigen Vorstellung ausgedrückt, dass ihre Normen eine „Einheit" bilden; zusammenfassend spricht man dann von der „Einheit der Rechtsordnung". Das ist allerdings selbst ein hochgradig schillernder Begriff, unter dem schon immer ganz Verschiedenes verstanden wurde[148]; angesichts der Vielgestaltigkeit des zeitgenössischen Rechts, der Disparatheit der Regelungszwecke und der immer weiter anschwellenden, selbst noch den Krümmungsgrad von Bananen erfassenden Normenproduktion bezweifeln viele sogar, ob sich eine solche Einheit noch sinnvoll postulieren lässt[149]. Was könnte also mit Einheit der Rechtsordnung gemeint sein? In einer gängigen Verwendung steht der Begriff einfach für die interne Stimmigkeit, Widerspruchslosigkeit und Geschlossenheit des Rechts. Aufgegeben ist danach vor allem die Systematisierung des Rechtsstoffes, nämlich

„die Inbeziehungsetzung aller durch Analyse gewonnenen Rechtssätze derart, dass sie unter einander ein logisch klares, in sich logisch widerspruchloses und, vor allem, prinzipiell lückenloses System von Regeln bilden"[150].

---

[145] Vgl. Derrida (Fn. 21), S. 115 ff.

[146] Beispielhaft Ziff. 19 des Parteiprogramms der NSDAP: „Wir fordern Ersatz für das der materialistischen Weltordnung dienende römische Recht durch ein deutsches Gemein-Recht".

[147] Der Text zählt zu den auch juristisch und rechtsphilosophisch meistdiskutierten literarischen Texten überhaupt, s. mit gutem Überblick über die Vielfalt der Interpretation A. Voßkuhle/J. Gerberding, Michael Kohlhaas und der Kampf ums Recht, JZ 2012, 917 ff.; ferner B. Pieroth, Recht und Literatur, 2015, S. 155 ff.

[148] S. schon – als immer noch klassische Behandlung – K. Engisch, Die Einheit der Rechtsordnung, 1935, Neudruck 1987, S. 1 f.

[149] S. dazu eingehend T. Vesting, Rechtstheorie, 2. Auflage 2015, S. 41 ff.

[150] M. Weber, Wirtschaft und Gesellschaft, 5. Auflage 1972, S. 395 f.

180 In der praktischen Konsequenz ist dafür vor allem sicherzustellen, dass die Rechtsunterworfenen keine einander widersprechenden Rechtsbefehle erreichen, wozu namentlich die verschiedenen Kollisionsregeln (Vorrang des höheren Gesetzes, Vorrang des spezielleren Gesetzes, Vorrang des späteren Gesetzes etc.) beitragen. Etwas weitergehend, in der Sache aber verwandt wird die Formel auch auf das Rechtswidrigkeitsurteil in den verschiedenen Teilrechtsordnungen bezogen und besagt dann etwa, dass ein Verhalten, das zivil- oder öffentlichrechtlich erlaubt ist, nicht strafrechtlich verboten sein darf[151].

181 Allerdings bleibt in allen Varianten vorerst unklar, warum das überhaupt so sein soll, was also letztlich der Grund dieser Einheit ist. Eine mögliche Antwort findet sich in Hans Kelsens Lehre vom Stufenbau der Rechtsordnung: Von den Anordnungen der Gerichte und Behörden aufsteigend über untergesetzliche Rechtsnormen (Verordnungen, Satzungen) und einfache Gesetze bis hinauf zur Verfassung stehen alle Rechtsnormen danach in einem ununterbrochenen Erzeugungs- und Ableitungszusammenhang, an dessen Spitze die von allen unter der Annahme der Geltung der Rechtsordnung vorauszusetzende „Grundnorm" steht (→ Rn. 57 ff.). Hier ist es schon das Bild des Stufenbaus oder auch einer Pyramide, das die Vorstellung einer inneren Einheit vermittelt, insofern darin eben alle Normen in einer Spitze zusammenlaufen. Als solche Spitze bildet die Grundnorm auch den Grund für die Einheit des Systems:

„Da die Grundnorm der Geltungsgrund aller zu einer und derselben Rechtsordnung gehörigen Normen ist, konstituiert sie die Einheit in der Vielheit dieser Normen."[152]

182 Sieht man von den bereits behandelten Schwächen in der Konstruktion der „Grundnorm" ab, könnte damit die Einheit im Sinne von Geschlossenheit und Widerspruchslosigkeit des Rechts in der Tat begründet sein[153]. Es ist aber im Ergebnis eine Widerspruchslosigkeit und Geschlossenheit ohne jeden Inhalt: Da nach Kelsens Auffassung jeder beliebige Inhalt Recht sein kann, kann auch die Grundnorm jeden beliebigen Inhalt haben. Darin wird ausgeblendet, dass jede Rechtsordnung, auch die eines autoritären Staates, immer auch von bestimmten Leitideen und inhaltlichen Prinzipien geprägt ist, um die ihre einzelnen Normen gruppiert sind, und auch das könnte ihre Einheit ausmachen. In der Rechtssoziologie Niklas Luhmanns wird sie deshalb auf instruktive Weise mit dem Begriff der Gerechtigkeit verknüpft. Gerechtigkeit repräsentiert für Luhmann gerade die „Einheit des Systems im System"[154], und in diesem Sinne heißt es:

„Keine einzelne Operation des Systems und erst recht keine Struktur darf von der Erwartung ausgenommen sein, gerecht zu sein; denn sonst ginge der Bezug der Norm auf die Einheit des Systems verloren. Andererseits muss die Norm der Gerechtigkeit im Einzelfalle eine Orientierung vermitteln, und es darf nicht allein aus der Zugehörigkeit der Operation zum Rechtssystem gefolgert werden, dass sie gerecht ist."[155]

---

[151] In diesem Sinne ist etwa das Umweltstrafrecht „verwaltungsakzessorisch": Wer für eine bestimmte Tätigkeit – etwa den Betrieb einer Industrieanlage – eine behördliche Genehmigung hat, darf nicht bestraft werden, wenn es infolge des legalen Betriebs zu Schädigungen anderer kommt. Zum Problem C. Bumke, Relative Rechtswidrigkeit, 2004, S. 89 ff.

[152] H. Kelsen, Reine Rechtslehre, 2. Auflage 1960, S. 209.

[153] Kelsen (Fn. 152), a. a. O.

[154] Luhmann (Fn. 43), S. 217.

[155] Luhmann (Fn. 43), S. 222.

Das klingt intuitiv einleuchtend und geht auf den ersten Blick auch in die hier angedachte **183** Richtung. Allerdings wird dies von Luhmann erkauft mit einem rein formalen Gerechtigkeitsbegriff, der Gerechtigkeit auf das Gebot der Gleichbehandlung gleicher Fälle und damit in der Sache auf die Konsistenz des Entscheidens reduziert[156]. Die Einheit in der Gerechtigkeit bedeutet dann im Wesentlichen nur, dass sich einzelne Entscheidungen – typischerweise Gerichtsentscheidungen – in ein Geflecht vorheriger Entscheidungen einfügen, sich aus bestimmten dogmatischen Vorgaben ableiten lassen und in gewisser Weise vorhersehbar sind. In der Sache ist das nicht viel anderes als die formale Widerspruchslosigkeit oder innere Stimmigkeit dieser Entscheidungen im Sinne Kelsens[157]. Wird Gerechtigkeit demgegenüber wie hier in einem materialen, inhaltlich-erfüllten Sinne verstanden, nämlich eingebettet in die menschenrechtliche Fundierung des heutigen Rechts und aus ihr heraus, eröffnen sich ganz andere Möglichkeiten[158]. Man kann Gerechtigkeit dann auch mit dem so bestimmten Inhalt als Einheitssymbol des Rechtssystems beschreiben, das sich über die verfassungsrechtlichen Grundentscheidungen – Menschenwürde, Freiheitsrechte, allgemeiner Gleichheitssatz, rechtsstaatliche Prinzipien wie Rechtssicherheit, Bestimmbarkeit und Vorhersehbarkeit von Eingriffen, faires Verfahren etc. – bis hin zu den allgemeinen Anforderungen an gerechtes Entscheiden seinen einzelnen Operationen hinuntervermittelt. Das Recht erscheint dann nicht nur als formal widerspruchsfreies, sondern auch in seinen grundlegenden materialen Wertungen stimmiges Gesamtsystem, und Gerechtigkeit wäre der Begriff, in dem sich die verstreuten inhaltlichen Erwartungen an das Recht bündeln.

Die Kennzeichnung als „Symbol" verweist dabei darauf, dass es sich bei dieser Einheit nicht um eine empi- **184** rische Realität, sondern um ein Konstrukt oder eine Imagination handelt. Von Gerechtigkeit im Recht zu reden bedeutet daher nicht, dass alle Entscheidungen im Rechtssystem als gerecht anzusehen sind oder jedenfalls mit irgendeiner Vorstellung von Gerechtigkeit tatsächlich in Verbindung gebracht werden können. Allein die Geschichte der Justiz ist immer auch eine Geschichte von Justizirrtümern gewesen. Noch bedeutet es, dass damit ein Anspruch formuliert ist, der in der Realität überhaupt eingelöst werden kann. Dem stehen schon die vielfältigen Konkretisierungsmöglichkeiten und die prinzipielle Deutungsoffenheit auch eines materialen Gerechtigkeitsbegriffs entgegen. Es bedeutet nur, alle Akte des Rechtssystems und alle Entscheidungen innerhalb des Rechtssystems so anzusehen, als ob ihnen eine übergeordnete Vorstellung von Gerechtigkeit und ihrer bereichsweisen Konkretisierungen zugrunde läge, die sich in einer bestimmten Praxis der Rechtsanwendung artikuliert. Die Einheitsvorstellung, die die Gerechtigkeit vermittelt, ist dann von vornherein nur eine Einheit des „Als ob", so wie sie dem letztendlich utopischen Charakter der Gerechtigkeit entspricht[159].

4. Gerechtigkeit in der Praxis des Rechts

Unter diesen Umständen bekommt Gerechtigkeit eher etwas von einer *permanenten* **185** *Suchbewegung*, die das Recht auf allen Stufen seiner Konkretisierung erfasst oder von

---

[156] Luhmann (Fn. 43), S. 223 ff.; s. zu diesem formalen Verständnis bereits oben → Rn. 122 ff.

[157] Vgl. Luhmann (Fn. 43), S. 214: Einheit „in der Form der operativen Sequenzen", in denen sich das System selbst reproduziert. Zur Rolle der Rechtsdogmatik ebda., S. 367 f., 386 f.

[158] Luhmanns Position in dieser Frage ist allerdings durchaus schillernd und selbst alles andere als eindeutig, weil die von ihm hauptsächlich beschriebene Ausdifferenzierung von Rechtssystemen für ihn untrennbar mit bestimmten evolutionären Errungenschaften der Moderne zusammenhängt, vgl. R. Dreier, Niklas Luhmanns Rechtsbegriff, ARSP 88 (2002), 305 (317 f.): „Die zentralen Parameter – eine spezifische Rechtskultur, Unabhängigkeit der Gerichte, Rechtsstaatlichkeit, Menschen- und Bürgerrechte, Demokratisierung des politischen Systems – werden [...] in aller Deutlichkeit benannt."

[159] Zu dieser Vorstellung einer Einheit des „als ob im Sinne einer „symbolischen Einheit" – bezogen auf die Idee der Einheit der Verfassung – T. Vesting, Ende der Verfassung?, in: ders./S. Korioth (Hrsg.), Der Eigenwert des Verfassungsrechts, 2011, S. 71 (80 ff.).

der es, um mit Derrida zu sprechen, „heimgesucht" wird. Auf der Ebene der Rechtssetzung zeigt sich dies in einem allgemeinen Gerechtigkeitstest, dem jedes neu zu erlassende Gesetz oder jede Änderung eines bestehenden Gesetzes unterworfen wird; auch schon länger bestehende Gesetze sind davon nicht ausgenommen und können jederzeit unter diesem Gesichtspunkt problematisiert werden. Natürlich verfolgt dann jedes Gesetz eigene und spezielle Ziele: Erhöhung der Sicherheit, allgemeine Wohlfahrt, Gesundheitsvorsorge, Rentenstabilität, Verbesserung des Bildungssystems, Verbraucherschutz, Förderung des Wohnungsbaus oder was auch immer. Aber am Ende muss sich jede staatliche Maßnahme – und insbesondere eine solche, die mit Hilfe von Recht umgesetzt wird – darauf befragen lassen, ob sie in die Rechte der Bürger zu weit eingreift, ob sich die Vorteile für eine Gruppe allgemein rechtfertigen lassen, ob sie die Belastungen gleichmäßig verteilt oder überhaupt die Interessen der Beteiligten angemessen berücksichtigt, kurz: ob sie in einem ganz allgemeinen Sinne *auch* gerecht ist. Das lässt dann immer noch ganz unterschiedliche Lösungen zu, wie sie der Offenheit und Unbestimmtheit des Gerechtigkeitsbegriffs entsprechen; nur müssen für sie auf Nachfrage im Zweifel eben auch Gerechtigkeitsgesichtspunkte angeführt werden.

186 Institutionell abgesichert wird dies in der Rechtsordnung der Bundesrepublik vor allem durch die Verfassung, die in ihren verschiedenen Gewährleistungen – von der Menschenwürde über die Freiheitsgrundrechte bis zum Sozialstaatsprinzip oder dem Gleichheitssatz – Grundanforderungen der Gerechtigkeit positiviert und als Kontrollprogramm gegen flagrante Verstöße immer mitläuft. Die bei der Abstimmung über ein Gesetz unterlegene Opposition kann deshalb vor das Bundesverfassungsgericht ziehen (Art. 93 Abs. 1 Nr. 2 GG), ein Bürger kann sich dagegen mit der Verfassungsbeschwerde zur Wehr setzen (Art. 93 Abs. 1 Nr. 4a GG), ein Gericht, das mit seiner Anwendung befasst ist, kann es dem Bundesverfassungsgericht vorlegen (Art. 100 GG), dies alles etwa mit der Begründung, es verstoße gegen das im allgemeinen Gleichheitssatz des Art. 3 Abs. 1 GG enthaltene Gebot, jeden Sachverhalt so zu behandeln, wie es seiner Eigenart im Vergleich zu anderen Sachverhalten entspricht; gerade dies gilt ja seit Aristoteles als eine der zentralen Formulierungen von Gerechtigkeit (→ Rn. 116f.).

187 Demgegenüber stellen sich die Dinge auf der Ebene der Rechtsanwendung differenzierter dar, weil die dafür zuständigen Gerichte prinzipiell an das im jeweiligen Gesetz enthaltene Entscheidungsprogramm gebunden sind. Von hier aus können sie über Gerechtigkeitsargumente nicht ähnlich souverän verfügen wie der Gesetzgeber und die von diesem getroffene Entscheidung einfach mit der Begründung beiseiteschieben, sie erscheine ihnen ungerecht oder eine andere Entscheidung wäre gerechter gewesen. Im Gegenteil gilt gerade im demokratischen Rechtsstaat bis auf weiteres – im Zweifel also bis zur Änderung des betreffenden Gesetzes – grundsätzlich die vom Gesetzgeber getroffene Regelung als gerecht, und den Gerichten kommt zunächst und vor allem die Aufgabe zu, *diese* Gerechtigkeit auf den einzelnen Fall herunterzubrechen. Auf diese Weise vermittelt sich zunächst der allgemeine Gerechtigkeitsanspruch des Rechts in seine konkrete Anwendung hinein. Dabei läuft aber auch hier eine allgemeinere Vorstellung von Gerechtigkeit stets mit und kann im Bedarfsfall auf verschiedene Weise aktiviert werden.

188 Unter einer Verfassung, die selbst wesentliche Gerechtigkeitspostulate aufgreift, kann dies etwa dadurch geschehen, dass ein Richter ein Gerechtigkeitsproblem als Verfassungsproblem reformuliert und das entsprechende Gesetz dann entweder verfassungskonform auslegt oder es wie beschrieben dem Bundesverfassungsgericht zur Überprüfung vorlegt; gerade der allgemeine Gleichheitssatz bietet dafür reichhaltige Möglichkeiten, nicht zuletzt in dem ihm auch entnommenen allgemeinen „Willkürverbot"[160]. Darüber hinaus ist unter dem Grundgesetz die Rechtsprechung nicht nur an das positive Gesetz, sondern durch Art. 20

---

[160] Vgl. etwa BVerfGE 107, 27 (46).

Abs. 3 allgemeiner an „Gesetz *und Recht*" gebunden, womit nach verbreiteter Ansicht ein „Mehr an Recht" zum Ausdruck gebracht wird, das dem geschriebenen Gesetz gegenüber als Korrektiv zu wirken vermag und in der gerichtlichen Entscheidung zu finden und zu verwirklichen ist[161]. Daraus ergibt sich in bestimmten sachlichen Grenzen auch eine Ermächtigung zu richterlicher Rechtsfortbildung.

Unabhängig von der Verfassung kommt aber noch ein anderes, ganz allgemeines Problem hinzu: Die Gerichte sind zwar an Gesetz (und Recht) gebunden, aber sie selbst sind es, die diese Bindung in der Anwendung des Gesetzes immer erst aktualisieren müssen. Insofern disponieren sie in der Anwendung der Gesetze zugleich über den Umfang dieser Bindung[162]. Praktisch zeigt sich dies darin, dass die Gesetze als in Sprache gefasste Aussagen und Regeln interpretiert werden müssen und dementsprechend auch Deutungs- und Interpretationsspielräume eröffnen. Bis heute streiten Methodenlehre und Sprachwissenschaften, wie weit diese Spielräume reichen, wo ihre Grenzen verlaufen oder ob die Möglichkeiten theoretisch ganz unbegrenzt sind; darauf kommt es hier nicht an[163]. Jedenfalls kann die Interpretation, wenn sie vorgenommen wird, immer nur unter Berücksichtigung dessen vorgenommen werden, was vernünftiger- und gerechterweise sein sollte[164]. Dafür können sachliche Gerechtigkeitsgesichtspunkte aus der Eigenart des zu entscheidenden Falles eine Rolle spielen, im Sinne der einfachen Frage, welche Lösung für diesen Fall gerecht wäre, weiter aber auch aus dem Blick darauf, wie andere Gerichte in vergleichbaren Fällen entschieden haben; insofern entspricht es eben auch einer klassischen Forderung der Gerechtigkeit, vergleichbare Fälle nicht ohne sachlichen Grund ungleich zu behandeln. Nicht zuletzt dafür gibt es Revisionsinstanzen[165]. Darüber hinaus kann sich der Richter bei seiner Entscheidung nicht auf die einzelne unmittelbar einschlägige Norm beschränken und den Blick nur auf diese richten. Er hat nach einer klassischen Formulierung **189**

„zwar den Einzelfall zu entscheiden, aber unter Anwendung der ganzen *Rechtsordnung"*[166].

Die Antwort des Richters auf die ihm zur Entscheidung vorgelegte Frage ist deshalb nicht nur die Antwort aus dieser oder jener einzelnen Norm, sondern die Antwort der gesamten Rechtsordnung. In diesem Sinne muss sie allen normativen Vorgaben der Rechtsordnung in der bestmöglichen Weise entsprechen[167]. Zu diesen gehören aber nicht nur die verschiedenen Gesetze mit ihren Texten, ihrer inneren Systematik oder den etwa zur Auslegung herangezogenen Gesetzesmaterialien. Es gehört dazu auch der gesamte Wertungshintergrund der Rechtsordnung, von dem die einzelnen Normen überhaupt erst ihren Sinn empfangen: also die Grundgedanken und Leitideen, von de- **190**

---

[161] BVerfGE 34, 269 (287) – Soraya. Die Formel ist heute allerdings nicht mehr ganz unumstritten, vgl. K.-P. Sommermann, in: von Mangoldt/Klein/Starck, Das Bonner Grundgesetz, 7. Auflage 2018, Bd. 2, Art. 20 Rn. 265 ff.

[162] So weiterhin noch richtig W. Hassemer, Rechtssystem und Kodifikation in: ders./U. Neumann/F. Saliger, Einführung in die Rechtsphilosophie und Rechtstheorie der Gegenwart, 9. Auflage 2016, S. 233 (235 ff.).

[163] Für eine erste Einführung s. Hassemer (Fn. 163), a. a. O.

[164] So – nunmehr schon klassisch – für die Verfassungsinterpretation M. Kriele, Theorie der Rechtsgewinnung, 2. Auflage 1976, S. 157 ff., 177 ff.

[165] Deren Aufgabe ist eben die Sicherung der Einheitlichkeit der Rechtsanwendung, vgl. Art. 95 Abs. 3 GG, § 132 Abs. 4 GVG.

[166] Ph. Heck, Begriffsbildung und Interessenjurisprudenz, 1932, S. 107 (Hervorhebung nur hier); in diesem Sinne auch die weitere bekannte Formulierung, der Richter schulde dem Gesetz keinen „blinden", sondern „denkenden Gehorsam".

[167] Osterkamp (Fn. 144), S. 139.

nen die einzelnen Rechtsgebiete geprägt und durchzogen sind, die Ausrichtung an der Verfassung als einem „Sinnganzen", zuletzt die Gerechtigkeit, in der alle diese Anforderungen in ihrer abstraktesten Form zusammenlaufen[168]. Jede Entscheidung eines Gerichts erhebt deshalb den Anspruch, gerecht zu sein, und das heißt am Ende immer: jeden und jede so zu behandeln, wie er oder sie es verdient und es ihrem prinzipiellen Anspruch auf gleiche Beachtung und Respekt entspricht.

191 Auch insofern ist innerhalb der Methodenlehre wie auch aus der Beobachtung der tatsächlichen Praxis heraus umstritten, ob diese Überlegung am Anfang oder am Ende richterlichen Arbeitens steht, ob also Richter nach der ersten Lektüre der Akten eine intuitive Vorstellung von der gerechten Lösung des Falles entwickeln und dann die juristischen Argumente (aus dem Gesetzestext, der Systematik, Präjudizen etc.) darauf hinordnen oder ob sie zunächst die Lösung nur an Hand des positiven Rechts entwickeln und Gerechtigkeit erst anschließend als eine Kontrollüberlegung einbauen[169]. Zu eng ist es jedenfalls, wenn Gerechtigkeit nur die Rolle eines Lückenfüllers zugewiesen wird, der nur dann ins Spiel kommt, wenn die Auslegung nach den klassischen Methoden etwa zu keinem eindeutigen Ergebnis führt[170]. Tatsächlich sind Gerechtigkeitsüberlegungen, wie latent auch immer, auf allen Stufen der Rechtsanwendung präsent, was wir uns meist nur deshalb nicht klarmachen, weil wir in der täglichen Arbeit mit dem Recht zumeist auf fertige Auslegungsergebnisse anderer Institutionen (der Gerichte, eines Kommentars, einer herrschenden Lehre) zurückgreifen und nur ganz selten die erste Auslegung vorzunehmen haben. Für diese kommt man aber um die Frage, ob die jeweilige Auslegung auch angemessen, sachgerecht oder überhaupt in einem allgemeinen Sinne richtig (= gerecht) ist, nicht herum. Wenn etwa für die „Wegnahme" in § 242 StGB diskutiert wird, ob dafür im Falle des Ladendiebstahls das bloße Anfassen der Ware ausreicht (so die Kontrektationstheorie) oder ob dafür das In-die-Tasche-Stecken (so die Apprehensionstheorie) oder sogar die Entfernung aus dem Laden (so die Ablationstheorie) erforderlich ist, geht es immer auch um die Frage, wo die Strafwürdigkeit beginnt, ab wann es also richtig oder angemessen ist, ein bestimmtes Verhalten zu bestrafen, und wann noch nicht. Schon die klassische Auslegung lässt sich also von Gerechtigkeitsgesichtspunkten nicht freihalten, und das wird noch deutlicher, wenn man auch teleologische Argumente einbezieht, also nach den Gründen fragt, die eine bestimmte gesetzliche Regelung vernünftigerweise rechtfertigen könnten[171].

192 Von hier aus lässt sich auch eine zumindest näherungsweise Antwort auf die nicht weniger umstrittene Frage geben, ob es für jeden Rechtsfall am Ende nur eine einzige richtige Lösung gibt. Dies war wie gesehen etwa die Auffassung von Ronald Dworkin: Ein „Richter Herkules", der nicht nur die gesamte geschriebene Rechtsordnung, sondern auch die darin wirksamen Prinzipien, Grundsätze und Leitgedanken kennt und mit ihnen auf eine vollkommene Weise umgehen kann, müsse prinzipiell in der Lage sein, diese eine richtige Lösung auch zu finden (→ Rn. 47). Tatsächlich spricht einiges dafür, dass die Rechtswissenschaft an diesem Anspruch jedenfalls im Sinne einer regulativen Idee festhalten muss: Da sie es mit Normen zu tun hat, die grundsätzlich Befolgung verlangen, kann sie nicht so tun, als seien diese ihrem Inhalt nach ganz beliebig, ähnlich wie etwa die Literaturwissenschaft auch ganz entgegengesetzte Interpretationen

---

[168] Die Formulierung vom „Sinnganzen" erneut in BVerfGE 34, 269 (287) – Soraya; zur „Ausstrahlung" namentlich der Grundrechte in die gesamte Rechtsordnung BVerfGE 7, 198 (205 ff.) – Lüth; s. dazu bereits oben → Rn. 95 f.

[169] Für die erste Variante markant J. Esser, Vorverständnis und Methodenwahl in der richterlichen Rechtsfindung, 2. Auflage 1972, S. 7 f.: Die klassischen Methoden der Gesetzesauslegung spielten für gerichtliches Entscheiden nur eine untergeordnete Rolle; ganz im Vordergrund stünden „Überlegungen darüber, was im Konfliktfall die gerechte und doch auch als gesetzeskonform legitimierbare Entscheidung ist"; dieses „zielstrebige Erforschen der Sachgerechtigkeit" bestimme dann auch die Begründung, die dem Urteil gegeben wird. Die neuere Methodenlehre arbeitet dafür mit dem Unterschied zwischen der „Herstellung" und der „Darstellung" einer Entscheidung, vgl. z. B. H.-H. Trute, Methodik der Herstellung und Darstellung verwaltungsrechtlicher Entscheidungen, in: E. Schmidt-Aßmann, Methoden der Verwaltungsrechtswissenschaft, 2004, S. 293 ff.; W. Hassemer, Einige empirische Ergebnisse zum Unterschied zwischen der Herstellung und der Darstellung richterlicher Sanktionsentscheidungen, Monatsschrift für Kriminologie 66 (1983), 26 ff.

[170] In diesem Sinne K. Larenz, Methodenlehre der Rechtswissenschaft, 6. Auflage 1991, S. 173 ff.

[171] Gerade darum geht es bei der teleologischen, meist auf den „objektiven Zweck" einer Regelung bezogenen Auslegung, s. dazu W. Gast, Juristische Rhetorik, 5. Auflage 2015, S. 314 ff.

eines Gedichts als gleich richtig behandeln kann[172]. Auch der erste, der wegen Diebstahls oder einer neuen Strafvorschrift bestraft wird, kann sich deshalb nicht damit herausreden, er selbst habe die Vorschrift anders verstanden oder sie sei auch in der Literatur anders interpretiert worden. Auf der anderen Seite ist das eine kontrafaktische Annahme, weil jeder Jurist ab dem ersten Semester weiß, dass es in den meisten Fällen keine absolut richtigen, sondern immer nur vertretbare Lösungen gibt. Gerade deshalb gibt es im Rechtssystem Institutionen, die das Spiel der Deutungen beenden können, ohne dafür immer die besseren Argumente zu haben[173]. Aber auch hier erweist sich unser Umgang mit dem Recht wesentlich als ein Vorgang der Imagination: Auch wenn alle wissen, dass es die eine richtige (= gerechte) Lösung nicht geben kann, kommen wir doch nicht darum herum, so zu tun, als ob es sie gäbe. Gerechtigkeit als Sammelbegriff für das Ganze erweist sich damit auch auf dieser Ebene weniger als bestehende Realität denn als eine notwendige Sichtweise des Rechts.

D. Recht und Gesellschaft

Dass alles Recht in dieser Weise auf Gerechtigkeit hingeordnet ist, bedeutet andererseits nicht, dass Gerechtigkeit der einzige oder auch nur der primäre Zielwert ist, den das Recht zu verwirklichen hat. Es bedeutet nur, dass alle rechtlichen Regelungen unabhängig davon, welchen Zielen sie sonst zu dienen bestimmt sind, sich am Ende immer darauf befragen lassen müssen, ob sie oder ihre Anwendung im Einzelfall auch gerecht sind. Für die Politik, insbesondere für demokratisch legitimierte Politik, heißt das, dass sie sich prinzipiell beliebige Ziele setzen und verfolgen kann: Von der Gewährleistung der Sicherheit über die Konjunktur- und Wohlfahrtsförderung, die Bereitstellung sozialer Leistungen, den Ausbau der Infrastruktur, die Umverteilung gesellschaftlicher Güter und den Umweltschutz bis hinunter zum Schutz des Menschen vor sich selbst gibt es kaum ein Interesse, das von seinem Inhalt her davon ausgenommen wäre, zum Gegenstand von Politik werden zu können[1]. Für das Recht seinerseits folgt daraus, dass es in ganz vielfältiger Weise als Instrument der Sozialgestaltung oder überhaupt zur Herstellung bestimmter erwünschter Zustände eingesetzt werden kann, so wie es seiner eingangs beschriebenen Gestaltungsfunktion entspricht. Gustav Radbruch hatte insoweit von der allgemeinen „Zweckmäßigkeit für das Gemeinwohl" als Bestandteil der Rechtsidee gesprochen, um diese Seite des Rechts zum Ausdruck zu bringen (→ Rn. 4, 7). Historisch wird dies oft als eine jüngere Schicht des Rechts angesehen, die sich der Durchsetzung der positiven Gesetzgebung als vorherrschender Modus der Rechtserzeugung verdankt. Mit ihr wird in der Tat das Recht verfügbar, es kann in Dienst genommen werden für die Verfolgung gesetzter Zwecke, wird Gegenstand positiver Formung und Gestaltung. Davor galt es vielfach als gottgegeben, von alters her überliefert, in seinem sachlichen Kern unveränderbar. Aber dass es andererseits dort, wo es gesetzt wird, eine Funktion für die Gesellschaft erfüllt, die im Begriff des Gemeinwohls zusammengefasst ist, ist eine durchaus ältere Idee. Grundlegend verändert hat sich nur die Art und Weise dieser Funktionserfüllung, die so vielfältig und komplex geworden ist wie das heutige Recht selbst.

193

---

[172] C. Möllers, Die Möglichkeit der Normen, 2015, S. 404 f.

[173] Möllers (Fn. 172), a. a. O.

[1] Vgl. zu letzterem etwa BVerfG, NJW 1999, 3399 (3401): Grundsätzlich ist es auch „ein legitimes Gemeinwohlanliegen […], Menschen davor zu bewahren, sich selbst einen größeren persönlichen Schaden zuzufügen". Dem entspricht es, dass das BVerfG bei der Prüfung der Verhältnismäßigkeit eines Gesetzes diese so gut wie nie an der legitimen Zielsetzung scheitern lässt; die eigentliche Kontrolle setzt immer erst auf den nachfolgenden Stufen an. Natürlich zieht die Verfassung auch hier bestimmte äußerste Grenzen, aber deren Verletzung ist in der Praxis kaum vorstellbar.

194 Auch hier kann die Frage dementsprechend nicht umfassend behandelt werden, zumal einiges davon bereits in anderen Zusammenhängen angesprochen worden ist, die spezielle Funktion des Rechts für die Befriedung der Gesellschaft etwa im Abschnitt über Recht und Gewalt oder die Eigenart rechtlicher Verpflichtung im Abschnitt über Recht und Moral. Auch anderes wie die nun schon seit längerem konstatierte „Krise des regulativen Rechts" muss hier außen vor bleiben; sie betrifft eher eine Fragestellung der Rechtssoziologie oder der Rechtswirkungsforschung als eine solche der Rechtsphilosophie[2]. Für diese kann es zum Abschluss hin nur darum gehen, einen Eindruck von den möglichen Wirkungen des Rechts und zumindest eine Vorstellung davon zu gewinnen, wie sie miteinander zusammenhängen könnten[3]. Zu Zwecken der Darstellung werden die dazu vertretenen Ansichten erneut zu zwei gegensätzlichen Grundpositionen zusammengezogen, auch wenn dies hier schwerer fällt als in den vorherigen Abschnitten und es kaum jemanden gibt, der sie in dieser Form als Ganzes vertritt.

I. These: Recht als Steuerungsinstrument für das Gemeinwohl

195 Einer ersten danach möglichen Grundposition gilt das Recht zunächst ganz allgemein als ein Mittel zur Erreichung weitergehender Ziele, wie sie traditionell gerade im Begriff des Gemeinwohls versammelt sind. Das Gesetz ist, heißt es schon bei Thomas von Aquin, eine Anordnung der Vernunft im Hinblick auf das Gemeinwohl (rationis ordinatio ad bonum commune), erlassen von demjenigen, der für die jeweilige Gemeinschaft die Verantwortung trägt (→ § 1 Rn. 76)[4]. Was unter diesem Begriff näher zu verstehen ist, ist wiederum in der Geschichte ganz unterschiedlich bestimmt worden; bei Thomas selbst ergab es sich aus der Einordnung des Menschen in eine religiös-gemeinschaftliche Zielkonzeption, für die der Begriff der „Glückseligkeit" stand[5]. Das würde man in dieser Form so nicht mehr unterschreiben. Aber deshalb muss das Gemeinwohl noch keine Leerformel sein; es ist in einer schönen Formulierung anschaulich umschrieben und definiert als

„Inbegriff der Bedingungen des Leben- und Sich-entfalten-Könnens der Menschen als einzelne, in sozialen Gemeinschaften und als politisch organisierte Gesamtheit",

196 wobei eben gerade auch die Bedeutung für die organisierte Gesamtheit, also für die Gesellschaft insgesamt betont wird[6]. Als Beispiele für solche Bedingungen des Zusammenlebens werden etwa äußerer Friede, Sicherheit, Freiheit, Abgrenzung und Ausgleich von Interessen, Ermöglichung von Wohlfahrt und Kultur benannt, die ihrerseits wieder nicht als Ausklammerung, sondern gerade als Konkretisierung einer – dann freilich weit verstandenen – Gerechtigkeit begriffen werden[7]. Man könnte mühelos noch weitere Ziele wie etwa die Förderung der Demokratie oder die Erhaltung der Umwelt oder auch weitere Auffächerungen dieser allgemeinen Ziele anführen – ein Blick in die im Laufe der Zeit immer weiter angeschwollene Liste der Bundes-

---

[2] Geführt wird diese Diskussion vor allem im Bereich des Öffentlichen Rechts; den Startschuss bildete der Band von D. Grimm (Hrsg.), Wandel der Staatsaufgaben – Krise des Rechts, 1990.

[3] Ein konkreterer, unmittelbar praxisbezogener Blick auf diese Vielfalt etwa bei C. Franzius, Modalitäten und Wirkungsfaktoren der Steuerung durch Recht, in: W. Hoffmann-Riem/E. Schmidt-Aßmann/ A. Voßkuhle (Hrsg.), Grundlagen des Verwaltungsrechts, Band 1, 2. Auflage 2013, § 4.

[4] Th. v. Aquin, Summa Theologiae, I-II, 90.4.

[5] Th. v. Aquin, Summa Theologiae, I-II, 90.2; s. dazu zusammenfassend oben → § 1 Rn. 68 ff.

[6] E.-W. Böckenförde, Staatliches Recht und sittliche Ordnung, jetzt in: ders., Staat, Nation, Europa, 1999, S. 208 (212 mit Fn. 11).

[7] Böckenförde (Fn. 6), a. a. O. Die Gerechtigkeit, um die es hier geht, ragt dann bereits wieder in die allgemeine Gerechtigkeit der politischen Ordnung und ihrer Ziele hinein, s. zur Abgrenzung bereits oben → Rn. 98 f.

zuständigkeiten für die Gesetzgebung nach Art. 73 und 74 GG vermittelt bereits einen ganz guten Überblick, und was hier noch herausfällt oder fehlt, findet sich oft an anderer Stelle des Grundgesetzes oder ist ganz allgemein den Ländern zur Erfüllung zugewiesen (vgl. Art. 30, 70 GG). Aber wenn dies alles heute mögliche Gegenstände rechtlicher Regelung sind, bleibt die auch für die Rechtsphilosophie interessante Frage, wie es das Recht schafft, die betreffenden Ziele überhaupt zu erreichen, d. h. in welcher Weise es überhaupt auf Gesellschaft einwirkt, und wie sich von hier aus ein angemessener Begriff des Rechts gewinnen lässt.

1. Modell 1: Recht als Summe verschiedenster Normen

Zur Antwort wird üblicherweise auf die Grundeinheit verwiesen, aus der sich das Recht zusammensetzt, also auf seine einzelnen Normen. Aber was macht diese als „Normen" aus und worin bestehen die steuernden Effekte, die man ihnen zuschreibt oder sich von ihnen erhofft?

a) Die auch heute noch vielfach zu lesende Antwort darauf lautet: Rechtsnormen sind **197** Regeln, die ein bestimmtes Verhalten vorschreiben, typischerweise also Ge- und Verbote, die gegebenenfalls von dazu autorisierten Personen oder Institutionen – einem Gericht, einer Vollstreckungsbehörde, der Polizei – durchgesetzt werden können. Das entspricht der Deutung von Recht als „Befehl", wie sie unter Anknüpfung an ältere historische Vorläufer wie Hobbes und Bentham von John Austin klassisch formuliert wurde (→ Rn. 52). Sie bildet in der deutschen Rechtstheorie noch heute die Grundlage der sog. Imperativentheorie, die das gesamte Recht als bloße Ansammlung von – im Zweifel sanktionsbewehrten – Imperativen oder eben Verhaltensbefehlen versteht und alle sonstigen Rechtssätze (wie etwa die Bestimmung über die Rechtsfähigkeit in § 1 BGB, die Vorschriften über die strafrechtlichen Rechtfertigungsgründe, zivilrechtliche Regeln über die Nichtigkeit von Verträgen etc.) nur aus ihrer Beziehung zu diesen Imperativen erklärt[8]. Für die Lösung konkreter Fälle, wie man sie im Studium typischerweise vorgelegt bekommt, mag dies weiter eine hilfreiche Betrachtung sein, weil es hier am Ende darum geht, aus einer Vielzahl von Rechtssätzen irgendeine verbindliche Anordnung (die Verpflichtung zur Zahlung eines Kaufpreises, die Verhängung einer Strafe, die Gebotenheit der Befolgung eines Verwaltungsakts) herauszudestillieren. Für die Erfassung des Rechts in seiner Gesamtheit oder überhaupt des Wesens des Rechts ist eine solche Auffassung ersichtlich unzureichend und gilt international spätestens seit den Einwänden von Hart als überholt (→ Rn. 65 ff.). Bereits für die Verfassung als Spitze einer Rechtsordnung lässt sie sich nicht halten; eine Verfassung befiehlt den politischen Leitungsorganen regelmäßig nichts, sondern setzt sie überhaupt erst ein und gibt ansonsten nur punktuelle, inhaltlich meist ganz offene Vorgaben für die Erfüllung bestimmter Aufgaben – von den Gesetzgebungskompetenzen etwa kann der Gesetzgeber Gebrauch machen, er kann es aber auch lassen. Für die Rechtsordnung als Ganzes wird sie schon durch die geläufigen Unterscheidungen verschiedener Arten von Normen in Frage gestellt, wie sie etwa von Hart selbst oder Dworkin vorgestellt worden sind: Nach Hart ist, wie erinnerlich, jede Rechtsordnung ein Zusammenspiel primärer und sekundärer Regeln, also von Verhaltensregeln im klassischen Sinn und Regeln zur Erzeugung, Anwendung und Bestimmung dieser Regeln, und erst aus diesem Zusammenspiel kann das Recht als Gesamtphänomen überhaupt erklärt werden

---

[8] K. Röhl/H. Röhl, Allgemeine Rechtslehre, 3. Auflage 2008, §§ 22, 27 mit instruktiver Aufbereitung des gesamten Feldes.

(→ Rn. 68 ff.). Dworkin hingegen verdanken wir die Erkenntnis, dass das Recht neben den sogenannten „Regeln" auch aus inhaltlich offenen „Prinzipien" besteht, die eigenständig steuernde Wirkung entfalten und sich nicht auf bloße Hilfsnormen für Regeln reduzieren lassen; für die Rechtsordnung insgesamt sind sie vielfach bedeutender als diese oder jene einzelne Regel (→ Rn. 46). Und gerade aus einer Steuerungsperspektive scheint es wenig sinnvoll, das Recht nur als eine Technik des Befehlens zu betrachten. Natürlich sind wir permanent von rechtlichen Regelungen umgeben, und diese bestimmen in dieser oder jener Weise unser Verhalten mit. Aber wir empfinden uns dabei nicht dauernd als stumpfe Befehlsempfänger, schon gar nicht in einer demokratischen Ordnung, in der es der Idee nach wir, die Bürger, selber sind, die die Regeln setzen und umgekehrt uns auch selber an diese binden. Stattdessen gibt das Recht eher einen allgemeinen Rahmen vor, innerhalb dessen wir uns bewegen, aus dem sich Anreize in diese oder jene Richtung ergeben können und der es uns ermöglicht, unsere Aktivitäten mit den Aktivitäten anderer zu koordinieren[9].

198   Man kann dies schon an so elementaren Regelungen wie den gesetzlichen Regelungen über den Kaufvertrag oder auch der Einführung einer neuen Gesellschaftsform neben der AG oder GmbH durch den Gesetzgeber veranschaulichen: Der Sinn dieser Regelungen liegt nicht vornehmlich darin, für irgendeinen der Beteiligten eine Verpflichtung zu begründen, die dann im pathologischen Fall – also im Fall der Nichterfüllung – mit Hilfe von Gerichten durchgesetzt werden kann. Sondern der primäre Sinn liegt darin, zunächst überhaupt eine Form bereitzustellen, die es den Individuen ermöglicht, in – dann rechtlich geregelte – Beziehungen zueinander zu treten und ihre Interessen aufeinander abzustimmen. Aber auch dort, wo zumindest in einem ganz allgemeinen Sinne ein Befehlscharakter erkennbar ist, gehen in der Deutung als Befehl die vielfältigen anderen Lenkungswirkungen des Rechts oft ganz unter. Das Steuerrecht etwa, um ein schon bei Hans Kelsen verwendetes Beispiel zu nehmen, zielt natürlich am Ende auf eine Verpflichtung des Bürgers, einen bestimmten Geldbetrag an den Staat zu zahlen, damit dieser seine Aufgaben finanzieren kann. Aber diese Verpflichtung steht erst am Ende einer langen Kette anzuwendender rechtlicher Regelungen, die von Verfahrensvorschriften für die Finanzbehörden über Mitwirkungspflichten für die Bürger reichen, und wenn der Gesetzgeber in diesem Zusammenhang weiterhin vorsieht, dass man Spenden an gemeinnützige Organisationen oder auch bestimmte Handwerkerleistungen von der Steuer absetzen kann, so verfolgt er damit eigene und selbständige Steuerungszwecke, die mit der Erzielung von Einnahmen in gar keinem Zusammenhang stehen, die Hebung der Spendenbereitschaft der Bürger hier, die Förderung des Handwerks oder allgemeiner des Mittelstands dort. Und manchmal zielt die Besteuerung überhaupt darauf, ein bestimmtes Verhalten – von der Belastung der Umwelt bis zur Haltung von Kampfhunden – zu unterdrücken oder einzudämmen[10].

199   b) Für die Bestimmung der Steuerungswirkung des Rechts wird man deshalb auf andere Theorieangebote zurückgreifen müssen, die über das soldatische Modell von Befehl und Befolgung hinausgehen und zum eigentlichen Kern des Normativen vordringen, vielleicht auch nur einfach plausibler erklären, wie und wodurch Normen funktionieren. In ihrer einfachsten Form lassen sie sich auf bestimmte Grundbegriffe zurückführen, die dann wiederum als Gegenbegriff zu „Befehl" angesehen werden können. Mögliche Grundbegriffe in diesem Sinne sind:

200   – die Norm als *Erwartung.* Diese Lesart verdankt sich namentlich der Systemtheorie Niklas Luhmanns, im Kern also dem Blick eines Soziologen auf das Recht. Das Recht hat danach vor allem die Funktion, wechselseitige Verhaltenserwartungen zu stabilisieren und so die Vielfalt der Möglichkeiten (in Luhmanns Worten: die Komplexität) zu

---

[9] Zu einer entsprechenden Sicht von Recht als Koordinationsordnung G. Postema, Coordination and Convention at the Foundations of Law, Journal of Legal Studies 11 (1982), 165 ff.

[10] Vgl. § 3 AO: Die Erzielung von Einnahmen kann auch bloßer „Nebenzweck" von Steuern sein.

reduzieren, die theoretisch in jeder Situation besteht: Wenn ich jemanden auf der Straße mit „Guten Tag" begrüße, kann er theoretisch zurückgrüßen, den Blick peinlich berührt abwenden oder mir auch als Antwort ins Gesicht spucken. Die Erwartung ist aber, dass er zurückgrüßt, und das ist seinerseits der Grund dafür, dass ich umgekehrt die Begrüßung riskieren kann. Reagiert er anders, kann ich entweder meine Erwartungen anpassen (und künftig aufhören zu grüßen) oder an ihr trotz der Enttäuschung festhalten (und dann auch künftig Leute grüßen). Halte ich an der Erwartung trotz der Enttäuschung fest, spricht nach Luhmann vieles dafür, dass wir es mit einer Norm zu tun haben. Normen stehen in diesem Sinne für Erwartungen, an denen trotz Enttäuschung „kontrafaktisch" festgehalten wird, und das Recht insgesamt bestimmt Luhmann deshalb als die Summe generalisierter und kontrafaktisch stabilisierter Verhaltenserwartungen[11].

– die Norm als *Kostenfaktor*. Als solche erscheint sie vor allem in der ökonomischen Theorie des Rechts (→ Rn. 159 ff.): Der Sinn einer Norm liegt danach einfach darin, dass sie die Kosten für abweichendes Verhalten in die Höhe schraubt; abweichendes Verhalten ist dann zwar theoretisch weiter möglich, wird aber ökonomisch gesehen teurer[12]. **201**

– die Norm als *Handlungsgrund*. Das ist die bereits mehrfach angesprochene und auch international wohl verbreitetste Deutung, für die hier vor allem Joseph Raz steht (→ 75 ff.). Normen liefern danach vor allem Gründe für die Vornahme (oder Unterlassung) bestimmter Handlungen und schließen gleichzeitig andere mögliche Gründe aus, und Grund bedeutet hier einfach eine „Erwägung, die zugunsten von etwas zählt"[13]. Die Gründe, die vom Recht geliefert werden, sind dabei unbedingt und zwingend, d. h. sie verdrängen alle anderen möglichen Gründe. **202**

– die Norm als *Möglichkeit*. Danach präsentieren Normen eine Gegenwelt zu dem, was ist, also zur Welt der Tatsachen; stattdessen verweisen sie auf einen möglichen Zustand oder ein mögliches Ereignis, die positiv (als erwünscht, gewollt etc.) markiert werden; in diesem Sinne bestehen sie „aus einer Möglichkeit und einer Markierung, die die Verwirklichung dieser Möglichkeit affirmiert"[14]. **203**

Man muss diese Deutungen nicht notwendig so lesen, dass sie einander ausschließen, auch wenn ihre jeweiligen Vertreter die eigene Position typischerweise von denen der Konkurrenz scharf abgrenzen. Stattdessen könnten sie das Phänomen des Normativen auch nur einfach von einer bestimmten Seite beleuchten oder einen einzelnen Aspekt stärker hervorheben; insbesondere zwischen der Deutung als Handlungsgrund und als positiv markierte Möglichkeit bestehen ja auf einer höheren Abstraktionsebene vielleicht doch mehr Gemeinsamkeiten, als es die wechselseitige Abgrenzung vermuten lässt[15]. Aber sie alle bringen eben in ihrer Zusammenschau etwas Richtiges zum Ausdruck, nämlich dass Normen Richtungen anzeigen, in die es gehen soll, dass sie auf die **204**

---

[11] Ausführlich in N. Luhmann, Rechtssoziologie, Band 1, 1972, S. 44;. Diesen Gedanken hat Luhmann auch später nicht aufgegeben, s. ders., Das Recht der Gesellschaft, 1993, S. 125 ff.

[12] Vgl. S. Magen, Fairness, Eigennutz und die Rolle des Rechts, in: C. Engel/M. Englerth/J. Lüdemann/ I. Spiecker gen. Döhmann (Hrsg.), Recht und Verhalten, 2007, S. 261 (262).

[13] T. M. Scanlon, What We Owe to Each Other, 1998, S. 17, Übersetzung von mir.

[14] S. C. Möllers, Die Möglichkeit der Normen, 2015, S. 13 f., 125.

[15] S. zu dieser Abgrenzung etwa Möllers (Fn. 14), S. 23 ff.; zur Abgrenzung von Luhmanns Konzept der Erwartung, S. 128 ff.

Verwirklichung und Erreichung von etwas abzielen, das nicht von sich aus einfach gegeben ist oder unterstellt werden kann.

205 Andererseits greifen sie für eine Betrachtung der Gemeinwohlfunktion des Rechts und seiner Bedeutung als Steuerungsressource auch zu kurz, und zwar vor allem aus zwei Gründen. Zum einen bleiben alle Erklärungen gegenüber den weitergehenden Zwecken der Normen indifferent, wie dies besonders deutlich bei ihrer Bestimmung als Handlungsgründe oder positiv markierte Möglichkeiten hervortritt. Eine Verpflichtung etwa, Steuern zu zahlen, liefert danach, wenn sie in einer Rechtsvorschrift begründet wird, einen Handlungsgrund genau dafür, die Steuer zu zahlen, oder zeichnet genau diese Möglichkeit gegenüber allen anderen als vorzugswürdig aus. Aber warum dies geschieht, kommt in der Betrachtung nicht vor[16]. Ganz offensichtlich ist gerade diese Frage aber für den Sinn des Rechts nicht irrelevant. Zum anderen ist es ein ganz punktueller Zugriff, der den Blick immer nur auf die einzelne Norm richtet. Rechtsnormen und ihre Anwendung stehen aber aus einer Steuerungsperspektive regelmäßig nicht für sich, sie stehen typischerweise in einem Zusammenhang mit anderen Normen und Normanwendungen, aus dem heraus sie nur angemessen verstanden werden können.

206 Wenn etwa die Polizei vor einem risikoträchtigen Fußballspiel einzelnen bekannten Hooligans ein Aufenthaltsverbot für das Gebiet um das Stadion ausspricht, andere gleich in Unterbindungsgewahrsam nimmt, oder ganze Fangruppen eskortiert und ins Stadion begleitet, liegt darin ein Bündel einzelner Maßnahmen, von denen man jede isoliert für sich (etwa als Aufenthaltsverbot gegenüber X, als in Ingewahrsamnahme von Y etc.) betrachten könnte. Aber darin ginge ganz unter, worum es der Polizei insgesamt ginge, nämlich die Ermöglichung eines störungsfreien Ablaufs des Fußballspiels, vielleicht auch die langfristige Eindämmung des Hooliganismus als gesellschaftliches Phänomen überhaupt, und diese Ziele, jedenfalls das erste, spielen natürlich auch für die rechtliche Prüfung der Maßnahme – etwa im Rahmen einer Verhältnismäßigkeitskontrolle – eine Rolle.

2. Modell 2: Recht als Form gesellschaftlicher Planung

207 Möglicherweise wird es deshalb der Eigenart des Rechts als spezifische Steuerungsressource im Verhältnis zu anderen Steuerungsressourcen besser gerecht, wenn man es in einem ganz allgemeinen Sinne als „Plan" begreifen könnte, wie es jüngst der amerikanische Rechtstheoretiker Scott J. Shapiro vorgeschlagen hat[17]. Der Autor selbst wollte dies vor allem als Lösungsangebot für das Verhältnis von Recht und Moral, konkret zur Hart-Dworkin-Debatte verstanden wissen, was man in den USA offenbar tun muss, um dort überhaupt wahrgenommen zu werden. Dazu trägt die Kategorie des Plans letztlich nicht Sinnvolles bei[18]. Aber sie vermittelt eine Reihe von Erkenntnissen, die für den Sinn des Rechts in seinem Zusammenhang zur Verwirklichung des Gemeinwohls nützlich sein könnten. An sich ist die Verbindung des Rechts mit einer Vorstellung von Planung ihrerseits nicht neu: Schon Thomas von Aquin hatte das ewige Gesetz Gottes, von dem die ganze Welt geordnet ist, als den „Regierungsplan" (ratio gubernationis) in der Vorstellung des obersten Herrschers des Universums bezeichnet, von dem sich alle Regierungsentwürfe untergeordneter Stellen ableiten, und auch das Gesetz im Allgemeinen hatte er in diesem Sinne als einen „Plan" (ratio) defi-

---

[16] Ansätze immerhin bei J. Raz, The Morality of Freedom, 1988, S. 165 ff., wo als möglicher Grund von Pflichten auch „Rechte" angegeben und die Rechte auf „Interessen" bezogen werden, S. 180 ff.

[17] S. J. Shapiro, Legality, 2011, insbes. S. 118 ff., 193 ff.

[18] Schlagend insoweit die Einwände bei J. Waldron, Planning for Legality, Michigan Law Review 109 (2011), 883 (891 ff.).

niert, der Handlungen auf ein bestimmtes Ziel, nämlich gerade das Gemeinwohl, aus-
richtet (→ § 1 Rn. 76 f.)[19]. Bei Shapiro wird daraus die von ihm selbst sogenannte
„Planungsthese" (planning thesis):

„Alle rechtliche Aktivität ist eine Aktivität sozialer Planung",

wobei mit rechtlicher Aktivität vor allem Schaffung rechtlicher Regelungen, in der Sa- **208**
che also die Gesetzgebung, gemeint ist[20]. Was man sich unter der Idee selbst näher
vorzustellen hat, erläutert Shapiro zunächst an so einfachen Beispielen wie der Überlegung, ob man abends zum Essen ins Restaurant gehen oder dafür zuhause kochen
will. Entscheidet man sich für das Kochen am heimischen Herd, kann man das bereits
als einen Plan bezeichnen, wenn auch als einen ziemlich dürftigen und noch gar nicht
mit irgendeiner Art von Umsetzung in Zusammenhang gebrachten Plan. Die Umsetzung verlangt allerdings weitere Schritte: Man muss überlegen, was man überhaupt
kochen will, welche Lebensmittel dafür eingekauft werden müssen und wo man sie
einkauft, zum Beispiel in einem Supermarkt. Daraus ergibt sich nun ein zweiter Plan,
nämlich zum Einkauf der Lebensmittel in einem Supermarkt, der mit dem ersten Plan
zu einem übergeordneten Plan zusammengebunden ist, nämlich dem Plan, sich etwas
zu kochen, indem man die dafür erforderlichen Lebensmittel in einem Supermarkt
einkauft. Das Ganze verkompliziert sich noch einmal, wenn man sich entschließt, statt
allein für sich zusammen mit Freunden zu kochen: Dafür müssen zusätzlich noch die
unterschiedlichen Vorstellungen der Beteiligten abgestimmt und die möglichen Aktivitäten koordiniert werden, also etwa die Frage, wer was einkauft oder wer welche Arbeiten übernimmt. Und schließlich muss all das noch umgesetzt werden[21]. Planen bedeutet in diesem Sinne: Aktivitäten zu koordinieren und Regeln aufzustellen, die im
Lichte eines gemeinsamen Zweckes Sinn ergeben.

Für Shapiro hat das Recht eine ganz ähnliche Struktur, nur dass es nicht auf alltägliche **209**
private Probleme, sondern auf die Gesellschaft als Ganzes bezogen und dementsprechend
um ein Vielfaches komplexer ist. In diesem größeren Rahmen macht auch das Recht
nichts anderes als Planung sonst auch, nämlich das Verhalten von Individuen und Gruppen im Lichte eines gemeinsamen Ziels anzuleiten, zu organisieren und zu kontrollieren[22]. Die Straßenverkehrsregeln, die Altersgrenzen für die Führung von Kraftfahrzeugen
vorschreiben, den Erwerb eines Führerscheins, regelmäßige Inspektionen, das Anlegen
von Sicherheitsgurten, eine Versicherungspflicht für Kraftfahrzeuge, das Rechtsfahren,
das Anhalten vor roten Ampeln oder Geschwindigkeitsbegrenzungen, sind allesamt
einem komplexen und möglicherweise in sich auch nicht ganz widerspruchsfreien Ziel
verpflichtet, nämlich der Sicherheit *und* Leichtigkeit des Straßenverkehrs. Ein Anti-Kar-
tell-Gesetz verbindet verschiedene Beschränkungen und Verbote (von wettbewerbsbe-

---

[19] Hier wird „ratio" meist mit „Anordnung" übersetzt, es könnte aber auch hier ein „Plan" im Sinne von
Lenkung auf ein Ziel sein, vgl. Th. v. Aquin, Summa Theologiae, I-II, 93.3. Die Verbindung speziell zu
den vom Menschen gemachten Gesetzen in: 96.4, dort auch neben der Kompetenzförmigkeit und
Gleichmäßigkeit der Lastenverteilung als Kriterium für die Gerechtigkeit eines Gesetzes.

[20] „Legal activity is an activity of social planning": Shapiro (Fn. 17), S. 195 ff.; anknüpfend an
M. E. Bratman, Intention, Plans and Practical Reason, 1987.

[21] Shapiro (Fn. 17), S. 120 ff. Am Ende wird das Beispiel noch weiter fortgesponnen, etwa indem auch
noch Nachbarn eingeladen werden, man sich regelmäßig zum Kochen trifft, am Ende ein ganzer Koch-
club gegründet wird etc.

[22] Shapiro (Fn. 17), S. 200.

hindernden Absprachen, Diskriminierung einzelner Marktteilnehmer, monopolartigen Zusammenschlüssen etc.) mit organisatorischen Maßnahmen (Errichtung einer Aufsichtsbehörde, Genehmigungsbedürftigkeit von Zusammenschlüssen etc.) unter dem übergeordneten Ziel der Abwehr von Störungen des Marktgeschehens[23].

210   Damit könnte die komplexe Funktion des Rechts für die Erfüllung von Gemeinwohlzielen alles in allem ganz gut getroffen sein. Natürlich lässt sich dagegen der Einwand erheben, dass die Kategorie des „Plans" ihrerseits zu schlicht ist, um die ganze Vielfalt der Welt des Rechts abzubilden. Und von der anderen Seite her besteht die Gefahr, dass in der damit bezweckten Zusammenfassung verschiedener einzelner Normen unter ein übergeordnetes Gesamtziel die Einzelnorm aus dem Blick oder ganz unter die Räder gerät. Was machen wir etwa mit einer schlichten Vorschrift im Strafgesetzbuch, die das Töten von Menschen verbietet? Hier einfach zu sagen, der „Plan" bestehe darin, Tötungen zu verhindern, bringt nicht viel und erklärt auch nichts. Eher könnte man den Plan schon darin sehen, dass das Gesetz zur Umsetzung dieses allgemeinen Ziels bestimmte Tatbestandsmerkmale definiert und andere ausschließt, Möglichkeiten der Rechtfertigung bestimmt oder überhaupt vorsieht, dass dafür eine Strafe zu verhängen ist. Oder man könnte die betreffenden Vorschriften ihrerseits als Teil eines größeren Plans verstehen, der insgesamt auf das Management gesellschaftlicher Interaktion und den Ausschluss von Konflikten zielt[24]. Die Bedeutung dieser besonderen Norm könnte damit freilich nicht angemessen getroffen sein; möglicherweise steht diese ja durchaus für sich. Aber das mindert nicht die Grundeinsicht, die dieser frische Blick auf das Recht vermittelt[25]. Zugleich lässt sich daraus auch etwas über den Zusammenhang des Rechts mit anderen Steuerungsressourcen lernen, die sich wechselseitig ergänzen und in einem gewissen Umfang untereinander auch austauschbar sind. Gegen die Gefahren von Alkohol und Nikotin geht der Staat ja nicht nur mit rechtlichen Regelungen (in Form von Altersgrenzen, Fahrverboten, Werbebeschränkungen) vor, sondern etwa auch mit Warnungs- und Aufklärungskampagnen, Erziehung in den Schulen, Kooperation mit der Wirtschaft und den Medien etc. Reichen diese weicheren Steuerungsformen nicht aus, kann man auf rechtliche und gegebenenfalls erzwingbare Regeln umschalten; umgekehrt können rechtliche Regeln zurückgeschraubt werden, wenn die betreffenden Ziele auch auf anderem Wege erreicht werden können.

II. Gegenthese: Normativer Reduktionismus

211   Bei der auf diese Weise als These vorgestellten Position handelt es sich allerdings nicht, wie die Darstellung nahelegen könnte, um ein irgendwie einheitliches Theorielager; stattdessen sind hier wie bereits eingangs angedeutet Elemente und Gedanken aus ganz verschiedenen theoretischen Ansätzen zu einer insgesamt möglichen Sicht auf das Recht zusammengefügt worden. Das gilt insbesondere für die hier vorgenommene Verbindung zwischen den tatsächlichen Zielen des Rechts und der Eigenart und Struktur rechtlicher Regelungen, die sich so ausdrücklich nur selten findet. Aber beides gehört in der Sache doch zusammen, weil derjenige, der das Recht für die Verfolgung vielfältiger Gemeinwohlziele öffnet, es am Ende auch für eine größere Spannbreite von Einwirkungs-, Gestaltungs- und Steuerungsmöglichkeiten öffnen muss. Ähnliches lässt sich über die möglichen Gegenpositionen sagen, die als solche zwar kaum zusammenhängend formuliert werden, aber einen verbindenden Grundgedanken darin finden, dass die Rolle des Rechts für die Verwirklichung von Gemeinwohlzwecken stark zurückgenommen wird. Konsequenz ist eine reduktionistische oder auch minimalistische Sicht auf das Recht, die sich sowohl auf die Ebene der Ziele als auch auf die Ebene der Mittel beziehen kann. Im Einzelnen:

---

[23] Jeweils nach Shapiro (Fn. 17), S. 195 ff.

[24] Das Beispiel bei Waldron (Fn. 18), S. 889 ff., dort auch die möglichen Deutungen.

[25] Ansätze freilich auch bereits bei Böckenförde (Fn. 6), S. 213; s. dazu noch unten → Rn. 213.

1. Modell 1: Reduktionismus der Ziele

Von einem Reduktionismus der Ziele lässt sich sprechen, wenn das Recht im Sinne 212 einer libertären oder minimalstaatlichen Konzeption auch heute noch ganz auf die Aufgabe der Sicherung und Abgrenzung der individuellen Freiheiten beschränkt wird. Im Hintergrund steht oft Kants Bestimmung des Rechts als „Inbegriff der Bedingungen, unter denen die Willkür des einen mit der Willkür des anderen nach einem allgemeinen Gesetz der Freiheit zusammen vereinigt werden kann" (→ § 1 Rn. 198), oder das Mill-sche Schadensprinzip, nach dem Freiheit nur beschränkt werden darf, um Schaden von anderen abzuwenden (→ § 1 Rn. 170)[26]. In einer spezifisch auf die Idee des Planens bezogenen Wendung wird dann etwa gesagt, dass jede Art von Planung in einer liberalen Gesellschaft nur darin bestehen könne, den individuellen Plänen der Bürger Raum zu geben, aus denen dann in Prozessen marktförmiger Selbstorganisation „spontane Ordnungen" entstehen könnten[27]. Möglicherweise etwas weiter geht es, wenn das alleinige oder zumindest vorrangige Ziel des Rechts im Ausgleich und der Zuordnung von gegenläufigen Interessen gesehen wird[28]. Aber auch das läuft an der Realität heutiger Rechtsproduktion über weite Strecken vorbei. Demokratische Politik zielt, auch wo sie mit Mitteln des Rechts verfolgt wird, auf die Ermöglichung und Gewährleistung angemessener Lebensbedingungen für die Gesamtheit, sie orientiert sich an übergeordnet-gesamthaften Zielvorstellungen und erst danach, als Folge und auf der Grundlage dieser Zielsetzung, rückt die Abgrenzung und gegenseitige Zuordnung der individuellen Freiheiten und Interessensphären in den Blick.

Wird etwa die künftige Energiepolitik – Aus- oder Wiedereinstieg in die Kernenergie, Ausstieg aus der 213 Kohleverstromung, Umstieg auf erneuerbare Energien – bestimmt, stehen am Anfang Fragen wie die, was das für die Volkswirtschaft insgesamt bedeutet, auf welche Weise die Stromversorgung bestmöglich gesichert werden kann, welche Belastungen der Umwelt insgesamt zugemutet werden können etc., und erst danach wird geklärt und festgelegt, welche Art von Kraftwerken künftig genehmigt wird, welche Grundstücke für die Verlegung neuer Stromtrassen enteignet werden müssen oder wie die Mehrkosten zwischen Energieversorgungsunternehmen und Verbrauchern aufzuteilen sind[29]. Soll ein Bebauungsplan erlassen werden, steht nicht an erster Stelle die Frage, wie die Interessen der Grundstückeigentümer in dem betreffenden Plangebiet einander zugeordnet werden können. Sondern am Anfang steht ein planerisches Konzept, die Frage, ob das betreffende Gebiet überhaupt bebaut werden soll, welche Art von Bebauung dort vorherrschen soll, wie sich diese Art der Bebauung in die Landschaft oder die Raumordnung einfügt, und erst auf dieser Grundlage können dann Zulässigkeit und Grenzen der Bebaubarkeit der einzelnen Grundstücke bestimmt werden[30].

2. Modell 2: Reduktionismus der Mittel

Ein Reduktionismus der Mittel kann mit dieser Begrenzung der möglichen Ziele des 214 Rechts zusammenhängen, muss es aber nicht. Kennzeichnend für ihn ist eine Verengung der möglichen Wirkungen von Recht, die in ihrem zentralen Muster wieder dem

---

[26] Jedenfalls die Berufung auf Kant greift hier zu kurz und verkennt die ethische Bedeutung dessen, was mit dem „allgemeinen Gesetz der Freiheit" gemeint ist, s. Böckenförde (Fn. 6), S. 213 sowie bereits oben → § 1 Rn. 199.

[27] So F. A. von Hayek, Recht, Gesetz und Freiheit, erstmals 1979, hrsgg. v. V. Vanberg, 2003, S. 37 ff.; gemeint vor allem auch als Abgrenzung gegen die Vorstellung von „Planung" in sozialistischen Regimen.

[28] D. von der Pfordten, Rechtsphilosophie, 2013, S. 53 ff., der aber prinzipiell die Vervielfältigung der Rechtszwecke durch die Vervielfältigung der Staatsaufgaben anerkennt, vgl. S. 27 ff.

[29] Auch die entsprechenden Gesetze ordnen sich regelmäßig in diesen Zusammenhang ein, s. etwa § 1 AtG: Zweck des Gesetzes ist, die Nutzung der Kernenergie geordnet zu beenden.

[30] Die Beispiele und auch die Grundüberlegung nach Böckenförde (Fn. 6), S. 213.

klassischen Befehls- und Sanktionsmodell des Rechts folgt. In der äußersten Konsequenz wird das gesamte Recht nach dem Bild des Strafrechts modelliert, indem alle anderen rechtlichen Regelungen letztlich nur als dessen verfeinerte oder weichere Varianten erscheinen. Auch das wird der Vielgestaltigkeit des heutigen Rechts nicht gerecht; es weist dem Recht, wie es schon Karl Marx kritisch beschrieben hat, im Wesentlichen nur die Funktion eines Zaunpfahles oder Zaunes zu, der die Interessen- und Freiheitssphären der Einzelnen voneinander abgrenzt und Übergriffe des einen in die Sphäre des anderen verhindern soll[31]. Das Recht grenzt die Menschen aber nicht nur voneinander ab, sondern ordnet sie einander auch positiv zu, ermöglicht es ihnen, ihr Verhalten miteinander zu koordinieren, in Austauschbeziehungen zu treten oder überhaupt bestimmte Zwecke gemeinsam zu verfolgen, und dies im Sinne eines eigenständigen Ziels des Rechts selbst oder um der Erreichung anderer Ziele willen. Dies übersehen zuletzt auch einige andere Rechtstheorien, die zwar grundsätzlich die Verschiedenheit rechtlicher Wirkungen anerkennen, das Recht im Ergebnis aber auf einen bestimmten Typus von Rechtsnormen festlegen wollen, mag dieser selbst dann auch ganz weit gefasst sein.

215 a) Ein anschauliches Beispiel für eine solche Engführung ist die an sich instruktive Unterscheidung von Konditional- und Zweckprogrammen, die in der Rechtssoziologie Niklas Luhmanns vorgestellt ist. Sie reagiert auf eine ähnliche Beobachtung wie Ronald Dworkins Unterscheidung von Regeln und Prinzipien (→ Rn. 46) und weist auch ansonsten einige Parallelen mit dieser auf:

216 – Der Begriff des *Konditionalprogramms* nimmt die Unterscheidung von Tatbestand und Rechtsfolge auf, wie sie uns in der Tat in vielen geläufigen Rechtssätzen begegnet. Der Tatbestand lässt sich dabei als die Summe der Bedingungen beschreiben, unter denen eine bestimmte Rechtsfolge eintritt, er ist also verkürzt gesagt einfach die Ursache einer Rechtswirkung. Rechtssätze, die beides miteinander verbinden, weisen dementsprechend eine konditionale, d.h. eine Wenn-Dann-Struktur auf: Wenn die Tatsache a (oder eben das Tatbestandsmerkmal a) vorliegt, muss die Entscheidung x getroffen werden; wenn nicht, dann nicht[32]. Dem entsprächen in der Terminologie Dworkins in etwa die „Regeln", nur dass diese dort weniger aus ihrer logischen Struktur als vielmehr aus Art und Grad ihrer Verbindlichkeit bestimmt werden.

217 – *Zweckprogramme* geben demgegenüber nur allgemeine Ziele vor, lassen aber offen, wie und wodurch diese konkret zu erreichen sind. Anschauliche Beispiele wären auf der Ebene der Verfassung etwa Staatsziele wie das Sozialstaatsgebot, das den Staat und insbesondere den Gesetzgeber zunächst nur ganz allgemein dazu verpflichtet, für die soziale Sicherheit der Bürger und eine gerechte Sozialordnung zu sorgen; auch die Deutung der Grundrechte als Schutzpflichten gehört in diesen Zusammenhang[33]. Auf der Ebene des einfachen Rechts wäre eine Vorschrift wie § 1 BauGB zu nennen, der allein in seinem Absatz 6 unter mittlerweile dreizehn Gliederungsziffern eine Reihe von Gesichtspunkten – tatsächlich weit mehr als dreizehn – aufführt, die bei der Aufstellung von Bebauungsplänen „insbesondere zu berücksichtigen" sind, von

---

[31] So die entsprechende Kritik von Marx an den Grund- und Menschenrechten, s. oben → § 1 Rn. 277.
[32] Luhmann (Fn. 11), Das Recht der Gesellschaft, S. 84.
[33] Als solche verpflichten die Grundrechte alle staatlichen Organe, sich „schützend und fördernd" vor die von ihnen genannten Rechtsgüter einzusetzen, s. grundlegend BVerfGE 39, 1 (Ls. 2); vorgegeben ist aber nur der „Schutz als Ziel […], nicht seine Ausgestaltung im einzelnen", BVerfGE 88, 203 (254).

den Wohnbedürfnissen der Bevölkerung über deren soziale und kulturelle Bedürfnisse bis hinunter zu den Belangen der Baukultur, des Denkmalschutzes und des Umweltschutzes; sogar die von den Kirchen und Religionsgesellschaften festgestellten Erfordernisse für Gottesdienst und Seelsorge sind eigens aufgeführt. In Dworkins Unterscheidung entsprächen dem grob die „Prinzipien", die im Anschluss an Robert Alexy vor allem hierzulande wesentlich als „Optimierungsgebote" verstanden werden, nämlich als Normen, die verlangen „dass etwas in einem relativ auf die rechtlichen und tatsächlichen Möglichkeiten möglichst hohen Maße realisiert wird"[34].

Insgesamt ist das, in der entsprechenden Abstraktionshöhe, eine bis heute durchaus brauchbare Unterscheidung, der sich viele Rechtsnormen moderner Rechtssysteme zuordnen lassen; ob es dann tatsächlich alle sind oder die Welt des Rechts nicht doch wieder vielfältiger ist, als es in ihrer schlichten Zweiteilung zum Ausdruck kommt, sei hier einmal dahingestellt[35]. Luhmanns Problem besteht aber umgekehrt darin, dass er die Zweckprogramme als eigenständigen oder gar zentralen Bestandteil des Rechtssystems nicht akzeptiert; es handelt sich dabei für ihn im Ergebnis um eine Degeneration oder eine Minderform von Recht, die von dessen eigentlicher Funktion nur wegführt: 218

„Gegenüber zu erwartenden Protesten und gegenüber allem, was die Juristen seit dem ‚social engineering approach' am Anfang dieses [des 20.] Jahrhunderts und seit der Planungseuphorie der 60er Jahre zu denken sich angewöhnt haben, ist festzuhalten: Programme des Rechtssystems sind immer Konditionalprogramme."[36]

Zweckprogramme gehören deshalb zum Recht im eigentlichen Sinne für Luhmann gar nicht dazu. Allerdings kommt auch er nicht darum herum, dass man solche Zweckprogramme im Recht auch findet und es sogar über die Jahre hinweg immer mehr geworden sind[37]. Es ist deshalb für eine Theorie, die sich selbst soziologisch nennt und das Recht ihrem eigenen Anspruch nach nur beschreiben will, durchaus erstaunlich, dass sie diesen Teil der Rechtswirklichkeit aus der Betrachtung einfach ausblendet. Das Recht ist, wie es nun einmal ist, und es besteht heute wesentlich auch aus dem, was Luhmann abwertend „politische Sinngebungen" nennt[38]: Der Gesetzgeber wird von solchen Sinngebungen geleitet, die Verwaltung versucht sie zu vollziehen, und die Gerichte kontrollieren ihre Einhaltung, wenn sie etwa aus dem Sozialstaatsprinzip bestimmte Ansprüche auf Mindestversorgung ableiten oder Bebauungspläne für rechtswidrig erklären, weil in die Abwägung nicht alle zu berücksichtigenden Gesichtspunkte ihrem Gewicht entsprechend einbezogen worden sind[39]. Vor allem stellen sie eine Verbindung des Rechts zu seinen Zielen, Leitgedanken und normativen Grundorientierungen her, ohne die sich gar nicht angemessen verstehen lässt, was das Recht überhaupt ist und in welchem inneren Zusammenhang eben auch verschiedene Sätze des Rechts miteinander stehen[40]. 219

---

[34] R. Alexy, Theorie der Grundrechte, 1986, S. 75.
[35] Entsprechende Einwände gegen die Prinzipientheorie etwa bei J. Klement, Vom Nutzen einer Theorie, die alles erklärt, JZ 2008, 756 ff.
[36] Luhmann (Fn. 11), Das Recht der Gesellschaft, S. 195.
[37] Vgl. Luhmann (Fn. 11), Das Recht der Gesellschaft, S. 200.
[38] Luhmann a. a. O.
[39] Grundlegend hierzu BVerwGE 45, 309 ff.
[40] T. Osterkamp, Juristische Gerechtigkeit, 2004, S. 140 f.

220 b) Noch einmal weiter vorangetrieben wird dieser Reduktionismus, wenn das Recht überhaupt von irgendwelchen Zielen abgelöst wird. Ein Beispiel dafür liefert der Normbegriff Hans Kelsens, nach dem die Rechtsnorm nicht als eine Anordnung gegenüber dem Bürger, sondern nur als eine solche an die staatlichen Organe zu verstehen ist, etwa als Gebot an den Richter, die bei Erfüllung eines bestimmten Tatbestands im Gesetz vorgesehene Strafe auch tatsächlich zu verhängen. Das geht wie gesehen schon an der einfachen Funktion des Rechts als Mittel der Verhaltensregulierung vorbei (→ Rn. 61). Vor allem werden damit die eigentlichen Ziele, die mit einer rechtlichen Regelung verfolgt werden, für etwas Nebensächliches erklärt; solche Ziele mag es geben oder nicht, aber für Kelsen gehen sie das Recht nichts an, bestimmen es nicht in seinem Wesen mit. Das greift indessen schon für die einzelne Verhaltensnorm zu kurz: Deren primärer Sinn ist erst einmal die Markierung des betreffenden Verhaltens als geboten oder verboten, recht oder unrecht, richtig oder falsch, angemessen oder unangemessen, in ihr drückt sich eine bestimmte Bewertung dieses Verhaltens, überhaupt eine gesellschaftliche Wert- und Vorrangentscheidung aus, und die Möglichkeit der Sanktionierung besteht, wenn sie überhaupt besteht, nur darum, um das Gewicht dieser Markierung oder Bewertung zu verstärken und sichtbar zu machen. Auf sie muss deshalb nur dann zurückgegriffen werden, wenn diese Bewertung und Markierung nicht von sich aus, im Verhalten der Menschen, aktualisiert und realisiert wird. Zugleich ist es dieses Bewertungsmoment, über das die einzelne Verhaltensnorm mit den hinter ihr stehenden Gemeinwohlzielen und zuletzt mit dem Wertungshintergrund des Rechts insgesamt verknüpft wird.

221 In ähnlicher Weise könnte auch die ökonomische Theorie den normativen Anspruch des Rechts verkennen, wenn sie Rechtsnormen vor allem als Kostenfaktor betrachtet (→ Rn. 201). Das kann hilfreich sein, wenn man etwa herauszufinden versucht, wie die Adressaten einer Regelung auf diese reagieren oder in welchen Situationen man überhaupt sinnvollerweise mit Rechtsnormen arbeiten sollte und in welchen besser nicht. Zum Problem wird es aber, wenn darin das Wesen der Rechtsnorm selbst gesehen wird. Kosten kann man zahlen oder nicht, aber man soll sich in der Regel nicht durch die Begleichung eines bestimmten Betrages einfach von einer rechtlichen Verpflichtung freikaufen können[41]. Wer deshalb bei Parkplatzknappheit etwa vor einem Fußballspiel sein Auto im Halteverbot abstellt und die Polizistin, die ihn darauf aufmerksam macht, mit der Frage konfrontiert: „Was kostet das denn?", um das gegen sonstige Unannehmlichkeiten (Gebühren im Parkhaus, Notwendigkeit weiteren Herumfahrens, etwaiges Zuspätkommen zum Spiel) aufzurechnen, hat den Sinn des Rechts nicht verstanden. Aber selbst aus einer Steuerungsperspektive ist es zu einfach, das Recht einfach nur in den Kategorien des Preises und der Verteuerung von etwas zu denken. In einem viel diskutierten Experiment in israelischen Kindergärten zeigten zwei Ökonomen, was passiert, wenn die Kindergärten eine Strafgebühr für Eltern einführen, die ihre Kinder zu spät abholen. Organisatorisch waren diese Fälle ein beständiges Problem, weil dadurch die Einrichtung länger geöffnet bleiben musste, die Erzieher nicht rechtzeitig nach Hause konnten etc. Nach der reinen Lehre müsste nun durch die Einführung der Strafgebühr an sich das Ausmaß der Verspätungen sinken, weil für die Eltern ein finanzieller Anreiz gesetzt wird, pünktlich zu kommen. Indessen trat genau das Gegenteil ein: Die Zahl der Verspätungen nahm zu, weil die Möglichkeit der Zahlung der Strafgebühr den Eltern ihr schlechtes Gewissen nahm. Aus der moralischen Pflicht, die Kinder rechtzeitig abzuholen, war ein marktförmiges Gut geworden, das man dem Kindergarten abkaufte. Es nützte dann auch nichts mehr, dass der Kindergarten die Strafgebühr wieder abschaffte: Das entsprechende Verhalten war einmal eingerissen und die Zahl der Zuspätkommenden blieb auf hohem Niveau[42]. Das Recht ist hier dysfunktional; die Erhebung eines Preises war einfach das falsche Mittel, um das Problem, um das es ging, zu lösen. Man kann eben moralische Regeln nicht beliebig durch rechtliche Regeln ersetzen, neben dem Recht erbringt

---

[41] Der entsprechende Einwand von Hart gegen Kelsen – oben → Rn. 201 – schlüge insoweit auch gegen eine entsprechende Lesart der ökonomischen Theorie des Rechts durch.

[42] U. Gneezy/A. Rustichini, A Fine is a Price, The Journal of Legal Studies 29 (2000), 1 ff.

auch die Moral eigenständige Steuerungsleistungen für gesellschaftliches Zusammenleben, und bei moralischen wie rechtlichen Regelungen kommt es am Ende immer darauf an, ob sich das in ihnen enthaltene
Bewertungsmoment gesellschaftlich durchsetzt oder nicht.

III. Schluss: Zur Bedeutung des Rechts für die Gesellschaft

So hilfreich deshalb alle Versuche einer konkreteren Bestimmung der Wirkungen von **222**
Recht sein mögen, weil sie über die so allgemeine wie nichtssagende Formulierung,
Recht sei eine Form gesellschaftlicher Steuerung, hinausführen und diese in verschiedene Richtungen spezifizieren, so wenig können sie andererseits für das Ganze des
Rechts genommen werden. Dem entspricht es, dass es in der Rechtsphilosophie und
der Rechtstheorie keinen einheitlichen Begriff des Rechts gibt, schon gar nicht als
knappe Definition, die sämtliche Seiten des Rechts in sich vereinigt und zusammenfassend zum Ausdruck bringt. Stattdessen gibt es nur unterschiedliche Beschreibungs-
angebote, die mal mehr, mal weniger komplex ausfallen. Man liest dazu oft, es sei „bis
heute" oder „noch" nicht gelungen, eine solche Definition zu finden[43]. Aber erst
andersherum wird es richtig: Gerade heute erscheint es aussichtsloser denn je, noch
einmal den einen Begriff zu finden, der alle Eigenschaften und Wirkungsweisen des
Rechts in sich zusammenfasst. Die Gewissheiten vergangener Jahrhunderte, auch
über das Recht, sind uns abhandengekommen, das Recht hat sich in diesen Eigenschaften und Wirkungen immer weiter verzweigt und ausdifferenziert, in neuen Phänomenen des „Rechtspluralismus" verliert es sich zunehmend in der Abgrenzung zu
anderen Ordnungen und Praktiken, die man noch vor einigen Jahrzehnten nur als irgendeine andere Form von Ordnungen oder Praktiken bezeichnet hätte. Auch hier
können deshalb in der Zusammenschau von These und Gegenthese nur einige Orien-
tierungsgesichtspunkte gegeben werden, die zum Ende zumindest eine ungefähre Vorstellung davon vermitteln, was das Recht in der heutigen Gesellschaft und für diese bedeutet. Dafür bietet es sich an, zwischen einer äußeren und einer inneren Seite des
Rechts zu unterscheiden. Die äußere Seite bezieht sich auf die Ebene der Verhaltens-
koordinierung und die Erzielung von Wirkungen, die man auf verschiedene Weise beobachten kann, die innere dagegen auf die Bedeutung des Rechts für die Wertorientierungen, den Symbolhaushalt oder auch einfach die Kultur einer Gesellschaft.

1. Recht als Medium der Organisation von Gesellschaft

Von dieser äußeren Seite her erscheint das Recht zusammenfassend als ein Mittel der **223**
Organisation von Gesellschaft, in einer demokratischen Gesellschaft dementsprechend als ein Mittel zu ihrer Selbstorganisation. In diesem Sinne dient es der Bewältigung und Lösung kollektiver Probleme, also solcher Probleme, die über die bloß individuelle Sphäre hinausreichen und in dieser oder jener Weise die Gesellschaft als
Ganzes betreffen oder sie doch zumindest in einem ganz allgemeinen Sinne angehen.
Das muss keineswegs immer positiv sein oder sich automatisch zum Besten wenden;
das Recht kann nicht nur einzelne sinnlose Regeln enthalten, sondern auch schädliche
Effekte auf das Gesamtgefüge haben, einen schlechten Status quo prämieren, bestehende Herrschaftsverhältnisse zementieren etc. Aber auch das gehört zu einer Ordnung dazu, die wie das Recht in ihrem Kern darauf abzielt, *Gesellschaft als Ganzes möglich zu machen.* Dies ist der primäre und allen anderen vorgeordnete Sinn des Rechts,
und alle bisher behandelten Eigenschaften und Wesensmerkmale laufen darin zusam-

---

[43] Vgl. P. Koller, Theorie des Rechts, 2. Auflage 1997, S. 19.

men: die Funktion des Rechts als Zivilisierung von Gewalt, seine Verbindung zu einer moralischen Konzeption gleicher Achtung, seine allgemeine Ausrichtung auf Gerechtigkeit und seine Einsetzbarkeit zu vielfältigen Gemeinwohlzwecken. Zugleich ist es dieser Sinn, von dem aus seine Ausdifferenzierung in verschiedene Teilgebiete – Privatrecht und öffentliches Recht, darunter dann etwa Vertragsrecht, Sachenrecht, Familienrecht, Erbrecht, Handelsrecht, Gesellschaftsrecht, Arbeitsrecht, Strafrecht, Polizeirecht, Steuerrecht, Sozialrecht und anderes mehr – gesehen und verstanden werden muss: Diese stehen für die verschiedenen und in der Zusammenschau für sämtliche Ausschnitte und Aspekte des gesellschaftlichen Lebens, das sie ihrerseits unter verschiedenen Leitideen und Ordnungsprinzipien organisieren.

224 Insofern stehen die jeweiligen Teilgebiete auch nicht isoliert nebeneinander, sondern müssen in ihrem Zusammenwirken gesehen werden, wenn man den Sinn des Rechts für die Gesellschaft erfassen will. Natürlich kann man, wie es gelegentlich geschieht, auch jedem einzelnen von ihnen je besondere Funktionen zuweisen und sie von hier aus in ihrem Inhalt zu bestimmen versuchen: Das Strafrecht, sagt man dann etwa, diene dazu, unerwünschtes Verhalten zu verhindern und erwünschtes Verhalten zu gewährleisten, das Privatrecht solle private Arrangements zwischen Individuen ermöglichen, und das öffentliche Recht sei vor allem dafür zuständig, die Bürger mit Dienstleistungen zu versorgen oder Güter zu verteilen bzw. umzuverteilen; dazu komme als selbständige Säule noch das Verfahrensrecht, das auf die Bewältigung und Abwicklung von Streitfällen ausgerichtet ist[44]. Bezogen auf die Zwecke der Gerechtigkeit findet sich eine noch einfachere Zuordnung bei Radbruch: Die ausgleichende Gerechtigkeit sei Sache des Privatrechts, die austeilende Gerechtigkeit Sache des öffentlichen Rechts[45]. Das ist für eine allgemeine oder zumindest ganz ungefähre Orientierung hilfreich, und es hat den Vorzug, dass man es sich leicht merken kann. Aber wie alle solche Vereinfachungen stimmen sie nie ganz, und vor allem gerät auf der anderen Seite der innere Zusammenhang zwischen den Teilen aus dem Blick.

225 Schon die großen Teilrechtsgebiete sind mehrdimensional und ragen vielfach ineinander: Die Grundrechte sind öffentliches Recht, verteilen aber nicht Güter, sondern begründen Freiheiten und schaffen dadurch überhaupt erst die Räume für Interaktionen unter Privaten. In der Form der mittelbaren Drittwirkung überlagern sie zudem private Rechtsbeziehungen und wirken in diese hinein. Das Strafrecht wiederum sichert – etwa in den Vorschriften über Untreue und Betrug – auch die Integrität des Privatrechtsverkehrs, während das Privatrecht seinerseits unerwünschtes Verhalten – etwa Wucher – dadurch unterbindet, dass es ihm die rechtliche Anerkennung versagt. Auf die Unterbindung unerwünschten Verhaltens wiederum zielt – markant als Polizei- oder Gefahrenabwehrrecht – auch das öffentliche Recht. Manche Rechtsgebiete wie das Wirtschafts- oder neuerdings Regulierungsrecht lassen sich überhaupt nur als Gemengelage öffentlichen und privaten Rechts beschreiben. Überhaupt ist mittlerweile auch das Privatrecht sozial überformt und für verschiedene Gemeinwohlzwecke in den Dienst genommen[46]. Regelungen der einen Teilordnung sind darüber hinaus prinzipiell durch die Regelungen anderer Teilordnungen substituierbar, so dass man

---

[44] J. Raz, The Functions of Law, in: ders., The Authority of Law, 2. Auflage 2009, S. 163 (169 ff.). Für Raz sind das zugleich die Hauptfunktionen des Rechts, denen dann einige Nebenfunktionen (vor allem: die Regelung der Erzeugung von Recht selbst) sowie indirekte Funktionen hinzutreten. Letztere betreffen die hier sogenannte innere Seite des Rechts; s. dazu sogleich unter 2 → Rn. 228 ff.

[45] G. Radbruch, Rechtsphilosophie, in: ders., Gesamtausgabe, Bd. 2, 1993, hrsgg. u. bearb. v. A. Kaufmann, S. 258, 358 f.

[46] F. Wieacker, Industriegesellschaft und Privatrechtsordnung, 1974, S. 24: Schon das Reichsgericht habe die frühere Vorstellung vom Privatrecht als Modell formal gleicher Teilnehmer aufgegeben und „in eine materiale Ethik sozialer Verantwortung zurückverwandelt", zustimmend zitiert in BVerfGE 89, 214 (233) – Bürgschaftsverträge.

nicht zu Unrecht von öffentlichem Recht und Privatrecht als „wechselseitigen Auffangordnungen" gesprochen hat[47].

Insoweit laufen alle eindimensionalen Zuschreibungen an der Komplexität des heutigen Rechts vorbei. Dasselbe dürfte im Ergebnis auch für alle Versuche gelten, die Vielfalt der Einzelnormen noch einmal auf einen einheitlichen Grundtyp zu reduzieren, in dem man dann den Kern – das „Eigentliche" des Rechts – sehen will. Wenn man einen solchen Grundtyp findet, wird er, ähnlich wie in Luhmanns Plädoyer für die Rückbesinnung auf das Konditionalprogramm (→ Rn. 218 f.), meist in der pflichtenbegründenden Verhaltensvorschrift gesehen[48]. Aber man könnte mit gleicher Berechtigung die Figur des subjektiven Rechts zur Grundform erheben, wie es für das bürgerliche Sozialmodell ab dem 19. Jahrhundert kennzeichnend ist und ihm, in kritischer Absicht, bis heute bescheinigt wird[49]. Und ganz ausgeblendet ist darin, dass das Recht viele Güter überhaupt erst schafft, auf die dann Rechte und Pflichten bezogen werden können. Ein klassisches Beispiel ist das Eigentum: Es ist ausschließlich eine Schöpfung des Rechts, die es ohne dieses gar nicht gäbe[50]. Wer ein Stück Land mit der Behauptung besetzt „Das ist meins" und es dann einzäunt, wird dadurch noch nicht zum Eigentümer. Eigentümer ist vielmehr derjenige, der es rechtmäßig erworben hat und aus dem Grundbuch als Eigentümer erkennbar ist, und dieser kann den illegalen Landbesetzer von seinem, ihm vom Recht zugewiesenen, Stück Land vertreiben. Insofern gibt es kein Eigentum vor dem Recht, sondern nur Eigentum im Recht und durch das Recht. Auch andere Institute wie der Vertrag und die auf ihn bezogenen Freiheiten, Rechte und Pflichten werden durch Recht erst hervorgebracht: Man kann anderen etwas versprechen oder mit ihnen etwas verabreden, aber ohne das Recht ist es eben ein Versprechen oder eine Verabredung und kein Vertrag[51]. Insoweit geht die Begründung und Anerkennung der entsprechenden Institute durch Recht ihrer Besicherung durch entsprechende Verhaltenspflichten voraus; dies ist gleichsam der erste und ursprüngliche Kreationsakt, über den das Recht Gesellschaft organisiert, und alle konkreteren Bestimmungen, die Begründung und Einräumung der jeweiligen Zugangsrechte oder auch die Formulierung entsprechender Verpflichtungen Dritter, leiten sich daraus ab, sind nur die Folgen dieses ursprünglichen Einrichtungsvorgangs.

Es sind solche Überlegungen, mit deren Hilfe man zuletzt zu dem vordringen kann, was am Grund des Verhältnisses von Recht und Gesellschaft liegt. Über die Fähigkeit, jemanden zu verpflichten, oder seine vielfältige Einsetzbarkeit zur Verwirklichung spezifischer Gemeinwohlzwecke hinaus ist dies *eine grundlegende Veränderung der sozialen Beziehungen,* die durch Recht auf eine andere Ebene gehoben werden, von naturhaftunvermittelten Beziehungen – des unmittelbaren Austausches, der Nähe oder Verbundenheit, der Zu- oder Abneigung, der Gefühle und Affekte – zu rechtlichen Beziehungen umgestaltet und vor hier aus mitgeformt werden. Auf diese Weise dringt das Recht

226

227

---

[47] W. Hoffmann-Riem/E. Schmidt-Assmann (Hrsg.), Öffentliches Recht und Privatrecht als wechselseitige Auffangordnungen, 1996.

[48] Raz (Fn. 44), The Functions of Law, S: 176, Übersetzung von mir.

[49] C. Menke, Kritik der Rechte, 2015. Tendenziell anders denn auch Raz (Fn. 16), The Morality of Freedom, S. 171: Das Recht ist der Grund der Pflicht; es ist deshalb falsch, Feststellungen von Rechten in Feststellungen der „korrespondierenden" Pflichten zu übersetzen.

[50] In diesem Sinne umfasst Eigentum diejenigen Positionen, die jemandem *von der Rechtsordnung* als Eigentum zugewiesen werden, vgl. die entsprechende Definition in BVerfGE 83, 201 (208 f.); 89, 1 (6); 97, 350 (371).

[51] C. Bumke, Ausgestaltung von Grundrechten, 2009, S. 17.

zuletzt bis in die die persönlichsten und engsten Verhältnisse – das Verhältnis von Eltern zu ihren Kindern, die Partnerschaft, die Freundschaft – vor oder bleibt wenigstens
im Hintergrund präsent; es kann deshalb auch hier immer auf die rechtliche Ebene
umgeschaltet werden, wenn einer der Beteiligten grundlegende Anforderungen des
Rechts verletzt oder ein anderer es verlangt[52]. Das versachlicht diese Beziehungen und
kann je nach der Situation Menschen auch voneinander entfremden: Wer sich in einer
Freundschaft auf das Bestehen einer rechtlichen Verpflichtung beruft, hat die Beziehung als freundschaftliche Beziehung ja schon aufgekündigt[53]. Dies ist wiederum ein
klassischer Gegenstand der Kritik des Rechts. Aber gerade darin tritt hervor, was das
Recht für eine Gesellschaft leistet: Es bildet den allgemeinen Rahmen ihres Zusammenlebens, und zwar gerade dadurch, dass es alle Beziehungen zwischen ihren Mitgliedern wenigstens potentiell als rechtliche Beziehungen behandelt, die von hier aus
weiterer rechtlicher Formung und Gestaltung zugänglich sind.

2. Recht als Medium der Selbstbeschreibung einer Gesellschaft

228 Auf diese Weise ordnet das Recht zugleich alle, die darin eingeschlossen sind, als
Rechtspersonen einander zu und bindet sie in eine Grundstruktur wechselseitiger Anerkennung ein. Man kann das auch so ausdrücken, dass es seine Mitglieder zu einer
eigenen Art von Gemeinschaft zusammenschließt, die man folgerichtig eine Gemeinschaft des Rechts oder knapp eine Rechtsgemeinschaft nennen kann[54]. Eine solche unterscheidet sich vom klassischen Typus von Gemeinschaften dadurch, dass die Beziehungen zwischen ihren Mitgliedern nicht auf Verwandtschaft, enger gefühlsmäßiger
Zuneigung, persönlicher Bekanntschaft etc. beruhen[55]. Stattdessen sind sie aus sich
heraus viel lockerer und ganz abstrakt: Es ist eine Gemeinschaft von Fremden, auf die
das Recht in seinem Kern zielt. Mit dem älteren Begriff hat diese Gemeinschaft aber
gemeinsam, dass auch an ihrem Grund eine zumindest basale Form der Verbindung
und der wechselseitigen Zuordnung ihrer Mitglieder liegt. Sie kann deshalb, wie es
häufig geschieht, auch die grundlegenden Prinzipien, nach denen das Zusammenleben
dieser Mitglieder geordnet sein soll, in einer Verfassung niederlegen, die dann ihrerseits einen übergreifenden Ordnungsrahmen dieses Zusammenlebens bildet; dadurch

---

[52] Exemplarisch tritt dies am prinzipiellen Ausschluss von Gewalt in familiären Beziehungen hervor: Bis
in das 20. Jahrhundert hinein galt die Vorstellung, dass sich das Recht hier herauszuhalten hatte; Ver-
gewaltigung in der Ehe galt deshalb ebensowenig als ein Problem wie die Misshandlung der eigenen
Kinder. Erst die grundsätzliche Anerkennung des unverletzbaren Status autonomer Rechtspersonen
hat mit dieser Vorstellung gebrochen; seitdem begründet das Recht von seiner Anlage her auch hier un-
übersteigbare Schranken, vgl. § 177 StGB oder § 1631 Abs. 2 BGB, beide aber ihrerseits relativ neuen
Datums (1977 bzw. 2000).

[53] S. schon G. Ellscheid, Die Verrechtlichung sozialer Beziehungen als Problem der praktischen Philosophie, Neue Hefte für Philosophie 17 (1979), 37 ff.; C. Taylor, Cross Purposes: The Liberal-Communi-
tarian Debate, 1989, dt. Aneinander vorbei: Die Debatte zwischen Liberalismus und Kommunitarismus, in: A. Honneth (Hrsg.), Kommunitarismus, 1993, S. 103 (106); heute etwa: D. Loick,
Juridismus, 2017, S. 27 ff.

[54] Der Begriff wird meist im Zusammenhang mit der Europäischen Union verwendet, die im Recht einen
wesentlichen Faktor der Integration sieht, vgl. zu dem entsprechenden Programm M. Cappelletti/
M. Seccombe/J. H. Weiler, Integration Through Law, 1987; begriffsprägend wohl W. Hallstein, Die
Europäische Gemeinschaft, 1979, S. 51 ff.

[55] In dieser Form bildet der Begriff der „Gemeinschaft" in der Soziologie traditionell den Gegenbegriff zur
„Gesellschaft" als eine abstraktere Form der Verbindung oder auch nur des Nebeneinanders von Indivi-
duen. Klassisch F. Tönnies, Gemeinschaft und Gesellschaft, erstmals 1887, 4. Auflage 2005 (ihrerseits
Neudruck der 8. Auflage 1935).

vollzieht sie, wenn man es ganz vereinfacht ausdrücken will, für jedermann sichtbar den Schritt von der rechtlichen zur politischen Gemeinschaft. Aber hier tritt nur an der Spitze in besonderer Weise hervor, was für das Recht insgesamt gilt, nämlich dass es in alledem immer auch ein Medium ist, in dem eine Gesellschaft ihre grundlegenden Ordnungsvorstellungen verhandelt, in dem sie sich selbst beschreibt und eine bestimmte Sicht auf sich ausbildet. Es ist dann diese Sicht, die in ihrem Recht zum Vorschein kommt.

Damit ergibt sich auch noch einmal eine neue Möglichkeit des Verständnisses seiner **229** Wirkungen, die über das ältere Sanktionsmodell hinausführt. Nach diesem definiert sich das Recht wesentlich über die Möglichkeit seiner zwangsweisen Durchsetzung, so wie es nicht zuletzt einer klassischen deutschen Tradition von Kant bis Kelsen entspricht. Aber das macht eine Nebenfunktion zur Hauptsache, es erklärt gar nicht, worauf es dem Recht in seinem inneren Kern eigentlich ankommt und auf welche Art von Wirkung es zuerst einmal abzielt.

Zwei Beispiele aus neuerer Zeit mögen das verdeutlichen. Wenn das nach intensiven Diskussionen im **230** Jahre 2006 verabschiedete „Allgemeine Gleichbehandlungsgesetz" Arbeitgeber oder Vermieter dazu verpflichtet, beim Abschluss von Verträgen Menschen nicht nach ihrer Hautfarbe, Religionszugehörigkeit oder sexuellen Orientierung zu diskriminieren, geht es nicht nur um den Ausschluss von Diskriminierungen im einzelnen Fall, auch wenn das Gesetz zu diesem Zweck ein Klagerecht auf den Abschluss eines entsprechenden Vertrags begründet und die Durchsetzung des entsprechenden Anspruchs auf verschiedene Weise – etwa durch eine Umkehr der Beweislast – erleichtert. Es geht vielmehr auch und vielleicht sogar wesentlich darum, langfristig ein gesellschaftliches Klima zu erzeugen, aus dem heraus es erst gar nicht mehr zu entsprechenden Diskriminierungen kommt[56]. Und wenn das neue „Netzwerkdurchsetzungsgesetz", zu dem man im Übrigen stehen mag wie man will, gegen die Verbreitung von „Hassrede" im Internet oder überhaupt gegen neuartige Phänomene der Verrohung von Kommunikation vorgeht, kommt es nicht darauf an, ob in jedem Fall tatsächlich eine Löschung des entsprechenden Inhalts erfolgt oder ob nicht umgekehrt manches auch zu schnell und zu früh gelöscht wird. Sondern es ist die darin zum Ausdruck kommende Haltung, die zählt. Das Recht bezieht hier gleichsam Position in einer gesellschaftlichen Debatte, es macht deutlich, wofür diese Gesellschaft langfristig stehen will und wofür nicht.

Aber auch in vielen gängigen Konstellationen greift es zu kurz, das Recht wesentlich **231** aus seiner Verbindung zur Sanktion zu bestimmen. Selbst dort, wo – wie etwa im Strafrecht – landläufig ein unmittelbarer Zusammenhang zwischen dem Ziel der Norm (hier: das Verbrechen zu verhindern) und ihrer Durchsetzung qua Sanktion (hier: Verhängung der Strafe) angenommen wird, muss man ja sehen, dass die Sanktion erst dann zum Einsatz kommt, wenn das Ziel verfehlt, die Norm bereits gebrochen (hier: das Verbrechen begangen) ist. Die Sanktion dient auch hier vor allem dazu, die Norm symbolisch zu bekräftigen, sie soll die Gemeinschaft durch die Verhängung an deren Vorhandensein und deren Wert erinnern, und das ist ihr eigentlicher und primärer Sinn[57]. Auf diese Weise dringt man zu dem vor, was einleitend als die innere Seite des Rechts bezeichnet worden ist. Das Recht ist eben nicht bloß äußere Ordnung, ein Stufenbau formaler, von ihrem inneren Sinn abgekoppelter Regeln, sondern in ihm spiegeln sich bestimmte Wert- und Vorrangentscheidungen, die dann ihrerseits die Gesellschaft durchziehen, sie in ihrem Wesen und dem, was sie ist und

---

[56] Dies deutlich gemacht zu haben ist paradoxerweise gerade das Verdienst der teils völlig überzogenen Kritik eines Antidiskriminierungsrechts, s. etwa J. Braun, Übrigens – Deutschland wird wieder totalitär, JuS 2002, 424 ff; F.-J. Säcker, „Vernunft statt Freiheit" – Die Tugendrepublik der neuen Jakobiner, ZRP 2002, 286 ff.

[57] Möllers (Fn. 14), S. 172; zur entsprechenden Einordnung der Strafe bereits oben → Rn. 22.

sein will, prägen. Insofern ist es auch Ausdruck einer geistigen Lebensform, einer bestimmten Haltung zur und gegenüber der Welt:

„Der Boden des Rechts ist überhaupt das Geistige",

232 hatte Hegel geschrieben[58]. Von hier aus besteht das Recht wesentlich als eine in der Gesellschaft gelebte und gewusste Ordnung, die sich im täglichen Handeln von Bürgern, Gerichten, Behörden etc. immer von Neuem aktualisiert, darin zuletzt auch symbolisch inszeniert: objektiver Geist, wie wiederum Hegel dies idealisierend genannt und mit der gelebten Moral einer Gesellschaft auf eine Stufe gestellt hatte (→ § 1 Rn. 211). Darin gehen die jeweiligen Eigenrationalitäten von Recht und Moral und die Unterschiede, die zwischen ihnen auch bestehen, zuletzt auf eine problematische Weise unter. Aber es weist darauf hin, dass das Recht ohne seine Wirksamkeit im Handeln wie im Bewusstsein nicht gedacht werden kann, die sich dann ihrerseits in bestimmten Gewohnheiten, verinnerlichten Verhaltensweisen und alltäglichen Routinen manifestiert[59].

233 Man denkt, wenn man sich hierzulande in ein Auto setzt, nicht mehr darüber nach, dass auf den Straßen rechts gefahren werden muss. Man macht es einfach. Ähnlich sieht es bei vielen anderen überkommenen Rechtsregeln aus, die für uns zur zweiten Natur geworden sind. Die Brötchen beim Bäcker bezahlt man, ohne sich groß Gedanken darüber zu machen, dass dahinter eine Rechtspflicht steht, und andere zu bestehlen oder zu betrügen kommt den meisten von sich aus gar nicht in den Sinn. Neue Rechtsregeln hingegen müssen oft erst erlernt werden, aber es ist dieses Erlernen und Verinnerlichen, ohne das Recht gar nicht funktionieren würde. Es lässt sich selbst bei Leuten beobachten, die sich vom Recht abwenden oder sich in bestimmten Fällen über rechtliche Regeln hinwegsetzen: Der Ladendieb stiehlt heimlich und zahlt oft sogar noch für einzelne Gegenstände an der Kasse; er tut alles, um nicht aufzufallen und zu wirken wie ein ganz gewöhnlicher Kunde auch.

234 Das Recht geht dadurch aber nicht in bloßen Verhaltensgewohnheiten auf, sondern verbindet sich im Wissen und den inneren Einstellungen mit einer bestimmten Vorstellung von Richtigkeit, Angemessenheit oder Rechtmäßigkeit[60]. Die Folge ist ein *spezifisch normativer Blick auf die Welt,* der einzelne Verhaltensweisen, soziale Praktiken und institutionelle Ordnungen immer auch daran misst, wie sie richtiger-, angemessener- oder eben rechtmäßigerweise sein sollten, und dieser Standpunkt kann, obwohl meist ruhend, gegen etwaige Abweichungen jederzeit aktiviert werden. Insofern stellt die Organisation einer Gesellschaft durch Recht immer auch eine bestimmte Form dar, mit der diese Gesellschaft ein besseres Bild von sich zeichnet: sozusagen eine Idealgestalt, die einer fallweise abweichenden Realität gegenübergestellt werden kann. Dass das Recht einen moralischen Anspruch erhebt und sich mit einer Grundvorstellung von Gerechtigkeit verbindet, hat hier seinen inneren Grund. Zugleich verbindet und integriert das Recht auf diese Weise die Gesellschaft; in ihm bündelt sich, wie das

---

[58] G. W. F. Hegel, Grundlinien der Philosophie des Rechts, 1821, § 4; s. zur Einordnung und näheren Bedeutung oben → § 1 Rn. 208 ff.

[59] Die Erkenntnis, dass Normen verinnerlicht werden müssen, um Wirksamkeit zu erlangen, ist nicht auf Hegel begrenzt und in gewissem Sinne auch trivial; sie findet sich – in kritischer Absicht und einer überzeichnenden Beschreibung ihrer Wirkungsweise – etwa bei Foucault, Surveiller et punir, 1975, dt. Überwachen und Strafen, 1977, S. 165 ff. (→ § 1 Rn. 304 ff.), ferner bezogen auf den Prozess der Zivilisation insgesamt bei N. Elias, der diesen Prozess wesentlich als Überführung von Fremd- in Selbstzwang deutet, s. ders., Über den Prozess der Zivilisation, 2 Bände, Neuausgabe 1976.

[60] Dies ist das, was Hart mit dem „internen Aspekt" von Normen gemeint hat, s. dazu oben → Rn. 66 f., auch in Auseinandersetzung mit möglichen Einwänden.

Ronald Dworkin einmal in einer schönen Formulierung zusammengefasst hat, eine Vorstellung, wie wir in Gemeinschaft zusammenleben können, obwohl unsere Lebenspläne, unsere Interessen und Überzeugungen uns in vielem trennen[61].

Von einer solchen umfassenderen Vorstellung aus erklärt sich auch, dass in den vielen kleinen Streitfragen des Rechts, in der Vielfalt seiner täglichen Aktualisierung und Anwendung immer auch eine prinzipielle Ebene im Spiel ist, auf die gegebenenfalls umgeschaltet und zu der auch die einzelne anzuwendende Norm jederzeit in Beziehung gesetzt werden kann. Wer mit 100 km/h durch eine geschlossene Ortschaft rast, verstößt nicht nur gegen eine konkrete Geschwindigkeitsbegrenzung, sondern verletzt allgemein Grundregeln rechtlich geordneten Zusammenlebens[62]. Die Polizei, die im Rahmen eines „racial profiling" nur Nichtweiße kontrolliert und überprüft, überschreitet nicht nur die Grenzen einer bestimmten Befugnisnorm, sondern verletzt einen allgemeineren Anspruch auf Nichtdiskriminierung. Ein Gericht, das jemanden verurteilt, ohne ihm die Möglichkeit zur Verteidigung oder zur Stellungnahme zu geben, verletzt nicht nur den Anspruch auf rechtliches Gehör, sondern ein grundlegendes Prinzip der Gerechtigkeit. Auch wer die einzelnen Normen in ihrem konkreten Inhalt nicht kennt und nicht weiß, wo sie stehen und wie sie formuliert sind, hat deshalb doch ein Bild des geltenden Rechts im Kopf, im Sinne einer Vorstellung von seinem denkbaren Inhalt, und dieses Bild erklärt sich aus der Grundverpflichtung allen Rechts auf bestimmte übergeordnete Prinzipien[63]. **235**

3. Auflösung des Rechtsbegriffs?

Allerdings könnte sich gerade in dieser letzten Beschreibung und der Traditionslinie, an die damit angeknüpft wird, auch eine gewisse Begrenztheit der in diesem Buch gewählten Betrachtung des Rechts andeuten; möglicherweise hat sie auch schon etwas Altmodisches. Sie passt, so wie sie hier vorgenommen ist, auf das Recht eines Staates, insbesondere auf die Institutionen eines liberalen und demokratischen Verfassungsstaates; sie passt mit einigen Modifikationen noch auf ein staatsähnliches Gebilde wie die Europäische Union, die sich selbst in ihren Verträgen einen auf bestimmte Grundprinzipien und gemeinsame Werte gegründeten Ordnungsrahmen gegeben hat[64]; sie passt möglicherweise auch für einzelne Elemente des Völkerrechts, soweit es etwa um das Projekt der Menschenrechte als „globales öffentliches Unternehmen" oder gemeinsame Anstrengungen zum Schutz des ökologischen Erbes der Menschheit auf Weltklimakonferenzen geht[65]. Ob sie für das Völkerrecht insgesamt – oder, wie man heute meist sagt, für das internationale Recht – passt, ist demgegenüber durchaus offen; dies hinge nicht zuletzt von dessen weiterer Entwicklung ab, insbesondere davon, ob diese langfristig in Richtung eines um bestimmte Grundprinzipien gruppierten „Weltinnenrechts", vielleicht gar einer „Weltbürgergemeinschaft", oder möglicherweise doch in Richtung einer immer stärkeren Fragmentierung verläuft, wie andere meinen[66]. Ganz grundlegend in Frage gestellt wird diese Betrachtung demgegenüber **236**

---

[61] R. Dworkin, Law's Empire, 1986, S. 413.

[62] Vgl. auch § 1 StVO mit der Begründung einer generellen Pflicht zur Rücksichtnahme im Straßenverkehr.

[63] Dworkin (Fn. 61), Law's Empire, S. 413, hat dies auf die anspruchs- und voraussetzungsvolle Formulierung einer „protestantischen Haltung" zum Recht gebracht, die jeden Bürger für eine Vorstellung vom Inhalt des geltenden Rechts verantwortlich macht.

[64] Vgl. dazu Art. 2 und 3 EUV, sodann vor allem die mittlerweile über Art. 6 EUV den Verträgen gleichgestellte Europäische Grundrechtecharta.

[65] Zu den Menschenrechten C. R. Beitz, The Idea of Human Rights, 2009, S. XII, daraus auch das Zitat; s. dazu bereits → Rn. 89 ff.

[66] Für die erste Perspektive J. Habermas, Der gespaltene Westen, 2004, S. 114; ders., Zur Verfassung Europas, 2011, S. 82 ff.; speziell für die Rechtsstellung des Einzelnen A. Peters, Jenseits der Menschenrechte, 2014; für die Fragmentierungsthese hingegen J. L. Dunoff, Constitutional Conceits: The WTO's ,Constitution' and the Discipline of International Law, EJIL 17 (2006), 647 (663 ff.).

durch einige neuere Entwicklungen, wie sie zusammenfassend unter dem Etikett des Rechtspluralismus behandelt werden. Allerdings ist das selbst ein schillernder Begriff, unter dem sich ganz Verschiedenes versammelt[67].

237 In den 1970er Jahren wurde darunter überwiegend das Nebeneinander verschiedener Rechtsschichten innerhalb einer staatlichen Ordnung bzw. innerhalb eines abgrenzbaren territorialen Raums verstanden, etwa das Nebeneinander von politisch-säkularer Ordnung und religiösen Normsystemen wie der Scharia oder von einem noch kolonial geprägten Recht und dem Recht indigener Bevölkerungsgruppen in früheren afrikanischen oder asiatischen Kolonien[68]. Heute geht es eher um die einander überlappenden Rechtsregime im globalen Maßstab, wie sie sich in den Praktiken und Regularitäten transnationaler Unternehmen, internationaler Wirtschaftsorganisationen wie der Welthandelsorganisation, aber auch Nichtregierungsorganisationen oder politisch-diplomatischen Akteuren herausbilden[69]; ein häufig gewähltes Beispiel sind die in der sog. lex mercatoria zusammengefassten Handelsbräuche internationaler Unternehmen[70]. Aber die ältere Bedeutungsschicht wird damit nicht gegenstandslos; was dort etwa zum Nebeneinander kolonialen Rechts und dem Recht indigener Bevölkerungsgruppen gesagt wurde, wird heute auf andere soziale Gemeinschaften, ökonomische Verbände oder religiöse Gruppen innerhalb moderner westlicher Staaten übertragen, und der dadurch bestehende Rechtspluralismus tritt dann einfach zu dem auf internationaler Ebene beobachteten hinzu.

238 Gemeinsam ist allen verschiedenen Richtungen und Strömungen indessen der Angriff auf das, was als Staatszentriertheit des klassischen Rechtsdenkens angesehen wird: also die Vorstellung eines Rechts, das in dieser oder jener Weise mit dem Staat verklammert oder aus der Perspektive des Staates gedacht wird[71]. Auch einem neueren, wenn auch heute vielleicht nicht mehr ganz neuen Rechtsbegriff wie dem von H. L. A. Hart wird von hier aus vielfach vorgeworfen, zu eng gefasst zu sein[72]. Aber damit wird der modellbildende Charakter des staatlichen Rechts ausgeblendet, an dem alternative Rechtsbegriffe erst einmal zu messen und aus dem sie gegebenenfalls zu entwickeln wären. Natürlich kann man etwa die Praktiken einer bestimmten religiösen Gemeinschaft innerhalb einer staatlichen Ordnung – das Abhalten von eigenen Feiertagen, die Ausrichtung des Familienlebens an religiösen Geboten, das Tragen religionsgemäßer Bekleidung etc. – in einem ganz weiten Sinne auch als das „Recht" der betreffenden Gemeinschaft bezeichnen. Was sie aber wirklich zu „Recht" macht und warum es sich dabei nicht bloß um einen willkürlich gewählten Ersatzbegriff für, sagen wir, Ordnung handelt, bleibt dann aber notwendig offen. Sicher handelt es sich auch bei ihnen um spezifisch normative Praktiken, die von den Mitgliedern der betreffenden Gemeinschaft als verbindlich angesehen werden, möglicherweise sogar verbindlicher als das Recht, wie es in den staatlichen Gesetzen enthalten ist. Sie mögen im Einzelfall sogar Mechanismen der Durchsetzung kennen, die denen des Rechts zumindest ähneln, etwa wenn man sich zur Schlichtung von Streitigkeiten an selbsternannte oder von an-

---

67 Ein instruktiver Überblick, der zugleich nach dem Rechtsbegriff dieses Pluralismus fragt, nunmehr bei R. Seinecke, Das Recht des Rechtspluralismus, 2015; knapp und als Einstieg gut brauchbar S. Baer, Rechtssoziologie, 2. Auflage 2015, S. 99 ff., 104 ff.

68 Maßgeblich etwa F. von Benda-Beckmann, Rechtspluralismus in Malawi, 1970; ders., State, Religion and Legal Pluralism, 2001; das Vorbild in der von E. Ehrlich untersuchten Bukowina, s. ders., Das lebende Recht der Völker der Bukowina, 1912.

69 Auflistung und Systematisierung etwa bei P. S. Berman, Global Legal Pluralism, Southern California Law Review 80 (2007), 1155 (1196 ff.).

70 S. vor allem G. Teubner, Globale Bukowina, Rechtshistorisches Journal 15 (1996), 255 ff.; ders., Verfassungsfragmente, 2012, S. 114 ff.

71 Seinecke (Fn. 67), S. 20 ff.

72 S. K. Culver/M. Giudice, Legality's Borders, 2010, S. 14 ff.

deren als solche akzeptierte „Friedensrichter" wenden kann. Aber diese Mechanismen bestimmen wie gesehen das Wesen des Rechts nicht mit, und es fehlen andererseits gerade die wichtigsten Elemente dessen, was bei Radbruch die „Rechtsidee" genannt worden und hier als der Sinn des Rechts bezeichnet ist: die Begründung eines Status gleicher Personen oder die Verbindung zu einer allgemeineren Vorstellung von Gerechtigkeit, die das Recht auch von seinem Begriff her kennzeichnet. Soweit es demgegenüber in den Phänomenen eines Rechtspluralismus um das in seiner prinzipiellen Rechtsqualität anerkannte Recht von Verbänden und Organisationen geht, sei es das Kirchenrecht, seien es die Satzungen von Aktiengesellschaften, sei es das Recht von Sport- oder Wirtschaftsverbänden, so sind sie alle letztlich eingebettet in die staatliche Rechtsordnung, aus der sie sich ableiten, an der sie gemessen werden und vor der sie sich ihrerseits rechtfertigen müssen. Und auch informelle Regelwerke etwa der Wirtschaft – wie der sog. Corporate Governance-Kodex oder auch von Unternehmen formulierte Compliance-Regeln – sind meist mehr oder weniger deutlich auf staatliches Recht bezogen, ergänzen es oder hangeln sich an ihm entlang; im Übrigen handelt es sich meist ebenfalls um moralische oder ethische, nicht aber um rechtliche Standards[73].

Angesichts dieses Befundes einfach nur zu sagen, die Abgrenzung zwischen Recht und Nicht-Recht sei in einer rechtspluralistischen Perspektive irrelevant, ist vielleicht auch keine sinnvolle Lösung[74].

---

[73] Compliance-Regeln dienen in diesem Sinne vor allem dazu, die Geltung staatlicher Rechtsvorschriften in Unternehmen oder etwa auch Antikorruptionsregeln durchzusetzen und zu sichern.
[74] Diese These namentlich bei Berman (Fn. 69), S. 1177.

Personenglossar

Die fett gedruckten Zahlen verweisen auf die Paragraphen, die Zahlen auf die Randnummern dieses Buches.

AGAMBEN, GIORGIO (1942) gilt gegenwärtig als einer der einflussreichsten, aber auch umstrittensten
Philosophen. Maßgebl. Anteil daran hat das *Homo sacer*-Projekt, mit dem A. sein Wirken auf die polit.
Philosophie ausweitet. Darin knüpft A. u. a. an die von M. Foucault formulierte Konzeption von *Bio-
politik* an (→ **1**, 308).
Zentrale Werke: Homo sacer (Die souveräne Macht und das nackte Leben); Ausnahmezustand (Homo
sacer II.1); Das Offene

ALEXY, ROBERT (1945), dt. Rechtswissenschaftler und -philosoph, steht hierzulande für die von Roland
Dworkin begründete Prinzipientheorie des Rechts (→ **2**, 45 ff.). Daneben knüpft er an die Diskurstheorie von J. Habermas an; juristische Argumentation gilt ihm in diesem Sinne als Sonderfall des allgemeinen praktischen Diskurses. Markanter Kritiker des Rechtspositivismus.
Zentrale Werke: Theorie der juristischen Argumentation; Theorie der Grundrechte; Begriff und Geltung des Rechts

ARISTOTELES (384–322 v. Chr.), ein Schüler Platons, betrieb Philosophie in einem umfassenden, auch
die Naturwissenschaften einschließenden Sinne. Bestimmt als oberstes menschl. Ziel Glückseligkeit
(eudaimonia) (→ **1**, 37–39). Der Mensch erscheint als geselliges Wesen *(zoon politikon)* (→ **1**, 41); dabei vermitteln die zwischenmenschl. Beziehungen die Gemeinschaftsformen (Familie, Dorf, *Polis*). A.s
Unterscheidung der verschiedenen Gerechtigkeitsformen ist bis heute maßgeblich (→ **2**, 119 f.).
Zentrale Werke: Nikomachische Ethik; Metaphysik; Physik; Politik

AUGUSTINUS, AURELIUS (354–430), v. 395–430 Bischof von Hippo (heutiges Algerien), steht am
Ende der Antike, zählt seiner Wirkung nach aber zum Mittelalter. Geschichte wird als zielgerichteter
Prozess der Verwirklichung des göttlichen Schöpfungsplans begriffen; daraus abgeleitet entwickelt er
die Zwei-Reiche-Lehre (→ **1**, 61). Lange nachwirkender Einfluss auf christliche Theologie/Philosophie.
Zentrale Werke: Bekenntnisse; Von der christlichen Lehre; Der Gottesstaat

AUREL, MARC (121–180), v. 161–180 röm. Kaiser, repräsentiert das Ideal des „Philosophenkönigs".
Mit ihm fand die Stoa ihren polit. Höhepunkt, aber auch ihr Ende. Seine Grundüberzeugung liegt im
Pantheismus der Stoa. Die Vernunft (als Teil der Weltseele) macht das wahre Wesen des Menschen aus.
Dies und der Satz, dass alles zu dem ihm Verwandten strebt, bedingt für den vernunftbegabten Men-
schen ein verknüpfendes Gemeinschaftsgefühl. So hat der Mensch den Vernunftstaat einer nach Ge-
rechtigkeit geordneten Welt zu vollenden und daran mitzuarbeiten.
Zentrale Werke: Selbstbetrachtungen

AUSTIN, JOHN (1790–1859), engl. Rechtsphilosoph, analysiert das positive Recht als soziales Faktum,
das durch Begriffe wie souveräne Macht, Befehl, Sanktion und Pflicht bestimmt ist (→ **2**, 51 f.). Davon
werden andere Normen sozialer Gruppen geschieden. Wird damit Wegbereiter der Rechtstheorie.
Zentrales Werk: The Province of Jurisprudence Determined

BECKER, GARY STANLEY (1930–2014), amer. Ökonom, ist einer der Hauptvertreter der ökonomischen Rechtstheorie. 1992 erhielt er den Alfred-Nobel-Gedächtnispreis für Wirtschaftswissenschaften
„für seine Ausdehnung der mikroökonomischen Theorie auf einen weiten Bereich menschlichen Verhaltens und menschlicher Zusammenarbeit".
Zentrale Werke: Der ökonomische Ansatz zur Erklärung menschlichen Verhaltens; A Treatise on the Fa-
mily

BENJAMIN, WALTER (1892–1940), dt. Philosoph und Literaturwissenschaftler, zwang die nationalsozialist. Machtübernahme 1933 ins Exil; nach zwischenzeitl. Inhaftierung nahm er sich 1940 auf der
Flucht in Spanien das Leben. In seinen polit. Schriften vermischen sich marxistische Grundannahmen
mit einem eschatologisch-messianischen Geschichtsbegriff; früher Vertreter der Frankfurter Schule.
Zentrale Werke: Zur Kritik der Gewalt; Das Kunstwerk im Zeitalter seiner technischen Reproduzierbar-
keit; Über den Begriff der Geschichte

BENTHAM, JEREMY (1748–1832), engl. Jurist und Philosoph, Parteigänger der sog. *Radicals* (später *Liberal Party*), entwickelte den Utilitarismus maßgeblich mit (→ **1**, 152 ff.); dazu Vorläufer des Rechtspositivismus. B. kritisiert die Lehre natürl. Rechte: Nur der positive Gesetzgeber vermag subj. Rechte zu schaffen. Aus dem natürl. Wirken von Lust und Schmerz leitet er als Grundsatz staatl. Gesetzgebung ab, für die größtmögl. Lust der größtmögl. Zahl zu sorgen.
Zentrale Werke: Ein Fragment über die Regierung; Of Laws in General; Eine Einführung in die Prinzipien der Moral und Gesetzgebung

CHRYSIPPOS V. SOLOI (ca. 280–205 v. Chr.) war das dritte Schuloberhaupt der Stoa und gilt als ihr zweiter Gründer. Er sieht das Lebensziel als Zustand des Glücks in Übereinstimmung mit dem *Logos* bzw. der Natur. Die Betonung ihres normativen Charakters hebt ihr antithetisches Verhältnis zum Gesetz auf. Der als Gott in der Natur wirkende *Logos* weist das (Un-)Gerechte aus, ge- bzw. verbietet entsprechend. Ferner erscheint die Vorstellung vom Kosmos als gemeinsame *Polis* der Menschen und Götter.
Zentrale Werke: Über das sittlich Gute und die Lust; Über die Lebensformen

CICERO, MARCUS TULLIUS (106–43 v. Chr.), röm. Schriftsteller, Redner und Politiker, ab 63 v. Chr. Konsul. Kein originärer Philosoph, knüpft in seinen diesbezüglichen Schriften wesentlich an Platon und v. a. die Stoa an, deren Vorstellung von der Weltvernunft er übernimmt (→ **1**, 47 ff.). Den Mensch sieht er als polit. Wesen, das, dem Ethos der röm. Republik entsprechend, zur vita activa, zum Dienst am Gemeinwesen aufgerufen ist. In den Wirren zum Ende der röm. Republik, in der er die ideale Mischform aus Königtum, Optimaten- und Volksherrschaft sah, auf der Flucht ermordet.
Zentrale Werke: Über den Redner; Über den Staat; Über die Gesetze; Von den Pflichten

COASE, RONALD HARRY (1910–2013), brit. Wirtschaftswissenschaftler, der u. a. in Chicago lehrte und 1991 den Alfred-Nobel-Gedächtnispreis für Wirtschaftswissenschaften für die Beschreibung des sog. Coase-Theorems erhielt.
Zentrales Werk: The Firm, The Market, and The Law

DERRIDA, JACQUES (1930–2004) wirkte zunächst in Frankreich, mit dem Ende der 1960er Jahre auch im europ. und amer. Ausland. Er gilt als Begründer und Hauptvertreter der Dekonstruktion, die (anders als hermeneut. Theorien) auf einen Abbau von Strukturen gerichtet ist und auf diesem Weg verschwiegene Aporien oder gewaltsame Grenzziehungen offenbart (→ **1**, 313).
Zentrale Werke: Die Stimme und das Phänomen; Grammatologie; Die Schrift und die Differenz; Randgänge der Philosophie; Gesetzeskraft. Der „mystische Grund der Autorität"

DWORKIN, RONALD (1931–2013), zuletzt in Harvard lehrender US-amerikanischer Rechtsphilosoph, begründete die rechtstheoretische Unterscheidung zwischen Regeln und Prinzipien (→ **2**, 45 ff.). Grundlegend für ihn ist die Annahme eines jedem Menschen zustehenden Rechts auf gleiche Beachtung und Respekt (right to equal concern and respect). Wird im angelsächsischen Rechtsraum als der wesentliche Antipode zu H.L.A. Hart und einer positivistischen Rechtsauffassung wahrgenommen (→ **2**, 51 ff., 63 ff.).
Zentrale Werke: Bürgerrechte ernstgenommen; Law's Empire; Freedom's Law; Was ist Gleichheit?; Gerechtigkeit für Igel

EPIKTET (ca. 55–138), ein Hauptvertreter der Stoa, zunächst als Sklave nach Rom gekommen, später freigelassen, betont mehr als andere die Notwendigkeit, die eigene Schwäche und Unzulänglichkeit zu erkennen. Erzog an der von ihm gegründeten Schule in Nikopolis im stoischen Sinne zu Genügsamkeit sowie zur Unabhängigkeit von der Umwelt und äußeren Affekten.
Zentrale Werke: Dissertationes (Gespräche; Mitschriften von Lucius Flavius Arrianus)

EPIKUR (ca. 341–270 v. Chr.) trat insb. in Athen als Philosophielehrer auf. In den Fokus stellt er ein von Schmerzen und seel. Unruhen mögl. unbelastetes Leben. Das so angestrebte freudvolle Leben vermittelt allein das dem Verlangen und Meiden auf den Grund gehende Denken; die Vernunft erweist sich dabei als das höchste menschl. Gut. So basiert auch Gerechtigkeit auf Verträgen zur Vermeidung gegenseitiger Schädigung, ein naturgegebener Inhalt kommt ihr nicht zu.
Zentrale Werke: Fragmente der Lehrsätze; Über die Natur

FOUCAULT, PAUL-MICHEL (1926–1984), frz. Philosoph und Psychologe, beschrieb sein Wirken als Versuch, drei Problemtypen auszumachen: das Problem der Wahrheit, der Macht und der individuellen

Verhaltensführung; als methodisches Instrumentarium entwickelt er u. a. die sog. Diskursanalyse. Staatl. Gewaltmonopol und Recht scheinen die Gesellschaft zu befrieden, doch unter der Oberfläche des Rechtsstaates wird die Gesellschaft von Machtphänomenen durchzogen (→ **1**, 304–306).
Zentrale Werke: Wahnsinn und Gesellschaft; Überwachen und Strafen; Geschichte der Gouvernementalität

GROTIUS, HUGO (1583–1645) strebte unter dem Eindruck der Konfessionskriege die Grundlegung eines gemeinsamen Rechtsbodens an. Er entwickelte nicht nur formale Regeln der Kriegsführung, sondern auch eines der ersten Systeme des Völkerrechts. Das mittelbar auf Gott rückführbare Naturrecht leitet er zunächst aus der menschl. Vernunft ab, die bezogen auf die Sorge um die Gemeinschaft anzeigt, ob eine Handlung mit der menschl. Natur übereinstimmt (→ **1**, 92 f.). Daneben stellt er die Staatenpraxis als Quelle des Völkerrechts, so dass der Konsens in der Staatengemeinschaft eigenst. Geltung erlangt.
Zentrale Werke: Die freie See; Drei Bücher vom Recht des Krieges und des Friedens

HABERMAS, JÜRGEN (1929) gilt als einer der international heute bedeutendsten Philosophen. Anfänglich stark den Annahmen der von T. W. Adorno und M. Horkheimer begründeten „Frankfurter Schule" beeinflusst, argumentierte er in seinen späteren Arbeiten vor allem sprachtheoretisch; zusammen mit K.-O. Apel prägte er die Diskurstheorie (→ **1**, 276 ff.). Mischt sich immer wieder mit eigenen Beiträgen in das tagespolitische Geschehen; insoweit Prototyp eines „public intellectual"
Zentrale Werke: Strukturwandel der Öffentlichkeit; Theorie des kommunikativen Handelns; Faktizität und Geltung; Die Einbeziehung des Anderen

HART, HERBERT LIONEL ADOLPHUS (1907–1992), Rechtslehrer aus Oxford, ist einer der bedeutendsten Vertreter einer *Analytical Jurisprudence* und neben H. Kelsen der maßgebliche Rechtspositivist des 20. Jhdts. Streitet für eine begriffliche Trennung von Recht und Moral, hält das Recht aber für fähig, auch moralische Gehalte zu inkorporieren (→ **2**, 74).
Zentrale Werke: Der Begriff des Rechts; Recht und Moral. Drei Aufsätze

HAYEK, FRIEDRICH AUGUST V. (1899–1992), Träger des Alfred-Nobel-Gedächtnispreises für Wirtschaftswissenschaften (1974, mit G. Myrdal), gilt als Vertreter der Österreichischen Schule der Nationalökonomie. Entschiedener Verteidiger einer marktwirtschaftlichen Ordnung (→ **1**, 238), gilt er zugleich als Begründer der ökonomischen Theorie der Demokratie, die Politik nach dem Muster eines Konkurrenzkampfs politischer Unternehmer (Parteien und Wahlkandidaten) um Wählerstimmen deutet. Staatliche Stärke beweist sich v. a. in der in der Abwehr (populist.) Partikularinteressen.
Zentrale Werke: Der Weg zur Knechtschaft; Die Verfassung der Freiheit; Recht, Gesetzgebung und Freiheit

HEGEL, GEORG WILHELM FRIEDRICH (1770–1831), Vertreter des dt. Idealismus und zuletzt preuß. Staatsphilosoph an der Humboldt-Universität, sieht Vernunft und Wirklichkeit, Subjekt und Objekt, menschl. Denken und erkannte Welt als Formen der Verwirklichung des Geistes an (→ **1**, 211). Geschichte gilt ihm als zielgerichteter, in beständigem Fortschritt begriffener Prozess der Selbsterkenntnis dieses Geistes. Entwickelte in seiner Logik das Verfahren der Dialektik, beschrieben u. a. am Beispiel des Verhältnisses von Herrn und Knecht.
Zentrale Werke: Phänomenologie des Geistes; Wissenschaft der Logik; Grundlinien der Philosophie des Rechts oder Naturrecht und Staatswissenschaft im Grundrisse

HOBBES, THOMAS (1588–1679) begann bereits 14-jährig sein Studium. Sein Werk verzichtet zugunsten Rechtssicherheit auf idealisierte Gerechtigkeitsbezüge. Sieht den Mensch als des Menschen Wolf, den Naturzustand als Krieg aller gegen aller. Aus dem Bedürfnis nach Sicherheit und Frieden entsteht der Staat als Ergebnis einer vertraglichen Einigung (→ **1**, 105–115). Prägend dafür waren v. a. die zahlreichen krieger. Auseinandersetzungen zu Hobbes' Lebzeiten, wie er auch feststellt: „And hereupon it was my mother dear/Did bring forth twins at once, both me and fear".
Zentrale Werke: Lehre vom Bürger; Leviathan; Behemoth

HUMBOLDT, WILHELM V. (1767–1835), Bruder des Naturforschers Alexander v. Humboldt, reorganisierte das preuß. Bildungswesen nach dem Ideal allg. Menschenbildung, wodurch sich auch das Gymnasium etwa Kindern kleinbürgerl. Herkunft öffnete. Gilt mit der von ihm zunächst angenommenen Beschränkung des Staates auf die Gewährleistung von Sicherheit und Ordnung als klassischer Vertreter

eines „Nachtwächterstaats" (→ **1**, 233–237); später sieht er den Staat stärker als Instrument einer polit. handelnden Bürgergesellschaft an.
Zentrale Werke: Über Religion; Ideen über Staatsverfassung, durch die neue französische Constitution veranlasst; Ideen zu einem Versuch, die Grenzen der Wirksamkeit des Staates zu bestimmen

HUME, DAVID (1711–1776) erlangte spätestens mit der Abfassung der *Geschichte von England* Berühmtheit. Er distanziert sich von Religion, Resten absolutist. Herrschaft und merkantilist. Wirtschaftspolitik und vertrat einen erkenntnistheoretischen Skeptizismus. Seine Ethik gründet Moral nicht auf die Vernunft, sondern auf Gefühl und Empfinden (*moral sense*-Philosophie); nicht die Grundsätze des Handelns, sondern nur die Mittel zur Erreichung von Zielen (ihrerseits Wünsche oder Konventionen) kann die Vernunft bestimmen. Dem Gesellschaftsvertrag steht er krit. gegenüber (→ **1**, 146 ff.).
Zentrale Werke: Ein Traktat über die menschliche Natur; Untersuchung in Betreff des menschlichen Verstandes; Eine Untersuchung über die Prinzipien der Moral

IBN RUSHD, lat. Averroës (1126–1198), umfassend gebildeter Philosoph und Gelehrter in Al-Andalus, dem damals arabisch beherrschten Teil Spaniens. Mittler zwischen Religion und Philosophie, Orient und Okzident, kommentierte er vor allem die Werke des Aristoteles sowie – da ihm dessen Politik nicht zur Verfügung stand – Platons „Staat" (→ **1**, 68); geriet dadurch zuletzt in Konflikt mit der islam. Orthodoxie.
Zentrale Werke: Kommentare zu Aristoteles

KALLIKLES AUS ACHARNAI (Ende 5. Jhdt. v. Chr.), dessen Historizität bisweilen bezweifelt wurde, gilt als Sophist bzw. den Sophisten wenigstens nahestehend. Er ist insb. durch sein Auftreten in Platons *Gorgias* bekannt, wo er davon ausgeht, dass der Vorteil des Stärkeren gerecht und die Gleichheit aller naturwidrig ist (→ **2**, 140–142).

KANT, IMMANUEL (1724–1804), Philosoph aus dem damals preuß. Königsberg, steht am Anfang der modernen Erkenntnistheorie, die er vor allem in Auseinandersetzung mit dem Skeptizismus Humes entwickelte. Er bestimmt die Richtigkeit einer Verhaltensregel als ihre gesetzl. Verallgemeinerungsfähigkeit (kategor. Imperativ → **1**, 186–193). Das Recht hat nach K. die Aufgabe, die Freiheit der Menschen zu schützen, von hier aus folgt eine entschiedene Absage an den Wohlfahrtsstaat (→ **1**, 201 f.).
Zentrale Werke: Kritik der reinen Vernunft; Grundlegung zur Metaphysik der Sitten; Kritik der praktischen Vernunft; Metaphysik der Sitten; Kritik der Urteilskraft

KELSEN, HANS (1881–1973), Begründer der Wiener rechtstheoretischen Schule, ist einer der einflussreichsten Rechtswissenschaftler im 20. Jhdt und ein Klassiker des Rechtspositivismus. Nach dem 1. WK ist er an der Ausarbeitung der Österreichischen Bundesverfassung beteiligt, verliert 1933 seine Professur in Köln, bevor er 1940 vor den Nationalsozialisten in die USA emigriert; lehrte dann dort in Harvard und Berkeley. Prägte mit A. Merkl die Lehre vom Stufenbau der Rechtsordnung (→ **2**, 54–58).
Zentrale Werke: Das Problem der Souveränität und die Theorie des Völkerrechts; Allgemeine Staatslehre; Reine Rechtslehre; Allgemeine Theorie der Normen

LEVINAS, EMMANUEL (1906–1995), frz.-litauischer Philosoph, studierte bei E. Husserl und M. Heidegger und lehrte in den 1970er Jahren in Paris; während des 2. WK in dt. Kriegsgefangenschaft, Eltern und Brüder von den Nazis ermordet. Seine Philosophie gilt als ein Denken vom (sich nicht im eigenen Bewusstsein spiegelnden) Anderen her, dessen Antlitz zur Verantwortung auffordert und dessen Gegenwart das Ich beunruhigt, seine Spontaneität in Frage stellt; dies liegt für ihn am Grund der Ethik.
Zentrale Werke: Totalität und Unendlichkeit. Versuch über die Exteriorität; Jenseits des Seins oder anders als Sein geschieht

LOCKE, JOHN (1632–1704) erlebt mit, wie sich der der engl. Parlamentarismus von der Vorherrschaft der Krone emanzipierte; gilt als Wegbereiter des angloamer. Liberalismus. Erkenntnistheoret. geht L. davon aus, dass äußere und innere Erfahrungen das Bewusstsein mit Vorstellungen füllen. Staatstheoret. geht er von einem Naturzustand aus, der kontraktualist. überwunden wird (→ **1**, 121–128). Aus seinem Misstrauen gegenüber Machthabern formuliert L. ferner erste Gedanken zur Gewaltenteilung (→ **1**, 133).
Zentrale Werke: Brief über Toleranz; Zwei Abhandlungen über die Regierung; Eine Abhandlung über den menschlichen Verstand

LUHMANN, NIKLAS (1927–1998) war nach dem Jurastudium in der öffentl. Verwaltung tätig, bevor er von 1960–1961 Soziologie in Harvard studierte. 1966 folgten in Münster Promotion und Habilitation. Entsch. prägte er die Systemtheorie. Systeme funktionieren danach in Abgrenzung zu ihrer Umwelt nach systemspezif. Regeln, verarbeiten Umweltfaktoren systemeigen und reproduzieren ihre Elemente durch eigene Operationen („Autopoiesis"). Nur indirekt wirken sie dabei aufeinander ein.
Zentrale Werke: Soziale Systeme; Die Wissenschaft der Gesellschaft; Das Recht der Gesellschaft; Die Gesellschaft der Gesellschaft

LUTHER, MARTIN (1483–1546), zentrale Figur der Reformation, greift den Ruf nach Kirchenreform zum Ausgang des Mittelalters auf. Seine 95 Thesen zum Ablasswesen führten 1521 zu Kirchenbann und Reichsacht durch das Wormser Edikt. In der Sicherheit der Wartburg begann er die Übersetzung der Bibel ins Deutsche. Er schreibt dem Sündenfall eine die menschl. Natur verderbende Wirkung zu, die aus eigener Kraft nicht mehr das Richtige erkennen kann. Göttliche Gnade erlangt der Mensch danach nicht durch seine Taten, sondern allein durch den Glauben.
Zentrale Werke: Von der Freiheit eines Christenmenschen; Von weltlicher Obrigkeit, wie weit man ihr Gehorsam schuldig sei

LYOTARD, JEAN-FRANÇOIS (1924–1998) popularisierte spätestens den schon seit ca. dem 19. Jhdt. bestehenden Begriff der Postmoderne: Meta-Erzählungen, so L., könne kein Glauben mehr geschenkt werden. In diesem Sinne mangelt es pluralist. Gesellschaften an einem integrierenden System; das Ganze/die Einheit wird durch eine Vielheit autonomer, u. a. abweichender Teilbereiche ersetzt. So liegt Postmoderne in der Akzeptanz von Pluralität.
Zentrales Werk: Das postmoderne Wissen

MACHIAVELLI, NICCOLÒ (1469–1527) schildert, Platon ähnlich, einen zykl. Verfall der Staatsformen. Sein Wirken steht im Zeichen innerital. Spaltung und Einflussnahme ausländ. Mächte, so dass insb. seine positive Typisierung des *Fürsten* nicht überrascht. Für diesen formuliert er (staatsmoral.) Verhaltensvorschläge (→ **1,** 297): Dieser soll die Natur des Löwen und des Fuchses in sich vereinigen (virtù).
Zentrale Werke: Der Fürst; Discorsi (Abhandlungen über die ersten zehn Bücher des Titus Livius)

MARX, KARL (1818–1883), anfänglich Journalist, später Philosoph, Ökonom und Gesellschaftstheoretiker in einem. Ab 1847 wirkte er im Bund der Kommunisten (vorm. Bund der Gerechten), der Keimzelle aller späteren kommunistischen Parteien, mit und verfasste für diesen zusammen mit F. Engels das Kommunistische Manifest. Entwickelte in Auseinandersetzung mit Hegels Rechtsphilosophie den dialektischen Materialismus: „Die Geschichte aller bisherigen Gesellschaft ist die Geschichte von Klassenkämpfen". Unvergleichbare polit. Wirkung: „Die Philosophen haben die Welt nur verschieden *interpretiert; es kommt aber darauf an, sie zu verändern.*"
Zentrale Werke: Zur Kritik der Hegelschen Rechtsphilosophie; Manifest der Kommunistischen Partei; Das Kapital

MILL, JOHN STUART (1806–1873), ein brit. Philosoph und Nationalökonom, der u. a. als parlamentar. Abgeordneter und Angestellter der Brit. Ostindien-Kompanie tätig wurde, steht mit seinem Werk für den Utilitarismus wie für den Liberalismus (→ **1,** 152). Er formuliert sein Nützlichkeitsprinzip als Norm der Moral, so dass es um das Maß der Realisierung des kollektiven Glücks geht. Dabei betont er anders als J. Bentham nicht quantitative, sondern auch qualitative Differenzen zwischen Typen von Lust: „Better to be Socrates dissatisfied than a fool satisfied".
Zentrale Werke: System der deduktiven und induktiven Logik; Über die Freiheit; Betrachtungen über die repräsentative Regierung; Utilitarismus

MONTESQUIEU, CHARLES LOUIS DE SECONDAT, BARON DE LA BRÈDE ET DE (1689–1755) gilt als Vordenker der Gewaltenteilung. Nach M. geht mit Macht die Neigung zu ihrem Missbrauch einher, so dass sie auf mehrere Gewalten verteilt werden muss, die sich gegenseitig begrenzen: gesetzgebende, vollziehende und richterliche Gewalt. Die Gesetze eines Volkes sieht er durch die „Natur der Dinge" bedingt, eine Relation zahlreicher Vorgegebenheiten und Umstände natürl., religiöser, hist. etc. Art, die auch die Regierungsformen beeinflusst (Republik, Monarchie, Despotie).
Zentrale Werke: Betrachtungen über die Ursachen der Größe und des Niedergangs der Römer; Vom Geist der Gesetze

NIETZSCHE, FRIEDRICH WILHELM (1844–1900) war ein klass. Philologe und Dichter, dessen Wirken erst postum breite philos. Rezeption erfuhr. Voluntarist., irrationalist. und zuletzt nihilist. Grundhaltung; entschiedene Wendung gegen die Religion: „Gott ist tot! Gott bleibt tot! Und wir haben ihn getötet!" Das Spätwerk feiert in hymnischer Übersteigerung den Willen zur Macht, die ewige Wiederkunft des Gleichen und den Übermenschen (→ **2**, 143). Starb nach innerem Zusammenbruch und Jahren vollst. geistiger Umnachtung.
Zentrale Werke: Menschliches, Allzumenschliches; Also sprach Zarathustra; Jenseits von Gut und Böse; Zur Genealogie der Moral

NOZICK, ROBERT (1938–2002), ein amer. Philosoph, formuliert u. a. einen libertären Gegenpol zu J. Rawls. Darin spricht er sich für den „Minimalstaat" aus (→ **1**, 233 f., 239 ff.). Diesem sind positivgemeinschaftsgerichtete Ansprüche fremd, so dass individuelle Rechte in Form von Eigentumsrechten als Abwehr- und Schutzrechte in den Fokus rücken.
Zentrales Werk: Anarchie, Staat, Utopia

PASCAL, BLAISE (1623–1662), ein Philosoph und Mathematiker, der als Kritiker des klass. Rationalismus gilt. In Ansehung der Begrenztheit menschl. Wissens stellt er der Logik der Vernunft die *Logik des Herzens* gegenüber, wodurch sich die Möglichkeit einer Ergänzung von Logik und Mystik öffnet.
Zentrale Werke: Lettres provinciales; Pensées (Gedanken)

PERELMAN, CHAIM (1912–1984), ein poln.-belg. Rechtswissenschaftler und Philosoph, der in Brüssel lehrte und als Mitbegründer der sog. *New Rhetoric* gilt.
Zentrale Werke: Über die Gerechtigkeit; Juristische Logik als Argumentationslehre; Das Reich der Rhetorik

PLATON (ca. 427–347 v. Chr.), ein Schüler des Sokrates, steht mit seinen Schriften am Anfang der Philosophie überhaupt; gründete in Athen die erste philos. Akademie (benannt nach ihrem Ort, einem Hain des Gottes Heros Akademos). Sein fast durchgängig in Dialogform verfasstes Werk ist von der Ideenlehre geprägt; von ihr aus entwirft er eine der ersten Staatsutopien (→ **1**, 23 ff.), daneben eine Zyklentheorie entarteter Staatsformen; den Gesetzesstaat erachtet er als zweitbeste Lösung (→ **1**, 29).
Zentrale Werke: Gorgias; Nomoi (Gesetze); Politeia (Der Staat); Politikos (Der Staatsmann)

POSNER, RICHARD ALLEN (1939) war bis 2017 Richter am U. S. Court of Appeals for the 7th Circuit und lehrt in Chicago. Er gilt als Hauptvertreter der ökonomischen Rechtstheorie.
Zentrale Werke: Economic Analysis of Law; The Economics of Justice

PUFENDORF, SAMUEL V. (1632–1694) betont gegen eine umfassende Universalwissenschaft die Eigenart moral. Bestimmungsgründe, die eben Erscheinungen als gut/schlecht etc. *bewerten* kann. Seine Naturrechtslehre geht von Geselligkeit und Angewiesenheit des Menschen auf andere aus. Die Aufgabe natürl. Freiheit unter die durch Übereinkunft entstandene Staatsgewalt dient nun dem Schutz vor Übeln, die vom Menschen selbst drohen (→ **1**, 93).
Zentrale Werke: Acht Bücher von Natur und Völkerrecht; Über die Pflicht des Menschen und des Bürgers

RADBRUCH, GUSTAV (1878–1949), sozialdemokrat. Strafrechtler und zweimaliger Reichsminister der Justiz, wurde 1933 nach der nationalsozialist. Machtübernahme aus dem Staatsdienst entlassen. Geht er zunächst von einem hist.-sozialen Relativismus in der Ethik aus, entwickelt er nach dem 2. WK die „Radbruchsche Formel" (→ **2**, 81 f.). Diese Formel griff die Rspr. in der Auseinandersetzung mit Taten zur Zeit des Nationalsozialismus und der DDR auf.
Zentrale Werke: Einführung in die Rechtswissenschaft; Grundzüge der Rechtsphilosophie

RAWLS, JOHN (1921–2002), der in Harvard Philosophie lehrte, leitete mit seiner 1971 erschienenen Gerechtigkeitstheorie eine globale Renaissance von Gerechtigkeitsdiskursen ein. Gerechtigkeit wird darin wesentlich als Fairness bestimmt; zentrale Begründungsfiguren sind der „Schleier des Nichtwissens" (→ **1**, 249, 256–258). Zugleich entzündete sich daran die Debatte um den Kommunitarismus (→ **1**, 262 ff.).
Zentrale Werke: Eine Theorie der Gerechtigkeit; Politischer Liberalismus; Das Recht der Völker

RAZ, JOSEPH (1939), israel. Philosoph und Rechtswissenschaftler, Schüler von H.L.A. Hart und heute mit der von ihm so genannten „sources thesis" eine zentrale Figur des Rechtspositivismus. Grundlegend ist seine Normentheorie; Normen erscheinen darin vor allem als Handlungsgründe (→ **2**, 76).
Zentrale Werke: Praktische Gründe und Normen; The Morality of Freedom; Ethics in the Public Domain

ROUSSEAU, JEAN-JACQUES (1712–1778), aus Genf stammender Schriftsteller, Journalist, Philosoph, Pädagoge und noch vieles andere. Begründet mit seiner Schrift über den Gesellschaftsvertrag eine republikan. Vorstellung der Volkssouveränität: die Menschen als gleichzeitige Herrscher und Beherrschte, deren Freiheit durch die Gleichheit des Rechts gesichert ist. Zentral dafür ist die Unterscheidung zwischen dem – immer richtigen – allgemeinen Willen (volonté générale) und dem – fehlbaren – Willen aller (volonté de tous) (→ **1**, 140).
Zentrales Werk: Abhandlung über den Ursprung und die Grundlagen der Ungleichheit unter den Menschen; Vom Gesellschaftsvertrag oder Prinzipien des Staatsrechtes

SENECA, LUCIUS ANNAEUS (ca. 4 v. Chr.–65), Erzieher des Kaisers Nero, gilt als ein Hauptvertreter der röm. Stoa. Philosophie soll für ihn weniger theoret. argumentieren als sich vielmehr um den Menschen und die richtige Lebensführung zu sorgen; zentral kommt es dafür auf innere Wahrhaftigkeit an.
Zentrale Weke: Über die Güte; Sieben Bücher von den Wohltaten; Briefe über Ethik an Lucilius

SMITH, ADAM (1723–1790), schott. Ökonom und Gesellschaftstheoretiker, ist ein Vertreter der Schottischen Aufklärung. Insb. der *Wohlstand der Nationen* bereitet den Weg für die akad. Etablierung der Politischen Ökonomie; es ist die zentrale Programmschrift des Wirtschaftsliberalismus. Weniger rezipiert ist seine – von ihm selbst an sich als notwendige Ergänzung dazu verstandene – Ethik.
Zentrale Werke: Theorie der ethischen Gefühle; Der Wohlstand der Nationen

SOKRATES (ca. 469–399 v. Chr.) und sein Wirken fallen in polit. unruhige Zeiten; er selbst nahm an drei Feldzügen im Peloponnes. Krieg teil. Zunächst noch von der Schule der Sophisten geprägt, überwindet er diese und prägt die sog. Mäeutik (→ **1**, 19). Die Frage nach dem Gerechten weist für S. das richtige Handeln aus; Unrecht darf keinesfalls getan werden. Nach S. verhält sich der Einzelne zur *Polis* wie das Kind zu seinen Eltern, so dass insofern einzelne nicht Gleiches mit Gleichem vergelten können. So flieht auch S. nach seinem Todesurteil nicht aus Athen, sondern trinkt den Schierlingsbecher.

SPINOZA, BARUCH DE (1632–1677) geht von einer (pantheist. anmutenden) durchgöttlichen Ordnung aus, so dass alles natürl. Geschehen als immanentes Wirken Gottes erscheint und mit gewisser Notwendigkeit erfolgt. Der Staat entsteht kontraktualist. zur Vermeidung gegenseitiger Schädigung; dabei erachtet S. die Demokratie als natürlichste Regierungsform.
Zentrale Werke: Theologisch-politischer Traktat; Ethik, nach geometrischer Methode dargestellt; Tractatus Politicus

THOMAS V. AQUIN (ca. 1225–1274), Schüler v. A. Magnus und in aristotelischer Tradition stehend, einer der größten Kirchenlehrer. Er konzipiert die Welt als kontinuierl. Verwirklichung göttl. Vernunft. Gott erscheint als reiner, sich durch sich selbst wissender Intellekt, wodurch Glaube und Vernunft versöhnt werden. Der Mensch findet in sich den Drang nach Entfaltung seines Wesens hin zu Gott. Die sittl. Weltordnung unterteilt T. in ewiges, natürl. und menschl. Gesetz (→ **1**, 76 ff.).
Zentrale Werke: Summe gegen die Heiden; Summe der Theologie; Über die Herrschaft der Fürsten

THOMASIUS, CHRISTIAN (1655–1728) steht im Zeichen dt. Frühaufklärung und wandte sich gegen Folter und Hexenwahn. In rechtsphilos. Hinsicht bereitet er mit der Scheidung des Rechts von der Moral den Rechtspositivismus vor: So wird jede rechtl. Verbindlichkeit auf eine Herrschergewalt zurückgeführt; göttl. und natürl. Gesetz fehlt dagegen der Befehlscharakter. Das Naturrecht scheint insofern eher aus Ratschlägen zu einem erfüllten Leben zu bestehen, dem die Pflichten Ehrenhaftigkeit, Anstand und Rechtlichkeit („Was du nicht willst, das man dir tu', das füg' auch keinem andern zu") dienen.
Zentrale Werke: Von dem Laster der Zauberei; Über die Folter; Fundamenta juris naturae et gentium

THRASYMACHOS AUS CHALKEDON (Ende 5. Jhdt. v. Chr.) ist als Sophist bekannt. Bedeutend ist v. a. sein Auftritt als Gesprächspartner des Sokrates in Platons *Politeia*, worin er die Ansicht (wohl als Beschreibung tatsächl. Machtverhältnissen) äußert, dass das Gerechte nichts anderes als das für den Stärkeren zuträgliche sei (→ **2**, 139).

WALZER, MICHAEL (1935) gilt als Vertreter des Kommunitarismus. Seine Gerechtigkeitstheorie differenziert einfache und komplexe Gleichheit, wobei er sich für ein offenes Distributionsprinzip ausspricht. Bezug wird dabei auf eine konkrete Gemeinschaft genommen, so dass Gerechtigkeit nicht als singulär-universelles, sondern als relatives Gut erscheint (→ **2,** 157). Ferner widmete sich W. den Maßgaben des (un-)gerechten Kriegs und seiner Führung.
Zentrale Werke: Sphären der Gerechtigkeit; Just and Unjust Wars

WEBER, MAX (1864–1920), u. a. dt. Nationalökonom, Historiker, Jurist und Soziologe, gilt als einer der bedeutendsten Sozialwissenschaftler der Moderne. Seine Forschungen orientieren sich u. a. am Konzept einer hist. Sozialwissenschaft. Recht ist für W. insb. eine Ordnung i. S.e. Verhaltensregelmäßigkeit, welche durch die Chance des Zwangs garantiert wird.
Zentrale Werke: Gesammelte Aufsätze zur Wissenschaftslehre; Gesammelte Aufsätze zur Religionssoziologie; Wirtschaft und Gesellschaft

WOLFF, CHRISTIAN (1679–1754), Vertreter des Natur- und Vernunftrechts (→ **1,** 91), bestimmt die menschl. Natur vom Endziel menschl. Vervollkommnung aus. Das Moral und Recht umfassende natürl. Recht gebietet ein auf diesen Zweck ausgerichtetes Handeln der Menschen für sich selbst und in wechselseitiger Unterstützung, was W. auch auf das Verhältnis der Staaten erstreckt. In diesem Sinne entsteht der Staat (durch Vertragsschluss) zur Gewährleistung insb. der Ruhe und Sicherheit der Bürger. Dabei bindet das natürl. Gesetz Untertanen und Gesetzgeber.
Zentrale Werke: Wissenschaftlich behandeltes Naturrecht; Grundsätze des Natur- und Völkerrechts

ZENON V. KITION (ca. 332–262 v. Chr.) begründete die stoische Philosophie. Diese weitet die Polis zur *Kosmo*polis als ideales Gedankenbild eines homogenen Weltstaates aus, darin alle Menschen unter dem *Logos* (→ **1,** 48) zu Mitbürgern werden. In Übereinstimmung mit diesem zu leben erweist sich als Ziel des menschl. Lebens. Einsicht, Gerechtigkeit, Besonnenheit und Tapferkeit vereinigen eine Einheit der Tugend, die vom Laster scharf abgetrennt wird; eine Trennung, die mit der Einteilung der Menschen in Weise/Unweise korrespondiert.
Zentrale Werke: Politeia (Der Staat); Über das All; Über die Vernunft

Literaturverzeichnis

Das Literaturverzeichnis enthält nur eine thematisch gegliederte Auswahl der wichtigsten Literatur, die den einzelnen Kapiteln zugrunde liegt. Diese ermöglicht eine gezielte Vertiefung der jeweils behandelten Themen. Im Übrigen finden sich die vollständigen bibliographischen Angaben der zitierten Werke zumindest bei der ersten Nennung in den Fußnoten. Die Mehrfachnennung einer Quelle ist möglich, soweit sie mehreren Themen gleichermaßen zugeordnet werden kann. Soweit eine Quelle nur Bezüge zu einem thematischen Abschnitt hat, wird ggf. zu Beginn des jeweiligen Abschnitts auf die jeweiligen Quellen verwiesen. So können systematische Zusammenhänge im Literaturverzeichnis abgebildet und bei der Vertiefung berücksichtigt werden.

Einführende und allgemeine Literatur

Böckenförde, Ernst Wolfgang, Recht, Staat, Freiheit, Frankfurt am Main 1991.

Böckenförde, Ernst-Wolfgang, Geschichte der Rechts- und Staatsphilosophie: Antike und Mittelalter, 2. Auflage, Tübingen 2006.

Böckenförde, Ernst-Wolfgang, Staat, Nation, Europa, Frankfurt am Main 1999.

Böckenförde, Ernst-Wolfgang, Staat, Verfassung, Demokratie, Frankfurt am Main 1991.

Böckenförde, Ernst-Wolfgang, Vom Wandel des Menschenbildes im Recht, Münster 2001.

Celikates, Robin/Gosepath, Stefan, Politische Philosophie, Stuttgart 2013.

ders., Rechtsphilosophie und Rechtstheorie, 4. Auflage, Baden-Baden 2016.

Grimm, Dieter, Recht und Staat der bürgerlichen Gesellschaft, Frankfurt am Main 1987.

Hassemer, Winfried/Neumann, Ulfrid/Saliger, Frank, Einführung in die Rechtsphilosophie und Rechtstheorie der Gegenwart, 9. Auflage, Heidelberg 2016.

Hoerster, Norbert, Klassische Texte der Staatsphilosophie, 15. Auflage, München 2014.

Hoerster, Norbert, Was ist Recht?, 2. Auflage, München 2012.

Hofmann, Hasso, Einführung in die Rechts- und Staatsphilosophie, 5. Auflage, Darmstadt 2011.

Horn, Norbert, Einführung in die Rechtwissenschaft und Rechtsphilosophie, 6. Auflage, Heidelberg 2016.

Larenz, Karl, Methodenlehre der Rechtswissenschaft, 6. Auflage, Berlin 1991.

Mahlmann, Matthias, Konkrete Gerechtigkeit, 3. Auflage, Baden-Baden, 2017.

Morlok, Martin, Was heißt und zu welchem Ende studiert man Verfassungstheorie?, Berlin 1988.

Reinhard, Wolfgang, Geschichte der Staatsgewalt, 3. Auflage, München 2002.

Röd, Wolfgang, Der Weg der Philosophie, 2 Bde., München 2000.

Röhl Klaus F./Röhl, Hans C., Allgemeine Rechtslehre, 3. Auflage, Köln 2008.

Rüthers, Bernd/Fischer, Christian/Birk, Axel, Rechtstheorie, 8. Auflage, München 2015.

Seelmann, Kurt/Demko, Daniel, Rechtsphilosophie, 6. Auflage, München 2014.

Vesting, Thomas, Rechtstheorie, 2. Auflage, München 2015.

Zu § 1: Der Rahmen des Rechts

Soweit sich der Abschnitt thematisch mit dem Werk eines bestimmten Denkers befasst, ist die Primärliteratur vorangestellt.

Gemeinschaftliche Konzeptionen; zunächst: Antike Varianten (A. I.)

Einführende und weiterführende Literatur:

Behrends, Otto/Sellert, Wolfgang (Hrsg.), Nomos und Gesetz, Göttingen 1995.

Bleicken, Jochen, Die athenische Demokratie, 4. Auflage, Paderborn 1995.

Bleicken, Jochen, Staatliche Ordnung und Freiheit in der römischen Republik, Kallmünz 1972.

Ehrenberg, Victor, Der Staat der Griechen, 2. Auflage, Zürich 1965.

Gehrke, Hans-Joachim, Jenseits von Athen und Sparta, München 1986.

Meier, Christian, Die Entstehung des Politischen bei den Griechen, 3. Auflage, Frankfurt am Main 1983.

Vesting, Thomas, Die Medien des Rechts, Band 2: Schrift, Weilerswist 2011.

Platon

Primärquellen:

Platon, Sämtliche Dialoge, hrsgg. und übers. von Otto Apelt, Hamburg 1998.
- Band 1: Vorwort und Einleitung zur Gesamtausgabe, Protagoras, Laches und Euthyphron. Apologie und Kriton. Gorgias.
- Band 2: Menon. Kratylos. Phaidon. Phaidros.
- Band 3: Euthydemos. Hippias I/II und Ion, Alkibiades I/II. Gastmahl. Charmides, Lysis, Menexenos
- Band 4: Theätet. Parmenides. Philebos.
- Band 5: Politeia, dt. Der Staat.
- Band 6: Timaios und Kritias. Sophistes. Politikos. Briefe.
- Band 7: Nomoi, dt. Gesetze. Register der Gesamtausgabe.

Sekundärliteratur:

Höffe, Ottfried (Hrsg.), Platon: Politeìa, 3. Aufl., Berlin 2015.

Lege, Joachim: „Politeia". Abenteuer mit Platon, Tübingen 2013.

Popper, Karl, Die offene Gesellschaft und ihre Feinde, Band 1, 7. Auflage, Tübingen 1992.

Aristoteles

Primärquellen:

Aristoteles, Metaphysik, übers. von Adolf Lasson, 2. Auflage, Jena 1924.

Aristoteles, Nikomachische Ethik, übers. von Olof Gigon, 6. Auflage, München 2004.

Aristoteles, Politik. Staat der Athener, übers. von Olof Gigon, Düsseldorf 2006.

Sekundärliteratur:

Düring, Ingemar, Aristoteles, 2. Auflage, Heidelberg 2005.

Gutschker, Thomas, Aristotelische Diskurse, Stuttgart 2002.

Höffe, Ottfried, Aristoteles, 3. Auflage, München 2006.

Nussbaum, Martha Craven, Für eine aristotelische Sozialdemokratie, in: Julian Nida-Rümelin/Wolfgang Thierse (Hrsg.), Philosophie und Politik VI, Essen 2002.

Nussbaum, Martha Craven, Gerechtigkeit oder Das gute Leben, Frankfurt am Main 1999.

Die Stoa und Cicero

Primärquellen:

Cicero, De re publica, dt. Der Staat, übers. von Rainer Beer, Reinbek b. Hamburg 1964.

Cicero, De legibus, dt. Über die Gesetze, übers. und hrsgg. von Elmar Bader/Leopold Wittmann, Reinbek b. Hamburg 1969.

Cicero, De officiis, dt. Von den Pflichten, übertr. und hrsgg. von Harald Märklin, Frankfurt am Main/Leipzig 1995.

Weiterführende Literatur:

Cancik, Hubert, Gleichheit und Freiheit – Die antiken Grundlagen der Menschenrechte, in: Günter Kehrer (Hrsg.), „Vor Gott sind alle gleich", Düsseldorf 1983.

Erler, Michael, Epikur, in: Hellmut Flashar (Hrsg.), Grundriss der Geschichte der Philosophie, Bd. 4/1, Die hellenistische Philosophie, Basel 1994.

Theologisch-christliche Varianten (A.II.)

Augustinus

Primärquellen:

Augustinus, Soliloquirorium, dt. Selbstgespräche, hrsgg. und bearb. von Harald Fuchs, übertr. von Hanspeter Müller, München/Zürich 1986.

Augustinus, De civitate Dei, dt. Vom Gottesstaat, übers. von Wilhelm Thimme, 2. Auflage, München 2011.

Sekundärliteratur:

Flasch, Kurt, Augustin, 3. Auflage, Stuttgart 2003.

Fortin, Ernest L., Justice as the Foundation of the Political Community, in: Christoph Horn (Hrsg.), Augustinus. De civitate dei, Berlin 1997, S. 41 – 62.

Thomas von Aquin

Primärquellen:

Thomas von Aquin, De regimine principum, dt. Über die Herrschaft der Fürsten, übers. v. Friedrich Schreyvogl, Stuttgart 1971.

Thomas von Aquin, De veritate, dt. Von der Wahrheit, übers. u. hrsgg. von Albert Zimmermann, Hamburg 1986.

Thomas von Aquin, Summa Theologiae, übers. von Ceslaus Maria Schneider, XXX

Vergleiche auch die Literatur zu Aristoteles im Hinblick auf die Rezeption durch Thomas von Aquin. Dazu insbesondere die weiterführende Literatur:

Höffe, Ottfried, Aristoteles, 3. Auflage, München 2006.

Martin Luther

Primärquellen:

Luther, Martin, Die Werke Martin Luthers, Bd. 7, 2. Auflage, Stuttgart 1967.

Luther, Martin, Von den Juden und ihren Lügen, 1543, Aschaffenburg 2016.

Luther, Martin, Von der Freiheit eines Christenmenschen, 1517, hrsgg. von Gesche Linde, Stuttgart 2011.

Sekundärliteratur:

Kaufmann, Thomas, Luthers Juden, Stuttgart 2014.

Lohse, Bernhard, Luthers Theologie in ihrer historischen Entwicklung und ihrem systematischen Zusammenhang, Göttingen 1995.

Frühneuzeitliche Varianten (A. III.)

Primärquellen:

Grotius, Hugo, De jure belli ac pacis libri tres, dt. Drei Bücher vom Recht des Krieges und des Friedens, übers. und hrsgg. von Walter Schätzel, Tübingen 1950.

Machiavelli, Niccolò, Il principe, dt. Der Fürst, übers. von August Wilhelm Rehberg, Hamburg 2009.

Pufendorf, Samuel, De jure naturae et gentium libri octo, dt. Acht Bücher von Natur- und Völkerrecht, hrsgg. von Frank Böhling, Zweiter Teil Buch V bis VIII, 1711.

Pufendorf, Samuel, De officio hominis et civis secundum legem naturalem, dt. Über die Pflicht des Menschen und des Bürgers nach dem Gesetz der Natur, hrsgg. von Klaus Luig, Frankfurt am Main 1994.

Weiterführende Literatur:

Burckhardt, Jacob, Die Kultur der Renaissance in Italien, Gesamtausgabe, Band 5, Stuttgart 1930.

Enzmann, Birgit, Der demokratische Verfassungsstaat. Zwischen Legitimationskonflikt und Deutungsoffenheit, Wiesbaden 2009.

Justi, Johann Heinrich Gottlob von, Grundsätze der Policeywissenschaft, 3. Auflage 1782, Nachdruck Frankfurt am Main 1969.

Maier, Hans, Die ältere deutsche Staats- und Verwaltungslehre, 2. Auflage, München 1980.

Liberale Konzeptionen (B.)

von der Pfordten, Dietmar, Der normative Individualismus und das Recht, JZ 2005, S. 1069 – 1080.

von der Pfordten, Dietmar, Deskription, Evaluation, Präskription, Berlin 1993.

von der Pfordten, Dietmar, Normative Ethik, Berlin/New York 2010.

von der Pfordten, Dietmar, Rechtsethik, 2. Auflage, München 2011.

von der Pfordten, Dietmar, Rechtsphilosophie, München 2013.

Kontraktualistische Varianten (B.I.)

Einführende und weiterführende Literatur:

Kersting, Wolfang, Die politische Philosophie des Gesellschaftsvertrages, Darmstadt 1996.

Thomas Hobbes

Primärquellen:

Hobbes, Thomas, Leviathan or the Matter, Forme and Power of a Commonwealth Ecclesiasticall and Civil, 1651, dt. Leviathan oder Stoff, Form und Gewalt eines kirchlichen und staatlichen Gemeinwesens, übers. v. W. Euchner hrsgg. v. I. Fetscher, Frankfurt am Main 1984.

Hobbes, Thomas, Elementa Philosophiae, dt. Grundzüge der Philosophie, übers. von Max Frischeisen-Köhler, hrsgg. von Karl-Maria Guth, 3. Auflage, Berlin 2014 (darin vor allem De Cive, dt. Lehre vom Bürger, S. 176 ff.).

Weiterführende Literatur:

Koller Peter, Formen sozialen Handelns und die Funktion sozialer Normen, in: Aulis Aarnio (Hrsg.), Rechtsnorm und Rechtswirklichkeit: FS für Werner Krawietz, Berlin 1993.

Lübbe, Hermann, Religion nach der Aufklärung, 3. Auflage, München 2004.

Macpherson, Crawford Brough, Die politische Theorie des Besitzindividualismus, 3. Auflage, Frankfurt am Main 1990.

Möllers, Christoph, Staat als Argument, 2. Auflage, München 2011.

Strauss, Leo, Gesammelte Schriften, Band 3, Hobbes' politische Wissenschaft und zugehörige Schriften – Briefe, hrsgg. von Heinrich Meier/Wiebke Meier, 2. Auflage, Stuttgart/Weimar 2008.

John Locke

Primärquellen:

Locke, John, An Essay Concerning Human Understanding, erstmals 1689, dt. Versuch über den menschlichen Verstand, hrsgg. von Reinhard Brandt, Hamburg 2006.

Locke, John, Two Treatises of Government, erstmals 1689/1690, dt. Zwei Abhandlungen über die Regierung, hrsgg. von Walter Euchner, übers. von Hans Jörn Hoffmann, Frankfurt am Main 1977.

Sekundärliteratur:

Ashcraft, Richard, Revolutionary Politics and Locke's „Two Treatises of Governement", Princeton 1986.

Rehm, Michaela/Ludwig, Bernd (Hrsg.), Zwei Abhandlungen über die Regierung, Berlin 2012.

Waldron, Jeremy, God, Locke, and Equality, Cambridge 2002.

Jean-Jacques Rousseau

Primärquellen:

Rousseau, Jean-Jacques, Discours sur l'origine et les fondements de l'inégalité parmi les hommes, dt. Abhandlung über den Ursprung und die Grundlagen der Ungleichheit unter den Menschen, hrsgg. und übers. von Philipp Rippel, Stuttgart 1998.

Rousseau, Jean-Jacques, Discours sur les sciences et les arts, dt. Abhandlung über die Wissenschaften und Künste, übers. von Johann Daniel Tietz, hrsgg. von Ralf Konersmann und Gesine Märtens, St. Ingbert 1997.

Rousseau, Jean-Jacques, Du Contrat Social, 1762, dt. Vom Gesellschaftsvertrag, übers. von Hermann Denhardt, Frankfurt am Main 2005.

Rousseau, Jean-Jacques, Lettres écrites de la montagne, dt. Briefe vom Berge, in: Rousseau, Schriften, Band 2, hrsgg. von Henning Ritter, Wien 1981.

Sekundärliteratur:

Brandt, Reinhard/Herb, Karlfriedrich (Hrsg.), Jean-Jacque Rousseau: Vom Gesellschaftsvertrag oder Prinzipien des Staatsrechts, 2. Auflage, Berlin 2012.

Chapman, John Wilbur, Rousseau – Totalitarian or Liberal?, New York 1956.

Talmon, Jacob Leib, The Rise of the Totalitarian Democracy, Boston 1952.

Die historische Kritik am Kontraktualismus: David Hume

Hume, David, An Enquiry Concerning Human Understanding, dt. Eine Untersuchung über den menschlichen Verstand, hrsgg. von Manfred Kühn, übers. von Raoul Richter, Hamburg 2015.

Hume, David, An Enquiry Concerning the Principles of Morals, 1751, dt. Eine Untersuchung über die Prinzipien der Moral, übers. und hrsgg. von Manfred Kühn, Hamburg 2003.

Hume, David, Politische und ökonomische Essays, hrsgg. von Udo Bermbach, Hamburg 1988.

Klassischer Utilitarismus (B.II.)

Bentham, Jeremy, An Introduction to the Principles of Morals and Legislation, 1789.

Bentham, Jeremy, The Rationale of Reward, in: The Works of Jeremy Bentham, hrsgg. von John Bowring, Bd. II, Edinburgh 1843.

Düppen, Bettina, Utilitarismus. Eine theoriegeschichtliche Darstellung von der griechischen Antike bis zur Gegenwart, Köln 1996.

Höffe, Otfried (Hrsg.), Einführung in die utilitaristische Ethik, 5. Auflage, Tübingen/Basel 2013.

Mill, John Stuart, Considerations on Representative Government, 1861, dt. Betrachtungen über die Repräsentativregierung, übers. von Hannelore Irle-Dietrich, hrsgg. von Hubertus Buchstein/Sandra Seubert, Berlin 2013.

Mill, John Stuart, On Liberty, 1859, Über die Freiheit, hrsgg. von Horst D. Brandt, Hamburg 2009.

Mill, John Stuart, The Subjection of Women, 1869, dt. Die Hörigkeit der Frau, übers. von Jenny Hirsch, hrsgg. von Karl-Maria Guth, Berlin 2017.

Mill, John Stuart, The Utiliarianism, 1863, Der Utilitarismus, übers. und hrsgg. von Dieter Birnbacher, Stuttgart 2016.

Weiterführende Literatur:

Devlin, Patrick, The Enforcement of Morals, London 1965.

Dyzenhaus, David, John Stuart Mill and the Harm of Pornography, Ethics 102 (1992), S. 534 – 551.

Harsanyi, John C., Morality and the Theory of Rational Behaviour, in: Amartya Sen/Bernard Williams (Hrsg.), Utilitarianism and Beyond, Cambridge 1982, S. 39 – 62.

Hart, Herbert Lionel Adolphus, Law, Liberty, and Morality, Stanford 1963.

Hilgendorf, Eric, Der ethische Utilitarismus und das Grundgesetz, in: Winfried Brugger (Hrsg.), Legitimation des Grundgesetzes aus Sicht von Rechtsphilosophie und Gesellschaftstheorie, Baden-Baden 1996, S. 249 – 272.

Hruschka, Joachim, Utilitarismus in der Variante von Peter Singer, JZ 2001, S. 261 – 271.

Kaufmann, Arthur, Negativer Utilitarismus. Ein Versuch über das bonum commune, München 1994.

Schefczyk, Michael, Das John-Stuart-Mill-Problem, in: Frauke Höntzsch (Hrsg.), John Stuart Mill und der sozialliberale Staatsbegriff, Stuttgart 2011, S. 27 – 42.

Singer, Peter, Praktische Ethik, 3. Auflage, Stuttgart 2013.

Smith, Adam, The Wealth of Nations, erstmals 1776, dt. Der Wohlstand der Nationen, übers. von Horst Claus Recktenwald, hrsgg. von Georg von Wallwitz, München 2018.

Transzendentalphilosophie: Immanuel Kant (B. III.)

Primärquellen:

Kant, Immanuel, Theorie-Werkausgabe, Werke in 12 Bänden, hrsgg. von Wilhelm Weischedel, Frankfurt 1968 (text- und seitengleich mit der Immanuel Kant-Werkausgabe, Frankfurt am Main 1974 ff.):
– Bd. III und IV: Kritik der reinen Vernunft.
– Bd. VII: Kritik der praktischen Vernunft. Grundlegung zur Metaphysik der Sitten.
– Bd. VIII: Die Metaphysik der Sitten.
– Bd. XI: Schriften zur Anthropologie, Geschichtsphilosophie, Politik und Pädagogik 1, Frankfurt am Main 1977 (darin insb.: Beantwortung der Frage: Was ist Aufklärung?; Über den Gemeinspruch: Das mag in der Theorie richtig sein, taugt aber nicht für die Praxis).

Sekundärliteratur:

Birnbacher, Dieter, Analytische Einführung in die Ethik, 2. Auflage, Berlin 2007.

Gerhardt, Volker, Immanuel Kant: Vernunft und Leben, Stuttgart 2002.

Höffe, Ottfried, Immanuel Kant, München 2007.

Höffe, Ottfried, Kants Kritik der praktischen Vernunft, München 2012.

Horn, Christoph/Mieth, Corinna/Scarano, Nico, Grundlegung zur Metaphysik der Sitten, Kommentar, 4. Auflage, Frankfurt am Main 2007.

Horn, Christoph, Nichtideale Normativität, Berlin 2014.

Wood, Allen W., Kantian Ethics, New York 2007.

Weiterführende Literatur:

Engstrom, Stephen, The Form of Practical Knowledge, Cambridge 2009.

Heinig, Hans Michael, Der Sozialstaat im Dienst der Freiheit, Tübingen 2008.

Kersting, Wolfgang, Wohlgeordnete Freiheit, 2. Auflage, Paderborn 2007.

Kirchhof, Gregor, Die Allgemeinheit des Gesetzes, Tübingen 2009.

Welsch, Wolfgang, Homo mundanus, Weilerswist 2012.

Philosophie des Geistes: Georg Wilhelm Friedrich Hegel (B. IV.)

Primärquellen:

Hegel, Georg Wilhelm Friedrich, Werke von 1832 – 1845, neu ed. von Eva Moldenhauer/Karl Markus Michel.
– Enzyklopädie der philosophischen Wissenschaft im Grundriss III: Die Philosophie des Geistes, 1830, Werke Band 10, Frankfurt am Main 1986.
– Grundlinien der Philosophie des Rechts oder Naturrecht und Staatswissenschaft im Grundrisse, 1821, Werke Band 7, Frankfurt am Main 1986.

– Phänomenologie des Geistes, Werke Band 3, Frankfurt am Main 1986.
– Vorlesung über die Philosophie der Geschichte, Werke Band 12, Frankfurt am Main 1986.

Sekundärliteratur:

von Bogdandy, Armin, Hegels Theorie des Gesetzes, Freiburg/München 1992.

Elmers, Sven/Herrmann, Steffen (Hrsg.), Korporation und Sittlichkeit. Zur Aktualität von Hegels Theorie der bürgerlichen Gesellschaft, Paderborn 2017.

Honneth, Axel, Leiden an Unbestimmtheit, Stuttgart 2001.

Pauly, Walter (Hrsg.), Der Staat – eine Hieroglyphe der Vernunft, Baden-Baden 2009.

Pauly, Walter, Hegel und die Frage nach dem Staat, Der Staat 39 (2000), S. 381 – 386.

Schnädelbach, Herbert, Hegels praktische Philosophie, Frankfurt am Main 2000.

Siep, Ludwig, Praktische Philosophie im Deutschen Idealismus, Frankfurt am Main 1992.

Volkmann, Uwe, Freiheit in Bindungen. Beobachtungen zur Stellung des Einzelnen in Hegels Staat, in: Walter Pauly (Hrsg.), Der Staat – eine Hieroglyphe der Vernunft, Baden-Baden 2009, S. 155 – 176.

Neuere Diskussionsverläufe (B. V.)

Minimalstaatlich-libertäre Konzeptionen

von Hayek, Friedrich A., Die Verfassung der Freiheit, in: Gesammelte Schriften in deutscher Sprache, Band 3, hrsgg. von Alfred Bosch/Reinhold Veit, 4. Auflage, Tübingen 2005.

Hayek, Friedrich A. von, Recht, Gesetzgebung und Freiheit. Band 2: Die Illusion der sozialen Gerechtigkeit, übertr. von Martin Suhr, Landsberg am Lech 1981.

Humboldt, Wilhelm von, Gesammelte Werke, Bd. 1, Berlin 1952.

Koller, Peter, Zur Kritik der libertären Eigentumskonzeption, Analyse & Kritik 3 (1981), S. 139 – 154.

Nozick, Robert, Anarchie, Staat, Utopia, München 2011.

Sozialegalitäre Varianten

Dworkin, Ronald, Freedoms Law, Cambridge 1996.

Dworkin, Ronald, Taking Rights Seriously, 1967, dt. Bürgerrechte ernstgenommen, Frankfurt am Main 1984.

Nussbaum, Marta/Sen, Amartya, The Quality of Life, Oxford 1993.

Rawls, John, A Theory of Justice, 1971, dt. Eine Theorie der Gerechtigkeit, übers. von Hermann Vetter, Frankfurt am Main 1975.

Rawls, John, Justice as Fairness, dt. Gerechtigkeit als Fairness, hrsgg. von Erin Kelly, übers. von Joachim Schulte, Frankfurt am Main 2006.

Rawls, John, Political Liberalism, dt. Politischer Liberalismus, übers. von Wilfried Hinsch, Frankfurt am Main 2003.

Rawls, John, The Idea of a Political Liberalism, dt. Die Idee des politischen Liberalismus, hrsgg. von Winfried Hirsch, Frankfurt am Main 1994.

Sen, Amartya, The Idea of Justice 2009, dt. Die Idee der Gerechtigkeit, übers. von Christa Krüger, 2. Auflage, München 2013

Weiterführende Literatur:

Höffe, Otfried (Hrsg.), John Rawls: Eine Theorie der Gerechtigkeit, 2. Auflage 2010.

Honneth, Axel, Gerechtigkeit und kommunikative Freiheit, in: Barbara Merker/Georg Mohr/Michael Quante (Hrsg.), Subjektivität und Anerkennung, Paderborn 2004, S. 213 – 227.

Kersting, Wolfgang, Theorien der sozialen Gerechtigkeit, Stuttgart/Weimar 2000.

Niesen, Peter, Die politische Theorie des politischen Liberalismus: John Rawls, in: Andre Brodocz/Gary S. Schaal (Hrsg.), Politische Theorien der Gegenwart, Band 2, 4. Auflage, Opladen 2016, S. 25 – 64.

Sandel, Michael J., Liberalism and the Limits of Justice, Cambridge 1982.

Taylor, Charles, Sources of the Self, dt. Quellen des Selbst, übers. von Joachim Schulte, Frankfurt am Main 1996.

Neue Gemeinschaftlichkeit: Kommunitarismus

Forst, Rainer, Kontexte der Gerechtigkeit. Politische Philosophie jenseits von Liberalismus und Kommunitarismus, Frankfurt am Main 1994.

Honneth, Axel (Hrsg.), Kommunitarismus. Eine Debatte über die moralischen Grundlagen moderner Gesellschaften, 3. Auflage, Frankfurt am Main/New York, 1995.

Walzer, Michael, Spheres of Justice, 1983, dt. Sphären der Gerechtigkeit, Neuauflage, Frankfurt am Main 2006.

Weiterführende Literatur:

Fink-Eitel, Hinrich, Gemeinschaft als Macht, in: Micha Brumlik/Hauke Brunkhorst (Hrsg.), Gemeinschaft und Gerechtigkeit, Frankfurt am Main 1993, S. 306 – 322.

Frankenberg, Günter, Die Verfassung der Republik, Baden-Baden 1996.

Holmes, Stephen, The Anatomy of Antiliberalism, dt. Die Anatomie des Antiliberalismus, Hamburg 1995.

Mac Intyre, Alasdair, After Virtue, dt. Der Verlust der Tugend, Neuausgabe, Frankfurt am Main/New York 2006.

Selznick, Philip, Kommunitaristischer Liberalismus, Der Staat 34 (1995), S. 487 – 502.

Selznick, Philip, The Idea of a Communitarian Morality, California Law Review 75 (1987), S. 445 – 463.

Diskursive Rationalität: Jürgen Habermas

Apel, Karl-Otto/Kettner, Matthias (Hrsg.), Zur Anwendung der Diskursethik in Politik, Recht und Wissenschaft, 2. Auflage, Frankfurt am Main 1993.

Apel, Karl-Otto, Transformation der Philosophie, 2 Bände, Frankfurt am Main 1973/1976.

Apel, Karl-Otto, Das Problem der philosophischen Letztbegründung im Lichte einer transzendentalen Sprachpragmatik, in: Bernulf Kanitscheider (Hrsg.), Sprache und Erkenntnis. FS für Gerhard Frey zum 60. Geburtstag, Innsbruck 1976, S. 55 – 82.

Habermas, Jürgen, Die Einbeziehung des Anderen, Frankfurt am Main 1996.

Habermas, Jürgen, Erläuterungen zur Diskursethik, Frankfurt am Main 1991.

Habermas, Jürgen, Faktizität und Geltung, Frankfurt am Main 1992.

Habermas, Jürgen, Moralbewusstsein und kommunikatives Handeln, Frankfurt am Main, Nachdruck 1. Auflage 2006.

Habermas, Jürgen, Nachmetaphysisches Denken. Philosophische Aufsätze, 3. Auflage, Frankfurt am Main 1989.

Habermas, Jürgen, Strukturwandel der Öffentlichkeit, Frankfurt am Main 1990.

Habermas, Jürgen, Theorie des kommunikativen Handels, 3. Auflage, Frankfurt am Main 1992.

Habermas, Jürgen, Wahrheitstheorien, in: Helmut Fahrenbach (Hrsg.), Wirklichkeit und Reflexion. Walter Schulz zum 60. Geburtstag, Pfullingen 1973, S. 211 – 265.

Habermas, Jürgen, Zur Rekonstruktion des Historischen Materialismus, Frankfurt am Main 1976.

Weiterführende Literatur:

Albert, Hans, Traktat über kritische Vernunft, 5. Auflage, Tübingen 1991.

Austin, John, How to do Things with Words, 1962, dt. Zur Theorie der Sprechakte, Stuttgart 1972.

Chambers, Simone, Zur Politik des Diskurses: Riskieren wir unsere Rechte?, in: Karl-Otto Apel/Matthias Kettner (Hrsg.), Zur Anwendung der Diskursethik in Politik, Recht und Wissenschaft, 2. Auflage, Frankfurt am Main 1993, S. 168 – 186.

Günther, Klaus, Geteilte Souveränität, Nation und Rechtsgemeinschaft, KJ 49 (2016), 321 – 337.

Günther, Klaus, Liberale und diskurstheoretische Deutungen der Menschenrechte, in: Winfried Brugger/ Ulfried Neumann/Stephan Kirste (Hrsg.), Rechtsphilosophie im 21. Jahrhundert, Frankfurt am Main 2008, S. 338 – 359.

Lohmann, Georg, Menschenrechte zwischen Moral und Recht, in: Stefan Gosepath/Georg Lohmann (Hrsg.), Philosophie der Menschenrechte, Frankfurt am Main 1998, S. 62 – 95.

Searle, John, Speech Acts, 1969, dt. Sprechakte, Frankfurt am Main 1971.

Kritische Konzeptionen (C.)

Engels, Friedrich, Der Ursprung der Familie, des Privateigentums und des Staats, in: Karl Marx/Friedrich Engels, Werke, Bd. 21, 5. Auflage, Berlin 1975.

Engels, Friedrich, Die Lage der arbeitenden Klasse in England, Berlin 2017.

Lyotard, Jean-François, La Condition postmoderne, 1979, dt. Das postmoderne Wissen, 3. Auflage, Wien 1994.

Machiavelli, Niccolò, Il principe, dt. Der Fürst, übers. von August Wilhelm Rehberg, Hamburg 2009.

Marx, Karl, Zur Judenfrage, in: Marx/Engels Gesamtausgabe, Erste Abteilung, Band 2, Karl Marx – Werke, Artikel, Entwürfe März 1843 bis August 1844, Berlin 1982.

Marx, Karl, Zur Kritik der politischen Ökonomie, in: Max-Engels-Werke Bd. 13, Berlin 1972.

Okin, Susan Moller, Women in Western Political Thought, Neuausgabe, Princeton 2013.

Young, Iris Marion, Justice and the Politics of Difference, Princeton 1990.

Michel Foucault
Primärquellen:

Foucault, Michel, Le sujet et le pouvoir, dt. Subjekt und Macht, in: ders., Schriften in vier Bänden, Dits et Ecrits, Band IV, 1980–1988, Frankfurt am Main 2005, S. 269 – 293.

Foucault, Michel, Naissance de la biopolitique, dt. Die Geburt der Biopolitik, übers. von Jürgen Schröder, Frankfurt am Main 2006.

Foucault, Michel, Nietzsche, la généalogie, l'histoire, dt. Nietzsche, Die Genealogie, die Historie, in: ders., Schriften in vier Bänden, Dits et Ecrits, Band II, 1970–1975, Frankfurt am Main 2002, S. 166–190.

Foucault, Michel, Sécurité, territoire et population, dt. Sicherheit, Territorium, Bevölkerung, Frankfurt am Main 2004.

Foucault, Michel, Surveiller et punir, 1975, dt. Überwachen und Strafen, Frankfurt am Main 1977.

Sekundärliteratur und weiterführende Literatur:

Biebricher, Thomas, Macht und Recht: Foucault, in: Sonja Buckel/Ralph Christensen/Andreas Fischer-Lescano (Hrsg.), Neue Theorien des Rechts, 2. Auflage, Stuttgart 2009.

Golder, Ben/Fitzpatrick, Peter, Foucault's Law, Abingdon/New York 2009.

Hunt, Alan/Wickham, Gary, Foucault and Law, London/Chicago (Illinois) 1994.

Jacques Derrida
Primärquellen:

Derrida, Jacques, Force de loi, dt. Gesetzeskraft, Frankfurt am Main 1991.

Derrida, Jacques, De la grammatologie, dt. Grammatologie, Frankfurt am Main 1983.

Derrida, Jacques, Spectres de Marx, dt. Marx' Gespenster, Frankfurt am Main 1995.

Sekundärliteratur und weiterführende Literatur:

Zirfas, Jörg, Jacques Derrida: Das andere Kap. Die vertagte Demokratie, in: Benjamin Jörissen/Jörg Zirfas (Hrsg.), Schlüsselwerke der Identitätsforschung, Wiesbaden 2010, S. 241–258.

Zu § 2: Der Sinn des Rechts

Recht und Gewalt (A.)

Agamben, Giorgio, Homo sacer. Il potere sovrano e la nuda vita, dt. Homo sacer. Die souveräne Macht und das nackte Leben, Berlin 2002.

Agamben, Giorgio, stato di eccezione, dt. Ausnahmezustand, Nachdruck der ersten Auflage 2004, Frankfurt am Main 2006.

Benjamin, Walter, Zur Kritik der Gewalt und andere Aufsätze, Frankfurt am Main 1965.

Hamel, Roman, Strafen als Sprechakt, Berlin 2009.

Hörnle, Tatjana, Straftheorien, Tübingen 2011.

Jakobs, Günther, Norm, Person, Gesellschaft, 3. Auflage, Berlin 2008.

Menke, Christoph, Kritik der Rechte, Berlin 2015.

Menke, Christoph, Recht und Gewalt, 2. Auflage, Berlin 2012.

Möllers, Die Möglichkeit der Normen, Berlin 2015.

Nietzsche, Friedrich, Menschliches, Allzumenschliches, in: ders., Werke in drei Bänden, Band 1, Darmstadt 1994.

Pawlik, Michael, Person, Subjekt, Bürger, Berlin 2004.

Reemtsma, Philipp, Das Recht des Opfers auf die Bestrafung des Täters – als Problem, München 1999.

Rössner, Dieter, Die besonderen Aufgaben des Strafrechts im System rechtsstaatlicher Verhaltenskontrolle, in: Bernd Schünemann (Hrsg.), FS für Claus Roxin, Berlin 2001, S. 977 – 988.

von Hirsch, Andrew/Neumann, Ulfrid/Seelmann, Kurt, Strafe – warum?, Baden-Baden 2011.

Recht und Moral (B.)

Zum Verhältnis von Recht und Moral kann die folgende Literatur, die den konkreten Abschnitten vorangestellt ist, einen allgemeinen Überblick verschaffen.

Durkheim, Émil, Physique des moeurs et du droit, 1969, Physik der Sitten und des Rechts, Frankfurt am Main 1991.

Fraenkel, Ernst, The Dual State, 1940/41, Der Doppelstaat, Frankfurt am Main 1974.

Fuller, Lon L., The Morality of Law, 2. Auflage, New Haven 1969.

Gardner, John, Legal Positivism: 5 ½ Myths, American Journal of Jurisprudence 46 (2001), S. 199 – 227.

Gosepath, Stefan/Lohmann, Georg, Philosophie der Menschenrechte, Frankfurt am Main 1998.

Hoerster, Norbert, Recht und Moral, Stuttgart 1987.

Neumann, Franz L., Behemoth. Struktur und Praxis des Nationalsozialismus 1933 – 1944, Köln 1977.

Postema, Gerald J., Coordination and Convention at the Foundations of Law, Journal of Legal Studies 11 (1982), 165 – 203.

Schmitt, Carl, Die Tyrannei der Werte, 3. Auflage, Berlin 2011.

Shapiro, Scott J., Legality, Cambridge 2011.

Tugendhat, Ernst, Vorlesungen über Ethik, 8. Auflage, Frankfurt am Main 2012.

Begriff der Moral (B. I.)

Hare, Richard M., Die Sprache der Moral, 3. Auflage, Frankfurt am Main 2013.

Hoerster, Norbert, Was ist Moral?, Stuttgart 2008.

Hoerster, Norbert, Wie lässt sich Moral begründen?, München 2014.

Luhmann, Niklas, Soziale Systeme, Frankfurt am Main 1984.

Lutz-Bachmann, Matthias, Ethik, Grundkurs Philosophie, Band 7, Stuttgart 2013.

Mackie, John L., Ethik, Stuttgart 1981.

Moore, George E., Principia Ethica, Stuttgart 1970.

von der Pfordten, Dietmar, Deskription, Evaluation, Präskription, Berlin 1993.

Williams, Bernard Arthur Owen, Der Begriff der Moral, Stuttgart 1986.

Naturrechtslehre (B. II.)

Alexy, Robert, Begriff und Geltung des Rechts, Freiburg 1992.

Alexy, Robert, Die Doppelnatur des Rechts, Der Staat 50 (2011), S. 389 – 404.

Alexy, Robert, Theorie der Grundrechte, Frankfurt am Main 1986.

Alexy, Robert, Theorie der juristischen Argumentation, 2. Auflage, Frankfurt am Main 1991.

Arendt, Hannah, Elemente und Ursprünge totaler Herrschaft, 13. Auflage, München 2009.

Beitz, Charles R., The Idea of Human Rights, Oxford 2009.

Dworkin, Ronald, Justice for Hedgehogs, 2011, dt. Gerechtigkeit für Igel, Berlin 2014.

Dworkin, Ronald, Taking Rights Seriously, 1967, dt. Bürgerrechte ernstgenommen, Frankfurt am Main 1984.

Enders, Christoph, Die Menschenwürde in der Verfassungsordnung, Tübingen 1997.

Finnis, John, Philosophy of Law IV, Oxford 2011.

Himma, Kenneth E., Inclusive Legal Positivism, in: Jules L. Coleman/Kenneth E. Himma/Scott J. Shapiro (Hrsg.), The Oxford Handbook of Jurisprudence and Philosophy of Law 2004, 125 – 165.

Parsons, Talcott, Actor, Situation and Normative Pattern, 1939, Aktor, Situation und normative Muster, Frankfurt am Main 1994.

Kritik an der Naturrechtslehre/Rechtspositivismus (B. III.)

Austin, John, Lectures on Jurisprudence, 5. Auflage, London 1895.

Austin, John, The Province of Jurisprudence Determined, London 1832.

Coleman, Jules L., Negative and Positive Positivism, Journal of Legal Studies 11 (1982), S. 139 – 164.

Dreier, Horst, Rechtslehre, Staatssoziologie und Demokratietheorie bei Hans Kelsen, 2. Auflage, Baden-Baden 1990.

Dreier, Ralf, Recht – Staat – Vernunft, Frankfurt am Main 1991.

Green, Leslie, Positivism and the Inseparability of Law and Morals, NYU Law Review 83 (2008), S. 1035 – 1058.

Hart, Herbert Lionel Adolphus, Legal and Moral Obligation, in: Abraham Melden (Hrsg.), Essays in Moral Philosophy, Seattle 1958, S. 82 – 107.

Hart, Herbert Lionel Adolphus, The Concept of Law, 1961, dt. Der Begriff des Rechts, Neuausgabe, Berlin 2011.

Kelsen, Hans, General Theory of Law and State, Cambridge 1949.

Kelsen, Hans, Naturrechtslehre und Rechtspositivismus, PVS 3 (1962), S. 316 – 327.

Kelsen, Hans, Reine Rechtslehre, 2. Auflage, Wien 1960.

Kuch, David, Die Autorität des Rechts, Tübingen 2016.

Marmor, Andrei, Philosophy of Law, Princeton 2011.

Merkl, Adolf, Prolegomena zu einer Theorie des rechtlichen Stufenbaus, Wien 1931.

Radbruch, Gustav, Gesamtausgabe Band 2, hrsgg. und bearb. von Arthur Kaufmann, Heidelberg 1993.

Radbruch, Gustav, Gesamtausgabe Band 3, hrsgg. von Arthur Kaufmann, bearb. von Winfried Hassemer, Heidelberg 1990.

Raz, Joseph, Between Authority and Interpretation, New York 2010.

Raz, Joseph, Ethics in the Public Domain, Oxford 1994.

Raz, Joseph, Practical Reasons and Norms, 1990, dt. Praktische Gründe und Normen, Frankfurt am Main 2006.

Raz, Joseph, The Authority of Law, 2. Auflage, Oxford 2009.

Raz, Joseph, The Concept of a Legal System, 2. Auflage, Oxford 1980.

Raz, Joseph, The Morality of Freedom, Oxford 1986.

Recht und Gerechtigkeit (C.)

Zum Verhältnis von Recht und Gerechtigkeit kann die folgende Literatur, die den konkreten Abschnitten vorangestellt ist, einen allgemeinen Überblick verschaffen.

Gosepath, Stefan, Gleiche Gerechtigkeit, Frankfurt am Main 2004.

Gosepath, Stefan, Verteidigung egalitärer Gerechtigkeit, DZPhil 51 (2003), S. 275 – 297.

Höffe, Otfried, Gerechtigkeit. Eine philosophische Einführung, 4. Auflage, München 2010.

Höffe, Otfried, Politische Gerechtigkeit, Frankfurt am Main 1987.

Osterkamp, Thomas, Juristische Gerechtigkeit, Tübingen 2004.

Pascal, Blaise, Pensées, erstmals 1670, dt., Gedanken, Auswahl übers. und hrsgg. von Ewald Wasmuth, Stuttgart 1979.

Perelman, Chaim, Justice, 1967, Über die Gerechtigkeit, München 1967.

Tschentscher, Axel, Prozedurale Theorien der Gerechtigkeit, Baden-Baden 2000.

Willaschek, Marcus (Hrsg.), Ernst Tugendhat: Moralbegründung und Gerechtigkeit, Münster 1997.

Varianten von Gerechtigkeit (C. II.)

Vergleiche dazu auch schon die Literatur zu Aristoteles (§ 1 A. I.) und Thomas von Aquin (§ 1 A. II.) sowie zu Marta Nussbaum, Amartya Sen, John Rawls (§ 1 B. V.) und Ronald Dworkin (§ 1 B. V., § 2 B. II.).

Cohen, Gerald A., On the Currency of Egalitarian Justice, Ethics 99 (1989), S. 906 – 944.

Dworkin, Ronald, Was ist Gleichheit?, Frankfurt am Main 2011.

Kelsen, Hans, Was ist Gerechtigkeit, erstmals 1953, Neuausgabe, Stuttgart 2016.

Krebs, Angelika (Hrsg.), Gleichheit oder Gerechtigkeit, Frankfurt am Main 2000.

Mahlmann, Matthias, Konkrete Gerechtigkeit, 3. Auflage, Berlin 2017.

Kritik der Gerechtigkeit (C. III.)

Aaken, Anne van, Vom Nutzen der ökonomischen Theorie für das öffentliche Recht, in: Marc Bungenberg u. a. (Hrsg.), Recht und Ökonomik, München 2004, S. 1 – 32.

Assmann, Jan, Ma'at. Gerechtigkeit und Unsterblichkeit im alten Ägypten, München 1990.

Coase, Ronald, The Problem of Social Cost, Journal of Law and Economics 3 (1960), S. 1 – 44.

Eidenmüller, Horst, Effizienz als Rechtsprinzip, 4. Auflage, Tübingen 2015.

Fletcher, George P., Basic Concepts of Legal Thought, New York u. a. 1996.

Forst, Rainer, Kritik der Rechtfertigungsverhältnisse, Frankfurt am Main 2011.

Heck, Philipp, Begriffsbildung und Interessenjurisprudenz, Tübingen 1932.

Hoerster, Norbert, Was ist eine gerechte Gesellschaft?, München 2013.

Jestaedt, Matthias/Lepsius, Oliver (Hrsg.), Verteidigung der Demokratie, Tübingen 2006.

Kirchgässner, Gebhard, Homo Oeconomicus, 4. Auflage, Tübingen 2013.

Kriele, Martin, Theorie der Rechtsgewinnung, 2. Auflage, Berlin 1976.

Mac Intyre, Alasdair, After Virtue. A Study in Moral Theory, 1981, dt. Der Verlust der Tugend, Neuausgabe, Frankfurt am Main/New York 2006.

Mathis, Klaus, Effizienz statt Gerechtigkeit?, 3. Auflage, Berlin 2009.

Nietzsche, Friedrich, Also sprach Zarathustra, erstmals 1883.

Nietzsche, Friedrich, Der Antichrist, erstmals 1894.

Nietzsche, Friedrich, Ecce homo (posthum), erstmals 1908.

Nietzsche, Friedrich, Jenseits von Gut und Böse, erstmals 1886.

Nietzsche, Friedrich, Morgenröte, erstmals 1880.

Nietzsche, Friedrich, Zur Genealogie der Moral, erstmals 1887.

Posner, Richard A., The Problems of Jurisprudence, Cambridge 1990.

Posner, Richard A., Utilitarianism, Economics, and Legal Theory, Journal of Legal Studies 8 (1979), S. 103 – 140

Schäfer, Hans-Bernd/Ott, Claus, Lehrbuch der ökonomischen Analyse des Zivilrechts, 5. Auflage, Berlin/Heidelberg 2012.

Recht und Gesellschaft (D.)

Bratman, Michael. E., Intention, Plans and Practical Reason, Cambridge 1987.

Culver, Keith/Giudice, Michael, Legality's Borders, Oxford 2010.

Dworkin, Ronald, Law's Empire, Cambridge 1986.

Elias, Norbert, Über den Prozess der Zivilisation, 2 Bände, Neuausgabe, Frankfurt am Main 1976.

Franzius, Claudio, Modalitäten und Wirkungsfaktoren der Steuerung durch Recht, in: Wolfgang Hoffmann-Riem/Eberhard Schmidt-Aßmann/Andreas Voßkuhle (Hrsg.), Grundlagen des Verwaltungsrechts, Bd. 1, 2. Auflage, München 2013, S. 179 – 260.

Grimm, Dieter (Hrsg.), Wandel der Staatsaufgaben – Krise des Rechts, 1990.

Hallstein, Walter, Die Europäische Gemeinschaft, 5. Auflage, Düsseldorf/Wien 1979.

Hayek, Friedrich A. von, Recht, Gesetz und Freiheit, hrsgg. von Viktor Vanberg, Tübingen 2003.

Luhmann, Niklas, Das Recht der Gesellschaft, Frankfurt am Main 1993.

Luhmann, Niklas, Legitimation durch Verfahren, Frankfurt am Main 1983.

Luhmann, Niklas, Paradigm Lost, Frankfurt am Main, 1990.

Luhmann, Niklas, Rechtssoziologie, 2 Bände, Hamburg 1972.

Luhmann, Niklas, Soziale Systeme, Frankfurt am Main, 1984.

Mauro Cappelletti/Monica Seccombe/Joseph H. Weiler (Hrsg.), Integration Through Law, Berlin 1987.

Möllers, Christoph, Die Möglichkeit der Normen, Berlin 2015.

Seinecke, Ralf, Das Recht des Rechtspluralismus, Tübingen 2015.

Shapiro, Scott J., Legality, Cambridge 2011.

Shapiro, Scott J., The „Hart-Dworkin"-Debate: A Short Guide for the Perplexed, Michigan Law Working Paper Series 77 (2007), S. 1 – 54.

Tönnies, Ferdinand, Tönnies, Gemeinschaft und Gesellschaft, erstmals 1887, 4. Auflage, Darmstadt 2005.

Waldron, Jeremy, Planning for Legality, Michigan Law Review 109 (2011), S. 883 – 902.

Weiterführende Literatur:

Engel, Christoph/Englerth, Markus/Lüdemann, Jörn/Spiecker gen. Döhmann, Indra (Hrsg.), Recht und Verhalten, Tübingen 2007.

Teubner, Gunther, Verfassungsfragmente, Berlin 2012.

Tönnies, Ferdinand, Gemeinschaft und Gesellschaft, 4. Auflage, Darmstadt 2005.

Weber, Max, Wirtschaft und Gesellschaft, Nachdruck der 5. Auflage, Tübingen 2002.

Sachregister

Die Zahlen verweisen auf die Randnummern, die fett gedruckten Zahlen auf die Paragraphen dieses Buches. Zu Begriffen, die im Inhaltsverzeichnis mit einem eigenen Kapitel versehen sind, s. dort.